그대가 그것이다

옮긴이 ● 대성(大晟)

선불교와 비이원적 베단타의 내적 동질성에 관심을 가지고 라마나 마하르쉬의 '아루나찰라 총서'와 마하라지 계열의 '마하라지 전서'를 집중 번역하면서, 성엄선사의 『마음의 노래』, 『지혜의 검』, 『선의 지혜』, 『대의단의 타파, 무방법의 방법』, 『부처 마음 얻기』, 『비추는 침묵』 등 '성엄선서' 시리즈와 『눈 속의 발자국』, 『바른 믿음의 불교』를 번역했다. 그 밖에도 중국 허운선사의 『참선요지』와 『방편개시』, 감산대사의 『감산자전』, 혜능대사의 『그대가 부처다: 영어와 함께 보는 육조단경, 금강경구결』 등을 옮겼다.

마하라지 전서 ❸
그대가 그것이다 - 스리 싯다라메쉬와르 마하라지의 가르침

지은이 | 스리 싯다라메쉬와르 마하라지
옮긴이 | 대성(大晟)
펴낸이 | 이효정
펴낸곳 | 도서출판 탐구사

초판 발행일   2014년 1월 3일
개정판 발행일   2020년 3월 24일

등록 | 2007년 5월 25일(제208-90-12722호)
주소 | 04097 서울 마포구 광성로 28, 102동 703호(신수동, 마포벽산 e솔렌스힐)
전화 | 02-702-3557 Fax | 02-702-3558
e-mail | tamgusa@naver.com

잘못된 책은 바꾸어 드립니다.

ISBN 978-89-89942-53-5 03270

이 도서의 국립중앙도서관 출판예정도서목록(CIP)은 서지정보유통지원시스템 홈페이지(http://seoji.nl.go.kr)와 국가자료종합목록 구축시스템(http://kolis-net.nl.go.kr)에서 이용하실 수 있습니다. (CIP제어번호: CIP2020009977)

마하라지 전서 ❸

그대가 그것이다

스리 싯다라메쉬와르 마하라지의 가르침

합본 부록 | 진아지와 진아 깨달음

스리 싯다라메쉬와르 마하라지 지음
대성(大晟) 옮김

탐구사

Master of Self-Realization : An Ultimate Understanding

By Shri Sadguru Siddharameshwar Maharaj

First edition 2006; Retyped edition 2014

Published by Satish Avhad,
C/11, Vishwajit Society, Veer Savarkar Marg,
Naupada, Thane(W), Maharashtra, India.

Copyright © 2014 Satish Avhad
Korean translation rights © 2014, 2020 Tamgusa Publishing

Printed under permission by Shri Satish Avhad.

이 책의 한국어판 저작권은 Shri Satish Avhad 님의 허락에 의해 도서출판 탐구사에 있습니다. 저작권법에 의해 보호되는 저작물이므로, 책 내용의 전부나 일부를 무단 전재하거나 복사하는 것은 허용되지 않습니다.

| 스리 싯다라메쉬와르 마하라지 |

차례

이 책에 대하여 · 15
영역자의 말 · 17
편집자의 말 · 19

진아 깨달음의 열쇠

1. 진아지의 중요성 · 23
2. 네 가지 몸에 대한 탐구 — '나'를 찾아서 · 44
   첫 번째 몸 — 물리적 조대신 · 48
   두 번째 몸 — 미세신 · 54
   세 번째 몸 — 원인신 · 59
   네 번째 몸 — 대원인신(뚜리야) · 61
   브라만 · 61
3. 네 가지 몸에 대한 상세한 탐구 · 63
   탐색의 시작 · 67
4. 대원인신에 대한 다양한 방식의 설명과 우리의 참된 성품의 성취 · 88
   세계라는 겉모습 · 92
   한 인간 안에서 카스트들을 경험하기 · 96
   천상계 · 사계死界 · 하계下界 · 98
   진아에 대한 지知를 이해하기 · 100
   마야와 브라만 · 104
   잃어버린 '나'에 대한 탐색 · 109
   헌신과 해탈 후의 헌신 · 111
   빠라브라만은 누구도 거기서 돌아올 수 없는 '그것'이다 · 117

진아 깨달음의 달인 (상권)

서문 · 121
 1. 에고는 무지로 가득 차 있다 · 125
 2. 진아라는 열매는 무욕을 통해 얻어진다 · 126
 3. 브라만은 체험을 통해서만 알 수 있다 · 129
 4. 진아는 모든 존재들 안의 '아는 자'이다 · 130
 5. 자기발견 · 131
 6. 신은 지고아 빠라마뜨만이다 · 132
 7. 대상에 대한 지각이 그치면 지각자도 사라진다 · 133
 8. 나태함을 던져 버려라 · 135
 9. 진아와 비아非我 · 136
10. 참된 포기 · 139
11. 라마와 라바나의 전쟁 이야기 · 141
12. 대상적인 것들에 무관심해져라 · 143
13. 대상들에 대한 지知가 끝이 날 때 · 144
14. 들은 것을 실천하라 · 147
15. 이원성 없는 '하나'만이 있다 · 149
16. 말·마음·행동으로써 알라 · 151
17. 포기와 무욕 · 152
18. 진아는 자연히 싯디를 포함한다 · 154
19. 꿈속에서의 그 꿈에 대한 생각 · 156
20. 진아 안에서는 싯디가 자연스럽다 · 158
21. 대상들에게서 마음을 돌려라 · 160
22. 진아는 가장 미세한 것이다 · 164
23. 실재하지 않는 세계가 왜 눈에 보이는가? · 166
24. 원자와 아원자들은 하나다 · 167

25. 그대는 모두의 심장 안에 있는 진아이다 · 170
26. 가르침의 참된 성품을 경청하라 · 172
27. 진아는 의식의 단면이다 · 174
28. 짧은 인생을 허비하지 말라 · 177
29. '나'라는 느낌을 해소하라 · 179
30. 그대가 누구인지를 알라 · 181
31. 여섯 가지 덕 또는 자질 · 184
32. 신은 헌신자의 형상을 하고 있다 · 187
33. 무욕의 표지標識 · 189
34. 헌신자 자신이 신이다 · 192
35. 지속적인 바람을 욕망이라고 한다 · 195
36. 몸으로서 살면 신체적 고통을 겪어야 한다 · 198
37. 나의 진정한 성품에 집중하라 · 199
38. 빠라마뜨만의 찬연함 · 203
39. 진아는 걱정에서 벗어나 있다 · 208
40. 나에 대해 명상하라 · 210
41. 범속한 세간적 삶에 대한 탐닉을 포기하라 · 213
42. 그대가 빠라마뜨만임을 알라 · 216
43. 수행을 하는 법 · 223
44. 빠라마뜨만은 만물에 편재한다 · 225
45. 브라만의 상태에 머무르라 · 227
46. 스승의 발아래서 봉사하기 · 230
47. 스승의 두 발에 봉사하기 · 233
48. 지知의 불 · 237
49. 진아지에 따라서 살라 · 238
50. 참스승의 위대함과 "그대가 그것이다" · 242
51. 참스승은 해와 같다 · 244

52. 신은 세계에 편재해 있다 · 245
53. 참스승은 모든 신들의 신이다 · 250
54. 몸은 '나'가 아니다 · 253
55. 마야의 순환 · 255
56. 아홉 가지 유형의 헌신 · 257
57. 어머니 베다에게 절하자 · 263
58. 신은 누구인가? · 268
59. 무형상의 브라만 · 271
60. 두 번째가 없는 오직 하나가 있다 · 277
61. 베단타의 주된 교의敎義 · 281
62. 몸 안의 의식이 신이다 · 287
63. 브라만은 개념을 넘어서 있다 · 289
64. 자기정화 · 294
65. 형상 없는 무제약적 브라만 · 299
66. 진아-실재를 보기 · 304
67. 마야는 무지이다 · 311
68. 브라만은 속성이 없고 마야는 속성이 있다 · 316

진아 깨달음의 달인 (하권)

서문 · 323
69. 지知의 표지標識에 귀를 기울여라 · 327
70. 시바인 스승을 찬양함 · 331
71. 내면에서 깨어 있어야 한다 · 334
72. 잘 믿지 못하는 사람 · 339
73. 승리의 상태 · 344
74. 비이원적 브라만을 설명함 · 350

75. 나라야나는 많은 형상으로 유희한다 · 354
76. 지知로서의 세계 · 359
77. '나'를 집에서 내보내라 · 362
78. 세계라는 겉모습 · 367
79. 신처럼 침묵하라 · 370
80. 브라만은 늘 깨어 있다 · 375
81. 의심과 분별을 포기하라 · 380
82. 영적인 삶에서는 조심하라 · 384
83. 아뜨만과 빠라마뜨만 · 387
84. 일체를 신께 드려라 · 390
85. 신성한 나무에 대해 명상하라 · 395
86. 행위하면서도 비非행위자로 남기 · 400
87. 까르마의 씨앗 · 406
88. 영적인 지知를 얻을 만한 사람들 · 410
89. 헌신의 길의 수승殊勝함 · 413
90. 브라만이 실재다 · 417
91. 『다스보드』의 위대함 · 421
92. 성자와의 친교 · 424
93. 빠라브라만은 지각 불가능하다 · 427
94. 스승의 은총의 중요성 · 431
95. 자유와 헌신 · 434
96. 해탈 후의 헌신 — 웃다바는 복되다 · 439
97. 헌신과 참스승의 축복 · 441
98. 화신의 성품 · 445
99. 두려움이 없는 상태 · 448
100. 지고의 상태 · 451
101. 라자 요가 · 455

102. 내적인 깨달음의 희열 · 459

103. 진흙을 금으로 바꿔라 · 464

104. 체스 게임 · 468

105. 그대가 빠라마뜨만이라는 것을 알라 · 472

106. 영원한 집 · 474

107. 자기순복 · 479

108. 완성인의 상태 · 482

109. 신과 헌신자는 하나다 · 487

110. 몸-의식을 놓아버리고 영광을 즐겨라 · 492

111. 걱정이라는 유령 · 494

112. 환幻은 상상에게만 보인다 · 500

113. 브라만의 도시 · 505

114. 탄생의 뿌리 · 509

115. 가정생활이라는 비극 · 511

116. 불멸의 감로를 마시기 · 514

117. 마야라는 병을 치유하기 · 517

118. 이원성이 타파되다 · 520

119. 황금의 날 · 523

120. 성취의 성취 · 526

121. 제3의 눈 · 529

122. 넘으면 안 되는 선 · 532

123. 성자들은 신의 화현이다 · 537

124. 지知의 길에서의 브라만에 대한 확신 · 540

125. 신의 화현 · 544

126. 스승의 은총 · 548

127. 신의 헌신자의 안락한 자리 · 553

128. 행복과 희열이라는 열매 · 560

129. 나의 유일한 밑천은 모두에 대한 헌신이다 · 565
130. 브라만 의식 · 567

합본 부록 : 진아지와 진아 깨달음

서언 · 577

영역자의 말 · 580

서문 · 582

1. 신견神見과 헌신자 · 587
2. 영혼, 세계, 브라만 그리고 진아 깨달음 · 588
3. 신적인 삶과 지고아 · 592
4. 구도자와 영적인 사고 · 593
5. 신비가 · 598
6. 신의 유희 · 599
7. 구도자, 지복의 첫 순간, 그것의 지속적 성장 · 602
8. 헌신자와 신의 축복 · 604
9. 통일적 삶 · 606
10. 무엇을 아는가? · 610
11. 영적인 지복 · 613
12. 성자의 자애로운 가슴 · 615
13. 발라크리슈나에 대한 헌신과 그의 보살핌 · 619
14. 영적인 지知와 알고자 하는 욕망의 다스림 · 624
15. 가야뜨리 찬가 · 628
16. 니사르가닷따의 꽃 공양물 · 633

옮긴이의 말 · 637

일러두기

1. 이 번역은 2006년에 나온 영문판 초판과, 동일한 내용이되 새로운 조판으로 2014년에 나온 책을 텍스트로 하였다.
2. 본문 중 꺾쇠괄호에 든 말은 원문의 개념을 설명하기 위해 영역자나 편집자가 넣은 것으로 보이는 주석 또는 보충문구이다. 이런 주석들 중 긴 것은 각주로 내렸다.
3. 둥근괄호에 든 말 중 본문과 비슷한 크기의 것은 원문에 있는 것이고, 본문보다 한결 작은 괄호에 든 것은 문맥을 잇기 위해 옮긴이가 보충한 것이다.
4. 본문에서 대문자로 시작하는 주요 단어들과 옮긴이가 선택한 일부 핵심 용어들은 **돋움체**로, 본문에서 이탤릭체로 표시된 단어는 약간 **굵은 글씨**로 표기하였다.
5. 옮긴이의 각주는 *T.*(=Translator의 약어)로 표기하였다.

이 책에 대하여

스리 니사르가닷따 마하라지와 스리 란지트 마하라지의 스승인 스리 싯다라메쉬와르 마하라지 성사聖師는 1934년부터 1936년 사이에 영적 지혜에 관하여 매우 격식 없고, 교육적이며, 성찰을 요하는 법문들을 했다. 그것은 사마르타 람다스의 『다스보드(*Dasbodh*)』, 『요가바시슈타(*Yogavasishtha*)』 등 경전 텍스트에 기초한 것이기도 했고, 당신 자신의 체험에 기초한 것이기도 했다. 스리 니사르가닷따 마하라지는 이런 법문 모임에 참석하는 동안 그 말씀들을 많이 기록했다. 여러 해가 지난 1961~62년에 니사르가닷따 마하라지는 스리 칸데라오 사브니스(Shri Khanderao Sabnis), 일명 바이나트 마하라지(Bhainath Maharaj)의 도움을 받아, 헌신자들과 여타 관심 있는 독자들을 위해 그것을 책으로 출판했다. 이 판본은 곧 절판되었고, 오랫동안 구해볼 수 없었다. 그래서 이 책을 내야 한다는 스리 란지트 마하라지의 주장에 따라 2001년에 새 판이 간행되었다.

이 130개 법문은 원래 말씀하신 언어인 마라티어로 두 권에 나뉘어 출간되었다. 스리 싯다라메쉬와르 마하라지의 제자인 스리 니사르가닷따 마하라지와 스리 란지트 마하라지는 영어로 출간된 『아이 앰 댓』(니사르가닷따 마하라지)과 『환幻과 실재』(란지트 마하라지) 같은 책들을 통해 마라티인이 아닌 인도인들과 서양 구도자들에게 널리 알려졌다. 그러다 보니 그 독자들이 스리 싯다라메쉬와르 마하라지와 그분의 가르침에 대해 더 많이 알고 싶어 했고, 그분의 법문에 대한 영역본을 출간해 달라는 요청을 종종 해 왔다. 그래서 우리는 그런 요청에 따라 두 권의 법문집을 영어로 옮겨, 마라티인 외의 인도인들과 서양 구도자들에게 스리 싯다라메쉬와르 마하라지님의 가르침을 알리는 것이 좋겠다고 생각했다. 디와까르 가이사스(Shri Diwakar Ghaisas) 씨가 봉사하는 마음으로 아무 주저 없이 번역 임무를 맡겠다고 했다.

　스리 디와까르 가이사스 씨는 뛰어난 저자이며, 다수의 종교적·영적 책들을 번역한 사람이다. 그는 스리 J. 크리슈나무르티의 가르침을 30년 이상 듣고 그의 책들을 마라티어로 번역하는 행운을 가졌다. 사마르타 람다스의 『다스보드』도 명료한 영어로 번역했다. 그는 그 분야에서 나름의 성취를 이루었기에 영적인 사람들 사이에서 잘 알려져 있다. 그래서 우리는 경험 많고 능숙한 그에게 본서의 영어 번역을 맡긴 것이다.

　이 책은 법문들은 경전 텍스트와 **진아 깨달음**에 기초한 스리 싯다라메쉬와르 마하라지의 130개 법문을 담고 있다. 이 법문들은 그 범위, 명료함, 직접성 그리고 가르침 면에서 비할 바 없이 독보적이다. 이 법문들은 성과 지향적이어서 진지한 구도자들에게 귀중한 보조수단이며, **진아 깨달음**을 향한 그들의 진보를 촉진하도록 도와줄 것이다. 이들 법문에서는 인도의 경전들, 신화·역사상 인물과 사건들, 전통과 관행들이 많이 언급되는데, 인도인이 아닌 독자에게는 낯설 수도 있다. 그래서 필요한 곳에서는 문맥을 분명히 하고 이해와 평가를 돕기 위해 필요한 주註들을 별도로 달아 두었다. 우리는 헌신자들과 여타 독자들이 이러한 노력을 반기고 좋아하기를 바란다. 흠이 없는 번역을 내놓기 위해 모든 노력을 다하기는 했으나, 혹시 간과한 오류가 있더라도 독자 여러분이 너그럽게 보아주기를 바라는 바이다.

사띠쉬 아바드(Satish Avhad)

영역자의 말

어떤 **영적 스승**이 아주 암묵적이고 비의적秘義的인 방식으로, 역시 형이상학적 철학의 추상적 관념에 아주 친숙한 제자들에게 마라티어로 말씀한 변증법적 성격의 격식 없는 법문을, 외국어로 번역하여 그 전체 내용을 사람들이 이해할 수 있도록 명료하게 표현한다는 것은 그 자체로 쉬운 일이 아니다. 본서의 발행인은 내가 J. 크리슈나무르티의 책들을 유려한 마라티어로 번역한 경험이 있다는 것을 알고, 나에게 스리 싯다라메쉬와르 마하라지의 법문집 번역을 요청했다. 나는 많이 망설였으나 한 번 해보겠다고 했다. 그러나 실제로 다양한 내용의 두서없는 구어체 문장들을 현대 영어로 옮기기 시작하면서, 그 작업이 진을 빼는 동시에 힘을 주는 일이라는 것을 발견했다.

그래도 내가 이 작업을 이 정도 수준의 정확도를 유지하며 마무리할 수 있었던 것은, 오로지 레와나싯다(Rewanasiddha)에서부터 스리 사띠쉬지 아바드에 이르기까지 죽 이어지는 이 계보(Sampradaya) **스승**들의 자비로운 큰 은총 덕분이다. 스리 사띠쉬지 아바드 님은 전적으로 나를 지지하셨고, 강요하거나 접먹게 함이 없이 내가 1권부터 2권까지 법문 전체를 다 번역하여 한 권으로 묶을 열정을 안겨주셨다. 그것이 지금, **실재**에 대한 직접 체험을 문자화된 말을 통해서 조금이나마 맛보는 데 관심이 있는 독자들에게 내놓는 이 책이다. 이런 일을 어떤 금전적 이득을 조건으로 맡는다는 것은 지혜로운 요가적 **스승**들의 감로와 같은 가르침을 전한다는 사명 자체에 반한다. 그래서 『바가바드 기타』에서도 표현하듯이, 한편으로는 스승들을 향하고 또 한편으로는 독자들을 향하는 이 임무를 수행하는 동안, 당연히 내 마음에는 (공덕의) 과보를 바라는 어떤 생각도 다가오지 않았다.

  이 저작은 둔가지(Dungaji) 여사가 처음 번역을 시도했으나 번역문의 영어 어법에 손색이 있어 그 타자된 초고를 젖혀두고 나에게 번역이 맡겨졌다. 둔가지 여사의 모든 노력은 칭찬받을 만하며, 헛되이 묻히지 않았다. 왜냐하면 그 원고는 내가 작업을 진행할 골간적 기초가 되었기 때문이다. 그리고 타자된 번역원고 전체를 깔리얀(Kalyan-뭄바이 외곽 도시) 출신의 아나브까르 씨에게 보여주자, 그는 그것을 한 줄 한 줄 통독했을 뿐 아니라 텍스트와 대조하여 개선할 점에 대해 유용한 조언을 해 주었다.

  우리가 간과했거나 전문지식이 부족하여 혹시 범했을 수도 있는 어법이나 문법상의 오류가 있다면, 눈 밝은 독자들께서 너그럽게 눈감아 주시고, 스승님들의 더없이 귀중한 가르침을 그 핵심 취지에서 고려해 주시기를 더없이 겸허하게 요청 드린다.

2005년 10월 12일, 타네(Thane)에서
디와까르 A. 가이사스(D. A. Ghaisas)

편집자의 말

이 책은 스리 싯다라메쉬와르 마하라지의 가르침을 수록하고 있다. 이 가르침은 그의 뛰어난 두 제자 스리 니사르가닷따 마하라지와 스리 란지트 마하라지의 가르침과 동일하다.

스리 니사르가닷따 마하라지와 스리 란지트 마하라지의 제자들, 그리고 본서의 발행인(사띠쉬 아바드)은 최근에 나온 스리 싯다라메쉬와르 마하라지의 위대한 가르침인 『진아 깨달음의 열쇠』라는 책을 여기에 넣기로 했다.

『진아 깨달음의 열쇠』는 스리 싯다라메쉬와르 마하라지의 모든 법문은 물론이고, 스리 니사르가닷따 마하라지와 스리 란지트 마하라지의 법문에 포함된 모든 가르침의 토대가 된다. 스리 싯다라메쉬와르 마하라지 자신이 설한[1] 이 고전적 텍스트는 그 계보의 모든 큰 스승들이 사용한 전통적 방법 속에서 비이원적 베단타(Advaita Vedanta)의 근본 가르침을 설명하고 있다.

그래서 우리는 이 책에 수록되는 스리 싯다라메쉬와르 마하라지 자신의 130개 법문에 대한 서곡으로 이 저작을 넣는 것이 바람직하다고 느꼈다. 원래 마라티어로 출간된 이 법문집은 스리 니사르가닷따 마하라지가 『아디야뜨마냐나짜 요게스와르(Adhyatmadnyanacha Yogeshwar-진아지의 달인)』라는 제목으로 1961년과 1962년에 간행했는데, 이 책을 다시 내야 한다는 스리 란지트 마하라지의 뜻에 따라 2001년에 재출간되었다.

---

[1] T. 편자는 원서 초판과 2014년 판에서 "저술한(written)"으로 표현했으나, 정확하지 않다. 이 『열쇠』는 마하라지의 법문을 Poredi라는 제자가 기록·편집한 것으로 알려져 있다.

우리는 이 위대한 가르침을, 다양한 배경의 모든 구도자들은 물론이고 영적인 문헌을 접해 보지 않은 사람들조차도 쉽게 이해할 수 있도록 유려한 현대적 영어로 내놓기 위해 모든 노력을 기울였다.

스리 사티쉬 아바드 님과 스리 디와까르 가이사스 님께 큰 감사를 드린다. 이분들이 계셨기에 영어권 구도자들이 이 위대한 텍스트를 접해볼 수 있게 된 것이다.

우리는 이 책을 모든 진지한 구도자들에게 공양물로 내놓으면서, 그분들께 말한다. "그대가 그것입니다(You are That)."

무엇보다 특히, 우리는 이 책을 스리 싯다라메쉬와르 마하라지, 스리 니사르가닷따 마하라지, 그리고 스리 란지트 마하라지의 발 앞에 헌신의 한 공양물로 겸허히 올리면서, 그분들께 아뢴다. "자이 구루(Jai Guru!)"[2]

편집자

---

2) T. "스승님께 승리를!" 또는 "스승님 감사합니다"라는 뜻이다.

진아
깨달음의 열쇠

1. 진아지의 중요성

　이 설명을 시작하면서 먼저 **스리 가네쉬**(Shri Ganesh)께, 이어서 **스리 사라스와띠**(Shri Saraswati)께, 끝으로 **스리 사드구루**(Shri Sadguru)께 숭모의 마음을 바친다. 이 순서로 예경을 바치는 이유는 무엇인가? 만일 어떤 사람이 "이 숭모의 순서가 바뀌면 혼란이 옵니까?"라고 묻는다면, 그 답은 "그렇다, 혼란이 올 것이다"일 수밖에 없다. 왜냐하면 **스리 가네쉬**는 명상과 **내관**(內觀)의 신이고, **스리 사라스와띠**(학문과 지혜의 여신)는 말을 통한 가르침의 설명을 주관하는 신이기 때문이다. 이 두 신의 도움을 받아 구도자의 심장 안에서 일어나는 '진아의 빛'이라는 형상을 한 신이 다름 아닌 사드구루, 곧 **참스승**이다. 따라서 사드구루가 스리 가네쉬와 스리 사라스와띠 다음에 숭모를 바치는 대상이어야 한다. 주제에 대한 이해가 확고해졌을 때만 '**참스승의 은총**'이 내려온다. 이 텍스트의 주제에 관한 설명과 그에 대한 내관만으로 구도자가 목표에 이르게 되지는 않을 것이다. 따라서 우리는 스리 가네쉬와 스리 사라스와띠 두 분도 경건하게 숭모해야 한다.

　이 텍스트의 주제를 구도자에게 제시할 때는 이 **전통**(Sampradaya)에서 통상적으로 따르는, 베단타의 가르침을 설하는 오래된 방법이 있다. 이 방법에 따르면 먼저 **참스승의 드러난 형상**을 눈으로 본다. 그런 다음 스승의 말씀을 통해, 베단타의 가르침에 대한 지식과 이 귀중한 가르침의 가치와 중요성이 찬양된다. 그런 다음 어떤 **만트라**(Mantra)[오묘한 뜻의 신의 이름이나 연구]가 주어지고, 구도자는 단기간[보통 몇 주 동안] 그 **만트라**를 염하는 수행을 하면서 그 만트라의 의미를 내면에 새겨야 한다. 이것은 그 구도자가 마음을 더 미세하게 만들어, 이어지는 가르침을 더 쉽게 이해하고 깨달을 수 있게 하는 방편이 된다.

위에서 개략적으로 말한 **성자들**의 방법에 의하면, **참스승**은 이어질 주제에 대해 먼저 설명한 다음, 그것의 특징을 일러주고, 마지막으로 그 주제에 대한 상세한 지식을 전수해 준다. 대부분의 학교에서 어떤 주제를 아이들에게 가르칠 때는, 가르치려는 학과목에 대해 선생님이 먼저 구두로 일러준다. 이것을 유치원식 방법이라고 한다. 마찬가지로, **참스승**은 먼저 (**만트라**를 통해) 여러분에게 **실재**에 대한 어떤 개념이나 관념을 구두로 베푸는데, 그것을 내관해야 한다. 염송이나 찬송을 통해 이 관념이 지워질 수 없이 마음에 새겨질 것이다. 이것을 '**참스승**의 **전통**'이라고 한다. 이 방법을 통해 구도자는 더 빨리 성과를 얻는다. 그렇게 되게 하라.

나중에 **스승**이 **진리**[주제]를 보통의 지성을 가진 구도자에게 설명하면, 구도자는 **참스승**이 전해 주는 말씀과 그가 가르치는 '**그것**(That)'에 대해 이해한다. 그러나 주된 어려움은 지적으로 이해한 것을 체험적으로 깨닫는 데 있다. 우리는 **참스승**이 그 주제에 대해서 설명해 주는 것을 통해 **진아**(Atman)가 무엇인지 이해한다. 그러나 의심이라는 유령이 구도자의 마음속에서 "내가 어떻게 **진아**가 될 수 있나?"라는 형태로 솟아오르고, 구도자의 마음 자세는 의심에서 벗어나지 못한다. 지적인 이해는 있지만 깨달음은 없다. 그 치유책은 결의를 가지고 공부하고, 그 가르침을 배우는 것이다. 꾸준한 반복적 공부가 없으면 그것을 충분히 흡수하고 깨닫지 못할 것이다. 예를 들어, 글씨 교본에 나와 있는 글자들은 아주 예쁘다. 우리는 이것을 이해하지만 처음에는 그 글자들을 똑같이 쓰지 못한다. 그러나 그 글자들을 반복해서 쓰다 보면, 그 연습 또는 공부 덕분에 펜이 종이에 닿자마자 글자들이 예쁘게 써진다. 여기서 혹자는 이렇게 물을지 모른다. "그 주제를 잘 배우려면 얼마나 많은 공부나 연습이 필요한가?" 그 답은, "그 공부와, 그 연습 또는 노력은 각자의 능력에 따라, 그것을 이해하거나 깨달을 때까지 가차 없이 계속되어야 한다."는 것이다.

여기서 반복 학습의 중요성을 구도자의 마음에 새기기 위하여 하나의 일반 원칙을 말할 수 있다. 보통의 지성을 가진 사람은 두세 번 설명해 주면 무엇을 이해할 수 있다. 만일 열 번이나 스무 번 그것을 반복하면 그것은 하나의 습관이 된다. 백 번을 반복하면 하나의 중독증같이 된다. 천 번쯤 익숙해지면 그것은 그것을 닦는 사람의 내재적인 성품이 된다. 우리가 황마의 섬유를 보면, 그것이 워낙 섬세하고 가늘어서 바람이 불면 사방으로 흩어진다. 그러나 그 섬유들을 한데 꼬아 밧줄을 만들면 아주 강해서, 힘세고 난폭한 코끼리도 말뚝에 묶어둘 수 있다. 이러한 유형의 수행에서 반복 학습의 힘도 그와 마찬가지로 크다.

빠라브라만(Parabrahman)이 **일체에 편재하며 영원히 자유롭**다는 것은 실로 진실이다. 그러나 허공의 형상인 마음은, 생에서 생을 거듭하는 과정에서 방향이 잘못된 연습과 공부로 인해 우리의 내면에서 워낙 강해져, 그 **영원히 자유로운** 브라만을 몸과의 동일시라는 생각 속에 가두어 버렸다. 이것이 반복 연습의 엄청난 결과이다. 성자 뚜까람(Tukaram)이 말했다. "이룰 수 없는 모든 일은, 반복된 공부와 연습으로만 이룰 수 있다." 이 공부의 중요성을 인식하는 구도자는 **가네쉬**와 **사라스와띠**를 숭배해야 한다. 이는 그가 지속적인 명상으로 자신의 역량을 발휘하고, **진리**에 대한 설명을 반복해 들으면서 배워야 한다는 것을 의미한다.

이제 이 공부를 시작하기 전에 구도자는 이 주제와 관련되는 다른 많은 것들을 아는 것이 바람직하다. "나는 몸이다"라는 환幻이 인간에게 왜 일어났는가? 그 인간이 태어날 때 그의 조건은 어떠했는가? 그는 어떻게 해서 이 '나'와 '내 것'이라는 관념을 갖게 되었는가? 세상에 살면서 그의 상태는 두려움에서 벗어나 있었는가? 만일 그렇다면 그는 누구의 어떤 도움을 받아 그 두려움을 없앴는가? 이런 모든 것을 고려해야 한다.

첫째로, 그 인간은 어머니의 자궁이라는 작은 공간 속에 뒤틀린 채 누워 있었다. 태어나자 그는 이 무한한 세계 속으로 들어와 살짝 눈을 떠 주위를 둘러보았다. 광대한 공간과 엄청난 빛을 보자 눈길을 돌렸고, 충격에 빠졌다. "내가 혼자 온 여기가 어디지? 누가 나를 지지해 줄까? 내 운명은 어떻게 될까?" 이런 두려움이 그의 마음속에 일어났다. 태어난 직후 그는 그 최초의 충격과 함께 울기 시작했다. 얼마 후 누가 꿀 한 방울을 주자 그것을 핥았다. 이와 함께 그는 모든 일이 잘 되고 있고, 자신이 누군가의 지지를 받고 있다는 생각에 안도감을 느꼈다. 그래서 자신을 진정시켰다. 그러나 첫 번째 공포의 충격이 워낙 마음속에 아로새겨져 작은 소리에도 놀라게 되었다. 그래도 꿀, 즉 엄마의 젖을 먹게 되면 다시 조용해지는 것이었다. 이런 식으로 인간은 매번 외부의 도움을 받으며 부모의 지지에 의존하게 되었다. 그가 더 자라자 부모는 물론이고 아이인 그를 돌봐주는 사람들도 그에게 세상에 대한 지식을 전해주기 시작했다. 그 후 학교 선생님들은 그에게 지리·기하·지질 등 다양한 물리적 학문을 가르쳤다. 티끌처럼 무가치한 것들이기는 하지만 말이다.

사람이 '청소년'기에 접어들면, 다시 자신의 삶을 떠받쳐 줄 다른 지지물들을 찾는다. 세간에서 삶의 지지물은 돈·아내 등에서 온다고 정해져 있으므로, 그는 재산을 모으고 아내를 얻는다. 그는 이러한 세간적 지지물들만으로 자신의 삶이 유지될 수 있다는 것을 당연시하고, 자신의 삶을 낭비한다. 명성·학식·권력과 권위·재산·아내를 가진 그는 더욱 번영하며, 더욱 더 (세간사에) 말려든다. 그의 주된 소유물이자 전부나 다름없는 지지물들은 아내·재산·지위·젊음·아름다움·권위이다. 이 모든 것에 대해 특별한 자부심을 갖고 세속적인 데 도취된 인간은 자신의 **진정한 성품**을 알 기회를 놓쳐 버린다. 돈에 대한 자부심, 권위에 대한 자부심, 아름다움에 대한 자부심이 그 사람을 흡수하면서, 그는 자신의 **진정한 성품**을 잊는다. 결국 위의 소유물들은 하나씩 줄어들기 시작한다. 이 소유물들이 자연법칙에 따라 떨어져 나가기 시작할 때, 예전에 받았던 애초의 충격에 대한 기억이 그를 뿌리째 흔들고, 그는 좌절하게 된다. 공황에 빠진 그가 묻는다. "이제 어떻게 하나? 내가 사방에서 지지물을 잃고 있구나. 나는 어떻게 될까?" 그러나 이 무지한 사람은 모든 소유물이 가지고 있던 단 하나의 견고한 지지물은 그 자신의 **존재**, 곧 '**내가 있다**(I Am)'는 느낌이었다는 것을 이해하지 못한다. 오직 그 지지물에 의해 돈이 그 가치를 지녔고, 아내가 매력적으로 보였으며, 그가 얻은 명예가 가치 있는 것으로 보였고, 학식이 그를 지혜롭게 했고, 그의 형상이 아름다움을 얻었고, 그의 권위가 권력을 휘두를 수 있었던 것이다. (그에게 우리는 이렇게 말할 수 있을 것이다.) "가여운 사람아, 그대 자신이 곧 위에서 말한 모든 부富의 지지물이다! 부富가 그대를 지지했다고 느끼는 것보다 더 큰 역설이 있을 수 있는가?" 어떤 사람이 이 부富·권력·여자·젊음, 형상의 아름다움, 명예에서 더 나아가 부정한 재산을 얻게 된다면, 그의 행위는 얼마나 이상하고 뒤틀린 것이 되겠는가?

언젠가 한 시인은 (마음의 장난을 묘사하여) 이렇게 읊었다. "그것은 무엇보다도 원숭이인데, 거기다가 술에 취하고, 게다가 전갈이 그를 문다네." 그런 시인조차도 이 인간의 우스꽝스러운 부조리함을 보면 붓을 내려놓고 자신의 시적 재능과 작별을 고할 것이다. 자신의 몸을 신으로 여기면서 밤낮으로 그것을 숭배하는 데 몰두해 있는 그런 부류의 사람은 제화공이나 같다고 봐야 할 것이다. 여기 적절한 속담이 있으니, 참바르(*chambhar*)의 신은 가죽신발로만 숭배해야 한다는 것이다.[1] 이것은 그런 사람이 이 '신'[몸]을 숭배하는 방식을 우리에게 말해준다. 무신론자의 헌신은 자기 몸에 음식을 먹이는 것이고, 그의 해탈은 그 몸의 죽음이다. 삶의 궁극적 목표가 자기 몸에게 음식을 먹이는 것이고, 해탈은 곧 죽음인 그런 사람은 **조대신**粗大身(Gross Body)의 수준 이상을 넘어서는 일이 없다. 그의 경우에 그것은 놀라운 일이 아니다. 설사 어떤 불운으로 전 재산을 잃게 되어도, 그는 돈을 꾸어서라도 먹고 마시고 즐기는 자신의 습관에 탐닉할 것이다. 채권자들이 추적해 오면 그는 빚 문제에서 아주 벗어나려고 자신은 상환 능력이 없다고 선언할 것이다. 그러다가 죽음이 닥쳐오면 결국 그냥 죽을

---

[1] 마라티어로 '참바르'는 '가죽을 지고 다니는 사람'이라는 뜻이다.

뿐이다. 그는 왔을 때처럼 세상을 떠난다. 이런 부류의 삶보다 더 비극적이고 비참한 어떤 것이 있을 수 있는가?

남편이 예쁜 코걸이를 사다 주었다고 찬사를 퍼붓는 여자가 자기에게 그 코걸이를 달 코를 준 **하느님**을 왜 생각하겠는가? 마찬가지로, 몸을 삶의 '전부'로 알고 돌보는 동물적 인간들이 어떻게 **신**을 볼 수 있겠는가? 해에게 해로서의 존재성을 부여하고 달에게 달로서의 존재성을 부여하며, 신들에게 신들로서의 존재성을 부여하는 분이 **전능자 하느님**이다. 만물의 지지물이자 모든 존재들의 심장 속에 존재하는, 그러나 인간의 눈에는 보이지 않게 된 분이 바로 **그분**이다. 눈으로 외부의 대상들을 보도록 훈련받는 사람은 외부적인 것만 본다. 마라티어에서 '악샤(aksha)'라는 말은 '눈'과 동의어이다. '아(a)'는 알파벳의 맨 첫 글자이고, '크샤(ksha)'는 마지막 자음들 중 하나이다. 그것은 눈이 보는 모든 것은 알파벳의 이 두 글자 범위 안에 있음을 뜻한다. 눈은 외부의 대상들에 대한 정보나 지식만 가져다줄 것이다. 거친 눈은 거친 대상들을 시각적으로 인식할 것이고, 미세한 감관들은 미세한 대상들을 지각할 것이다. 그러나 마라티어에서 '크샤' 뒤에 오는 알파벳 글자는 '냐(gnya)'이다. 글자 '냐'는 거친 외부적 눈이나 미세한 지성의 눈으로 볼 수 없는 **지**知(Knowledge)를 가리킨다. 따라서 지성(intellect)과 감각기관들은 동의어 '악샤'를 가진 '눈'을 가리킨다. 눈과 마찬가지로 귀·코·혀 등 다른 감각기관들도 모두 바깥을 향하며, 외부의 대상들에 힘입어 계속 존재한다.

지知의 왕['내가 있다']은 모든 감각기관에 영향을 주며, 이 감각기관들에게 다른 감각대상들에 대한 '주인 지위'를 부여하는 듯하다. 그가 감각기관들보다 먼저라는 사실이 누구의 주목도 끌지 못하는 것은 이러한 '외부화' 때문이다. 수많은 탄생을 거치면서 마음과 지성은 바깥만 바라보는 습習을 들였다. 그래서 '내면으로 향하기'가 매우 어려운 과제가 되었다. 그것을 '역로逆路(reverse path)'라고 하는데, 이는 **성자**들이 반대 방향으로 돌아서서 마음이 외적인 것 일체를 완전히 포기하는 것을 바라볼 때 따르는 길이다. 범부가 잠들어 있는 곳에서 **성자**들은 깨어 있고, 범부가 깨어 있는 곳에서 **성자**들은 꾸벅꾸벅 존다. 모든 존재들은 외부의 대상들에 대해 깨어나는 자신들을 발견하고, 이러한 깨어남에서는 굉장한 솜씨를 지니게 되었다. 그러나 **성자**들은 외부의 사물들에 대해 눈을 감았고, 그들이 활짝 깨어 있는 것은 다른 존재들이 잠들어 있는 **진아**에 대해서이다.

백만 루피를 버는 사람은 어떻게 하면 다음날 그것을 두 배로 불릴까를 걱정한다. 그는 더 많이 벌기 위해 자신을 몰아댄다. 그러나 **성자**들은 그에게 경고한다. "돌아서라, 돌아서. **환**幻(Maya)의 소용돌이에 말려들 수 있다. 이 **마야**가 만조滿潮처럼 들어와 있어, 그대가 쓸려갈 수 있다." 이 세계에 점점 더 새로운 혁신을 가져오는 현대의 기술적 진보와 아직 오지 않은 진보들이 **마하마야**(Mahamaya-大幻)의 태풍을 만든다. 여러분은 그 마야의 포로가 될 거라는 것을 분명히 알아야 한다. 이 큰 태풍을 맞은 사람이 어디로 날려갈지 누가 알겠는가? **성자**들은 이 현대의 진보에 정신이 팔린 사람이 여기저기 쫓아다니며 무엇을 얻겠다고 애쓰는 것을 보면, 그에게서 **진아지**眞我知(Self-Knowledge)에 대한 깨어남(awakening)이 일어나게 하기 위해 최선을 다한다. 꿈바까르나(Kumbhakarna)[2])의 형상을 한 세계가 그를 지금의 깊은 잠에서 깨우는 날은 실로 상서로운 날일 것이다.

성자 람다스(Ramdas)와 성자 뚜까람(Tukaram)이 어느 강의 반대편 둑에서 서로 마주보며 만났다는 이야기가 있다. 사마르타 람다스가 손짓을 하면서 성자 뚜까람에게 물었다. "당신은 사람들 사이에서 얼마나 많은 깨어남을 유발했습니까?" 성자 뚜까람은 오른손으로 주먹을 쥐어 그 손등을 입술에 갖다 대는 동작을 취하여, **진아** 깨달음에 관심을 갖는 사람을 어디서도 발견하지 못했다는 뜻을 표했다. 그런 다음 뚜까람 마하라지는 같은 질문을 사마르타 람다스에게 던졌다. 람다스도 깨어난 자가 아무도 없다는 표시를 했다. 그런 뒤 그들은 각자 갈 길을 갔다.

---

2) *T.* 『라마야나』에서 라바나의 동생인 꿈바까르나는 따빠스(*tapas*-고행)를 통해 엄청난 힘을 얻었지만, 여섯 달씩 깊은 잠에 빠지는 나찰羅刹(*rakshasa*)이다.

성자 뚜까람은 이렇게 말한 적이 있다. "**성자들의 의무들을 내가 어떻게 묘사할 수 있는가? 그것들이 계속해서 나를 일깨우고 있다.**" 성자 뚜까람과 사마르타 람다스가 더 이상 육신의 형상으로 우리 곁에 있지 않은 것은 사실이지만, 그들이 우리에게 가르치고 싶었던 모든 것을 『아방가가타(Abhangagatha)』와 『다스보드(Dasbodh)』라는 책으로 남겨주었다. 그들이 우리에게 전해준 위대한 부富는, 더없이 귀중한 유산인 이 책들이다. 누구든지 그들의 계승자임을 자처하는 사람은 비할 바 없이 귀중한 이 유산을 향유하게 될 것이다. 그러나 이 부富를 원하는 사람은 세간적인 삿된 부富에 대한 자부심을 포기해야 한다. 뿐만 아니라, 자신이 훌륭하다고 여기고 애호하는 어떤 행위도 포기해야 한다. 그리고 내면으로 향한 길에서 한 걸음 내디딜 준비가 되어 있어야 한다. 이것이 이 유산의 수혜자가 되기 위한 조건이다.

인간은 자기 몸, 자기 계급(caste), 자기 가문, 자기 종교, 자기 나라에 완전히 몰두해 있으며, 좋거나 나쁜 모든 것이 그의 성품 안에 있다. 자부심의 이런 다양한 유형들 모두가 그를 장악하고 있다. 이 다양한 자부심의 유형에서 완전히 벗어나기 전까지는, 그가 **성자들**이 남겨놓은 이 보배 유산에서 이익을 얻는다고 어떻게 주장할 수 있겠는가? 가슴으로 진지하게 자부심을 포기하는 사람만이 이 부富의 수혜자가 될 수 있다. 생을 거듭하며 형성한 탓에 자신의 제2의 천성이 되어 버린 이런 다양한 유형의 자부심을 자각하는 사람에게는 희망이 있다. 만일 이 자부심을 진지하게 포기한다면 말이다. 그는 좌절할 필요가 없다. 노예가 자신이 노예라는 것을 깨닫게 되면, 즉시 자유를 얻기 위한 방도를 찾기 시작할 것이다. 어떤 노예가 자신의 노예 상태에서 기쁨을 발견하고, 그 상태를 지속하기 위해 갖은 노력을 다한다. 그는 자유에 이르는 대로大路가 존재한다는 것을 생각도 못하는데, 나중에야 자신이 노예 상태라는 것을 아는 때가 온다. 마찬가지로, 남들보다 앞서겠다는 야망이 실은 자신을 내리막길로 데려간다고 느끼는 행운을 가진 사람은, 그날부터 **성자들**이 보여준 역방향을 얼핏 보게 될 것이다. 그는 서서히 자동적으로, 새로운 길을 향해 걸음을 내딛는 노력을 하기 시작한다.

다양한 유형의 자부심이 단번에 사람을 떠나지 않을 수도 있다. 만일 구도자가 자신이 간직한 자부심을 자각하기로 완전히 결심하여 그것들을 하나하나 떠나기 시작한다면, **무한히 자비로운 하느님**이 반드시 그에게 도움의 손길을 내밀 것이다. 만일 사람이 사악하거나 삿된 행위에 자부심을 갖고 있다면, 선한 행위에 대한 자부심을 증장하여 그것을 상쇄해야 한다. 그러면 그의 모든 나쁜 성질을 근절하게 된다. 좋은 성질들을 배양하고 계발해야 한다. 그러나 그런 것들에 집착하면 안 되며, 선한 행위에서 일어나는 자부심도 서서히 버리기 시작해야 한다. 여기서 한 가지 의심이 일어날 수 있다. 악덕은 버릴 만하지만, "왜 우리에게 좋은 성질들도 버리라고 말하는가? 어쨌든 좋은 성질들은 늘 좋은 것인데"라는 의심 말이다. 친애하는 구도자들이여, **진아지**를 성취하려는 추구와 관련하여 악덕과 나쁜 성질들에 비해 좋은 성질들을 갖는 것이 더 나아 보이기는 하나, 좋은 성질들을 가지고 있으면서 그것을 마음속에 소중히 간직하는 것은 실은 백 배나 더 나쁜 것이며, 참으로 내버려야 하는 것이다. 이 점을 잘 살펴보라. 구도자는 **성자들**의 조언에 따라 자신의 나쁜 성질들을 떠나려고 노력한다. 그것은 그런 성질에 대한 사회의 비난이나 자기 마음속에서 일어나는 수치심 때문이다. 그러나 좋은 성질들을 가지고 있는 사람은 세상에서 늘 칭찬 받고, 따라서 이런 좋은 성질들에 대한 자부심에 가득 차 있다. 좋은 성질들에 대한 자부심을 놓아 버리기는 매우 어렵다.

나쁜 성질들에 대한 자부심은 아주 쉽게 떠날 수 있지만, 좋은 성질들에 대한 자부심의 경우에는 그렇지 않다. 누구도 자신이 어떤 죄를 지었다는 것을 인정하고 싶어 하지 않지만, 어떤 사람이 4대 성지를 방문한 수천 명의 사람들에게 식사를 제공했거나, **성자들**을 위한 숙소를 열었거나, 신을 수백 만 번 숭배했을 때 품는 자부심은 그의 내면에 워낙 확고하게 자리 잡기 때문에, 그것을 포기한다는 것이 거의 불가능해진다. 여러분이 자신의 세속적 방식을 인식하고 그것을 포기할 준비가 되면 이내 **참스승**(Sadguru)을 발견하게 된다. 그러나 선행을 많이 하기 때문에 사람들이 누구나 찾는 사람은, 자신에게 쏟아지는 찬사에 워낙 깊이 매몰되어 있어 그 자부심으로 인해 **참스승**에게 나아가는 길을 잃어버린다. 우리가 이것을 깨닫는다면, 나쁜 성질들에 대한 자부심은 너그럽게 봐줄 수 있어도, 좋은 성질들에 대한 자부심은 아예 회피하는 것이 최선이라는 결론을 내릴 수밖에 없다. 자신의 좋은 성질들에 대한 자부심과 나쁜 성질들에 대한 자부심 둘 다 **진아지**에 이르는 길에 널린 가시들이다. 한 가시를 다른 가시의 도움으로 빼내면 두 번째 가시[선행에 대한 자부심]가 아직 남아 있는데, 사람은 그것을 셔츠 주머니에 넣어 가지고 다닌다. 그러면 이 가시도 가슴이나 갈비뼈를 찌르지 않겠는가? 만일 도둑을 쇠 수갑으로 묶고 왕을 황금 수갑으로 묶는다면, 왕은 묶이지 않은 것인가?

쇠 수갑을 찬 사람은 그 수갑을 풀어주는 사람에게 감사하는 것이 당연하겠지만, 황금 수갑을 찬 사람은 그것을 풀어주려는 사람에게 달려들어 목을 조일 것이다. 황금 수갑을 영원히 차고 있으려고 온갖 노력을 다할 것이다. 그 이면의 힘은 무엇인가? 이 예에서, 자신의 속박을 그토록 달가워하게 만드는 이 '다정한 적'은 누구인가? 구도자의 진짜 큰 적은 자신의 선행에 대한 자부심이다. 이 자부심이 '**궁극적 진리**(Paramartha)'에 이르는 길을 가로막는 적이다. 따라서 선행에 대한 어떤 자부심도 포기할 필요가 있다. 이것은 엄청난 노력을 요할지 모르지만, 모든 자부심을 포기하지 않고는 구도자가 결코 **지**知라는 부富의 유산상속권을 주장할 수 없다. 많은 사람들은 돈, 아름다운 아내, 지위와 같은 인간의 세간적 부富가 전생에 자신이 한 공덕행의 결과라고 믿지만, 바로 이런 믿음이 '**궁극적 진리**'의 발견에 이르는 길을 가로막는 바위들이다. 따라서 그런 것들은 실은 죄罪[몸과의 동일시]의 결과라고 할 수 있다. 어떤 사람이 자부심에 차게 되면 그에 사로잡히게 되고, 따라서 '**궁극적 진리**'의 길을 밟을 수 없게 된다.

부자와는 반대로 무일푼이고, 아주 못생겼고, 아내도 없고 지위도 없고,

워낙 가난에 찌들어서 배를 채우기 위해서는 누구에게서 얻는 어떤 음식도 기꺼이 먹으려 드는 사람이 있을 수 있다. 그는 자신의 계급·가족·친구들, 그리고 그가 소중히 여기는 모든 것을 잃었을 수도 있다. 이 집 없는 뜨내기는 모든 면에서 벌거벗었을 수 있고, 심지어는 사회의 모든 사람이 그를 딱한 사람이라고 믿을 수도 있다. 하지만 그는 실은 **진아지**를 얻을 자격을 더 갖춘 사람일 수도 있다. 왜냐하면 그는 당연히 자부심에서 벗어나 있기 때문이다. 이 가난한 벌거숭이 같은 사람의 두 귀는 아부의 말로 가득 차 있는 사람의 귀보다 **참스승** 쪽으로 더 빨리 향한다. 자부심에 부푼 사람은 **참스승**의 조언을 받아들일 여지가 없다. 그런 사람은 단 1분도 **참스승**의 조언을 구할 시간이 없다.

  전 인류는 태어나면서부터 환幻에 얽혀들고, 속박 속에서 살아간다. 여기에 더해 인간은 갈수록 새로워지는 발명품에서 나오는 안락과 집착이라는 형태로 자기 주위에 많은 유형의 인공적 속박을 창조한다. 인간이 현대사회에서 살아야 한다면, 전통적 사회관습 규범과 정부의 법령을 준수하고 존중해야 한다. 예컨대 일상 업무를 하기 위해 넥타이를 매는 것은 적절한 사회적 예의로 여겨진다. 이런 식으로 사회의 최신 흐름을 따르다 보면, 자신이 점점 더 많은 자유를 얻는 것처럼 느껴진다.

  현대사회에서는 음주나 마약에 탐닉하지 않거나 매일 면도를 하지 않으면 사회적 낙오자로 간주된다. 그런 사회의 속박 속으로 뛰어들고 그런 어리석은 관념을 가슴에 소중히 간직하게 되면, 자기 자신을 계속 속박할 뿐이고, 무가치한 것들에 대해서 가지고 있는 자부심을 더 키울 뿐이다. 이런 유형의 사회적 속박과 자부심을 완전히 내버리지 않으면, 그리고 '사회적으로 똑똑한' 사람들에 의해 '미친 사람'으로 간주되지 않으면, 우리를 자부심과 그러한 사회적 속박에서 벗어나게 해 주는 마음 상태에 도달할 가망이 없다. **참스승**의 유일한 목표는 사람들이 모든 자부심에서 완전히 벗어나고, 몸과의 동일시를 근절할 수 있도록 돕는 것이다. 만일 구도자가 모든 자부심과 사회적 속박을 다 포기하기 어렵거나, 아내·돈·재산을 공식적으로 포기하고 싶지 않다면, 내면적 포기부터 시작해도 된다. 이것이 성공하면 공식적 포기(renunciation-출가)도 서서히 가능해진다.

내면적 포기란 마음으로써 하는 포기를 뜻한다. 예를 들어, 심한 말로 남들에게 상처를 주는 습習을 가진 사람이 있을 수 있다. 그 구도자가 그 습을 바꾸어 남들에게 친절한 말만 한다고 해서 아무 손해될 것이 없다. 또 하나의 예로, 불필요하게 거짓말을 하는 습을 가진 사람들이 있을 수 있다. 그들의 경우에는 거짓말하는 것을 그만두는 것으로써 포기를 시작해야 한다. 적어도 거짓말을 하지 않으면 큰 재난이 일어날 수 있는 상황이 닥칠 때까지는 말이다. 이런 유형의 정신적 포기는 비용도 전혀 들지 않는다. 이웃사람이 잘되는 것을 볼 때는 그 이웃을 시기하면 안 된다. 그런 결심을 한다고 해서 그 구도자에게 무슨 해가 있겠는가? 이런 식으로 나쁜 성질들을 포기하기 시작하면 외적인 것들을 포기하는 데서도 힘을 얻기 시작한다.

이 세계는 하나의 꿈과 같은데, 이 꿈 같은 세계에서 선이나 악, 공덕이나 죄악으로 여겨지는 그 어떤 것도, 즉 이원적 도덕성의 영역 내에 있는 그 무엇도 진아로 깨어나는 과정에서는 아무 중요성이 없다. 따라서 진아지를 얻으려면 선악·길흉과 같은 이원성의 두 측면 모두를 포기할 필요가 있다. 이것을 이해한다 해도 자부심을 뿌리 뽑기는 여전히 어렵다. 어떤 사람이 자신에게 아무리 자주 "포기하라, 포기하라"고 말해도 자부심에는 조금도 영향을 주지 못할 것이다. 그러나 이 자부심이 왜 자신에게 들어오는지 이유를 발견하면 그것을 뿌리 뽑을 수 있고, 포기가 자동적으로 뒤따를 것이다. 구도자는, 자신이 대상들에 대한 자부심을 갖는 이유는 그 대상들이 참되다고 믿기 때문이라는 것을 알아야 한다.

만일 우리가 대상들은 일시적 겉모습일 뿐이라는 것을 이해한다면, 그리고 대상들이 실제로 참된 행복을 가져다줄 수 없다는 것을 납득한다면, 그 대상들의 외관상 실재성은 자동적으로 희미해진다. 그럴 때 우리는 이전까지 참된 것으로 소중하게 여기던 그 대상들에 대한 무집착을 계발할 수 있게 된다. 타마린드(tamarind) 깍지처럼 생긴 목제 완구는 진짜 타마린드 깍지가 아니고 나무로 만든 것이다. 그러나 그 차이를 알 수 있는 분별 능력이 없으면, 목제 타마린드를 보는 순간 분명히 입에 군침이 돌기 시작한다. 그 이유는 그것이 진짜라고 확신하기 때문이다. 그 타마린드가 나무로 만든 것임을 알게 되면 그 완구의 예술적 혹은 미학적 선線들을 감상할지는 몰라도, 그것이 침샘에 영향을 주지는 않을 것이다. 이런 분별지分別知, 곧 그것이 실재하지 않는다는 인식이 그 대상에 대한 참된 무집착을 가져온다. 이 사례는 대상들에 대한 무집착이 그것들의 참된 성품에 대한 이해에서 일어난다는 것을 보여준다. 이 세상에서 대상들을 얻는 일이 부질없다는 인식이 마음에 돌이킬 수 없이 새겨지지 않는 한, **진아지**를 성취하기는 어렵다. 대상들의 거짓된 성품을 이해하지 못하면 결코 **실재하는 것**을 열망할 수 없을 것이다. 우리의 지성이 거짓된 것을 참되다고 믿는 한, 거짓된 것에 대한 포기는 있을 수 없다. 세계에 관한 그릇된 지식이 **참스승**의 조언 덕분에 제거되는 날, 우리는 이 전 세계가 하나의 일시적 겉모습일 뿐이라는 것을 납득하게 된다. 그럴 때 우리는 세계를 보면서 그것을 마치 하나의 영화나 오락거리처럼 평가할 수 있게 되며, 그렇게 해서 얻은 무집착을 가지고 담담히 머무를 수 있다.

진아지가 없는 무집착(detachment)은 우리가 화장장에서 진행되는 과정을 지켜볼 때 경험하는 것과 같다. **진아지**가 없으면 진정한 포기가 있을 수 없고, 포기가 없으면 **진아지**가 있을 수 없다. 이것은 역설이다. **성자들은 스승과 신**에 대한 헌신, **스승과 신**에 대한 찬가(Bhajans) 부르기, 성지聖地 방문, 자선 등과 같은 수단을 통해 이 상황을 타개하는 다양한 방법을 우리에게 베풀어 왔다. 이와 같이 **성자들**은 무수한 구원 수단을 인류에게 제공해온 것이다.

인간의 본성상 만일 어떤 사람이 무엇을 강제로 빼앗기면 엄청난 고통을 겪는다. 그는 그 물건을 되찾기 위해 끈질기게 노력할 것이다. 하지만 자신의 자유 의지로 그 물건을 단념하기로 하면, 그 포기는 그에게 크나 큰 기쁨을 가져다 줄 것이다. 강요당하면 보통 한 푼도 쓰지 않으려 하는 사람도, 스스로 마음먹으면 종교 집회에서 사람들에게 식사를 제공하기 위해 많은 돈을 쓸 것이다. 그러나 자부심이 매우 강한 사람들조차도 **성자들과** 어울리거나 **바잔**(Bhajans)을 부르고 난 뒤 어떻게 달라졌는지를 말해주는 무수한 사례가 있다. 이전에는 자부심 때문에 다른 사람의 뜻에 복종하려 들지 않던 사람도, 이제는 어떤 사람, 심지어 사회적 지위가 훨씬 낮은 사람에게도 기꺼이 복종하여 머리를 숙일 것이다. 그가 **성자들과** 친교를 유지하면 자연스럽고도 쉽게 자신의 계급이나 사회적 지위에 대한 자부심을 완전히 잊어버린다. 자부심에 가득 차 있었고, 집에서 이마에 백단향액(sandalwood paste)을 바르는 것도 부끄러워하던 그 '잘난 사람'이 이제는 부끼(bhuki)[검은 가루]를 얼굴에 발라주는 것을 받아들이는데, 이것은 자부심이 전혀 없음을 나타낸다. 전에는 노래하고 춤추는 것을 천하게 여기던 사람이, 자기 자신과 자기 몸을 잊고 파트너와 함께 황홀경 속에서 춤추기 시작하고, 그러면서 신의 이름을 찬송한다. 성자들은 구도자들이 어떻게 이와 같이 자부심을 버리는지 알고, 일상 수행으로 **바잔**과 **예공**禮供(Pooja)의 가르침을 인류에게 베푼 것이다. 이 가르침과 함께 그들은 **진아지**의 길로 점진적으로 나아가는 법을 보여주었다. 이런 방식으로 그들은 구도자에게, 세간의 대상들을 포기하기가 얼마나 쉬운지, 그리고 어떻게 자부심을 버리고 마음의 태도를 맑힐 수 있는지를 각인시켰다.

 진아지는 자신의 **진아**에 대한 지知이다. 우리가 실제로 누구인지를 인식하면, 무엇이 영원하고 무엇이 일시적인가에 대한 판정이 자동적으로 이루어진다. 그러면 아주 자연스럽게, 무상한 것을 포기하고 영원한 것을 수용하게 된다. 사물들의 일시적인 성품 때문에 해체에 대한 공포가 있을 수밖에 없다. 이 해체, 곧 죽음의 공포에 압도되는 사람은 특정한 것을 빼앗기지 않으려고 부단히 노력한다. 자기 돈을 지키려고 갖은 조심을 하고, 자기 아내의 젊음과 미모가 쇠퇴하지 않게 하려고 열심히 노력하며, 자신의 지위와 권위를 유지하려고 분투한다. 그러나 아무리 애를 써도 그가 바라거나 욕망하는 대로 되는 일은 없다. 누구도 자기 운명을 피할 수 없고 죽음은 모든 것을 앗아가므로, 일체가 결국 죽음의 턱 속에서 부서질 것이다. **브라마**(Brahma) 같은 **신들**조차도 죽음의 공포에서 자유롭지 않다.

그와 같이 공포에 시달리는 사람에게 그가 원하는 모든 것을 준다 한들 그가 두려움을 피할 수 있겠는가? 그에게 필요한 것이 있다면 그것은 '두려움 없음(fearlessness)'이라는 선물이다. 구도자는 자신을 공포에서 영원히 벗어나게 해줄 것을 찾아야 한다. 인간이라는 이 거지는 **진아**라는 자신의 보배를 잃어버리고 "나는 몸이다, 나는 몸이다"라고 끊임없이 외쳐댄다. 그리고 늘 불만에 차서 "나는 이것을 원해, 저것을 원해" 하면서, 무엇을 구걸하며 세상을 돌아다닌다. 그를 참으로 달래줄 수 있는 것은 **진아**라는 선물뿐이다. "나와 내 처자식, 그리고 내가 내 것이라고 여기는 돈은 어떻게 될 것인가?"라고 외치는 사람은 늘 마음이 동요되고 언짢다. 이런 부류의 사람에게는 두려움 없음이라는 선물을 주어 두려움이 없게 해주어야 한다. **참스승**만이 충분히 관대하여 '두려움 없음'의 선물을 하사할 수 있고, 이것이 모든 선물 중에서 가장 고상한 것이다.

왕과 황제들, 심지어 신들조차도 이 두려움 없음이라는 선물만은 하사하지 못한다. 지상의 모든 부富가 황제의 발아래 있다 해도, 그는 외적의 공격을 생각하기만 해도 두려움으로 안절부절못한다. 주 **인드라**(Indra-제석천왕)조차도 '신들의 왕'이라는 자신의 지위가 어떤 현자가 닦는 고행과 수행에 의해 흔들릴지 모른다는 생각에 밤낮으로 불안해한다. 이 점에 대해 깊이 생각해 보라. 두려움에서 벗어나지 못한 이들이 남들에게 두려움 없음이라는 선물을 줄 수 있겠는가? 진아 안에 자신을 확립하고 몸과의 동일시를 소멸하여 두려움을 깊은 곳에서부터 뿌리 뽑아 버린 **큰 성자들**— **마하트마들**—만이 두려움 없음이라는 선물을 하사할 수 있다. 이런 **마하트마들**을 제외하면, 무수한 신들·악마들·인간들은 무일푼의 거지와 같다. 그들은 **참스승**에게 귀의하지 않고는 두려움 없음이라는 선물을 결코 얻을 수 없다. 신들은 신적인 부富에 대한 자부심을 가지고 있고, 악마들은 그들 자신의 사악한 부富에 대한 자부심을 머리에 이고 다니며, 인간들은 그들 자신의 무거운 짐에 짓눌리고 있다. 신들이라고 해서 남의 짐을 머리에 이고 다니는 하인들보다 더 나을 것이 없다. 그럴진대 인간인 거지의 비천한 지위는 어떠하겠는가? 손을 뻗어 그들의 짐을 내려주고, 동시에 두려움 없음의 선물로써 그들을 축복해 주는 이는 **참스승**뿐이다.

온갖 다양한 유형의 지식 중에서 **진아지**가 최고이며, 모든 길 혹은 다르마(dharma)[사람의 종교 혹은 성품] 중에서 **스와다르마**(Swadharma-'자신의 다르마')가 가장 고귀한 것이다. **마하트마**들은 사람들 사이에 **진아지**를 전파하고 그들에게 **스와다르마**의 의미를 가르친다. 세간에서는 사람들이 점성학·흑마술·홍보술, 14가지 학문과 64가지 기예技藝(arts)를 가르친다. 그러나 진아의 지知를 제외한 그 모든 지知는 가짜 지知이다. 성자들은 이런 다른 지식 유형을 인정하지 않고 **진아의 지**知만을 전파한다. 서로 경쟁하는 많은 선교사들은 자기 의견을 강조하며 조언한답시고 이렇게 말한다. "내 종교가 가장 고상한 것이고, 다른 모든 종교는 멸망에 이르게 하는 것일 뿐입니다." 그들은 조언은 물론이고 때로는 뇌물이나 사람들의 집을 불태워 버리겠다는 협박을 통해, 때로는 사람들을 죽이기까지 하면서 개종이라는 그들의 신성한 임무를 완수한다. 옛날과 별로 달라진 것 없는 이런 유類의 종교 전도는 오늘날에도 계속되고 있다. 강요와 횡포로 가득 찬 이러한 종교 해적질은 인류의 행복을 이루는 데 아무 쓸모가 없다.

성자 람다스는 말했다. "만일 세상의 모든 다르마 중에서 가장 고귀한 단 하나의 다르마가 있다면 그것은 **스와다르마**이다." **스와다르마**는 자신의 '**참된 성품**(True Nature)' 안에서 사는 것을 의미한다. 자신의 타고난 성품 안에서 사는 것이 **스와다르마**이며, 그 사람이 어떤 계급·종교·민족에 속하든 관계가 없다. **스와다르마**를 이해하려면, 개미든 곤충이든, 모든 생명 형태 안에 그것이 존재한다는 것을 깨달아야 한다. 우리의 **참된 성품**이야 말로 **스와다르마**이며, 종교로 가장한 다른 모든 길과 교파 집단들은 **빠라다르마**(Paradharma)이다. **빠라다르마**란 '진아 아닌 것'과 관계되는 종교들을 의미한다. 이런 다양한 교파 집단과 종교들은 일정한 규칙과 방법을 부과하지만 그런 것들은 우리의 진정한 성품에 낯선 것이다. 이와 같은 방식으로 우리는 스와다르마와 빠라다르마를 정의할 수 있다. 만일 현재 받아들여지는 스와다르마의 의미를 우리가 당연시한다면, 그것은 부조리한 것으로 여겨질 수도 있다. 어떤 창녀가 있다고 하자. 그녀도 그 직업과 관계되는 다르마, 그녀의 성품을 가지고 있다. 그녀는 그것이 자신의 스와다르마, 곧 자신의 참된 성품, 자신의 참된 다르마라고 믿으면서 그것을 부지런히 따른다. 그리고 자기 딸에게도 요람의 아기 때부터 그것을 가르치며, 결국 자기 자신의 다르마를 따르면서 죽는다. 누가 알겠는가? 혹시 어떤 '매춘 스와미'[여자를 밝히는 자]가 나서서 그 여자의 생애담을 종교적 성자들에 대한 어떤 책에 집어넣을지?

주님(크리슈나)은 『바가바드 기타』에서 우리에게 이렇게 주의를 환기시켰다. "스와다르마 안에서 죽는 것3)이 최선이다. 낯선 다르마는 위험으로 가득 차 있다. 이것을 성취하려고 애쓰던 중에 죽음이 닥쳐온다면, 진아에 낯선 다른 어떤 다르마를 따르는 것보다 그것이 더 낫다." 구도자는 주님의 말씀에서 전달되는 그 경고의 중요성을 인식해야 한다. '몸과의 동일시' 관념을 뿌리 뽑는 것이 진아지의 표지標識이다. 마하트마들은 살아 있는 동안에 이러한 유형의 죽음을 체험한다. 이런 유형의 죽음은 다른 사람의 다르마를 따르다가 일어나는 죽음보다 더 낫다. 성자 뚜까람은 말했다. "나는 나 자신의 죽음을 보았지만, 그 독특한 과정을 어떻게 묘사할 수 있을까?" 진아의 것이 아닌 다르마 안에서 살다가 송장의 죽음을 맞는 사람들이, 어떻게 살아 있는 동안의 죽음(생전해탈)이라는 이 과정을 이해할 수 있겠는가? 불운한 사람만이 죽음을 자신의 다르마에 따른 다양한 관습과 의식의 견지에서 생각한다. 몸과의 동일시라는 강한 토대 위에 건립된 다르마들은 유혹과 두려움, 천국과 지옥, 공덕과 죄, 속박과 해탈이라는

---

3) '몸과의 동일시'의 죽음. 이것이 우리를 진아 속으로 데려간다.

이원적 대립을 내포한다.

모든 인간은 **스와다르마**, 곧 그 자신의 성품을 따를 권리가 있다. 그 안에서는 천국의 향락에 대한 유혹도, 연옥에서의 고통에 대한 두려움도 없고, 속박과 해탈도 아무 의미가 없다. 잔인하면서도 참된 한 명제는 이렇게 말한다. "오는 것은 모두 가야 한다." 최근 온갖 '사이비 종교들'이 확산되고 있는 것은 그것들이 새롭다는 것 때문인데, 어떤 경우에는 심지어 정부의 후원을 받기도 한다. 이런 종교들은 분명히 바닥으로 침몰할 것이고, **스와다르마**의 영광과 승리 외에는 아무것도 남지 않을 것이다.4)

주 **크리슈나**는 이 점에 관해 아르주나에게 이렇게 조언했다. "모든 다르마를 젖혀두고 나에게 와서 피난처를 찾으라. 나에게 오고, 저 모든 다르마는 내버려 두라. 그것들은 나에게 이르는 길에 장애물을 만든다. **진아**지의 성품으로 이루어진 **빠라마뜨만**(Paramatman) 안에서 피난처를 구하라. 나를 성취하면 그대의 **진아**를 깨닫게 될 것이고, 그대는 더 할 일이 없을 것이다. 모든 업業(karma)[행위]은 **진아** 안에서 소진된다." 주 **크리슈나**가 아르주나에게 조언하는 형식을 빌려 모든 인간에게 이 조언을 베풀었으니, 사람들은 그가 해준 조언을 받아들여 그 자신을 성취해야 한다.

온 세상을 통틀어 **진아**지만큼 신성한 것은 없다. 다른 모든 일이나 행위는 무의미하다. 이런 맥락에서 우리는 **진아**지 외의 모든 지식과 행위의 유형들을, 그것이 아무 가치가 없거나 아무 결과를 가져오지 않는다는 의미에서 쓸데없다고 생각해서는 안 된다. 다만 그것들은 **스와다르마**를 성취하는 데는 아무 도움이 되지 않는다는 것이다. 예컨대 희생제를 지내면 (그 공덕으로) 아들을 얻거나 천상에 태어나는 결과를 얻을 수도 있고, 경전을 공부하면 그에 통달하게 되며, 여러 신들을 숭배하면 그들을 기쁘게 할 수도 있다. 그렇지만 설사 이 모든 행위가 이 속세에서는 공덕이 있는

---

4) 스리 싯다라메쉬와르 마하라지 시대에 인도(영국 식민지) 정부는 종교계 학교들, 심지어 선교사들에게까지 자금을 지원하는 사례가 많았다. 이 문단에서 마하라지는 진아의 것이 아닌 모든 종교를 '사이비 종교'로 부르면서, 이런 종교들은 우리의 '참된 성품', 곧 '스와다르마'가 아니어서 궁극적으로 지속되지 않을 것이라고 말한다.

것으로 여겨진다 해도, **진아**가 즐거워하지 않고 **그의 은총**을 쏟아주지 않는 한 그것은 여전히 장애이다. 현실 세계에서 최고로 평가되는 성질들도 무자격으로 간주되고, 모든 치유책도 **진아지**에 대한 추구에서는 장애가 될 뿐이다. 현자들은 이것을 잘 알며, 설사 그들이 삼계三界를 다 정복할 수 있다 하더라도 거기에 조금도 신경 쓰지 않는다. 시기하는 자들이 많은 **주 인드라**의 지위도 그들은 까마귀 똥만큼이나 쓸모없게 여긴다. **성자들**은 가슴 속에 단 하나의 욕망밖에 품지 않고 있으니, 그것은 '**브라만과의 합일**(Oneness with Brahman)'을 성취하는 것이다. 다른 모든 것에 대해서는 욕망이 없다. 상서로운 상像들로 대표되는 그 **성자들**은 그들의 **의식**이 몸과 별개가 되었을 때 **브라만**과 하나가 되었다. 보통의 경우 몸은 하나의 송장으로 간주될 뿐이지만, 그런 **마하트마**들의 경우 그 몸들은 숭배할 가치가 있는 것이 되었고, 사람들의 경앙敬仰을 받는다. 이뿐만 아니라 많은 사원들이 그들의 사당 주위에 건립되었다. 이처럼 그들은 온 세상 사람들로부터 숭배와 경앙의 대상이 됨으로써 불멸의 존재가 되었다.

라마 · 크리슈나 · 싯다르타(석가모니) **· 하누만 · 말라리**(Malhari)[5] **· 자가담바**(Jagadamba)[6]는 모두 스승의 형상을 한 **마하트마**들이었다. 그들은 살아 있는 동안 **지**知를 전파하는 일을 했고, 몸을 떠나면서 **신**이 되었다. 지상의 모든 사원들은 이런 **신**들에게 속하며, 그들은 헌신자들의 서원과 욕망에 따라 그들의 소원을 들어준다. 그들은 자신의 수준까지 구도자를 끌어올려주고 그들이 **진아성취**를 이룰 수 있도록 이끌어준다. 많은 사람들은 자신이 숭배하는 **신**이 (그가 **신**의 환영을 볼 때) 그를 만나주고 자신의 일을 이루어준다고 생각하지만, **신**은 그 헌신자가 상상하듯이 한 지점이나 장소에 국한되지 않는다. 그는 그 헌신자의 심장 속에 거주할 뿐만 아니라 모두의 심장 속에 거주하며, 우리가 우리의 일을 하도록 고취하는 **자이**기도

---

[5] *T.* 마하라슈트라 주, 특히 데칸고원 지방에서 숭배되는 신. 시바의 한 형상으로 간주되며, 칸도바(Khandoba), 깐데라오(Kanderao) 등으로도 불린다.
[6] *T.* '우주의 어머니'. 힌두 신화에 나오는 여신.

하다. **마하트마**가 몸을 버린 뒤에도 다시 같은 몸을 취해 그의 삼매에서 나와[죽은 자들로부터 돌아와서] 그 헌신자의 일을 이루어준다고 하는 그릇된 관념은, 누구도 결코 가져서는 안 된다.

여러분이 뿌네(Pune)의 어떤 사람에게 10루피를 보내고 싶다면, 10루피 짜리 지폐나 동전을 숄라뿌르(Sholapur)의 우체국에서 부쳐야 한다. 그러면 2, 3일 후 그 사람이 그 돈을 받았음을 말해주는 영수증을 받게 된다. 그럴 때 여러분이 우체국에 건네준 바로 그 지폐나 동전이 그 사람에게 전해졌는지 물어본 적이 있는가? 없다. 그런 물음이 여러분의 마음속에서 일어난 적도 없다. 여러분의 관심은 똑같은 화폐인가가 아니라 그 화폐의 금액에 집중된다. 그 금액이 그 사람에게 전달되었을 때는 아무 불만이 없다. 마찬가지로, **신**이 된 과거의 이 **성자**들과 **마하트마**들은 오늘날 살아 있는 **마하트마**들이나 그들과 같은 반열의 인물들을 통해 헌신자들의 일이 성취되게 한다. 이런 방식으로 헌신자들의 소원이 이루어지는 것이다.

살아생전에 존경받았고 불멸의 존재가 된 이분들은 어떤 마법적 솜씨를 가지고 있었기에, 몸의 죽음 이후에도 명성을 유지하고 있는가? 그들은 어떤 특별한 배움이 있었기에 사후에도 사람들의 존경을 받는가? 이 세상에는 많은 기예와 학문이 있다. 많은 발견과 많은 모험적 영웅들이 살아생전에 찬양받는다. 이 영웅들은 축하를 받고 화환과 꽃다발로 뒤덮인다. 사람들은 심지어 그들을 어깨에 메고 가면서 그 영웅들에 대한 존경을 표시한다. 그러나 시간이 지나면 사람들이 존경하는 대상이었던 영웅이 곧 그들이 욕하는 대상이 된다. 며칠간 영웅으로 떠받들어지던 사람들이 이내 어떤 모임에서는 비난받는다. 때로는 그들을 비난하는 결의안이 통과되기도 한다. 이들 영웅의 위대함은 인위적인 것이고 오래 가지 않는 것임이 분명하다. 왜냐하면 그들의 '위대함'은 일시적인 배움이나 모험에 기초해 있기 때문이다. 그들의 위대함은 **진아지**와 같이 영원한 평안을 주는 신성한 배움에 기초해 있지 않다. 그것은 어떤 실용적 동기를 지닌 정치처럼 어떤 학擧에 기초해 있다. 정치에서는 시간이 가면서 이름과 얼굴들이 변하고, 물리학에서는 새로운 발견들이 계속 이어진다. 한때 위대하다는 소리를 들었던 사람이 아무 중요성이 없는 것으로 밝혀지는가 하면, 세계의 다른 지역에서는 다른 어떤 사람이 밝게 떠오르기 시작한다. **진아지** 아닌 어떤 학學을 통해 성취하는 위대함은 결국 반대 방향으로 가게 된다. 그래서 이들 '위인들'은 명예나 모욕과 관련되는 달고 쓴 경험들을 하지 않을 수 없다. 그들이 죽고 난 뒤 이 위인들에 대해 굳이 생각하는 사람이 아무도 없다는 것은 놀라운 일이 아니다.

모든 유형의 지知 가운데서 **진아지**(Atma Vidya)가 영원한 평안을 주는 유일한 지知이다. 한 **성자**는 이렇게 물었다. "마음의 평안을 주지 않는 지식이 무슨 쓸모가 있는가?" 세상에는 우리가 접할 수 있는 많은 유형의 학문이 있다. 왜 그런 학문들이 확산되고 있는가? 그 이유는, 누구도 마음의 평안을 가지고 있지 않기 때문이다. 세간의 투쟁들이 조금도 그치지 않고 있다. 왜냐하면 마음의 들뜸이 그치지 않고 있기 때문이다. 왜 그런가? 이 모든 학문과 기예가 **무지** 안에 몰려 있고, 그것들은 사람 마음의 번뇌와 들뜸을 증가시키는 데만 쓸모가 있기 때문이다. 학문과 평안을 연결 짓는 어떤 인과관계도 없다. 다양한 종류의 세균들을 평가하는 사람과, 다양한 학문과 기예 혹은 미적 취향을 점검하는 사람은 마음의 평안에서 오는 행복을 상실하고 있다. 왜냐하면 그들은 자기 자신을 점검할 능력이 없기 때문이다.

자기 집에 있는 동안 잃어버린 것을 자기 집에서 찾지 않고 왜 남의 집에서 찾아야 하는가? "이 사람은 이와 같고, 저 사람은 아무개 아니면 아무개다"라고 대담하게 주장하는 사람이, 정작 자기 자신은 누구인지 모르며, 들뜸에서 한시도 벗어나지 못한다. 어디서 무엇을 끌어낼 수 있을지를 알아낸다든가 많은 주소를 아는 것도, 만일 우리가 자기 자신의 주소를 모른다면 부질없는 짓일 것이다.

2. 네 가지 몸에 대한 탐구 — '나'를 찾아서

이 '나'는 누구인가?

옛날에 '고마지 가네쉬'라는 사람이 살았는데, 그가 사는 곳은 안데리라는 읍이었다. 한번은 이 사람이, 자신의 이름과 함께 "놋쇠문"이라는 문구가 새겨진 도장이 찍히지 않은 어떤 명령이나 문서도 합법적인 것으로 받아들일 수 없다는 관습을 법원 내에 확립했다. 이후로 이 읍의 모든 관리들은 "고마지 가네쉬, 놋쇠문"이라는 도장이 찍힌 문서만 합법적인 것으로 받아들였다. 문서를 합법적인 것으로 만드는 이 절차가 오랫동안 지속된 끝에 결국 그 도장은 공식적으로 안데리 시의 법체계의 일부가 되었다. 그러나 누구도 이 '고마지 가네쉬'가 누구인지 조사해 본 적이 없었다. 시간이 흘러, 어느 날 법원에 제기된 한 소송에서 '고마지 가네쉬, 놋쇠문'이라는 공식 도장이 찍히지 않은 중요한 문서 하나가 증거로 제시되었다. 이 문서는 그 공식 도장이 찍히지 않은 것 외에 다른 모든 법적·통상적 절차의 면에서 완전히 합법적인 것이었다. 사건 심리 도중 그 문서는 "고마지 가네쉬, 놋쇠문"이라는 공식 도장이 찍히지 않았기 때문에 증거로 받아들여질 수 없다는 이의가 제기되었다.

그때 소송의 당사자였던 한 용기 있는 사람이 판사 앞에서, 그 문서는 현 정부 관리들의 관련 서명이 다 갖추어졌기 때문에 완벽히 유효하다고 주장했다. 그가 말했다. "고마지 가네쉬 씨의 도장이 찍혀 있지 않다는 것만 제외하면 모든 면에서 완벽히 합법적인 문서인데, 왜 이 문서를 허용하지 말아야 합니까?" 이처럼 그는 그 도장 자체의 합법성에 의문을 제기했다. 결국 그 도장의 합법성 여부가 쟁점이 되기에 이르렀다. 그 이전까지는 누구도 그 문제를 법원에서 감히 제기하지 않았던 것이다. 이제 그 문제가 처음 제기되었기에, 이 도장의 합법성에 대해 판정해야 한다는 결정이 내려졌다. 그리고 판사 자신이, '놋쇠문' 도장을 찍는 절차가 확립된 경위에 대한 호기심에서 그 문제를 직접 조사해 보았다. 조사 결과, 과거 오래 전에 특별한 지위도 없는 고마지 가네쉬라는 사람이 당시의 행정 체계가 부실한 틈을 이용하여 자신의 이름이 새겨진 도장이 모든 공문서에 사용되도록 했다는 사실을 알게 되었다. 그때부터 모든 공무원이 그 전통을 맹목적으로 계속 따른 것이었다. 사실 판사는 그 고마지 가네쉬가 전혀 비중 있는 사람이 아니었고, 어떤 권한도 없었다는 것을 발견했다. 판사가 이것을 발견하자, 법원은 그 도장이 더 이상 법적인 문서에 필요하지 않다는 결정을 내렸다. 이후로 그 도장은 멸시 당했다.

그와 마찬가지로, 우리는 '나'라는 느낌에 대해 조사해 보아야 한다. 그것이 어떻게, 마치 앞의 이야기에 나온 고마지 가네쉬의 도장처럼, '나'와 '내 것'이라는 도장을 가지고 일체를 지배하고 있는지를 말이다. 자연에서는 두 가지 사물이 결합되면 제3의 어떤 새로운 것이 산출된다는 것이 하나의 일반 원칙 또는 원리이다. 예를 들어, 실 한 오라기가 꽃들을 만나면 이제까지 존재하지 않던 화만華鬘(꽃들을 실에 꿰어 만든 장신구)이 만들어진다. 화만이 존재하게 되면, 그 화만을 만들어내기 위해 서로 만났던 원래 사물들의 이름마저 이내 사라진다. 그리고 화만은 그 자신의 명칭으로 알려지게 된다. '꽃'과 '실'이라는 명칭은 소멸되고 '화만'이라는 새로운 이름이 사용되며, 그 새 이름과 함께 다른 행위들이 계속 일어난다. 흙과 물이 만나 진흙이 생기면 '흙'과 '물'이라는 명칭은 소멸된다. 그와 흡사하게 돌·벽돌·진흙, 그리고 석공이 한데 모이면 '벽'이라는 제3의 물건이 우리 눈앞에 서면서 돌·벽돌·진흙과 석공은 우리의 시야에서 그냥 사라진다.

지知와 **무지**가 결합하면 '지성(intellect)'이라는 특수한 것이 생겨나고, 이 지성을 통해서 세계와의 접촉이 나타난다. 금과 금세공인이 한데 모이면 장신구로서 우리 눈앞에 나타나는 제3의 사물이 산출된다. 그 장신구가 보이고, 금과 금세공인은 잊혀진다. 사실 누군가가 금 속에 '장신구'라고 하는 것이 있는지 알아내려고 하면, 금 외에는 아무것도 보지 못할 것이다. 우리가 어떤 사람에게 금은 건드리지 말고 장신구를 가져오라고 하면 그가 무엇을 가져올 수 있겠는가? (그것이 금인 줄 알면) 우리가 장신구라고 부르는 그 사물은 그냥 사라져 버릴 것이다.

마찬가지로, 브라만과 마야[환]의 결합에서 '나'라는 도둑이 생겨나서 당당하게 "나"라고 말하고, 고개를 치켜들어 브라만과 마야 둘 다에 대한 지배권을 선언한다. 이 '나', 곧 에고는 석녀[마야]의 아들이지만, 전 우주에 대한 무제한의 지배권을 확립하려고 든다. 만일 우리가 이 '나'의 부모를 관찰해 본다면, 그들은 그런 자식을 낳을 수가 없다는 것이 분명하다. 그 자식의 어머니는 마야인데, 그녀는 (원래) 존재하지 않는다. 이 마야의 자궁에서 '나'가 나온 것이다. 그것은 **생명기운**(Life-Energy)에 의해 산출된 것으로 생각된다. 하지만 이 **생명기운**[브라만]은 성별이 없고, 자신이 '행위자 지위(doership)'를 가지고 있다는 주장조차 하지 않는다. 그러니 여러분은 이 '나'가 어떤 종류의 것인지 상상할 수 있을 것이다.

위에서 묘사했듯이, '나'의 존재는 이름뿐이다. 하지만 그는 고마지 가네쉬처럼 도처에서 자신의 이름이 '나'라고 선언한다. 그는 돌아다니면서 "나는 지혜롭다, 나는 위대하다, 나는 보잘것없다"고 말하는데, 그러는 동안 줄곧 자신이 어디서 왔는지를 까마득히 잊고 있다. 대신 그는 자신을 '나'로서 찬미하기 시작한다. 마치 눈을 감은 채 우유를 핥아먹는 고양이가 자기 뒤에서 막대기가 자신을 때리려고 준비하고 있는 것을 모르듯이 말이다. 그가 어떤 권리, 어떤 특권을 받아들이는 즉시, 그에 수반되는 책임도 받아들여야 한다. 어떤 사람이 "나는 어떤 행위를 하는 사람이다"라고 말하는 즉시, 그 '나'는 그러한 행위의 열매를 향유해야 한다. 행위의 열매 혹은 결과를 즐겁게 향유하거나 괴롭게 겪는 것은 그 행위 자체와, 그리고 자신을 행위자와 동일시하는 것과 결부되어 있다.

실은 '나'라고 하는 그런 것은 존재하지 않는다. 그 '나' 이면의 추동력인 행위자 지위 전체가 **브라만** 안에 들어 있을 뿐이다. 그러나 **브라만**은 워낙 영리하여 어떤 사람이 '행위자 지위'에 자부심을 갖는 것을 아는 순간, 그 행위에 대한 모든 책임을 그 '나'에게 덮어씌우고 자신은 초연한 상태로 머무른다. 결국 가엾은 '나'는 생사의 바퀴 위를 구를 수밖에 없는 운명이 된다. 앞서 말한 화만의 예에서, '화만'이라는 이름은 '꽃'과 '실'이라는 이름들이 잊혀진 뒤에 나왔다. 화만이 말라 시들면 아무도 꽃이 시들었다고 하지 않고 화만이 시들었다고 말한다. 또 실이 끊어지면 화만이 끊어졌다고 말한다. 이것은 그 원래의 대상에 대한 '행위자 지위'가 자부심 혹은 그 대상과의 동일시로 인해 제3의 대상 위에 부과됨을 보여준다. 마찬가지로, 실재하지 않는 '나'에게 일련의 불행이 닥쳐온다. 만일 이 불행에서 벗어나고 싶다면, '나'를 떠나야 한다. 그러나 그것을 버리기 전에 이 '나'가 정확히 어디에 거주하고 있는지 알아야 한다. 우리가 '나'를 발견할 때만 그것을 버린다는 이야기를 할 수 있다.

구도자는 자신의 중심에서 이 '나'에 대한 탐색을 시작해야 한다. 그것은 결코 우리의 밖에서 발견되지 않을 것이다. 모든 인간은 이 '나'라는 느낌, 곧 에고와, '내 것'이라는 느낌, 곧 소유의 느낌으로 가장자리까지 가득 채워져 있다. 세상의 모든 행위는 이 에고와 '내 것'이라는 느낌의 힘에 의해 이루어진다. 모든 인간은 '나'(에고)가 있다고 가정하는 것을 당연하게 여긴다. 그러나 모든 행위는 이 에고나 '내 것'이라는 느낌 없이도 이루어질 수 있다. 그것이 어떻게 가능한지는 나중에 보게 될 것이다. 지금은 우리가 이 '나'와 '내 것'이라는 느낌에 대해서만 논의하겠다.

이 '나'를 추적하기 위해 먼저 우리와 아주 밀접해 보이는 우리 자신의 **물리적 조대신**粗大身('거친 몸'인 육신)을 조사해 보자. 그것을 분석한 뒤에 이 '나'가 이 몸 안의 어디선가 발견될 수 있는지 살펴보자.

첫 번째 몸 – 물리적 조대신

몸이란 무엇인가? 그것은 손·발·입·코·귀·눈 등 부위들[사지와 기관들]이 한데 모인 것이다. 이 모든 부위들의 집합체를 '몸'이라고 한다. 이 다양한 부위들 중에서 어느 것이 '나'인지 찾아보자. 우리는 손이 '나'라고 말할 수 있지만, 만일 손이 잘려나가면 아무도 "내가 잘려 나갔다"거나 "내가 버려졌다"고 말하지 않는다. 눈이 멀게 되었다고 하자. 아무도 "내가 사라졌다"고 하지 않는다. 배가 부어올라도 아무도 "내가 부어올랐다"고 하지 않는다. 아니, 오히려 우리는 "내 손이 잘렸다"거나 "내 눈이 멀게 되었다"거나 "내 배가 부었다"고 말한다. 이 모든 부위들은 '내 것'으로 이야기된다. 뿐만 아니라 이 모든 부위들의 집합체인 몸 그 자체도 '내 몸'으로 이야기된다. 이렇게 볼 때 모든 사지를, 심지어 그 몸 자체를 소유하고 있다고 주장하는 사람은, 실은 그가 자기 것이라고 부르는 그 몸과는 사뭇 다르다는 것을 쉽게 알 수 있다.

우리는 위에서 '나'가 어떤 부위나 **조대신**粗大身의 사지 중 하나가 아니며, 모든 사지가 '내 것'으로 간주된다고 말했다. 하나의 확립된 일반적 진리 혹은 명제가 있으니, "'나'가 존재하지 않는 곳에는 '내 것'이라고 할 수 있는 어떤 것도 존재하지 않는다"는 것이다. 이 명제로부터, 몸과 사지는 실은 '내 것'에 속하지 않는다는 결론이 나온다. 왜냐하면 어떤 '나'도 거기에 거주하지 않기 때문이다. 동일한 명제가 내 이웃집에도 적용된다. 만일 '나'가 이웃집에 거주하지 않는다면, 그 이웃집 혹은 그 집의 세간이나 관련되는 부분들이 '내 것'이겠는가? 만일 "'나'가 존재하지 않는 곳에는 '내 것'이라고 할 수 있는 어떤 것도 존재하지 않는다"는 명제의 진리성을 입증하고 싶다면, 한 이웃집에 가서 "나는 이 집 주인이고, 이 가정의 부인도 내 것이오"라고 말하기만 하면 족하다. 그리고 그 집 부인이 '내 것'이라는 느낌을 보여주려고 그녀에게 수작을 걸기 시작하면, 어떤 경험을 하게 될지 금방 알 것이다. 그 집의 진짜 주인이 여러분이 세게 때려서 여러분이 이내 "나는 이 집 주인이 아니고, 그녀는 내 것이 아니다"라는 것을 깨달을 테니 말이다. 마찬가지로, '나'를 몸 안의 어디에서도 찾아내지 못한다면 어떻게 그 몸의 사지와 그 몸의 성향들을 '내 것'이라고 말할 수 있겠는가? 여러분이 여전히 그것을 자기 것이라고 부르기를 고집한다면, 왜 그러는지를 알아보라. 또한 자신의 몸을 자기 것이라 여기고 그에 따라 행동하는 모든 인간들의 조건을 면밀히 살펴보라.

인간은 자신의 **참된 자아**(True Self)를 망각하고, 자신이 실제로 누구인지를 이해하지 못한다. 그래서 무수한 종種으로 많은 탄생을 해야 한다. 때로는 벌레가 되어 변소에서 죽기도 하고, 때로는 황소가 되어 멍에를 쓰고 방아를 계속 돌리기도 한다. 어떤 때는 나귀가 되어 쓰레기더미 속에서 뒹굴며 열심히 일을 해야 한다. 그런 불행을 얼마나 많이 겪어야 하는지는 거의 묘사가 불가능할 정도이다. 다른 모든 종들로 태어나기를 거듭한 뒤에 마침내 인간으로 태어나는 행운을 얻는다. 이렇게 사람 몸을 받아 태어나는 것은 특별한 일이다. 왜냐하면 인간은 고등한 지성과 분별의 능력이 있어서 **신**, 곧 **지고아**(Supreme Self)를 알 수 있기 때문이다. 만일 인간이라는 종種의 몸을 본다면, 그것은 심가 축제(Shimga festival-홀리 축제) 때의 저속한 연극에 나오는 잘 차려입은 등장인물에 비유될 수 있다. 이 등장인물은 이렇게 묘사할 수 있다. 그의 얼굴에는 검은 물감이 칠해져 있고, 몸에는 누더기를 걸쳤으며, 목에 신발을 화환처럼 두르고, 신발로 만든 우산을 머리 위에 들고 있다. 그런 다음 이 인물은 나귀 위에 앉아서 거리를 행진하는 행렬에 끼어드는데, 온갖 이상한 소음이 수반된다. 아이러니컬하게도 이 등장인물은 그런 천박한 쇼의 중심에 있는 것을 자랑스러워하며, 거리의 사람들에게 경례를 한다.

마찬가지로, 사람의 몸도 이 찰나적인 쇼의 독특한 일부이다. 얼굴의 모든 아름다움은 코와 눈에 집중된다고 생각된다. 우리는 남자나 여자가 좋은 코와 좋은 눈을 가지고 있으면 잘생겼다, 아름답다고 말한다. 그러나 코란 코 분비물이 나오는 통로 이외에 무엇이란 말인가? 입은 침과 가래로 가득 찬 타구唾具와 같다. 위胃는 도시의 하수처리장과 비슷하다. 몸은 어떤 존경할 만한 이름을 받지만, 그것은 뼈와 살과 피가 집적된 것에 지나지 않는다. 인간을 비천하게 만들고 몸과 함께 비참해지게 함으로써 인간을 깨우치려는 것이 지고아(빠라마뜨만)의 의도이다. 그런 다음 지고아는 인간으로 하여금 행복을 구하여 울부짖게 만들고, 그것을 찾아 사방으로 헤매게 한다. 그럼에도 불구하고 인간은 몸을 큰 선물로 여기며, 그것을 즐거이 미사여구로 묘사한다. 점액의 통로인 코는 어떤 아름다운 꽃봉오리에 비유된다. 눈곱이 잔뜩 나오는 눈은 연꽃 같은 눈으로 불린다. 침으로 가득 찬 타구와 같은 입을 가진 얼굴은 달덩이 같은 얼굴로 불리고, 나무의 굽은 가지 같은 팔다리는 연꽃 손, 연꽃 발로 일컬어진다! 인간은 이런 유類의 행동을 정상이라고 보며, 자신의 어리석음을 부끄러움도 없이 과시한다.

그러나 **위대한 하느님**은 다른 어떤 종에게도 주지 않은 '지성'이라는 경이로운 것을 인간이라는 이 '심가' 등장인물에게 하사한다. 지성이라는 선물을 준 목적은 인간이 **진아**라는 **신적 성품**을 깨달을 수 있게 하여 이 천박한 쇼를 끝내게 하기 위해서이다. 그러나 인간은 이 지성이라는 큰 선물을 잘못 사용한다. 그는 시궁창을 갠지스 강으로, 몸을 하느님으로 보고 그것을 더욱 망치기만 한다. 인간은 몸을 치장하면서 많은 시간을 보낸다. 이 몸뚱이를 '나'라고 여긴 그는, 어떤 여성의 몸을 만나게 되면 그 사람을 자기 것이라고 부르기 시작한다. 그런 다음 그는 '내 것', 곧 소유의 느낌을 그 여성의 몸에 두기 시작한다. 이 '나'가 '내 것'인 것과 접촉하는 덕분에 많은 자녀가 태어나고 전체 가정이 생겨난다. 그 가정은 결국 깨지고, 그 가엾은 남자는 비웃음의 대상이 된다. 이 이야기는 스리 사마르트 람다스(Shri Samarth Ramdas)가 지은 『다스보드』라는 책에서 아주 자세히 묘사되고 있다. 이 책에 담긴 지식을 공부하고 철저히 이해할 것이 적극 권장된다.

우리는 몸 안의 어디에서도 '나'를 찾을 수 없다는 것을 판정했다. 몸이

'내 것'이 아니라는 것 또한 사실이다. 그러면 몸은 누구에게 속하는가? 몸의 '소유주'는 누구인가? 5대 원소[지·수·화·풍·공]가 이 몸뚱이의 소유권을 가지고 있다. 몸이 쓰러지고 나면 이 원소들 각각이 자신의 몫을 챙겨 가면서 그 몸을 파괴한다. 몸은 이 5대 원소의 한 묶음이다. 비유하자면 그것은 한 묶음으로 묶은 옷가지들인데, 이제 각각의 임자들이 옷을 가져가고, 그것을 쌌던 보자기마저 가져가 버린 것과 같다. 그렇다면 어떻게 '묶음'이라고 할 어떤 것이 남을 수 있겠는가? 남아 있어 우리가 볼 수 있는 거라고는 아무것도 없다. 마찬가지로, 5대 원소로 구성된 몸이 일단 풀어지고 흩어져 5대 원소 각각으로 돌아가면, 몸이라고 하는 어떤 물건도 남지 않는다.

이렇게 조사해 보면 우리는 '나'가 몸 안에 있지 않고, 몸이 나에게 속하지도 않는다는 것을 알 수 있다. 5대 원소들의 묶음으로 이루어진 이런 부류의 몸은 '나', 곧 '에고'의 어떤 자부심도 지지해 줄 수 없다. 또한 그것은 몸과의 동일시로 인해 존재했던 관계들, 예컨대 탄생과 죽음, 혹은 몸에 영향을 미치는 6가지 정념[탐욕·분노·욕망·증오·갈망·아만我慢]도 지탱해 줄 수 없다. 이런 것들은 어떤 '나'와도 '내 것'으로서 관계될 수 없다. 몸은 유아기, 청년기 혹은 노년기의 상태에 있을 수도 있고, 검거나 희거나 아름답거나 추할 수도 있다. 또한 질병에 시달릴 수도 있고, 정처 없이 방랑할 수도 있으며, 성지로 순례를 떠날 수도 있고, 삼매에 들어 움직임이 없을 수도 있다. 이러한 모든 태도·속성·변상變相(modifications)은 몸에 속하지만, '나'는 이 모든 것과 별개이다.

물리적 몸(육신)에 대한 이 분석에서, 우리는 '나'가 그것의 모든 성질들과 별개라는 것을 알게 되었다. 덧붙여 우리는 다른 사람의 아름답고 귀엽고 토실토실한 아기가, 우리 자신의 곰보 자국 있고, 더러운 콧물을 줄줄 흘리는 검고 땅딸막한 아들에 비해 우리에게는 아무 가치가 없다는 것을 쉽게 알 수 있다. 다른 사람의 귀여운 아기가 죽으면 우리는 낡고 해진 신발을 잃어버렸을 때만큼도 고통 받지 않는다. 그 이유는 우리가 다른 사람에 대해 동일한 '소유' 혹은 '내 것'의 느낌을 가지고 있지 않기 때문이다. 어떤 특정한 사물이 '내 것'이 아니라는 것, 그것이 다른 사람의 것이라는 것을 알고 나면, 우리는 그 사물에 대해 무관심해진다. 심지어 '다른 누구' 혹은 '딴 사람'의 것인 그 사물을 점차 싫어하기 시작하고, 그러면 그것을 쉽게 포기하게 된다.

몸이 '내 것'이 아니라는 것, 그것은 5대 원소의 것이며 다른 누군가의 재산임을 분명하게 이해하라. 이것을 이해할 때, 그 몸이 소유한 어떤 종류의 속성이라 한들 그것이 어떻게 여러분에게 영향을 주겠는가? 그러니 **물리적 몸**을 떠나서 앞으로 나아가자. 그러나 몸을 떠난다는 것은 그것을 우물에 밀어 넣거나 목에 올가미를 걸어 매달아야 한다는 의미는 아니다. 우리는 몸을 이해함으로써, 그리고 몸에 대한 사실적 지식을 얻음으로써 그것을 떠난다. 몸이 실제로 무엇인지를 알면 그것에 대한 과도한 관심이 가라앉고, 우리는 그것을 넘어설 수 있다. 그리고 몸은 자동적으로 포기된다. 만일 몸을 일부러 물리적으로 파괴한다면, 우리는 분명 거듭거듭 다시 태어나게 된다. 몸에 대한 완전한 포기는 **실재**와 비실재의 분별을 통해서 성취된다. 우리는 사람 몸을 가지고 있는 동안 분별을 사용하여 자연스럽게 포기의 상태에 도달하며, 이때 몸은 환생의 원인이 되는 것이 아니라 우리를 생사윤회에서 아예 해방시키는 능력을 갖는다.

다섯 가지 해체(dissolution)가 있다. 그것은 다음과 같다.

1) **죽음**을 통한 해체
2) 매일 일어나는 해체, 곧 **깊은 잠** 속의 해체
3) **창조주**(Brahma)와 **창조계**의 해체
4) 한 겁劫(Kalpa)[1천 유가(Yugas)]의 해체
5) **생각**, 곧 **분별**에 의한 해체

이 다섯 가지 유형의 해체 가운데 누구나 몸과 관련되는 해체, 즉 매일 일어나는 해체인 **깊은 잠**과는 친숙하다. 깊은 잠 속에서는 우리의 몸을 포함한 전 세계가 해체된다. 그러나 깨어나면 몸과 세계가 우리가 잠들기

직전과 똑같이 존재하고, 모든 행위가 이전과 똑같이 다시 시작된다. **죽음을 통한 해체는 깊은 잠을 통한 해체와 동일하다.** 그러나 **진아**지가 없으면 그 존재는 죽은 뒤에 자신의 업(karma)과 마음의 성향에 따라 새로운 몸을 취해야 한다. 그 새로운 몸 안에서, 먹고, 자고, 짝짓기를 하는 등의 행위와 어떤 두려움이, 전생부터 남아 있는 인상들(원습)에 따라서 일어난다. **브라마 해체(Brahma Pralaya)는 창조주 브라마** 자신의 수명이 끝난 뒤의 해체를 의미한다. **겁劫 해체(Kalpa Pralaya)**는 그런 많은 **창조주**[브라마]들과 그들의 창조계들이 오고간 뒤의 어느 시점에[한 겁이 끝날 때] 일어나는 해체이다. 이 두 가지 유형의 해체와 함께 새로운 '창조주' 혹은 새로운 '겁'이 시작되고, 한동안 잠재되어 있던 '창조'가 새로워진 활력과 움직임으로 일어나면서 모든 것이 다시 시작된다. 이런 식으로 그 바퀴는 정해진 기간 동안 일어나고 스러지며 계속 돌아간다. 우리는 지금까지 이 네 가지 유형의 해체에 대한 묘사를 통해, 몸들은 그 모든 해체 속에서도 최종적으로 해체될 수 없다는 것을 알게 된다. 그러나 분별, 곧 **생각에 의한 해체**의 결과는 아주 강력하고 독특하다. 이런 유형의 해체에서는 몸이 살아 있는 동안 해체될 뿐 아니라 죽은 뒤에도 해체되며, 그것이 최종적으로 해체되면 다시 일어나지 않을 것이다.

고무로 만든 장난감 뱀이 주변에 놓여 있다고 가정하자. 우리가 그것은 고무로 만들어진 것에 불과하다는 것을 이해할 때까지는 그 뱀에 대한 공포가 완전히 사라지지 않을 것이다. 그렇지 않으면, 눈을 감거나 그 뱀을 바구니에 담아 치워버려도 공포가 가라앉는다. 그러나 그럴 경우에는 눈을 뜨는 즉시, 혹은 바구니를 다시 여는 즉시 공포가 되살아난다. 누군가가 고무뱀을 던져 버렸는데 어떤 장난기 있는 사람이 다시 그것을 겁내는 사람 앞에 던진다고 가정하자. 그는 다시 몸을 떨 것이다. 뱀을 피하기 위해 깊은 잠에 빠진다 해도, 깨어나는 즉시 뱀을 다시 보게 될 것이다. 뱀을 사라지게 하기 위해 술에 취하거나, 클로로포름으로 의식을 잃어 본다고 가정하자. 역시, 술이나 마취제의 효과가 사라지자마자 뱀이 다시 나타난다. 이것은 위에서 묘사한 어떤 수단으로 뱀에 대한 공포를 제거하는 것은 일시적인 것일 뿐 지속적이지 않다는 것을 보여준다. 그러면 어떻게 해야 그 사람이 뱀에 대한 공포에서 벗어날 수 있는가? 뱀에 대한 공포를 제거하는 유일한 방법은 그것이 고무로 만들어졌을 뿐임을 확실히 아는 것이다. 일단 이 앎이 다가오면 설사 눈으로 그 뱀을 본다 해도, 혹은 어떤 사람이 그것으로 겁을 주려고 해도, 두려워할 이유가 없다.

그와 마찬가지로, 이 몸이 정확히 무엇인지를 알면 몸에 대한 자부심과 그것이 '내 것'이라는 느낌이 사라지고, 몸은 자동적으로 포기된다. 이것이 '생각에 의한 해체'라고 하는 것이다. 이 생각의 확실함을 가지고 죽는 사람은 나고 죽음의 순환에서 벗어난다. 그러나 '생각 없이' 죽는 사람은 다시 태어나기 위해 죽을 뿐인데, 이것은 당연한 이치라고 해야 할 것이다. '생각에 의한 해체' 덕분에, 사물은 그것이 존재하든 않든 마치 실체가 없는 것처럼 보인다. 다른 유형의 해체에서는 설사 사물이 시야에서 감춰진다 하더라도 그것은 여전히 존재하는 것과 같다. 그래서 사마르타 람다스는, 인간을 완전하게 만들면서 그를 삶의 성취에 이르게 하는 것은 '생각'(분별과 탐구)뿐이라고 주장한다. 철저한 탐구 끝에 '생각에 의한 해체'의 절차로써 **육신**을 해부했을 때는 '나'를 찾을 수 없을 것이다.

두 번째 몸 ― 미세신

이제 우리는 **생각에 의한 해체**라는 동일한 과정을 이용하여 **미세신**微細身 (Subtle Body) 안의 '나'를 추적해 보겠다. 이 '나'라는 도둑이 미세신 안의 어디서 발견될 수 있는지 탐색해 보자. 먼저 **미세신**이 무엇인지 알아보자.

미세신은 열일곱 명의 위원회로 이루어져 있다. 그들은 다음과 같다.

    1. 다섯 가지 행위 감각기관[손·발·입·생식기·항문]
    2. 다섯 가지 지식 감각기관[눈·귀·코·혀·살갗]

3. 다섯 가지 생기生氣(pranas)[7)]

4. 마음(manas)

5. 지성(buddhi)

미세신의 이 위원회가 어떤 명령을 발하든 조대신은 그것을 수행한다. 미세신의 '권한 범위'는 매우 광범위하고, 그래서 철저히 탐색하면 저 포착하기 힘든 '나'를 여기서 발견할 수 있을지 모른다. 왜냐하면 그는 권한을 주장하려는 강한 열정을 가지고 있기 때문이다. 우리가 **미세신**에 대한 탐색을 시작해 보면, '나'가 여기에도 '내 것'이라는 도장을 찍는다는 것을 발견한다. 여기서 발견되는 것은 뭐든 '내 감각기관', '내 생기', '내 마음', '내 지성'과 같은 명칭이 붙는다. 그러나 더 면밀히 조사해 보면 "나는 지성이다" 같은 소리는 결코 들리지 않는다. 저 '나'가 여기 **미세신** 안에서도 '임자'로 행세하고 다니지만 그는 어디서도 발견되지 않는다. 그래서 앞서 사용한 "'나'가 존재하지 않는 곳에는 '내 것'이라고 할 수 있는 어떤 것도 있을 수 없다"는 추론에 따르면, **미세신**은 물론이고 그것의 구성원들[감각기관·생기·마음·지성] 중 어느 것도 '나'일 수가 없다.

"'나'가 없는 곳에는 '내 것'이라고 할 수 있는 어떤 것도 있을 수 없다"는 이 논리에 대해 제기될 수 있는 반론이 있다. 예를 들어, 조지 5세 왕(영국왕, 재위 1910~1936)은 숄라뿌르에 존재하지 않는다. 그러면 숄라뿌르는 그의 소유에 속하지 않는다는 결론이 나오는가? 이 반론에 대한 답변은 이러하다. 적어도 조지 5세라고 불리는 한 개인이 있고, 설사 그가 다른 곳에 살고 있다 하더라도 숄라뿌르에 소유권은 가지고 있을 수 있다. 그가 현재 그곳에 있지 않다 해도 말이다. 그러나 이 '나'는 '비실재물'이고, 앞에서 본 '고마지 가네쉬'의 예에서처럼 그것의 오만과 무지의 확산이 조사받지 않은 상태로 남아 있는데, 이 '나'가 여기 **미세신** 안에서도 권한을

---

7) 몸속으로 액체 음식을 공급하는 비야나 바유(vyana vayu), 배꼽에 있는 사마나 바유(samana vayu), 목구멍에 있는 우다나 바유(udana vayu), 내장에 있는 아빠나 바유(apana vayu), 그리고 우리가 들이쉬고 내쉬는 쁘라나 바유(prana vayu)의 다섯 가지.

주장하고 있다. 그 '나'를 추적해서 발견할 수 없다면, **미세신**이 어떤 것을 '내 것'이라고 주장하면서 그것을 유지할 수 있겠는가?

미세신은 미세한 비단 묶음과 같다. 비록 생각으로 그 미세한 비단 매듭을 풀기가 **조대신**을 해체할 때보다 어렵다 하더라도, 구도자는 여전히 그것을 풀려고 노력할 필요가 있다. 일단 그 묶음이 풀리고 열려서 철저한 조사를 할 수 있게 되면 **미세신**은 자동적으로 포기된다. **미세신** 그 자체가 탄생과 죽음의 씨앗이고, 그 씨앗은 욕망의 성품을 가지고 있다는 것을 인식하는 것이 중요하다. 그 씨앗을 단 한 번이라도 **지**知의 불길에 구워버리면, 겉보기에는 변하지 않은 것 같아도 그것을 파종했을 때 싹이 틀 가망이 없다. 여기서 한 가지 의문이 일어날 수 있다. 만일 조대신과 **미세신** 둘 다 포기되고 '나'와 '내 것'과 같은 자부심의 태도도 사라진다면, 그 몸의 행위들이 중단되거나 효과적으로 수행되지 못할 수도 있지 않겠는가? 그 의문은 이와 같이 불식될 수 있다. 어떤 사람이 무엇을 금으로 만들어진 거라고 믿고 보관함에 넣어 두었다고 가정하자. 그러나 어느 때에 그것이 금이 아니라 실은 놋쇠로 만들어졌다는 것을 발견한다. 그것을 알게 되면, 그것을 보관함에 그대로 두든지 아니면 끄집어내어 밖에다 두든지 선택할 수 있다. 그 물건에 대한 그의 집착은 사라지거나 아니면 크게 줄어들 것이다. 이것은 하나의 사실이다. 마찬가지로, 몸을 '내 것'으로 소유한다는 자부심을 무시해 버린다 해도, 가치 있는 어떤 것도 잃지 않을 것이다.

성자 뚜까람은 말했다. "몸이 살든 죽든, 나는 나의 **진아** 성품에 대해 완전한 믿음을 가지고 있다." 만일 어떤 구도자가 이러한 확신의 수준에 도달하면 이런 마음자세가 일어난다. "**브라만의 지복**을 체험할 때, 누가 몸에 신경 쓰겠는가?" 이런 마음자세가 일어나면 그것은 참으로 칭찬할 만한 것이다. 한번은 어떤 개가 성자 까비르(Kabir)의 종아리 근육을 물어 살점을 뜯어냈다. 성자 까비르는 그냥 이렇게 말했다. "개가 알거나 아니면 살이 알겠지. 어떤 일도 일어날 수 있다." 대단한 헌신자였던 성자 까비르가 이렇게 말하는 것을 들은 주위 사람들의 느낌은 어떠했을까? 구도자는 성자 까비르가 도달한 포기의 수준을 쉽게 이해할 수 있을 것이다. 이 성자는, 영향을 받은 것은 살점이지 자신의 참된 성품이 아니라는 것을 완전히 이해하고 있었다. **진아**는 아무 영향도 받지 않는다는 것을 성자 까비르는 이해하고 있었고, 성자 뚜까람이 전 가족을 잃었을 때도 그러했다. 구도자가 처음으로 '나'에 대한 탐색을 시작할 때는 자신의 내면에서 그와 같이 흔들리지 않는 황홀경의 느낌을 얻지 못할 수도 있다. 만일 **신의 은총**에 의해 그러한 **지복**이 정말 여러분을 집어삼키면, 여러분은 이렇게 말할지 모른다. "이 모든 세간적 소유물이 결국 무슨 가치가 있는가?" 그리고 "내 집은 제대로 운영될 것인가?"와 같은 쓸데없는 질문을 할 필요를 전혀 느끼지 않게 될 것이다. 그 시점에서는 워낙 무관심한 태도가 배양되어, "무슨 일이든 일어날 테면 일어나고, 무엇이든 사라질 테면 사라져라"고 말하게 될 것이다.

그러나 구도자가 그것을 지적으로 이해하면―이것은 **진아**를 체험하는 것보다 쉽지만―이런 의문을 제기하게 된다. "**진아지**를 성취한 뒤에도, 그리고 몸과 마음에 대한 소유적 자부심을 뒤로했을 때도 여전히 우리의 세간적 임무를 수행할 수 있을까?" 그를 달래기 위해 **참스승**은 이렇게 대답한다. "물론이다. 몸과 마음이 전혀 쓸모없다는 것을 깨달은 뒤에도 가정을 꾸리고, 자식을 갖고, 그러면서도 몸과 마음에 대한 자부심을 일으키지 않을 수 있다. 사실 그런 일들을 매우 잘 돌볼 수 있게 된다. 이전에 하던 모든 세간적 임무를 여전히 부지런히 수행할 수 있다."

그것이 어떻게 가능하냐고 묻고 싶은가? 이런 예를 들면 이해할 것이다. 엄마 없는 아이를 돌보는 유모의 행동을 보라. 그녀는 아이를 보살피고, 데리고 다니고, 아이가 울면 어르고, 병이 나면 보살펴 건강을 회복시킨다. 마치 자신이 진짜 엄마라면 그렇게 했을 것처럼 하면서 말이다. 그녀가 그 아이를 좋아한다면 사랑스럽게 뽀뽀도 할 것이다. 이 모든 일을 하는 동안 그 아이가 자기 아이라는 느낌은 전혀 없다! 그녀는 아이를 위해 그 모든 일을 하지만, 만일 아이 아빠가 자신을 해고하면 즉시 짐을 꾸려 그 집을 나간다. 그 지위를 떠날 때 그녀는 아이가 체중이 늘 거라고 해서 기쁘지도 않고 아이가 죽을 거라고 해도 슬프지 않다. 그런 태도를 갖는 이유는 그 아이에 대해 '내 것'이라는 느낌이 없기 때문이다. 그러나 이 '내 것'이라는 느낌이 없었기 때문에 그녀가 자기 임무를 제대로 수행하지 않았다고 말할 수는 없다.

또 하나의 예를 보자. 한 미성년자의 수백만 달러 상당의 재산을 맡아 관리하는 사람의 경우를 보자. 그에게는 '내 것'이라는 느낌이 없지만 그렇다고 그의 임무 수행이 방해받지 않으며, 그는 그 미성년자의 재산을 아주 효율적으로 관리해 왔다. 만일 그 임무를 제대로 수행하지 못하면 그 재산관리인에게 책임이 있고, 그는 분명히 어떤 처벌을 받게 될 것이다. 이 재산관리인은 그 재산이 '내 것'이라는 느낌이 없고, 따라서 그 재산의 가치가 증가해도 영향을 받지 않는다. 설사 법정 소송에서 그 재산이 실은 그 미성년자의 것이 아니라는 판결이 내려진다 해도 마찬가지다. 그의 임무는 그 재산이 자신의 관리 하에 있는 동안 그것을 주의 깊게 돌보는 것이다. 요컨대 그가 자기 임무를 제대로 수행하기 위해, 그 임무를 수행하는 동안 '나' 또는 '내 것'이라는 느낌을 가져야 할 필요는 없다. 마찬가지로, 조대신과 미세신은 5대 원소 안에 뿌리를 두고 있는 한 묶음이며, 그 인간에게 맡겨진 하나의 '기념품'이자 '수탁물'인 것이다.

여러분은 재산관리인으로서 그 묶음을 가능한 한 최선을 다해 돌보아야 한다. 만일 그 책임을 소홀히 하면, 몸과 마음의 건강 상실이라는 형태로 분명히 과보를 받게 될 것이다. 그 재산관리인이 미성년자의 재산을 효율적으로 관리하면, 그리고 그 유모가 아기를 아주 잘 돌보면, 그들은 그 보답으로 급료를 받게 될 것이다. 마찬가지로, 여러분이 자신의 몸과 마음을 잘 돌보아 건강한 상태로 유지하면, 기쁨이라는 형태로 보답을 받게 될 것이다. 건강한 몸은 분명 **궁극적 진리**의 탐색에 유용하다. 그러나 자신의 이 모든 책임 수행遂行은 '내 것'이라는 느낌 없이 성취되어야 한다. 이러한 태도를 가지면, 그 몸이 살이 찌든 야위든, 혹은 살든 죽든, 신나할 것도 없고 한탄할 것도 없다. 만일 미성년자의 재산관리인이 '내 것'이라는 느낌으로 인해 딴 마음을 품고 그 재산에 대한 소유권을 주장하거나 재산을 착복하면 감옥에 가게 될 것이다. 영적인 수행의 경우 몸과의 동일시는 **진아**를 잊어버리는 것, 혹은 **진아**를 죽이는 것을 의미한다. 자신이 몸이라는 관념에 속박되는 사람에게는 **해탈**의 희망이 멀어진다. 실은 그가 **진아**일 뿐이라 해도 그렇다.

이상의 논의에 비추어 볼 때, 몸과 마음이 해야 할 보통의 의무와 행위는 제대로 수행되어야 하고, 그와 관련하여 '소유'의 느낌 혹은 '내 것'이라는 개념을 확립할 필요가 없다는 것을 알 수 있다. 그 재산관리인과 유모가 자기 책임을 수행하는 동안 해야 할 의무는 그들에게 어떤 소유감을 요구하지 않는다. 그래도 그들의 임무는 아주 정상적으로 수행된다. 마찬가지로, 인간의 임무들은 **육신**이나 **미세신**과 관련하여 소유감이나 '내 것'이라는 개념을 갖지 않고서도 수행될 수 있다.

세 번째 몸 — 원인신

우리가 **조대신**과 **미세신**에 대한 소유 개념을 잃어버리고, 그 묶음은 어떤 낯선 자의 것이라는 사실을 인정한다고 가정하자. 그래도 우리는 "나는 누구인가?" 혹은 "나는 어디 있는가?"라는 물음에 대한 답을 찾아야 한다. 이제 **원인신**原因身(Causal Body)의 정의로 넘어가 보자. **원인신**이란 무엇인가? 우리가 여기에 발을 들여놓자마자 도처에 칠흑 같은 어둠이 있다. 이 어두운 **무지**가 '나'의 거주처일 수 있을까? 이곳은 확실히 그의 주된 본부인 것처럼 보인다. 무지는 그의 주된 재산 혹은 성질인 듯하다. 확실히 여기서는 저 포착하기 힘든 '나'를 발견할 다소의 희망이 있다. 어디 한 번 살펴보자.

여기서 우리는 마치 두 눈을 가린 채 그것을 찾는 것처럼 이리저리 움직여 보지만, '나'는 원인신 속의 어디서도 발견되지 않는다. 여기서 '나'는 심지어 '내 것'이라는 느낌마저 포기한 듯이 보인다. 이곳에는 '내 것'이라고 할 수 있는 것이 아무것도 없는 듯하다. 일체가 절대적으로 고요한 것 같이 보인다. 조대신과 미세신 안에서는 그토록 오만하게 '나, 나'라고 선언하는 '나'가 여기서는 완전히 침묵하는 것처럼 보인다. 그 '나'는 숨바꼭질을 하듯이 그것을 찾는 자에게 붙잡히지 않는다. 원인신 안에서는 '나'가 어둠의 참호를 파고 들어가 버린 것처럼 보여, 그것을 찾는 자는 추락하게 되고, 탐색을 끝내지 않을 수 없게 된다.

친애하는 구도자들이여, 걱정하지 말라. 참스승이 여러분의 앞은 물론이고 뒤에도 서서 여러분이 안전하게 이 어둠의 참호를 건너가게 해줄 것이다. 많은 학자들과 학식 있는 사람들은 이 지점에서 등을 돌리고 탐색을 포기한 채 참스승의 인도에 대한 믿음을 갖지 못했다. 그러나 여러분은 그들처럼 두려워할 이유가 없다. 여러분에게는 매우 유능한 스승, **사마르타 사드구루**라는 안내자가 있다.[8]

원인신의 이 어둠 속에서 안정을 찾아 한동안 자신의 두 발을 그 안에 확고히 디디고 있으면, 부드러운 음성이 들리면서 이렇게 말한다. "나는 이 **무지**의 주시자이다." 이 말을 들으면 '나'라는 도둑을 잡을 수 있다는 희망을 주는 어떤 용기가 일어난다. 자신이 **무지**의 주시자라고 말하는 그 목소리를 인식함과 동시에 이런 생각도 일어난다. "이 도둑은 여기 어딘가에 있다. 근처에, 어쩌면 조금 더 앞쪽에 있을지도 모르지만, 근처 어딘가에서 **무지**를 주시하고 있다." 여기서 탐색은 꾸준한 지켜보기(watching)의 형태를 취한다. 이것을 어떻게 하는지는 다음 장에서 논의될 것이다. 현재 진행되는 그 주시하기(witnessing)는 **원인신**의 공空 너머에서, 즉 **대원인신**大原因身(Great-Causal Body) 안의 위치, 곧 **뚜리야**(Turya) 상태에서 일어나고 있

---

[8] '사마르타'라는 단어는 최고의 의미에서 "자기 자신의 중요성을 아는 자"를 뜻한다.

다. 이것을 이해하면 '나'는 자기 자신을 찾은 것에 대해 이내 몹시 기뻐한다. 그 환희를 누가 묘사할 수 있을까? 그 환희 속에서 그 '나'는 "나는 브라만이다, 나는 진아지이다"라고 소리친다.

네 번째 몸 — 대원인신(뚜리야)

"나"라고 말하는 자는 실은 일체를 주시하는 브라만이다. 그것은 지知의 성품을 가진 자인 그이며, "내가 있다"는 느낌이다. 이 확신이 확립되면 거기서 지복의 물결이 거듭거듭 일어난다. 나중에 이 지복이 잦아들 때 일어나는 기적을 보라. 탐색과 숙고(vichara) 끝에 우리는 다음과 같은 인식에 도달한다. "나는 지知의 성품으로 되어 있지도 않다. 왜냐하면 내가 '무지'로 덮여 있는 것과 똑같이 나는 '지知'로 덮여 있기 때문이다. 나는 본시 무지나 지知를 가지고 있지 않았다. 무지와 지知는 '나'에게서 태어났는데, 그것을 '나'로 착각해 온 것이다. 그러한 숙고의 도움으로, '나' 안에서 무지와 지知가 일어난다는 것은 그것들의 창조자가 '나'임을 말해준다는 것을 알 수 있다. 따라서 지知는 나의 자식이고, 내가 그것의 아버지이다. 그것의 아버지로서 나는 그 지知 이전이며, 그것과는 다르다."

브라만

이 깊은 일련의 분별적 사고가 내면에서 밝아오면 대원인신, 곧 뚜리야 상태 안의 진아지인 "나는 브라만이다(Aham Brahmasmi)"라는 느낌도 물러나기 시작하고, 마침내 완전히 뿌리 뽑히고 만다. 그럴 때 '나'는 절대적으로 벌거벗어 일체 아무것도 걸치고 있지 않다. 여기 이 벌거벗음에 도달하면 이 '나'가 누구인지 또는 무엇인지 묘사할 수가 없다. 만일 여러분이 여기서 발견되는 '나'에 대한 묘사를 원한다면, 어떠한 사전에 나오는 어떠한 단어를 말해도 그것은 '나'가 아니다. 여기 이 '나'는 "이건 아니다, 이건 아니다"로서만 표현될 수 있을 뿐이다. 그것이 바로 '이것'이라고 불리는 모든 것에 빛을 던지는 자이다. 그대는 그것을 묘사하려고 단어와 문장을 말할지 모르나, 그런 말들은 그것이 아니다. 어떤 의미가 나오든, 그대는 그것을 '나'에 대한 묘사로 여기지만 그런 의미들은 그것이 아니다. 만일 지금 이야기하는 것을 이해할 수 없다면, 말과 개념들을 떠나 **깊은 침묵**에 잠겨서 '**나**'가 누구인지를 보라.

3. 네 가지 몸에 대한 상세한 탐구

지금까지 우리는 '나'에 대한 탐구를 하면서 네 가지 몸을 안팎으로 뒤집어 봤지만 그것('나')의 자취를 발견하지 못했다. 그 '나'가 네 가지 몸 너머, '나'와 '너'라는 관념조차 존재하지 않는 곳으로 말없이 사라진 것은 사실이다. 그러나 그냥 침묵만 지키면서 이것을 깊은 침묵으로 착각해서는 도움이 안 될 것이다. 이제까지의 설명에서 **조대신·미세신·원인신·대원인신**이 피상적으로 묘사되었지만, 이 네 가지 몸의 모든 측면을 상세히 조사할 필요가 있다. 이 몸들을 올바르게 충분히 이해하여 이 이해가 우리의 성품의 일부가 되지 않으면 구도자가 이 **깊은 침묵**, 곧 **실재**에 도달하지 못할 것이다. 그래서 우리는 이 네 가지 몸이 가진 측면들이 무엇인지를 상세히 조사해 보겠다.

이 네 가지 몸은 다섯 번째 계단인 **니샵다**(Nihshabda), 곧 '말'이 침묵하는 경지인 **깊은 침묵**으로 나아가기 위해 올라야 하는 네 계단이라는 것을 이해할 필요가 있다. 한 계단씩 나아가면 우리는 분명히 여정의 끝에 도달할 수 있다. 그러나 일부 계단을 빼먹고 그 다음 계단에 너무 일찍 발을 걸치면, 균형을 잃고 도로 떨어질 가능성이 있다. 따라서 구도자는 한 몸을 완전히 이해했을 때만 다음 몸으로 나아가야 한다. 이러한 정연한 접근법을 쓰지 않고 너무 급하게 발걸음을 재촉하다가는 혼란이 초래될 것이다. 이런 혼란 속에서는 구도자가 참된 이해를 얻지 못할 것이고, **깊은 침묵**과 **삼매** 간의 미묘한 차이를 오해함은 물론, **무지**를 **지**知로 착각할 수 있다.

비교 삼아, 움직이지 않고 가만히 있는 장난감 팽이와 세찬 속도로 돌기 때문에 가만히 있는 것처럼 보이는 팽이 사이의 차이, 혹은 깜깜한 어둠과 강렬한 빛에 앞이 하나도 안 보이는 것 간의 차이를 생각해 보라. 이런 것들은 얼핏 보거나 피상적인 관점에서 볼 때는 비슷한 것 같지만, 두 상태 간에는 엄청난 차이가 있고 그것들의 쓰임새나 능력도 다르다. 만일 우리가 이해를 얻기 위해 차근차근 질서정연하게 작업하면 여기서 지적하는 미세한 차이점들을 혼동하지 않을 것이다. 여기서 독자들은, 고대의 경전에 나오는 어떤 주제에 대한 설명 방법에 주목해 보는 것이 좋을 것이다. 그러면 경전에서 특정한 논점을 설명하기 위해 채용하는 방법상에 존재하는 듯이 보이는 외관상의 모순에 대해, 어떤 의심도 일어날 근거가 없다는 것을 구도자가 납득하게 될 것이다. 따라서 우리는 먼저 고대의 경전들이 채용했던 '가르침을 설하는 방법'을 묘사해야 한다.[9]

어떤 주제를 구도자에게 설명해야 할 때, 우선 주제에 대한 묘사가 나오면서 그것이 매우 중요한 주제임을 보여준다. 그런 다음, 만일 배우는 사람이 그 주제를 올바르게 이해하면 큰 보상이 따를 것임을 설명한다. 일단 구도자가 그 주제를 완전히 이해하면, 가르치는 사람은 다음 주제로 나아가 설명하기 전에 경전의 방법을 사용하여 먼저 구도자에게 그가 이미 이해한 주제가 쓸모없다는 인상을 심어준다. 그런 뒤에야, 그 다음에 가르치려고 하는 주제의 중요성이 그에게 심어지게 된다. 이런 방법을 쓰는 이유는, 만일 어떤 주제의 중요성을 먼저 제시하면서 동기를 유발할 보상이 있다는 것을 약속하지 않으면 그 구도자가 그것을 이해하려고 애쓸 마음을 내지 않을 것이기 때문이다. 그런 다음, 방금 배운 주제의 쓸모없음을 절감하여 그 주제가 자동적으로 포기되면, 구도자는 다음 주제로 제시될 것이 무엇인지 이해하려고 노력하게 된다.

어머니 스루띠(Mother Shruti)[베다][10]는 구도자의 심리적 배경을 고려한

---

9) 이것을 흔히 베다에서 제시하는 '1차적 전제'라고 부른다.
10) T. '스루띠'는 '계시서'라는 뜻이며, 베다의 별칭이다. 여기서 베다는 우파니샤드를 뜻한다.

후, 그가 음식을 얻으려고 노력하도록 고무하기 위해 먼저 그 음식이 브라만임을 말해준다.11) 그런 뒤 그에게 조대신을 가지고 놀 시간을 주면서 조대신 자체가 브라만이라고 말해준다. 그런 다음 조대신에 다가오는 모든 즐거운 경험은 실은 미세신이 즐기는 것이라고 설명한다. 조대신은 하나의 송장에 지나지 않는다는 것을 보여주고, 그 송장이 어떻게 미세신 없이는 결코 어떤 것도 향유할 수 없는지를 말해준다. 이와 같이 조대신의 쓸모없음을 보여주는 것이다. 그런 다음 마음·지성·감각기관과, 생기를 구성하는 껍질(sheath)을 묘사하고, 이 미세신이 브라만이라고 말해준다. 그것은 조대신보다 크거나 광대하다는 것을 보여준다. 이런 식으로 스루띠는 미세신에 중요성을 부여한다. 그 뒤에 미세신보다 한층 더 광대한 원인신에 대한 묘사가 온다. 그것이 미세신을 집어삼킨다. 그런 다음 원인신이 브라만이라고 선언하고, 구도자에게 "그대 자신이 그 광대한 원인신이 되었다"고 일러준다. 그러나 원인신은 무지이고 깜깜한 어둠 속에 있는 것으로 여겨지기 때문에, 그것이 곧 진아라는 최종적 주장은 여기서 실은 할 수가 없다. 따라서 구도자는 당연히 대원인신 속으로 더 탐구해 들어가지 않을 수 없게 된다. 이 대원인신은 더 크며, 거기서는 "내가 주시자다"라고 말하는 음성이 울려나온다. 여기에 도달하면 대원인신, 곧 뚜리야 상태를 철저히 탐색하고 조사하게 된다. 이런 방식으로 어머니 스루띠는 각 몸이 브라만이라고 주장한 다음, 그것을 물리친다. 마지막으로 그녀는 불변의 속성 없는 브라만(Nirguna Brahman)을 설명하는 문제에 봉착하면, 그것을 묘사할 수 없다고 주장하면서 "이건 아니다, 이건 아니다"라는 문장만 계속 반복한다. "무지가 아닌 것, 그리고 지知가 아닌 것이 브라만이며, 소위 '브라만'이라고 하는 것은 브라만이 아니다"라는 것이다. 그런 부정적인 방식으로 어머니 스루띠는 브라만을 네 가지 몸 모두를 넘어서 있는 그것(That)으로 묘사한다.

---

11) T. 조대신은 음식으로 만들어지므로, 조대신의 본질은 음식과 관련된다. 음식이 브라만이라는 관념은 『따이띠리야 우파니샤드』(II 2), 『찬도갸 우파니샤드』(VII 9) 등을 참조하라.

방금 묘사한 것의 원리는 다음과 같다. 즉, 한 몸이 이전 몸보다 크다고 할 때 그것은 이전 몸보다 높이가 더 높다는 식의 크기를 뜻하지 않는다. 바늘을 예로 들면, 마대 자루를 깁는 바늘은 무명천에 쓰는 바늘보다 크지만, 땅을 파는 데 쓰는 쇠막대보다는 작다. 이는 '크다', '작다'와 같은 성질들이 사물에 내재된 것이 아니라, 그것을 다른 사물과 관계시키거나 비교할 때 부과된다는 것을 말해준다. 여기서도 같은 원칙이 적용된다. 먼저 음식을 브라만으로 열거한 다음, 차례로 조대신을 브라만으로, 미세신을 브라만으로, 그 다음은 원인신을 브라만으로, 마지막으로 대원인신을 브라만으로 열거하는데, 각 경우에 후자가 전자보다 크다. 그 의도는 이 모든 몸 가운데 궁극적으로 그 어느 것도 브라만이라고 할 수 없다는 원리를 가르치고 보여주기 위해서이다. 각 경우에 후자의 상태가 전자의 상태보다 비교적 더 높거나 광대하다는 것을 보여주기는 하나, 여전히 그것은 브라만이 아니다. 더욱이 이 빠라브라만은 절대적으로 독보적이며, 이것들 모두를 넘어서 있다.

한 가지 논점을 설명하는 위의 방법을 사용할 때는 브라만으로 묘사되는 것이 과연 무엇인지 분명하게 이해할 필요가 있다. 왜 그것을 이런 식으로 묘사해야 하는가? 언제까지 그것이 어떤 특정한 성질을 가지고 있다고 묘사할 수 있는가? 더욱이, 왜 한번 브라만으로 불렸던 것이 동시에 브라만이 아니라고 부정되는가? 이것을 올바르게 이해하는 것이 중요하다. 예를 들어, 제대로 밥을 지을 줄 모르는 사람에게 밥 짓는 법을 가르칠 때는 먼저 밥을 짓는 솥 아래에 불을 켜라고 말해준다. 얼마 후 그에게 이제는 불을 끄라고 지시한다. 그 사람은 당연히 이 모순적인 지시들에 대해 의아하게 생각할 수도 있다. 그러면 선생이 그에게 설명한다. "이보게, 밥이 될 때까지는 솥 아래 불을 지펴야 하고, 나중에는 불을 꺼야 한다네. 그렇지 않으면 밥 대신 숯덩이를 얻게 되네."

어떤 수행 방법도 우리가 그 목표를 성취할 때까지만 필요한 것은 이런 이유 때문이다. 그렇지 않으면 그것이 극도의 피로만 불러오고 더 이상

이익 되는 어떤 것도 성취하지 못할 것이다. 그래서 **브라만**이라고 불리는 **미세신**을 철저히 조사하여 이해하고 나면, **미세신을 브라만**이라고 부르던 일이 그 가치를 상실한다. 그리고 계속 전진하여 그 다음 것을 조사하면서 계속 '나'를 탐색할 필요가 있다. 이것은 때로 우리가 어떤 것에 대해 대가를 제공하거나, 어떤 특정한 결과를 성취하기 위해 거기에 어떤 가치를 둘 때, 우리가 거기에 둔 가치가 반드시 그 사물의 실제 가치는 아닐 수 있다는 것을 보여준다. 예를 들어, 우리가 살다 보면 심지어 당나귀를 아저씨라고 불러야 할 경우(어떤 잘못에 대한 벌로 그렇게 불러야 할 경우)도 생길 수 있다. 이 예에서, 그 당나귀에게 주어지는 명예는 우리가 저지른 어떤 행위에 대해 감내해야 할 결과 때문이다.

마찬가지로, 어떤 사람이 큰 재난에 직면할 수도 있는 것은 그가 자신의 진정한 성품을 망각했기 때문이다. 따라서 마치 악어의 아가리에 물린 것과 같은 그 재난 혹은 장애에서 해방될 필요가 있다. 만일 여러분이 악어의 등이 아주 부드럽다고 아부하여 그 악어에게서 풀려난다면, 그것은 실제로 악어의 등이 깃털담요만큼 부드럽다는 의미인가? 악어 아가리에서 벗어나는 사람에게 이 질문을 해야 한다. 악어처럼 우리를 꽉 물고 있는 네 가지 몸에서 벗어나기 위해 잠시 동안 그것들을 **브라만**이라고 부르는 것이다. 이것이 앞으로 사용될 설명 방법이라는 점을 고려하면서, 우리는 이제 네 가지 몸에 대한 실제적 설명과 묘사로 주의를 돌려보자.

탐색의 시작

조대신의 성품은 상당히 잘 알려져 있다. 그것은 살과 피의 덩어리로서 손으로 만질 수 있는 것이고, 모든 사람이 그것과 상당히 친숙하다. 뿐만 아니라 누구나 그것을 십분 활용하고 있다. **조대신**이 '나'이고, 따라서 그 몸에 일어나는 모든 정념과 욕망은 '내 것'이다. 따라서 검거나 흰 몸의 용모와 유년기·청년기·노년기의 단계들은 '나'에게 속한다. 그 몸과 계급·종교·집·토지·재산의 관계도 모두 '내 것'이다. 이것은 모든 인간이 여러 생을 통해 배운 교훈이며, 그것을 아주 잘 배워 왔다. 사실 너무 잘 배웠기 때문에, 어떤 사람은 꿈을 꾸는 동안에도 자신이 '아무개'라고 이야기할 것이다. 따라서 거듭 반복 학습되어 사람의 정신에 그토록 확고히 심어진 이 교훈을 누구에게 가르칠 필요는 없다. 모든 인간의 두 발은 이 조대신의 계단 위에 안정되게 자리 잡고 있다. 이 조대신의 상태가 '생시'의 상태이며, 이 몸 안에는 부분적 망각과 부분적 기억이 공존한다. 세간적인 행위의 성질, 곧 라조구나(*Rajoguna*)가 조대신을 지배한다. 우리가 조대신을 이해하기 위해서는 이런 기본적인 설명으로 족하다. 이제 우리는 다음 단계인 미세신의 단계로 옮겨가겠다.

앞서 말했듯이 미세신은 하나의 위원회이다. 그것은 감각기관·생기·마음·지성의 집합체로서 내적 마음(*Antahkarana*) 위에 자리 잡고 있다. 이 집합체는 함께 일종의 마음 세계 혹은 '꿈 세계'를 창조하며, 그것은 우리가 눈을 감은 뒤 가시적인 세계가 보이지 않을 때 보인다. 얼마간 생각하고 탐색해 보면, 미세신은 실로 아주 특이한 것이라는 사실을 알아차릴 수 있다. 잘 살펴보면 조대신의 모든 움직임은 이 미세신의 명령에 따른다는 것을 알 수 있다. 어떤 개념, 곧 무엇이 "이와 같다"라고 주장하는 것을 '산깔빠(*sankalpa*)'라 하고, 의문, 곧 무엇이 "이와 같지 않다"는 관념을 '비깔빠(*vikalpa*)'라고 한다. 이 미세신은 늘 이런 모순적 생각들에 대한 편벽된 유형의 지식을 제시하며, 그것의 상태는 '꿈꾸기'의 상태이다. 연속적 기억이 미세신의 특징적 성질이며, 사뜨와구나(*Sattvaguna*)가 여기서 지배적인 자각(awareness)의 성질이다.

이와 같이 미세신에 입문하고 나면 구도자는 그 몸이 된다. 한 발을 그다음 계단에 확고히 디뎠을 때 다른 발은 먼저 디딘 곳에서 들어 올려 처음 발의 곁에 두듯이, 이런 식으로 우리는 첫 번째 계단을 완전히 떠난다. 우리가 한 마을의 경계를 지나 다음 마을의 범위 내로 발을 들여 놓으면,

첫 번째 마을을 뒤로하고 다음 마을에 온 나그네가 된다. 마찬가지로, 위에서 묘사한 미세신의 단계를 제대로 이해하기 위해서는 구도자가 자신의 발을 이 계단에 확고히 디딜 때 조대신에서 발을 떼어야만 이 이해를 실천에 옮기게 된다. 조대신을 뒤로했으면 구도자는 그것과의 모든 연관을 단절해야 한다.

그러나 이 일이 그렇게 쉽게 되지는 않는다. 왜냐하면 이 계단들을 지나가기 위해 인간은 누구나 두 개의 다리밖에 가지고 있지 않는 것으로 보이기 때문이다. 한 다리는 배움의 다리이고 한 다리는 자신이 배운 것을 실천하는 다리이다. 두 발을 모두 조대신의 계단에서 떼어내 미세신의 계단에 디딘다는 것은 우리가 육신을 초월해야 함을 의미한다. 조대신에 대한 자부심과 소유감을 뒤로하고 미세신의 소유에 대한 자부심을 취할 때는 "나는 미세신일 뿐이다"라고 말해야 한다. 이것을 경험할 때만, 조대신을 포기하고 이제는 미세신을 '나'로 받아들인 것이 된다. 구도자가 이 두 번째 계단에 이르면 더 낮은 계단은 뒤로한 것이고, 이제는 조대신을 '나' 아닌 것으로 받아들이게 된다. '나'는 조대신과 무관한 것이다. 조대신과 그 성질들—예컨대 검거나 흰 용모를 지닌 것—에 일어나는 변화는 더 이상 '내 것'으로 간주되지 않는다. 조대신의 어떤 성질도 나에게 속하지 않는다. 왜냐하면 나는 미세신일 뿐이기 때문이다. 이것은 미세신의 성질들—예컨대 감각기관·생기·마음·지성·"내가 있다"는 느낌 등—이, 거친 신체적 성질들—예컨대 뚱뚱하거나 여윔, 검거나 흼, 젊거나 늙음 등—을 부여받지 않는다는 것을 뜻한다. '나'는 미세한 성질을 가진 마음·지성 등일 뿐임이 분명하다. 구도자가 이것을 부지런히 공부하면, 두 발 모두 두 번째 계단에 확고히 디뎌지고, 그는 조대신에 대한 자부심과, 조대신과의 동일시를 상실하게 된다. 그는 조대신의 모든 성질과 조건들에 무관심해진다.

세 번째 계단은 미세신을 더 넘어선 것으로, 원인신 곧 '무지'이다. 원인신은 순수한 '망각'의 상태이며, 여기서는 무지의 성질 따모구나(Tamoguna)

가 지배한다. 이 원인신 안에는 **조대신**이나 **미세신**의 안녕이나 그것들과의 관계에 대한 생각이 전혀 없다. 원인신이란 어떤 것에 대한 앎이 전혀 없다는 의미이다. 그것은 깊은 잠의 상태와 같지만, 그것이 깊은 잠은 아니다. 원인신은 이해하기 어렵다. 그러나 이 상태를 이해하는 것은 매우 중요하다. 영零[무無·공空]의 원리를 이해한다고 주장하는 사람들이 이 상태에 이르렀다가, 앞에 아무것도 없다고 하면서 돌아가 버렸다.

원인신은 서양철학자들의 관점에서 제시되는 '불가지不可知'의 상태이다. 모든 생각·상상·의심이 비워진 이 상태를 구도자들은 흔히 삼매로 잘못 알고, 이것이 **무상**無相 **브라만**(Nirvikalpa Brahman)[개념이나 성질이 없는 브라만]과 동일하다고 생각한다. 이 공空의 상태에 도달하면 가짜 만족을 얻고 "오늘 내가 **브라만을 봤다**"고 말하기 쉽다. 마음의 한 변상變相(양상)이 사라지는 시점과 다른 변상이 일어나기 전의 간격 혹은 휴지기[12]는 순수한 망각의 상태이다. 이것이 경전에서 **지복껍질**(Anandamaya Kosha)로 묘사되는 그것이다. 이 원인신 안에서는 모든 혼란, 투쟁 그리고 무수한 생각의 파도들이 그쳐 있다. 따라서 이 세 번째 몸에서는 다른 두 가지 몸에서 발견되지 않는 평안의 느낌이 있다. 구도자가 여기서 어떤 기쁨을 체험하는 것은 사실이지만, 이것은 **궁극적 평안**이 아니고 **진정한 지복**은 더욱 아니다. 이 점을 아주 잘 이해해야 한다. 이 원인신이 모든 신과 악마들, 모든 인간의 본연적 상태(natural state)이다. 이 원인신의 상태는 '망각'의 상태이다.

원인신의 주된 표지標識 혹은 징표는 일체를 잊어버린다는 것이다. 예를 들어, 우리가 일체를 잊어버리지 않으면 깊은 잠이 들 수 없다. "나는 잠들어 있었으나 어떤 것은 기억했다"고 말하는 것은 실은 "나는 잠을 자지 않았다"고 말하는 것이다. 참으로 깊은 잠을 잔다는 것은 단 하나도 기억하지 않는다는 것을 뜻한다. 그와 아주 흡사하게, 깨어 있는 상태에서 일체를 잊어버린다는 것은 **원인신** 속으로 들어가는 것이다. 아무것도 모르는

---

12) 예컨대 두 생각 사이의 간격, 혹은 잠이 시작되기 전과 생시 상태가 사라지기 전 사이의 휴지기.

상태에 있다는 것도 이 상태에 들어오는 것이다. 앞에서 말했듯이 이것이 인간의 본연적 상태이다. 더없이 많이 배운 학자도 인간의 성품은 이해하지 못하며, **시바**의 성품은 더 말할 나위가 없다. 사람이 인간의 이 망각 상태를 온전히 이해하도록 하기 위하여, 그 휴지기를 공부하는 방법이 제시된다. 매우 어려운 일이 있다고 하면, 그것은 우리가 망각 상태 속에서 완전히 안정되는 것, 그리고 그것을 철저히 아는 것이다. 이것을 성취하는 것이 우리의 영적인 진보에서 중요한데, 그것은 구도자의 대단한 노력을 요한다. **성자**들은 이 점을 특히 강조해 왔다.

두 상태 사이의 휴지기는 **순수한 의식**(Pure Consciousness)일 뿐이다. '묵언자(*mouni*)'의 상태는 단 한 마디 말도 일어나지 않게 하고, 설사 말이 일어난다 해도 그 의미가 일어나지 않게 하여 그것을 그냥 지나가게 하는 그런 것이다. 말이 일어날 때, 그리고 그것이 내적 마음에 그 의미의 인상을 지우게 할 때 세계가 태어난다. 말을 무시하고, 그것이 어떤 의미도 마음에게 가져오지 못하게 하는 것이 세계를 뿌리 뽑는 것이다. 말이 마음을 활성화하지 않을 때, 남아 있는 것은 '**순수한 의식의 에너지**'이다. 이 상태를 지속적으로 체험하는 것을 '**침묵의 상태**'라고 한다.

첫 번째와 두 번째 계단에 올라선 뒤 세 번째 계단에 발을 걸치려고 하는 구도자는 이 계단이 **순수한 의식**의 상태라는 말을 듣는다. 그는 이 상태가 **순수한 공**空의 상태라고 알고 있고, 이 공空이 **브라만**이라고 여기기 때문에 그 공空을 목격할 수 없다. 그러나 그가 네 번째 계단으로 나아가면 세 번째 계단을 돌아보기 시작한다. 원인신의 공空 속에서는 아무것도 볼 수 없으므로, 그는 왜 **스승**이 자신에게 전혀 존재하지도 않는 이 무無의 계단에 발을 걸치게 했는지 의아해 한다. 그 이유는, 일단 **순수한 의식**을 알게 되면 '**무지**'라고 불리는 그 어떤 것의 자취도 있을 수 없고, 그래서 망각의 상태가 무엇인지를 이해하지 못하기 때문이다. **순수한 의식**을 알고 나면 구도자의 마음에서 **순수한 의식**의 변상 외에는 어떤 변상도 일어나지 않는다.

지知, 곧 의식은 두 가지 방식으로 구도자에게 자신을 드러낸다.
1. 의식 안에 어떤 대상이 있을 때 그것은 '대상적 지知'가 되고, 그는 그것을 대상들에 대한 지知로서 경험할 것이다.
2. 대상이 없을 때는 그것이 대상 없는 지知, 곧 **순수한 의식**으로서 경험된다.

어떤 대상이 있을 때 그것을 '대상적 지知'라고 한다. 대상이 없을 때는 그냥 '지知'[대상 없는 지知]인데, 이것이 **순수한 자각**(Pure Awareness) 혹은 **순수한 의식**이다. 이 두 가지를 예외로 하면, 다른 어떤 변상도 구도자의 마음 안에 존재하지 않는다. '무지'라는 말은 구도자의 관점에서 볼 때 아무 의미가 없다. 그의 경우 망각이 존재하기란 불가능하다. 그가 경험하는 모든 것은 대상적 지知이거나, 아니면 아무 대상이 없는 **순수한 의식**이다.

구도자에게 **원인신**의 상태를 그냥 **무지**, 공空, 망각의 상태, 혹은 그에게 실감 있게 다가오는 아무것도 존재하지 않는 어떤 것이라고 제시하는 것은, 그를 위에서 말한 순수한 의식의 상태로 이끄는 것이다. 비유하자면, 선생이 학생에게 길이나 넓이가 없는 점에 대해 가르치려 할 때는 큰 길이와 넓이를 가진 점을 칠판에 그릴 것이다. 마찬가지로, 여기서도 이런 방식으로 요지를 설명하는 것이다. 이런 식으로 하지 않으면 다음 계단을 설명할 수 없다. 따라서 구도자는 더 이상 따지지 말고 **참스승**에게 완전한 믿음을 가져야 하며, 망각의 상태가 있다는 것을 당연하게 여겨야 한다. 이와 같이 들은 대로 실천하여, 일체 모든 것을 잊어버리는 과정을 시작해야 한다. **원인신**은 앞의 두 몸의 원인이라는 점을 이해해야 한다. 그래서 '**원인신**'이라는 명칭이 붙은 것이다.

여기서 드는 예는, 극장 무대의 막이 쳐진 옆 부분, 곧 윙(wing)이라고 불리는 곳에 대한 것이다. 배우들은 여기서 등장하고 다시 여기로 사라진다. 인간의 본래적 상태인 **원인신**은 무대의 이 윙과 같아서, **망각**의 형상을 한 상태 안에 존재한다. 이 막 뒤에서 모든 기억이 나타나고 사라진다. 우리가 무엇을 잊어버렸다가 다시 기억했다고 말할 때, 이는 그것이 망각의 상태 안에 머무르고 있었다는 뜻이며, 그것이 오직 그 상태에서 등장했다는 것을 증명한다. 반대로 우리가 어떤 것을 잊어버렸다고 말할 때, 이는 기억 안에 있던 그것이 이 망각의 막 뒤로 사라졌다는 뜻이다. 잊혀지기 전의 기억과 기억된 후 잊혀진 것은 이 망각의 영역에서 동반자들이다. 모든 관념의 일어남과 스러짐은 이 하나의 **망각**이라는 자궁 안에 있는데, 이것이 모든 인간의 공통 기반이다. 인간이 각자 자신이 무지하다고 느끼고 지식을 얻으려고 노력하는 것도 이 망각 때문이다. 이 투쟁을 벌이는 동안 대다수 사람들은 불행히도 세간적 지식만 얻을 뿐이다. 그래서 그들의 **참된 성품**에 대한 **지**知를 놓친다.

위에서 묘사한 방식으로 원인신을 소개할 때, **참스승**은 제자에게 이렇게 말한다. "이보게, 그대는 그 **거친 육신**도 아니고 **미세신**도 아니네. 그러니 그대 자신을 **원인신과** 동일시하게." 구도자가 '**망각**'의 상태에 있다는 것은 그가 다음과 같은 느낌을 가지고 있어야 한다는 것을 의미한다, 즉, "나는 분명히 **조대신**이 아니고, **미세신**도 아니다. 따라서 **미세신** 안에서 일어나는 모든 꿈과 의심은 내 안에 거주하지 않는다. 나는 모든 개념과 상상이 비워진 완전한 '**망각**'이다. 몸의 탄생과 죽음, 불행과 유혹, 고통과 쾌락은 물론이고 생기들 안에서 일어나는 배고픔과 갈증도 나를 건드릴 수 없다. 명예와 불명예는 마음 속의 관념일 뿐이고, 검거나 흰 용모와 같은 성질들은 **육신**에 속할 뿐, 나는 그 어느 것도 아니다. 그 어떤 것도 나에게 붙을 수 없다. 나는 망각이다."

이 가르침에 거듭 거듭 투신하여 어떤 관념이나 집착도 없이 **망각**의 상태 안에 확고히 자리 잡으면, 그것이 우리 자신의 성품이 된다. 이런 식으로 우리는 자신이 **조대신과 미세신**의 성질들이 모두 완전히 비워진 상태임을 체험한다. 자신을 **망각**으로서 체험하는 이 수행이 확고히 자리 잡았을 때 구도자는 세 번째 계단으로 확실히 올라간다. 이 **망각** 안에서 안정되면 다음 계단인 **대원인신**(Mahakarana Body), 곧 **뚜리야 상태**로 나아갈 그릇이 된 것이다.

3. 네 가지 몸에 대한 상세한 탐구 73

그러나 다음 계단으로 가기 전에, **원인신**은 **깊은 잠**과 비슷하기는 하나 잠과는 사뭇 별개의 상태임을 언급해 둘 필요가 있다. 깊은 잠 속에서는 모든 감각기관이 완전히 휴식하고 어떤 활동도 아예 존재하지 않으며, 그 결과 감각대상에 대한 어떤 인식도 없다. 깊은 잠 속에서는 모든 존재들이 자기 자신의 성품 안에 있는 지복을 즐기지만, 그들의 **참된 성품**을 실제로 알지는 못한다. 깊은 잠에서 깨어나면 모두가 이 두 마디 말을 할 것이다. "참 잘 잤다." "아무것도 몰랐어." 이와 같이 모든 사람이 그들 자신의 성품에 대한 만족감과 지복을 전달하며, 그와 함께 그에 대한 무지를 드러낸다. 이런 식으로 사람은 자신도 모르게 **무지**에 대한 자각을 전달하지만, 그것은 또한 내면에 **자각**이 존재함을 증명한다. 그러나 이것은 그들이 자신의 **참된 자아**를 자각하고 있었다는 의미는 아니다. 깊은 잠을 자는 동안 그것을 체험하고 있었다 해도 말이다. 깊은 잠을 자는 동안은 거기에 존재하는 **자각**을 체험하지 못한다.

　예를 들어 땅에 묻혀 있는 금화라는 보물의 상속자이지만 그 사실을 모르는 사람이 있다고 하자. 그는 매일 땅바닥에서 잠을 자고, 아침이면 생계를 위해 구걸을 한다. 그에게는 그 보물이 전혀 존재하지 않는 것과 마찬가지다. 마찬가지로, 인간은 누구나 자신의 참된 성품 속에 들어갔다가 나오면서, 깊이 잠수하여 지복을 체험한다. 그러나 자신의 참된 성품에 대한 그 깊은 무지가 그 체험의 일부로서 존재한다. 깊은 잠이 '진아에 대한 지知', 곧 '자신의 **참된 성품**에 대한 지知'를 얻는 수단이 될 수 없는 이유는 이 때문이다. 깊은 잠 속에서는 구도자가 그 상태를 공부할 능력이 없다. 그러나 '**망각**'의 상태에서는 그렇지 않다. 망각을 공부한다는 것은 활짝 깨어 있으면서 깊은 잠의 상태를 즐긴다는 것이다. 이 깨어 있는 깊은 잠을 즐기는 방법은 **참스승**이 가르쳐 준다. 물고기는 물속에 살면서 어떻게 잠을 자는가? 그것은 물고기로 태어나 보아야만 알 수 있다. 물이 눈에 들어와도 물고기의 잠은 어떻게 방해받지 않을 수 있는가? 그 비결은 사람이 물고기로 태어나야만 알게 된다. 마찬가지로, 활짝 깨어 있으면서 어떻게 이 **깊은 잠**을 체험하고 이해할 수 있는가? 이것은 참된 **구루뿌뜨라**(Guruputra), 곧 **참스승의 아들**이 되어야만 이해할 수 있다.

망각의 성품을 가지고 있는 원인신은 아주 깊은 잠에 지나지 않는다. 그러나 위에서 묘사한 것은 생시의 상태에서 '알면서', 혹은 의식적으로 체험하는 내면의 침묵이다. 그것은 '자신도 모르게', 곧 의식하는 자각 없이 찾아오는 **깊은 잠**이 아니다. '자신도 모르게' 찾아오는 깊은 잠의 상태에서는 아무것도 알 수 없다. 그러나 우리는 망각을 아는 방법을 이용하여 진아의 성품을 알 수 있으며, 그것은 깨어 있는 동안에 체험된다. 이것이 깊은 잠과 **삼매**의 차이이다.

망각은 아무것도 모르는 상태로 알려져 있지만, 실은 일체를 잊어버린 뒤에는 '지知'가 남는다. 이 '지知'는 망각에 대한 공부를 통해서만 이해할 수 있다. 이 망각의 상태는 참되며, 우리는 그것을 이해해야 한다. 깊은 잠과 **망각**은 공히 '**따모구나**(Tamoguna)'의 결과이다. 비유하자면, 석탄과 다이아몬드를 분석하면 둘 다 탄소로 이루어져 있다. 이것은 석탄과 다이아몬드가 탄소의 두 측면일 뿐임을 의미한다. 그렇지만 그것들의 가치는 엄청난 차이가 있다. 탄소 성분은 똑같이 들어 있는데, 왜 다이아몬드는 빛나지만 석탄은 검고 광채가 없는가? 그 이유는, 구성 성분은 두 가지가 동일하지만 그 비율이 서로 다르기 때문이다. 마찬가지로, 깊은 잠과 **망각**은 무지의 비율을 서로 다르게 공유하고 있다. 깊은 잠 속에서는 엄청나게 짙은 **무지**가 느껴지는 반면, **망각** 속에서는 왜 무지의 취약함을 인식하게 되는지를 그것이 설명해 준다.

깊은 잠의 깊이가 얕아지면서 생시의 시작이 일어난다. 깊은 잠에서 깨어나는 사람은 먼저 잠의 흐릿한 영향 하에 있다가 서서히 깨어난다. 이 상태는 잠의 깊이가 엷어지는, 혹은 더 약해지는 데 따른 결과이며, 완전한 생시의 상태가 등장하면서 잠은 끝이 난다. 깊은 잠이 진아라는 등불을 가리는 칠흑의 장막과 같다면, 우리가 조사하고 있는 원인신, 곧 망각의 상태는 엷고 투명한 벨벳 장막과 같다. 이것은 그 지복의 향유가 깊은 잠과 원인신[망각의 상태]에서 공히 동일하는 것을 의미한다. 그러나 자신의 **참된 성품**에 대한 **지**知를 성취하려고 하는 관점에서는 **깊은 잠**이 쓸모가 없다. 마치 석녀와 관계하여 자식을 얻으려는 것이 쓸모없는 일이듯이 말이다. 망각의 상태라는 형상을 한 **지복껍질**(Anandamaya Kosha)에 대한 공부는 우리에게 기쁨을 주며, 우리의 '**참된 성품 알기**'라는 목표에 도달하는 데 필요한 단계이다.

이렇게 다 이야기했으니 이제 **대원인신**, 곧 **뚜리야 상태**를 살펴보겠다. 이것은 망각에 대한 공부 뒤에 오는 '**지**知'를 간직하고 있다. 조금 옆길로 가보자. 스리 사드구루 바우사헵 마하라지(Shri Sadguru Bhausaheb Maharaj)의 전통에 따라 관례적인 **만트라**(Mantra)를 받은 구도자들은 이 시점에서 의문이 들 수도 있다. 원인신 공부는 우리가 일체를 잊어버리는 법을 알아야 한다는 것을 뜻한다. 이것은 **스승이 준 만트라**의 염송과, 우리의 반쯤 감은 눈 앞에 있는 색채나 형상도 잊어버려야 한다는 것을 의미하는가? 답은 "그렇다!"이다. 여러분은 그렇게 해야 한다. 그러기 전에는 **만트라**를 염하는 동안 색채나 어떤 형상이 존재하는데, 구도자는 마음속의 소음과 잡담이 그치고 그것이 완전히 소멸하도록 스스로 점검해야 한다. 이완된 상태에서 반쯤 감은 눈으로 코끝에 집중한 뒤에는, **만트라의 염송과 그 색채 형상은 예외로 하고 다른 어떤 말이나 형상도 일어나지 않아야 한다. 그렇게 하고 나서는 그마저도 잊어버려야 한다. 집안의 쓰레기를 쓸어낼 때 손에 쥐고 사용하는 빗자루는, 집안 구석구석에서 쓰레기를 청소한 뒤에는 쥐고 있으면 안 된다. 그때는 빗자루도 던져 버려야 한다. **참스승**은 구도자에게 하나의 수행으로서 **만트라**를 전해준다. 그는 이처럼 **만트라**라는 형태로 의심·두려움·상상 그리고 무수한 생을 거듭하는 동안 축적된 개념들이라는 쓰레기를 다 깨끗이 쓸어내는 도구를 주는 것이다. 이 **만트라**라는 도구는 구도자가 집중하는 법, 곧 주의를 한데 모으는 법을 배워 마음을 미세하게 만들 수 있게 도와준다. 그 도구를 어떻게 사용할지, 언제 그것을 내버려 둬야 할지가 이제 분명하게 설명되었다.

이제 우리는 네 번째 몸인 **대원인신**이 무엇인지 살펴보자.13) 이것은 다른 세 가지 몸의 아버지이다. 힌두 신화에서 자나까 왕(King Janaka)은 무신자無身者(Videhi)였다. 그에게 자나끼(Janaki)라는 딸이 있었다.14) 이 신화적 이야기는 우리에게 자나까 왕이 네 번째 몸, 곧 **대원인신**과 동일했음을 말해준다. 이것은 몸이 여전히 존재함에도 불구하고 몸이 없는 의식의 상태를 가리킨다. 이것이 네 번째 몸 안의 '지知'의 상태이다. 이것이 자나까 왕이다. 그에게서 딸인 자나끼[자각]가 창조된다. 그녀도 바이데히(Vaidehi)라는 다른 이름을 가지고 있다. 앞서의 세 가지 몸과 비교하면 네 번째 몸은 몸이 없는, 그리고 어떤 조건도 없는 '지知'의 형상을 하고 있는 상태이다. 그러나 이것은 앞의 세 가지 몸에는 지知가 없다는 의미는 아니다.

지知는 들뜬 상태에 있든 평정平靜의 상태에 있든 동일하다. 평정의 상태에서는 물론이고 동요된 상태에서도 그것은 청정하고 순수하며, 심지어 대상적 지知의 홍수에 잠겨 있을 때도 그렇다. 모든 상태에서 지知는 똑같은 하나이다. 그러나 처음 세 가지 몸 안의 지知는 불순물이 섞인 지知, 곧 조건적인 대상적 지知이다. **대원인신** 안의 지知는 세 가지 **구나**(Gunas) [라자스·따마스·사뜨와]의 면에서 균형이 잡혀 있고, '순수한 지知'로서 체험될 수 있다.

지知가 균형 잡힌 상태에 있든 불균형 상태에 있든, 지知는 늘 지知이다. 그러나 그것의 조건화와 관련해서는 서로 다르다. 지知의 특정한 조건화들과의 동일시 때문에 인간은 차별상을 보며, **하나인 지知** 안에서 구분과 분리를 만든다. 예를 들어 '랏두(laddoo)'니 '질레비(jilebi)'니 '바순디(basundi)'니 하는 다양한 과자에서 우리가 맛보는 단맛은 모두 설탕이다. 그러나 그것이 이런 특정 형상 안에 있기 때문에 우리는 랏두가 달다, 질레비가 달다, 바순디가 달다고 말한다. 다른 성분과 섞이지 않은 설탕을 맛보면, 우리는

---

13) 대원인신은 베단타에서 뚜리야 상태 혹은 삿찌다난다 몸(Satchidananda Body)이라고도 한다. 이 텍스트에서 그것을 대원인신이라고 부르는 것은 그것이 원인신의 한계 위에 혹은 너머에 있기 때문에 불린다.
14) 자나까는 '창조자' 또는 '산출자'라는 뜻이다. 자나끼는 '자각'을 뜻한다.

3. 네 가지 몸에 대한 상세한 탐구

설탕이 달다고 말할 것이다. 어떤 사람에게 설탕이 어떻다고 묘사하면서 랏두를 주고 랏두의 단맛은 설탕이라고 말해주면, 그는 설탕의 참된 성품에 대한 지知를 결코 얻지 못할 것이다. 그러나 다른 어떤 재료와도 섞이지 않은 순수한 설탕을 주면 설탕이 정확히 무엇인지 알게 될 것이다.

이 예는 왜 처음 세 가지 몸에서는 **지**知가 원초적 상태로 체험되지 않는지를 잘 보여준다. 처음 세 가지 몸 안에서는 그것이 늘 대상적인 지知로서만 체험될 것이다. 네 번째 몸 안에서는 '비대상적'이고 순수한, 그리고 다른 세 가지 몸에서는 뚜렷이 드러나지[보이지] 않는 저 **지**知가 그것의 '**순수한 성품**' 안에서 빛난다. 구도자들을 대원인신으로 데려가야 하는 이유가 이것이다. 구도자가 **순수한 지**知, 곧 **의식**을 알 때는, 설사 그것이 대상적 지知와 섞여 있거나 다른 어떤 상태 안에 있다 하더라도, '세계'라고 하는 존재물이 '**진아에 대한 지**知'[진아지]라고 불리는 것과 별개이거나 다르지 않다는 것을 올바르게 이해할 것이다.

각 상태가 오고 갈 때조차도 이들 상태의 주시자는 어디로도 오거나 가지 않는다. **육신**의 검고 흰 용모는 물론이고 그 몸의 유아기·청년기·노년기를 보는 사람은, **미세신** 안의 모든 개념·상상·꿈, 그리고 의심을 보는 자이기도 하다. 같은 주시자가 **원인신**도 보는데, 이곳에는 개념·상상·의심이 전혀 존재하지 않는다. 이 세 가지 몸 모두를 주시하는 자는 영원히 깨어 있다.

기이한 특징을 가진 여자가 아이를 낳은 이야기가 있다. 그 아이는 자기 엄마를 알기도 전에 죽었고, 역시 죽은 자기 형제나 자매의 얼굴을 한 번도 본 적이 없었다. 이 여자는 죽고 만 그런 아이를 많이 낳았다. 그러나 그 여자는 죽은 아이들을 모두 묻고 난 뒤에 자기가 살던 곳에 머물러 있었다. 어느 한 아이도 다른 아이의 얼굴을 보지 못했지만, 그 여자는 자식들의 얼굴을 다 보았고 내면에 그 아이들 모두에 대한 인식을 가지고 있었다. **대원인신**, 곧 **뚜리야 상태**―이것은 **마하마야**(Mahamaya)[대환大幻, 삿찌다난다(SatChitAnanda)])의 형상을 하고 있지만―에서 태어난 세 가지 몸이 정확히 이와 같다. 그러나 이 세 몸 중 어느 것도 결코 서로의 얼굴이나 자기 어머니의 얼굴을 볼 기회가 없었다.

한 상태가 다른 상태 속을 관통할 때조차도 이들 상태 모두에 존재하는 **지**知는 결코 불순물이 섞이지 않는다. 한 염주 알이 다른 염주 알을 관통하지 않는 가운데 모든 염주 알을 평등하게 지탱하는 염주 실의 예에서와 같이, **대원인신**도 깊은 잠, 꿈 및 생시 상태와 같은 다른 모든 상태에 두루 편재한다. 대원인신 안의 자각 혹은 의식의 상태는 '스스로 빛나는 불길'인데, 그것은 **무지**가 그 자신을 잊게 만든 다음, 스스로 전혀 아무것도 걸치지 않은 벌거벗은 모습이 된다.

'주시하는 **지**知'의 성품을 알고 나면 **무지**의 상태는 완전히 사라진다. 무지가 사라진다는 것은 사실이지만, '보이는 것'의 겉모습, 곧 '현상계'도 사라진다는 것은 사실이 아니다. 변하는 것은 구도자의 태도나 이해일 뿐이다. 그 공부의 치열함 덕에 우리는 눈에 보이고 나타나는 모든 것이 '**지**知'의 형상을 하고 있다는 것을 체험할 것이다. 한 점의 장신구가 오직 '금'일 뿐이라는 이해를 얻는다고 해서 장신구 자체가 소멸되지는 않는다. 마찬가지로, 존재하는 모든 것이 **자나르다나**(Janardana)15), 곧 우주의 **하느님**일 뿐이라는 것을 알아도 가시적인 우주는 소멸되지 않는다. 마치 등불의 빛이 어둠을 소멸할 때도 빛에 드러난 대상들이 소멸하지 않듯이 말이다. 처음에는 빛이 없었고, 어떤 물체의 형상들이 있다는 사실 외에는 아무것도 알지 못했다. 그 대상들의 성품이 빛 속에서 그냥 분명히 드러났을 뿐이다. 마찬가지로, 우리가 **무지**의 어둠 속에서 장님의 눈으로 세계를 보고 느낄 때, **참스승**의 조언이 우리의 시력에 올바른 **견**見(vision)을 가져다주는 것이다. **지**知의 불길이 '내적인 의식' 안에서 켜지면 그것이 사방에 빛을 발산하면서 **무지**의 어둠이 소멸되지만, 세계의 겉모습은 그것의 **참된** 성품이 발견되고 드러나도 그대로 남는다. 이와 같이, 우리가 '**참된 지**知'를 얻고

---

15) T. 비슈누의 한 이름. 『바가바드 기타』에서는 크리슈나에 대한 호칭의 하나.

나면 우리가 세계를 보던 관점이 변한다.

신기루는 사람의 관점에서 볼 때와 사슴의 관점에서 볼 때가 다르다. 대상은 같지만 그것을 보는 일은 경우마다 다르다. 사막의 모래나 멀리까지 뻗어 있는 도로가 햇볕으로 더워질 때 거기서 일어나는 열파熱波는 멀리서 보면 물이 있는 것처럼 보일 것이다. 이 겉모습을 신기루라고 한다. 마라티어로는 신기루를 므루그잘라(mrugjala)라고 하는데, 그 의미는 '사슴을 유혹하는 멀리 있는 물의 모습'이다. 이런 이름이 붙은 이유는, 사슴이 신기루에 속아 실제로 물이 있다고 생각하고 갈증을 식히기 위해 그쪽으로 달려간다고 해서이다. 물이 없는 것을 알면 사슴은 환상에서 깨어난다. 사슴은 지성이 부족한 탓에 물의 겉모습이 진짜라고 믿는다. 그러나 목마른 사람은 그것이 물처럼 보여도 갈증을 해소하려고 그쪽으로 달려가지 않을 것이다. 왜냐하면 신기루는 그 겉모습과 다르고, 사람은 그것을 알기 때문이다. 겉모습에 속아 그곳에 물이 존재한다고 믿지 않는다. 이것이 참된 것과 거짓된 것을 분별하는 인간 지성의 능력이다. 해의 견지에서 보자면 신기루 같은 것은 없다. 신기루라는 겉모습은 어디서 일어나는가? 무지하고, 따라서 속박되어 있는 구도자의 태도와 **싯다**(Siddha), 곧 '**해탈자**'의 태도가 다른 것도 사슴과 인간의 경우와 비슷하다. 속박되어 있는 자는 세계가 참되다고 당연히 믿고 현실의 임무라는 달구지를 몰고 있다. 구도자가 **진아**에 대한 **지**知를 얻으면, 세계는 하나의 일시적인 겉모습, 곧 환幻에 지나지 않는다는 태도로 그것을 본다. 그러나 **싯다**는 '모두의 진아'가 된 자이며, 세계를 전혀 보지 않는다.

이 시점에서 보면, 가르침에 대한 설명의 첫 부분과, **물리적 조대신**에서부터 **대원인신**까지에 대한 모든 것이 포함되었다. **대원인신**에 대한 설명 이후에 나오는 그 다음 부분의 가르침은 **최종적 실재**에 대한 가르침이다. 어떤 사람이 **대원인신**[삿찌다난다]과 동일해져서 **진아지**를 얻고 그 상태를 깨달았다고 해도 그를 **싯다**라고 할 수는 없다. 설사 그 경지를 성취했다 하더라도 그는 여전히 한 사람의 구도자(sadhaka)로만 간주될 것이다. **싯다**들이 안식하는 영역은 **절대지**知(Vijnana)[지고의 지知, '무념의 실재']의 영역이다. 그러나 이 시점에서는 아직 그것을 논의하지 않겠다.

바로 지금, 설명의 이 단계에서 우리가 발을 딛고 있는 계단은 **대원인신**, 다른 말로 **뚜리야 상태**라고 하는 것이다. 먼저 우리는 **대원인신**을 더 상세히 논의해야 한다. 우리는 **대원인신**이 무지의 절멸 상태라고 말했다. 그러나 무지, 곧 망각의 상태는 **조대신** 및 **미세신**과의 관계에서만 고려 대상이 된다는 것을 알아야 한다. 실은 그것은 우리가 **지**知를 얻음으로써 절멸해야 할 어떤 실제적 존재성도 가지고 있지 않다.

무지, 곧 '있지 않은 것'이 절멸되어야 한다고 말하는 것은 우습다. 예를 들어 라마는 반지가 있고 고빈다는 반지가 없다. 반지가 없다는 것이 반지라는 어떤 사물의 존재 상태를 말해주는가? 아니, 그렇지 않다. '망각'의 상태도 마찬가지다. 존재하지 않고, 단지 **조대신** 및 **미세신**과의 관계에서만 존재하는 듯이 보이는 것은 하나의 '상상된 상태'이다. 그것은 진실로 존재하지 않는다. 사마르타 스와미 람다스는 그의 책 『다스보드』에서, 망각의 형상을 한 이 **무지**의 상태는 있지 '않던' 것이 존재하지 않는 것으로 되는 상태라고 지적한다. 이 시점에서 당연히 이런 의문이 일어날 수도 있다. "**진아지**의 상태는 실제로 존재하는가?" 망각의 상태에서 꿈·상상·의심의 부존재를 본, 그리고 그것들의 부존재[비존재성]를 안 자가 '**지**知의 **신**(Dnyanadeva)'이다. 그가 곧 **지**知의 모든 변상이 해체되는 것을 주시하는 자이고, **대원인신**을 주재하는 자이다. 그러나 이 '주시하는 **지**知' 또한 '**진아의 순수한 성품**'에는 하나의 기생물[원치 않은 존재]이라는 점을 분명히 이해해야 한다. 이 '**주시하는 지**知'는 원인신의 '**무지**'— 이는 '아무 지知도 없음'을 의미하지만—를 절멸하기 위해 사용될 때만 필요하다. '**주시하는 지**知'가 네 번째 몸을 뒤로하자마자, 망각의 상태는 잊혀지고 '**지**知'는 그 자신만을 바라보기 시작한다. 자신의 **진아**에 대한 관찰을 '주시하기'라고 부를 수는 없다. '보는 자'가 주시자로 불리는 것은 그가 **진아**를 잊어버리고 대상적인 것, 곧 **진아**와 다른 어떤 것을 볼 때이다. 그가 그 자신을 보게 되면, 이 지고의 지知, 곧 절대자의 성품을 가진 **절대지**(Vidnyana) 안에 안주한다.

그 **홀로됨**(Aloneness) 안에서 그 사람은 자기 자신에게 "나는 **브라만이다**"라고 흥얼거리기 좋아한다. 그 소리가 내면에서 일어나면 이 **지**知마저도 제한되거나 속박되고, 그는 여전히 대원인신 안에 사로잡혀 있게 된다. 이 흥얼거림이 **마하마야**, 곧 세 가지 **구나**의 성품을 갖는 **대환**大幻(Gunamaya)이다. 만약 이 **환**幻을 제거하고 싶다면, 이 흥얼거리는 소리마저 그쳐야 한다. 그래야 저 우르릉거리는 **마하마야**를 영원히 뒤로하게 된다.

"나는 **브라만이다**"는 아주 미세한 "내가 있다"는 느낌이 **진아** 위에 부과되는 것인데, 이 **진아**는 실은 에고, 곧 별개의 자아가 없는 것이다. 그러나 이 미세한 유형의 "내가 있다"조차도 우유 속의 한 소금 분자와 같고, 따라서 근절되어야 한다. 거짓을 참이라고 여기는 것은 잘못된 개념이지만, **참된 것을 참**이라고 여기는 것은 그런 어떤 개념도 없는 것이다. 이 진술에 힘입어, 모든 개념이 없을 때는 **조대신**도 '나'이고, **미세신**도 '나'이며, **원인신**도 '나'이다. 그러나 우리가 계속 자신을 이 세 가지 몸 중의 하나라고 주장하는 한, 그것은 확실히 잘못된 개념이고 일종의 자부심이다. 그렇기는 하나, "나는 **브라만이다**"로서 "나"라고 말하는 **의식**은 에고 없음, 혹은 자부심이 없는 것이라고 할 수 있다. 왜냐하면 이 '나'는 **진리**를 보유하기 때문이다. 그 안의 어디에 거짓이 있는가? 실은 그 안에 참되지 않거나 거짓인 것은 아무것도 없다. 하지만 만약 그 '**참된 자**'가 계속하여 "나는 **참되다**"거나 "나는 **브라만이다**"라고 선언한다면, 이 진리에 대해 의심이 일어난다. 만일 어떤 브라민[브라만 계급의 사람]이 자신이 만나는 누구에게나 "나는 **브라만이오**, 나는 **브라만이오**"라고 계속 이야기한다면, 그 말을 듣는 사람은 이렇게 말할 것이다. "이 양반이 브라민이라면 왜 그 말을 되풀이하지? 실제로는 어떤 낮은 계급 사람임이 분명해."

그와 마찬가지로, "나는 **브라만이다**, 나는 **브라만이다**"라는 개념을 되풀이하여 주장하는 것은 그의 **의식**, 곧 대원인신 안의 **지**知가 자신의 **진정한**

성품에 대한 의심에서 벗어나지 못했음을 말해준다. 이러한 관점에서 볼 때, 자신에게 진아를 상기시키는 "나는 브라만이다"라는 개념에 대한 기억조차도 지워야 한다. 대원인신의 의식인 그 의식[삿찌다난다]을 안정시켜 그것이 기억에 대한 것도 아니고 망각에 대한 것도 아니게 해야 한다. 그럴 때만 구도자가 '순수한 지知와 지복'의 성품이 된다.

우리가 매일 겪는 통상적인 거친 경험들을 살펴봐도, 우리는 아무 기억이나 망각이 없는 자연스러운 상태에 있다. 누가 "나는 나 자신을 잊어버렸다"거나 "나는 나 자신을 기억하고 있었다"와 같은 경험을 하는가? 누가 그런 노력을 하여 자신의 존재성을 입증하려고 애쓴 적이 있는가? 우리는 우리 자신을 결코 잊지 않으며, 우리 자신을 기억할 필요도 없다. 우리는 늘 자연스럽게 기억이나 망각의 상태를 넘어선 상태에 있다. 이것이 실제로 우리의 참된 성품이다. 기억이나 망각은 늘 우리 자신과 별개인 '다른' 어떤 것이다. 이 진리를 토대로, 우리는 기억되는 그 어떤 것이나 잊혀지는 그 어떤 것도 '나'가 아니라는 확고한 마음의 결정을 내려야 한다. 기억되거나 잊혀지는 그 무엇도 절대로 여러분이 아니라는 것을 확신해야 한다. 진아에 대한 기억이나 망각이 없으면서 그냥 자신의 진아로 있는 것은 자기비춤(Self-illumination)이라고 인정할 수 있다. 따라서 조대신은 여러분이 아니고, 미세신은 여러분이 아니며, 원인신은 여러분이 아님을 알라. 여러분은 진아지의 성품, 곧 "나는 대원인신의 삿찌다난다(SatChitAnanda)다"라는 자각의 성품으로 되어 있다. 부단히 그것으로 머물러 있어야 한다.

앞에 나온 가르침에 따른 순차적 소거(progressive elimination)의 이론에 의거하여, '순수한 지知', 곧 "내가 있다"로서의 자신의 참된 성품에 대한 확신을 일단 깨닫게 되면, 어머니 스루띠[베다]가 탐구와 연역적 소거(deductive elimination)라는 고대의 방법을 사용해 네 가지 몸을 한꺼번에 온전히 고려한 것이 된다. 지금까지, 여러분은 세 가지 몸이 아니라는 것이 설명되었다. 이 시점에서 스루띠는 다시금 뒤로 돌아가 이제는 세계의 가시적인 겉모습 전부가 여러분의 의식의 유희(Lila)라고 선언한다.

3. 네 가지 몸에 대한 상세한 탐구 83

이런 격언 혹은 진술이 있다. "산출되는 사물은 그것을 산출하는 사물과 같다." 예를 들어 물이 얼음으로 변해도 그것은 여전히 물이다. 피상적으로만 보면 물은 흐르는 성질이 있으나 얼음은 고체이다. 물에는 형태가 없고 얼음은 형태가 있다. 그러나 그 실체를 알면 둘 다 동일한 물이라는 것을 안다.

이 격언에 따르면 세계와 그것의 **하느님**[브라만]은 동일하다는 것을 이해할 수 있다. 이것이 베다의 가르침이다. 거친 관점에서 보자면 지地·수水·화火·풍風·공空은 서로 다르게 보이지만, 그 차이는 성질에서의 차이일 뿐이다. 얼음이 녹으면 물이 되듯이, 흙은 물에 용해되고, 물은 불의 열로 말라버린다. 열 혹은 빛은 바람 속에 들어 있고, 바람은 하늘, 곧 허공 속에서 분산되어 그냥 사라진다. **진아**는 이 5대 원소 모두의 자궁이기 때문에, 그것들은 모두 **진아** 안에서 사라진다. 만일 이 원리(원소)들이 절대적으로 서로 다르다면, 어떤 차이의 자취도 없이 서로의 속으로 용해되어 하나가 되는 일은 결코 없을 것이다. 결국 5대 원소, 이 거친 세계, 그리고 미세한 세계는 **진아**일 뿐이다. **진아**가 서로 다른 그 모든 성격과 종種들로 나타나는 것이다. 화가가 나무·돌·소·물소·강·하늘·신·아수라·인간들을 그릴 때, 그것들은 모두 물감이라는 단 하나의 사물에 의해 그려진다. 그와 마찬가지로, 무수한 형상들로 이루어진 세계로 나타나는 이 광경도 **순수한 지**知에 지나지 않는다. 이것이 우리가 결론적으로 끌어내야 할 과감하고 설득력 있는 추론이었다.

이 시점에서 한 가지를 언급해 두어야겠다. 연역적 소거든 아니면 어떤 다른 방법이나 모순적 방법이든, 방법 그 자체는 2차적 중요성을 갖는다고 말해야 한다. 특정한 방법의 주된 목적은 **진아**에 대한 **지**知를 전해주는 것이다. 수학에서 한 예제例題를 여러 아이가 다양한 방법을 써서 풀었는데 그들의 답이 동일하다면, 그 답을 옳은 것으로 받아들일 수밖에 없다. 답이 중요한 것이지, 그 답에 도달한 방법은 2차적 중요성밖에 없다. 구도자에게 그의 **참된 자아**의 성품을 설명해 주는 데 사용되는 방법들을 스루띠가 보는 방식이 그러하다.

물과 얼음, 세계와 하느님, 금과 장신구가 똑같다는 동일성을 증명하는 데는 하나의 걸림돌이 있다. 설사 금과 장신구들이 동일하다 하더라도, 금세공인이 그의 기술을 금에 쏟아서 작업을 하지 않으면 장신구가 만들어질 수 없다. 물도 심한 추위에 힘입어야만 얼음이 될 수 있다. 마찬가지로, 세계와 하느님이 동일하기는 하지만 이것은 하느님에게 어떤 변형이 일어났어야 한다는 것을 의미한다는 이론적 설명(전변설)이 여전히 제시된다. 그가 흙으로 굳어졌다, 혹은 녹아서 물이 되었다가 말라서 불이 되었다는 식으로 말이다. 이 이론에서는 먼저 하느님이 5대 원소가 되고, 그런 다음 5대 원소에서 세계가 형성되어 나왔다. 이것은 연역법의 한 결함인데, 이런 식으로 한 가지 반론을 제기할 수도 있다. 그러나 사마르타 람다스는 이 반론조차도 이런 문장으로 뿌리 뽑아 버렸다. "오, 인간이여, 아예 존재하지도 않는 것에 대해 왜 묻고 있는가? 세계는 생겨난 적이 없다. 절대적 빠라브라만만이 존재한다."

자신의 진아를 잊어버리는 것이 마야(Maya), 곧 환幻의 탄생이다. 마야는 '없는 것'인데,16) 그것은 그녀가 '존재하지 않는 것'이라는 뜻이다. 이 존재하지 않는 여자17)를 어떻게 묘사할 수 있는가? 석녀의 아들은 살색이 검은가 흰가? 그의 나이, 키, 몸의 넓이, 계급은 무엇인가? 생겨난 적이 없는 것에 대한 이런 질문들에 우리는 어떻게 답할 수 있는가? 아이가 울지 않고 조용히 있게 하려면 "허수아비가 왔다"고 말해준다. 실재하지 않는 허수아비 이야기를 지어내어 아이가 조용해지게 하는 것이다. 아이는 조용해진 뒤에 아버지에게 묻는다. "아빠, 허수아비는 어떻게 생겼어요? 턱수염은 얼마나 길고, 콧수염은 얼마나 길어요? 코, 눈, 이빨은 얼마나 커요?" 아버지는 어떤 대답을 해줄 수 있는가? 대답을 할 때까지는 아이가

---

16) 마야의 '마(Ma)'는 '없다', '야(Ya)'는 '그것'을 뜻한다.
17) T. 힌두교에서 마야는 여신으로 묘사된다. 한편 마야는 신의 창조력(샥띠)이므로, 그것은 신(하리 또는 하라)의 것이기도 하다.

잠자코 있지 않으려 할 것이다. 그럴 때 아버지는 허수아비의 코를 라메스와라(Rameshwara-인도 남동부의 도시)까지 늘이고, 발을 하계下界(땅 밑 저승세계)까지 뻗게 하며, 머리를 하늘까지 닿게 해야 한다. 이처럼 자기 좋을 대로 무슨 말이든 하여 허수아비를 무서운 형상으로 그린 다음 말한다. "허수아비는 이렇게 저렇게 생겼다. 그러니 다시는 울지 마라." 이런 식으로 묘사하는 것만이 마야에 대한 묘사로 어울릴 것이다.

존재하지 않는 **마야**가 존재하고, 그녀가 이 세계를 창조해 놓았다. 베다는 개아個我(jiva)들, 곧 인간들에게 그들의 이해 능력에 따라 이 세계가 어떻게 창조되었는지를 설명하려고 한다. 그래서 어떤 식으로든 **마야**와 세계의 근원을 추적한다. "그것은 이런 식으로 해서 일어났다." 연역적 소거법에서 사용되는 추론은 때로 다른 이론이나 방법과 모순된다는 것을 알 수 있다. 하지만 베다가 갑에게는 이렇게 말하고 을에게는 저렇게 말하기 때문에 사람을 속이고 틀린 말을 한다고 **베다**를 비난하지 말고, **베다**는 모두에게 '**진아에 대한 지**知'를 설명했다고 말해야 한다. **베다**는 구도자의 지성의 역량에 따라 서로 다른 방법을 사용하여 그들의 환幻을 뿌리 뽑아 왔다. 누가 속이는가에 대해서 보자면, 이 세계의 진정한 성품에 대해 구도자들이 그들 자신을 속이고 있었다.

엄마가 한 아이에게는 밀죽을 주고, 소화불량으로 고생하는 다른 아이에게는 로띠(roti)[넓적한 빵]를 준다. 이 엄마를 불공평하다고 할 수 있는가? 엄마는 아이의 소화능력에 따라 어떤 음식이 좋을지를 안다. 마찬가지로, **베다**의 경우에도 구도자들의 유형에 따라 다른 방법을 사용하는 것이다. 그들은 지성에서 차이가 나지만, **윤회**(Samsara)라는 같은 질병으로 고통 받고 있다. **세계병**(Bhava Roga)은 세계가 창조되었다는 관념을 만들어낸 질병을 뜻한다. 이 병을 치료하기 위해 **베다**와 여러 경전은 구도자의 이해 능력에 따라 서로 다른 방식으로 설명을 제시해야 했다.

열熱은 한 가지 증상일 뿐이지만, 영리한 의사는 환자의 몸 상태에 따라 다른 약을 줄 것이다. 의사의 목표는 건강을 회복시키는 것뿐이다. 약에는 여러 가지가 있을 수 있으나 그 이념에는 차이가 없다. 한 환자에게 맞는 약이 몸 상태가 다른 환자에게는 맞지 않을 수도 있다. 마찬가지로, 한 구도자에게 주는 영적인 가르침이 다른 구도자에게는 매력이 없을 수도 있다. 어떤 배경을 가진 구도자에게 주는 지식이나 조언이 다른 배경을 가진 구도자에게는 맞지 않을 수도 있다. 어머니 스루띠[베다]가 제시하는 방법들에는 어떤 흠도 없다. 흠이 있다면 그 설명을 들을 당시 그 구도자의 마음자세에 있다. 어머니 스루띠의 최종 목표는 모든 자식들이 진아지를 얻게 하는 것이다. 따라서 구도자는 흠을 찾는 태도를 버리고, 진아지를 얻는다는 목표를 이룸으로써 자신의 역량을 십분 발휘해야 한다.

4. 대원인신에 대한 다양한 방식의 설명과 우리의 참된 성품의 성취

여기까지의 설명은 네 가지 몸에 대한 정의에 집중되었다. 이제 우리는 이들 네 가지 몸 안에서 '지知'가 어떻게 일어나는지를 살펴보겠다. '시각'을 가지고 **조대신**을 통해 대상들에 대한 지知를 얻으려면, 네 가지 몸 모두가 이것을 일으키는 데 핵심적 역할을 한다는 의미가 반드시 함축된다. 우리가 어떤 그림에 그려진 한 쌍의 눈을 고려해 본다면, 그 눈들은 대상을 볼 수 없다는 것이 너무나 분명하다. 마찬가지로, 지성이라는 미세한 눈의 도움 없이는 육신의 눈만으로 대상을 볼 수 없다. 예를 들어 우리가 하나의 망고를 보거나 "이것은 망고다"라는 지知를 갖지만, 만일 그 육안만이 보는 것을 우리가 그냥 보기만 한다면 어떻게 될까? 물론 육안도 그 대상을 망고로 보아야 한다. 그러나 그와 같이 되지 않는다. 육안의 이면에는 지성이라는 미세한 눈이 있고, 그것이 도와주어야 '망고'임을 안다. 그러나 육안과 미세한 지성의 이 조합조차도 충분치 않다. 만일 이 둘이 **원인신**['내가 있다'는 관념]의 지원을 받지 않는다면 그 지성은 죽은 것이다. **원인신**은 공간·하늘·허공·거리 등과 같이 다양한 방식으로 작용한다. 지성이 작용하려면 공간[허공]이라는 배경이 필요하다. 그래서 이제 눈이 있고, 지성이 있고, **원인신**의 형상을 한 허공이 있다. 그러나 이 셋을 연결하는 **대원인신**[의식]의 형상을 한 주시자가 없다면, 그 어떤 것에 대한 앎도 없다.

그래서 대상들에 대한 지知를 얻기 위해서는 이 네 가지 몸 모두가 존재해야 한다. 그러나 우리가 한 몸에서 다음 몸으로 순차적으로 보면, 미세신 안에서의 활동이나 변화를 알기 위해서는 육신이 필요하지 않다는 것을 지적할 필요가 있다. 덧붙여 말하면, 끌림과 배척, 갈증과 배고픔, 쾌락과 고통과 같이 미세신 안에서 일어나는 활동이나 움직임은 원인신과 대원인신의 도움이 있어야만 알 수 있다. 그러나 반대 방향으로 보면, 원인신 안에서 지知가 일어나기 위해 조대신과 미세신의 도움은 필요치 않다. 지금 설명하는 이 단계에서는 어느 수준의 지知도 늘 대원인신에 의존하고 있다는 것을 분명히 해야 한다. 원인신 안에서 지知를 얻는 데는 미세신의 요소들[마음·지성·사고·생기·감각기관]이 전혀 쓸모가 없다. 미세신의 요소들은 조대신과 미세신에만 영향력을 가지고 있을 뿐이다. 원인신의 영역은 조대신·미세신과 전적으로 다르며, 그 몸들의 어떤 것도 원인신 안으로 결코 발을 들여놓을 수 없다. 이 시점에서 자연스럽게 이런 질문이 일어난다. "만약 그렇다면, 우리는 어떻게 대원인신 안으로 들어갈 수 있는가?" 마음과 지성의 범위는 미세신에 국한되고, 그것들은 그 이후의 두 몸, 곧 원인신과 대원인신 안으로 들어갈 능력이 없다는 것은 엄연한 사실이다.

이 시점에서, 대원인신[뚜리야]의 '지知'는 절대적으로 '자기충족적'이라는 점을 이야기해야 한다. 그것은 자립적이며, 앞서 언급한 세 가지 몸에 전혀 의존하지 않고 그것들에게서 어떤 도움도 기대하지 않는다. 이 지知는 '스스로 빛난다.' 비유하자면, 눈은 모든 대상을 보지만 어떤 대상도 눈을 보지는 못하는 것과 같다. 해를 보기 위해 누구도 등불 빛이 필요하다고 느끼지 않는다. 마찬가지로, 누구도 '눈의 눈'인 이 '지知의 왕'을 볼 수 없다. 이 '지知'는 그 자신의 광명으로써 그 자신의 존재를 증명한다. 눈은 비록 그 자신을 보지 못하지만, 눈을 가진 사람이면 누구도 자신에게 눈이 있는지 여부를 의심하지 않는다. 그가 사물을 볼 수 있는 것은 눈이 있기 때문이다. 이런 유類의 확신은 자연스럽게 그의 내면에 머무른다. 마찬가지로, 우리는 자기 아닌 어떤 사람이나 사물을 주시하는 동안에도 자기 자신에 대한 지知를 가지고 있다. 우리의 눈을 보기 위해서는 그 눈의 반영을 보여주는 거울이 필요하다. 그 대상적인 지知는 눈의 '반사된 지知'에 지나지 않는다. 그러나 이 '지知'는 그 자신이 아닌 일체를 주시함으로써 자신의 존재를 증명한다. 그 존재의 증거로서 다른 어떤 증거도 필요치 않다.

이 대원인신의 지知는 '만물에 편재한다.' 그럼에도 그것은 무지한 자의 관점에서는 마치 보이지 않는 것과도 같다. 대원인신의 '지知'를 보지 못하는 대신, 그에게는 조대신이 모든 것 중에서 가장 큰 것이 되었다. 크기로 보자면 그것은 바다 속의 양귀비 씨앗 하나같이 작은데도 말이다. 이 세상의 방식들은 실로 비뚤어져 있다. 대상인 더 작은 것을 볼 때 주체인 더 큰 것을 망각하는 것이 우리의 습관이 되어 버렸다. 우리는 '자기증명적'이고 '자기충족적'인 것을 버리고 어떤 인위적인 것을 찬양한다. 그것은 마치 우리가 아름다운 전등들에 찬사를 바치지만 햇빛에게는 같은 찬사를 바치지 않는 것과 같고, 벽에 그려진 그림들을 볼 때 벽 자체를 잊어버리는 것과 같다. 그 과정으로 말하면, 우리가 벽을 볼 때 집 자체를 잊어버리고, 빛 속에서 대상들을 발견할 때 빛을 잊어버리며, 종이 위에 쓰인 편지를 읽을 때는 종이를 전혀 의식하지 못하는 것과 같다.

이 과정에서 실제로 일어나는 일은, 그 편재하는 본체가 무한히 더 큰데도 불구하고, 그 본체가 편재하는 대상에 우리가 주의를 기울일 때는 그 편재하는 본체를 잊어버린다는 것이다[이 점을 설명하기 위해 금과 장신구, 혹은 흙과 벽의 예가 흔히 사용된다]. 거친 것에는 미세한 것이 편재하고, 미세한 것에는 원인적인 것이 편재하며, 원인적인 것에는 대원인적인 것[지知]이 편재한다. 그러나 설사 그렇다 할지라도, 대원인신의 '지知'를 우리가 볼 수는 없다. 왜냐하면 모든 사람의 주의가 거친 것, 대상적인 것에 쏠려 있기 때문이다. 구도자의 그 협소한 초점이 넓어져서 만물에 편재하는 그것이 될 때, 그는 진리, 곧 광대한 허공을 뒤덮고 감싸는 '무한한 지知'를 보게 될 것이다.

대원인신 안에 거주하는 지知가 원인신[무지]의 파괴자이기는 하나, 그것이 조대신과 미세신을 파괴하지는 못한다. 조대신과 미세신을 통해 얻어지는 보통의 피상적인 대상적 지知는 무지의 파괴자가 아니다. 대원인신의 비상하게 독보적인 지知만이 무지의 대립자이다. 무지는 실은 보통의 대상적 지知에 의해 유지된다. 원초적인 저 지知를 성취한 뒤라야 무지가 사라진다. 그러나 그러면서도 조대신과 미세신의 작용은 멈추지 않는다. 조대신과 미세신의 내재적 활동이 무지한 자에게서 작용하는 것과 같이, 이 활동들은 진아지를 얻고 난 뒤의 진인眞人(Dnyani)에게도 계속 작용한다. 그것은 어둠 속에서 보이지 않던 대상들이 등불에 의해 어둠이 소멸하면 보이게 된다는 비유와 유사하다. 그 빛은 어둠을 소멸하지만 대상들 자체를 소멸하지는 않는다. 그 대상들을 알게 되는 것은 빛의 힘을 통해서이다. 대상들이 비추어지는 동안 소멸되는 것은 어둠뿐이다. 마찬가지로, 어떤 사람이 진아지를 얻을 때, 무지의 어둠은 완전히 근절되지만 조대신과 미세신은 계속 작용한다.

이 설명의 자연스러운 진행 가운데 이런 질문이 일어난다. "대원인신의 지知의 빛 안에서 무지가 소멸되면 원인신은 작용하기를 그칠 것인가?" 이 점에 대해 좀 생각해 보자. 무지는 하늘·공간·접촉점·거리 등 많은 형상을 가지고 있다. 진아지를 얻고 나면 무지가 소멸된다는 것은 사실이다. 이 진아지 안에서 모든 충동 혹은 활동[움직임]이 미세하거나 거친 욕망으로서 공간 안에 나타난다. 먼저 공간이 창조되지 않는다면 이러한 충동들이 전혀 일어나지 않을 것이다.

그래서 이렇게 된다. 즉, 우리가 진아지를 얻은 뒤에 이 몸들을 바라보면, 네 가지 몸은 우리가 진아지에 도달하는 과정에서 몸을 하나씩 초월할 때 밟은 순서의 역순으로 나타나거나 보인다. 처음에 진아지['내가 있다'], 그 다음 허공의 형상을 한 원인신, 그 다음 미세신, 그 다음으로 조대신이 모두 쉽게 나타나서 형상을 취한다. 그러나 조대신과 미세신의 활동과 작용이 드러나기 전에, 원인신은 비록 그 안의 무지가 소멸되기는 했지만 필요에 의해 미세신과 대원인신 사이에 '허공의 단계'를 하나 확립한다.

세계라는 겉모습

'지知'가 움직이기 시작하면 활동 또는 움직임이 일어나고, 동시에 의식, 곧 '찌다까쉬(Chidakash)' 형상을 한 원인신이 창조된다. 그런 다음 차례로 미세신, 조대신이 나타난다. 앞에서 설명한 진아지를 얻는 방법에서, 순서대로 밟아 올라간 네 계단은 다음과 같다.

   1) 조대신, 2) 미세신, 3) 원인신, 4) 대원인신

이제 그 순서가 역으로 된다.

   1) 대원인신, 2) 원인신, 3) 미세신, 4) 조대신

지知는 그 자신 안에 평화롭게 안주하지 않고 움직이기 시작하여, 아래로의 하강을 개시한다. 마지막 두 계단인 미세신과 조대신은 세 번째 계단인 원인신을 먼저 밟지 않고서는 밟을 수 없다. 이 원인신에서 밟아 내려가면 마지막 두 계단인 미세신과 조대신이 일어나고, 이 두 계단 위에서만 세계의 출현을 느끼게 된다.

궁극적으로 이렇게 전개된다. 즉, 세계라는 겉모습을 포함하고 있는 그 지知는 무지를 완전히 파괴할 수 없었다. 빛이 어둠을 소멸하면서 이전에 어둠 때문에 알지 못했던 대상들에 대한 지知를 우리에게 안겨주는 과정을 생각해 보라. 마찬가지로, 세계가 출현하는 것은 오직 원인신이 그것을 '허공' 안에서 유지 또는 보존해 왔기 때문이다. 세계라는 겉모습을 진인이나 무지인이 느끼는 한, 무지는 여전히 이런 저런 형상으로 잠복해 있다는 것을 알아야 한다. 차이가 있다면, 진인에게는 무지가 그 특정한 형태로 나타나지 않는다는 것이다[진인은 무지를 지知로서 경험한다].

지知가 죽지 않으면 무지도 죽지 않는다. 지知와 무지는 환幻에서 태어난 샴쌍둥이이다. 그 둘은 동시에 태어나고 동시에 죽는다. 하나가 있으면 다

른 하나도 계속 살아 있고, 하나가 죽으면 다른 하나도 더 이상 존재하지 않는다. 이것이 진실이므로, 우리는 지知 자체가 어떻게 죽는지 살펴보겠다. 대원인신 안의 지知가 죽기 전에 그 이하의 몸들이 모두 죽어야 한다. 이 네 가지 몸은 차례로 죽는다. 우리가 죽어가는 사람을 바라볼 때는 그 사람을 바라보는 것 외에 아무 일도 하지 않는다. 우리가 그와 함께 죽지는 않는다. 마찬가지로, 우리는 이 네 가지 몸이 어떻게 죽는지 우리의 내면에서 차분히 바라볼 수 있다. 죽음에 대해 쉽게 알아차릴 수 있는 한 가지 원리는, 성장이 멈출 때 해체가 시작된다는 것이다. 이 말의 의미는 무엇이 성장을 멈출 때는 늘 그것이 해체되기 시작하여 죽음의 길을 따른다는 것이다. 죽음에 대해서는 어떤 작업도 불필요하다. 파괴는 성장 속에 내재해 있다. 탄생 안에 죽음이 있고, 죽음 안에 탄생이 있다. 이것이 탄생과 죽음의 전통이다. 태어나는 물건은 자신에게 내재한 죽음을 맞는다. 외관상으로는 다른 어떤 이유가 있을지 모르지만 말이다. 죽음의 근본 원인은 탄생 외에 아무것도 아니다. 이 네 가지 몸은 '**순수한 성품**' 위에 다가왔고, 죽을 수밖에 없다. 그것들은 어떻게 죽는가? 그것을 살펴보자.

"성장이 있는 곳에는 파괴가 있다"는 원리에 따른 **물리적 조대신**의 죽음은 결코 피할 수 없다. 오늘이 아니라면 최소한 백 년 뒤, 혹은 길든 짧든 어느 정도 시간이 지난 뒤에는 죽는다. **조대신**은 25세가량까지 성장하고, 그 후로는 몸이 해체되기 시작하면서 천천히 '죽음의 대로'를 따라 걸어가며, 그러다가 어느 날 죽음의 제물이 된다. **조대신**은 **미세신**의 물리적 형상일 뿐이므로 별개의 독립적 존재성이 없다고 말할 수 있다. 거친 형상을 한 나무는 씨앗의 결과에 지나지 않고, 씨앗이 곧 미세한 형상이다. 나무의 이 두 가지 형태 모두 자동적으로 죽어 없어진다.

미세신은 탄생과 죽음의 씨앗이다. 이 씨앗은 나무처럼 쉽게 소멸되지 않는다. 그것의 성장은 워낙 엄청나서 인간의 노력으로 그것을 찾아내어 소멸하지 않으면 무한정 계속 자랄 것이다. 이 성장이 무수한 **조대신**들의 원인이 된다. 이것이 한 존재를 팔백사십만 종種으로 태어나게 한다. **육신**

의 성장이 자연스럽게 멈출 때도 **미세신**은 성장을 멈추지 않는다. **미세신**의 성장을 어떻게 멈출 수 있는지를 이해하기 위해 **참스승**이 필요하다고 우리가 느끼는 지점이 바로 여기이다.

상상(sankalpa)과 의심(vikalpa)의 **미세신**이 성장하지 못하게 저지한다는 것은 꿈과 욕망을 포기함을 의미한다. 욕망·꿈·걱정·상상 등은 마음의 산물이다. 그것들을 타파하는 것은 우리 자신의 마음으로써만 할 수 있다. 마음이 창조하는 모든 것은 손으로 파괴할 수 없고, 손으로 창조하는 모든 것은 마음으로 파괴할 수 없다. 우리가 이 꿈과 욕망을 강제로 타파하려고 할 때마다 그것들의 수효는 늘어나기만 하는 듯하다. 마음은 경박하게 무례하다. 우리가 제어하려 들면 그것은 더 요동한다. 그래서 **참스승**은 마음의 성장을 멈추게 하기 위해 우리에게 이런 치유책을 준다. "침묵하려고 노력하면 점차 상상과 의심이 해소될 것이다." 어린 아기가 잠을 잘 때 한동안 그 눈을 관찰해 보면, 침묵하는 법에 대한 교훈을 아기에게서 쉽게 배울 수 있다. 아기가 잠이 들 때 자신을 잊어버리고 얼마나 쉽게 잠 속으로 빠져드는지 알 것이다. 그 아기를 바라보다가 여러분도 상상·꿈·욕망·걱정·의심이 없는 망각의 상태로 빠져들 수 있다.

가시는 다른 가시를 써서 뽑아낼 수 있고, 마음은 마음으로써만 타파할 수 있다. 탄생과 죽음, 나타남과 사라짐은 같은 **의식**의 상태의 상반되는 두 측면이다. 하나가 올 때 다른 하나가 가고, 역으로 하나가 갈 때 다른 하나가 온다. 죽음은 바스마아수라(Bhasmasura)가 자기 머리 위에 손을 얹어 자신을 파괴하듯이[18] 자기 자신의 죽음을 맞는다. 그와 같이 마음이 타파될 때 **망각**의 형상을 한 **원인신**의 상태가 완전히 노출되며, 구도자는 **망각**이라고 하는 그 상태에 대한 '지知'를 얻는다. (마음을 타파하는) 그 치유책은 **스승**이 준 **만트라**를 열심히 염하는 수행을 하는 것이다. 뿐만 아니

---

18) *T.* 힌두 신화에서, **시바**를 숭배하던 바스마아수라는 고행 끝에 시바로부터, 누구든 자신이 그의 머리에 손을 얹으면 그를 재로 화하게 할 수 있는 능력을 부여받았다. 그의 앞에서는 모두가 달아나야 했다. 나중에 **비슈누**가 책략을 써서 바스마아수라가 그 자신의 머리에 손을 얹게 했다. 바스마아수라는 즉시 재가 되어 버렸다.

라, 스승에게서 배운 가르침에 대한 우리의 공부와 그것의 실천도 똑같이 꾸준해야 한다.

우리가 일단 마음의 성장이 멈추도록 하기 시작하면 마음은 죽음의 길로 서서히 나아가며, 점차 완전히 절멸될 수 있다. 예를 들어, 나무가 일단 말라죽기 시작하면 그것을 아무리 초록으로 유지해 주려고 해도 때가 되면 나무가 갈라지기 시작하고, 그러다가 뿌리가 뽑히고 결국 쓰러진다. 설사 우리가 그 위에 회반죽을 바르고, 페인트칠을 하고, 거듭거듭 고쳐보려고 해도 그것이 무너질 때가 올 것이다. 마찬가지로, 마음의 성장이 부단히 멈추어지면, 어느 날 그것은 자동적으로 피로해져서 갈라질 것이다. 그러나 구도자는 수행이 지루해지면 안 된다.

이런 식으로 꾸준한 수행에 의해 **미세신**이 죽고 나면, 그 다음 몸인 **원인신**이 노출된다. **미세신**이라는 장막이 파괴되고 나면 그것은 **원인신**에 대한 덮개 구실을 그치게 되고, **원인신**이 자동적으로 노출된다. 이제 **원인신**이 어떻게 죽는지 살펴보자. **원인신**은 **미세신**의 산출자 혹은 아버지이다. 어떤 상태가 청하지 않았는데도 올 때마다[**원인신**은 청하지 않은 것이다] 그 상태는 잠시 경험되지만, 일단 그것의 홍수가 물러가면 기억되지 않는다. 그것이 오고 있을 때는 그것의 상태가 강력하고 더 커지지만, 그 홍수가 빠지고 나면 기억조차 나지 않는다. 잠시 동안 일체를 가라앉힌 후 그것은 갈라지기 시작하고, 결국은 전혀 존재한 적이 없는 것처럼 완전히 사라진다. 어떤 사람이 뙤약볕에서 달궈졌다가 서늘한 나무 그늘 밑으로 들어가면, 바로 그 순간 서늘한 평안의 물결이 워낙 힘 있게 다가와 그는 기쁨의 표현으로 '웃음'을 터뜨린다. 이것은 그 평안의 홍수가 내면에서 넘쳐나는 것은 물론이고 그의 외부에까지 흘러넘치는 것을 보여준다. 그러나 얼마 후에는 그 웃음이 자동적으로 사라지고, 그는 주위 환경을 의식하지 못한 채 조용히 눕는다. 마찬가지로, 서두름이나 투쟁 같은 **미세신**의 미세한 성질들이 비교적 적어지면, **원인신**의 평화로운 공_空의 형상을 한 망각이 자동적으로 잊혀진다. 이 부정적인 상태가 부정되면 그것은 부정에서 끝날 뿐이다. 그것을 죽이는 데는 "내가 있다"는 긍정적 진술의 검이 필요치 않다. 스리 사마르타 람다스는 "부정적인 것은 그 자신의 부정에 의해 부정된다"는 말로 이 점을 분명히 하고 있다.

망각의 상태가 해소되면 네 번째 몸, 곧 **뚜리야 상태**['의식'에 대한 의식]인 **지**知의 상태가 자동적으로 노출된다. 이 **지**知의 상태는 무엇의 도움으로 한 존재에게 다가오는가? 그것은 **무지**의 상태와의 관계 속에서 다가온다. 그러나 이 **지**知의 상태조차도 — 아주 강력하기는 하지만 — 결국은 해소된다. 우리가 **지**知를 성취했을 때는 그 **지**知도 해소될 필요가 있다. 오는 것은 가야 한다. 무지가 옴에 따라 마찬가지로 **지**知도 온다. 그래서 **지**知, 즉 **대원인신**이 죽을 때, 네 가지 몸 모두에 내재해 있는 **빠라브라만**이 노출된다. 이 **빠라브라만**은 결코 태어나지 않고 결코 죽지도 않는 '**그것**'이다. 각각의 몸이 죽은 뒤에 이 모든 몸들의 죽음을 보면서도 그대로 남아 있는 저 **하나**(That One)가 여러분의 진정한 **성품**이다.

한 인간 안에서 카스트들을 경험하기

주 크리슈나는 『바가바드 기타』에서, "나는 네 가지 계급(castes)을 창조했다"고 말했다. 이것은 어느 인간도 자신의 자아 안에서 경험하는 주제일 수 있다. "나의 창조물은 네 부분으로 나뉘는데, 이 부분들은 그것들의 성질과 업[활동]에 따라 나누어진다. 그 네 계급은 브라마나·크샤트리아·바이샤·수드라이다." 네 가지 몸도 같은 방식으로 볼 수 있다. 대원인신은 브라마나 계급, 원인신은 크샤트리아 계급, 미세신은 바이샤 계급, 조대신은 수드라 계급이다. 이런 식으로 **빠라마뜨만**은 그 자신의 안에서 이들 부분으로 분산되었다.

조대신은 무겁고, 봉사와 노동에 사용되는 도구이다. 따라서 그것은 수드라[노동자] 계급이다. 조대신 안에서 담요 위에 앉아 손에 균형추를 들고 전 세계의 사업을 경영하는 것은 지성(buddhi)인데, 이 지성이 사물들을 '좋다, 나쁘다', '크다, 작다'로 비교하고, 수드라[조대신]를 하인으로 고용하여 자신이 원하는 일을 하게 한다. 왜냐하면 그가 주인이기 때문이다. 이런 이유로, 이 미세신은 바이샤[상인] 계급이다.

이제 원인신의 용감한 행위들을 보라. 원인신은 세계라는 형상 안에 있는 욕망·상상·꿈·의심이라는 자본에 힘입어 축적된 전 재산을 집어삼킴으로써 자신의 왕국을 건립한다. 그것은 또한 조대신과 미세신의 형상으로 된 하인들을 집어삼킨다. 완전한 파괴의 원인인 이 인과성은 전사의 태도이고, 따라서 원인신의 상태는 크샤트리아[전사] 계급의 그것이다.

이제 남아 있는 것은 대원인신뿐이다. 이 몸 안에는 다른 세 가지 몸 모두에 대한 완전한 등한시가 있다. "나는 힘들게 일하다가 죽는 조대신과 아무 관계가 없다. 관념과 꿈을 거래하고 세계라는 광대한 파노라마를 펼치는, 지성의 형상을 한 저 상인(미세신)과도 아무 관계가 없다. 나는 또한 미세신과 조대신을 다 죽이고 나서 마치 아무 일도 없었다는 듯이 조용히 앉아 있는, 원인신의 형상을 한 전사와도 아무 관계가 없다. 그들 모두 아무것도 하지 않아도 좋고, 아니면 조대신이 중노동에 신음하거나 미세신이 세계와 거래해도 좋다. 또 원인신이 이 둘과 전쟁을 벌이려면 벌이라고 하라. 그런 것들과 내가 무슨 관계가 있나?"

진아[라마]를 생각하고 세상은 싸우게 내버려두라. 이것을 잘 아는 대원인신은 "나는 브라만이다(Aham Brahmasmi)"라는 베다 문구를 계속 선언하면서, 자기 영역에 말없이 앉아 브라만의 높은 경지에 도달한다. 이 브라마나['브라만을 아는 자', 곧 브라민]는 다른 카스트와의 접촉에 대해 매우 전통추종적이며(orthodox), 다른 몸에 닿는 것을 용납하지 못한다. 다른 몸들은 대원인신을 아주 존경하며, 그의 두 발에 묻은 먼지를 자신들의 머리에 바른다. 비냐나(Vidnyana)[지고의 지知, 최종적 실재]의 관점에서 보자면, 설사 이 대원인신이 다른 몸들과 접촉하여 오염된다 해도 그것은 여전히 삼계三界에서 가장 신성하고 가장 높은 것이다.

천상계 · 사계死界 · 하계下界

조대신은 천상계(Swarga Loka), 미세신은 사계死界(Mrityu Loka), 원인신은 하계下界(Patala Loka)이다. 대원인신은 브라마의 세계(Brahma Loka)이다. 이 몸들은 그들의 성질에 따라 나뉘며, 이 세계들은 이들 성질에 의해 알려진다.

조대신은 천상계이고 다른 세계들 위에, 그리고 그 세계들을 덮고 앉아 있다. 이 세계에서는 온갖 즐김과 활동이 있다. 훌륭한 정원과 아름다운 숲들이 이 세계만을 위해 창조되는데, 이곳의 주재신은 **창조주 브라마 신**이다. 그의 주된 성질은 활동성, 즉 **라자스 구나**(Rajas Guna)이다. 이보다 낮은 세계는 죽음과 탄생의 세계로, **사계**死界로 불린다. 이 세계에는 탄생과 죽음의 큰 공장이 있는데, 이곳에서는 탄생과 죽음의 성질들이 끊임없이 가공된다. 이 연속적인 과정은, 마음의 변상들이 일어나고[탄생] 스러지는[죽음] 것에 지나지 않는다.

이런 식으로 우리는 하루 동안에도 여러 번 태어나고 여러 번 죽는다. 누구나 자신을 위해 탄생과 죽음의 장부를 기록해야 할 것이다. 모든 관념은 하나의 가시적 겉모습을 산출하는데, 그 관념이 스러질 때는 겉모습도 함께 스러진다. 이런 식으로 관념들이 그칠 때 그것이 한 시대의 종말, 곧 **겁의 끝**(Kalpanta)[개념의 끝]이다. 이것은 **미세신** 속에서 끊임없이 경험된다. 경전의 저자들은 창조와 겉모습(현상계)의 원리를 받아들였다. 그들은 한 관념이 일어나는 즉시 세계가 일어나고, 그 관념이 스러지는 즉시 세계도 스러진다고 말했다. **사계**死界의 형상을 한 **미세신**이 영구히 소멸되어 묻히지 않는 한, 분명히 무수한 시대가 일어나고 스러질 것이다.

따라서 다시 태어날 필요를 아예 없애버리는 그런 죽음을 맞고, 자신의 '**참된 성품**' 안에 거주함으로써 더 이상 죽음의 경험에 대한 두려움이 없게 해야 한다. 이와 같이 되게 하라. 그래도 일어날 일은 일어나겠지만, 그때까지는 이 사계가 누구나 들어올 수 있게 입을 쩍 벌리고 있을 것이 분명하다. 미세신의 거주처는 '내적기관(Antahkarana)'이라고 알려진 내적 마음, 곧 의식이다.19) 이곳의 주재신은 비슈누이며, 그가 세계를 양육한다.

그 아래의 세계가 하계下界[저승세계]인데, 이것은 망각의 형상을 한 원인신이다. 하계에는 무지의 깜깜한 어둠이 있다. 무지, 곧 따마스의 성질로 된 파괴자인 '루드라(Rudra)', 곧 시바가 이곳의 주재신이다.

이 세 세계 위에는 최고의 몸이고 따라서 세 세계보다 더 높은 대원인신이 있다. 이곳의 주재신은 '순수한 지知'이다. 그 지知가 이곳을 다스리며, 모든 신들의 신이다. 이 신에게서 모든 세계가 산출되며, 그는 삼계三界의 주主(Trailokyanath)로 불린다. 그 브라마나[브라민]는 모든 계급의 스승이며, 따라서 그들 가운데 가장 높은 위치에 있다. 이것이 그에게 스승의 지위를 부여한다. 이 브라마나는 무지의 그림자조차 자신에게 드리워지는 것을 용납하지 않는다. 뿐만 아니라 그는 마음과 지성에 의해 오염되는 것조차 거부한다. 그러니 그가 조대신이라는 송장을 한 번이라도 포용해 줄 거라는 생각은 포기하라. '순수한 의식' 또는 '보편적 우주 의식'의 형상을 한 전통고수파인 이 깨끗한 브라민은 그의 대원인신 안에 단 한 명의 진입자도 허용하지 않는다. 따라서 이들 몸 혹은 계급들[전사/원인신, 상인/미세신, 노동자/조대신] 중 어느 하나도 그의 거주처에 들어갈 수 없다는 것을 알아야 한다. 이는 조대신과 미세신이 대원인신 안에 결코 들어갈 수 없다는 것을 의미한다. 이 몸들[계급들]은 이 브라마나, 곧 "내가 있다"는 기본적 지知의 도움 없이는 아무것도 할 수 없다. 그들의 모든 좋고 나쁜 행위나 일들은 이 브라마나의 지원과 힘 위에서만 진행된다. 이때 그 브라마나는 자신의

---

19) *Antahkarana*는 상응하는 영어 단어가 없고, 정의하기 어렵다. 싯다라메쉬와르 마하라지는 많은 법문에서 이 단어를 빈번히 사용했고, 그래서 그것이 어떤 기본적 설명을 보증해준다. 그것은 일반적으로 '의식', 곧 형상 없는 존재에서 일어나는 미세한 현현의 불꽃 혹은 기원으로 간주된다. 그것의 특징은 속성 없는 의식에서 일어나는 속성들의 움직임이다. 그것을 마음의 근원, 우리의 가장 깊숙한 마음, 혹은 가장 깊숙한 심장이라고 할 수 있다. 그것은 객관성의 기원 혹은 주장이고, 가장 미세한 마음이다. 스리 싯다라메쉬와르 마하라지는 그에 대해 이렇게 말했다. "모두의 내적 마음은 동일하지만, 그들의 마음들은 서로 다릅니다." 이 책 전반에 걸쳐 일관성을 기하기 위해 이것을 '내적 마음'으로 옮긴다.

4. 대원인신에 대한 다양한 방식의 설명과 우리의 참된 성품의 성취

거처에서 나와 이들 세 계급의 일을 성취한다. 그 일이 끝나자마자 그는 바로 그들의 문전에서 그들의 어떤 자취도 자신에게서 다 씻어내며, 그런 다음에야 그 자신의 처소로 다시 들어간다.

진아에 대한 지知를 이해하기

브라만은 지知로 넘친다. 그래서 그를 지知 나라야나(Vedo Narayana)[만물 안에 거주하는 신인 지知]라고 하는 것이다. 그는 세 가지 시간[시작·중간·끝] 모두를 알며, 두 생각 사이의 틈인 산디야(sandhya)의 특징을 가지고 있다. 모든 사람들이 그를 숭배하며, 따라서 그는 대지의 하느님(Bhudeva)으로도 불린다. 모든 계급과 종교의 사람들이 알든 모르든 이 신을 숭배한다. 그 숭배자는 힌두교도일 수도 있고, 무슬림·기독교인·자이나교도·파르시교도·불교도일 수도 있다. 그는 이란·터키 등 어느 나라 출신이어도 무방하지만, 그가 누구든 이 하나인 신(One God)을 숭배할 뿐이다. 그러지 않을 수가 없다. 이 신이 배가 고프면 온갖 음식과 음료가 그에게 바쳐진다. 그가 취침할 수 있도록 담요와 방석들이 침대로 만들어져 준비되어 있다. 만일 그가 여행을 하고 싶으면 자동차·비행기와 온갖 유형의 교통수단이 그를 위해 준비되어 있다. 그에게 향기로운 화환을 바치기 위해 많은 나무와 덩굴들이 꽃들을 주렁주렁 달고 만개한다. 모든 하인과 시자들이 합장하고 그의 지시를 따를 준비가 되어 있다. 아내·자식·궁궐들이 그가 즐길 수 있도록 마련되어 있으며, 그들 역시 그의 거주처이다. 신은 모든 존재들의 가장 깊은 심장 속에 거주하고 있으면서, 그에게 바쳐지는 온갖 종류의 봉사를 받고 있다. 하지만 그의 위대함과 무소부재성에도 불구하고, 우리는 몸뚱이를 신으로 여기며 온갖 봉사를 바친다. 무지한 사람들은 이 그릇된 관념을 받아들였고, 전체 상황을 오해해 왔다. 신을 그의 헌신자와 분리시킨 것이 바로 이 관념이다. 놀랄 것이 뭐가 있는가?

어떤 행위를 하고 있는 사람들은, 다른 이유에서가 아니라 그에게 바치는 숭배로서 그 행위를 하는 것이다. 이 위대한 신(Mahadeva)은 소리·형상·감촉·맛·냄새의 형상을 하고 감각기관에 쏟아지는 모든 대상들을 부단히 향유하고 있다. 그는 다섯 행위기관과 다섯 지식기관의 성품을 한 모든 것을 받아들인다. 이 위대한 신의 비밀을 이해하는 헌신자는 실로 영광되다. 그런 헌신자의 모든 자연스러운 행위는 브라만에게 바쳐진다. 벌, 새, 곤충, 심지어 개미들까지도 이 신에 대한 숭배를 행하고 있다. 그러나 그들은 이것을 이해할 지성이 없으므로 그들의 무지를 탓할 수는 없다. 그렇지만 지성을 가진 인간이 자신이 매일 또는 이따금 하는 모든 행위가 오직 이 하나인 신만을 위한 것임을 이해하지 못한다는 것은 실로 불행한 일이다. 그 얼마나 불행한 일인지!

이 신은 음식을 한 입 삼키면서 그것을 맛보고 즐기는 '지知의 왕'과 동일하다. 향기와 악취를 구분하는 것이 그다. 어떤 소리가 듣기 좋고 어떤 소리가 거슬리는지 이해하는 것이 그다. 아름다운 형상과 사납고 추한 형상의 차이를 관찰하는 것도 그다. 부드러운 감촉과 센 감촉을 이해하는 것 역시 그다. 그는 늘 존재하며, 모든 존재의 심장 안에서 최상위로 군림한다. 우리가 이 하나(One) 아닌 다른 어떤 신을 숭배한다는 관념은 얼마나 전적으로 잘못된 것인가!

기독교인들이 그리스도를 숭배할 때, 힌두들이 비슈누나 시바를 숭배할 때, 파르시들이 조로아스터를 숭배할 때, 혹은 불교도들이 붓다를 숭배할 때, 어떤 신이 숭배 받는지 한 번 생각해 보라. 그들은 이러한 신들의 시신을 숭배하고 있을 뿐이지 않은가? 그러나 숭배하고 있는 그 헌신자의 느낌은 어떤 것인가? 어떤 종교인에게든 "당신의 신을 묘사해 보라"고 하면, 그들은 이렇게 대답할 것이다. "나의 신은 의식하고, 빛나고, 견고하고, 전지전능하고, 무소부재하다. 그분은 만물을 생동하게 하고, 만물을 소유한다. 그분은 태어남이 없고, 죽음이 없다." 어떤 사람이 자기 신을 두고 돌·바위·진흙·금속이라고 하거나, 무겁고 둔하다거나, 의식 없이 비었다거나, 약하다거나, 눈이 멀거나 귀머거리라고 하겠는가?

　이것으로 볼 때, 그리스도든 비슈누든 붓다든 조로아스터든 어떤 신이든, 그의 성품은 의식으로 충만해 있고, 신의 성질들로 충만해 있을 것임이 분명하다. 만일 어떤 사람이 이런 모든 성질을 소유하고 있다면, 그것은 그가 절대적 빠라브라만임을 말해준다. 그는 모두의 심장 속에 존재하는 지知의 형상을 한 신인 것이다. 이 신이야말로 모하메드 안에 거주했고, 그리스도의 심장에도 이 하나인 신이 편재해 있었다. 비슈누[유지주]의 성질이 유지되어 온 것도 이 신에 의해서일 뿐, 다른 어떤 신에 의해서도 아니었다. 어떤 헌신자든, 그가 어떤 신을 숭배하든, 그 숭배는 이 '하나인 내적 진아'에 대한 숭배이다. 다른 어떤 신들에게 하는 예경도 이 하나인 신, 곧 께샤와(Keshava)[우리 자신의 진아 성품]에게 돌아갈 뿐이다. 이것이 '절대적 진리'다. 위에서 언급한 모든 신들의 형상은 이 하나인 신의 사원들일 뿐이다. 모든 이름들은 그의 사원들[몸들]에 속한다. 그는 이 모든 형상들의 가장 깊은 안쪽에 존재한다. 그는 모든 존재들의 모든 형상 속에 앉아 있으면서 그들의 모든 숭배를 받는다.

　조대신이 어떤 행위를 하든, 그리고 마음을 지나간 어떤 상상이나 욕망, 혹은 개념과 의심도 이 신을 위하여, 그를 기쁘게 하기 위해 일어난다. 이 정도까지 인식하면 여러분의 일은 끝난 것이다. 여러분은 모두 여러분의 몸과 마음을 통해 어떤 일을 하고 있다. 여러분이 "우리는 그것을 하고 싶지 않다"고 해도 그것을 하지 않을 도리가 없다. 그러나 여러분이 무슨 일을 하든, 그 행위자와 여러분의 행위를 향유하는 자는 신[진아]일 뿐이다. 매 순간 이 사실만은 인식해야 한다.

　상서롭거나 상서롭지 않은 모든 행위가 이처럼 브라만에게 바쳐지게 되며, 그 구도자는 절대적으로 자유로운 상태로 남는다. 이것이 소위 '지知의 제의祭儀(Dnyana Yadnya)'라는 것이다. 여러분이 가고 오고, 말하거나 입에 든 것을 삼킬 때, 무엇을 주고받고, 서 있거나 앉아 있고, 집에서나 밖에서 어떤 행위를 할 때, 혹은 침대에서 섹스를 즐길 때에도, 모든 수치심이

나 행위자 의식을 놓아버리고 오직 신만을 생각하라.

위 문단에서는 어떻게 '하나인 지知'만이 매 시점에서 유희하고 있는지가 설명된다. 이 점에 관해 성찰한다는 것은 신에 대해 성찰하는 것을 의미한다. 몸-의식(body-consciousness)을 **진아의식**(Self-Consciousness)으로 바꿔 놓아야 한다. **진아**만이 모든 일을 하고 있다는 판단 그 자체가 **해탈**의 상태이다. 이것이 사마르타 람다스가 주는 조언이다. 성자 뚜까람조차도 신에게 이 선물을 달라고 했다. "제가 결코, 결코 당신을 잊지 않기를." 마찬가지로, 우리도 결코 **진아**를 잊어서는 안 된다. 그러면 확실히 구원이 여러분의 발 앞에 있다. 마음의 형상을 한 이 밧줄이 몸-의식의 방향으로 꼬여 있으므로, 이제 그것을 **진아의식**이라는 반대 방향으로 꼬아야 한다. 그 밧줄이 풀리면 그 가닥들은 바람에 이리저리 날려갈 것이고, '밧줄'이라고 할 것이 아무것도 남지 않게 될 것이다.

나사를 돌려서 박았으면 그것을 반대 방향으로 돌려야 나오게 된다. 마찬가지로, 몸-의식과 관련하여 지성의 안내를 받는 마음이 **진아**를 향하면 그것이 **진아** 안으로 흡수된다. 마음이 **하나인 신, 주 라마**(Lord Rama)[의식]를 향하면 그것이 **라마** 안에 흡수된다. 마음 자체가 **라마**가 되고, 안팎이나 다른 어디에도 마음의 형상을 한 것은 아무것도 남지 않으며, 그것이 **라마**의 형상과 하나가 된다. 이 조언을 받아들이면 여러분도 이것을 직접 보게 될 것이다.

'**하나인 순수한 지知**'가 어떻게 유희하는지를 더 잘 이해하려면, 집에서 나와 즉시 달을 바라보기만 하면 된다. 순수한 의식은 어떤 속도로 그대의 마음이라는 창문에서 나와 달을 향해 달려가는가? 그것이 어떻게 1초의 몇 분의 1 동안에 온 하늘에 가득 차게 되는지 보라. 한 번 해 보라. 마음이 이 정도의 속도를 가지고 있는가? 마음은 이 '**지知**'의 도움을 통해서만 달에 대한 이 자각의 속도를 받는다. 마음이 어디로 가든 **의식**이 이미 그곳에 있다. 그럴 때 마음의 움직임이 이 **의식** 안에 붙들려 있는 것처럼 보인다는 것은 얼마나 경이로운가! 눈꺼풀을 열기만 하면 **지知**[의식]가 동시에 온 하늘에, 무수한 별과 달을 포함한 광대한 허공에 편재한다.

그것이 편재한다고 말하기보다는, 그것이 이미 전체에 편재해 있었는데 지금 그것을 경험한다고 말하는 편이 더 낫다. 의식이 눈에서 달로 이동하고 우리가 그것이 달인 줄 알 때, 이것은 대상적 지知이다. 이 예에서 달은 대상인데, 의식은 그것이 달인 줄 아는 즉시 그것의 형상을 취한다. 만일 달 앞에 구름이 있으면 의식은 구름의 형상을 취하고, 그 대상으로 보인다. 이와 같이 의식은 구름에 편재하여 그 구름이 하나의 대상인 것을 안다.

마야와 브라만

이제 대상 없는 **의식**의 '껍질', 어떤 대상의 혼입도 없는 **순수한 지**知에 주목해 보자. 눈과 달 사이에 놓여 있는 그 공간은 여러분의 눈에 띄지 않았지만, 그것은 그 자신의 성품으로 존재하면서 그곳에 편재해 있었다. 그것이 **지**知의 순수한 형상이다. 앞서 눈에 띄지 않던 허공, 곧 빈 공간이 의도적으로 주의의 대상이 될 때, 그것은 '공간'으로서 주의의 대상이 될 수 있다. 눈에 띄는 것은 **마야**이고, 보일 수 없는 것은 뭐든 '**브라만**'이다.

달을 보고 있는 동안 그 사이의 허공 혹은 공간은 여러분의 주의에 다가오지 않았다. 따라서 그것은 대상 없는 **의식**이다. 만일 이 공간이 분리되어 시각의 대상이 되면, 이 **순수한 지**知는 하나의 영(zero)으로 변환된다. 왜냐하면 공간이 별개로 보이면 마음의 변상은 하나의 허공이 되기 때문이다. 공간과 **순수한 지**知 사이에 어떤 차이가 있다면 이것이다. 즉, 자기 자신의 성품을 별개로 바라보는 것이 **공간**이고, 그 '바라봄'이 버려지면 그것이 '**순수한 지**知'이다. 이와 같은 방식으로 **순수한 지**知를 제대로 인식하면, 어떤 대상과 섞여 있을 때도 그것을 선별하여 인식할 수 있다.

순수한 물을 알고 나면 거기에 다른 것이 섞여도 그 혼합물 속에 순수한 물이 존재함을 인식할 수 있다. 물은 하나의 액체로서 얼음으로 응축될 수 있다. 물이 그 유동성을 포기하고 얼음의 밀도를 취할 때도 그것은 여전히 얼음의 형상을 한 물로 인식된다. 진흙 속의 축축함을 물로 인식하기는 어렵지 않다. 마찬가지로, 순수한 지知를 알고 나면 사뜨-찌뜨-아난다[존재-의식-지복]의 형상을 하고 있는 이 움직이는 세계 안에서 그것이 안정되게 존재함도 인식할 수 있다.

순수한 물은 아무 색깔·형태·맛·냄새가 없다. 이것을 제대로 이해하고 나면, 물이 응결되어 밀집된 형태를 취하거나, 고추를 넣어 매운 맛이 나거나, 설탕을 넣어 단맛이 나거나, 혹은 그것이 향기로워지거나, 장미색 같은 빛깔을 띠거나, 물감의 물로 쓰일 때에도 그것은 엄연히 순수한 물로—곧 형태·맛·냄새·색깔을 제외한 물로—인식된다.

그래서 같은 소거법消去法20)에 의하여, 이 순수한 지知가 조건 지워질 때도 그 조건을 빼고 그 형상을 각각의 요소들로 나누면, 그것은 도처에서 모든 형상을 가장자리까지 채우는 절대적으로 '순수한 지知'로만 인식될 것이다. 그러나 소거법으로 이 순수한 지知를 성취하기 전에, 만일 어떤 사람이 열거법[신의 성질들을 나열하는 것]을 받아들여 어떻게 신만이 모든 존재, 모든 형상들에 편재하는지, 그리고 라마 외에는 달리 아무도 없고 "세계, 세계의 주님은 한 분일 뿐"이라고 떠들어댄다면, 그런 수다는 아무짝에도 쓸모없을 것이다. 이런 유類의 잡담과는 대비되지만, 만일 어떤 사람이 그것들 이면의 체험을 얻지 못했으면서도 진아를 얻지는 않고 예컨대 "나는 브라만이다", "감각기관들이 그들의 일을 하는 것이지 나는 행위자가 아니다", "내 문간에는 죄도 없고 덕도 없다"는 등의 공허한 말을 한다면, 그것은 자기를 속이는 것일 뿐이다. 이런 식으로 이들 소위 '진아 발견자들'은 이 세상의 기쁨은 물론 저 세상(내세)의 기쁨도 상실한다. 성자 까비르가 말했다. "그는 왔던 그대로 갔다." 이것은 그런 사람들이, 태어날 때와

---

20) T. 진리 아닌 것을 하나씩 없애 나가서 최종적으로 진리를 확인하는 방법.

같은 의식 상태로 죽는다는 것을 뜻한다. 그 외에는 그들이 삶에서 아무 이익도 얻지 못한다.

그런 세간적 학자들은 말을 참된 **진아지**로 여기지만, 말을 넘어서 있는 그 **진리**가 무지한 자에게 한번이라도 밝아온 적이 있었던가? 누구나 "감각기관들은 감각기관의 일을 하지만 나는 감각기관이 아니다"라거나 "마음의 성질들은 마음에게 있고 몸의 성질들은 몸에게 있지만, 내가 그것들과 무슨 관계가 있는가? 나는 그것들과 다르다"라고 말할 수 있다. 이런 말들은 무엇이 참되지 않은가? 그 **진리**를 이해하는 자는 누구인가? **진리**의 체험을 가지고 있는 것은 누구인가? 자신이 누구인지를 아는 사람뿐이다. 그런 말들이 다른 사람에게 무슨 소용 있는가? 각자가 그 자신의 쾌락과 지복을 즐긴다. 뚜까람은 "각자가 자신을 위한 존재다"라고 말했다. 앵무새도 가르치면 "**브라만**이 **진리**이고, 세계는 하나의 겉모습이다"라고 되풀이해서 말할 수 있다. 그러나 앵무새가 **브라만**이 무엇이고 세계가 무엇이라는 **진리**를, 혹은 **진리**에 대한 진술 자체가 무엇인지를 이해했다고 말할 수는 없다. 이해가 없는 곳에는 **진아지**의 **지복**이 있을 수 없다.

그것은 그 정도로 해두자. 그러나 구도자는 말에만 능한 위선자인 사람의 본을 따르면 안 된다. 꾸준히 공부하고 소거법을 적용하여, 먼저 **순수한 지**知가 무엇인지를 알아야 한다. **지**知에는 여러 유형이 있는데, 예를 들면 일반적 지知, 특수한 지知, 상상과 의심의 대상적 지知, 그리고 어떤 생각도 없는 '지知'가 있다. 특수한 지知, 상상과 의심의 대상적 지知와 같은 유형들은 **순수한 지**知에 모순된다. 보는 과정을 통해 **순수한 의식**이 어떤 대상의 형상을 취할 때, 우리는 대상적 지知, 곧 어떤 특정한 유형, 상상의 유형이나 의심의 유형일 수 있는 지知를 얻는다. 만일 그 대상이 거친 것이면 그것은 대상적 지知이다. 그것이 미세한 어떤 관념일 뿐이면 그것은 관념지知(savikalpa)이다. 이것은 **순수한 지**知가 하나의 대상, 관념 혹은 생각의 형상을 취할 때, 그것이 특수한 지知로서 범주화된다는 것을 의미한다. 특수한 지知는 인위적인 것이기에, 본질상 일시적이고 아주 짧은 시간 동안만 지속된다. 그것은 본래적으로 일시적이며 불안정한 성품을 가지고 있다. 그러나 특수한 지知는 일반적 지知, 곧 "내가 있다"는 앎에게로 되돌아가야 하는 것이 원칙이다.

한 예로, 우리가 걸어갈 때 이것은 보통의 혹은 일반적 속도로 간주되고, 속도를 올려서 달리기 시작하면 그것은 특수한 속도가 된다. 하지만 얼마나 오래 달릴 수 있는가? 얼마 후에는 달리기가 멈추고, 곧 우리는 다시 자연적인 속도로 돌아가게 된다. 이와 유사하게, 우리는 본래 내면에서는 아주 자애롭고 지복스럽다. 자기 내면의 이 사랑이 모두에게 공통되는 일반적 유형의 사랑이다. 그러나 사랑이 아들·친구·집 등에 대한 것일 때, 그것은 대상적이고 특수한 종류의 사랑이다. 그래서, 오는 사랑은 또한 갈 수밖에 없다. 오는 사랑은 일시적이고 허물어질 수 있는 특수한 종류의 것이다. 우리가 대상들에게서 얻는 행복 역시 아주 짧은 시간 동안만 지속되는 '특수한' 종류의 행복이라는 범주에 든다.

어떤 사소한 것이 '특수한' 유형의 체험을 안겨주지만, 우리의 주의가 그것에 고정되어 있는 동안은 그것에 편재하는 '한 물건(One Thing)'을 체험하지 못한다. 왜냐하면 그 '편재하는 물건'은 크고 무한하며, 실은 우리가 바로 그 '**편재하는 브라만**'이기 때문이다. '특수한' 것은 **마야**이다. 일반적이고 공통적인 것은 **브라만**이며, 우리가 '**그것**'이다. 우리가 어떤 특수한 유형의 체험에 집중해 있을 때는 **우리 자신의 진아의 사랑을 체험하지 못하며, '진아의 지복이라는 행복'도 누리지 못한다**.

우리는 이제 어떤 대상이나 관념이 없는 '일반적 지知'라고 하는 것을 살펴보겠다. 외부의 거친 대상과 눈 혹은 마음 사이에는 약간의 거리가 있다. 그 허공 또는 공간이 무심결에 관찰되기는 하나 그것은 마치 보이지 않았던 것과도 같고, 따라서 우리는 그 공간에 대한 아무런 지知나 인식을 가지고 있지 않다. 이 사이에 있는 지知[공간]는 '지知' 그 자체여서, 그 자신의 지知의 대상이 될 수 없다. 설탕이 어떻게 자신의 단맛을 볼 수 있겠는가? 마찬가지로, 지知는 그 자신을 하나의 대상으로 경험하지 않는다.

이 지知는 본래적으로 눈과 대상 사이에는 물론, 지성과 어떤 관념 또는 생각 사이에도 퍼져 있다. 이 일반적인 '순수한 지知'가 어떻게 도처에 편재한 뒤, 그것이 어떤 대상을 인정하거나 인식하게 되는지에 거듭 주목해야 한다. 이 주목하기, 혹은 '보기(seeing)'는 "나는 어떤 대상을 보는 자다"나 "나는 어떤 관념을 생각하는 자다"와 같이 어떤 대상을 보는 것과는 같지 않다. 그것은 우리가 그 '보기'와 "나는 보는 자다"라는 생각 둘 다를 포기할 때만 알 수 있다. 보는 도구는 눈이고 생각을 아는 도구는 지성이다. '지知' 자체는 이 두 도구를 다 제쳐두어야 볼 수 있다. 시각과 지성이라는 도구는 여기서 아무 가치가 없다. 눈이나 지성에 의해 '순수한 지知'를 알려고 하면, 아무리 애를 써도 이 도구들이 끼어들어 저 '순수한 지知', 곧 불순물이 섞이지 않은 "내가 있다"는 느낌을 잊어버리게 된다. 순수한 지知를 안다는 것은 실은 그것을 (대상적으로) 알지 않음을 뜻하며, 일단 이런 식으로 '알려지고' 나면 그 '아는 자' 자신이 '순수한 지知'가 된다.

사마르타 람다스는 말했다. "순수한 지知를 만나려고 애쓰는 가운데 우리는 그것과 분리된다. 그러나 그것을 만나려고 애쓰지 않아도 늘 그것과의 결합이 있다." 이 수수께끼는 매우 어렵다. 현자·요기·출가자들이 여기서 실수하는데, 자칫 '보이는 것'을 '보는 자'로 잘못 해석하여 이런 식으로 말한다. "빠라마뜨만은 이와 같고, 그에게는 손이 네 개 있다. 그는 백만 개 해의 빛과 같다. 그는 눈부시다. 살결이 검다. 그는 한 점과 같고, 이와 같고 저와 같다." 그들은 하고 싶은 무슨 말이든 한다. 그러나 누구의 지知로써 "이것은 이와 같고, 저것은 저와 같다"고 말하는가? 그들이 깨달음, 곧 샤꼬샤뜨까라(Sakshatkara)의 위대한 점들을 이야기하는 동안에 '저 하나'는 완전히 잊혀진다.

'보는 자'가 잊히면 '보이는 것'은 뭐든 '나', 즉 브라만이다. 우리는 이것을 뭐라고 해야 할지 모른다. 용감한 자는 브라만을 찾으러 나서지만 '보이는 것'의 형상을 한 장애가 그를 방해한다. 이것이 대다수 구도자들의 상태이다.

잃어버린 '나'에 대한 탐색

나는 순례여행 도중 어느 군중 속에서 나 자신을 상실했고, 내면에서 그것을 찾아보려 했으나 찾을 수 없었다. 그래서 경찰서로 가서 그들에게 나를 잃어버렸다고 신고했다. 그때 한 경찰관이 와서 내 뺨을 세게 때려 벌겋게 만든 다음 물었다. "이 친구는 누구요?" 그제야 나 자신을 의식하게 되었고, 나를 발견하여 아주 기뻤다. 이것이 바로 그 자신이 브라만이면서도 아직 브라만을 찾고 있는 사람의 상태이다. 그는 어디서 어떻게 그 자신을 발견할 수 있는가? 그의 정확한 지위는, 그는 모든 사람을 알지만 누구도 그를 모르는 자라는 것이다. 하지만 그를 알려고 하는 사람은 그 자신의 참된 성품이 '순수한 의식'이라는 것을 모르고, 그래서 (그를 찾아) 숲과 밀림 속을 헤맨다. 이 얼마나 놀라운가! '아는 능력'을 초월한 뒤에야 알게 되는 그를 어떻게 알 수 있겠는가? 우리가 알려는 욕망을 뒤로하고 자기 자신 안에서 안정되지 않으면, '브라만의 지知'21)를 가질 수 없다.

잠이 무엇인지를 알고 싶어 한 어리석은 친구의 이야기가 있다. 그는 졸음이 오기 시작할 때마다 즉시 "아하, 이제 잠을 붙잡아야지" 하고 되뇌었지만, 그 생각과 함께 손뼉을 치면서 문득 완전히 깨어나곤 했다. 이것을 반복하다가 이 가여운 친구는 지쳐서 잠을 붙잡겠다는 노력을 아예 포기해 버렸다. 브라만을 알려고 애쓰는 것도 그와 마찬가지다. 브라만을 '알려고' 애쓰기를 포기할 때 우리는 브라만 자체가 된다.

조대신과 미세신이 부정될 때 마음과 지성이라는 도구들이 타파된다. 그러면 구도자는 원인신의 상태, 즉 '망각'의 상태로 나아간다. 원인신 자체가 인간의 무지이다. 이 무지를 뿌리 뽑으려면 '브라만의 지知'를 얻는 것이 필요하다. 따라서 구도자는 미세한 지성과, 의식의 '순수한 지知' 부분의 도움을 받아 브라만의 지知를 얻으려고 애쓴다. 성자 샹까라짜리야[스리 샹까라]

---

21) T. '브라만의 지知'는 '브라만에 대한 지知'이자 '자신이 브라만과 하나라는 지知'를 의미한다.

는 그런 사람을 큰 바보라고 불렀다. 만일 이런 식으로 미세한 지성을 가지고 **브라만**을 알려고 하면, **미세신**만 계속 증대될 것이다. 미세신이 소멸되고 **원인신**에 이르렀을 때, 미세한 지성을 가지고 **브라만**을 알고자 애쓰는 사람은 **원인신** 안에서 안정되지 않는다. 오히려 **원인신**에서 **미세신**으로 세게 도로 밀려나 다시 한 번 상상·개념·욕망·의심의 지배를 받는다.

만일 어떤 구도자가 말이나 마음을 사용하여 꿈을 꾸면, 말과 마음이 들어갈 수 없는 곳까지 결코 나아가지 못할 것이다. 오히려 더 낮은 수준으로 내려갈 것이다. 구도자는 구도자로 머물러 있을 수 없고 '깨달은 자' [싯다]가 되어야 한다. 이를 위해 네 가지 몸의 계단을 모두 건너야 한다. 부단한 공부로써 네 가지 몸의 단壇 위로 올라서야 하며, 철저한 탐구와 연역을 통해 그것들을 맑히고 정화해야 한다. 그럴 때에만 진아의 진리, 곧 **사띠야 나라야나**(Satya Narayana)[22]를 불러낼 수 있고, 완전히 자리를 잡을 수 있다. 그리고 나면 그 구도자는 **싯다**가 될 것이 확실하다.

여기까지 네 가지 몸과 공부 방법에 대한 설명이 이루어졌다. 구도자들도 제시된 내용을 이해했을 것이 분명하다. 비유하자면, 그 몸들의 형상을 한 네 개의 다리가 있는 나무걸상을 만들었을 때는 아직 그것이 매우 조악하다. 그것이 제대로 빛이 나게 하려면 더 많이 노력해야 한다. 그것이 스스로 빛을 발할 수 있을 정도로 만들려면 반들반들 연마할 필요가 있다. 어떤 것을 만드는 절차는, 그것을 문지르고 닦아서 아주 부드럽고 멋지게 다듬는 절차와는 사뭇 다르다. 그렇게 완성된 상태로 제조되어 있지 않으면 그것은 완성된 것으로 여겨지지 않을 것이고, 제값도 받지 못할 것이다.

따라서 우리는 **싯다**가 되기 전에 한동안 구도자로서 **대원인신**의 '순수한 지知'를 꾸준히 연마해야 한다. 그것이 완전히 깨끗해져야 한다.

---

[22] T. '진리(Satya)의 화현인 신(Narayana)'이라는 뜻이다. 나라야나는 비슈누의 한 이름이며, 하느님인 신이라는 뜻으로도 흔히 사용된다.

헌신과 해탈 후의 헌신

우리는 **빠라마뜨만**의 형상을 한 순수한 **지**知가 모든 형상에 편재한다는 것을 안다. **진아**를 지적으로 안 뒤에 그것을 공부하고 완전히 깨닫는 최선의 방도는, 모든 사람을 행복하게 하려고 노력하는 것이다. 이 수행에 의해서만 **진아**가 일체에 편재한다는 것을 볼 수 있다. 전 세계는 '**지**知'일 뿐이다. 일체가 **진아**이므로, 모든 사람을 행복하게 하면 **진아**가 기뻐한다. 이와 같이 하면 베다(우파니샤드)의 **진리**가 증명되며 체험될 것이고, **진아지**가 확고히 자리 잡힐 것이다. **빠라마뜨만**에 대한 형상적(saguna) 숭배는 현현자(현상계)에 대한 숭배이다. 브라만의 **지복**(Brahmananda)은 곤충·개미·개·돼지의 그것과 같은 무수한 형상으로 현현한다. 일체에 편재하는 것은 **지고아 빠라마뜨만**일 뿐이다.

무형상이고 어떤 속성도 없는 미현현의 **빠라마뜨만**이 성질을 가진 **우주**라는 형상으로 현현해 있다. 그는 움직이지 않는 사물들 안에도 존재하지만, 움직이는 모든 존재들 안에서는 분명하게 체험된다. 돌이나 금속 상像들과 같이 생명 없는 거친 대상들을 숭배하기보다, 움직이고, 걸어 다니고, 말하는 **신**(인간)을 숭배하는 것이 더 낫다. 이 신 안에서 **지**知의 성질이 분명하게 체험되기 때문이다. 이것이 형상적 숭배, 곧 현현된 신에 대한 숭배이다. 석상에 들어 있는 성질들은 무엇인가? **사뜨와·라자스·따마스**의 세 가지 성질 중 어느 것도 돌이나 금속으로 만든 지각력 없는 무생물의 상像에서는 발견되지 않는다. 그러나 움직이고 있는 신의 저 현현물들 속에는 이 성질들 중 하나 이상이 있다. 따라서 모든 존재들은 신의 형상들이다.

만일 우리가 **성자들**이나 **사뜨와 구나**(Sattva Guna)[**지**知와 영적 이해를 향하는 성향]로 충만한 선량한 사람에게 진지하게 기도하면, 그는 즐거워하며 우리의 소원을 들어줄 것이다. 하지만 우리가 그의 **따모구나**를 비난하면, 그는 우리의 뺨을 때리고 우리를 혼내준다. 그러니 부디 걸어 다니고 말하는 신을 숭배하라. 지知를 얻는 데 돌(신의 석상)은 아무 쓸모가 없다. 성자 까비르가 분명한 말로 경고했다. 그는 모든 사람에게, 걸어 다니고 말을 하는 신을 숭배하라고 조언했다.

'숭배'라는 단어가 말해지자마자 백단향액·향·꽃·꿈꿈(kumkum-이마에 바르는 붉은 가루) 등 여러 가지 숭배 물품이 떠오른다. 그러나 참으로 신을 숭배한다는 것은 모든 존재를 즐겁고 행복하게 하는 것이다. 빠라마뜨만이 도처에 존재하는 '하나'이기는 하나, 헌신자들이 그를 숭배하는 방법은 그들의 인연에 따라, 또 그를 어떻게 인식하느냐에 따라 다르다. 당나귀도 내면에 신을 가지고 있지만, 만일 여러분이 당나귀 앞에서 합장을 한다면 그것은 빠라마뜨만에게 농담을 하거나 장난을 치는 것과 같을 것이다. 여러분이 앞에서 합장한다고 당나귀가 기뻐하는가? 그렇지 않다면, 숭배에 대해 위에서 말한 대로 신의 다른 형상을 기쁘게 하는 숭배는 실은 당나귀에 대한 숭배로는 적절치 않을 것이다. 당나귀에게는 싱싱한 풀과 깨끗한 마실 물을 주는 것이 당나귀 형상을 한 신에 대한 적절한 숭배일 것이다. 그러나 인간의 형상을 한 신을 숭배하는 방식은 손으로 음식을 제공하는 것뿐만 아니라, 그 사람에게 어울리는 방식으로 그를 기쁘게 하는 것이다. 이것이 빠라마뜨만에 대한 적절한 숭배일 것이다. 어떤 사람에게 그가 원하는 것을 주면 그의 심장이 기뻐할 것이고, 그는 축복 받았다고 느낄 것이다. 뱀과 전갈도 나라야나의 형상이지만, 그들을 숭배하는 방식은 좀 떨어진 거리에서 그들을 공경하는 것이다. 이것은 그들이 알아서 자신의 삶을 살게 내버려둔다는 것을 의미한다. 그러지 않고 만일 헌신의 마음으로 그들을 품기 시작하면 그 뱀인 신이 그대를 물어, 그들을 품는 것은 자신을 숭배하는 것이 아님을 증명해 줄 것이다. 여기서 어떤 사람은 이런 의문을 제기할 수도 있다. "어떻게 뱀과 전갈을 살아서 도망치게 하는 것이 그들을 숭배하는 것이 될 수 있나? 그런 것들은 사악하기 때문에 죽여야 한다." 나는 그들에게 말하겠다. 뱀이나 전갈은 그들을 건드리거나 다치게 하지 않으면 불필요하게 물지 않는다고. 그러나 인간은 그들이 상당한 거리에 떨어져 있어도 늘 그들을 죽일 태세이다. 인간의 성품이 뱀이나 전갈의 성품보다 더 사악한 것 아닌가? 그렇다. 왜냐하면 인간은 불필요하게 그들을 죽이려는 욕망을 갖기 때문이다. "뱀과 전갈은 나 자신의 성품이다"라는 느낌을 확고히 한 다음, 어떤 기적이 일어나는지 보라. 뱀이나 전갈의 '진아'는 하나의 돌이 아니다. 여러분의 진아가 뱀이나 전갈의 진아와 동일하다는 이해가 확고해지면, 뱀의 진아가 여러분 자신의 진아와 참으로 하나라는 것을 알게 될 것이고, 뱀이나 전갈도 여러분을 물고 싶은 욕망이 일어나지 않을 것이다. 뱀을 뱀으로만 보면 뱀도 사람을 적으로 본다.

여러분은 거울에서 자신이 짓는 표정과 똑같은 표정을 볼 것이다. 만일 거울에 비친 모습에서 나쁜 표정을 본다면 그것이 거울 탓인가? 여러분이 웃는 얼굴로 거울을 보면, 거울에게 웃는 얼굴을 하라고 명령할 필요가 없다. 도둑이 왜 우리의 집을 터는가? 왜냐하면 우리도 여러 가지 방식으로 사람들의 재물을 훔쳐 우리 집을 채우고 싶은 끊임없는 욕망을 가지고 있기 때문이다. 우리가 완전한 포기의 느낌을 배양하면, 그 느낌이 우리 앞에 가다오는 모든 것에서 반사될 것이다. 설사 여러분이 무엇을 달라고 하지 않아도, 사람들은 그들이 가진 것을 여러분에게 잔뜩 줄 태세가 될 것이다. 그러나 구걸하는 자는 그것을 얻지 못할 것이다.

이 논의에서 어떤 독자는 혼란에 빠져 이렇게 말할지 모른다. "마하라지, 당신의 사고방식은 옳은 것 같지 않습니다. 뱀을 발견한 뒤에 그것을 내버려두거나, 지폐 다발을 소매치기하는 자를 신으로 받아들이고 아무 조치도 취하지 않는다는 것은 우리가 결코 할 수 없는 일입니다." 맞다! 나도 백 번이라도 동의한다고 말할 것이다! 오 구도자여, 그대가 그렇게 할 수 없는 이유는 그것이 무수한 생에 걸쳐 형성된 습(習)이기 때문이다. 이런 유형의 숭배는 단번에 성취할 수 없다. 하지만 조금씩 단계적으로, 예컨대 전갈이나 뱀 대신 집안의 작은 곤충에서부터 시작할 수 있다. 집안의 곤충들을 죽이지 않는 사소한 행동에서부터 '만물의 단일성'을 공부해야 한다. 모든 사물, 모든 존재에서 '진아의 단일성'을 본 다음, 여러분이 어떤 놀라운 경험을 하게 될지 보라. 그러면 곤충보다 더 귀찮은 것들과 함께 있어도 모든 존재들이 하나라는 느낌을 갖게 될 것이고, 점차 '자기확신(Self-Confidence)'과 '진아체험'이 늘어날 것이다.

"곤충들을 죽여서는 안 되고 그들을 내버려둬야 한다"는 느낌을 가져서는 안 된다. 그 대신 "그들은 나 자신의 성품을 가지고 있고, 나 자신의 형상이다. 그들의 행복이 나의 행복이다"라는 느낌을 가져야 한다. 엄마는 아기에게 젖을 빨릴 때 아기를 즐겁게 하는 기쁨을 경험한다. 그와 같은 태도로, 우리는 그 곤충들이 우리 자신의 몸에서 피를 빠는 것을 허용하면서 만족감을 경험해야 한다. 이런 관념은 받아들이기 어려울지 모르나, 그것이 시작이다. 즉, 단일성을 느끼는 첫 번째 단원이다.

이것을 점진적으로 꾸준히 공부하면 지구상에 적이 없을 것이고, 두려움 없음이 여러분에게 다가올 것이다. 이와 같이 하면 모든 두려움에서 벗어나게 될 것이다. 구도자가 모든 의심에서 벗어나 '진아의 지知'를 성취하면 자유로워진다. 그것이 사실이기는 하나, 그는 여전히 '진정한 해탈의 완전한 영광'을 체험하지 못한다. 예컨대 재물을 얻는 것과 부자가 되고 나서 그 지위를 향유하는 것은 사뭇 별개이다. 마찬가지로, 그 지자知者(Dnyani)[23]에게 '모두와 하나(Oneness with All)'라는 느낌이 오지 않는다면 그의 진아지는 발전하거나 확산되지 않는다. 그는 부富를 지녔음에도 인색한 부자와 같고, '생전 해탈의 완전한 지복'을 얻지 못한다.

설사 어떤 사람이 진아지를 성취한다 해도, '모두와 하나'라는 느낌을 체험하지 못하면 두려움 없음이 다가오지 않는다. '온전한 지복'이 곧 두려움 없음이다. 두려움은 이원성의 한 표지標識이다. 두려움은 '해탈에서 일어나는 지복'을 가로막는 아주 큰 장애이다. 구도자는 진아지를 성취한 뒤에 앞서 설명한 방법으로 빠라마뜨만을 숭배해야 한다. 이렇게 하면 건조한

---

23) T. 여기서는 '진인'이 아니라, 자신의 참된 성품을 알기는 했으나 궁극의 해탈에까지는 아직 이르지 못한 견성자(깨달음 체험을 얻은 자)를 의미한다.

진아지가 헌신으로 촉촉해질 것이다. 기(ghee)[정제한 버터]에 튀긴 과자인 질레비는 그것을 튀겨 시럽에 넣은 뒤라야 달착지근해진다. 마찬가지로, 지자知者는 '진아지 후의 헌신'을 통해서 '삶의 충만함'을 얻는다.

수르파티(surfati)라는 게임에서는 한 경기자가 먼저 낮은 집에서 높은 집으로 슬라이딩한 다음, 다른 집들에서 얻은 것을 모두 자기 집으로 가져온다. 그런 뒤에야 게임이 끝난다. 마찬가지로, **조대신에서 대원인신까지** 가는 동안 지知를 얻었으면 이 지知라는 선물을 가장 낮은 몸 속으로 도로 가져와야 한다. "세계는 지知에 지나지 않는다"는 사실적 체험 그 자체가, **지**知**가 비냐나**(Vidnyana), 곧 **'최종적 실재'**로 되는 것이다.

세계 안에 '나' 아닌 사람이 있다는 느낌 때문에, 우리는 밤낮으로 우리의 아내, 우리의 부富, 우리의 소유물을 남의 손아귀에서 보호해야 한다는 걱정을 안고 돌아다닌다. 이런 식으로 우리는 소유감과 소유자 의식으로 인해 '가스띠(Gasti)', 곧 경비원이 된다. 그러나 '**모두와 하나**'라는 느낌, "나는 도처에 존재한다. 나는 모든 것에 편재하고 있다"는 느낌을 깨달을 때, 그날은 그 '가스띠'가 '**아가스띠**(Agasti)', 곧 바다를 한 입에 삼킨 **진인**이 된다. 5대 원소, 곧 '**쁘라빤짜**(Prapancha)'24)인 이 바다는 한 입 감도 되지 않을지 모른다.

이것이 진아를 아는 헌신자가 몸을 가지고 있는 동안 두려움이 없어지고 '해탈'이라는 '온전한 즐거움'을 누리는 방식이다. 이제 여기까지 우리는 진아지와 '진아지 이후의 헌신'에 대한 설명을 했다. 우리는 구도자가 '진아를 아는 진인'이 된 단계에 도달한 것이다. 대원인신에 대한 모든 지知의 끝은 전 세계를 자기 자신으로 보는 것으로 결실을 맺는다.

이것은 맞지만, 그래도 성자 람다스는 이 대원인신에 대한 지知를—**빠라마뜨만**의 지知와 비해 비교할 때—불안정한 브라만이라고 불렀다. 빠라마뜨만은 안정되어 있다. 그것은 '**현현된 브라만**(Saguna Brahman)'과, 네 가

---

24) T. '5대 원소가 퍼져 나간 것', 곧 우주 또는 세계를 의미한다.

지 몸과 연관된 '미현현 브라만(Nirguna Brahman)'과 다르고, 따라서 그것은 '비지非知(No-Knowledge)'이다. 그래서 마침내 스루띠[베다]가 한 말은 "네띠, 네띠(Neti, Neti)", 곧 "이건 아니다, 이건 아니다"이다. "이건 아니라"란 그것이 지知도 아니고 무지도 아니라는 의미이다. 부동의 빠라마뜨만이 '유일한 진리'이며, 그것이 '본질'이다. "그것은 일시적인 ― 그래서 실체가 없는 ― 모든 것의 뿌리이다."

성자 사마르타 람다스는 『다스보드』에서 이 결론을 잘 밝혀주고 있다. 이 지知는 왜 불안정한가? 왜냐하면 거기에 남성·여성·중성의 많은 이름들이 붙기 때문이다. 그것은 삿찌다난다·이스와라·옴까라(Omkara-옴 소리)·세샤(Shesha)25)·나라야나(비슈누)·원초적 존재·시바 등으로 불린다. 이것은 남성적 이름들 중 일부이다. 그것은 샥띠(Shakti)·쁘라끄루띠(Prakruti)·스루띠·샴브하비(Shambhavi)26)·찌뜨깔라(Chitkala)27)·나라야니(Narayani)28) 등으로 불린다. 이것은 여성적 이름들 중 일부이다. 또 그것은 본래성품(Nija Rupam)·대원인신·순수한 지知·브라만·지복의 제국 등으로 불린다. 이것은 중성적 이름들이다.

이 중성적 이름들이 이 '진아지'로 알려지게 되었다. 이들 중 어느 것도 아닌 일자는 안정자·부동자·본질·'실재하는 브라만'이다. '대원인신의 지知'의 위대한 성질은 조대신 안에서의 지知에 비하면 훨씬 더 위대하고, 소거 과정에 의해서 그것을 건져낼 수 있다. 그리고 그것이 연역된 뒤에는 다시 한 번 (대상들과) 혼합될 수 있다[왜냐하면 그것은 만물에 편재하므로]. 그러나 소거 과정에 대해서 잘 알고, 또한 (지知가) 편재한다고 해서 그 구도자가 빠라브라만 단계를 성취했다고 해석할 수는 없다.

---

25) T. 힌두 신화에서 우주가 창조될 때 등장한 태초의 뱀.
26) T. '샴부(시바)의 숭배자'라는 뜻으로. 시바의 반려자인 여신 빠르바띠를 지칭한다.
27) T. '신적 의식의 섬광'을 뜻하는 여신의 한 이름.
28) T. '나라야나(비슈누)의 숭배자'란 뜻이다.

빠라브라만은 누구도 거기서 돌아올 수 없는 '그것'이다

지知를 '지知'라고 불러 왔지만, 브라만은 실은 어떤 이름도 없다. "내가 있다"는 지知에는 세계라는 형상을 한 활동 혹은 변화들의 혼합물이 있다. '찌따(chitta)'라고 불리는 마음이 이런 변상화變相化(modification)를 겪으면서, 지知도 변상화를 겪는다. 변상變相[변화한 모습]들은 하나의 상태 혹은 단계이다. 빠라브라만은 모든 변상들을 넘어서 있다.

그래서 진아지, 곧 "내가 있다"[지知]와 절대자[비냐나(Vidynana), 빠라브라만] 사이에는, 어둠과 빛만큼이나 많은 차이가 있다. "안정된 것과 불안정한 것의 접촉이 있는 곳에서는 지성이 미혹된다"고 스리 사마르타 람다스는 말한다. 이 말씀에 따르면, 마지막 오해는 여기서 생긴다.29)

지知['내가 있다']가 밝아오기 전에는 망각이 지知로 오해된다. 마찬가지로, 지知(Dnyana)가 덜 계발되었을 때는 그것이 '변상 없음'의 마지막 단계인 비냐나(Vijnana), 곧 빠라브라만으로 오해되기도 한다. 구도자가 진아지, 곧 "내가 있다"를 비냐나로 오해할 때 그의 진보는 거기서 정체된다.

사마르타 람다스는 이런 유형의 덜 계발된 지자知者를, 꿈속에서 정신이 들어 자신이 깨어 있다고 생각하는 사람에 비유했다. 하지만 그는 여전히 코를 골고 있다! "그대는 이것을 생시라고 생각하지만, 그대의 환幻은 아직 사라지지 않았다"는 것이 스리 사마르타가 이런 유형의 지자知者에게 주는 경고이다. 대원인신, 곧 뚜리야 상태 안에서는 조대신과 미세신이 하나의 꿈과 같지만, 대원인신 그 자체가 비냐나 안에서는 하나의 꿈과 같다. 무지 속에 속박이 있고 지知 속에 해탈이 있지만, 지知와 무지 둘 다 없을 때는 속박이나 해탈이니 하는 관념이 어떻게 존재할 수 있겠는가?

경전들은 대원인신의 지점까지 이야기한다. 그때까지는 그것이 논제論題 혹은 이론이다. 대원인신을 넘어선 지知의 영역 안에는 증명된 결론 혹은

---

29) 안정된 것과 불안정한 것 사이의 '접촉'은 아주 미세한 이원성이 여전히 그대로 남아 있음을 말해준다.

원리가 있는데, 바로 여기서 이제까지 규정했던 모든 것이 취소된다. 모든 현상이 소멸 혹은 절멸될 때, 남아 있는 것이 무엇이든 그것이 여러분의 '**진정한 성품**'이다. 그것을 말로 묘사하기는 불가능하다. '말의 지知'도 **무지**임이 증명되는 곳, **의식**이 비非의식으로 되는 곳, 경전들이 권장하는 모든 치유책이 장애일 뿐인 곳에서, 그대는 자신이 그 최고의 지점에 어떻게 도달하는지 스스로 보게 될 것이다.

참스승이 여러분을 그 문턱까지 데려가 안으로 밀어 넣었지만, **참스승**이 여러분에게 그 속의 아름다움이나 파노라마를 보여줄 수는 없다. 여러분이 스스로 그 보물, 그 전리품을 붙잡아야 한다.

이 모든 것을 말하고 난 지금, 말을 통해 전달할 수 있는 것은 아무것도 남아 있지 않다. 말했어야 할 모든 것에 대해서는 말이 사용되었다. 말로 전달할 수 없는 것은 이제 여러분에게 맡겨졌다. 우리는 여러분을 고무하여 구도자가 되게 할 수 있을 뿐이고, 여러분 자신이 **싯다**가 되어야 한다.

우리는 이 책의 끝에 이르렀다. 말은 군더더기다. 한 가지가 여기서 분명하게 표명되니, 그것은 **사드구루 찬탄**(Sadguru Bhajana)[참스승께 모든 찬사를]이다.

하리 옴 따뜨 사뜨 Hari Om Tat Sat

진아
깨달음의
달인

상권

서문

이것은 법문(영적 담화)인데, 그 말씀은 내 **스승님**의 것이다. 나는 당신의 말씀을 설명할 수 없고, 따라서 그에 대해서는 침묵을 지킨다. 에고인 '나'가 침묵하면 '**소함**(Soham)'['내가 그다']이 자동적으로 작용하기 시작한다. **소함**은 끝이 없고, 무한하고, 가늠할 수 없으며, **진리의 메신저로서 스스로 분명하다**. 그 메시지와 메신저는 그의 안에서 별개가 아니다. 이 메신저는 그 자신이 '끝없는 것'의 향유인 그 기쁨이다. 진아의 향유에 대한 묘사를 이 세상에서는 '**법문**(discourse)'이라고 하는데, 그것은 실은 하나의 주석이다. **스승님**의 음성을 **신적 말씀**(Divine Word)이라고도 한다. 당신의 언설·발언은 단어요 문장이요 언구들이다.

하늘은 허공이고, 허공은 단어인 말이 광대무변하게 펼쳐진 것이다. 말은 베다 시대부터 잘 알려진 하늘의 자연적 성질이다. 먼저 하늘[바람]인 허공 안에 진동이 있고, 그 다음 소리가 있고, 그 다음 말이 나타난다. 그런 다음 말은 모든 생물과 사물의 생존 기반이 된다. 하늘은 '가늠할 수 없는 것'의 말의 바다이다. 그 바다는 그 가늠할 수 없는 것을 찬양하여 노래한다. 무엇을 찬양하여 노래하는 목적은 나쁜 성질들을 모두 버리기 위함이다. 이 **신적 언설**(Divine Speech)은 스승의 입이라는 매체를 통해서 이원성, 곧 **존재의 본질적 단일성**에서 분리되어 있다는 느낌을 버리는 작업을 하고 있다.

스승에 대한 모든 존경이 우리의 심장 안에서 일어나는 바로 그 순간 바로 그 자리에서, 그 분리성은 하잘것없는 작은 벌레처럼 사라진다. 그러나 안타깝게도, 그런 일은 드물게 일어난다! 스승이 **진리** 그 자체요, **빠라브라만**이요, **궁극적 실재**의 화신이라는 **깨달음**에 도달하는 사람은 수십억 명 가운데 한 명도 드물다. 스승의 가르침이 우리에게 소중하고, 우리가 그것을 전적으로 받아들일 수 있을 때, 그리고 스승의 두 발[가르침]이 내면의 **신적 진아**, 곧 몸의 모든 행위와 기능을 지시하고 수행하는 **진아**에 대한 자연발생적 체험의 원천이라는 것을 이해할 때, 또 우리가 한 점의 의심도 없이 자신의 심장 안에서 **스승**의 두 발을 꽉 붙들 때, 그럴 때는 어김없이, 존경하는 스승의 축복과 지복의 흐름이 아주 자연스럽게 내면에서부터 흐르는데, 그것은 '만물에 편재한 생명'의 움직임이다. 스승의 신성한 두 발에 대한 완전한 믿음이 살아 있는 곳에서는, 스승의 **지복**이라는 **은총**이 쁘랄라드(Prahlad)라고 하는 **영적 희열**의 성품 안에 거주하게 된다. 그럴 때, **의식** 안에서의 '너'와 '나'의 분리라는 오점이 없는 비이원성이 걸림 없이 흐른다. 스승의 은총 아닌 어떤 만족감도 없거니와, 이 **은총**은 완전한 **진아**-**지복**으로서, 견고하여 무엇에도 뚫리지 않는 것이다.

    스승님[스리 싯다라메쉬와르 마하라지]께서 법문을 하실 때 이 서문의 필자는 이 길에 막 입문한 사람이었고, 초심자에 불과했다. 면식이래야 마하라지님께 소개되고 당신을 친견할 기회를 얻은 것뿐이었다. 마하라지님의 법문을 들으면서 그것을 토막 문장으로 받아 적는 일을 필자가 했다. 그는 자신이 받아 적는 것이 정확한지 않은지조차도 몰랐지만, 자신이 들은 모든 것을 받아 적는 능력은 향상되어 갔고, 그가 들은 거의 모든 법문이 당신의 **친존**親存에서 기록되었다고 말할 수 있다. 많이 배웠고 여러 해 동안 마하라지님과 친교하는 기회를 가졌던 다른 동문 제자들도 있었다. 그분들도 마하라지님의 가르침을 받아 적고 있었다. 그분들이 적어서 가지고 있는 마하라지님의 법문도 많다. 그렇지만 이 서문의 필자는 기록의 정확성을 검증하기 위해 자신의 기록을 다른 분들의 것과 대조한 적이 없다. 이 기록은 듣고 받아 적은 그대로이다.

    이제 마하라지님이 육신을 떠나신 지도 25년이 되었다. 지난 2, 3년 간이 기록을 통독하면서 바로잡아 다시 썼다. 그것은 이 기록을 출판하기 위해서였지만, 출판을 위한 노력은 이제까지 성공하지 못했다. 그러나 스리 마하라지님의 25주기인 오늘, 좋은 때를 맞이한 덕분에 그것이 가능해지고 있다. 아주 훌륭하시고 영적으로 좋은 체험들을 하신 동문 사형님들도 자신들이 가지고 있던 스승님의 법문들을 출간할 것이다. 진아지에 대한 내 확신을 가지고 말하거니와, 이러한 스승과 이러한 가르침은 이 세상에서 매우 희유한 것이다. 나는 스승님의 지혜에 대한 믿음과 나 자신의 자기확신에서 이 말을 한다. 이런 말들은 내 믿음의 표현이다. 사람은 그가 성취한 만큼 체험하고, 그만큼 자족과 평안을 느끼며, 그만큼 만족한다. 이 모든 것은 그 사람의 충성심의 결과이다. 나는 동문 사형님들과 알게 된 이후로 늘 그분들 앞에서 겸손했고, 내 스승님께 미래에도 역시 그분들 앞에서 겸손하게 해 달라고 기도했다.

　내가 동문 사형님들을 전적으로 존경하는 이유는, 그분들이 헌신이라는 맛난 음식으로 우리 스승님을 어떻게든 봄베이에 오랫동안 머무르시게 했고, 그 덕분에 내가 '지知의 바다'이신 스승님을 만나 뵐 기회를 가질 수 있었기 때문이다. 그분들은 당신을 뵙고 헌신으로 당신께 봉사하는 이익을 얻었을 뿐 아니라, 진아지를 통해 해탈하여 그들 자신이 남들을 위한 구원자가 되었다. 보편적 영靈이자 형상인 우주는 당신 안에 거주한다. 그것은 당신께 귀의한다. 동문 사형님들은 당신과 친밀한 관계를 가질 수 있었고, 그럼으로써 자신들이 구원 받고, 남들을 해탈시키는 사람이 된 것이다. 그것이 스승님의 친견과 당신의 가르침이 갖는 불멸의 힘이었고, 지금도 그러하다. 많이 배우지 못한 단순한 영혼들조차도 빛과 공덕의 바다, 지知의 화신, 학學을 아시는 분, 지혜의 바다이신 큰 스승을 한 번만 뵙고도 정화된다. 그러한 큰 스승님의 말씀과 법문이 이 책의 내용이다. 이것을 거듭 거듭 읽고, 외고, 이 가르침의 참된 의미에 대해 깊이 성찰하는 사람들은 그 의미의 구현자가 될 것이고, 그들 자신이 진아의 의미로 가득 차게 될 것이다.

나는 이 책의 서문으로 여러분 앞에 이 말을 놓아 드리고 있다. 이 책의 문장 하나하나는 여러분에게 **진아 깨달음**이라는 열매를 안겨주는 힘을 가지고 있다. 정기적으로 이 법문을 읽고 숙고하는 사람은 그 자신이 이 말씀에 내재된 정신을 표현하는 통로가 될 것이다. 이 천상의 기록에는 모든 성자들과 신인神人들의 자취, 그분들이 설계한 계획, 그분들의 말씀, 그 말씀의 의미, 그리고 내면의 **삶** 그 자체가 담겨 있다. 깨달은 분들은 참으로 그들 자신의 체험이라는 샘에서 우러나서 말하며, 그분들의 언설에는 큰 확신이 있다. 그분들의 언설은 에고의 무지를 폐기하는 능력을 지녔고, 이 책 한 줄 한 줄이 **참된 자아**(True Self)에 대한 독자의 무지를 뿌리 뽑고, 그의 **존재의 참된 성품**을 끌어낼 것이다.

1961년 11월 4일 토요일,
뭄바이, 케뜨와디 10번 길
바나말리 브후반, 니사르가닷따 아쉬람에서
니사르가닷따

1. 에고는 무지로 가득 차 있다

무지는 깨달은 안목과 비교되지 않습니다. 무지는 신체적 지각과 관계됩니다. 큰 말씀 "싸르왐 칼루 이담 브라흐마(Sarvam Khalu Idam Brahma)"[1] 는 "모든 사물은 브라만이다"라는 뜻입니다. 친구와 적이 다 브라만[실재]입니다. 그래서 좋은 것도 브라만, 나쁜 것도 브라만입니다. 세상의 모든 사람들은 여건의 노예입니다. 여건상 사람은 똥을 집어야 할 때도 있습니다. 헌신(Bhakti)만이 여건을 없애버릴 수 있습니다. 신(Hari)에 대한 헌신을 통해 지知(Dnyana/Jnana)를 성취합니다. 왕은 자신이 백성들에게 강제하는 법에 구속됩니다. 법은 우리 마음도 지배하기 마련입니다. 우리가 구속될지 말지는 우리 자신이 결정해야 합니다. 헌신은 지혜의 '내적 안목'입니다. 생전에 진아 깨달음을 얻지 못하는 사람은 참으로 길을 잃은 것입니다. 세속적인 것들에 혹하는 사람은 세간적 삶의 흐름 속에서 길을 잃습니다. 우리는 우리가 받아들인 영적인 길을 굳은 결의로 걸어가야 합니다.

마야(Maya), 곧 환幻에 유혹되지 마십시오. 환幻을 소멸해야 합니다. 마야는 모든 사람을 똑같이 무시하며 배제합니다. 수행이 다 끝나지 않은 구도자만이 사람으로 태어나 사람의 성질들을 다시 얻습니다. 마야는 브라만을 아는 자 외에는 누구도 겁내지 않습니다. 많은 사람들이 마야 숭배교의 신도들인데, 아주 소수의 추종자들은 지知의 길에 속합니다. 여러분은 본질적으로 신의 화신이며, 환幻을 소멸하는 것이 여러분에게 예정된 계획입니다. 마야가 늘 여러분을 지켜보고 있다는 것을 기억하고, 늘 경계를 게을리 하지 마십시오. 여러분의 기원, 여러분의 참된 집을 시야에서 놓치지 마십시오. 만일 코끼리·말 등의 짐승이 되고 싶다면 이 세상을 여러분의 집으로 여겨도 좋습니다. 여러분의 참된 성품에 긍지를 가지십시오.

---

1) T. 『찬도갸 우파니샤드』, 3.14.1.

우리의 탄생이 갖는 유일한 목표는 세속성의 등뼈를 부러뜨리는 것입니다. 우리는 자신의 해탈을 성취해야 할 뿐만 아니라, 남들도 해탈시켜야 합니다. 여러분이 신이라는 확신을 가지고 살면, 확실히 신이 될 것입니다.

헌신이 없는 사람은 그 자신의 이익을 성취할 수 없습니다. 살아 있는 동안 헌신의 길을 따르지 않으면 결코 자유를 성취하지 못할 것입니다. "깨어 있는 자는 이루고, 잠자는 자는 손해 본다"는 것은 적절한 격언입니다. 설사 여러분이 선량하고 신심 있는 사람으로 죽는다 하더라도, 헌신 없이 해탈은 없습니다. 헌신 없는 삶은 쇠퇴에 지나지 않습니다. 성자들[2]은 살아 있는 동안 자신의 삶을 의미 있게 만듭니다. 살아 있는 동안 해탈하는 사람은 죽을 때 자기 육신이 어디로 떨어질지 걱정하지 않습니다. 성자는 태어나지 않고, 따라서 죽지 않습니다. 살아 있는 동안 죽는 사람은 생사를 초월한 것입니다. 스승의 아들(Guruputra)[3]은 늘 분별을 사용해야 합니다. 비이원성 안에서 사십시오. 진리를 열망하는 자가 되십시오.

2. 진아라는 열매는 무욕을 통해 얻어진다

'확고한 자'란 분리를 모르는 사람을 뜻합니다. 순복順服한다는 것은 에고를 포기하고 겸허해진다는 뜻입니다. (순복을 뜻하는) '샤라나(sharana)'라는 말에서 '샤라'는 '화살'을, '나'는 '없음'을 의미합니다. 샤라는 화살을 뜻하지만, 이것은 굽혀지지 않는 에고를 뜻하기도 합니다. 그래서 '샤라나'인 사람, 곧 순복한 사람은 딱딱함을 포기하여 에고가 없는 사람을 뜻합니다. '성자들과의 친교'는 해탈을 위한 아주 유용한 방편입니다. 천상天上이 무엇

---

[2] T. 마라티어에서 '성자(Sant)'는 '깨달은 자', 즉 '진인'과 같은 의미이다.
[3] '스승의 아들'이란 스승의 의식과 늘 연결되어 있는 사람이다.

입니까? 지혜로운 사람들과 어울릴 수 있는 곳에 태어나는 것 자체가 천상에 나는 것입니다. 만일 여러분의 마음이 세간적 대상들에 신물이 난다면, 자신이 복 있는 사람이라고 생각하십시오. '관능의 여신'은 인간이라는 제물을 아주 좋아하고, 그 인간이 산채로 튀겨지는 것을 즐깁니다! 배[腹]의 노예(성애가)들은 **신의 친견**(Darshan)을 얻을 수 없습니다. 참으로 복 받은 이들은 완전히 무욕인 사람들입니다.

　우리는 **신의 거주처**(Vaikuntha)에서 왔다는 것, 우리는 **불멸의 감로**를 즐길 자격이 있는 **신들**이고, 환적인 삶이라고 하는 이 낯선 동네에 불과 며칠간 와 있는 방문객에 지나지 않는다는 것을 늘 기억하십시오. 해탈의 유일한 도구는 **무욕**의 상태입니다. 만일 여러분에게 자식이 많다면, 무욕을 '일체를 먹어치우는 **죽음**'에 대한 공양물로 여기십시오. 환幻의 곡식이 익으면 죽음이 그것을 먹어치웁니다. **사드구루**(Sadguru), 곧 **참스승**에 대한 **헌신**이 영적인 공부(spirituality)의 출생지입니다. 여러분의 몸을 환幻으로 취급하고, 그러면서 여러분의 삶을 완수하십시오. 제자가 환幻에서 탈출하면 **스승**이 기뻐합니다. 헌신[스승을 찬양하는 바잔(bhajan)]으로 **스승**을 흡족하게 해야 합니다. 브라만의 빛으로 비추어진 사람은, 설사 젊거나 신분이 낮다 해도 위대한 사람으로 대우받아야 합니다. 감각대상들을 부단히 갈망하는 사람은 그 대상들에 매몰되고, **진아**(Atman)에 대해 명상하는 사람은 **진아**가 됩니다. "신에 대해서는 나중에 명상해야지. 그것은 좀 있다 하지 뭐."라고 말하지 마십시오. 부단히 명상하고 내관하여, 마음이 **진아** 위에 머무르게 하십시오. 진아에 대한 큰 사랑과 함께 말입니다. 그것이 **진아성취**(Self-Attainment)의 표지標識입니다.

　진아 외의 어떤 것도 좋아하지 않는 것이 **진아성취**의 표지입니다. 진아 외의 어떤 것에 대한 명상도 속박입니다. 늘 자기 **진아**의 '신적 성품'을 명상하십시오. 다른 모든 것은 실재하지 않습니다. **하느님**(Lord)인 **진아**에 대한 집중 외의 다른 어떤 집중도 속박입니다. 여러분 자신의 존재의 성품 자체에 대한 것이 아니면 어떠한 명상이나 생각도 단단한 결박이 됩니다.

'세계'는 그 성품상 종種들이 제각기 별개인 것입니다. 세계는 결코 순조롭게 작동하지 않을 것입니다. 진아 외의 어떤 열매도 헛것입니다. 부디 이 점에 대해 깊이 생각해 보십시오. 여러분은 대상적인 것에 끌리는데, 왜냐하면 에고는 진아 안에서만 발견되는 참된 만족에 대해 결코 생각해 보지 않기 때문입니다. 만일 우리가 참으로 자신의 진정한 행복을 위해 어떤 일을 하면, "나는 한 개인이다"라는 느낌이 죽습니다. 나중에 존재하는 것은 그 개인이 아니기 때문입니다. 개인은 감각대상들을 향하고, 그러면서 슬픔을 향합니다. 즐거워 보이는 대상들도 실은 즐겁지 않습니다. 매력적으로 보이는 대상들이 실은 아주 파괴적이고 고통을 안겨주지만, 개인은 늘 그런 대상들을 쫓아 달려갑니다. 따라서 감각대상들에 대해 생각하기를 멈추고 헌신의 길로 향해야 합니다.

우리는 자신을 한 성자이자 희생할 준비가 되어 있는 사람으로 여겨야 합니다. 스승의 가르침을 소화하면 세속성이 잘려 나가며, 그런 사람은 비록 세간에 있을지라도 세간의 노예가 아닙니다. 진인眞人 슈까(Shuka)가 말하기를, 우리는 감각대상을 쫓아가면 안 되고 초연하게 머물러 있어야 한다고 했습니다.4) 감각대상들에 대한 추구는 영적인 헌신을 방해합니다. 설사 적절한 주의력을 가지고 그러한 헌신을 한다 해도 말입니다. 진아 깨달음을 열망하는 사람은 관능적 욕구 충족에 대한 욕망을 놓아 버려야 합니다. 개아個我가 어느 면에서 '목이 매달려 죽는' 것은 관능적 욕구 충족을 갈망하다가 그렇게 되는 것입니다. 여러분의 심장 속에 있는 신에 대해서만 명상하십시오. 하나인 진아(One Self)에 전념하는 것이 진정한 홀로됨입니다.

1934년 11월 18일 오전

---

4) T. 『바가바따 뿌라나』, 제2권 1장에서, 살날이 7일밖에 남지 않은 빠리끄쉬뜨 왕이 진인 슈까에게 "이럴 때 사람은 무엇을 하는 것이 가장 좋습니까?"라고 질문하자, 슈까는 그에게 고요히 정좌하여 감각대상들에 대한 집착을 끊고 신에 대해 명상하라고 조언한다.

3. 브라만은 체험을 통해서만 알 수 있다

이 지知는 그것을 묘사하는 것만으로는 이해할 수 없는 것입니다. 어떤 사람에게 설탕이 달다고 말한다고 해서 그에게 그 단맛을 경험하게 할 수는 없습니다. 본인이 먹어 봐야 합니다. 브라만은 그것을 체험해야만 이해할 수 있고, 이것은 참스승의 은총을 통해서만 가능합니다. 그 구도자의 마음이라고 하는 준비된 비옥한 땅에서만 스승의 은총이 결실을 맺을 수 있습니다. 자기 자신의 진아를 추구하는 사람은 스승의 축복이라는 열매를 거둡니다. 그 자신을 이해하는 사람이, 진정으로 '이해'하고 진아지에 의해 '해탈'합니다. 자기 자신을 이해한 사람은 아무것도 필요로 하지 않으며, 아무것도 소유하고 싶어 하지 않습니다.

지고아 빠라마뜨만인 사람에게는 환幻이 아무 쓸모가 없습니다. 여러분은 현재 '내 것'이라는 느낌으로 인해 매우 오만합니다. 여러분은 부富와 여자라는 두 아내를 거느리고 있습니다. 돈 없이는 아무것도 못한다고 말하는 사람은 신을 만나지 못할 것입니다. 돈과 배우자는 에고, 곧 개아를 위해 있는 것이지 신(Shiva)을 위해 있는 것이 아닙니다. 왜냐하면 신은 형상이 없기 때문입니다. 그는 순수한 정신입니다. 널리 퍼져 있는 잘못된 관념은, 돈이 없으면 전능하신 하느님에 대한 헌신이 불가능하다고 하는 것입니다. 실은 영적인 공부에는 돈이 필요하지 않습니다. 우리가 자신을 추구할 때 더 높은 자아를 만날 수 있고, 거기서 여러분은 환幻이 아무 가치가 없다는 것을 깨닫습니다. '나'와 '내 것'이라는 관념을 뒤로하십시오. '내 것은 아무것도 없다'는 것을 깨닫는 것이 스승의 은총의 핵심입니다. 여러분은 이렇게 생각해야 합니다. "나는 내 몸이 아니다. 자식들과 가족은 몸에 속하지, 순수한 무제약적 진아인 나에게 속하지 않는다." '나'와 '내 것'이라는 관념으로 사는 사람들은 환幻의 노예들입니다. 그들이 성자의 참된 가치를 어떻게 알 수 있겠습니까?

성자는 환幻이 근처에 있는 것을 용납하지 않습니다. 환幻의 부富는 자유의 부富와 비교조차 되지 않습니다. 번영의 여신인 락슈미는 그녀를 추구하는 사람을 거지로 만들지만, 그녀를 돌아보지 않는 사람에게는 겸허하게 봉사합니다. 명예는 환幻에게 아무것도 요구하지 않는 데 있습니다. "나는 원한다, 나는 원한다"고 말하는 것은 하나의 모욕입니다. 요구하는 것은 모욕하는 것입니다. 요구하지 않는 것이 명예롭게 하는 것입니다. 진지眞知(Dnyana)를 얻는 데는 포기 외에 그 무엇도 필요하지 않습니다. 일체를 포기하는 습관을 들이십시오. 성자 까비르가 말했습니다. "마음도 죽고 환幻도 죽고 몸도 죽지만, 희망과 욕망은 죽지 않는다." 희망과 욕망이 죽으면 여러분 자신이 성자 까비르가 될 것입니다. 욕망이라는 독이 마음에서 떨어져 나갈 때, 여러분은 불멸의 감로를 마시게 될 것입니다. "감각대상들에 대한 욕망이 없게 하라"고 성자 람다스는 말합니다. '내 것'이라는 느낌을 포기하십시오. 그러면 여러분은 자유롭습니다.

1934년 11월 18일 저녁

4. 진아는 모든 존재들 안의 '아는 자'이다

존재성(beingness)은 의식 혹은 지知를 의미합니다. 다른 것들에 신경 쓰는 마음은 속박입니다. 다른 어떤 것에도 신경 쓰지 않을 때의 마음이 브라만입니다. 마음속에 대상들에 대한 아무 생각이 없을 때, 그 마음은 청정하고 고요합니다. 그것이 브라만의 상태입니다. 여러분이 행복하게 잠들어 있을 때, 그것은 자연스러운 기쁨, 곧 아무 감정이 없는 브라만입니다. 어떤 기분 상태나 태도도 갖지 않는 그것은 감정을 넘어서 있습니다. 그것이 전 세계, 몸, 마음, 감각기관들을 아는 자인 그대입니다. 그 그대가 빠라마뜨만입니다. 빠라마뜨만을 깨닫는 것이 최종적 성취입니다. 이 '앎' 자체가 하나의 불가사의입니다. 감각대상을 추구하려는 욕망을 놓아 버리십시오. 부富를 욕망하기를 그치는 사람은 자동적으로 아주 강력해집니다.

저[스승]에 대해 명상하는 것이 곧 자유입니다. 그러면 여러분이 세간적인 삶과 영적인 삶의 모든 슬픔에서 벗어납니다. 개인이 욕망을 투사하는 습習을 떠날 때, 그 자신 신이 됩니다. 저는 저를 명상하는 사람에게 저의 지위를 드립니다. 저를 명상하지 않고 가족과 돈만 생각하는 사람은 지옥으로 보내드립니다. 저의 힘을 갖고 싶은 사람들은 저를 명상해야 합니다. 저는 그들에게 저의 힘, 저의 지위, 저의 진아성을 모두 하사합니다.

1934년 11월 19일 오전

5. 자기발견

자신의 내면에서 찾는 사람은 진아지를 성취합니다. '일체를 아는 자'인 여러분 자신이 브라만입니다. 자신이 몸이라는 개념을 고수하지 마십시오. 늘 여러분 자신을 브라만으로 생각하십시오. 하나의 몸으로서 사는 사람은 그 몸의 고통들을 겪어야 할 것입니다. 진아라는 태양이 세간적 대상들에 대한 욕망에 가려집니다. 태양, 곧 진아와 자신을 동일시하고, 이제까지 축적해 온 모든 것을 놓아 버리십시오. 그 가려짐이 있는 동안 세간적 대상들에 대한 집착을 놓아 버리면, 그리고 관능적 욕구 충족에 대한 욕망을 놓아 버리면, 그 가려짐이 끝날 것입니다. 여러분 자신이 브라만이 되지 않고는 브라만을 체험할 수 없습니다.

어떤 사람의 자기 자신에 대한 개념적 이미지들이 사멸할 때가 그 사람에게 황금의 날입니다. 이것은 여러분의 에고가 죽어야 한다는 뜻입니다.

스승은 자신의 **진아**를 찾으려고 노력하는 사람을 축복할 것입니다. 사람은 한번 내준 것을 회수하면 안 됩니다. 이것은 감각대상들을 포기한 뒤에 다시 그것을 받아들여서는 안 된다는 뜻입니다. **빠라마뜨만**은 전지적全知的 지각, 곧 일체를 보는 것까지도 넘어서 있습니다. 행위하는 자에게 자신이 행위자라는 느낌이 없으면, 그는 행위에서 벗어납니다. 모든 상태를 넘어서 있는 **그것이** 됩니다. 대상들에 대한 앎, 곧 차별상이 종식될 때, '나'라는 거짓된 자부심, 즉 에고가 소멸됩니다.

1934년 11월 19일 저녁

6. 신은 지고아 빠라마뜨만이다

만일 여러분이 신과 함께하기를 열망한다면 **환**幻(Maya)을 버리십시오. 여러분의 가슴속 가장 깊은 곳에 깊숙이 숨겨져 있는 어떤 소망은 **환**幻일 뿐입니다. **환**幻이 **진아** 위에 하나의 베일을 드리웁니다. **진아**는 내면에 있고, 그 위에 **환**幻이 어떤 막을 씌웁니다. **브라만**은 순수한 의식일 뿐입니다. 인간의 마음은 성품상 보통 밖을 향하며, 대상에 집중합니다. 마음이 무욕이 되어 그 상태로 머무를 때, 그것이 **브라만**입니다. 그러나 마음을 **브라만**으로 여기지 마십시오. 감각 대상들을 부단히 생각하는 것은 **진아**를 가리는 것입니다. 주의가 **진아**에서 벗어나 대상들을 향할 때, 그것을 가려짐(eclipse)의 시작이라고 합니다. 그것이 **환**幻입니다. 그것이 마음입니다.

생각이 없이 머무름이 **브라만**입니다. 자연스러움이 **브라만**의 표지입니다. 아무 걱정도, 정욕도, 욕망도 없습니다. 이 자연스러움 안에서는 설사 그 사람이 왕국을 다 잃어버린다 해도 그 마음은 근심을 느끼지 않습니다. 마음의 대상적 작용이 끝나면 그 자연스러운 상태가 생겨나고, 우리는 진아 안에서 안정됩니다. 세간적 삶에 대한 걱정과 근심이 그치면 진아의 가려짐이 끝납니다. 그럴 때 환幻은 신(Vishnu)의 유희로 보이고, 오직 그일 뿐임을 보게 됩니다. 환幻이 신의 유희로만 보일 때, 마음은 무욕이 되고 모든 걱정에서 벗어납니다. 개인의 환幻은 갈망과 욕망으로 가득한 상태입니다. 개인, 곧 에고의 욕망은 죽음의 순간에도 입 안에 물 한 방울을 얻어야겠다고 기대하는 수준까지 이릅니다. 한편 진아인 '의식'은 몸에 전혀 상관하지 않습니다. 그렇다면 죽을 때 신의 이름이나 어떤 **만트라**를 염하는 것이 **진아**에게 무슨 소용 있습니까? 이것이 **무욕**의 열쇠입니다.

이승의 삶은 얼마나 오래갑니까? 한 발은 무덤 속에, 한 발은 집 안에 있습니다. "이 가정생활이 무슨 소용 있는가?" 하는 태도가 **무욕**의 표지입니다. 그러나 세간적 삶에 집착해 있는 사람은, 내일 죽을지도 모르는데 마치 자신의 수명이 수백 년이나 될 것처럼 모든 활동을 합니다. 욕망이 없는 사람은 십만 년의 수명을 한 순간처럼 여깁니다. 심장 속의 집착은 모든 존재들에 대한 연민의 형태를 띠지만, 그것은 신의 환적인 유희일 뿐이고, 세속성과 걱정에 지나지 않습니다. 우리는 **지고아 빠라마뜨만**을 위해 살아야 하고, 우리의 시간은 **빠라마뜨만**에 대한 봉사에 쓰여야 합니다.

1934년 11월 20일 오전

7. 대상에 대한 지각이 그치면 지각자도 사라진다

지혜로써 본다는 것은 "일체가 **브라만**이다"라고 느끼는 것입니다. 여러분은 이 말을 들어 보았지만, 이것은 그냥 듣기만 하라고 있는 말이 아닙니다. 그것을 체험해 봐야 합니다. 모든 존재들은 본질적으로 **브라만**의 성품을 가지고 있습니다. 만일 여러분이 남들을 분석하기 시작하면 여러분은 그 분석 대상의 하나, 별개의 한 개체가 되는데, 이것은 여러분에게 속박입니다. 만일 어떤 사람을 도둑으로 생각하면, 여러분의 마음 내용은 '도둑'입니다. 왜냐하면 도둑을 생각하고 있기 때문입니다. 여러분이 세간적 대상들에 대해 이야기할 때는, 일체를 실재하는 것으로 받아들이고 그에 따라 행동하고 행위합니다. 하지만 영적인 가르침을 경청하거나 그것을 이해하게 될 때는 그런 대상들을 참된 것으로 마음에 간직하는 일이 좀처럼 없을 것입니다. "일체가 브라만이다"라는 태도를 유지하고, 그것이 참되다는 확신을 가지고 행위하십시오. "그런 말을 들은 적이 있다"고 말만 하면서 그것이 여러분의 삶 속에서 잠자게 하지 마십시오. 그것을 자신의 삶 속에서 시험하고, 그것이 참된지 아닌지 살펴보십시오! 일체를 빠라마뜨만일 뿐이라고 보면 여러분이 신이 되지만, 일체를 그저 현상적인 평범한 세계일 뿐이라고 보면 여러분이 하나의 개아로만 남습니다.

 세계는 여러분이 그것을 어떻게 보느냐에 따라 나타납니다. 그것을 다양한 형상을 취한 브라만으로 보면, 도처에서 브라만만 보게 될 것입니다. 그렇게 하면 '나'라는 열병, 에고의 자부심은 해소됩니다. 예를 들어 아내가 있으면 남편이 있습니다. 그러나 아내가 없으면 누구의 남편이 있을 수 있습니까? 보이는 것이 있기 때문에 보는 자가 있습니다. 보이는 것이 전혀 없다면 보는 자가 어떻게 생겨날 수 있겠습니까? 보이는 것을 내버리면 오직 브라만이 있습니다. 만일 여러분이 소유하고 있는 모든 것이 소멸한다면, 마음이 무엇을 생각할 수 있겠습니까? '나'라는 느낌이 가라앉으면, 혹은 익사해 버리면, 있는 것은 브라만뿐입니다. 순수한 브라만의 표지는, 그 상태에서는 '나'라는 것이 없다는 것입니다. 존재하는 모든 것은 브라만일 뿐입니다. 여러분이 어떤 사람을 대상적으로, 곧 '아무개' 씨와 같은 이름이나 명칭으로 지각하는 것은 브라만이 아닙니다. 만일 자신이 누구인지를 보지 못했다면, 바라나시나 다른 성지들을 순례한들 무슨 소용이 있겠습니까? 내면에 자기 진아의 영적인 성품에 대한 깨어남(깨달음)이 없다면, 앵무새처럼 브라만에 대해 이야기해 본들 무슨 소용 있습니까?

여러분의 마음에 영향을 주어 온 그 독毒을 제거하십시오. 여러분은 거듭해서 반복적으로 하는 일에 따라 더 많은 경험을 쌓게 됩니다. 누구나 감각대상들에 대해 이야기하는 습관을 가지고 있습니다. 그 습관을 놓아 버리고 브라만의 지혜에 대해 이야기하십시오. 그런 식으로 부단히 그것에 대해 생각하면 브라만이 됩니다. 영적인 지知를 논의하면서 여러분의 시간을 써야 합니다. 감각대상들에 대해 계속 거듭하여 이야기하다 보면 더욱 세속적으로 될 뿐입니다. 진아 깨달음을 열망하는 구도자는 이런 주제에 관심이 있는 친척과 친구들을 두어야 합니다. 남들과 이야기하느라고 인생을 허비하지 마십시오.

헌신자들인 친족이 있다는 것은 희유한 행운입니다. 만일 여러분에게 진아지가 없다면 모든 세간적 활동이 무슨 소용 있습니까? 우리의 '진정한 친족'인 성자들의 조언은 일상생활에 바로 적용할 수 있습니다. 왜냐하면 그 조언은 단일성(Oneness-모두가 하나인 것)안에서의 한 대화이기 때문입니다. 우리에게 해탈의 길을 보여주는 스승이 우리의 진정한 친족입니다. 우리는 비나(veena)[인도의 악기]의 현을 조이듯이 자신을 조율해야 합니다. 그 악기가 알맞게 조율되면 소리가 맑게 울리겠지요. 스승과 여러분의 관계도 그와 같아야 합니다. 자기 자신을 돕는 사람이 참으로 복 있는 사람입니다.

1934년 11월 20일 저녁

8. 나태함을 던져 버려라

우리는 본질적으로 무형상입니다. 성질이나 형상이 없고, 허공처럼 의식하는 지성(Conscious Intelligence)으로 충만해 있습니다. 이 상태를 '비非나태'라고 합니다. 몸-의식, 곧 "나는 몸이다"라는 관념이 진정한 나태함입니다.

그것을 영구히 놓아 버려야 합니다. 여러분은 이 나태함을 뒤로하고 하리(Hari)[비슈누] 신을 향한 헌신을 가져야 합니다. 그리고 무형상의 신인 시바가 되고, 시바로서 머물러야 합니다.

여러분이 길을 얼마쯤 걷다 보면 표지판의 글을 볼 수 있고, 여정을 계속할 수 있는 안내를 얻습니다. 여러분이 한 개인이라면 수백만 년 동안 온갖 활동을 해도 아무 이익을 얻지 못하겠지만, 만일 여러분이 신[시바]이 되고 그런 다음 신을 숭배한다면, 그 숭배에 따른 결실을 얻을 것입니다. 왕이 되어 통치하십시오. 스스로 신이 되고, 신을 숭배하십시오. 구도자도 때로는 숭배를 하는 동안 나태해집니다. 여기서 나태함이란 몸-의식의 수준으로 도로 떨어지는 것을 말합니다. 이 몸-의식의 나태함을 떠남으로써 신을 숭배하십시오. 확고한 결의를 가지고 거듭거듭 그렇게 해야 합니다. 나태함에 굴복하지 마십시오.

1934년 11월 21일 오전

9. 진아와 비아 非我

욕망에는 걱정이 수반됩니다. 마음이 욕망으로 가득 차 있는 한 걱정이 있을 것입니다. 욕망이 그치면 더 이상 걱정이 없습니다. 거리를 걸어가면 많은 것들이 눈에 보이지만, 그것들에 대해 집착이 없습니다. 그러나 일단 '내 것'이라는 느낌을 갖게 되면 욕망이 일어나고, 우리는 즉시 대상들에 몰두하게 됩니다. 어떤 것을 '내 것'이라고 느끼는 것 자체가 속박입니다. 육신 안의 무엇이 참으로 우리 것입니까? 몸 안에 있던 공기는 밖으로 나가고 밖에 있던 공기는 안으로 들어옵니다. 이 과정에서 무엇이 여러분의 것입니까? 몸 주위의 약 두 자 범위 내에는 연속적인 공기의 흐름이 있습니다. 미세하게 볼 수 있는 사람은 이것을 자각합니다.

많은 특별한 날과 축제들이 오고갑니다. 여러분은 세상의 사물들이 영원하고 자기 것이라고 생각하지만, 실은 그런 모든 대상적인 것들 이전에 자신이 존재한다는 것을 보지 못합니다. 대상들에 대한 지각이 끝날 때 대상들에 대한 욕망도 끝이 나는데, 대상들이 과연 존재하는지 여부는 중요하지 않습니다. 어떤 작은 흙덩어리(육신)를 자기 것이라고 생각하면, 여러분은 즉시 세속적으로 됩니다. 마음이 진아에 대해 성찰할 때는 무욕이지만, '나'나 '내 것'으로서의 육신에 집중할 때는 욕망으로 가득 합니다.

정말 희한한 것은 5대 원소로 이루어진 이 창조계입니다. 모든 몸들 안에서 유희하는 '하나인 존재(One Being)'는 만물에 편재하는 보편아(Universal Self)입니다. "일체가 브라만"임을 아십시오. 반지와 금의 비유가 흔히 사용됩니다. 만일 반지를 금으로 여기면 본체로서의 금만 보이지만, 그것을 반지로 보면 별개의 대상으로 간주됩니다. 물은 바다에 있든 주전자에 있든 물인데, 주전자를 별개로 두면 그 주전자의 물도 별개가 됩니다. 그러니 그것을 별개로 두지 마십시오. "일체가 브라만"이라는 것을 아십시오.

모두를 여러분의 친구로 여겨 마음속에 어떤 이원성이나 혐오도 없게 하십시오. "일체가 브라만"이라는 말을 반복해도 왜 여러분의 태도는 그에 따라 바뀌지 않습니까? 그것은 여러분의 생각이 덕과 악덕의 관념에 의해 왜곡되고, 여러분이 비판적이거나 이원적인 태도를 취하기 때문입니다. 여러분을 기쁘게 하는 사람은 좋은 사람으로, 그렇지 않은 사람은 나쁜 사람으로 간주됩니다. 그러나 그 소위 '나쁜' 사람을 좋은 사람이라고 부르는 사람들도 많지 않습니까? 더욱이 여러분 자신은 얼마만큼 좋은 사람입니까? 여러분을 나쁜 사람으로 여기는 사람들도 있지 않습니까? 어떤 사람들은 신조차도 선악의 견지에서 봅니다.

지혜로운 사람은 말합니다. 모두가 (몸의 운명에 따라 살아가는) 환경의 노예인데, 어떻게 우리가 선한 사람과 악한 사람을 구분할 수 있느냐고 말입니다. 환경이 목수니 신기료장수니 하는 다양한 계급을 창조했습니다.

다양한 직업의 명칭 때문에 우리는 사람들을 별개로 생각하게 되었습니다. 그렇지 않으면 계급 따위의 구분이 어디 있습니까? 누구도 선하거나 악하지 않습니다. 모든 몸들은 환경에 지배됩니다. 아동기·청년기·노년기의 단계는 누구에게나 있습니다. 젊은 사람은 검은 콧수염을 하지 흰 콧수염을 하지 않을 것이고, 늙어서 이가 없는 사람은 단단한 음식을 한 입도 삼키지 못하는 것과 같습니다. 요컨대 남들을 비웃지 마십시오. 모두가 환경에 지배됩니다. 어떤 사람은 장발을 하거나 수염을 기를 수도 있겠지만 그것은 다 개인의 취향 문제입니다. 왜 그런 것 때문에 누구를 미워해야 합니까? 여러분을 비판하거나 비난하는 사람을 친절한 사람으로 여기십시오. 여러분에게 많은 골칫거리를 안겨주는 사람들에 대해서 열려 있는 자애로운 태도를 견지하고, 적의敵意 없는 상태로 있으십시오. 그럴 때에만 여러분이 **브라만**이 될 것입니다.

 걱정은 우리를 아주 빨리 죽입니다. 걱정하는 사람은 그 걱정을 안고 죽습니다. 미움은 감당하기 매우 힘든 짐입니다. 독신이었고 엄청나게 많은 수행을 했던 비슈와미트라(Vishwamitra-고대의 진인)는 시기와 질투심에서 진인 바시슈타(Vasishtha)를 죽이러 갔을 때 실제로 살인을 할 준비가 되어 있었습니다. 사프란(saffron)[미묘한 맛이 나는 귀한 향신료] 한 봉지가 아위阿魏(asafetida)[맛과 냄새가 강한 매콤한 향신료] 근처에만 있어도 아위가 된다고 합니다. 자부심이 사라지면 여러분을 안달하게 하는 그 가시가 떨어져 나갑니다. 자부심을 죽이십시오. 그러면 여러분 자신이 브라마리쉬(Brahmarishi)[신적인 진인]가 될 것입니다. 여러분을 미워하는 사람에게 큰절을 하십시오. 여러분이 어떤 사람을 나쁘다고 판정하면 여러분 자신이 나빠집니다. 적의가 없는 사람은 그 자신 **브라만**입니다. 다툰다는 것은 오해가 있음을 말해줍니다. 감각대상을 분별하는 이원성이 종식되어야 합니다. 미움이나 적의, 혹은 좋고 나쁨의 견지에서 생각하지 마십시오. 그럴 때에만 여러분이 **브라만**이 됩니다. 누구에게도 적의를 갖지 마십시오.

1934년 11월 21일 저녁

10. 참된 포기

쾌락에 대한 집착은 속박입니다. 만일 여러분이 "나는 아무것도 필요하지 않다"고 말하면, 모든 문제가 끝납니다. "나는 원한다"고 말하는 사람은 아무것도 얻지 못합니다. "나는 원치 않는다"고 말하는 사람은 일체를 얻습니다. 사자는 집착 때문에 함정에 빠지고, 코끼리는 음식에 대한 집착 때문에 속박됩니다. 이것이 환幻입니다. 이것이 이른바 속박입니다. 남자는 여자에 대한 집착 때문에 애처로워집니다. 그가 매혹의 덫에 빠지는 것은, 여러 날 동안 쾌락을 갈망하여 그것이 그의 욕구가 되기 때문입니다. 자신의 집착에 대한 몰두가 증대되면 그 사람은 마치 사슬에 묶인 듯 노예가 됩니다. 사람이 수갑을 찬 듯 결박되는 것은 욕망이 커져서 그런 것일 뿐입니다. 그 욕망이 **무욕**으로 대체되면 속박은 타파됩니다.

이것이 **주 크리슈나**가 그의 제자 웃다바(Uddhava)에게 준 가르침의 본질입니다. 나중에 웃다바는 **크리슈나**에게 어떻게 하면 우리가 완전히 무욕이 될 수 있는지를 질문했습니다. 그는 **사뜨와** 성질에서 나온 순수한 무욕을 갖고 싶었습니다. 만일 어떤 사람이 남들로부터 집착의 나쁜 효과에 대해 듣고 나서 무욕이 된다면, 이런 무집착은 **따마스적 무욕**이라고 합니다. 만일 **진아**지를 얻기 위한 목적으로 어떤 것을 포기한다면, 그 무집착의 상태는 라자스 성질에서 나온 **라자스적 무욕**입니다. 모든 대상이 환幻임을 마음이 확신할 때, 이것이 이른바 **사뜨와적 무욕**입니다. 우리가 순수한 **사뜨와적 무욕**을 가지고 있으면, 무엇을 포기한다는 관념에 대해 웃음이 나올 것입니다. 포기할 어떤 속박이 어디에 정말 있기라도 했습니까? 여러분은 존재하지 않는 밧줄로 자신을 묶어 두고 있었습니다. 여러분은 그 족쇄를 내려놓았다고 말할지 모르지만, 실은 자기 것도 아닌 것을 꽉 붙들고 있었을 뿐입니다. 어떤 것이 여러분의 것이기는 했습니까? 여러분이 무엇을 내려놓았습니까? 이것이 이른바 참된, 순수한 **사뜨와적 포기**입니다. 내려놔야 할 것이 아예 아무것도 없었다면, 놓아 버릴 것이 뭐가 있습니까?

쥐는 고양이 앞에 있는 음식물을 자신이 포기했다고 당연히 말할 수 있겠지만, 그런 허세는 아무 쓸데없습니다. 왜냐하면 그것을 먹으려 들다가는 죽을 것이 확실하기 때문입니다. 그런데도 쥐는 그것을 포기했다고 말합니다. 그것을 먹으려고 했으면 죽었는데, 그러지 않았기 때문에 살아 있습니다. 포기를 자랑스러워하지 않는 것도 포기의 중요한 측면입니다. 여러분이 자신의 본연적 상태(natural state)에 따라서 행위한다면, 어떤 희생을 치른 것입니까? 이 '나'가 누구였고, '나'가 '누구'와 어떻게 관계되기나 했습니까? 누가 '내 것'이었고, 무엇이 '내 것'이기나 했습니까? 그것은 모두 환幻이었을 뿐입니다. 어떤 사람에 대한 이야기가 있습니다. 그는 언젠가 천 명의 사제[브라민]들에게 대중공양을 베풀면 큰 공덕이 있다는 이야기를 들었지만, 자신은 그렇게 할 돈이 없었습니다. 그래서 공덕을 얻기 위해 단 한 명의 브라민에게 10루피를 주었고, 천 명을 위한 대중공양 준비는 하지 않았습니다. 이처럼 그는 10루피로 한 명의 브라민을 만족시켰을 뿐입니다. 자, 천 명 분의 공양을 회피했으니 이것은 어떤 종류의 희생(공덕의 포기)입니까?

자신이 한 포기를 선전하는 사람들은 실은 위선자일 뿐이라는 점을 유념하십시오. 옛날에 바르뜨루하리(Bhartruhari)라는 이름의 왕이 있었는데, 자신이 모든 것을 포기했다고 생각했습니다. 그는 자기 마음을 신에게 고정하는 대신, 포기 행위를 했다는 데 대해 집중하기 시작했습니다. 그런 포기는 참된 포기가 아닙니다. 여러분은 자신이 포기했다는 데 대해 어떤 자부심도 갖지 마십시오. 자신이 포기했다고 말하는 사람은 진정한 포기자가 아닙니다.

1934년 11월 22일 오전

11. 라마와 라바나의 전쟁 이야기

　힌두 서사문학 『라마야나(*Ramayana*)』에서 **라마**(Rama)는 **진아**입니다. 그 이야기에 나오는 나찰왕의 이름 라바나(Ravana)는 10개의 입이라는 뜻인데, 10가지 감각기관5)을 상징합니다. 세계의 모든 대상들은 그 나찰왕의 군대를 이루는 나찰들입니다. 이 모든 대상들이 진아인 **라마**를 무찌르려고 합니다. 마음은 원숭이 **하누만**(Hanuman)입니다. '바른 생각들'은 **라마**의 군대이고, '**평안**'인 **시따**(Sita)는 그의 충실한 아내입니다. 라바나가 **시따**를 납치하여, 힘으로 그녀를 포로로 잡아 두었습니다. 감각대상들에 대한 지知가 사라질 때 라바나의 군대는 몰사하고 우리는 **시따**, 곧 평안을 얻습니다. 다양한 감각대상들이 모두 라바나의 군대를 이룹니다. 라바나는 자기 군대의 힘으로 **라마**와 전쟁을 벌여 그를 무찌를 작정이었습니다.

　라마의 동생 **락슈마나**(Lakshmana)는 라마 군대의 사령관입니다. '락슈'는 주의注意, '마나'는 마음을 뜻합니다. 명상은 마음의 오롯한 주의력을 가지고 해야 합니다. 락슈마나는 (라바나의 아들인) **인드라지트**(Indrajit)[에고]의 장인이고, 바로 전쟁에 락슈마나는 라바나의 조력자였습니다. 인드라지트는 라바나의 특별한 은총을 받아, 자신의 친척 손에서가 아니면 다른 어떤 방식으로도 죽음을 맞지 않도록 되어 있었습니다.6) 인드라지트는 '나', 곧 에고입니다. 여러분의 마음이 **브라만**에 대한 영적인 지知를 얻고자 욕망하면 에고인 인드라지트가 죽습니다. 마음의 주의를 **브라만** 쪽으로 고정하면 에고가 죽고, 마음의 주의를 감각대상들 쪽으로 고정하면 그 사람은 감각기관들, 곧 라바나의 노예로 남습니다.

　라바나는 불사不死의 존재였습니다. 시바가 그에게, 자신이 원해야만 죽는 힘을 하사했던 것입니다. 그는 자신의 군대가 다 소멸되자 생각했습니

---

5) 눈·귀·코·혀·살갗의 다섯 지식기관과 손·발·입·생식기·항문의 다섯 행위기관.
6) T. 『라마야나』에서 락슈마나는 라바나의 아들인 인드라지트를 죽인다.

다. "**시따**를 여기 가두어 두는 목적이 무엇인가? 만일 내가 **라마**의 손에 죽으면 해탈할 것이다. 나는 내 목숨을 구하려고 **시따**를 가둔 것이 아니고, 해탈을 얻기 위해 그녀를 가둔 것이다. 단순히 **라마**에게 항복한 뒤에 내 왕국을 통치할 일이 아니다. 나는 죽어야 한다."

라바나가 **라마**에게 말했습니다. "내가 당신에게 화살을 겨누는 것은 당신을 약 올리고 도발하기 위해서요." 그는 그렇게 했고, 그러면서 죽었습니다. 비유하자면 자부심이 라바나인데, 그는 자신의 의지로만 죽을 것입니다. 이것이 **개아**(Jiva)입니다. 베단타[비이원적 가르침]를 들으면 그 개아는 죽을 준비가 됩니다. **진아**의 진정한 성품이 "내가 있다"는 느낌에 덮여 가려지는데, 그 느낌이 미세한 자부심입니다. 이 자부심은 일체를 집어먹은 라후(Rahu)와 같습니다.[7] 자부심이 "나는 **브라만이다**"라고 말할 때, 그것('나')이 가리키는 것은 하나의 이름을 가진 그 몸이 전부입니다. 이것이 바로 **참된 자아**의 가려짐(eclipse)이라고 하는 것입니다. 태어나서 하나의 이름을 얻은 것은 몸이지만, 개아는 태어나는 것이 개아인 자신이라고 생각합니다. 만일 여러분이 그 몸일 뿐이라면 그 몸이 죽을 때 여러분도 죽겠지요. 여러분은 그 몸을 '아는 자'이지 그 몸이 아닙니다. 몸은 죽습니다. 여러분은 죽지 않습니다.

락슈마나는 **하누만** 군대의 도움으로 라바나의 군대를 소멸시켰습니다. 마음은 올바른 생각을 통해, 실재하는 것처럼 보여도 실재하지 않는 것을 이해하게 됩니다. **락슈마나**[마음의 주의력을 올바르게 집중하기]는 이것을 이해했고, 라바나의 군대는 소멸되었습니다. 사띠야-나쉬(Satya-nash)라는 단어는 '소멸(파괴)'을 뜻합니다. 그 의미는, 그것이 실재하는 것처럼 보여도 실은 존재하지 않는다는 것입니다. 올바른 생각은 원숭이들과 같습니다. '올바른 생각들'이라고 하는 **하누만**[마음]의 원숭이 군대가 라바나의 군대[감각대상들]를 소멸한 것입니다.

---

7) 베다 점성학에서 라후는 해를 집어먹는다(일식). 이 비유에서 해는 **진아**를 상징한다.

라바나가 죽자 라마의 나라가 나올 수 있었습니다. 시따로 인격화된 평안이 다시 집으로 돌아왔습니다. 여러분은 지혜의 검[영적인 가르침]을 휘두르고 라마의 명호名號를 염하면서 계속 싸워야 합니다. 천신들은 라바나에 대한 두려움 때문에 모두 달아났습니다. 그래서 라바나는 위없는 권력을 누리고 있었습니다. 서사시 『라마야나』는 영적인 지知를 전해주기 위해 지어집니다. 라마의 나라에는 분노도 정욕도 없고, 평안과 행복만이 있습니다. 진아가 라마의 나라입니다. 올바르게 이해하면 모두 라마가 됩니다. 라마가 승리하면 천신들이 꽃비를 내리고, 라바나가 승리하면 모든 나찰들이 춤을 추기 시작합니다. 세간의 대상들이 나찰이고, 단 하나의 대상도 가지고 있지 않은 마음 상태가 아뜨마람(Atmaram), 곧 신神인 진아입니다.

1934년 11월 22일 저녁

12. 대상적인 것들에 무관심해져라

우리가 우리 자신의 최대의 적입니다. 우리 자신의 행복을 방해하는 것은 우리입니다. 여러분이 곧 자신의 개념적 지知의 원인입니다. 여러분이 하는 어떤 일이든 모두 이 세간환世間幻(세계라는 환) 안에서만 성취됩니다. 욕망은 속박이고 욕망 없음이 브라만입니다. 집착을 없애려고 한다면 진아에 대해 명상하십시오. 우리가 자신의 참된 성품 안에 지속적으로 머무르면 환幻속의 대상들에 대한 욕망이 떨어져 나갑니다. 지고아 빠라마뜨만은 아무것도 필요로 하지 않습니다. 그를 걷어찰 필요는 전혀 없습니다. 걷어차 줘야 할 것은 여러분의 몸입니다. 이 사실을 염두에 두고 살아야 합니다.

우리는 진아[보는 자]와 비아非我[환幻]를 분간하는 법을 배워야 합니다. 여러분의 성품이 지복이라는 것과, 모든 대상들도 지복일 뿐이라는 것을 납득하고 나면, 자연히 대상적인 것들을 추구하는 데 관심이 없어집니다. 그럴 때 여러분은 "나는 아무것도 원치 않는다"고 말하는 마음을 갖습니다. 이 세상에서 무엇을 욕망하는 것을 부끄러워하게 됩니다. 마치 여자가 콧수염을 원치 않듯이 말입니다. "나는 늘 무형상이고, 세 가지 **구나**(Gunas)을 넘어서 있다. 세간의 대상들과 내가 무슨 관계가 있나?" 이런 태도를 견지하면 대상들에 대한 애착이 사라집니다. 마치 승려가 창녀를 좋아하지 않듯이, 세계와 관련해서는 여러분의 **참된 성품**(Swaroopa)에 대한 온전한 자각 안에 머물러 있어야 합니다.

1934년 11월 23일 오전

13. 대상들에 대한 지知가 끝이 날 때

개아는 그것의 믿음에 따라 존재합니다. 사물에 대한 여러분의 지각은 여러분의 믿음이나 신념에 따릅니다. 일체가 거짓이라는 것을 아십시오. 집은 진흙으로 이루어진 것일 뿐입니다. 뭄바이 전체가 진흙으로만 이루어져 있습니다. 모두 흙일 뿐인데 우리는 그것을 '뭄바이'라고 부릅니다. 그것은 하나의 개념, 즉 그것을 '뭄바이'라고 부르는 사람의 상상에 지나지 않습니다. 여러분이 이것을 의자라고 말하면 이것은 의자입니다. 나무라고 말하면 나무입니다. 이 모든 것은 개념입니다. 한 여자가 있는데 가족이 많습니다. 한 사람은 그녀를 '아내'라 부르고, 다른 사람은 '누이'라고 부릅니다. 또 어떤 사람은 자기 '어머니'라고 말합니다. 실은 그녀는 살과 뼈의 한 집합체에 지나지 않는데 말입니다. 어째서 그렇습니까? 어떤 것에 대한 경험은 우리가 인식하는 바에 의존하기 때문입니다.

개아는 그의 상상과 믿음에 따라 어떤 성질들을 가지고 있습니다. '나'

라는 자부심을 라바나라고 합니다. 사실은 일체가 **브라만**일 뿐입니다. 몸이라고 하는 이 집을 소유한 사람들은 그것을 놓아 버려야 합니다. 정서적으로 얽혀 있는 몸의 주인들이 너무 많습니다. 그들은 그 몸-의식을 비워내야 하고, **브라만**만 남아 있어야 합니다. 감각대상들이 곧 나찰입니다. 여러분이 그것들을 숭배하기 때문에 여러분도 나찰처럼 됩니다. 라바나[감각들의 세계]는 진짜 왕이 아닙니다. 그는 (여러분의) 상상 속에서만 왕이 된 것입니다. 외부 세계에 대한 앎을 참된 것으로 여기다 보면, 그가 왕이 된 것처럼 보입니다. 그의 노예 노릇을 하는 데서 탈피하고 싶으면, '대상들에 대한 지知'의 거짓 중요성을 포기해야 합니다. 모든 개념적 지知는 거짓이라는 것을 아십시오.

에고인 라바나는 사람으로 태어났을 때만 죽임을 당할 수 있습니다. 그는 다른 종種의 손에서는 죽지 않을 것이고, 수십 만 번 환생한다 해도 계속 살아 있을 것입니다. 다섯 감각기관과 다섯 행위기관, 그리고 마음(manas)·지성(buddhi)·사고(chitta)·에고(aham), 곧 '나'라는 느낌의 네 가지 내적 원리가 함께 라바나가 지배하는 14가지 영역을 만듭니다. 천신들의 지배가 지구상에 확립되면 나찰들은 하계下界로 내려갑니다[세간의 대상들이 잊혀진다]. 나찰들이 지구를 지배하면 천신들은 은거지로 가서 수행을 합니다[그들은 그대로 있지만, 숨겨진 것처럼 보인다]. 나타나 보이는 모든 사물이 거짓임을 확신하면 죽음은 자동적으로 사라집니다.

"나는 없다. 이 사람은 존재하지 않는다. 아무도 없다"는 태도를 취하십시오. **브라만**에 대한 지혜를 가지고 있는 사람이 식사를 하려고 앉으면, 그 식사와 연관된 모든 것이 **브라만**입니다. 자리가 **브라만**이고, 음식이 **브라만**이고, 먹는 자가 **브라만**이고, 음식을 내오는 사람도 **브라만**입니다. 그가 잠을 자면 침대가 **브라만**이고 간이침상도 **브라만**일 뿐이라는 것을 잊지 않을 것입니다. "일체가 **브라만**"이라는 개념을 가지고 수행해야 합니다. 그러면 '알기(knowing)', 곧 대상들과 접촉하기가 끝나고 신의 **나라**가 지배합니다. 눈에 보이는 것은 모두 **브라만**일 뿐입니다. 하나는 **브라만**이고 다른 것은 그렇지 않은 것이 아닙니다. 만물이 **브라만**입니다. 그것은 얼음이 물이고, 물이 얼음인 것과 같습니다. 얼음이 녹으면 그것의 이전 형태는 사라지지만, 그것은 내내 물일 뿐입니다.

여러분은 이해를 얻고 있으나, 여전히 자신의 몸을 위한 쾌락을 얻는 데 관심이 있습니다. 감각적 쾌락에 대한 이 끌림을 제외하면 여러분이 모든 것을 이해하고 있습니다. 여러분은 자기 몸에 대한 어떤 자부심[그것과의 동일시]을 가지고 있기 때문에, 자신이 한 개인이라고 믿습니다. 그렇지 않으면 여러분은 **브라만**입니다. '현현된' 것과 '무형상인' 것은 **하나**일 뿐인데, 그것을 우리는 신이라고 부릅니다. 형상에 아무 변화를 주지 않아도 여러분은 참으로 **브라만**일 뿐입니다. 이 개념을 참으로 이해할 때 여러분은 **브라만**이 됩니다. 그럴 때 **신의 나라**가 다가오고, 나찰들의 지배는 종식됩니다. 나찰들이 사라집니다. 움직이거나 움직이지 않는 모든 것은 '**하나인 단일성**'입니다. 환幻이 지속되는 것은 감상적(sentimental) 개념들 때문일 뿐입니다. 그 환幻이 사라질 때, 일체가 **브라만**이라는 것을 알게 됩니다. 음식이 **브라만**이라는 믿음을 가지고 그것을 먹는 사람은, 식사를 해도 실은 단식을 한 것입니다. 그런 사람이 하는 말은 모두 베다적 진리입니다. 그가 걷거나 말을 하면 그것이 **브라만**입니다. 그가 잠을 자면 그의 잠은 **삼매**입니다. 그는 **브라만**일 뿐입니다.

왕은 어디를 돌아다녀도 그대로 왕입니다. 왕이 복통이 났을 때 명령을 내려도 그것은 그의 권위에 영향을 주지 않습니다. 그는 여전히 왕입니다. **브라만**은 **생명력**, 곧 **짜이따니야**(Chaitanya)입니다 ― 영원히. 진인은 어떤 상황에 있어도 **브라만**일 뿐입니다. 자신의 **참된 성품**에 대한 깨달음을 가진 자는 늘 **지고아 빠라마뜨만의 나라** 안에 있습니다. 몸은 똥 공장에 지나지 않습니다. 아무리 좋은 음식을 집어넣어도 똥이 될 뿐입니다. 그러니 몸은 똥을 생산하는 기계에 불과합니다. 정말 경이로운 것은, 그 몸이 **브라만 깨달음**을 위한 도구로서 유용하다는 것입니다.

내적 원리, 곧 **의식**인 **비슈누**는 천신들에게 불사의 감로[불멸성]를, 아수라(악마)들에게 술[감각의 세계]을 주었습니다.8) 우리는 감로를 마시고 천신이 될 능력이 있고, 마찬가지로 술을 마실 능력도 있습니다. 지혜로운 이들은 어떻게 해야 합니까? 신성神性을 시야에서 놓치지 말아야 합니다. 즉, 모든 사물과 모든 사람에게서 브라만만 보아야 합니다. 묘목에 물을 주면 큰 나무가 됩니다. 그 나무가 튼튼하게 다 자라고 나면, 더 이상 나무를 돌보는 온갖 수고를 할 필요가 없습니다.

1934년 11월 23일 저녁

14. 들은 것을 실천하라

슈까(Shuka), 발미끼(Valmiki), 나라다(Narada) 같은 진인들은 모두 진아지를 가지고 영적인 성취를 이루었습니다. 영적인 가르침을 듣고 그에 대해 명상하면 그런 높은 경지를 얻을 수 있습니다. 우리는 자신이 들은 것에 따라 수행을 해야 합니다. 그럴 때에만 진아지가 가능합니다. 세간의 대상들에 끌리지 않는 사람만이 청문聽聞과 명상을 통해 진아지를 얻을 수 있습니다. 맛난 음식을 말로 묘사하는 것만으로는 그 음식이 만들어지지 않습니다. 먼저 그것을 만들어야 하고, 그런 뒤에야 그것을 먹을 수 있습니다. 그럴 때만 우리가 이익을 얻습니다. 진아에 대한 공부는 진아, 곧 자신의 참된 성품과 하나인 태도를 가지고 머무르기 위한 것입니다. 누구도 출가자의 주홍색이나 황색 옷을 입는 것만으로 진인이 되지는 않습니다.

여러분의 마음은 그것이 경청하는 가르침을 받아들여야 합니다. 마음이 자신이 듣는 것에 맞추어져야 합니다. 마음의 주의력은 한 단지에서 다른

---

8) T. 인도 고대신화에서, 천신과 아수라들이 함께 우유의 바다를 저어 불사의 감로를 얻었을 때, 비슈누가 책략을 써서 아수라들을 따돌리고 천신들만 그것을 마시게 했다.

단지로 가늘고 미세한 줄기로 따르는 기름의 안정된 흐름같이 순조롭고 일정해야 합니다. 여러분은 (들은 것을) 다 기억하지 못하기 때문에 글로 쓰인 것을 읽고 또 읽어야 합니다. 여러분이 진아와 하나됨을 체험하지 못하는 것은 이 망각 때문입니다. 누구나 바람[風] 위에 자기 집을 짓습니다. 공중에 성을 짓는 것입니다. 세상의 모든 일이 일어나는 것은 '말' 때문입니다. 먼저 어떤 큰 건물의 개념이 너무나 많은 말들로 이야기되고, 그런 다음 그 건물이 건립됩니다. 무지한 사람이 지혜로워지는 것도 오직 말을 통해서입니다. 만일 여러분이 말씀을 듣지 않는다면 청문이 어떻게 일어날 수 있습니까? 여러분을 가르치려고 하는 일은 물소에게 물을 붓는 것과 같습니다. 물이 다 허비됩니다. 그것은 여러분의 주의가 대상들에 집중되어 있고, 그것들에 대한 관심을 느슨히 하지 않기 때문입니다. 만약 주의력이 (대상들에서) 놓여나면 일은 끝나고, 여러분은 **브라만**이 되어 있습니다. 여러분의 **존재**(Being)는 부단히 **브라만**으로 머물러 있어야 합니다.

5대 원소 모두가 서로의 안에 미세하게 섞여 있습니다. **진아**도 그것들 안에 거주하지만 그것은 초연합니다. 모든 집은 흙으로 지어지는데, 그 형태와 소유주들은 서로 다릅니다. 마찬가지로, 사람들의 수는 많지만 '**내적 진아**'[신]와 모두의 안에 있는 **생기**는 하나입니다. 그러나 '나'라고 자칭하는 어떤 요인이 있습니다. 그 요인은 가짜입니다. 그것은 있을 필요가 없습니다. 여러분이 자신을 분리하고 그 분리성을 자랑하면 슬픔을 겪습니다. 그러면 청문이 헛수고가 됩니다. 왜냐하면 마음이 감각대상들에 끌려 생각들[미세한 대상들]과 자신을 동일시하기 때문입니다.

브라만의 지知(Brahmavidya)를 얻기는 어렵습니다. 왜냐하면 우리의 주의가 감각대상들을 향하고 있기 때문입니다. 어떤 사람이 영적인 가르침을 듣는 것을 좋아하는데, 그 체험을 얻지 못한다면 뭔가가 빠진 것처럼 보입니다. 지속적으로 좋은 어울림(성자와의 친교)을 가지면 마음의 성향이 변합니다. 자신이 받은 영적인 가르침에 대하여 밤낮으로 부단히 생각하고 명상해야 합니다. 그것에 대해 이야기하고 그것을 경청하십시오. 그러나 더 중요한 것은 자신이 받은 좋은 조언을 실천에 옮기는 것입니다. 가르침을 그저 듣기만 하는 것은 그다지 중요하지 않습니다. 배운 것에 대한 실제적 체험을 얻고, 그것과 하나가 되었다고 느껴야 합니다. 그렇게 할 수 있으면 그는 **싯디**(Siddhis)[영적인 능력]를 모두 성취합니다. **싯디**를 성취한다는 것은 무슨 뜻입니까? 그것은 그 사람이 아주 자연스럽게 삶의 모든 좋은 것과 안락을 얻는다는 뜻입니다. 이것은 그가 무욕이기 때문에 그렇게 됩니다. 모든 사람은 자신들이 무엇을 내놓든 그 대가로 뭔가를 받아야 한다고 주장합니다. 재물에 대한 욕망에 휩쓸리지 마십시오. **무욕**을 견지해야 합니다. 그러면 **브라만의 성품**을 지닌 자가 될 것입니다.

1934년 11월 24일 오전

15. 이원성 없는 '하나'만이 있다

단일성(Oneness)만이 있습니다. 달리 아무것도 없습니다. 그러면 우리에게 세계로 나타나 보이는 이것은 무엇입니까? 일체가 신이고, 달리 아무것도 아닙니다. 다양한 장신구들, 혹은 우리가 지각하는 대상들은 거짓입니다. 그 이름들은 어떤 중요성도 없습니다. 모든 이름과 형상은 실재하지 않습니다. 오직 하나의 **브라만**이 존재합니다. '본다'는 것은 겉모습을 뜻하는 하나의 단어일 뿐이지만, 세간의 대상들로 보이는 모든 것에 **브라만**이 편재합니다. 여러분의 **의식**의 상태가 그와 같이 될 때, 한 개체로서의 여러분 자신과 다른 한 개체로서의 '저'에 대한 관념은 사라집니다. '여러분'과 '저'의 이원성이 사라집니다. 어떤 분석이나 분리도 하지 말고 일체를 **브라만**으로 생각하십시오. **모두가 하나**인데, "나는 별개의 존재다"라는 개념을 붙들지 마십시오.

해는 워낙 찬란해서 목욕을 할 필요가 없습니다. 여러분은 (취사용) 불씨가 소위 불가촉천민의 집에서 나온 거라고 해서 그것을 청소하고 씻깁니까? 진아는 영원히 빛나고 있습니다. '나'라는 느낌이 그 안에 들어가지 않으면 그것은 순수한 진아일 뿐입니다. '나'라는 느낌이 사라지면 진아는 늘 그렇듯이 찬란하게 순수합니다. 모든 것 안에 동일한 의식이 있습니다. 그것이 만물 속의 단일성입니다.9) 바닷물 한 방울은 본질적으로 바다의 성품을 가지고 있는데, 그것이 (분리의 관념을 가지고) 바다와 별개로 있어서는 안 됩니다. 지·수·화·풍·공의 5대 원소에는 죽음이 없습니다. 죽음은 오직 욕망과, 생각과 감정이라는 속성을 가진 미세한 '나'와 관계될 뿐입니다. 살고 죽는 것은 이 별개의 존재에게만 해당됩니다.

무슨 이름을 가진 어떤 사람이 죽었다고 말할 때, 죽은 것은 그 자신을 구분하여 자신을 그 이름으로 부르던 개념일 뿐입니다. 깨달음의 상태는 '나'라는 느낌이 종식된 곳입니다. 자신을 갑, 을, 병으로 부르는 이 이방인은 잘못해서 그 몸의 주인이 되었습니다. 그를 추방하십시오. 그러면 '여러분이 브라만'입니다. "나는 브라만이다"라는 칭호를 지니고, 주저 없이 계속 나아가십시오. 하나만 있으면 일체가 가치를 갖습니다. 둘이 있으면 즉시 마찰과 갈등이 있습니다. 따라서 단일성(Unity) 안에, 하나로서 홀로 사십시오. '너'와 '나'라는 느낌을 완전히 내버리는 사람이 진정한 '스승의 아들'입니다.

1934년 11월 24일 저녁

---

9) T. 따라서 브라만은 곧 의식이며, 오직 하나인 이 의식이 모두의 진아로서 일체에 편재하고 있다. '진아'라는 용어는 그 의식이 '개별적 존재의 의식'—'나'라는 느낌, 곧 자아의식—으로도 나타난다는 것을 말해주지만, 의식 자체가 하나이므로 오직 하나의 진아가 있을 뿐이다.

16. 말·마음·행동으로써 알라

말로, 마음으로, 그리고 몸 안에서 **브라만**을 인식하는 사람이 **저의 헌신자**입니다. 사람은 자신이 공언하는 대로 해야 합니다. 일개 몸으로서의 몸은 잊어버리고, 몸을 **브라만**으로 간주하십시오. 만물에 편재하는 신이 모두의 내면에 있다는 느낌을 가져서 마음이 **브라만**과 하나가 되게 하면, 자신의 **본질적 존재**와 통일되는 것을 느낍니다. 그러면 자연스럽게 **싯디**(Siddhis), 곧 영적 능력들을 모두 얻게 됩니다. 이 능력은 18가지로, 여덟 가지 큰 싯디와 열 가지 작은 싯디가 있습니다. 그 여덟 가지는 여러분의 **존재**(Being)와 관계됩니다. 가장 미세한 것은 '모두의 의식 속으로 들어가는' 능력입니다. 사실 여러분은 이미 모두의 심장 속에 있습니다. 눈에 보이지 않는다는 것은 여러분 자신의 **존재** 안에서 보이지 않은 채 머무른다는 것이고, 마음과 몸의 모든 습習을 포기한다는 것입니다.

바라프 왕(King Bharat-고대 인도의 왕)이 말했습니다. "전 지구가 내 것이지만, 죽으면 내가 지구의 것이 될 것이다." 이것은 우리가 집착 때문에 다시 속박된다는 뜻입니다. 따라서 처음부터 일체를 내맡기는 것이 더 낫습니다. 죽을 때 마음 앞에 있는 대상에 따라 다음 생이 어떤 것이 될지가 결정됩니다. 욕망이 죽음 이후의 과정을 지시합니다. 남들을 돕겠다는 좋은 의도로도 세상에 관여하지 마십시오. 왜냐하면 여러분 자신의 **존재**에서 벗어나자마자 함정에 빠질 것이기 때문입니다. 여러분의 **참된 자아**를 잊지 마십시오. 여러분의 몸은 언젠가 분명히 넘어질 텐데, 오늘이라고 해서 왜 그것의 죽음을 두려워합니까? 세상에 매인 노예 상태에서 벗어난 사람이 진정한 **성자**입니다. 전 세계는 언젠가 사멸된다는 것을 인식하십시오. 내일보다는 오늘 그것이 사멸되게 하십시오! 세계를 염려하지 마십시오! 5대 원소의 이 세계에 대해 신경 쓰지 마십시오. 이와 같이 살기만 한다면 여덟 가지 싯디 모두가 여러분을 기꺼워할 것입니다.

여러분의 존재가 갖는 능력의 성품은 여덟 가지가 있습니다. (1) 원자처럼 작아지는 능력, (2) 엄청나게 커지는 능력, (3) 무게가 아주 가벼워지는 능력, (4) 원하는 것은 뭐든지 얻는 능력, (5) 생물과 무생물을 통제할 수 있는 능력, (6) 엄청난 힘을 휘두를 수 있는 능력, (7) 원하는 대로 감각 기관의 어떤 쾌락도 즐길 수 있는 능력, (8) 자기가 원하는 대로 누구든지 부릴 수 있는 능력. 이것이 여덟 가지 능력입니다.

현 상태의 여러분의 삶은 아주 하잘것없습니다. 그러나 여러분이 자신의 존재와 하나인 상태로 머무르면, 마음속에서 의지가 일어나자마자 일체를 얻게 될 것입니다. 자신의 존재에서 벗어나지 않는 사람들이 저의 참된 헌신자입니다. 따라서 여러분은 온 마음과 몸과 말로써, 그렇게 머물러야 합니다.

1934년 11월 25일 오전

17. 포기와 무욕

우리는 가정을 포기해야 합니까, 말아야 합니까? 설사 여러분이 (재가자로서) 일상의 임무를 수행한다 해도 여러분의 삶의 합계는 똑같을 것입니다. 내면에서 깨어 있지 않다면 (영적인 의식을 거행하면서) 화만華鬘을 두르고 백단향액을 몸에 바른들 무슨 소용 있습니까? '세계는 환幻'이라고 하는 내적 확신이 있어야 합니다. 그것을 이루지 못한다면 출가자(sanyasi)가 된들 무슨 소용 있습니까? 이 환적인 세계가 거짓이라는 것을 완전히 자각하면서 초연하게 이 세상에서 활동한다면, 거기에 무슨 문제가 있습니까? 그것이 실로 가장 위대한 일입니다. 어느 때 어디에 있더라도 세상에 물들지 않은 상태로 머무를 수 있습니다. 방 안이나 숲 속에 은둔하고 있어야 진인이고, 밖으로 나가면 **진인**이 아닙니까? 아니, 그건 그렇지 않지요. 내면적으로 초연해야 합니다.

그렇게 할 준비가 되어 있는 사람들조차도 미혹될 가능성이 있습니다. 최대한 조심하여, 5대 원소를 예의 바르게 대해야 합니다. 왜냐하면 그것들이 여러분을 함정에 빠트릴 테니 말입니다. 5대 원소가 자비롭다고 생각하지 마십시오. 그것들이 여러분의 마음에 부드러운 인상을 조성하겠지만, 겉모습에 속아 그 원소들을 믿지 마십시오. 그것들은 유순한 척할 뿐이라는 것을 잊지 마십시오. 5대 원소가 점유한 들판과, 그것들이 보여주는 풍경이 매혹적이라 하더라도 그것을 믿으면 안 됩니다. 왜냐하면 이런 풍경이 사람을 속이기 때문입니다. 그런 것들은 다양한 변장을 한 귀신들과 같다는 것을 늘 기억하십시오. 어떤 변장을 하고 있든 귀신은 역시 귀신일 뿐입니다. 여러분은 귀신과 같지 않습니다.

환幻은 늘 다양한 책략을 써서 여러분이 자신의 **참된 성품**을 잊게 하려고 애씁니다. 늘 경계하며 자신을 지켜야 합니다. 여러분은 안락하게 살고 있을지 모르지만, 마음속으로 초연해야 합니다. 마음과 말로, 그리고 행위에서 **무욕**의 상태에 머물러 있어야 합니다. **브라만** 안에서, **브라만**으로서 살아야 합니다. 한번은 어떤 사람이 **브라만**을 깨달은 **진인**에게 말했습니다. "선생님, 당신을 한 번 뵌 적이 있습니다." **진인**이 말했습니다. "저를 볼 수 없었을 텐데요. 저는 당신이 보는 그런 사람이 아닙니다. 저는 당신에게 보이는 모습이 아니고 사뭇 다릅니다." 설사 여러분이 세간적 삶을 떠나 은둔에 들어간다 해도, 그래서 무엇을 얻겠습니까? 그럴 필요가 없습니다. 그냥 여러분의 태도를 바꾸어야 합니다. 자신이 **브라만**이라는 느낌을 잃지 마십시오. 우리가 환자에게 백신을 맞힐 때는 그가 체구가 큰지 작은지, 마른지 뚱뚱한지를 고려할 필요가 없습니다. 모두가 백신을 맞아야 합니다. 그 사람의 겉모습은 아무 상관이 없습니다. 깊은 잠 속에서는 왕도 가난뱅이도 평등합니다. 그것을 평정심이라고 합니다. 세상 속의 삶은 고통스럽습니다. 세계는 **환**幻이라는 이해에 도달하십시오. 그러면 이 세계라는 겉모습 안에서도 기쁨과 만족이 있다는 것을 체험할 것입니다.

여러분은 늘 **지고**의 **지복**이었고, 지금도 그렇습니다. 욕망을 품은 사람은 늘 고용인 역할을 하는 일꾼에 지나지 않습니다. 욕망 없는 사람이 주인입니다. 욕망을 멸시하지 않으면 무욕인이 되지 못합니다. 진인 슈까가 숲으로 들어간 것은 오직 **무욕**을 성취하기 위해서였지만, 자나까 왕은 나라를 다스리면서 **무욕**을 성취했습니다. 여러분이 참으로 공부를 하고 싶다면, 감히 말하건대 그 공부는 어디서도 할 수 있습니다. 쉬운 길이 하나 있습니다. 여러분이 어디에 있든 그것은 중요하지 않고, 집에 있든 숲 속에 있든, 영적인 삶을 영위할 수 있습니다. 도망갈 필요가 없습니다. 진인 쁘랄라드(Pralhad)는 부단히 괴롭힘을 당하고 있었음에도[10] 브라만의 상태에 있을 수 있었습니다. 가정생활을 하는 동안은 **수행**(Sadhana)을 할 수 없다고 말한다면, 여러분은 참된 수행에 정말로 관심이 있지는 않다는 것을 인정해야 합니다. 참으로 영적이기를 원하는 사람은, 어디에 있든 어김없이 수행을 할 것입니다.

1934년 11월 25일 저녁

18. 진아는 자연히 싯디를 포함한다

진아는 자연히 여덟 가지 큰 **싯디**를 포함합니다. 개아가 환幻에 지배되는 한, **진아**의 본래적 성품은 숨겨져 있습니다. 우리가 **싯디**에 아무 가치를 부여하지 않을 때, 그 **싯디**들은 자동적으로 (무욕인) 그 사람의 하인이

---

10) T. 쁘랄라드는 아수라 히라냐까시뿌의 아들로, 비슈누에게 절대적으로 헌신했다. 히라냐까시뿌는 그것을 막으려고 쁘랄라드에게 독을 먹이거나, 코끼리가 짓밟게 하거나, 독사들이 든 방에 집어넣는 등 갖은 고초를 가했으나 그는 매번 살아났다.

됩니다. 진아의 여덟 가지 성품이 본질적으로 그 여덟 가지 능력입니다. 진주를 달라고 하지 않는 사람에게는 진주가 주어지지만, 만약 누가 달라고 한다면 그는 필요한 것조차 얻지 못할 것입니다. 어떤 소망도 없어진 사람이 여덟 가지 능력 모두를 얻습니다. 그 여덟 가지 능력은 **저의 성품**과 동일합니다. **저**와 하나가 된 사람은 이런 능력들을 자동적으로 얻습니다.

여섯 가지 에너지 혹은 정념이 있는데, 그것은 욕망·분노·탐욕·오만·질투·증오입니다. 배고픔과 목마름은 몸뚱이에 자연스러운 것입니다. 몸이 살아 있으려면 음식과 물을 섭취할 필요가 있습니다. 행복과 슬픔은 마음의 번뇌입니다. 여러분이 원하는 것을 얻으면 그것이 행복이고, 얻지 못하면 그것이 슬픔입니다. 마음이 좋다고 느끼면 그것은 좋은 것이고, 좋지 않다고 느끼면 그것은 좋지 않은 것입니다. '나'는 장소나 형태가 없는 하나의 개념입니다. "나는 **시바**다, 나는 **시바**다(Sivoham)"는 하나의 유용한 개념입니다.

몸과 관련되는 여섯 가지 **싯디**가 있습니다. 배고픔이나 목마름을 모르는 것이 첫 번째 능력입니다. 베단타의 의미를 아는 것이 진정한 투청력透聽力(clairaudience), 곧 멀리서 나는 소리를 듣는 능력인데, 이것이 두 번째 능력입니다. 투시력(clairvoyance)이 세 번째 능력입니다. 마음을 이기는 것이 네 번째 능력입니다. 어디든지 갈 수 있는 것이 다섯 번째 능력입니다. 어떤 형태의 몸도 취할 수 있는 것이 여섯 번째 능력입니다. 남들의 몸 속에 들어갈 수 있는 것이 일곱 번째 능력입니다. 자기 뜻대로 몸을 떠나거나 죽을 수 있는 것도 같은 능력입니다. 신들을 볼 수 있는 것이 여덟 번째 능력입니다. 자신의 바람대로 성공할 수 있는 것이 아홉 번째 능력이며, 모든 사람이 여러분의 명령에 따르게 할 수 있는 것이 열 번째 능력입니다. 이 모든 능력은 마음과 관계됩니다.11)

다섯 가지 작은 능력도 있습니다. 과거와 미래를 아는 것이 첫 번째입

---

11) *T.* 앞서 '몸과 관련되는 여섯 가지 싯디'가 있다고 한 뒤 모두 열 가지 싯디를 말했다. 그 중 여섯 가지(1~3, 5~7)는 몸과 관련되지만, 열 가지 모두가 마음과 관계된다.

니다. 바람과 비에 영향을 받지 않는 것이 두 번째입니다. 다른 사람이 무슨 생각을 하는지 아는 것이 세 번째 능력입니다. 바람과 불을 그치게 할 수 있는 것이 네 번째 능력이고, 늘 남들을 이기거나, 정복되지 않는 것이 다섯 번째 능력입니다.

1934년 11월 26일 오전

19. 꿈속에서의 그 꿈에 대한 생각

 탄생이 없고 죽음이 없는 **진아**[아뜨만]가 잠이 들었는데, 꿈속에서 그가 꿈을 꾸었습니다. 이것은 어떤 종류의 꿈이었습니까? 세계라는 겉모습이 그 꿈이었고, 이 꿈 속에서 그는 자신이 한 개인[개아]이 된 꿈을 꾸었습니다. 그러자 **환**幻만 증가했습니다. 실재하는 듯한 이 세간적 삶의 겉모습은 하나의 꿈입니다. 신이었던 자가 하인이 되었습니다. 어머니·아버지·형 등과 같은 모든 사람과 전 세계가 실재한다고 생각하는 것이 그 꿈입니다. 세계 안의 모든 존재들이 이 꿈 속에서 흥청대고 있습니다. 그 모든 존재들 중 한 명이 아주 멀리까지 생각한다는 것은 매우 드문, 중요한 일입니다. 한 **성자**에 대해 믿음을 갖는다는 것은 매우 드문 일입니다. 그런 구도자는 무아적으로 행동해야 합니다. 에고로 가득 찬 사람은 개에게 빵 한 조각도 던져주지 않겠지요. 무아적 자비행을 좀 하고 나면 무아無我(selflessness), 곧 순수한 지성이 일어나는 체험을 할 때가 종종 있습니다. **성자**들에게 존경을 느낀다는 것은 대단한 일입니다. 우리의 선조들, 곧 먼저 왔던 **성자**들의 축복의 열매는 대단합니다.
 이 꿈의 삶 속에서 본질적인 것과 비본질적인 것을 분별한다는 것은 희유한 일입니다. 부富는 술과 같은 일종의 도취제입니다. 전생에 지은 공덕 때문에 우리는 **스승**을 향하고, 그에 대해 알고 싶어 합니다. 이것은 참으로 분별력을 쓸 줄 아는 사람입니다. 그런 사람은 **스승**을 찾아가고, 무엇이 본질적이고 무엇이 비본질적인 것인지 생각하며, "나는 **브라만**이다"라는 이해에 도달합니다. 그럴 때만 우리는 세계가 **환**幻임을 깨닫고, 한 꿈에서 깨어나게 됩니다. 가르침의 순수한 **본질**을 체험하여 전 세계가 **환**幻이라는 것과 '**진아**가 유일한 **진리**'임을 이해합니다. 그럴 때 우리는 저 '**진리-의식-지복**[사뜨-찌뜨-아난다]의 화신'이 되고, **브라만**과 **하나**가 됩니다.

여러분이 그 의미를 이해하게 될 때, 그에 대해 생각할 때, 그리고 "이제 나는 그 체험을 얻었고, 이제 깨어났다"고 말할 때, 체험을 얻은 그 '나'는 누구입니까? 여러분이 뭔가를 체험했다고 말할 때, 에고인 "**내가 있다**(Aham)"가 있습니다. '나' 또는 '너'라고 말하는 물건은 아무것도 아닙니다. 여러분은 자신이 안다고 말하지만, 그것은 에고일 뿐입니다. 그것은 **환**幻 속의 미혹입니다. 예를 들어 여러분은 "그가 있다", "당신이 있다"고 생각할지 모르나, 사람들이 "홍길동 씨"라고 부르는 예전의 바로 그 사람이 이제는 **브라만**이 되었습니다. 만일 여러분이 이전의 홍길동 씨는 **환**幻이었을 뿐이고 그 '비실체'가 이제 실재가 되었다고 판단한다면, 여러분의 **환**幻은 아직 사라지지 않았습니다. 본래적으로 여러분의 **존재**(Being)인 것은 있는 그대로의 **실재**입니다. 어떤 '나'도 없습니다. 가장 미세한 형태의 '나'라고 해도 말입니다. 아주 조금이라도 몸을—'나'를—보호할 필요가 있다고 느끼는 한, '나'는 사라지지 않은 것입니다. 전 우주가 여러분 안에 있다는 실제적인 느낌, 그 체험이 있어야 합니다. 이것이 "모든 것이 **그**이고, **내가 그다**"라는 이해입니다.

누에는 자신의 집인 고치를 짓고 나서 그 안에서 죽습니다. 여러분도 그와 비슷하게 자기 자신을 속박합니다. 여러분은 자신을 그 육신이라고 여깁니다. 이것 자체가 속박 상태입니다. 여러분 스스로 누에의 고치처럼 되어 버린 것입니다. 고치 위에 미지근한 물을 부어 그 벌레가 죽고 나면 우리가 명주를 얻습니다. 만일 여러분이 전 우주, 공기 그리고 그것이 들어 있는 허공이 자신의 몸이라는 느낌을 붙들면, 여러분은 자동적으로 브라만이 됩니다. 오직 브라만이 있을 뿐이고, 그것은 두 번째가 없는 하나입니다. 달리 아무것도 없다는 것을 아는 사람은 그 자신이 브라만입니다. 감각대상들에 대한 갈망이 사라진 사람, 다른 모든 것과 별개인 '나'라는 느낌이 사라진 사람, 자부심이 사라진 사람이 참으로 브라만을 성취한 사람입니다.

1934년 11월 26일 저녁

20. 진아 안에서는 싯디가 자연스럽다

싯디[영적 능력들] 모두가 저 자신의 성품으로 되어 있습니다. 여덟 가지 큰 싯디에 대한 공부와 저 자신에 대한 공부는 동일합니다. 여덟 가지 싯디가 서로 다르다고는 해도 그것들은 모두 저 자신의 성품, 곧 진아로 되어 있습니다. 진아를 성취하면 삶의 목적을 성취한 것입니다. 앎과 능력은 하나입니다. 그것은 저의 본질적 성품입니다. 저의 헌신자만이 이것을 성취합니다. 다른 누구도 이런 능력들을 성취할 수 없습니다. 한때 사람들 앞에 한 가지 문제, 한 가지 난제가 제출되었습니다. "누가 왕의 수염을 당길 것인가?" 한 지혜로운 이가 말했습니다. "제가 보여드리지요." 왕이 옥좌에 앉자 그의 무릎에 앉아 있던 왕자들이 그의 수염을 잡아당겼습니다. 마찬가지로, 진아의 성품으로 된 여덟 가지 싯디를 저의 헌신자는 성취할 수 있습니다.

첫 번째 능력은 내적인 삶의 능력인 아니마(Anima)[12]입니다. '아누(Anu)',

---

12) T. '아니마 싯디'의 준말. 몸이 극미하게 작아질 수 있는 능력, 혹은 극미한 세계에 들어갈 수 있는 능력이다.

곧 원자는 더 이상 나눌 수 없는 궁극의 최소 입자입니다. 공기 중의 작은 먼지 입자들을 레누(Renu)라고 합니다. 그리고 공기의 가장 미세한 입자를 '빠라마누(Paramanu)'라고 합니다. 알파벳의 문자는 원초적인 한 점이 이어져 생겨나고, 그런 다음 도형이나 선이 늘어나 완전한 글자가 됩니다. 이어서 단어들이 따라오고 문장들이 형성됩니다. '아누'가 '레누'로 되지 않으면 선이 생기지 않습니다. 세계는 **생명력 짜이따니야**에서 생겨났습니다. 언젠가 한 목동이 유식한 학자에게 말했습니다. "베다와 18가지 신화적 서사시 전부가 제 호주머니 안에 있습니다." 이것은 그가, 자신이 무한히 작은 한 원자에 지나지 않는다는 것을 깨닫고 있었다는 의미입니다. 이것을 깨닫는 것이 **아니마**, 곧 '**내적인 생명**'의 **싯디**입니다. 그는 자신이 모든 생명체들의 심장 속에 거주하고 있다는 것을 체험하고 있었습니다. 그는 작은 것 중에서 가장 작은 것이었고, 가장 작은 미물의 **진아**였습니다. "나는 세계에서 가장 옅은 것보다 더 옅고, 순수한 것 중에서 가장 순수하다." 이것을 깨닫는 사람은 **아니마 싯디**를 성취합니다.

　육신과 미세신 모두가 전투마차(chariot)들과 같은데, 그 전차 안의 전차꾼인 **진아**가 신, 곧 **스리 람**(Shri Ram-라마)입니다. 얼굴을 그에게로 향하여 그와 하나가 되십시오. '나'와 '너'의 느낌이 사라지면 그만이 남습니다. 개아는 사물들을 차별화하는 습쩝이 있습니다. 신은 **하나이기**를 좋아합니다. 마음속에서 분리하고 구분할 때는 여러분이 왜소해집니다. 하나가 되면 광대해집니다. '나'가 없을 때는 세계도 없고 5대 원소도 없으며, "모두가 하나다, 모두가 진아일 뿐이다"라는 진리가 이해됩니다. 자신이 **아누**임을 확신할 때, 그 사람은 **아니마 싯디**를 성취합니다.

　여러분의 혀 위에 있는 단것을 맛볼 때 미뢰(맛을 느끼는 작은 돌기)들이 얼마나 미세한지 생각해 보십시오. 어느 모근毛根에 가려운 느낌이 있는지 아는 것도 **진아**입니다. 그가 모르는 것은 없습니다. 그가 **아뜨만**, 곧 **진아**라고 불리는 저 **내적인 의식**입니다. 어떤 사람이, 참된 '나'는 모든 존재들의 가장 깊은 내면에 거주하는 자라는 완전한 확신을 가질 때, 이 자체가 위대한 성취(Siddhi)가 됩니다. 어떤 전사가 자신은 고귀한 가문의 용감한 투사라는 확신을 가지고 있을 때는, 그에 따라 아주 자연스럽게 전투에서 큰 용기를 보여줍니다. "나는 용감하다"는 느낌 자체가 사람을 용맹하게 만듭니다. 환幻이 사라지게 하려면 과거의 모든 것을 잊어야 합니다. 과거에 있는 것들은 우리가 그것을 도로 불러야만 우리의 뒤를 따르고, 그렇지 않으면 사라집니다. (마음이라는) 석판은 그 위에 무엇을 쓴 다음 늘 깨끗하게 닦아 두어야 하는 것입니다.

환幻은 뒤쪽에 있지도 않고, 앞쪽에 있지도 않으며, 미래에 있지도 않고, 오직 현재에만 있습니다. 그것의 존재성은 실제가 아닙니다. 그것은 환幻이요, 지나가는 겉모습일 뿐입니다. 그것을 마음에서 닦아내십시오. 마음 그 자체마저 잊어버리십시오. 환幻 속에는 여섯 가지 원리, 즉 5대 원소와 진아, 곧 지知만 있습니다. 달리 아무것도 없습니다. 굳이 어떤 것을 생각하려고 힘을 쏟지 마십시오. 여러분이 사물들에 대해 말하고 생각하는 것은 과거에 언젠가 그런 것들을 누군가가 이야기했기 때문입니다. 그렇지 않으면 여러분이 이해해야 할 것이 뭐가 있겠습니까? 아무것도 없습니다. 환幻은 묘합니다. 만일 여러분이 모든 사람을 바보나 당나귀로 생각하고 그렇게 보면, 그들이 그렇게 보입니다. 실은 모두 브라만일 뿐인데 말입니다.

1934년 11월 27일 오전

21. 대상들에게서 마음을 돌려라

이 몸을 포함한 모든 것은 대상적입니다. 마음이 대상적인 것들로 향해 있는 한 환幻이 지배합니다. 학생들과 선생은 서로 관련되어 있습니다. 학생들이 없으면 선생도 없습니다. 선생이 없으면 학생도 없습니다. '나'라는 느낌이 있는 몸 안에서 어떻게 진아의 빛이 빛날 수 있겠습니까? 만일 '여러분'이 그 몸을 점유하고 있다면 신이 들어설 여지가 어디 있습니까? '14가지 세계의 왕국'13)을 얻는다한들 무슨 소용 있습니까? 브라만이 되고자 하는 사람이, 대상들에서 어떤 가치를 발견할 수 있습니까? (대상들에 대한) 어떤 욕망도 품어서는 안 됩니다.

주主 크리슈나가 말했습니다. "한편에는 제가 있을 것이고, 상대편에는 저의 군대가 있을 것입니다. 만일 누군가 저를 자기편으로 삼기 원하면, 저는 홀로 그의 편에서 싸울 것입니다. 상대편에서는 전 세계가 저의 군대입니다." 두료다나(Duryodhan)는 생각했습니다. "크리슈나 혼자가 나에게 무슨 소용 있겠나? 나는 이 전쟁에서 그의 군대를 갖는 것이 좋겠다." 아르주나는 주 크리슈나를 자기편으로 받아들였습니다. 신, 곧 크리슈나 없이는—진아 없이는—세상의 어떤 부富가 있다 해도 모두 헛것입니다. 만일 여러분이 그를 갖기를 원하면 세상의 부富, 세간적 소유물 혹은 이기심이 여러분 근처에도 오지 못하게 해야 합니다. 그렇지 않으면 그가 여러분 가까이 오지 않을 것입니다.

'나'라는 느낌이 어미이고, 그 뒤에 오는 모든 것은 그녀의 자식들입니다. 만일 자식들이 사라지면 어미는 존재하지 않을 것이고, 어미가 사라지면 자식들도 사라질 것입니다. 사람이 곤히 잠드는 까닭은 깊은 잠 속에서는 일체를 잊어버리기 때문입니다. 왕의 잠과 가난뱅이의 잠에 차이가 있습니까? 가난뱅이라고 잠의 즐김이 어디 덜합니까? '나'가 욕망하는 것들 전부를 포기하십시오. 그러면 마음은 자동적으로 살해됩니다. 무엇을 말하거나 주장하는 것은 마음입니다. 그 또한 '나'가 사라지면 사라집니다. 에고적 지성이 평안해집니다. 마음은 그것이 기억하는 것만 말합니다. 여러분이 이 겉모습 모두를 거짓으로 간주하면 마음은 죽습니다. 그것이 다

---

13) T. 어떤 뿌라나(Puranas) 경전에서는 지구와 그 위의 일곱 '천상 세계'와, 아래쪽의 일곱 '하계'가 있다고 이야기한다.

시 일어난다면 저에게 물으십시오. 하늘을 접을 수 있을지언정 마음을 제어하기는 어렵습니다. 그러나 여러분이 모든 대상을 놓아버리면, 마음이 해야 할 일이 무엇입니까? 깊이 잠든 사람이 "나는 자고 있으니 부디 나를 깨워주시오"라고 말한다면, 우리는 그를 어떻게 깨워야 합니까?

밤낮으로 우리의 생각이 **실재**에 가 있으면 모든 대상이 거짓임이 자동적으로 드러납니다. 만일 구도자가 자신이 대단하다는 인정을 받고 싶어 하거나 명예를 원하면 그의 진보는 멈춥니다. 영적인 능력[싯디]을 가지려는 의도나 욕망을 내면에서 억제하지 못하는 사람은 그 능력들에 말려듭니다. 왜냐하면 그가 그런 가짜 대단함을 원하기 때문입니다. 세간적 삶에 대한 내면의 집요한 욕망이 참으로 끊어질 때만 **지고아 빠라마뜨만**을 만나게 될 것입니다. 개아는 이 세간적 삶이라는 나무의 열매를 먹고 싶어 합니다.[14] 그 먹기가 그치면 그는 자동적으로 **신**[시바]이 됩니다. 대상들의 즐김에서 떠나십시오. 대상적인 것들과 접촉을 갖지 말고, 그것들을 갈망하기를 멈추십시오. 그러면 즉시 여러분이 **시바**입니다. 음식을 먹고 물을 마시는 것과 같은 모든 행위를 하되, 그런 것들이 실재한다고 여기지 마십시오. 대상들의 노예로 살지 마십시오. "나는 **브라만이다**"라는 느낌을 유지하십시오. 오고 가는 것들에 대한 어떤 슬픔이나 근심도 있어서는 안 됩니다. 부(富)가 있다고 오만해지지 않는 사람은 자신을 비난하는 사람을 비난하지 않으며, 어떤 고통이 있어도 우는소리를 하지 않는 사람은 그 자신이 곧 신입니다.

가난에 영향을 받지 않는 사람은 신과 같습니다. 환(幻)은 말합니다. "네가 원하는 뭐든 주겠다. 네가 하고 싶은 어떤 일을 해도 좋지만, 너는 내 지배 하에 있게 될 것이다." 환(幻)은 진인, 곧 깨달은 자 가까이 올 수 없습니다. 진아지를 가진 사람이 **참된 브라민**[브라만을 아는 자]입니다. 환(幻)이 늘 쫓아오고 있습니다. 환(幻)에게 무엇을 달라고 하는 사람들은 목이 매달린

---

14) T. 『문다까 우파니샤드』(3.1.1-2) 등에 나오는 비유에서, 두 마리 새가 한 나무의 가지에 앉아 있는데, 한 마리(개아)는 나무 열매를 먹고, 한 마리(진아)는 그것을 지켜보기만 한다.

사람과 같습니다. 이타주의, 곧 영적인 삶은 버터처럼 부드러우면서도 다이아몬드처럼 견고합니다. 삶을 반전시켜야 합니다. 여러분의 삶을 세속적인 데에서 반대 방향으로 돌려놓으십시오. 삶에 비위를 맞춰주면 삶이 파괴될 것입니다. 여러분은 무엇을 먹어도 그것을 똥으로 만들어 버릴 것입니다. 그러니 다른 사람들의 것을 빼앗아 가져본들 무슨 소용 있습니까?

세간적 삶에 신물이 난 사람은 누가 사정을 해도 그것을 돌아보지 않을 것입니다. **브라만**을 깨달은 사람은 **마야**라는 이 살인자를 돌아보지 않을 것입니다. 이 **마야** 자신이 죽음을 피하지 못합니다. 대상적인 것들은 여러분이 아무리 그것에 잘 보인다 해도 결코 영원히 머무르지 않습니다. 등불을 켜서 그 등불에게 빛을 발하지 말라고 하면 등불이 그 말에 따르겠습니까? 켜진 등불은 당연히 빛을 발하겠지요. 내적인 몸들 모두를 포함한 일체를 **신**에게 드리는 것을 **발리**(Bali)라고 합니다. 몸-의식은 주지 않겠다고 말하지만, 발리는 그런 것에 신경 쓰지 않았습니다. 힌두 신화에서 발리는 난쟁이(Waman)로 화현한 **주**主(비슈누)에게 그가 명하는 대로 일체를 내놓았던 어느 왕의 이름입니다. 그는 자신의 육신·미세신·원인신 등 일체를 드렸습니다. 이 세 몸은 **비슈누**가 세 걸음에 정복한 세 세계15)입니다. 그런 다음 발리는 하계下界(Pataal)로 갔습니다.

여신 **락슈미**는 주 **나라야나**(비슈누)에게 총애 받는 사람을 찾습니다. 그러나 그녀조차도 여러분 앞에 나타나게 하지 마십시오. 보세요, 여러분은 남들을 돕기 위해서라 할지라도 그녀를 채용하거나 소유하려 들지 마십시오.16) 왜냐하면 그러다가 많은 문제에 얽혀들기 때문입니다. 마음을 깨끗이 한다는 것은, 대상들에 대한 모든 생각을 떨쳐낸다는 뜻입니다. 그렇게 해서 정화되는 마음은 늘 빛납니다. 그러면 그것은 **실재**, 곧 **순수한 존재** 아닌 그 어떤 것도 좋아하지 않습니다. 그것은 명상이나 내관을 할 필요

---

15) T. 비슈누는 난쟁이의 모습으로 삼계의 정복자 발리를 찾아가서 그가 가진 땅 중 자신이 세 걸음을 걷는 범위를 달라고 했다. 발리가 허락하자 비슈누는 무한히 큰 몸집이 되어 세 걸음으로 삼계를 모두 밟아 발리가 설 자리를 없게 만들었다.
16) T. '부의 여신' 락슈미를 채용하거나 소유한다는 것은 부를 많이 갖는다는 뜻이다.

도 없습니다. 그 하나가 순수한 **브라만**입니다.

1934년 11월 27일 저녁

22. 진아는 가장 미세한 것이다

진아는 가장 미세한 것보다 더 미세합니다. 물질인 것은 사멸하게 되어 있습니다. 가장 미세한 것이 가장 강력합니다. 물은 흙보다 여러 배나 더 강력합니다. 우리가 만약 그럴 때가 온다면 음식 없이도 버틸 수 있지만, 물이 없이는 버틸 수 없습니다. 마찬가지로, 열 혹은 불은 물보다 더 유용하고 더 본질적입니다. 열이 없으면 여러분이 살 수 없습니다. 몸 안의 열이 사라지면 그 사람은 죽은 것입니다. 공기는 열보다도 더 강력합니다. 공기를 호흡하지 않으면 우리가 살 수 없습니다.

세상에는 열 가지 수가 있습니다. 10은 1과 0으로 구성됩니다. 그러나 세상에는 얼마나 많은 숫자가 있습니까? 단 하나입니다. 오직 1이 있고, 그 하나가 계속 증가합니다. 이 1은 영(0)의 소산입니다. 물은 흙보다 열 배나 강합니다. 1과 0이 10입니다. 10에서 숫자들은 다시 변합니다. 공기는 불보다 10배나 더 미세합니다. 만약 불이 공기와 동등했다면 공기를 먹어 버렸을 것입니다. 바람이 있는지 없는지는 불길을 관찰하면 알 수 있습니다. 우리에게 물이 필요하듯이, 불이 살아 있으려면 공기가 필요합니다. 허공 혹은 하늘은 공기보다 열 배나 더 미세합니다. 더욱이 **브라만**의 미세함은 허공과 비교해서도 가늠할 수가 없습니다. 만약 허공이 없다면 우리의 **존재**가 한 순간도 있을 수 없을 것입니다. 허공 혹은 하늘이 없다면 바람(공기)이 있을 곳이 없습니다. 신은 그것 없이는 중생들이 살 수 없는 그 원소를 방대한 규모로 충분히 창조했습니다. **진아**는 전적으로 무형상입니다. 더없이 미세하고 더없이 강력한 것이 모든 것을 알지만, 5대 원소 모두 그를 모릅니다. 진아는 모든 것을 압니다. 그가 '아는 자'입니다. 진아는 스스로 존재하며, 그 어떤 것에도 의지하지 않습니다.

등불 때문에 모든 대상이 보입니다. 그 대상들이 우리에게 등불을 보게 하지는 않습니다. 따라서 등불이 (대상들보다) 우월합니다. 등불에 대한 인식을 가지고 있는 자는 (등불보다) 더 우월하며, 지성(의식)의 우월함은 이 인식보다 더 큽니다. 코끼리가 거대하지만 사람이 코끼리를 타지, 코끼리가 사람을 타지는 않습니다. 그와 같이 지知는 매우 귀중합니다. 모든 대상이 보이는 것은 해 때문입니다. 세상의 온갖 대상들은 물론이고 등불도 해 때문에 보입니다. 해가 그것들 때문에 보이지는 않습니다. 더욱이 해를 포함한 모든 대상은 누구의 빛에 의해서 보입니까? 그것들은 진아의 빛에 의해서 보입니다. 따라서 진아가 가장 귀중하고 가장 강력하며, 모든 것을 아는 유일한 자입니다. 누구도 그를 알지 못합니다. 모두에게 움직일 힘을 부여하는 것은 지고아 빠라마뜨만입니다. 생명력을 부여하는 것이 그입니다. 진아가 '만물의 왕'입니다. 진아는 이와 같이 극히 미세합니다.

세계의 뿌리에는 '무일물無一物(no thing)', 즉 대공大空이 있습니다. 이 공空을 아는 자는 그 공보다 더 오래되었다는 것이 그 전제입니다. 예를 들어, "내가 꿈 없는 깊은 잠을 잤다"는 것을 지켜보는 것은 누구입니까? 그것은 빠라마뜨만입니다. 그가 원자이고, 모든 원자들의 본체입니다. 죽는다는 것의 의미는 무엇입니까? 육신이 흙으로 돌아간다는 뜻입니다. 거친 물질은 뭐든 흙으로 돌아갑니다. 이 불사의, 더없이 미세한 진아를 아는 자는 아니마(Anima), 곧 생명력을 얻습니다. "나는 저 미세하고 스스로 빛나는 브라만, 곧 의식의 성품, 앎의 상태를 지닌 그것 자체이다"라고 명상하십시오. 이 아뜨마람(Atmaram), 곧 '신神인 진아(God Self)'는 자명합니다. 그것이 눈 이면의 '보는 자', 귀 안의 '듣는 자', 코 안의 '냄새 맡는 자'이고, 혀 안의 '맛보는 자'인 진아-신(Atmadev)입니다.

1934년 11월 28일 오전

23. 실재하지 않는 세계가 왜 눈에 보이는가?

'보이는 것'은 뭐든 실재하지 않습니다. '보는 자'만이 실재합니다. 세계에는 '보는 자'와 '보이는 것'의 두 가지가 있습니다. '보이는 것'은 환幻입니다. 그 **보는 자**가 브라만입니다. '보이는 것'은 실재하지 않고, **보는 자**인 것만이 실재합니다. '보이는 것'이 실재한다고 여기는 자(개아)는 사멸됩니다. 실재하는 것을 버리고 거짓된 것을 실재한다고 여기는 자는 멸망합니다. 가장 내면에 있는 '그것'을 인식하면 여러분이 '그것'을 성취합니다. 어떤 대상들에 대해 명상하는 사람은 그 대상이 됩니다. '일체를 보는 자'를 숭배하는 사람은 '일체를 아는 자'가 됩니다.

만일 '보이는 것'이 실재하지 않는다면, 왜 우리는 우리 눈으로 그것을 봅니까? 그것이 실재하지 않는 것은 우리의 눈으로 그것을 '보기' 때문이라는 것을 아십시오. 우리 눈에 보이는 모든 것은 거짓이라는 것을 당연시하십시오. 그것들은 실재하지 않습니다. 눈에 보이지 않는 **진**아가 유일한 **실재**입니다. 만일 거울 두 개를 서로 마주보게 하면, 이 거울들 사이에 있는 대상이 여러 개로 보입니다. 하나가 그 다음 것으로 계속 이어지는 이 대상들의 줄이 실재합니까? 코끼리 앞의 물에 비치는 코끼리의 모습을 사려고 누가 거금을 지불하겠습니까? 세상에는 그런 창조물들이 많은데, 모두 거짓된 것입니다. 화가가 그리는 이미지는 참됩니까? 영리한 사람은 자신의 세계를 창조하느라고 바쁩니다. 이 세계의 모든 것은 상상의 유희입니다. 환幻 속의 거짓된 겉모습에 최면이 걸리면, 여러분도 그것들만큼이나 찰나적으로 됩니다. '보는 자'인 브라만을 알면 여러분이 곧 **지고아 빠라마뜨만**입니다.

이런 힌디어 격언이 있습니다[성자 까비르의 말이라고 함]. "나는 아무도 갈 수 없는 그 나라에 가서 살았다. 나는 까마귀였으나 조상 대대로 물려받은 카스트와 가문을 잃음으로써 백조가 되었다." 삶 속의 온갖 겉모습들은 모두 흙으로 만들어졌고, 그들이 먹는 것도 흙일 뿐입니다. 그래서 이 세계를 사계死界(Mrityuloka), 즉 '죽음의 세계'라고 합니다. 이 흙을 실재한다고 여기는 사람은 흙으로 돌아갑니다. 여러분은 죽고 나서도 그 송장을 처리하기 위해 돈을 써야 합니다. 누구도 송장을 사려고 한 푼도 내지는 않겠지요. 저에게 저 자신의 얼굴을 보여줄 수 있는 스승이 있습니까? 그런 스승이 존재한다면, 그는 흙에게 이렇게 말합니다. "나는 너를 죽이는 자, 곧 결국에 너를 먹어치우는 시간이다. 나는 나 자신의 성품상 파괴 불가능하다. 나에게 소멸이란 없다."

사람들은 과일의 속살을 먹는데, 딱딱한 껍질을 먹으려 드는 사람은 이빨이 부러질 것입니다. 지고아 빠라마뜨만을 알고, 빠라마뜨만이 되십시오.

1934년 11월 28일 저녁

24. 원자와 아원자들은 하나다

원자와 아원자(sub-atoms-소립자)들은 하나입니다. 물, 불, 공기의 원자들을 구성하는 입자들을 빠라마누(paramanu), 즉 아원자라고 합니다. 그러나 진아는 하나의 전체입니다. 그것은 시종 동일합니다. 원자나 아원자 같은 부분들이 없습니다. 모든 원자와 아원자들은 사멸합니다. 그것들은 사멸하지만 **지고아 빠라마뜨만**은 하나이며, 소멸될 수 없습니다. 그것은 하나의 단일한 전체입니다. 불은 모든 사물 속으로 들어갈 수 있고, 따라서 그것을 태울 수 있습니다. 바람 혹은 공기도 (사물들 속으로) 들어갈 수 있습니다. 이런 원소들은 빈 공간들이 있지만, 진아는 도처에 균등하게 퍼져 있습니다. 그것은 수백 개의 하늘을 창조합니다. 진아는 그것의 의식과 '아는' 능력에 의해 꿈들을 창조합니다. 그것은 공간을 창조하고, 그 공간 안에 세계를 창조합니다. 공간이 있는 곳이면 어디서나 그것이 세계를 창조합니다. '앎'의 느낌이 있는 곳에서는 그것이 세계를 창조합니다.

눈에는 물이 들어 있지만 물이 늘 스며 나오지는 않습니다. 만일 어떤 사람이 그, 곧 **진아**가 도처에 있다는 것을 이해하고 그것과 하나가 되면, 그는 **지고아 빠라마뜨만**이 됩니다. 저는 당나귀 안에도 있지만, 제가 당나귀는 아닙니다. 자신이 일체의 안에 있음을 아는 사람은 '**마히마**(Mahima)', 곧 무소부재력無所不在力17)을 얻습니다. 아무리 많은 종種들이 존재해도, 생명 그 자체는 오직 **하나**이며, 모두에게 동일합니다. 진아는 모든 중생 안에서 동일합니다. **자연**, 즉 창조계 전체는 모두에게 동일합니다. 만일 모두가 그것을 파괴하고 싶어 하면 그것은 소멸하겠지요. 그러나 단 한 사람이라도 창조계에서 초연하게 머무를 수 있는데, 이는 그가 세계는 환幻이라는 완전한 깨달음을 가지고 있고, 자신이 **신**임을 완전히 자각하고 있을 때만 가능합니다. 세계는 '환幻의 눈'에 의해 보입니다. **진아**는 그런 눈이 없습니다. 세계는 여러분이 보기 나름입니다. 만약 마음이 세계를 거짓이나 참으로 여기거나, 혹은 어떤 사람을 도둑이라고 생각하면, 그것은 그 형상을 취합니다. (여러분의) 경험은 여러분의 개념에 달려 있습니다. 빈대는 송장을 식사용으로 물어뜯지 않습니다. 모든 중생은 (각자의 개념에 따른) 그 나름의 세계를 가지고 있습니다. 그것을 진짜라고 하면 진짜이고, 거짓이라고 하면 거짓입니다. 세계 안에는 죄나 공덕이 없습니다.

여러분이 한 여자와 결혼하기 전에 그녀는 여러분에게 무엇입니까? 아무것도 아닙니다. 여러분이 그녀를 아내라고 부르기 때문에 그녀는 여러분의 아내가 되었습니다. 그렇지 않으면 그녀가 여러분과 무슨 관계가 있습니까? 여러분이 바로 자기 주위의 세계를 창조하는 자입니다. 사람이 하는 말이 그에게 속박의 한 원천이 됩니다. 여러분이 한 말이 여러분의 제약 요인이 되어 왔습니다. 여러분은 자신의 욕망에 속박됩니다. 그것이

---

17) *T.* '마히마'는 몸이 엄청나게 커지는 능력이다. 따라서 이 싯디를 얻으면 광대한 우주의 어디든지 있을 수 있게 된다.

여러분이 창조한 세계의 성품입니다. 이 모든 것이 거짓이라고 말하면 여러분은 자유로워집니다. 여러분은 자신의 개념에 속박되는 것일 뿐이니, 거기서 자신을 벗어나게 해야 합니다. 올바르게 생각해야 합니다. 일체는 역동적이고, 진아는 모든 형상 속에 거주합니다. 진아는 5대 원소 모두에게 공통됩니다. 그것이 '저의 진정한 존재'인데, 그것은 매우 광대합니다.

해는 지구에서 수백만 마일이나 떨어져 있습니다. 또한 크기로도 지구의 수백 배이지만, 지구에서 보면 작은 공으로 보입니다. 우리는 해를 그토록 작은 크기로 봅니다. (해 쪽으로 여행하여) 그것을 가까이에서 보려면 여러 해가 걸릴 것입니다. 이 예에서 볼 때, 여러분은 자기 자신이 얼마나 광대하고 큰지 상상할 수 있습니다. 진아는 매우 광대합니다. 소리와 빛은 동시에 창조되지만 서로 다른 속도로 이동합니다. 그래서 여러분은 빛을 먼저 보고 소리를 나중에 듣게 됩니다. 그렇지만 진아는 워낙 광대해서, 여러분이 눈을 뜨자마자 한 순간 이상도 걸리지 않고 해를 봅니다. 한편 해를 가까이에서 실제 크기로 보려면 여러 해를 여행해야 할 것입니다. 불과 15분간 지속되는 꿈속에서 수백 만 년이 지나가는 것을 경험할 수도 있습니다. 꿈의 세계가 아무리 멀리 떨어져 있다 해도, 진아는 그 자신의 자리에 있습니다. 진아는 워낙 광대하여, 꿈 세계와 생시 세계 전부가 그 안에 들어 있습니다. 진아는 끝이 없고 무한합니다. 이것은 진아가 실제로 끝도 없고 한계도 없다는 것을 의미합니다.

환幻, 즉 **마야**를 **마하뜨**(Mahat) 원리[18]라고 부릅니다. 그 마야를 아는 것이 진아입니다. 진아는 환幻 전체보다도 더 광대합니다. 그것은 여러분이 눈을 뜨는 즉시 모든 방향을 내다봅니다. 자신이 그 진아라고 말할 때 여러분은 자동적으로 광대해집니다. 진아는 모든 것 중에서 가장 광대하지만, 진아 깨달음을 얻어도 몸은 광대해지지 않습니다. 왜냐하면 몸은 거짓이기 때문입니다. 시골사람이 도시로 살러 가면, 자신을 그 큰 도시와 동

---

18) *T.* 인도 고대철학인 상키야 철학에서 우주가 될 모든 잠재적 물질과 모든 개인적 영혼을 내장한 최초의 원리이다. 즉, 이것은 절대적 의식에서 마야가 창조되기 전의 단계이다.

일시합니다. 그런 다음 자신이 시골 출신이라는 말을 하지 않습니다. 그는 더 큰 사람이 됩니다.

면사 한 가닥은 매우 약하지만 다른 가닥들과 합쳐지면 매우 강해집니다. 마찬가지로, 분리되면 여러분이 약해지니 **단일성** 안에서 광대해지십시오. 소금 한 알이 바다를 만나면 어떻게 됩니까? 바다에 합일됩니다. 소금이 바다가 됩니다. 여러분은 **진아**에 봉사하는 것은 잊어버리면서 자신의 몸에게는 봉사합니다. 여러분이 **진인**, 곧 **진아지**를 가진 사람에게 드리는 것이야말로 참으로 신이 받는 것입니다. 여러분의 몸이라는 고양이가, 진아의 것을 먹고 있습니다. 그것은 진아에까지 이르지 못합니다. 여러분이 **진아지**를 가진 사람에게 절을 할 때, 그것은 여러분 자신에게 절을 하는 것과 같습니다. 여러분이 가정생활을 하는 이유는 쾌락을 원하기 때문입니다. 여러분의 처자식을 위해서 그러는 것이 아닙니다. 여러분이 진아지를 가진 사람을 숭배하는 것도 여러분 자신의 향상을 위해서입니다. 이런 것들을 이해하는 사람은 **마히마**(Mahima), 곧 '**무소부재력**'을 얻습니다. 그럴 때 그는 **무소부재**, 곧 만물에 편재하게 됩니다.

1934년 11월 29일 오전

25. 그대는 모두의 심장 안에 있는 진아이다

모든 사람의 감각기관들을 움직이게 자극하는 것은 에고입니다. 3억 3천만의 신들이 감각기관들을 주재합니다. 그들은 숨겨져 있어 보이지 않습니다. '십만(lakh)'은 '락샤(laksha)'인데, 그것은 '주의력'을 뜻합니다. 개아의 주의가 대상들에게 집중되면 그것이 십만 가지로 화합니다. 감각기관의 이 신들 모두의 **생명력**은 그들과 다른 **진아**입니다. 따라서 그가 그것들의 '참 주인'입니다. '내 마음'과 '내 지성'을 말하는 개체(에고)는 마음이나 지성과 다릅니다. 여러분은 자신이 모든 감각기관을 살아 움직이게 하는, 그것들 이면의 **생명력**인 진아라는 것을 깨달아야 합니다. 오직 그, 즉 진아만이 그 자신을 압니다. 감각기관으로는 그를 알지 못합니다.

여러분이 그 힘을 가지고 있다고 확신할 때, 여러분의 명령은 이행됩니다. 여러분의 힘을 모든 존재들이―호랑이, 뱀, 귀신들, 심지어는 5대 원소들도―받아들입니다. 여러분이 자신이 이 **생명기운**, **생명력**(Chaitanya)이라는 개념을 견지하면, 모든 감각기관에 생기를 부여하는 그 **힘**을 얻습니다. 여러분 자신을 모두의 심장 속에 거주하는 **자**로 이해할 때, 여러분은 걷는 자이고, 음식을 먹는 자이고, 말하는 자 등입니다. 여러분은 자신이 '**그 힘**'이라는 것, 그리고 자신이 '**그 권위**'를 가지고 있다는 것을 체험합니다. 자신이 **진아**, 곧 모두의 안에 있는 **생명력**이라는 것을 깨달으십시오. 여러분과 해, 달, 별은 하나입니다. 여러분의 **생명기운**이 모두에게 생기를 줍니다. 모든 것이 여러분의 운동력으로 인해 움직이고, 여러분의 **생명기운**으로 인해 걸어 다닙니다. 여러분은 이 **힘**을 확신해야 합니다.

나타나서 얼마 동안 존재하고, 그런 다음 사라지는 것이 세계의 두 가지 성질입니다. 사물들이 존재하고 지각 가능할 때, 그것은 나, 즉 **진아**에서 나오고, **진아** 때문에 지각 가능합니다. 자신이 곧 세계라는 겉모습 속의 모든 현상이라는 것을 확신하십시오. 그 **깨달음**을 가져야 합니다. 여러분의 하인들이 매일 현금을 수금해도 그것 역시 여러분의 돈입니다. 자신이 그 현금의 주인이라는 것을 확신하듯이, 모든 존재들 안에서 존재하고 나타나는 것은 여러분 자신일 뿐이라는 확신을 가져야 합니다. 어떤 사람이 자기 자식이 병이 들면 몹시 걱정하고 근심하는 것은, 자신이 상실의 아픔을 겪게 될 거라고 느끼기 때문입니다. 마찬가지로, 세간에서 이루어지는 모든 활동들은 여러분 자신의 활동이며, 여러분이 일체에 편재하고 있다는 느낌을 가져야 합니다.

1934년 11월 30일 오전

26. 가르침의 참된 성품을 경청하라

가르치는 데 올바른 방법이 있듯이, 가르침을 듣는 데도 올바른 방법이 있습니다. 우리가 영적인 삶을 이해하도록 하는 그런 가르침의 방법이 진정한 가르침입니다. 그렇지 않으면 사람들은 서로 끝없이 잡담만 하게 됩니다. 심지어 고무 인형도 말을 하게 만들 수 있습니다. 여러분이 신과 완전히 하나인 것을 깨닫는 데 도움이 될 그런 것들에 대해서 이야기하고, 그런 것들을 경청해야 합니다. 그렇지 않으면 지저귀는 새소리를 듣고 있어도 되지만, 그것은 영적인 공부(spirituality)가 아닙니다. 대화의 진정한 주제는 영적인 공부이며, 그것은 인간들에게만 가능합니다. 72대 이상의 옛 조상들이, 그들의 후손 가운데서 어떤 사람이 깨달은 삶을 영위하면서 자신들을 제도해 주기를 고대하고 있습니다. 따라서 여러분은 세간적 삶이라는 영화에 유혹당하면 안 됩니다.

영적인 삶은 하나의 소원성취수所願成就樹(Kalpataru)입니다. 여러분이 무엇을 원하든 그것이 준비되어 있습니다. 이 영적인 삶은 소원성취석所願成就石(Chintamani)이고, 소원성취우所願成就牛(Kamadhenu)입니다. 과거의 큰 공덕 때문에 사람으로 태어난 이 기회를 최대한 활용하십시오. 자신이 열망하는 것이 실현될 수 있게 하고, 잃을 것은 잃어버리십시오. 일단 여러분 자신의 **진아**를 깨닫고 나면 어떤 일이든 일어날 수 있지만, 아무것도 걱정할 것이 없습니다. 사람은 **진아 깨달음**을 가져야 하는데, 그것을 이루는 데 도움이 되는 것을 '가르침'이라고 합니다. 다양한 철학 체계에 대해 계속 이야기해 봐야 헛일입니다. 그것이 무슨 소용 있습니까? 여러분은 알곡을 버리고 겨를 먹지는 않습니다. 여기에 인간 형상으로 태어나 영적인 가르침을 듣고 그것을 따르는 사람은, 실은 삶의 핵심을 붙든 것입니다.

누가 진정한 '지혜인'들입니까? **진아 깨달음**의 평안과 지혜를 즐기는 이들이야말로 축하할 만한 진정한 사람들입니다. **진아 깨달음**이 어떤 것인지에 대한 설명을 부디 주의 깊게 들으십시오. 늘 변하는 마음은 결코 평안을 얻을 수 없습니다. 체스 게임에서 왕은 다른 말들에 압도되지 않습니다. 마찬가지로, 만약 압도된다면 여러분은 확실히 함정에 빠지고, 여러분의 마음은 쓸모가 없습니다. 브라만을 깨달은 사람은 무엇에도 압도되지 않습니다. 모든 활동을 포기하는 것을 명상이라 하며, 마음의 활동이 멈춰질 때 그것이 브라만입니다. 집을 비워낸다는 것은 그 안의 모든 것을 들어낸다는 뜻입니다. 그러면 집은 있는 그대로의 상태로 남겠지요. 왕이 압도되면 안 됩니다. 환幻은 대체로 뭔가를 준 다음 도로 빼앗아 갑니다. 우리는 늘 자유로운 법을 배워야 합니다. 어떤 사람이 저의 발 앞에 엎드립니다. 좋습니다. 그는 발에다 절을 했습니다. 어떻게 제가 그것에 상관합니까? 어떤 사람이 어색하게 걷거나 이상하게 행동합니다. 그러라고 하지요! 어떻게 제가 그런 데 상관합니까? 우리는 지켜보기만 해도 됩니다.

  진아가 외통수에 걸려서는 안 됩니다. 마야의 목적은 어떤 수단을 써서든 여러분을 복속시키는 것입니다. 심지어 그녀는 그냥 여러분의 코앞에서 악취를 발산해서라도 여러분을 수치스럽게 만들고 싶어 합니다. 그러니 여러분 자신을 취약하지 않게 만드십시오. 늘 조심하십시오. 마야는 이런저런 방식으로 여러분을 왕좌에서 끌어내리려 하겠지만, 그녀에게 기회를 주지 마십시오. 언제나 진아 안에 평화롭게 머무르십시오. 설사 수백 가지 재난이 몸에 닥쳐온다 해도 말입니다. 여러분이 삶의 모든 쾌락을 갖고 싶어 할 때, 그 욕망이 하나의 외통수입니다. 그것은 여러분의 패배입니다. "나는 어떤 고통이나 슬픔도 원치 않는다"고 말하는 것도 여러분의 패배입니다. (마라타 왕국의) 시바지 왕(King Shivaji, 1630-1680)이 뚜까람에게 많은 돈을 시주했을 때, 뚜까람은 그 돈을 갖는 것이 재난이라고 느꼈고, 다 돌려보낼 때까지 마음이 편치 않았습니다. 그 돈의 부담으로 그가 느낀 무거운 비애는 그의 내적 평안을 말해주는 표지標識였습니다.

  사람이 마음을 지고아 빠라마뜨만에게 쏟으면 마음이 순수해집니다. 그렇지 않으면 늘 변하는 마음을 가지고 무엇을 이룰 수 있겠습니까? 진정한 진아지를 가진 사람은 무엇에도 영향 받지 않습니다. 여러분의 마음을 늘 평화롭게 유지하십시오. **자연** 전체는 5대 원소로 이루어져 있습니다. **환**幻 속의 모든 것이 매일 사멸하고 있습니다. 오직 **브라만**이 영원합니다. 여러분은 **그것**에 대해 명상하고, **그것**을 얻기 위해 애써야 합니다. 금과 은, 돌이나 진흙으로 만든 모든 **상**像들과 세상의 모든 돈은 사멸합니다. 개인도 하나의 원소처럼 사멸합니다. 진아지를 제외한 일체가 사멸합니다. 만일 여러분이 신을 하나의 **상**像이라고 믿는다면 그것은 죄입니다. 여러분은 신이 돌이나 진흙으로 만들어질 수 있다고 생각하는데, 그것이 얼마나 큰 죄입니까! 성자 람다스 자신이 이것을 힘주어 말했습니다.

진아지를 가진 이들은 무엇을 가지고 무엇이든 만들 수 있습니다. 그것이 그들의 힘입니다. 그들은 누구도 명예롭게 할 수 있고, 불명예롭게 할 수 있습니다. 이런 말이 있지요. "정숙한 부인이 지옥 가고, 창녀가 천국 간다." 성자의 힘이 그와 같습니다. **성자**란 **스승**들, **싯다**들(Siddhas)입니다. 그들은 어떤 일을 하거나 없던 일로 하는 힘을 발휘합니다. 그들에게 불가능한 일은 없습니다. 그들에게 봉사하는 사람은 참으로 구원됩니다.

1934년 11월 30일 저녁

27. 진아는 의식의 단면이다

진아는 의식의 단면(facet)입니다.[19] 그것은 생명 자체입니다. 그것은 있는 그대로의 우리 자신입니다. 신이 누굽니까? "**내가 그것이다**(I Am That)"의 의미입니다. 내가 잠에서 깨어날 때 몸이 깨어납니까, 진아가 깨어납니

---

19) *T*. 진아가 의식의 '단면'이란, 진아가 의식의 모든 내용과 특징을 가장 분명하게 드러내 보여준다는 의미로 해석된다.

까? (진아인) **신**이 먹고 마시는 등의 모든 일을 합니다. 만약 혀가 먹었다면 그것이 신발도 먹을 수 있었겠지요. 왜냐하면 혀는 제 스스로는 무엇을 먹어야 할지 모르기 때문입니다. '진아지의 깨달음'을 가진 사람의 모든 행위는 신에 대한 공양입니다. 이것을 아는 사람은 자신이 어떤 행위의 행위자도 아니라는 것을 압니다. 그는 자신의 지위를 알고 있고, 이것이 그의 비밀입니다. 성자 뚜까람은 "미혹은 남들에게 있다"고 말합니다. 같은 이해를 가진 진인 두르와사(Durwasa)는 방금 음식을 잔뜩 먹었음에도 "강이 건널 길을 내준다. 왜냐하면 나는 음식을 먹지 않았으니까"라고 했습니다.[20] 그는 자신이 음식을 먹지 않았다는 것, 자신은 행위자가 아니며, 자신에게 강 건너편에 도달할 길을 내주는 것은 강이라는 믿음을 가지고 있었습니다.

　주 크리슈나는 만 6천 명의 부인이 있었지만 독신 상태로 있었습니다. 행위하는 자는 자기 행위의 열매를 거둡니다. "나는 아무것도 하지 않고 있다"는 말의 의미를 이해하십시오. 모두의 심장 속에 있는 이가 모든 일을 하고, 그 몸의 모든 움직임을 주관합니다. 그래서 그를 '만물의 **자동자**'라고 합니다. 여러분이 어떤 사람에게 하는 모든 욕은 그에게 하는 것일 뿐입니다. 현자는 비난을 받으면 그것을 하나의 칭찬으로 여기지만, 무지한 사람은 화를 냅니다. 쉬비야(Shivya)라는 말은 마라티어로 욕이지만 그것은 '자비롭다'를 뜻하는 **시바**(Shiva)의 복수형입니다. 당나귀도 여러분과 똑같이 **진아**를 내면에 가지고 있습니다. 여러분은 자신이 모든 감각기관을 지시하고, 이끌고, 인도하며, 그에 따라 행위하는 **진아**라는 확신을 가져야 합니다. 감각기관들이 정복된 뒤에 작용할 때, 여러분은 자신이, 곧 **진아**

---

[20] T. 라다(Radha)가 홍수가 난 강 건너편의 진인 두르와사에게 공양을 올리러 가려 할 때, **크리슈나**가 그녀에게 강에 가서 '브라마짜리(독신)인 **크리슈나**가 원하니 길을 열어 달라'고 말하라고 했다. 그녀는 그가 브라마짜리는 아니라고 생각했지만 강에게 그렇게 말했다. 강물이 갈라지며 길이 열렸다. 두르와사가 식사를 한 뒤 그녀가 돌아오려고 할 때는 두르와사가 그녀에게 강을 향해 '늘 단식하는 두르와사가 길을 열라고 하니 나를 지나가게 해 달라'고 말하라고 했다. 그녀는 두르와사가 방금 식사한 것을 알면서도 강에게 그 말을 했다. 역시 강물이 갈라지며 길이 났고, 그녀는 돌아왔다.

가 행위자라는 체험을 갖게 될 것입니다.

활동 혹은 운동을 지배적 기능으로 가진 환幻이 시작될 때, 활동·의식·존재성(Beingness)의 힘들이 창조됩니다. 처음에는 어떤 구나(Gunas)도 없었고, 대상 없는 의식만 있었습니다. 그러다가 인식이 계발되었습니다. 이것을 '순수한 활동적 자각(Pure Active Awareness)'이라고 합니다. 여러분이 아침에 처음 깨어날 때는 "나는 브라만이다"가 최초로 나오는 말이고, 그런 다음 주위 사물들을 인식하기 시작합니다. 자기가 브라만이라는 느낌을 가지고 잠자리에 들고, 같은 느낌을 가지고 깨어나야 합니다. "나는 브라만이다"라는 개념에서 느끼는 그 안전감이 유일하게 실재하는 행복입니다. 세간의 일들로 걱정하거나 근심하는 것은 슬픔입니다.

그 대상 없는 존재(existence), 즉 브라만을 순수한 의식이라고 합니다. 그것이 물라마야(Moolamaya), 곧 원초적 환幻입니다. 그것은 여러분이 순수하고, 무형상이고, 홀로였다는 것을 의미합니다. 그러다가 "내가 있다"는 자각이 일어날 때, 그것이 곧—"나"라고 말하는—에고의 활동적 느낌이라는 것을 아십시오. "나는 일체를 비추는 자다"라는 것을 믿고 그것을 깨닫는 사람은 그 자신 '깨침의 힘(Power of Illumination)'으로 불립니다. 진아에 대한 부단한 명상으로 무수한 우주적 알들[우주들]을 창조하는 것이 바로 그입니다. 이것이 창조주 신[브라마]의 우주적 알(Brahmanda)이라는 것입니다. 왜냐하면 이것이 세계를 생겨나게 하는 것이기 때문입니다. 이것을 아는 자가 '비추는 자'이며, 그는 일체를 비추는 힘을 성취합니다. 이는 그가 '그 상태'를 성취한다는 것을 의미합니다.

1934년 12월 1일 오전

28. 짧은 인생을 허비하지 말라

여러분은 "나는 누구인가?"를 생각해 봐야 합니다. 범부적 삶은 쳇바퀴와 같습니다. 그것이 돌고 돌아도 여러분은 여전히 같은 자리에 있습니다. 그냥 죽음만 기다리는 이런 범부적 삶을 부디 살지 마십시오. 여러분의 삶을 필멸必滅로 끝나게 하지 마십시오. 삶은 '**불멸**'이 되기 위한 것입니다. 한 무더기 풀처럼 불타버리고 말 그런 삶을 영위하지 마십시오. 힌두 신화에서 모후母后 마이나바띠(Mainavati)는 자신의 아들 고삐짠드(Gopichand)에게, 그토록 아름다운 그의 몸도 (언젠가) 불타버릴 터이니, 지혜롭게 살아서 살아 있는 동안 불멸을 성취해야 할 것이라고 조언했습니다.21) 올바른 노력을 하면 누구나 그렇게 할 수 있습니다. 농부가 황소를 심하게 때리자 황소는 엄청난 고통을 받고 등의 살갗이 벗겨졌습니다. 만일 이 황소가 사람 몸을 받았을 때 지혜롭게 자신의 삶을 이용했더라면 그런 매질을 당하지 않았겠지요. 여러분의 짧은 인생을 허비하지 마십시오. **전능한 신 나라야나**(Narayana)의 상태를 이루십시오. (죽으면) 그 몸뚱이의 살은 아무짝에도 쓸모가 없으니, 그 몸을 영적인 노력에 이용하십시오.

최소한 물소의 내장은 악기의 현을 만드는 데 쓰입니다. 그 현이 내는 소리가 "뚜히, 뚜히(tuhi, tuhi)"인데, 그것은 "당신만이 위대하십니다, 오 신이시여, 당신만이 위대하십니다"라는 뜻입니다. 하지만 여러분은 뭐라고 말합니까? "나, 나!"라고 합니다. 그냥 어느 날 죽기 위해 살지 마십시오! 삶 속에서 활기차고 영원해지기 위해 사십시오. 여러분은 힘들게 일하고 고생하면서 평생을 보내다가, 결국은 죽습니다. 여러분의 사고가 **진아지** 상태에서 나와야 합니다. 우리는 누구입니까? 우리는 인간일 뿐입니까? 사제들(Brahmins)은 그들의 카스트 역할만 수행해야 합니다. 그들의 행동은

---

21) *T.* Gopichand는 Bhartruhari 왕(1세기 중인도 Ujjain의 왕)의 조카로, 왕이 되자 1,600명의 왕비를 거느렸다. 나중에 Mainavati의 권유로 출가 수행자가 되었다.

신적 지혜, 즉 **브라만**의 지知에 부합해야 합니다. 사제는 신발을 깁지 않겠지요. 비록 가난할지라도 다른 평범한 일은 하지 않을 것입니다. 먼저 우리는, 우리가 **진아지**를 성취할 수 있는 성질들이 무엇인지를 판정해야 합니다. 그런 다음 그 확립된 기준에 우리의 행동이 부합해야 합니다. 그리고 우리는 필요한 것들을 잊지 말아야 합니다. 그러면 우리는, 우리가 곧 **지고아 빠라마뜨만**이라는 것을 쉽게 알게 될 것입니다.

신은, 신과 하나가 된 옛날의 어떤 헌신자입니다. 신화시대부터 신은 한 헌신자였고, 그 헌신자가 줄곧 신이었습니다. 신에 대한 숭배는 신[시바]이 되는 것으로써 해야 합니다. 여러분이 한 인간이 되면 인간을 숭배하고 싶어집니다. 사람들은 어머니 여신의 상像에 기도하면서 말합니다. "오, 여신님! 부디 오셔서 제 처자식을 지켜주십시오. 저는 탈진했습니다. 부디 저를 더 도와주실 수 없습니까?" **성자**는 밤낮 24시간 어느 때에도 어떤 사람이나 사물에 대해 아무 걱정을 하지 않습니다. 만일 여러분이 **시바**가 되면, **시바**와 같아질 것입니다. 내가 이미 왕인데, 누가 나를 왕으로 만들어주겠습니까? 참으로 왕인 사람만이 실제로 왕입니다.

여러분 자신을 **브라만**으로 부르십시오. 여러분이 자신을 호랑이로 그리면 호랑이처럼 행동해야 합니다. 마찬가지로, 여러분의 노력의 힘으로 **시바**의 상태를 성취해야 합니다. 청정무구한 **참스승**을 만나면 모든 것이 끝납니다. 그렇지 않으면 840만 종種으로 무수히 환생하면서 신의 명호名號를 계속 염한다 해도, 아무 일도 일어나지 않을 것이고, 아무것도 얻지 못할 것입니다. 그런 만트라 염송만으로는 신[시바]의 상태를 성취하지 못합니다. **시바**가 됨으로써만 여러분이 **시바**의 상태를 성취할 수 있습니다. 그러면 그 **상태** 자체가 찾아와서 여러분의 목에 화환을 둘러 줄 것입니다.

1934년 12월 1일 저녁

29. '나'라는 느낌을 해소하라

'나'[에고]라는 느낌의 해소가 깨달음의 표지標識입니다. 그런 사람들이 참된 요기이며, 그들은 '깨침의 힘(Power of Illumination)'을 성취합니다. 브라만 안에는 어떤 경험도 없습니다. 의식 안에 어떤 이원성도 갖지 않는 것이 브라만입니다. 무엇을 한다는 것은 외관상의 세계에 대한 인식의 표지입니다. 진아는 환幻과 세 가지 구나(Gunas)에 힘을 주는 자입니다. 처음에는 세계 안에 세 가지가 있었습니다. 시간·공간·원소가 그것입니다. "내가 있다"고 느끼기 위해서는 어떤 떨림이나 흔들림이 필요합니다. 여기서 '흔들림(quake)'은 운동이나 진동을 의미합니다. 어떤 움직임이 있을 때 '나'라는 느낌이 창조됩니다. 어떤 움직임이 있을 때 의식의 일어남이 있습니다. 그 대상이 큰지 작은지는 중요하지 않습니다. 경험이 일어날 때는 분명히 이원성이 있습니다. 오직 하나만이 있을 때는 어떤 경험도 없습니다. 경험이 일어나려면 다른 어떤 대상이 필요합니다. 브라만은 비이원적입니다.

한 어머니가 말했습니다. "나는 내 아들에게 애정을 느낀다." 아들이 말했습니다. "당신께서 저에게 애정을 느끼시는데, 왜 저는 저 자신에게 그것을 느끼지 않을까요?" 여러분이 그런 경험을 하는 것은 '나'는 '당신'과 별개라고 느끼기 때문입니다. 고대 아리안족은 달리 누구도 그러지 않았을 만큼 절대자를 많이 추구했습니다. 사람들은 지知를 조금 얼핏 보기만 해도 기고만장해집니다. '모든 존재들과의 하나됨'의 성취가 자기 자신 안에 있을 때는 어떤 싯디들(Siddhis)이 계발됩니다. 거기에 말려들어 그런 능력에 만족하는 현자는 더 이상 진보하지 못하고 환幻에 걸립니다. 얼마간 덕을 이루고 의기양양해 하는 사람도 진보가 멈춥니다. 5대 원소는 다소간 서로 대립합니다. 만일 고양이들이 한 번도 쥐를 잡아먹지 않았다면, 쥐들이 너무 강해져서 인간들을 잡아먹었겠지요. 어느 원소에서 창조된 것은 그 원소 속으로 도로 해소됩니다. 그러지 않으면 그것이 아무 제약

없이 남습니다. 만일 그것이 계속 증가한다면 재앙이 초래될 것입니다.

환幻은 행복을 방해하는 어려움들을 주의 깊게 설치해 왔습니다. 영적인 삶에서 싯디들은 함정이 됩니다. 그런 것을 받아들이는 사람은 함정에 빠집니다. 그런 싯디들이 우리를 접촉하지 못하게 해야 합니다. 능력에 말려들면 안 됩니다. 우리는 진아가 도처에서 동일하다는 앎을 가지고 머물러야 합니다. 실재 안에서는 악이 있을 곳이 없듯이 선도 있을 곳이 없습니다. 브라만다(Brahmanda)라는 단어는 '우주적 알'이라는 뜻입니다. 전 우주와 그 안의 모든 공간이 이 '우주적 알'입니다. 우리의 행위들은 그 본연의 목적을 배반하면 안 됩니다. 우리의 마음이 잘못된 방향에 초점이 맞추어지면 모든 것이 허사가 될 것입니다. 그래서 이 주제에 수반되는 가르침이 있습니다. 이 말을 하는 이유는 싯디의 중요성을 줄이기 위해서입니다. 이런 싯디들은 어떤 매혹을 창조하고, 그러면 사람이 거기에 고착되기 때문입니다. 그래서 여러분에게 이것을 경고해 드렸습니다.

비슈누는 '시대와 시간을 아는 자'입니다. 또 그 둘의 창조주이자 파괴주입니다. 그는 의식 자체입니다. 그의 의식에 대해 명상하는 자는 '보이지 않는 것', 곧 모두의 마음속 개념들을 볼 수 있습니다. 체스는 개념적 허구에 지나지 않는 하나의 게임입니다. 그런데도 사람들은 체스를 합니다. 체스꾼들은 체스에서 졸과 말들의 움직임을 제어합니다. 마찬가지로, 사람이 자신은 원동자(mover-사물을 움직이게 하는 자)가 아니고 지고아 빠라마뜨만이 원동자라는 이해를 가지고 있을 때, 그것이 진정한 '앎'의 기술입니다. 여러분이 '나'의 입장을 취할 때는 그 '나'의 한계에 종속됩니다. 그러면 여러분이 작아지고 한계가 있게 되지만, 브라만은 광대합니다. 창조주 브라마는 창조의 기술을 가지고 있는데, 그것은 우리의 이해 범위를 넘습니다. '나'라는 느낌이 증가하는 곳에는 모든 배열이 뒤죽박죽이 됩니다. 기(ghee)와 설탕을 먹기 좋아하는 사람은 그 뺨이 말해줍니다. 그 말은, 지복은 결코 감추어지지 않는다는 뜻입니다.

사실 어떤 이상한 생활방식이 유지되고 있는데, 우리가 세계는 거짓이라고 선언하면서도 마치 세계가 참되다는 듯이 계속 행동하는 것이 그것입니다. 우리는 자신이 모두의 심장 속에 거주하는 신(Narayana)이라는 믿음을 가지고 있을 때 비상한 능력을 성취합니다. 그러나 싯디들은 진아 깨달음에 장애를 야기합니다. 빠라마뜨만은 속성을 가진 개아와 형상 없는 시바를 넘어서 있고, 심지어 현상계의 근본 뿌리인 쁘라끄루띠(Prakruti)도 넘어서 있습니다. 신은 생시·꿈·깊은 잠의 세 가지 상태를 넘어서 있는 네 번째 상태입니다. 보는 것(seeing)과 보이는 것들을 포기해 버린 사람이 나라야나입니다. 존재의 네 번째 상태는 다른 세 가지 상태를 실재하지 않는 것으로 간주합니다. 네 번째 상태는 명민한 '지知의 상태'입니다. "나는 만물 속의 일자一者(the One in All), 신들의 신이다. 나는 신들에게 신성神性을 하사하는 나라야나다." 이것이 네 번째 상태, 곧 뚜리야 상태입니다. 그를 삼계三界의 하느님이라고 하는데, 왜냐하면 이 상태는 다른 세 가지 상태, 곧 세 세계를 넘어서 있기 때문입니다. '뜨리꾸따(Trikoota)'라는 단어는 내면에 있는 세 가지 상태를 의미합니다. 세 가지 상태 모두의 안에 있으면서도 자신을 이것들 모두와 별개라고 생각하는 사람이 나라야나입니다. 이 세 가지 상태를 이해하지 못하고 알지 못하는 사람은 하나의 노예, 하인에 지나지 않습니다. 하인이기에, 그는 하나의 개아입니다. 이 세 가지 상태 모두를 아는 자가 빠라마뜨만입니다.

1934년 12월 2일 오전

30. 그대가 누구인지를 알라

우리는 먼저 "나는 누구인가?"를 알아야 합니다. 이것은 쉽습니다. 만일 전적인 내면적 포기가 있으면 그 '나'는 브라만이고, 그럴 때는 브라만만 있습니다. 그러나 먼저 대상들에 대한 포기가 있어야 합니다. **진아**를 알지 못하면 우리는 개아일 뿐입니다. 우리는 아침에 아주 멋지게 일어나야 합니다. 그것이 무슨 뜻입니까? 잠에서 깨어날 때 여러분 자신에게 "나는 **브라만이다**"라고 말하면, 여러분은 **브라만**이 됩니다. 우리는 왕으로서 깨어나고 왕같이 살아야 합니다. 거지라는 느낌으로 깨어나면 계속 구걸하게 될 것입니다. 사람은 그가 취하는 태도와 느낌에 따라서 행동합니다. 우리는 '**지각성**(Knowingness-아는 성품)' 그 자체이고, 따라서 즉시 왕이나 군인이 됩니다. 우리가 무엇이 되고 싶은지는 우리 자신이 결정해야 합니다.

일은 수백만 년 동안 존재하고 있습니다. 그것은 결코 완성되지 않을 것입니다. 우리는 결코 그만하면 됐다고 말하지 않겠지요. '내 아내'와 '내 자식들'이라는 느낌이 개인의 부富입니다. 신의 부富는 아무것도 필요하지 않다는 그런 것입니다. "아무도 내 것이 아니고, 나는 **홀로**, **진아다**"라는 태도를 취하십시오. 개아의 여신은 실은 '**불운의 가림**(Eclipse of Misfortune-불운이 진아를 가리는 것)'입니다. **시바의 힘이 해탈의 여신**입니다. 자, 누구와 결혼할지는 여러분 손에 달렸습니다. 여러분은 자신이 누구를 원하는지 선택할 수 있습니다. 허기와 갈증, 욕망과 분노는 여러분이 수십만 번 태어나도 여러분과 함께 할지 모릅니다. 여러분은 자신이 선택하는 것을 갖게 될 것입니다.

처음에는 **브라만**의 상태를 열망하기가 쉽지 않지만 나중에는 쉬워집니다. 자신의 마음을 교육하여 그것이 자신의 **스승**(Guru)이 되게 하는 법을 배워야 합니다. 밤낮으로 **브라만**을 생각하고 그에 대해 명상해야 합니다. 마음이 도와주어야 합니다. 마음이 어떤 습을 가지고 있을 때는 같은 일을 하고 또 합니다. 자신이 곧 만물에 편재하는 **브라만**이라는 마음의 태도가 있으면, 그것이 '정화된 마음', 곧 **진아**가 됩니다. 그것이 스승이 되고, 그러면 여러분에게 아무 어려움이 없을 것입니다. 우리가 헌신자와 신을 생각할 때 그 헌신자 자신이 신이고, 그 개인이 **브라만**이라고 생각하면, 그 외에 아무것도 없습니다. 그러나 대상들에 대한 집착이 있으면 즉시 여러분은 개아가 됩니다. 대상들에 대한 집착이 끝나면 여러분은 **브라만**입니다. 여러분이 무엇을 요구하기 시작하면 여러분은 점점 더 작아집니다. 욕망이 없는 사람이 위대합니다. 박수를 치는 일은 두 손에 의존합니다. 두 손이 만나지 않으면 박수는 없습니다.

무엇이 우선입니까, 대상들에 대한 집착입니까, **실재에 대한 자각**입니까? 이 점에 대해 명상해 봐야 합니다. 대상들은 실재하지 않으며, 대상들에서 초연한 것 자체가 **실재**로의 깨어남이라는 식으로 생각하십시오. 이와 같이 공부해야 합니다. 제자가 묻습니다. "얼마나 여러 날 그렇게 해야 합니까?" 그 대답은 "실재가 잊히지 않을 정도까지 그냥 그렇게 하라"입니다. 그것을 결코 잊으면 안 되고, 그거면 됩니다. 별개의 '나'란 없습니다. 경전에 따르면 "**자유만이 있다**"고 합니다. 여러분이 자유로울 수 있는 것은, 이미 자유롭기 때문일 뿐입니다. 자신이 자유롭다고 느껴야 합니다. 왜냐하면 여러분은 속박되어 있지 않기 때문입니다. 신과 헌신자의 뿌리로 나아가면 이원성이 사라집니다. 일체가 **하나**입니다.

만일 본질적으로 세상의 모든 것이 **흙**으로 만들어졌다면, 어떤 분리가 있습니까? 그럴 때 이 '나'는 누구입니까? 5대 원소와 하나의 진아가 존재할 뿐입니다. 그것이 여러분의 **본질적 실재**입니다. 5대 원소와 '**그대**'라는 것은, 여러분 자신이 전 우주임을 뜻합니다. 단 하나의 **빠라마뜨만**이 보이는 모든 것과 분리되어 있습니다. '**그것**'과 결합하는 사람은 분리된 상태로 남지 않을 것입니다. 자기순복(self-surrender)이 일어나는 즉시 확립되는 원리 자체가 '**나뉘지 않은 헌신**', 곧 **합일해탈**(Sayujya Mukti)입니다. 그렇게 깨달은 사람을 '보달레-부바(Bodhale-buva)'라고 합니다. 여기서 '보다(Bodha)'는 **깨달음**을 의미합니다. 환幻 속에서 우리가 얻는 것은 옥수수를 조금 수확하는 것과 같습니다. 그 적은 수확물은 적은 양의 옥수수를 산출합니다. "나는 **브라만**이다"라는 느낌은 **브라만**이라는 옥수수를 수확하는 원인이 됩니다. 이제 그 옥수수는 **해탈의 자유**인 옥수수입니다. 점토로 만든 사자는 자신이 점토일 뿐이라는 것을 압니다. 마찬가지로, 도처에 오직 **브라만**이 있습니다. 개아가 없으면 환幻도 없습니다.

강이 일단 바다에 합일되면 그 정체성을 유지하지 못하듯이, 헌신자가 신에게 합일되면 그가 별개로 남지 않습니다. 헌신자가 일단 신이 되면 더 이상 별개의 헌신자로 존재하지 않습니다. 헌신자와 신의 단일성을 아는 자는 브라만을 깨닫습니다. 여러분이 곧 브라만이라는 것을 아십시오. 그러면 전능한 지고아 빠라마뜨만으로서 영광에 충만하여 살게 될 것입니다. 만약 환幻의 영역에 떨어지면 분노·집착·고통·슬픔과 함께하게 될 뿐이고, 그것은 여러분이 평안을 얻지 못하게 됨을 의미합니다. 따라서 여러분은 브라만으로서 살아야 합니다.

1934년 12월 2일 저녁

31. 여섯 가지 덕 또는 자질

성공, 부富, 영광, 무욕, 자비와 지혜는 여섯 가지 덕 혹은 좋은 자질입니다. '야쉬(Yash)'라는 단어는 성공 혹은 승리를 뜻합니다. 우리는 누구를 성공한 사람이라고 불러야 합니까? 환幻에 대해 승리를 거둔 사람을 성공한 사람이라고 불러야 합니다. 마야, 곧 환幻은 정복하기 어렵습니다. 그녀를 환幻이라고 부르면서도 그녀를 고용하여 (우리에게) 봉사하게 하기는 상당히 어렵습니다. 마야를 정복하는 사람이 승리자입니다. 그럴 때만 우리는 '성공했다'고 할 수 있습니다. 그때는 무욕이 있는데, 이것은 그냥 아무것도 욕망하지 않는다는 뜻입니다. 그러나 '자비(Charity)'가 더 중요합니다. 무욕으로 되는 것은 가능하지만 자비롭기는 어렵습니다. 즉, 우리는 우리가 가진 것을 보시해야 합니다. 그러나 여러분은 자신이 소유물로 가지고 있을 것을 흔연히 놓아버리려고 하지 않습니다. 어떻게 여러분이 한편으로는 남들을 속이면서, 자신이 소유한 것을 기꺼이 포기할 수 있겠습니까? 여러분은 40루피를 베풀어야 할 때 20루피를 베풉니다. 자기 밭을 지키지 않던 어떤 사람에 대한 이야기가 있습니다. 누군가 그에게 물었습니다. "왜 당신 밭의 곡식을 지키지 않습니까?" 그가 대답했습니다. "남들이 갖다 쓸 수 있게 밭을 열어두었지요. 사람들이 가져가라지요." 그러나 실제의 경험은 정반대입니다. 도둑들은 말합니다. "그의 밭에서는 훔치지 말자. 자기 소유물을 아주 열심히 지키는 사람들의 것을 훔쳐야지." 지고아 빠라마뜨만의 표지는 **자비**입니다. 빠라마뜨만은 '모든 것 안의 하나'입니다. 적이 빠라마뜨만이고, 자식들이 빠라마뜨만이며, 아내가 빠라마뜨만입니다. 누구에 대해서도 결코 질투하거나 시기하면 안 됩니다. 결코 남을 헐뜯으면 안 됩니다. 이렇게 행동하는 사람이 빠라마뜨만입니다. 그는 **사랑받는 주**主(Bhagwan)입니다.

『바가바드 기타』에서 주 크리슈나는 말합니다. "나는 그것이고, 다른 누구도 아니다! 하지만 내가 빠라마뜨만인데도 사람들은 나를 한 개인으로 생각하고 나를 모욕한다. 그래서 나는 그들에게 많은 곤경을 안겨준다. 그들은 이른바 행복을 즐기고 있지만, 나는 그들을 아주 고통스러운 상황에 빠트린다. 왜인가? 그들이 나를 한 개인으로 생각하기 때문이다[바꾸어 말해서, 그들은 자신을 개인이라고 믿는다]. 나는 이것을 관용한다. 왜냐하면 용서하는 것이 나의 성품이니까. 그렇기는 하나, 그들은 나를 왕의 옥좌에서 들어 올려 불 속에 집어던진다! 그들은 그들 자신을, 온몸에 불을 붙이거나 거꾸로 매달려 연기를 마시는 것과 같은 아주 고통스러운 실험 속에 던졌다[이런 것들은 영적인 체험을 얻기 위해서 하는 고행이다]. 나는 아주 단순하게 그리고 자연스럽게, 하나이고 홀로이며 나 자신 안에서 전체이지만, 그들은 이상한 것들을 상상하면서 나에게 온갖 방식으로 고통을 주려고 한다. 그래서 나는 아주 혹독한 수행을 한 사람들에게도 해탈을 베풀지 않는 것이다. 오히려 그들의 완고한 마음 때문에 그들을 더 많이 환생하게 한다. 따라서 **헌신**은 감각적 즐김에 대한 어떠한 욕망에서도 벗어나 있어야 하고,

모든 바람이나 요구가 없어야 하며, 상상에서 벗어나 있어야 한다."

개아(jiva)의 이상한 태도를 한 번 보십시오. 그는 **지고아 빠라마뜨만**인데도 불구하고 자신을 하나의 개아로 생각합니다. 이것이 그가 범하는 큰 죄이며, 그렇게 해서 그는 자기 인생을 허비합니다. 한 무리의 어부들에 대한 이야기가 있습니다. 하루는 그들이 늦게 집으로 돌아가던 중 날이 금방 어두워져서 더 이상 길을 갈 수 없었습니다. 인근에 어느 부자의 집이 있었는데, 그는 순수한 채식가였습니다. 어부들은 잠잘 곳을 찾아 그의 집으로 갔습니다. 그는 그들을 환영하며 공경스럽게 맞아들였고, 그들이 바깥 회랑에서 잠을 잘 수 있도록 적절히 조치해 주었습니다. 이 부자는 좋은 화원花園을 가지고 있었기 때문에, 그 회랑에 바구니 몇 개에 담아 둔 향기로운 꽃들이 있었습니다. 그 꽃향기가 도처에 퍼져 있었지요. 밤공기도 기분 좋게 서늘했습니다. 그러나 어부들은 짙은 꽃향기 때문에 잠을 잘 자지 못했습니다. 그들은 꽃향기가 견딜 수 없어, 고기를 덮을 때 쓰는 천들을 꺼내서 머리에 둘러 자신들의 코가 생선 비린내만 맡을 수 있게 했습니다. 그제야 잠을 좀 잘 수 있었습니다. 요컨대, 개인의 마음은 이와 마찬가지로 감각대상들에 중독되어 있습니다. 그것은 늘 똑같이 무지한 방식으로 살기를 좋아합니다.

마음의 습習을 끊어서 그것이 더 높은 수준으로 올라가게 하기는 매우 어렵습니다. 우리는 왜 하나의 몸이 됩니까? 거짓된 에고적 습習 때문입니다. 몸이 된다는 것은, 어떤 특정한 형상과 자신을 동일시하고, 마치 하나의 옹기처럼 그것에 의해 한정되고 형태 지워진다는 것을 의미합니다. 그것은 한정된 지성, 한정된 즐김, 한정된 의식과 동일시되는 것입니다. 우리는 형상이 없고 감각이 없거나, 광대해져서 도처에 퍼져 나가는 것을 원치 않습니다. 만약 우리가 그렇게 된다면 그것은 죽음일 거라고 생각합니다. 그래서 어떤 특정한 형상과 '몸-의식(body-consciousness)'을 좋아하는 것이고, 그 때문에 대상들에 대한 욕망이 증가합니다. 여러분은 **브라만**이니, 대상적인 것들에 대한 욕망을 품지 마십시오. **무욕**이란, 결국 사라지고야 마는 것들을 놓아 버리는 것을 뜻합니다. 자비는 "아무것도 내 것이 아니다."라고 말하는 것을 의미합니다. "나는 몸이 아닌데, 어떻게 무엇이 내 것일 수 있나? 나는 몸을 넘어서 있는 지고아 빠라마뜨만이다."

1934년 12월 3일 오전

32. 신은 헌신자의 형상을 하고 있다

우리가 신을 그의 헌신자에게서 볼 때라야 신의 지위 혹은 신의 은총을 얻습니다. 여러분 자신을 신, 곧 **진아**라고 생각하면, 여러분은 신이 됩니다. 여러분이 자신을 한 개인이라고 부르면 개인이 되지만, 자신을 신이라고 말하면 신이 되고, 실제로 신입니다. 개인의 가난이 첫 번째 고락꿈樂이고, 두 번째는 배고픔, 세 번째는 목마름입니다. 여러분은 자신을 몸과 동일시하기 때문에 이 모든 것을 겪어야 합니다. 부모님이 아들을 낳아 여러분이 그들의 아들일 때, 세간적 삶은 여러분의 운명입니다. 그러나 여러분이 스승의 아들이 되면, 부모님의 장례식을 거행하고[자신을 그들의 아들로 인식하기를 그치고] 그 빚에서 벗어납니다. 그러면 스승이 여러분의 어머니이고 아버지입니다. 여러분은 스승의 명령에 따라야 합니다.

만일 자신을 스승에게 내맡기고 나서 그의 지위를 얻지 못한다면, 여러분이 스승의 아들이 된다고 해도 아무 차이가 없습니다. 어떤 사람이 남에게 입양되면 이전 부모와는 관계를 끊어야 합니다. 그러지 않으면 참된 아들이 아닙니다. 어떤 사람이 명목상으로만 스승의 아들이지 이전 가족과 고향의 구성원으로 남아 있다면, 스승에게 속하고 스승의 아들이 되었다는 것이 의미가 없습니다. 그러면 어떻게 **신적 지혜**를 성취하며, 그런 식으로 어떻게 자유를 성취할 수 있겠습니까? 아니, 그럴 수가 없지요. 스승의 아들이 되는 사람은 그에 따라 행동해야 합니다. 만일 아들이 세간적 삶의 바다에서 벗어나기 시작하면, 부모는 그를 도로 데려가서 가정생활의 감옥에 집어넣으려 할 것입니다. 부모는 이런 식으로 자식들을 가르칩니다. 부모들은 우리가 자유로워지고 **해탈**을 성취하는 것을 결코 돕지 않을 것입니다. 그들은 우리의 집착을 확장하려고만 들 것입니다. 자식을 세속성의 바다에 합일시키는 것이 부모들의 과제라면, **스승**의 임무는 사람을 세간적 삶에서 벗어나게 하여 **자유의 영광**을 하사하는 것입니다. **브라만**이 참으로 우리의 **영광**이고, 우리의 **부**富이며, 우리의 **왕국**입니다.

부단히 **브라만**에 대한 **자각**을 가지십시오. **의식**은 결코 몸에 의해 속박되어서는 안 됩니다. 어떤 사람이 **브라만의 깨달음**을 통해 **진아**, 곧 **완전한 행복**이 되면, 이 세상의 돈을 싫어하게 됩니다. 성자 까비르의 아들인 까말(Kamal)은 다이아몬드를 보았지만 그것을 딱딱해진 똥인 줄만 알았습니다. 마음 너머까지 도달하는 데 성공한 사람에게는 돈으로 살 수 있는 모든 쾌락이 거짓입니다. 그런 것은 하찮은 것에 지나지 않습니다. **스승의 아들**의 영광은 **브라마·비슈누·시바**의 3신이 부러워할 정도입니다. 마음 너머의 상태를 깨닫는 사람은 세간적 삶을 원치 않습니다. 그들은 **브라만의 도시**에 깃발을 올리고 승리의 함성을 외칩니다. 이 상태는 **스승의 아들**들만 성취합니다. 우리가 몸의 한계들을 내버릴 때 비로소 **스승의 아들**이 됩니다. 몸-의식이 사라질 때만 우리가 참된 **스승의 아들**이 됩니다. 그에게는 몸이 아무 쓸모가 없습니다. 이 몸뚱이는 무수한 감각대상들을 즐기기 위한 것입니다. 그것을 떠남으로써 사람은 **브라만**이 됩니다. 항상적이고, 영원하고, 순수하고, 명민한, 시작 없는 상태, 일체에 편재하는 만물의 근원을 성취합니다. 그는 **절대자 빠라마뜨만**이 됩니다. 여러분 자신이 신이 된 다음 신을 보아야 합니다. **신의 헌신자**가 된다는 것은 모든 대상을 넘어서는 것이며, 그 상태를 성취할 수 있도록 자기 자신에게 힘을 실어주는 것이 **스승의 아들**이 해야 할 임무입니다.

1934년 12월 3일 저녁

33. 무욕의 표지標識

무욕(Vairagya)이라는 말은 욕망 없음 혹은 '포기'를 뜻합니다. 이 마음의 자질은 세계가 환적이라는 것을 이해하는 사람에게 다가옵니다. 사람의 주의가 부富(Laxmi)에서 벗어나 신(Narayana)에게로 향할 때, 그것은 무욕이 됩니다. 여러분의 내적, 본질적 존재의 지복을 욕망하십시오. 자기 자신 안에 자연적으로 거주하는 그 행복을 느끼는 것, 그 행복이 증가함을 느끼는 것, 갈수록 그것을 알고자 하는 관심과 충동을 갖는 것, 그리고 그 내적인 행복 외에는 다른 어떤 것도 좋아하지 않는 것—이런 것들이 **무욕**의 표지입니다. 이 **무욕**과 함께 **자비**의 자질이 옵니다. **자비**와 함께 **지혜**가 있습니다. 힌두 신화에 아가스띠(Agasti)라는 큰 **진인**이 있었습니다. '아가스띠'는 방랑하지 않는 자라는 뜻입니다. '가스띠(gasti)'는 방랑하는 자, 즉 개아입니다. 탄생과 죽음을 넘어서는 것이 아가스띠가 되는 것입니다.

한 이야기에 따르면, 어느 위대한 **진인**의 사원에는 은제 식기들과 신을 숭배하는 데 쓰는 많은 금은제 기물器物이 있었습니다. **진인**이 제자들에게 말했습니다. "가져와 시주할 사람은 가져와도 좋다. 가져갈 사람은 가져가도 좋다. 아무도 막지 마라." 하루는 도둑들이 들어와 사원의 기물을 몇 점 훔쳐 달아났습니다. 그러나 활과 화살을 든 채 문 앞에 지키고 있는 사람이 두 명 있었습니다. 도둑들은 사원의 문이라는 문은 다 찾아서 도망치려 했지만 문마다 그 두 명이 지키고 있었습니다. 결국 도둑들은 물건들을 다 버려두고 **진인**의 발아래 엎드렸습니다. 그때 **진인**은 그 도둑들이 물건을 하나도 가져가지 못한 것을 보고 그들에게 연민을 느꼈습니다. 이것이 **자비**입니다. 이것은 여러분에게 귀중한 물건이 있다 해도 그것을 지키려는 욕망이 없다는 의미입니다. 어떤 사람이 은행에 자기 명의로 거액의 돈을 넣어두고서 자신은 그것을 포기했다고 말한다면 그것은 진정한 포기가 아닙니다. 그리고 어떤 사람이 사회에서 단순히 올바르게 행동하려고 조심해 왔다면 그것도 **자비**가 아닙니다. 앞서 말한 표지들이 **브라만**의 상태를 말해줍니다. 개인은 참으로 **브라만**에 다름 아닙니다. "나는 몸이다"라는 확신이 사라지지 않는 한, 지혜가 다가오지 않을 것입니다. 돈을 더 많이 축적하려는 욕망이 구도자의 심중에서 느껴지는 한, 몸 동일시(body identification), 곧 "나는 몸이다"라는 느낌이 사라지지 않는다는 것을 확실히 알아야 합니다.

분별과 **무욕**이 없으면 **진아지**도 없습니다. 이런 자질들이 있을 때, 우리가 무엇을 필요로 하고 무엇을 요구하겠습니까? 신이 들어설 자리도 없습니다. 신은 그런 사람을 무적이라고 말합니다. 신이 말합니다. "그가 아무것도 원치 않는데 내가 어떻게 할 수 있나? 그는 두려움이 없다. 그는 포기자이다. 그는 누구도, 어떤 것도 두려워하지 않는다." 뭔가를 원하는 사람은 신들이나 죽은 조상들을 숭배해야 합니다. 사람이 아직 욕망을 가지고 있을 때는 두려움이 있습니다. 아무것도 원치 않는 사람이 진정한 포기자입니다. 누구도 그를 방해할 수 없습니다. 그에게는 속박이 전혀 없습니다. 그는 아무것도 염려하지 않습니다. 모든 것을 원하는 사람은 모든 것을 두려워합니다. 그런 사람은 거지이며, 큰 두려움을 가지고 있습니다. 아무것도 원치 않는다고 말하는 사람을 유혹하려는 이들이 많습니다. 누구에게서 어떤 것도 받지 마십시오. 한 사제(Brahmin)의 이야기가 있는데, 그는 아무도 자신에게 딸을 시집보낼 마음이 없다는 것을 알게 되자, 아예 결혼하지 않기로 결심했습니다. 그러나 결혼을 원치 않자, 사람들이 앞다투어 그에게 결혼을 제의하기 시작했고, 결국 한 사람이 많은 물건을 제공하며 딸을 이 브라민에게 시집보내는 데 성공했습니다. 이 이야기는 욕심이 많은 사람은 가엾게 될 것이고, 욕심 없는 사람은 평안과 행복을 얻는다는 것을 말해줍니다. **죽음**조차도 욕망 없는 사람을 두려워합니다. 그가 정말 **신**입니다. **신**들도 그 사람만큼 행복하지는 않습니다.

많은 **진인**들은 제자를 많이 받는 것이 큰 짐이라는 것을 압니다. 성자 람다스는 이렇게 말합니다. "**무욕**이 몸에 밴 요기는 복이 있다." 아무 욕망이 없는 사람은 큰 복이 있다고 여기십시오. 가끔 어떤 사람은 "만일 내가 그것을 얻을 수 없다면, 놓아 버리겠다"고 말하지만, 여전히 마음속의 근심은 줄어들지 않습니다. 이런 식의 무욕이 무슨 소용 있습니까? 우리의 태도는 욕망에서 벗어난 그런 것이어야 합니다. 포기가 자연스러워야 합니다. 슬픔이 종식된 사람이 행복합니다. 그는 지知를 얻습니다. 그렇지 않고 만일 어떤 사람이 언어적 지식만 가지고 있다면, 그는 참된 지知가 가져다주는 행복을 얻지 못합니다. 탐욕에서 벗어난 성품의 소유자는 다이아몬드, 루비, 돈다발을 보기만 해도 지겨워합니다. 그런 사람은 돈에, 집에, 혹은 재산에 끌릴 수가 없습니다. 욕심 많은 사람은 다른 방도가 없을 때만 할 수 없이 자신의 소유물을 포기하겠지요.

　진인은 처음부터 모든 행위를 포기함으로써 그 행위들을 무효화합니다. 그는 포기가 마지막 날을 위해 아껴둘 것이 아니라는 것을 알고 있습니다. 왜냐하면 어떤 집착이 우리도 모르는 사이에 슬그머니 기어들어 환생의 원인이 될 수도 있기 때문입니다. 완전히 무집착이 된 사람은 막판에 조금도 서두를 필요가 없습니다. 진인들은 늘 자유 속에서 삽니다. 성자 묵따바이(Muktabai)[22]는 다섯 가지 생기 전부를 불 켜진 아라띠(Aarati)[23]에 바친다는 말이 있습니다. 이것은 자기 것이 아닌 것을 자기 것으로 여겨서는 안 된다는 것을 의미합니다. 각별히 조심하십시오. 왜냐하면 분명히 체포영장이 발부될 테니 말입니다. 세간의 사물들은 모두 남(5대 원소)의 재산이라는 것을 아십시오. 자기 집에서 살지만 무욕인 사람이 진정한 '산림은거자'입니다. 그런 사람이 참된 승려입니다. 그는 **신의 지혜**를 성취합니다. 영적인 삶의 주된 열쇠는 **완전한 무욕**의 상태입니다. 이런 말이 있습니다. "**무욕에 비견되는 어떤 행복도 없다.**"

1934년 12월 4일 오전

---

22) *T.* 마하라슈트라 주의 성자(1279-1297). 성자 냐네스와르의 누이동생으로, 훗날 남데브를 깨닫게 한 비쇼바 케짜라(346쪽 참조)의 스승이었다.
23) *T.* 힌두 사원에서 예공(*puja*)을 올릴 때 신상이나 링감 앞에서 불빛을 흔드는 것.

34. 헌신자 자신이 신이다

헌신자 자신이 신입니다. 신이 그의 헌신자와 다르다고 결코 생각하지 마십시오. (신에게 헌신하면) 누군가가 여러분에게 다가와서 여러분에게 뭔가를 해주어 여러분을 신으로 만들어줄 거라고 상상하는 것은 옳지 않습니다. 여러분이 한 모든 일은 그냥 그렇게 이루어진 것일 뿐이고, 거기까지는 참됩니다. 그러나 뭔가 노력을 하여 어떤 식으로든 신이 될 수 있을 거라고 생각하지 마십시오. 환幻이 여러분의 결심을 흔들어 놓으려 할 것입니다. 환幻이 여러분에게 신의 지위를 안겨줄 거라고 결코 생각하지 마십시오. 개아는 여러분 자신의 자유의지에 의해 생겨났고, 여러분 자신의 자유의지로 여러분은 신이 될 수 있을 것입니다. 여러분의 결심은 최종적일 것이고, 노력을 기울이면 성공할 수 있습니다. 여러분 스스로 자신이 신이라고 말하지 않는다면, 남들이 어떻게 그렇게 말하겠습니까?

여러분이 한 인간인 것처럼 여기고 행동하면 큰 죄를 범하는 것이고 큰 혼란을 야기하는 거라고 느낄 때, 그럴 때 여러분은 신으로 존재하게 될 것입니다. 그와 같이 느낄 때 여러분은 자신이 신과 같이 되고 있다는 것, 그리고 신성神性이 계발되고 있다는 것을 알아야 합니다. 진실로 여러분은 이미 신이었습니다. 남자가 사리[인도의 여성 의상] 입기를 좋아하지 않듯이, 어떤 사람이 신이 되면 세간적 삶을 영위하는 것을 좋아하지 않습니다. 그 헌신자는 자신이 순수하고, 자신이 진리이며, 자신이 **자유롭다**는 확신을 가져야 합니다. 여러분은 한 개인인 것을 부끄러워해야 합니다. "나는 몸이 아니다. 나는 **브라만**이다. 나에게 감각대상들이 무슨 필요 있나?" 하는 태도를 계발해야 합니다. 마음속에 들어오는 모든 생각들에 유의하십시오. 이 생각들을 매일 점검해야 합니다. 성자와 접촉하기 전에 경험하던 것에 비해 여러분 자신의 성품에 대한 느낌이 어떻게 변했는지 관찰해야 합니다. 이전에 여러분이 어떤 식으로 행동했는지, 그리고 하루 종일 일을 하는 동안 여러분의 의식이 어떻게 바뀌는지 관찰해야 합니다.

이전에는 마음이 무엇을 좋아했고, 이 접촉을 갖기 전에는 그것이 여러분에게 어떤 종류의 만족을 주었습니까? 지금은 마음이 무엇을 좋아합니까? 여러분의 삶의 의미는 무엇입니까? 그것의 성품은 무엇입니까? 그것의 성질은 무엇입니까? 자신의 **참된 성품**에 대한 이해가 점차 발전하면서, 먹고, 보호하고, 발전하는 것과 같은 기능들과, **참된 성품**을 깨닫는 데 유익한 것들에 대한 욕망이 변할 것이고, 여러분의 행위는 그런 필요를 충족시키는 데 도움이 되는 그런 것이 될 것입니다. 모든 존재들은 그들의 성품과 종種에 따라 행동합니다. 우리가 우리의 성품과 종에 대해서 알게 되면, 그에 따라 사물을 모으거나 포기하게 됩니다. 우리의 마음, 우리의 지성, 우리의 의식, 자신의 권리가 있다는 느낌을 가진 우리의 에고는 모두 우리의 성품, 우리의 종種, 우리의 위치, 그리고 우리의 환경에 부합하게 기능합니다. 실재를 안다는 것은 우리의 **참된 성품**을 보고 그것을 확신한다는 것입니다. 여러분이 그것을 확신할 때, 그것을 '안정된' 진아라고 합니다. 우리의 삶이 어떠하며 무엇인지를 분명하게 알 때만, 우리가 자신에게 무엇이 필요하고 무엇이 필요하지 않은지를 판정할 수 있습니다.

매일 자신이 어떤 생각을 투사하는지 점검하십시오. 그것은 영적인 삶에 대한 것입니까, 아니면 세간적 삶에 대한 것입니까? 이런 식으로 점검하는 사람은 내적 풍요로움을 얻습니다. 주의가 **실재**를 향해 있는 사람에게 나타나는 첫 번째 효과는 **무욕**입니다. 그럴 때 사람은 누가 무엇을 주거나 빼앗아가도 상관이 없다는 것을 경험합니다. 왜냐하면 자신은 아무것도 필요로 하지 않기 때문입니다. **자비**란 자신이 소유하고 있는 것조차도 유지하려는 욕망이 없는 것을 뜻합니다. 그럴 때 **지**知가 있습니다. 그 뒤에 우리가 **환**幻에 대해 승리하면 성공한 것입니다. 사라지는 것에 대한 슬픔은 없습니다. 14가지 감각기관은 죽음의 신 **야마**(Yama)가 보낸 밀사들입니다. 이 감각기관들의 기능은 그들의 활동을 증가시키고 응보를 자초하는 것입니다. 여기서 빠져나가기는 극히 어렵습니다. 무엇보다, 여기서 벗어나겠다는 충동을 가져야 합니다. 그런 구도자가 **스승**을 만나면 참으로 이익을 얻습니다. **스승**은 준비된 자에게만 길을 보여주며, 그 가르침은 그 사람이 준비되어 있을 때만 유용합니다. **스승**을 만난 뒤에는 **규율**이 있어야 하고 열심히 공부해야 합니다. 그럴 때만 그 길이 쉬워질 것입니다. 영적인 삶에서 승리의 북을 울릴 수 있는 사람에게는 죽은 조상들이 꽃비를 내려줄 것입니다. '**브라만 의식**'의 상태에 머무르는 사람만이 성공합니다. 그 사람만 목표를 이룹니다. 그 사람의 배만 저쪽 언덕에 도달합니다. 그 사람만이 **승리자**입니다! 그럴 때 **해탈**이 있습니다. 이런 사람은 모두의 심장 속에 거주하며, 도처에서 모든 것에 편재합니다. 그럴 때에만 걱정의 어떤 기미도 없고 어떤 욕망도 없는, **자유** 속의 삶, 모든 행위에서 벗어난 삶이 있습니다. 이런 사람이 **신**입니다. 만일 어떤 사람이 **신**이 되면 모두가 그를 칭찬하고, 그를 친견하고 싶어 합니다. 어떤 사람이 살아 있는 동안 **해탈**을 성취하면, 사람들은 그것을 **신의 영광**으로 여길 것입니다.

매일 여러분의 행동을 점검하십시오. 그러면 자신이 계발한 덕이 무엇인지 스스로 알게 될 것입니다. **신**과 여러분 자신을 동일시하면 여러분도 그의 **자비로움**을 얻을 것입니다. "그대가 브라만이다"라는 깨달음에 도달하면 여러분이 **브라만**이 될 것입니다. 그럴 때 여러분은 다른 어떤 것도 욕망하지 않을 것입니다. 집 안에 등불이 켜져 있으면 그 빛이 창문을 통해 비쳐 나옵니다. 마찬가지로, **브라만**이 내면에서 빛나면 그것의 표지는 밖에서도 분명히 알 수 있습니다. **무욕**을 이때 얻어지는 큰 이익으로 여기십시오. 만일 다른 어떤 구도자가 특정한 방식으로 행동한다면, 그것이 여러분에게 무슨 의미가 있습니까? 그가 딴 길로 빠지면 여러분은 무엇을 잃습니까? 우리는 '너'라는 개념에서 벗어나야 합니다. 그렇지 않으면, 그 또한 하나의 속박이 되고 걱정의 원천이 됩니다. 그러니 누구에 대해서도 걱정하면 안 됩니다. 그럴 때만 여러분이 자유롭고, 여러분의 명성은 한량이 없을 것입니다. **라마·크리슈나·바시슈타·뚜까람** 같은 **대大성자**들은 매우 유명합니다. 명성이 오래될수록 그 **영광**은 더 위대합니다! 그 명성과 위엄은 갈수록 커지기만 합니다. (세간적 삶이라는) 이 환幻에서 벗어난 자가 참으로 대장부입니다. 그런 사람은 명성에 연연함이 없이 유명해지며, 사람들이 그를 칭송합니다.

1934년 12월 4일 저녁

35. 지속적인 바람을 욕망이라고 한다

마음속에 밤낮으로 무엇을 바라는 것이 있을 때 그것을 '욕망(kama)'이라고 합니다. 마음이 한 대상에서 다른 대상으로 부단히 달려갈 때 그것을 욕망이라고 합니다. 욕망이 없는 사람은 말이 없습니다. 메카와 메디나[이슬람 순례지들]는 멀리 있지만 (무슬림이라면) 평생에 한번은 가 보아야 합니다. 욕망의 대상을 추구하는 사람은 개아(jiva)입니다. 욕망이 없는 사람이 신(Shiva)입니다. 지知는 불입니다. 왜냐하면 그것은 모든 행위(Karma)를 소멸하기 때문입니다. 욕망·분노·탐욕·유혹·아만我慢(에고)·슬픔은 개아의 성품 안에 있습니다. 우리가 어떤 것을 얻으면 욕망이 커지는 것을 느끼고, 그것을 얻지 못하면 슬픔을 느낍니다. 이런 성질들은 서로 한데 섞입니다. 따라서 **무욕**이 신성神性의 표지입니다. 욕망을 갖는 것은 개아의 표지입니다.

모든 세속적 쾌락은 개아와 관련됩니다. 그것은 **진아**의 것이 아닙니다. 자신이 모든 속성을 넘어서 있다는 것을 아는 사람은 감각대상을 즐기는 데서 벗어납니다. 대상을 즐김은 **진아**가 한정되는 것을 조장합니다. 대상들을 생각하는 것은 **라자스** 구나인 반면, **진아**를 생각하는 것은 **사뜨와 구나**입니다. **브라만**이 삶의 유일하게 참된 쾌락임을 깨달을 때, 그 사람은 **브라만**이 됩니다. 그럴 때 그는 대상에서 나오는 쾌락을 싫어합니다.

앞서 저는 여러분에게 여덟 가지 **싯디**를 이야기했습니다. 제가 말한 그런 **헌신**을 닦는 사람들은 그런 **싯디**들을 자연히 얻게 됩니다. 저는 만물에 편재합니다. 저는 하늘을 넘어선 허공입니다. 저는 모두의 안에 있는 '들음'이고, 모두의 마음들의 마음입니다. 이것을 아는 것을 투청력이라고 합니다. 저는 모두의 눈들의 눈입니다. 이것을 깨달을 때 그 사람은 투시력을 얻습니다. 자신이 그 모든 마음들의 내적 충동이라는 것과, 마음 자체가 저라는 것을 알고 그에 대해서 의심이 없는 사람은, 마음을 통제하는 힘을 얻습니다. "나는 **브라만**이다"라는 깨달음 자체가 마음을 정복하는 것입니다. 몸이 행위한다고 생각하는 것은 에고입니다. "나는 몸이다. 나는 하나의 몸으로서 행위한다"는 개념이 에고입니다. "나는 몸이 없다"는 것을 깨닫는 것이 **브라만**의 상태입니다.

자신이 모든 형상의 본질이고, 모든 형상의 파괴자라는 것을 아는 사람이 참으로 모든 형상의 점유자이며, 저의[신의] 힘을 얻습니다. 저와 별개로 있으면서 "나는 신이다"라고 생각하는 사람은 저의 헌신자이지만, 자신이 저와 하나임을 아는 사람들은 **라마·크리슈나** 등과 같은 신이 됩니다. 바시슈타(Vasishta)와 여타 진인들은 자신을 헌신자로 생각하고 헌신자로 남았습니다. **라마·크리슈나** 등은 자신을 신으로 생각했고, 그들의 확고한 결심에 의해 신이 되었습니다. 그들은 **지고아 빠라마뜨만**의 상태를 성취했습니다. **브라만**을 알게 되는 사람들은 **브라만**으로서 머물러야 합니다. 그들은 5대 원소로 이루어진 세계의 모든 원자·아원자들과 하나임을 느낄 수밖에 없지만, 어떤 특정한 개체와도 연관되지 않습니다. 깨달은 자는 자신의 존재(Existence)와 별개여서는 안 됩니다. 다른 사람의 마음속에 무엇이 있는지 알고 싶은 욕망을 갖거나 그런 능력을 갖는 것은, 죽는 것보다도 나쁩니다. 여러분이 모든 존재들 안에 있는데, 다른 사람의 마음속 생각을 알 필요가 어디 있습니까? '타자'가 없을 때는 단 하나의 나뉘지 않은 **진아**만이 있고, **브라만**이 도처에 퍼져 있습니다. 그러니 알아야 할 무슨 '타자'가 있겠습니까?

여러분 안에 그 상상된 사람이 있고, 여러분[진아]이 있습니다. 자신의 상상이 투사한 그 사람이 되지 마십시오. '나'가 브라만이 되어야 하는 것이 아니라 그 '나'가 죽어야 합니다. 실은 '나' 자체가 하나의 환적인 상상적 개체입니다. '나'가 죄의 본질입니다. 그것은 더욱 더 많은 감각적 즐김을 요구하는데, 그런 즐김은 더욱 더 많은 관능적 쾌락에 대한 욕망의 불을 댕길 뿐입니다. 그것은 아주 욕심이 많습니다. 이 '나'를 포기하십시오. 그것을 어떤 무기로 죽일 수는 없지만, 여러분이 그것을 아주 미세하게 이해하는 즉시 그것은 죽습니다. 이런 이해를 얻기는 그리 쉽지 않습니다. 여러분의 과제는 이미 브라만인 것을 브라만으로 만드는 것입니다. 존재하지 않는 것, 즉 '나'를 브라만으로 만들 수는 없습니다. 이것이 미묘한 차이입니다. 이것은 싯디들을 요하지 않습니다. 브라만은 나뉨이 없이 도처에 편재하고, 별개의 부분들 없이 퍼져 있는데, 누가 누구를 찾으며 어디서 찾습니까? 누가 누구를 알아야 합니까? 찾아야 할 '타자성'의 느낌이 어디 있습니까? 하나와 별개의 '두 번째'라고 하는 것이 어떻게 있을 수 있으며, 어떻게 그것이 누구를 알 수 있겠습니까? 도처에 어떤 움직임도 없는 브라만만 있습니다. 그렇다면 누가 '타자'로, '두 번째 것'으로 알려질 수 있습니까? 이 미묘한 차이를 알아야 합니다. 여기서는 더 이상 앎과 모름이 없습니다. 저 하나인 브라만이 만물에 편재합니다. 달리 알아야 하거나 몰라야 할 어떤 타자도 없습니다.

주 크리슈나는 말합니다. "나에 대한 확고한 집중으로, 사람은 나와 같은 힘을 얻는다. 그는 어떤 형상이든 집중하면 그 형상을 취할 수 있는 힘(Kamaroop Siddhi)을 얻는다." 요기가 바람(Vayu)이나 생기(Prana)의 형상을 취하여 어디든지 어떤 몸으로든 갈 때, '다른 몸 안에 들어가는 의식 변환(Parakayapravesh)'을 한다고 말해집니다. 그러나 저의 형상, 저의 참된 성품에 대해 매우 강한 믿음을 가지고 있는 사람은 도처에서 저를 봅니다. 자기 자신이 모든 사람 안에 있음을 깨닫는다면, 그가 누구의 몸 안에 들어가야 합니까? 자신의 진아 외에는 아무도 없다는 것이 확인되는데, 누구의 마음을 읽어야 합니까?

1934년 12월 5일 오전

36. 몸으로서 살면 신체적 고통을 겪어야 한다

헌신자는 실은 신입니다. 그가 신이 '되었다'고 할 때 그 말의 의미가 무엇입니까? '우리의 자아'라는 개념은 하나의 환幻입니다. 세계에는 단 하나의 진아가 있을 뿐입니다. 뱀이든 전갈이든 관계없이, 모두가 브라만일 뿐입니다. 세계라는 겉모습은 5대 원소와 하나의 진아로 이루어져 있고, 이 모두는 신일 뿐입니다. 이것이 우리에게 비非분리, 비이원성, 그리고 걱정 없음의 상태라는 찬연함을 안겨줍니다. 이 모든 미덕이 즉시 옵니다. 환幻이 우리가 가졌던 것[우리의 참된 정체성을 아는 것]을 빼앗아 갔습니다. 그래서 우리는 불행해졌습니다. 브라만 깨달음의 표지는 평안감, 근심 없음, 완전한 만족, 그리고 비상한 지복감입니다. 내면에서 환희나 지복으로 체험되는 것이 신체기관·피부·얼굴에서 분명히 드러납니다. 의식을 완전히 채우고 있는 그 평안과 만족은 밖으로도 표출될 것입니다. 바꾸어 말해서, 안에 켜둔 등불에서 나오는 빛이 창문을 통해 퍼지는 것입니다. 그 찬연함은, 마음의 영역에 근심이 없다는 것입니다.

우리가 한 육신 안에 살 때, 그 몸의 고통과 괴로움은 우리의 운명입니다. 육신에 집착하는 사람에게는 마음속에 행복이 없을 뿐 아니라 자만, 에고, 근심과 연관되는 문제들이 있습니다. 몸-의식을 초월해 사는 사람은 지고의 실재 빠라마뜨만을 얻습니다. 자신이 브라만이라는 것을 알고 나서도 개아의 입장을 취하는 것은 왕이 하인처럼 어떤 봉사를 하는 것과 같습니다. 실제로는 윗사람이면서 그런 식으로 아랫사람이 되는 것은 자살을 하는 것과 비슷합니다. 이것이 곧 타락입니다. **마야**는 자신의 힘을 과시하며, 여러분은 **마야**의 유희가 환幻일 뿐임을 안다 해도, **마야**가 실재한다고 생각합니다. 이것은 여러분이 그런 식으로 생각하는 습쩝이 들어 있기 때문입니다. 이 습을 포기해야 합니다. 그러지 않으면 환幻의 노예로 남게 될 것입니다. 이런 습관적 사고 유형을 지닌 채 어떻게 자유로워질 수 있습니까?

브라만의 깨달음을 가지고 머무르십시오. 그럴 때만 여러분이 **브라만**과 동일시됩니다. 안 그러면 다시 개아가 됩니다. **브라만**의 **찬연함**만이 **참된 행복**을 주고, 참으로 유익한 것은 그것뿐이라면, 왜 여러분이 다시 환幻에 말려들고 있습니까? 왜 여러분 자신의 욕망이라는 감옥에 떨어집니까? 감옥에서 살고 싶습니까? 여러분은 자신의 상태가 즐겁고, 그래서 감옥에 남아 있고 싶다고 말할 수 있습니까? 자신이 몸이라는 관념을 포기하면 **무욕, 무집착, 무외**無畏 등 모든 덕이 동시에 자동적으로 여러분에게 생겨날 것입니다. 여러분이 자신의 **진아**에게 얼마나 크게 잘못하고 있는지 보십시오. 여러분은 **브라만**이면서도 아주 완고하게 개아가 되고 있습니다. 자신의 **진아**를 몸이라고 부르는 것이 이른바 죄의 뿌리입니다. 이 습쩝을 포기하고 죄에서 벗어나십시오.

1934년 12월 5일 저녁

37. 나의 진정한 성품에 집중하라

여러분은 **진아**, 곧 모든 몸 안의 거주자입니다. 우리는 모든 몸 안의 **진아**, 모든 몸 안의 **실재**입니다. 여러분은 실제로 모든 몸 안에 들어가지 않아도 그 몸들 안에 있습니다. **진아**는 모든 몸 안에 거주하는 '나'의 느낌인데, 그 '나'는 영원히 자유롭습니다. 이런 식으로 '나'에 대해 명상하는 사람은 "나는 무소부재한 신이다"를 이해합니다. 3대신[브라마·비슈누·시바]조차도 "나는 **빠라마뜨만이다**"를 제대로 이해하는 사람의 명을 거스르지 않습니다. 생물과 무생물들은 자신의 **진아**를 **전능한 주**主 **이스와라**(Ishwara)로 인식하는 사람의 명에 따라야 합니다. 그가 곧 나 자신임을 깨달을 때, 그 사람은 모두를 자신의 명에 복종시킬 수 있을 만큼 강력해집니다.

이제 다섯 가지 **싯디**에 대해 말씀드리겠습니다. 만일 어떤 사람이 저24)를 우주의 창조와 해체를 관장하는 자로서 명상하면, 그의 마음은 순수해집니다. 이것을 일러 '세 가지 시간(과거·현재·미래) 모두를 아는 능력'이라고 합니다. 이런 식으로 **저의 존재** 안에 합일되는 사람은 추위와 더위를 겪지 않습니다. 행복이나 슬픔, 쾌락이나 고통에 방해받지 않습니다. 이것을 '이원성 없음의 능력'이라고 합니다. 이제 여러분에게 '차단의 능력(power of blockage)'을 일러드리겠습니다. 어떤 사람이 세계 안의 만물이 모두 자신의 형상임을 깨달을 때, 그는 바람을 타고, 물 위를 걷고, 임의자재하게 오고 갈 수 있으며, 불길도 그를 건드리지 못합니다. 이런 **싯디**들을 얻고 나서 대상적인 것들에 매혹되고 유혹 당하는 사람은 자만심만 증대되어 이원성에 떨어지며, 패배를 겪습니다. 이제 '인지認知의 능력(power of recognition)'에 대해 들어 보십시오. 신에 대해서 명상하고 있고 "나는 일체를 주시하는 **빠라마뜨만이다**"라는 것을 아는 사람은, '다른 사람들의 마음속에 있는 것을 인지하는 힘(타심통)'을 얻습니다. 그런 사람은 다른 사람들의 마음속에 있는 생각과 제안들을 알게 되고, 자신의 생각을 그들의 마음에 심어 줄 수도 있습니다. 이것을 '**아빠라 싯디**(Apara Siddhi)'라고 합니다. 자기 마음 속에 저의 진정한 모습을 간직하는 사람은 '**비자야 싯디**(Vijaya Siddhi)'라는 힘을 얻습니다.

제가 방금 묘사한 유형의 요가적 집중에 의거해 **저**를 숭배하는 사람은

---

24) *T.* 여기서 '저'는 진아, 곧 싯다라메쉬와르 마하라지가 대표하는 신 혹은 실재를 가리킨다.

이 모든 능력을 얻습니다. 제가 드린 가르침에 따라, 그리고 믿음에 따라 저를 숭배하는 사람들은 그 싯디 전부를 얻습니다. 이것을 다른 방식으로 이야기해 보겠습니다. 무용인 사람이 자신의 지성을 예리하게 주시하여 자기 마음을 정복하면, 이 모든 능력을 얻습니다. 이것이 제가 여러분에게 일러드린 주된 원리인데, 만일 어떤 사람이 다른 모든 길을 떠나서 저만을 숭배할 때는 이런 싯디들에 대해 어떤 가치도 부여하지 않습니다. 그런 사람은 (저에 대한) 진정한 사랑 때문에 자신을 저에게만 바치고, 저를 명상하며, 오직 저만을 열망하고, 다른 어떤 것에 대한 욕망이 없고, 저의 안에 내밀히 머무르는 것만 욕망합니다. 그럼에도 모든 싯디가 그를 위해 대기합니다. 하지만 심장이 순수한 저의 헌신자는 그런 능력들을 사용하지 않습니다. 저의 두 발을 성취한 사람은 매우 순수하고 아주 강력한 헌신자가 되며, 그들은 결코 싯디를 사용하지 않습니다. 마음속에 다른 어떤 동기도 지니지 않은 채 저를 숭배하는 사람은 저의 친존親存을 성취합니다. 그러나 만일 어떤 사람이 그런 능력에 말려들고, 그 능력들을 어쩌다 마음대로 쓸 수 있게 되었을 때, 그로 인해 명성과 위엄을 얻기를 바란다면, 그는 다시 개아의 상태로 퇴보합니다. 저를 가지는 사람에게는 싯디가 필요 없습니다.

　이 원리를 아주 잘 보여주는 이야기가 하나 있습니다. 한번은 어떤 사람이 순례자로서 까시(Kasi-바라나시)로 가고 있었습니다. 도중에 그는 어느 창녀의 집에 머무르게 되었습니다. 그는 부자였지만 자신이 가진 모든 돈을 그 창녀에게 써 버렸습니다. 그리고 가난해졌는데도 그곳을 떠나지 않았습니다. 결국 창녀는 그를 떠났습니다. 그는 자신이 잃어버린 것을 여생 동안 한탄했습니다. 그는 길을 잃었고, 더 이상 카시에도 갈 수 없었습니다. 싯디도 이와 같습니다. 그것들은 실재의 성취를 방해하고, 여러분을 다시 환幻의 영역으로 집어던집니다. 그런 것에 어떤 존중이나 관심을 베풀지 마십시오. 이런 능력들은 여러분이 저에게 도달하는 데 하나의 장애입니다. 그런 것에 미혹되지 마십시오. 이미 얻었던 것만 잃어버릴 것입니다

다. 저는 이 유용한 가르침을 일부러 여러분에게 드립니다. 이것을 특히 잘 기억해 두십시오. 이 싯디들은 여러분이 저에게 도달하고 저를 깨닫는 바로 그때 나타나서 저의 헌신자들을 속입니다. 이런 것들은 쾌락의 형태를 한 또 다른 기분풀이에 지나지 않습니다. 여러분이 이 쾌락을 즐길 때는 기분이 매우 좋습니다. 자신에게 주어지는 쾌락을 계속 취하는 사람은 저에게서 멀어집니다.

환幻(마야)은 구도자가 어디서 함정에 빠질 것인지 훤히 압니다. 젊음에 대한 자부심, 교육받았다는 자부심, 부富에 대한 자부심, 예능에 대한 자부심—이 모든 것은 구도자를 올바른 길에서 벗어나게 하여 탄생과 죽음의 족쇄 속으로 밀어 넣는 것을 목표로 하는 환幻의 장난이고 게임입니다. 경계하십시오.

어느 가난뱅이에 대한 이야기가 있습니다. 그는 건설 노동자로 열심히 일했고, 20파이사[5분의 1루피]의 돈을 저축할 수 있었습니다. 그는 5분의 1루피밖에 안 되는 적은 금액을 저축한 것으로 아주 의기양양해졌습니다. 그런데 그가 경찰에 체포되었고, 법원에서 5분의 1루피의 벌금을 선고 받았습니다. 그 선고가 내려지는 것을 듣고 너무 큰 충격을 받은 그는 말문이 막혀 버렸습니다. 그의 자부심은 그 돈을 빼앗기는 즉시 사라졌습니다. 마찬가지로, 여러분은 뭔가를 벌고 있다, 뭔가를 얻고 있다는 어떤 자부심을 가지고 있습니다. 그 자부심을 포기하십시오. 의기양양해지는 습習을 포기하십시오. 자부심을 확실히 포기해야 합니다. 그 노동자는 5분의 1루피밖에 벌지 못했지만, 그것조차도 그에게 탈이 났습니다. 제가 이 이야기를 해 드린 것은 여러분이 속는 원인을 알도록 하기 위해서입니다. 싯디에 속지 마십시오.

1934년 12월 6일 오전

38. 빠라마뜨만의 찬연함

만일 어떤 사람이 **지고아 빠라마뜨만의 찬연함** 속에 완전히 흡수되면, 그 개아는 신이 됩니다. 우리는 몸에 대한 자부심을 포기해야 합니다. 그럴 때에만 **빠라마뜨만**이 됩니다. 만일 어떤 사람이 육신에 대해 자부심을 가지고 있으면 **시바**가 개아로 됩니다. 이것을 퇴보라고 합니다. 그 차이는 경미하지만, 매우 중요한 의미가 있습니다. 우리는 세상 사람들로부터 인정받고 싶은 욕망을 포기해야 합니다. 사람이 성취할 수 없는 것은 아무것도 없습니다. 수행에서는 노력을 해야 하지만, 그것은 '올바른 노력'이어야 합니다. 그럴 때만 우리가 '**전능한 신**(Narayana)'이 됩니다. 여러분은 세계의 주인입니다. 하강은 전락을 의미합니다. 약간의 분별만 사용하면 여러분이 세계의 주인이 되고 행복해지며, 심지어 모든 **싯디**를 다 얻기도 합니다.

빗탈라(Vitthala)[25]라는 이름의 약을 먹는 사람은 어떤 주의사항들을 지켜야 합니다. 그 주의사항은 대상 세계와의 접촉을 포기하라는 것입니다. **진아**에 대한 부단한 **자각** 속에 있어야 합니다. 여러분은 이렇게 말해야 합니다. "나는 몸이 아니다. 나는 **만물에 편재하는 신**이다. 대상세계 속의 단 한 물건도 나에게 쓸모가 없다." 모든 대상적 사물을 쓰레기로 간주하고 던져 버려야 합니다. 사람들에게 이렇게 말해야 합니다. "설사 모든 것이 당신들에게 실재한다 하더라도, 나는 아무것도 원치 않습니다. 거저 준다 해도 말입니다." 이 세상의 모든 대상을 폐기처분할 수 있는 것으로 취급해야 하고, 그것들을 내버려야 합니다. 세상 사람들이 보기에 마치 죽은 사람처럼 되십시오. **성자**들은 세상 사람들이 활짝 깨어 있고 신경 쓰는 것들에 대해 잠들어 있습니다. 더욱이 **성자**들은 세상 사람들이 잠들어 있

---

25) *T*. 마하라슈트라 주, 특히 빤다르뿌르(Pandharpur)에서 숭배되는 신. 비토바(Vithoba) 또는 빤두랑가(Panduranga)라고도 하며, 비슈누의 화신으로 알려져 있다.

는 곳에서 깨어 있습니다. 그것은 세인들이 좋아하는 것들에 대해 **성자**들은 취미가 없다는 뜻입니다. **성자**들이 포기하는 것을 세인들은 욕망하고, 그것을 포기하려 들지 않습니다. 이것은 분명하게 눈에 보이는 사실입니다. 세속적 추구에 대해 잠들어 있는 사람은 영적인 세계에서 깨어나게 됩니다. 그러나 처음에는 노력을 좀 해야 하고, 세간의 대상들을 일부러 잊어버려야 합니다.

사람들로부터 인정받고 명예를 얻는 것이나, 세속적 쾌락이나, 감각대상들이나, 재물을 원하지 마십시오. 그냥 일체를 계속 포기해 나가십시오. 세간의 사물들은 세속인들이 욕망하는 것이지만, **성자**는 어떤 것도 원치 않습니다. 그런 것들을 쳐다보지도 않습니다. 참으로 일체를 포기한 사람은 늦게 자는 것도 원치 않고 일찍 깨어나는 것도 원치 않습니다. 왕이 되고 싶은 욕망도 없고, 거지가 되고 싶은 마음도 없습니다. **브라마·비슈누·시바**의 3신도 그런 사람을 두려워합니다. 왜냐하면 그는 **환**幻 속의 그 어떤 것도 요구하지 않기 때문입니다. 그는 아무것도 원하지 않습니다. 그에게 주어야 할 것이 있다면, 그에게는 아무것도 필요 없다는 그런 축복을 주어야겠지요. **환**幻에게 무엇을 달라고 하고 싶은 마음이 소멸하게 하십시오. 모든 욕망을 포기하십시오. 그러면 그 대가로 일체를 받게 됩니다. 참된 포기자(출가자), 곧 **사두**(sadhu)는 시주물로서 감각대상이나 재물을 필요로 하지 않습니다. 그것이 **사두**가 승리하는 방식입니다. 따라서 이 세상에서 여러분의 주의를 거두십시오. 처음에는 자신이 **성자**나 현자라는 태도를 유지하는 것도 무방합니다. 바시슈타는 자신을 **성자**요 현자로 생각했지만, 라마와 크리슈나는 자신들을 **신**으로 생각했고, **지고아 빠라마뜨만**으로서 행동했습니다. 이것이 **성자**와 **빠라마뜨만** 간의 미세한 차이입니다.

처음에는 자신의 포기에 대해 어느 정도 자부심을 가져야 합니다. 자신이 **성자**이며, 이 세상에서 아무것도 원치 않는다는 행동을 취하는 사람을 **스승의 아들**이라고 합니다. 이것이 스승의 가르침입니다. 예전부터 여러분의 심중에 있는 정서들을 끊어 버려야 합니다. 세계가 실재한다는 개념은 아주 낮은 단계이며, 그것은 아래로 향한 운동입니다. 여러분이 최고의 지위를 박탈당하는 것은 그 개념 때문일 뿐입니다. **성자의 말씀들을 의심하지 마십시오.** 만일 그의 가르침을 지키지 않으면 생사윤회 속으로 거듭 들어가게 될 것입니다. 진실로, 여러분은 여러분이 요구하는 모든 부富의 창조자입니다. 여러분의 진정한 지위는 워낙 높아서 **하리**(Hari-비슈누)와 **하라**(Hara-시바) 같은 신들도 여러분의 명령을 따를 것입니다. 성자의 가르침을 꽉 붙들면 여러분은 **그것**이 될 것입니다. 이 가르침을 받는 구도자들은 점진적으로 말없이, 자신의 노력을 매일 늘려가야 합니다. 만약 그 소식을 발설하려 들면[남들로부터 인정받으려고 들면] 문제가 코끼리 사체를 다루는 것만큼이나 어려워집니다. 그 사체는 거리에서 쉽게 치워지지 않고, 거리는 오랫동안 혼잡에서 벗어나지 못합니다.

가르치는 사람은 자신의 가르침을 따르고 그것을 이해하는 사람을 좋아합니다. 가르치는 사람이 어떤 사람을 좋아하고 다른 사람을 좋아하지 않는다는 말의 의미는 무엇입니까? 문제는 (헌신자가) 부자냐 빈자냐가 아닙니다. 가르치는 사람은 참으로 영적인 사람을 좋아합니다. 이것은 영적인 삶을 최고의 삶으로 여기는 사람이 가장 가까운 제자나 진정한 헌신자가 된다는 뜻입니다. 자신이 제자이자 헌신자라는 자각이 부단히 증장될 때, 그리고 영적인 삶을 최고의 생활 방식으로 평가하는 확고한 결심을 할 때, 그 구도자는 **스승**의 사랑을 받게 됩니다. 스승이 함께 있는 다른 제자들을 사랑하지 않는다는 것이 아니라, 여러분이 **그의 가르침**을 이해하는 것이 최선이라는 것입니다. 스승은 제자가 경제적으로 부유하거나 가난한 것에 신경 쓰지 않습니다. 그는 제자의 마음에 **실재**의 성취를 향한 큰 충동이 있는 것을 좋아합니다. 제자는 남몰래 공부하고 **실재를** 성취해야 합니다. 그가 머리를 기를 수도 있고 그러지 않을 수도 있지만, 신체적 외모는 중요하지 않습니다. 그는 **진리**에 대한 개인적 체험을 바탕으로 꾸준히, 조용하게 계속 그 길을 나아가야 합니다. 이것은 매우 인내심 있게, 그리고 은밀하게 해야 합니다. 만일 남들의 의견을 구하면, 그들이 여러분을 도로 끌어당기려고 한다는 것을 발견할 것입니다.

공부를 잘 하십시오. 그러나 아주 경계하십시오. 누군가에 대한 숭배에 사로잡히지 마십시오. 개는 여러분이 붙잡으려 드는 것을 그만둘 때만 조용해질 것입니다. **마야**는 **신**들에게 말합니다. "동냥을 좀 주세요. 저는 못생겼습니다! 누가 저를 받아주겠어요! 은택恩澤을 좀 주세요!" **마야**는 이런 걱정을 안고 생사의 세계로 왔는데, 어떻게 되었습니까? 그녀가 못생겼는데도 사람들은 그녀에게 헌신합니다. 그들은 **마야**가 자기들을 걷어차도 그녀를 놓아줄 준비가 되어 있지 않습니다. **마야**는 이것을 경험했고, 아주 기분이 좋았습니다. 기대 이상으로 성공한 것입니다. 그녀가 예전에 가졌던 두려움은 자동적으로 걷혔습니다. **마야**는 자기가 벌이고 싶은 만큼 많은 게임을 벌입니다. 세상의 모든 사람들이 그녀를 머리에 이고 춤을 출 정도입니다. 설사 최대의 슬픔에 직면한다 해도 아무도 환幻을 떠나지 않습니다. **마야**를 더욱 사랑할 뿐입니다. 그녀의 상품들은 조악하지만 고객들의 숫자는 늘어만 갑니다. 그녀는 한 사람도 자신을 떠나지 않도록 하기 위해 온갖 노력을 다 합니다. 여러분은 수행을 아주 미세하게 계속해 나가면서 자신을 **브라만**으로 여겨야 합니다. 설사 일체를 포기하는 사람이 있어도, **마야**는 권력 등 많은 것을 제공하면서 늘 그를 자신의 통제권 안에 두려고 합니다. 그녀는 늘 그렇게 하고 있습니다. 따라서 여러분은 알아차려야 합니다. 초연한 상태로 머무르십시오. 조심하십시오. **마야**의 함정에 걸려들지 마십시오. 지금까지 해탈한 사람들은 **마야**에 주의를 기울이지 않는 것을 그들의 종교(다르마)로 삼았습니다. 우리는 우리의 종교를 포기할 수 없습니다. 우리의 **진정한 성품**, 곧 **실재**와 하나가 되는 것이 우리의 유일한 종교이고, 단 하나의 참된 종교입니다.

오늘은 우리의 금식일인 에까다쉬(Ekadashi)[26]입니다. 과일만 먹어야 합니다. 스승이 여러분에게 베푼 **진리**인 그 과일을 깊이 즐겨야 합니다. 다

---

26) *T.* 음력 보름이나 그믐에서 열 하루째 날. 영적으로 좋은 날이며, 전날 해질 무렵부터 아침 해가 뜬 얼마 후까지 단식하는 것이 권장된다.

른 어떤 과일도 먹지 마십시오. "나는 브라만이다"가 그 과일식食의 음식입니다. (그것을) 많이 먹는다 해도 여전히 에까다쉬 날의 금식을 지키는 것입니다. 단 하나의 자리, 곧 실재만을 가지고 있는 것을 '에까다쉬'라고 합니다. 여러분 자신의 진아성인 그 자리를 떠나지 마십시오. 이 에까다쉬를 지키는 사람은 빤다르뿌르(Pandharpur)로 성지순례를 떠나야 합니다. 그러나 우리의 몸이야말로 저 빤다르뿌르입니다. 어떤 기차표도 살 필요가 없습니다. 이 몸 안에 있는 진아가 빤다리(Pandhari-빤다르뿌르)의 왕이고, 빗탈라 신 자신입니다. 이것이 참된 성지순례입니다.

여러분은 이와 같이 헌신을 키우고, 스승의 마음에 흡족함을 안겨드려야 합니다. 만약 누가 여러분을 세속적이라고 부르면 화를 내야 합니다. 참된 '지자知者', 곧 진인들은 세속적이지 않습니다. 그들이 세속인들처럼 행동합니까? 그들의 일상생활은 영적인 것이 됩니다. 이 세계의 겉모습 전부가 브라만입니다. 두 번째가 없는 오직 이 하나가 있습니다. 여러분이 이와 같이 행동하면서 헌신을 키우면 목표에 도달할 것입니다. 이것은 위로 올라가는 여정입니다. 이 마야를 넘어서면 여러분이 구원 받을 것입니다. 그렇지 않으면 마야가 여러분을 타고 다닐 것입니다. 베다조차도 (그녀에게는) 두 손 들었습니다! 여러분의 무욕이 증장되면 마야는 그냥 여러분을 떠나 도망칠 것입니다. 그녀는 물론 여러분을 매혹하려 들겠지만, 거기에 주의를 기울이면 안 됩니다. 자신이 브라만이라는 느낌을 가지고 머무르십시오. 그것이 마야를 도망가게 만드는 것입니다. 우리가 늘 신을 기억할 때 마야가 무엇을 할 수 있습니까? 그 하나인 진리에 대한 이해 속에서 사십시오. 그러면 여러분은 락슈미(부의 여신)가, 그녀에게 무관심한 사람에게는 노예가 되지만, 그녀를 쫓아다니는 사람은 거지로 만들어 버린다는 것을 체험할 것입니다.

1934년 12월 6일 저녁

39. 진아는 걱정에서 벗어나 있다

여러분은 **진아**이며, 그것이 **지복의 본질**입니다. 행복은 우리 자신의 내적 존재의 성품입니다. 여러분의 마음이 만족하고 있다면, 그 만족이 모든 외부 여건 속에서도 존재할 것입니다. 그러나 우리가 감각대상에서 행복을 얻는다고 생각하면 미혹됩니다. 이것이 모두가 범하고 있는 잘못입니다. 자신이 몸이 아니라 **진아**일 뿐이라는 것을 확신한다면, 어떻게 슬픔을 가질 수 있겠습니까? (그런 확신이 있을 때는) 어떤 일이 일어날까요? 여러분이 무슨 말을 하고 무엇을 하든, 일어나도록 정해져 있는 일만 일어날 것입니다. 그러니 우리가 왜 걱정을 합니까? 어떤 사람이 자기 집이 무너질 거라고 걱정하고 있었습니다. 한 **진인**이 그에게 말했습니다. "집이 무너진다 해서 그대가 무엇을 잃는가? 나를 믿고, 걱정하지 말게." 그는 **진인**의 조언을 따랐고, 며칠 안에 뜻밖에도 수십만 루피의 돈을 받았습니다. 그러자 그는 자신의 낡은 집을 손수 헐고 새 집을 지었습니다. 그 집은 분명히 무너지게 되어 있었습니다. 무너졌지만, 거기서 좋은 결과가 나왔습니다. 새 집을 지었으니 말입니다. 일어나도록 정해진 일은 틀림없이 일어날 것입니다. 어떤 일도 걱정해서는 안 됩니다.

모두가 미래에 무슨 일이 일어날지를 걱정합니다. 미래에 모든 사람에게 나쁜 일이 닥쳐올까요? 모두가 걱정을 합니다. 걱정하지 마십시오. 여러분의 아버지는 여러분을 걱정하다가 세상을 떠났습니다. 아버지가 없다고 해서 여러분이 지금 굶어죽습니까? 쓸데없이 걱정하지 마십시오! 그것이 **무지**라는 것입니다. 일어나는 일은 뭐든 일어나라 하고, 어떤 것에 대해서도 걱정하지 마십시오. 여러분이 **진아**라는 확고한 믿음을 가지십시오. 걱정하는 사람은 결코 행복하지 않을 것입니다. 아이들은 행복합니다. 왜 그렇습니까? 아이들은 걱정을 하지 않기 때문입니다. **브라만의 지**知를 가지고 있음에도 걱정을 하는 사람은 **내적 행복**을 즐기지 못할 것입니다. 걱정하는 사람은 결코 행복하지 않을 것입니다. **브라만의 지복**을 목표하는 사람은 모든 근심 걱정을 놓아버려야 합니다. 근심을 놓아버리는 사람은 굉장히 행복합니다. 단 '하나의 길'이 있습니다. 기꺼이 포기할 자세가 되어 있어야 합니다. 설사 왕국을 준다 해도 아무 욕망이 없어야 하고, 세계가 물에 잠긴다 해도 상관하지 말아야 합니다. 근심이 늘어나면 혼란밖에 없습니다. 우리는 이 전체 세계를 거짓이라고 하는데, 어떻게 근심이 우리에게 영향을 줄 수 있겠습니까? 그것 자체가 거짓인 것에 대해 어떤 필요를 느끼지 마십시오. 반지에 금이 있습니다. 그 반지에 금밖에 없는데도 우리는 그 금을 '반지'라는 이름으로 부릅니다. 세계는 **브라만**일 뿐입니다. 이 세계에는 **브라만**만 있습니다. 그것은 여러분이 보는 대로 여러분에게 나타날 것입니다. **진인들**은 여러분이 죽을 존재가 아니고, 여러분이 곧 **브라만**이라고 말합니다. 만일 여러분이 확신하고 있으면 근심이 없을 것입니다. 이에 대해 신뢰와 믿음을 가지십시오.

여러분은 탄생과 죽음이 없습니다. 우리가 몸이 죽었다고 말할 때 그것은 무슨 뜻입니까? 원소들이 자신의 본체로 돌아간 것입니다. 그러니 누가 죽었습니까? 태어난 뒤 어떤 이름을 받은 것만 죽었습니다. 그 이름만 죽은 것입니다. 여러분은 결코 죽지 않습니다. 여러분에게 부분은 없지만, 그러면서도 여러분은 하나의 부분입니다. 입자에서 우주에 이르기까지, 우주에서 입자에 이르기까지, 여러분은 일체에 편재하지만, 그러면서도 그 이상입니다. 여러분이 남들의 슬픔을 받으면 슬픔을 느낍니다. 남들에 대해 걱정하면 안 됩니다. 몸은 찬양받으라 하고, 지구보다 더 크고 위대한 존재로 머무르십시오. 완전해지십시오. 몸이 움직이고 있으면, 움직이라 하십시오. 허공, 즉 하늘은 움직이지 않습니다. 여러분도 움직이지 않습니다. 이 지혜를 가지고 있으면 여러분이 **브라만**이고, **절대자**입니다. '**까르나**(Karna)'[27]라는 단어는 귀담아 듣는 사람이라는 뜻입니다. 영적인 가르침을

---

27) T. 『마하바라타』에서 아르주나와 맞서 싸우게 되는 그의 배 다른 형. Karna는 남들이 자신에 대해 무슨 말을 하는지에 대해 귀를 기울이는 사람이었다고 한다.

귀담아 들되, 그것을 귀에만 국한시키지 마십시오. 그에 따라 행동하십시오. 행동하는 사람만이 이익을 얻을 것입니다. **참스승**의 가르침을 실천에 옮기는 사람은 **브라만**을 성취할 것입니다. 그 영적 가르침을 귀담아 듣고, 이해하고, 실천에 옮겨야 합니다. 그러면 여러분이 행복할 것입니다. 여러분은 자신의 믿음에 따라 체험을 얻게 될 것입니다. **생명력**으로서의, **생명기운**으로서의 신을 명상하면 여러분이 **생명기운**이 될 것입니다. 우리는 세속적이지 않습니다. 자신이 한 개인이라는 개념을 버리십시오. 여러분이 실제로 한 사람의 **진인**으로서 살면 **브라만**의 상태를 성취할 것입니다. **진아**로서 살면, 여러분이 **전능한 신 나라야나**와 하나가 될 것입니다.

1934년 12월 7일 저녁

40. 나에 대해 명상하라

진아는 근심이 없습니다. 환幻에 대한 여러분의 변화무쌍한 애착이 사라져서 마음이 고요해지고 나면, 자신이 **브라만**이라는 것을 체험할 것입니다. **싯디**들은 몸에 의존합니다. 그것들은 환幻에 대한 열의를 창조하고, 그러면 마음이 다시 진동하기 시작합니다. 즐거운 열의가 있는 곳에는 환幻을 향한 충동이 있습니다. 비상한 희열, 곧 '**지복껍질**(Anandamaya)'조차도 환幻에 대한 영감을 주는 요인입니다. 두 가지 즐거움에 공히 일종의 유사성이 있습니다. 환幻은 즐거움을 주고, 즐거움은 고통을 가져옵니다. 들떠 있다가 피로해지는 것은 연이어 번갈아드는 상태들과 같습니다.

이제 이런 태도가 언제 어떻게 나타나는지 부디 잘 들으십시오. 여러분의 주의가 갈수록 **진아**에 집중되면 **싯디**들이 부수적으로 나타나지만, 이 능력을 사용하면 집중을 잃게 됩니다. 그 유혹은 속임수일 뿐입니다. 그것은 환幻의 미끼에 지나지 않습니다. 싯디의 주된 목적은 사람을 속여서 그를 환幻 속의 함정에 빠트리는 것입니다. 싯디에 네 가지 유형 혹은 등급이 있는데, (1) 타고난 능력, (2) 약물에 의해 생기는 능력, (3) 만트라에 의해 생기는 능력, (4) 다양한 요가적 행법에 의해 생기는 능력이 그것입니다. 한 가지 능력은 쁘라나(Prana)[생명기운]와 아빠나(Apana)[몸에서 공기나 가스를 제거하는 생기]의 통일에 의해 얻어집니다. 어떤 능력은 타고나는 것입니다. 물고기는 물에서 헤엄칩니다. 그것은 자연스러운 것이고, 물고기에게는 본능입니다. 이것을 타고난 능력이라고 합니다. 어떤 능력이나 기능들은 약물에 의해서 일깨워집니다. 어떤 능력은 어떤 고행이나 의식을 행해서, 또는 어떤 신체적 노력을 해서 얻어집니다. 어떤 능력들은 만트라를 염하면 성취됩니다. 물고기가 물에서 헤엄치거나 새들이 공중을 나는 성질은 타고난 능력입니다. 뻐꾸기는 아주 자연스럽게 멋진 가락으로 지저귑니다. 그런 능력들을 타고난 능력이라고 합니다. 약물을 쓰면 다양한 방식으로 육신을 보호할 수 있습니다. 예를 들어 사람들이 독毒을 꾸준히 섭취하는 습관을 들이면 갈수록 많은 양의 독에 대해 내성耐性을 가질 수 있습니다.

고행이나 의식에 의해 얻는 능력은, 사람이 불에 의한 어떤 시련을 겪어 내거나, 하타요가 행법을 하거나, 심지어는 시체 위에 앉아서 어떤 만트라 어구를 염하는 것으로도 얻어집니다. 어떤 이들은 사람들 몸에서 뱀의 독을 완화시켜 줄 수도 있습니다. 어떤 사람은 주술행위를 할 수도 있습니다. 그러나 이런 식의 어떤 것도 하지 않고 진아에만 집중하면 모든 능력이 자연히 그 사람에게 하사됩니다. 아빠나 기氣는 매우 강력하지만, 아주 무겁기도 합니다. 그래서 몸이 날아가 버리지 않고 안정되지만, 그것은 워낙 강력하여 (그것을 사용하면) 큰 집채도 움직이거나 던져버릴 수 있습니다. 그렇지만 의식이 들어가면 아빠나와 쁘라나가 통일되고, 평안이 지배합니다. 감각대상들은 세계라는 겉모습 안에 있고, 그것들에 집중하면 주의가 밖으로 나갑니다. 브라만은 가장 깊숙한 안에 있습니다. 마음의 주의를 브라만에게 집중하면 그것이 안으로 향하게 되고, 쁘라나와 아빠나가 자연히 그런 식으로 통일됩니다. 그것들이 그렇게 통일되면 의식이 이원성을 잃고 우리가 브라만을 성취합니다. 우리가 진아를 성취하고, 네 가지 유형의 해탈을 얻습니다.

신은 말합니다. "만일 어떤 사람이 여러 가지 능력을 얻는 데 집중하면 그는 나에게 오지 못한다. 나의 헌신자들은 싯디를 욕망하지 않고, 나는 그들에게 명예를 하사한다. 나는 그들을 숭배한다. 모두가 그들을 숭배한다. 모든 능력의 참된 소유자는 나 자신이고, 나의 헌신자는 곧 나일 뿐이다. 나는 나 자신, 곧 전능자이다. 모든 능력은 바로 나의 성품이고, 그래서 나는 '전능하다'고 불린다. 헌신자가 나를 성취할 때 그는 나와 하나가 된다. 즉, 그 자신이 신이다. 그는 본질, 곧 모든 능력들의 진아를 성취한 것이다. 그럴 때 그는 아무것도 원치 않는다. 그는 왕이고 전체 왕국의 영광이 그의 것이다. 많은 하인들이 그에게 봉사한다. 그 왕이 참으로 만인의 군주이다. 많은 능력, 많은 싯디가 있지만, 그것이 존재할 수 있으려면 그것들 안에 진아가 있어야 한다. 진아 없이는 아무것도 존재할 수 없다. 그래서 모든 능력, 모든 힘, 모든 기예技藝의 진아는 곧 그 헌신자이고, 따라서 그는 신이다. 나는 나의 헌신자와 하나이다. 어느 존재(being) 안에도 나 외에 다른 어떤 진아도 없다. 이것이 두 번째가 없는 하나됨이다. 이것은 나만이, 혹은 나의 헌신자만이 안다. 남들은 이 신비를 모를 것이다. 어떤 사람이 모든 능력의 소유자가 되면 세간적 부富, 곧 부富의 여신 락슈미를 포기하지만, 그래도 그는 락슈미의 남편이 된다. 모든 싯디를 걷어차 버리는 사람이 참된 싯다(Siddha)가 된다. '단 하나의 싯다'인 진아, 곧 아뜨마싯다(AtmaSiddha)만이 있다. 이 하나가, 그의 참된 성품(Swaroopa)에 의해서 스승이다."

1934년 12월 8일 오전

41. 범속한 세간적 삶에 대한 탐닉을 포기하라

스승은 여러분이 브라만이라고 말합니다. 그러나 환幻은 워낙 매혹적이어서, 구도자는 자신이 브라만이라는 것을 알면서도 여전히 자신을 한 개인으로 생각합니다. 이것은 대상들에 대한 탐애貪愛 때문입니다. 탐애(욕심) 자체가 환幻입니다. 탐애가 끝이 나면 환幻도 끝납니다. 환幻이 끝이 나면 남는 것은 브라만입니다. 환幻의 방식이 그와 같습니다. 그러니 성자가 하는 말의 타당성을 의심하지 마십시오. 그렇지 않으면 수백만 번의 생사윤회를 할 수밖에 없게 됩니다. 지성(intelligence)이 진아에 동조하게 하기 위해서는 스승의 은총이 필요합니다. 우리의 지성을 진아와 결합시킬 필요가 있습니다. 이것은 "내가 그다(Soham)"가 마음속에 자리 잡은 개념이 되어야 한다는 뜻입니다.

가장 나쁜 습習은 세속적 삶입니다. 그것을 '가장 큰 탐닉'이라고 합니다. 세속적 삶에 대한 이 탐닉의 힘에 의해 빠라마뜨만이 자신을 한 개인이라고 믿게 되고, 마치 감옥에 갇힌 듯 세속적 삶을 살아가지 않을 수 없게 됩니다. 모든 악습을 놓아 버릴 수는 있어도 범속한 삶에 대한 탐닉은 가장 놓아버리기 어렵습니다. 아내는 남편에게 복종하는 동안은 남편에게 사랑스럽습니다. 범속하고 세속적인 삶은 깜깜하게 어두운 삶이라고 불립니다. 환幻이 가진 최대의 유혹은 이 범속한 삶입니다. 사람의 슬픔이 아무리 크다 해도 이 탐닉은 놓아지지 않습니다. 만약 이 탐닉이 놓아진다면 그 사람은 대단히 복이 있습니다. 세속적 삶을 비난하는 단 한 사람이 있으니, 그는 곧 성자입니다. 달리 누구도 그러지 않습니다. 사람은 더없는 어려움을 겪어도 이 이승의 삶을 떠날 생각조차 하지 않습니다. 사람들은 남들에게 공손하게 말하고 사소한 일에도 서로를 축하하면서 그들과의 유대를 강화하려고 애씁니다. 사람들은 더 많은 명예와 지위를 얻기 위해 서로 경쟁합니다. 이런 식으로, 그들은 자신이 행복한 삶을 살고 있다고 느낍니다. 그들은 마치 그것이, 나쁘지만 훌륭한 습관인 것처럼 행동합니다. '죽음의 신'은 즐거이 여러분에게 온갖 종류의 몸들과 갖가지 문제들을 안겨줍니다. '내 것'이라는 느낌을 포기하십시오. 몸은 여러분의 적敵이라는 것을 아십시오. 이것을 참으로 이해한 사람은 극소수입니다. 진아인 스승의 축복을 받을 만큼 복이 있는 사람들만이 올바른 노력에 의해 이 환幻에서 탈출할 수 있습니다. 다른 모든 사람은 갖가지 몸으로 환생하여 삶의 쳇바퀴에 속박되며, 다양한 형태와 수명을 가진 몸들의 집을 짓습니다.

이렇게 사람으로 왔을 때 참스승의 가르침으로 비추어지는 사람은 복이 있습니다. 이 사람 몸을 가지고서만 '진아의 지복'과 해탈을 얻을 수 있습니다. 여러분이 살날은 매우 적습니다. 그러니 기회가 왔을 때 자신을 자유롭게 하십시오. 이 해탈은 참스승의 가르침을 통해서만 가능합니다. 그러니 스승에게 믿음을 가지고, 정확히 그가 하라는 대로 하십시오. 모든 사람은 영적인 삶을 지향하는 사람을 숭배합니다. 그러나 아주 학구적이라고 자처하는 사람들은 갖가지 의심을 일으켜 아주 그릇된 방식의 영적인 삶을 영위하다가, 결국 불행해지고 남들도 불행하게 만들 뿐입니다. 지나치게 영리한 사람은 참으로 아무 쓸모가 없습니다. 그는 자신과 남들에게 큰 손해를 안겨줍니다. 그는 자신의 자부심 때문에 고통 받습니다.

실재를 성취하는 사람은 어떤 소망이나 욕망으로도 고통 받지 않습니다. 전능한 신이 그의 복지를 몸소 돌봐줍니다. 그런 사람이 장님이든 절름발이든, 신이 직접 한 가지 약속을 했습니다. "나는 나를 명상하는 사람의 복지를 돌봐준다." 영적인 사람은 결코 누구의 노예도 되지 않을 것입니다. 그러니 걱정하지 마십시오. 신을 여러분의 친구로 삼으십시오. 신[라마]의 보호를 받는 사람에게 누가 괴로움을 안겨줄 수 있습니까? 그에게 하늘의 별만큼 많은 적이 있다 해도, 스승의 축복이 있으면 누가 그의 머리카락 한 올도 건드리지 못합니다. 스승에 대한 믿음을 가진 사람은 누구도 두려워하지 않습니다. 스승의 축복이 있다면 어떤 것을 원할 무슨 필요가 있습니까? 설사 어떤 사람의 운명이 최악이라 할지라도, **스승의 축복**이 많은 것을 변화시킵니다. 이 점을 베다에서 계속 힘주어 말하고 있습니다. 베다에 믿음을 가지십시오. 자기 자신을 **브라만**으로만 생각하십시오. 여러분의 지성을 스스로 통제할 수 있으면 성공을 거둡니다. 지성을 통제하고 스승에 대한 믿음을 가지십시오. 그와 같이 하면 쉽게 구원될 것입니다. **참스승**을 신뢰하십시오. 그는 분명히 여러분을 구원할 것입니다. **참스승**을 기억하면 **환**幻은 달아나고 덕이 계발됩니다. 이와 같은 사람이 말을 하면 그것은 **성자**들의 가르침이고, 그것이 아주 쉽게 나옵니다.

사람들이 중히 여기는 세간의 사물들은 늘 두려움을 낳습니다. 세속적인 사람들의 의견을 귀담아 듣고 어떤 행위를 하면, 온갖 두려움이 늘어납니다. 우리는 **환**幻 속에서 나타나는 그런 것들을 유지하기 위해 애쓰다가 완전히 기진맥진하게 됩니다. 왜냐하면 그런 것들은 궁극적으로 사멸하기 때문입니다. 반면에 **성자**들의 이야기에 귀를 기울이면 두려움이 없어집니다. **성자**들의 말을 경청해서 얻는 것, (그 가르침에 따라) 성취하는 것은 사멸하지 않습니다. 영적인 성취는 행복으로 충만해 있습니다. 영적인 삶에서 체험을 얻을 때, 여러분이 받은 **참스승의 축복**을 알게 될 것입니다. 그러면 여러분이 얼마나 더 행복해질지 모릅니다. 그리고 여러분을 비웃던 사람들이 처한 비참한 상태를 목격할 것입니다. **주 하리**[비슈누]에 대한 **헌신**을 닦다가 죽는 사람은 복됩니다. 그의 행운을 누가 묘사할 수 있겠습니까? 본인만이 자신의 큰 행운을 압니다. 그는 **빠라마뜨만**일 뿐입니다. 여러분은 성자 뚜까람처럼 신들 중의 신이 될 것입니다. "나는 어느 **성자**에게서 **단 하나인 지고의 진리**를 들었고, 모두의 아버지들의 아버지가 되었다. 나는 신이 되었다. 그렇지 않다면 나의 삶은 허비된 것이다."

요컨대 사람들은 당나귀와 같습니다. 결코 귀담아 듣지 않습니다. 왜냐하면 타고난 업장業障이 두텁기 때문입니다. 그러나 귀담아 듣는 사람들은 **진아 깨달음**을 얻을 것입니다. **참스승**에 대한 봉사 속에서 희생하겠다는, 그리고 신 **하리**의 명호를 간직하기를 결코 멈추지 않겠다는 서원을 세우십시오. **빠라마뜨만**은 부동의 믿음을 가진 사람 가까이에 있습니다. 제가 방금 말했듯이, 이미 설명한 영적인 삶의 길을 여러분이 걸어가면, **빠라마 뜨만**인 여러분의 신적인 **벗**(선지식), **참스승 바우사헵 마하라지**의 인도와 보호를 받게 될 것입니다. 그분이 여러분의 집과 재산을 지켜주고 계십니다.

믿음을 가진 사람들은 그 증거를 얻고 있고, 이것은 헌신자들이 잘 아는 사실입니다. **까마데누**(Kamadhenu-소원성취우)는 충실한 이들에게만 모든 소원을 들어줄 것입니다. 신은 여러분의 믿음에 따릅니다. 여러분이 그에게 성질이 있다고 생각하면 그는 성질이 있습니다. 여러분이 그가 무형상인 것을 선호하면 그는 무형상입니다. 그를 숭배하지 않아도 저주는 없습니다. 그를 숭배해도 아무런 보상이나 특별한 축복이 없습니다. 사람은 자신의 믿음에 따라서만 체험을 얻게 될 것입니다. 분명하게 설명하고 의심을 없애주는 것이 **성자들**의 일입니다. 그것을 받아들이는 사람에게는 그것이 유용하겠지요. 받아들이지 않는 사람에게는 누구도 강요하지 않습니다. 누가 무슨 생각을 하든 자기 마음대로입니다. 신은 사람의 믿음에 따릅니다. 어떤 사람이 머리를 삭발하고 그 머리를 신에게 바쳤습니다. 신은 그를 곰으로 태어나게 했습니다. 만일 여러분 자신을 완전히 내놓으면, 여러분은 **지고아 빠라마뜨만**이 될 것입니다. '그것'을 성취하게 됩니다.

1934년 12월 8일 저녁

42. 그대가 빠라마뜨만임을 알라

어떤 일도 먼저 올바르게 이해한 다음에 해야 합니다. 그런 다음 그것이 제대로 되었을 때, 그 일은 유익한 것이 됩니다. 개아는 세 가지 성질로 되어 있습니다. 첫 번째는 **사뜨와적**(Sattvic), 두 번째는 **라자스적**(Rajasic),

세 번째는 **따마스적**(Tamasic)입니다. 악덕의 의미는 더러운 것들을 좋아한다는 것입니다. 그것이 **따마스**입니다. **라자스**는 장엄함과 세속적인 것들을 좋아하고, 칭찬·명예 등을 받고 싶어 하는 것을 의미합니다. **사뜨와**의 성질을 가지고 있다는 것은 수행을 하고, 명상을 하고, 보시를 하고, 예배하고, 헌가를 부르고, 공식적인 예공(Pooja)을 하는 것 등을 의미합니다. 이런 모든 것의 목적은 무엇입니까? 우리가 그런 것을 하는 이유는 장차 **스승**을 만나 세속적 삶에서 벗어나고 싶은 욕망 때문입니다. 이것이 아주 필요하기 때문에 우리는 **사뜨와** 성질을 중요시합니다. 스승이 여러분을 만나면 "그대가 **신**이다"라고 말해줍니다. 그런 다음 여러분이 그 태도를 계발해야 합니다.

학생이 시험을 통과하여 상급반으로 진급하면 더 이상 하급반에 앉아 있어서는 안 됩니다. 왜냐하면 이미 진보했기 때문입니다. 여러분은 **지고아 빠라마뜨만**이지만, 자신을 **빠라마뜨만**으로 깨닫는 상태는 아직 성취하지 못했습니다. 그것을 어떻게 성취합니까? 여러분이 이 목표에 따라서 살아야 합니다. 예를 들어 여러분이 법률가라면, 필요한 모든 것을 해서 소송에서 이겨야 합니다. 여기서는 마음이 재판장일 것입니다. 그것의 판단이 참된 판단입니다. 우리는 자신이 **신**이라는 것을 완전히 확신해야 합니다. 어느 미친 사람에게 아주 지혜로운 사람이 이렇게 말해주었습니다. "너는 미치지 않았다. 사람들이 너를 미쳤다고 잘못 말하는 것이다." 미친 사람에게 이 말을 해주고 나자 그에 따라 내면에서 변화가 일어났습니다. 이따금 이상한 행동이 불쑥불쑥 나올 때도 있었지만, 그는 자신이 지혜롭다고 믿으려고 열심히 노력했고, 이내 그의 개념이 바뀌면서 미친 증세가 사라졌습니다. 사람은 누구나 자유(해탈)를 성취할 권리가 있습니다. 남자·여자·어린이 같은 어떤 구분도 없습니다. 그러나 각자 **수행**(Sadhana)을 해야 합니다.

한때 어떤 제자가 있었는데, 자기 **스승**에게서 가르침을 받았지만 이전의 태도를 포기하지 않고 있었습니다. 그는 특이한 청결의식을 가지고 있었습니다. 그의 관념은, 더러운 흙에 닿지 않기 위해 나무 위로 기어 올라갈 정도였습니다. 그는 나무 위에 살면서 빗물만 받아 마셨고, 땅은 더럽다고 계속 믿었습니다. 스승이 이것을 알고 그를 찾아갔습니다. 스승은 제자가 아주 유명해져 있다는 것을 알았습니다. 사람들이 그 나무 주위에 상당히 큰 둥근 단을 건립한 다음, 온갖 장엄하고 화려한 많은 장식을 해 두었습니다. 제자는 나무 밑으로 내려오는 것을 좋아하지 않았습니다. 그에게는 흙이 더러운 것이었기 때문입니다. 스승이 찾아가서 나무 위에 있는 그를 불러 말했습니다. "자네 내려오게." 제자가 말했습니다. "저는 흙에 접촉하지 않겠습니다." 스승이 물었습니다. "지금 자네는 어디에 앉아 있나?" "이 나무 위에 있습니다." 그러자 스승이 말했습니다. "나무는 흙의 일부인데 자네는 이 나무 위에 있군. 나무와 흙은 별개가 아니야. 자네는 상상으로 그것들을 분리했지만, 나무를 흙에서 분리할 수가 없어. 나무는 흙의 자식이고, 따라서 흙에서 분리할 수가 없지. 그것은 통째로 흙의 일부야. 자네는 자신의 상상에 의해 숨이 막히고, 이런 식으로 자네 자신이 더러워졌어. 자네가 순수해지고 전 세계와 하나가 되라고 내가 만트라를 주었는데, 자네는 상상으로 분리의 관념과 순수·불순수의 관념에 집착하고 있고, 자네 자신이 불순수해졌어. 자네는 이제 **브라만** 외에는 아무것도 없다는 깨달음을 얻기에 적합하지 않네. 그래서 자네에게는 **진아지**가 없는 것이고, 앞으로도 일체가 단 **하나의 절대적 브라만**이라는 것을 깨닫지 못할 것이네." 이 말을 듣자 제자는 자신의 어리석음을 깨닫고 두려워하면서 나무에서 내려왔습니다. 그러자 **스승**이 말했습니다. "자네의 에고를 씻어내기 위해서는 여섯 달 동안 돼지우리에서 살아야 할 것이네."

 스승이 **지**知를 베풀면 우리는 이전의 모든 의식儀式을 떠나서 스승이 조언해 주는 수행만 해야 합니다. **스승**에게 완전히 헌신해야 합니다. 많은 신들을 숭배하지 마십시오. 여러분이 곧 **신**임을 이해했는데, 왜 자신을 한 개인이라고 생각합니까? 만일 여러분이 왕인데 여전히 그 점에 대해 환적인 의심을 품고 있다면, 여러분의 왕위를 어떻게 유지할 수 있겠습니까?

부디 온 마음을 다해서 **참스승** 앞에서만 절하십시오. 다른 신들 앞에서 절을 하면 안 됩니다. 그들의 존재를 별개로 인식하거나 확신해서도 안 됩니다. 설사 베다에 정통한 학자들이 있다 해도, 먼저 여러분의 **스승**에게 절을 해야 합니다. 왜냐하면 **스승**은 여러분에게 신의 지위를 베풀었기 때문입니다. 여러분의 스승만 숭배하십시오. 스승이 전 우주의 **전능한 하느님**이라고 생각하십시오. "나는 **브라만이다**"라는 이해에 도달하십시오. 여러분의 **신성**神性을 내버리고 한 단계 내려가지 마십시오. 여러분의 신성은 여러분의 행위로써 증명될 것입니다. 여러분의 실체를 확신해야 합니다. 어떤 힌두가 무슬림이 되고 싶다고 선언하면, 그를 기꺼이 개종시켜 줄 사람들이 있습니다. 여러분이 자신을 한 개인이라고 말하는 즉시 **환**幻(마야)은 아주 기뻐하면서, 여러분을 진정한 성품에서 벗어나게 하여 자신의 제도 안에 가두어 버릴 것입니다.

많은 신들을 숭배하느라고 여러분의 **신성**을 잃지 마십시오. 여러분의 영적인 공부를 증명하십시오. 앞에서 이미 설명하고 언급했듯이, 여러분은 **지고아 빠라마뜨만**입니다. 그 지위에서 내려오지 마십시오. 다른 많은 신들을 숭배하지 마십시오. 그렇게 하면 여러분이 왜소해집니다. 설사 **창조주 브라마**가 여러분 앞에서 여러분이 신성神性을 잃지 않을 거라고 말한다 해도, 다른 많은 신들을 숭배하지 마십시오. 『바가바드 기타』에서 **크리슈나**가 이렇게 조언했습니다. "모든 종교를 떠나서 오직 나[진아]에게만 그대 자신을 내맡겨라." 쓸데없는 활동에 몰두하지 마십시오. 많은 신들을 숭배해 봐야 쓸데없습니다. 그러지 마십시오. 만일 남들이 그러고 있으면 그러라고 하십시오. 여러분은 오직 **진아**만 기억하고, 세상 사람들은 계속 싸우도록 내버려두십시오. 다른 신들을 숭배하는 이들은 그러라고 하십시오. 여러분은 **라마**, 곧 신이 되어야 합니다. 여러분이 **라마**입니다. 의식을 많이 거행하면 여러분에게 많은 것이 생길지 모르지만, 그런 것들은 여러분을 압도하고 복속시킬 뿐입니다. 스승은 말합니다. "그대의 권위에 모두가 복종해야 한다." **빠라마뜨만**의 상태를 성취해야 합니다. 만일 여러분이 자기 앞에 작은 신들을 많이 둔다면, 어떻게 여러분이 **빠라마뜨만**이 될 수 있겠습니까? **진아**로서 머무른다는 것은 집착을 가지고 하는 장중한 의식儀式을 하지 않는 것입니다. **스승의 축복**을 받지 못하고 있는 동안은 많은 의식을 거행할 수도 있겠지만, 축복을 받고 나서도 작은 신들을 숭배하면 여러분이 왜소해집니다. 여러분은 자신이 숭배하는 그것이 됩니다. 자신을 비천하게 하면서 자신을 개아라고 불러서는 안 됩니다.

   빠라마뜨만이 누구를 숭배하겠습니까? 여러분이 **빠라마뜨만**입니다. 작은 신들은 여러분을 보기만 해도 두려워해야 합니다. 어떤 사람이 귀신에 씌었다면, 그 귀신은 여러분을 보자마자 달아날 것입니다. 만일 여러분이 귀신에게 존경심을 보이면 그것이 여러분을 집어탈 것입니다. 그러면 여러분의 신성神性이 어디에 있겠습니까? 여러분이 개인이 되자마자 귀신은 여러분을 압도할 것이 분명합니다. 심지어 그 귀신이 여러분을 잡아먹기도 할 것입니다. 여러분의 신의 지위를 개인의 지위와 맞바꾸지 않도록 매우 조심하십시오. 무의미한 의식들을 포기하십시오. 황제처럼 되십시오. 왜 몸의 신성함이나 그 밖의 상태들을 걱정합니까? **진아**는 지극히 자비롭고 지극히 순수합니다. 여러분은 언제 **스승의 축복**이 큰 기적을 일으켰다고 말할 수 있습니까? 여러분 자신이 **브라만**이라는 것을 알 때일 뿐입니다. 작은 신들은 스승의 **아들**, 곧 참으로 드높은 존재인 자를 보자마자 달아납니다. 술을 마시면 안 됩니다. 왜냐하면 술에 취하면 큰 실수를 할 수 있기 때문입니다. 거짓된 상상은 술과 같습니다. 작은 신들이 여러분의 미신적 개념을 꽉 붙들고 있으면, 여러분은 거짓된 상상 때문에 큰 손해를 봅니다. 거짓된 상상은 남들과 여러분 자신에게 해를 끼칩니다. 그렇게 하는 것은 다름 아닌 여러분입니다. 한 가지만 하십시오. 여러분 자신의 **진아**의 상태를 잃지 마십시오. 그거면 됩니다. 이것이 **최고의 헌신**입니다.

   우리 자신의 **진아** 안에 머무르는 것이 **참된 종교**입니다. 다른 어떤 **수행**도 없고, 다른 어떤 **신**도 없습니다. 속지 마십시오. 의식儀式은 베다와 같은 교의敎義에 구속되는 사람들을 위한 것입니다. 일상생활 속에서 자신이 빠라마뜨만이라는 믿음을 유지하십시오. 이것을 잊지 마십시오. 이런 식으로 아주 예리하게 관찰할 필요가 있습니다. 올바르지 못한 것을 바른 길로 잘못 알거나, 진정한 지知의 길을 시야에서 놓쳐 버릴 위험도 없지 않습니다. 따라서 의식儀式의 길을 너무 많이 걷지 마십시오. 그것은 헛수고입니다. 배를 채우기 위해 구걸을 할지언정, 지知의 길을 방해할 어떤 일도 하지 마십시오. 지혜인이 탁발을 하는 것은 전혀 부끄러운 일이 아니지만, 작은 신들에 대한 숭배가 지배하게 하지 마십시오. 마음이 결코 나쁜 영향력의 제물이 되지 않게 하십시오. 브라만에 대한 믿음을 잘 유지해야 합니다. 작은 신들을 숭배하기 전에 숙고하십시오. 여러분 자신이 **진리의 광휘**인데, 그런 하찮은 작은 신들이 여러분에게 무슨 소용 있습니까? 그들이 여러분에게 무엇을 주겠습니까? 바다가 강에게 마실 물을 달라고 하겠습니까? 여러분이 곧 **신**이라고 스승이 선언하는데, 왜 여러분은 개아일 뿐이라고 주장합니까? 그것은 여러분 자신이 어리석은 것입니다. 더 이상 그러지 마십시오. 여러분이 곧 **빠라마뜨만**이라는 올바른 개념을 자신이 잘 유지하고 있는지 자주 점검하십시오. 이것은 여러분이 늘 **그것을** 의식하고 있어야 한다는 뜻입니다. 한 순간도 결코 **그것을** 잊어버리지 마십시오. 여러분 자신의 **의식**을 지키면 **진아 깨달음**을 얻는 데 시간이 얼마나 걸립니까? 그것은 늘 있습니다. 실제로 그와 같이 살아야 합니다. 여러분이 저 **빠라마뜨만**, 즉 모든 신들이 그 바퀴들을 이루는 전투마차입니다. (그 점에 대해) 어떤 실수도 하지 마십시오. 의심하지 마십시오. 여러분이 **빠라마뜨만**이라는 사실에 대해 늘 깨어 있으십시오.

사람들은 우리가 어떤 특정한 일을 하면 공덕을 얻는다고 말합니다. 왜 공덕을 원합니까? 참된 공덕은 개아인 상태를 포기하는 것입니다. (진아의 종교 아닌) 남들의 종교를 따르는 것이 죄가 됩니다. 여러분 자신인 **지고아 빠라마뜨만**이 어떻게 남들의 종교를 따를 수 있습니까? 그는 가장 위대한 자입니다. 그는 타고난 위대함에 의해, 온전하고 자연스럽게 **지고의 지복**(Paramananda)입니다. 누가 여러분에게 욕설을 하면 여러분은 그 기억을 오래 간직하지만, 여러분에게 흠뻑 쏟아지는 지知는 알아차리지도 못합니다. 그것이 여러분이 개아라는 표지입니다. 어떤 사람이 여러분을 더없이 비천한 존재로 부른다 하더라도, 여러분이 신이라는 것을 확신하십시오. 그리고 어떤 놀라운 일이 일어나는지 보십시오. 내면의 판관判官이 여러분은 신이라는 판결을 내리고 나면, 그 판결은 결코 바뀌지 않을 것입니다. 그것이 그 판결의 전부입니다. 그러면 여러분은 정말 빠라마뜨만이 됩니다. 마음이 여러분의 아내라고 가정할 때, 만약 그녀가 여러분에게 복종하지 않으면 여러분의 대장부다움은 어디에 있습니까? 매 시간 이렇게 자문해 보십시오. "너는 나와 함께 있는가? 너는 깨어 있는가?" 그 답은 "그렇다"여야 합니다. 매 순간 깨어 있어야 합니다.

신성神性을 성취하고 자신이 진아라는 의식적인 자각을 성취하기 위해서는, 세속적 이익을 위한 어떤 일도 결코 해서는 안 됩니다. 그것은 여러분의 진아에 대한 탐구를 위태롭게 할 것입니다. 그런 행위는 세속적 관점에서는 바람직할지 모르나, 브라만의 상태를 약화시키는 어떤 일도 아예 바람직하지 않습니다. 이것은 열심히 수행하는 사람에게만 가능합니다. 열심히 공부하지 않는 사람이 무엇을 성취하겠습니까? 자신이 진아라는 느낌을 계발하는 것 자체가 공덕입니다. 그 상태를 잃는 것이 죄입니다. 여러분은 스승에 대한 헌신이 무엇을 의미한다고 생각합니까? 스승에게 헌신함으로써 여러분은 모든 신들의 지배자가 될 수 있습니다. 여러분 자신을 되찾는 것이고, 여러분의 참된 성품, 여러분의 진정한 존재, 여러분의 진정한 힘을 깨닫는 것입니다. 그것이 이른바 스승에 대한 헌신입니다. 스승에 대한 헌신, 신에 대한 헌신이란, 여러분 자신의 진아, 여러분 자신의 완전성을 깨닫는 것입니다. 스승에 대한 헌신을 조금만 해도 우리는 진아 깨달음을 성취합니다. 그들의 스승에게 헌신했던 사람들은 어떻게 되었습니까? 그들 자신이 브라만이 되었고, 실재를 성취했습니다.

스승에 대한 헌신은 아주 일념이어야 합니다. 그럴 때에만 브라만을 깨닫습니다. 어떤 사람들은 말합니다. "나는 내 스승님께 봉사한다. 나는 내

스승님께 헌신한다." 그런 사람에게 제가 묻습니다. "그대는 그 헌신에서 무엇을 합니까?" (스승에 대한 헌신을 하면) 여러분이 자신의 **참된 성품**을 깨닫습니다. 여러분 자신의 **참된 소유물**을 얻습니다. 여러분 자신이 **진아**, 곧 **신**이 됩니다. 여러분이 '**진아인 신**(Atmaram)'이 되는 것입니다. 이것이 **참스승**에 대한 **참된 헌신**입니다. 스승은 워낙 강력하여 작은 신들 모두가 그를 두려워합니다. 여러분 자신의 **진아**로 머무르십시오. 여러분의 위엄을 잃지 마십시오. "나는 **브라만**이다"가 여러분의 위엄입니다. 그것을 결코 잊지 마십시오.

1934년 12월 9일 오전

43. 수행을 하는 법

사람은 다양한 **샤스뜨라**(Shastras-학문적 경전)와 **뿌라나**(Puranas-신화적 경전들)를 읽을지 모르지만, **진아지**가 없으면 다 쓸데없습니다. 이 세상에는 **해탈**에 이르는 단 하나의 길이 있습니다. **진아**를 공부해야 합니다. 5대 원소 모두가 오직 하나라는 것, 그리고 **지고아 빠라마뜨만**은 만물에 편재한다는 것을 아십시오. 이 이해에 도달해야 합니다.

처음에는 **스승**이 준 **만트라**(Mantra)에 대해 명상해야 합니다. 신참 구도자들은 (명상 중에) 노랑·하양·파랑과 같은 여러 가지 색깔을 볼 수도 있습니다. 처음에는 그것도 괜찮지만, 그런 겉모습 중 어느 것에도 특별한 의미를 두면 안 됩니다. 명상은 아침저녁에 평화로운 마음으로 해야 합니다. 아침에 일어난 뒤와 오전에 화장실을 다녀온 뒤 등의 경우에는 얼마간의 시간 동안 명상을 하여 마음을 고요히 해야 합니다. 여러분이 좌선하는 자리는 특별해야 합니다. 가능하다면 여러분이 평소에 앉거나 잠자는 데 사용되는 곳과 같은 곳이 아니어야 합니다. 이 장소는 명상 수행을 위해서만 사용하는 것이 가장 좋습니다. 밤에 어두울 때 앉아도 되고 낮에 밝을 때 앉아도 되며, 자세는 자연스럽고 편안해야 합니다. (몸은) 이완되어 있어야 하고, 근육에 어떤 긴장도 없어야 합니다. 숨을 참는 것과 같은 그런 것은 하면 안 됩니다. 쉽고 편안한 가부좌(반가부좌) 자세가 가장 좋습니다. 더 나은 이해를 얻은 사람들은 정규적으로 마음을 **진아**에 집중하고, 여러분이기도 한 본질적 브라만의 진정한 성품에 대해 평화롭게 성찰해야 합니다. 자연스럽게 **삼매**, 곧 '**초월적 지복**'에 들도록 노력해야 합니다.

세간에서는 **브라만 깨달음**, 곧 **진아 깨달음**에 이르는 이 위대한 길에 대해 그리 쉽게 알지 못할 것입니다. 스승에게 봉사하는 것은 그를 신체적으로 돌봐드리는 것뿐만이 아닙니다. 여러분이 가르침을 받은 대로의 명상을 정규적으로 해야 합니다. 최소한 일주일에 한번은 평소보다 한 시간 더 명상하려고 노력해야 합니다. 가난해서 **스승**을 찾아갈 수 없다면 최소한 집에서 명상을 하고, **진아**에 집중하고, **스승과 신**에 대한 사랑으로 바잔을 부를 수 있습니다. 이 모든 것을 행하는 것은 **신 자신**이라는 것을 이해하고, 명상을 포기하지 마십시오. 매일 밤 (뚜까람이 지은) '12아방가(Abhangas)'를 창송하십시오. 주 빗탈라 자신이 성자 뚜까람에게, 이 아방가를 정규적으로 암송하는 사람은 누구나 **진아지**를 얻을 것이라는 축복을 내렸습니다.

여러분의 집에서 어떤 사람이 죽었다 해도 명상을 중단하지 마십시오. 명상은 정규적이어야 합니다. 여성들은 월경을 하는 동안에도 명상을 해야 합니다. 어떤 의심도 품지 마십시오. 내일은 바쁘겠다 싶으면 오늘 좀 더 오랜 시간 명상해야지, 결코 명상을 그만두지 마십시오. 너무 일이 많아서 저녁 먹을 시간도 없다면 어쩔 수가 없겠지요. 그럴 때는 변명이 됩니다. 그럴 때라 할지라도, 마음속으로는 **신**에 대한 명상을 하려는 강한 열망을 가지고 있어야 합니다. 이런 식으로 명상을 하십시오. 그러면 자동적으로 지_知를 얻게 될 것입니다.

신에 대한 기억을 유지하십시오. 결코 누구를 해롭게 하거나, 누구를 비난하지 마십시오. 그들이 한 행위가 여러분에게 무엇이란 말입니까? 모두가 자기가 한 행위의 과보를 거둘 것입니다. "속임수는 누구의 친척도 아니다"[28]라고 했습니다. 남들을 해롭게 하는 사람은 그 자신 해를 입습니다. 남들의 좋은 점을 칭찬할지언정 그들의 악덕을 비판하지 마십시오. 뜬소문에 귀를 닫으십시오. 뜬소문에 의해 적의가 늘고 우정이 단절됩니다. 부디 이것을 기억하십시오. 매일 헌가를 부르고, 신에게 음식을 공양하고, 찬가를 창송하고, 신들을 재우고, 그런 다음에야 잠자리에 드십시오. 이런 무욕의 헌신을 가지고 살면, 신이 여러분을 축복할 것입니다.

1934년 12월 9일 저녁

44. 빠라마뜨만은 만물에 편재한다

어떤 사람이 제가 만물에 편재하는 완전한 지고아 빠라마뜨만이라는 것을 완전히 깨달으면, 저의 능력 모두를 성취할 수 있습니다. 저는 '모든 능력의 달인'입니다. 저 때문에 일체가 눈에 보입니다. 저는 베다, 곧 모든 지_知의 도구 그 자체입니다. 저는 '살아 있는 영_靈', 곧 의식이며, 모든 존재들 안의 진아입니다. 몸의 모든 움직임의 원인은 진아입니다. 그렇지 않다면 송장과 산 사람의 차이가 무엇입니까? 하늘이 항아리 안에도 있고 밖에도 있듯이, 저 또한 모두의 안에도 있고 밖에도 있습니다. 저는 만물의 저변에 있는 지지물입니다. 진아는 언제나 도처에 고르게 퍼져 있습니다.

---

28) *T.* 이것은 "속임수는 누구도 환영하지 않는다"는 뜻으로 해석된다.

하나이면서 **무차별**한 그것은 늘 평형을 이루고 있습니다. 진아를 모른다는 것은 불균등 혹은 분리의 상태입니다. 완전히 아는 것이 균등 혹은 **단일성**입니다. 그것이 참되기는 하나, 만일 그것이 참되다는 것을 모른다면 그것은 불균등입니다.

어떤 사람이 "나는 깨어 있었다"거나 "나는 자고 있었다"고 말할 때, 두 상태 모두에서 "나는 존재했다"는 것을 되풀이하여 증명합니다. 그것은 "아니다"라고 말하는 사람이기도 하고 "그렇다"라고 말하는 사람이기도 한데, 그것은 **자기**(진아)일 뿐입니다. 자기가 없다면 누가 긍정하거나 부정할 수 있습니까? 어떤 사람이 "나는 보았다"고 말할 때 자기가 있었습니다. 어떤 사람이 이해할 때, 자기가 이해했다는 것을 자동적으로 압니다. 이해는 **자기**가 있기 때문에 가능합니다. 자기가 없었다면 아무것도 알 수 없었을 것입니다. 깊은 잠 속에서는 쾌락도 고통도 없습니다. 그 쾌락이자 그 즐거움인 그것은 곧 **진아**입니다. 먹고 마시고 잠자는 것 등 모든 것이 진아의 즐거움일 뿐입니다. 변을 보는 것조차도 즐거움입니다. 그것이 많은 안도와 평안을 주기 때문입니다. 우리에게 도움이 되는 느낌을 갖는 것이 즐거움입니다. 몸을 긁는 것도 즐거움입니다. **저는** 저 **빠라마뜨만**인데, 그것은 **그것의** 존재, 움직임 그리고 즐거움 속에서 도처에 있습니다. 전 세계는 다섯 가지 큰 원소들로 이루어져 있지만, **저는** 모든 곳에서 이 모든 원소들에 편재하고 스며 있습니다.

구도자가 이런 식으로 제가 완전하다는 것을 깨닫고 자신의 성품을 알아서 **그것**이 될 때, **저의 싯디**들이 들어와 그를 오도합니다. 모든 능력들은 **저와 하나됨**을 성취하는 데 장애라는 것을 확실히 아십시오. 그런 것들에 속아서 의지하지 마십시오. **싯디**에 이끌려 여러분의 **실재**를 놓치지 마십시오. **싯디**는 능력을 의미합니다. 세간의 어떤 것에 대한 자부심과 의존이 있을 때, 여러분이 그것을 소유하고 사용할 때, 그것은 하나의 장애입니다. 어떤 재산이나 소유물, 혹은 여러분이 얻는 어떤 체험도 겉모습일 뿐입니다. 찰나적 현상의 체험은 여러분이 그것을 지속시키려고 아무리 애를 써도 결코 영구적이지 않을 것입니다. 자신의 성취와 세간의 대상들에 대해 자부심을 갖는 사람은 한 걸음 밑으로 내딛습니다. 여전히 환幻에서 벗어나지 못하고 있는 사람들은 **싯디**를 좋아합니다. 그들은 나약하고, **진아**를 저버리는 사람들입니다. 부디 제가 하는 말을 귀담아 들으십시오.

완전히 무욕인 사람은 이런 세간적 유혹에 영향을 받지 않습니다. 그는 말합니다. "이런 것들이 나에게 무슨 소용 있나? 나는 모든 성질을 넘어서 있다. 나는 사람이 아니다. 나에게는 능력들이 아무 쓸데없다." 그는 **싯디**의 성품 자체가 거짓이라는 것을 깨닫습니다. 그런 사람만이 **완전한 지**知라는 최고의 경지에 도달합니다. 모든 희망과 환상을 뒤로하지 못한 사람은 **브라만**을 성취하지 못합니다. 제가 이것을 설명한 것은 여러분이 **싯디**의 성취에 속지 않도록 하기 위해서입니다. 그래서 이 주제를 설한 것입니다. 일체를 포기하면서 즐거워하는 사람은 그 자신의 **본질적 존재**의 지복스러운 기쁨을 얻습니다. **성자**는 아무 할 일이 없고, **삼계**三界의 **주**主가 누리는 기쁨을 모두 가지고 있습니다. 이것이 포기에서 얻는 기쁨입니다. 고통을 야기하는 무수한 집착들이 있습니다. 모든 집착을 포기하는 것이 해탈입니다. 참으로 해탈한 사람에게 **싯디**, 곧 영적 능력들은 아무것도 아닙니다. 그는 **빠라마뜨만**이고, '**스스로 강력한**' 자입니다. 각자가 자기 자신의 체험에 따라 삽니다.

일자 미상

45. 브라만의 상태에 머무르라

죽은 뒤에 사람은 무엇을 할 수 있습니까? 아무것도 할 수 없습니다. 만일 사람들이 시신을 화장한다면, 그 시신은 불태워져야 합니다. 매장한다면 그것은 땅에 묻혀야 합니다. 또한 죽음에는 정해진 때가 없다는 것을 아십시오. 우리는 언제 죽을지 모릅니다. 영적인 공부를 내일로 미루는 사람보다 더 큰 바보는 없습니다. 다르마 왕은 지혜로운 왕이었습니다. 그를 바보라고 부르는 사람은 아무도 없었습니다. 한번은 한 브라민 사제가 와서 알현을 청하자, 다르마 왕은 8일 뒤 다시 오라고 했습니다. 이때 왕의 동생인 비마(Bheema)가 이상한 일을 했습니다. 경사가 났을 때 치게 되어 있는 큰 북을 울린 것입니다. 영문을 알 수 없이 비마가 북을 치자 다르마 왕이 물었습니다. "왜 북을 쳤나?" 비마가 말했습니다. "폐하께서 그 브라민에게 8일 뒤에 다시 오라고 말씀하셨지요. 폐하께서는 8일 동안 살아 계실 것을 확신하십니까?" 다르마가 말했습니다. "너는 나와 함께 하는 이익을 얻고 지혜로워졌지만, 오늘 나는 완전히 바보가 되었군." 요컨대 어느 순간도 장담할 수 없고, 우리가 얼마나 오래 살지 아무 보장이 없습니다. 여러분이 무엇을 이루고 싶든, 이 몸이 움직이는 동안 그것을 해야 합니다. 가능한 한 빨리 서둘러서 최선을 다해야 합니다.

그래서 **죽음의 신 야마**(Yama)가 승리의 북을 울리는 것입니다. 종교에 대한 지식으로 유명하던 다르마 왕은 그날 바보인 것이 드러났습니다. 여러분의 시간도 마찬가지로 허비되고 있고, 잘못 쓰이고 있습니다. 여러분은 법률가가 고급 술집에서 서빙하고 있는 것을 봅니다. 왜입니까? 그가 자신의 지식을 적절히 사용하지 못하기 때문입니다. 그의 교육과 학식이 무슨 소용 있습니까? 자기 자신의 **참된 존재**를 깨달은 사람은 무지한 사람처럼 행동하면 안 됩니다. 자신의 지혜에 걸맞게 행동해야 합니다. 여러분은 자신의 실체와 자신의 임무가 무엇인지 알아야 하고, 그에 따라 행동해야 합니다. 우리는 배를 채우려고 (이 세상에) 온 것이 아니라 세상 사람들을 해방시키기 위해 왔습니다. 성자 뚜까람이 말했습니다. "우리가 바이꾼타(Vaikuntha)[신의 거주처]에서 여기 온 것은 이 한 가지 목적을 위해서이다." 위대한 현자들이 남겨둔 어떤 **쁘라사드**(Prasad)가 있습니다. 우리는 그것을 나누어 먹고 우리 자신을 해방시켜야 합니다. 그것은 그들의 입에서 나온 신성하고 축복 받은 음식(영적인 가르침)입니다. 사실 여러분이 거짓이라고 알던 것이 여러분에게 이익이 된 반면, 참되어 보이는 것이 여러분에게 위험합니다. 이것은 **야마**의 홀笏(지배권의 상징)입니다. **죽음의 신 야마**의 왕국이 이 세계라는 겉모습입니다. 우리가 **진아지**의 제국 안으로 들어가면 **야마**의 왕국은 더 이상 존재하지 않습니다. 세계가 거짓이라는 것을 이해한 사람은 삶에서 제대로 이익을 얻은 것입니다. 그렇지 않으면 **죽음의 신**이 뻗치는 거만한 손아귀가 늘 있습니다. 우리는 **지**知의 길을 깨끗이 치울 것입니다. 왜냐하면 제멋대로 자란 숲이 온 세상에 가득하기 때문입니다. 여러분이 어디서 왔는지 부디 깊이 생각해 보십시오. 왜 왔습니까? 자식을 낳고 대가족을 거느리는 것이 여러분이 할 일입니까? 여기에 대해 한 번이라도 생각해 봅니까? 만일 생각하지 않는다면, 누가 여러분을 해방하며 어떻게 해방하겠습니까?

어느 날 여러분의 몸이 실려 가서 불태워질 때, 모든 게임은 끝나고 여러분은 그걸로 끝입니다. 새로 태어나서 새로 시작해야 합니다. 여러분은 "이게 다 뭐지?" 하는 생각도 결코 해본 적이 없습니다. 이 일을 위해서는 진정한 **무욕**에 의해 **진아**의 불꽃이 밝아져야 합니다. 그럴 때만 영적인 노력이 가능할 것입니다. 여러분이 참으로 무욕이 되지 않으면 결코 **지**知를 얻지 못할 것입니다. 일체를 포기하는 것, 신물이 나는 것이 영적인 공부에서 진보의 표지이며, 그렇게 될 때 우리는 분명 행복해지고 평화로워집니다. **환**幻을 내버림으로써 여러분이 **브라만**을 성취합니다. 여러분 자신을 자기 **존재**의 **실상**實相 안에 합일시키십시오. 우리가 이 세상에 온 것은 이 목적을 위해서입니다. 이것을 자각하면서 지속적으로 수행하여 **진아지**를 성취하십시오. '**브라만**의 **지**知'를 성취하십시오.

일상생활 속의 모든 것을 계속 점검하십시오. **스승**은 여러분에게 매일 이야기해 주지 않을 것입니다. 그러니 **스승**이 여러분에게 더 많은 **지**知를 안겨주고 흡족해할 수 있을 만큼, 그렇게 열의를 가지고 공부하십시오. 삶 속에서 내면의 **지**知의 등불이 꺼지지 않도록 조심하여 행동하십시오. 때를 기다리며 이렇게 말하지 마십시오. "나는 먼저 가정적 임무를 끝낸 다음 영적인 삶을 지향하겠다." 자신의 군대가 궤멸된 뒤에야 왕국을 얻겠다고 말해 봤자 헛일입니다. 여러분의 군대가 온전할 때 왕국을 얻어야 합니다. 마찬가지로, 여러분이 숨을 쉬고 있는 한 수행을 계속해 나가십시오. 다른 사람들의 비판은 전혀 신경 쓰지 마십시오. 끝없는 윤회에서 여러분의 진아를 구하십시오. 그것을 자유롭게 하십시오. 에고를 놓아 버리십시오. 그러면 구원받습니다.

자부심을 가진 태도는 진아 살해자입니다. "나는 환幻의 자식이 아니다. 나는 빠라마뜨만이다. 나는 성질들을 넘어서 있다. 모욕이나 칭찬이 나와 무슨 상관 있는가? 세속적인 사람은 모욕과 칭찬을 듣는다. 나는 의심이 없고, 무형상이며, 완전히 초연하다."라고 아십시오. 가정생활이 초연한 사람과 무슨 관계 있습니까? 이것을 이해하는 사람에게는 어떤 속박도 없습니다. 비록 신체적으로는 세간에 살고 있어도, 그는 자유롭습니다. 자기 아버지의 이름과 명예를 지키려다가 손해를 보지 마십시오. 브라만의 지知를 가지고 머무르고, 세간적 삶에 대해 걱정하기를 그치십시오. 신[라마]에게 여러분 자신을 바치고 신이 되십시오. 브라만으로 머무르십시오.

1934년 12월 10일 저녁

46. 스승의 발아래서 봉사하기

어떤 기대도 없이 헌신에 집중하는 사람은 신 말고는 어떤 것도 느끼거나 보지 못합니다. 그는 실재와 하나가 되며, 모든 싯디를 성취합니다. 그러나 아무것도 기대하지 않는 사람, 하느님과 하나인 사람, 정념의 촉수들이 잘려나간 사람은 그런 능력들에 어떤 가치도 부여하지 않습니다. 세계에는 5대 원소와 진아가 있습니다. 이 여섯 가지와 무지한 개아를 합쳐 모두 일곱 가지입니다. 개아는 두 겹입니다. 그것은 때로는 개아(Jiva)이고 때로는 신[시바]입니다. '내 것'이라는 느낌에 집착하는 사람은 개아가 됩니다. 우리가 "일체가 나 자신이고, 나는 도처에 편재한다"고 생각할 때는 신이 됩니다. 개아는 진화를 겪습니다. 첫째, 개아는 아주 작은 한 원자였습니다. 바늘 끝의 물방울 속에 수천의 개아[유기체]들이 있습니다. 개아는 아주 미세하지만, 그래도 그것은 자신의 욕망 때문에 큰 몸으로 발육할 수 있습니다. 사자는 코끼리보다 강하지만, 인간은 더없이 강한데도 더 많은 두려움을 가지고 있습니다. 인간은 다른 모든 중생들을 두려워하고, 두려움 때문에 크기가 작아졌습니다. 두려움이 없으면 커지지만, 무지로 인해 인간은 쇠퇴하고, 죽기까지 합니다.

 어떤 사람이 전 세계가 그 자신이라는 이해를 통해 세계와 하나가 되면 빠라마뜨만이 됩니다. 그렇지 않으면, 설사 그가 주主 시바라 할지라도 한 사람의 노예가 됩니다. 노예라 해도 만일 스승의 조언을 들어서 지혜로워지면 그가 광대해집니다. 모든 환幻은 몸과의 동일시에 기인합니다. 자신이 그 육신이라는 개념을 놓아 버리십시오. 그러면 여러분이 광대해질 것이고, 시간과 죽음의 지배자가 될 수 있습니다. 모든 중생들에 대한 두려움이 사라질 때, 그것을 지知라고 합니다. 여러분이 왜소한 상태로 있는 한 두려움이 있습니다. 브라마와 시바가 아무리 오래 산다 해도, 그들도 죽게 되어 있습니다. 그들은 오랜 기간이 지난 뒤에 죽고, 인간들은 더 빨리 죽습니다. 신들도 죽음을 피하지 못합니다. 인간은 참스승의 가르침을 통해서 두려움이 없게 됩니다. 몸은 5대 원소로 이루어집니다. 진아는 생명기운인데, 그것은 불사이고 불멸이며, 탄생이나 시작이 없습니다.

 진아가 무지의 눈으로 삶을 바라보면, 그는 개아가 되고 탄생과 죽음을 겪습니다. 그러나 지혜의 눈을 통해서 보면 탄생과 죽음을 겪지 않고 자동적으로 몸 안에서 빠라마뜨만이 됩니다. 여러분이 남들을 볼 때 어떻게 보는지 살펴보십시오. 만일 신성을 가지고 보면 신을 보게 될 것입니다.

한 인간으로서 본다면 인간을 보게 되겠지요. '귀신'이라는 개념을 가지고 보면 귀신을 보게 됩니다. 여러분이 사물을 바라보는 방식을 주의 깊게 지켜봐야 합니다. 물고기가 물속에서 어떻게 잠을 자는지는 물고기가 되어 봐야 알 수 있습니다. 여러분 자신이 유지주維持主[비슈누]가 될 때 세계의 진리를 알게 될 것입니다. 오늘 그 개인은 원소들로 이루어져 있습니다. 5대 원소로 이루어진 그 개인이 시바의 상태를 성취함으로써 시바가 되어야 합니다. 마찬가지로, 어떤 사람이 비슈누의 성품을 알 때는 그 자신 비슈누가 됩니다. 원소적인 것은 원소만 보겠지요. 신은 신만을 볼 것입니다.

사람은 그가 받는 몸에 따라서 볼 수 있을 뿐입니다. 자신이 한 개인이라고 하는, 사멸할 수밖에 없는 왜소한 개념을 포기하십시오. 그러고 나면 신으로서의 여러분 자신에 대한 개념에 의해 여러분이 신이 될 것입니다. 그리고 여러분의 헌신에 따라 이익을 얻게 될 것입니다. 만일 세속적인 삶에 헌신한다면 여러분이 세속적으로 되겠지요. 여러분의 헌신이 시바를 향해 있으면 시바가 될 것입니다. 여러분이 집중하려고 할 때, 마야는 싯디를 제공하는 방식으로 여러분을 끌어내리려고 몹시 애를 씁니다. 그런 싯디란 범부적 삶의 확장이나 마찬가지입니다. 더러운 물건은 더러운 것에 접촉한다고 해서 더 더러워지지 않습니다. 그 자체가 더럽기 때문입니다. 질이 좋은 것이라면 그게 무엇이든 불순해질 수 있을지 모르지만, 그 자체 불순수한 것이 어떻게 불순수해질 수 있습니까?

신은 말합니다. "개아들은 나에게 있는 행복을 모르고, 싯디에 유혹 당한다." 육식이 몸에 밴 어떤 사람이 나흘간 그 습을 끊었지만, 그 욕망이 여전히 남아 있었기 때문에 다시 육식을 시작했습니다. 세속적 사업에서 번 돈은 영적인 성취에서는 쓸모가 없습니다. 그 가치가 같지 않습니다. 영적인 삶은 다르고, 그 가치가 훨씬 큽니다. 교환이 필요합니다. 야망을 품고 영적인 삶에 들어서는 사람은 진아지를 얻지 못할 것입니다. 아무런 기대 없이 진아에 집중하는 사람은 매우 쉽게 지知를 성취합니다. 거울을 등지고 서면 자신의 얼굴을 어떻게 봅니까? 거울을 마주해야만 자기 얼굴을 보겠지요. 여러분의 주의가 능력 쪽으로 쏠릴 때, 어떻게 빠라마뜨만의 상태를 성취할 수 있겠습니까?

세간에서 무엇을 얻기 위해 성자가 되지 말고, 성자가 되기 위해서 성자가 되십시오. 헌신에 아무 욕망이 없을 때, 그럴 때만 여러분이 '그것'을 성취할 수 있습니다. 어떤 헌신자가 저와 하나가 될 때, 그는 능력에 신경 쓰지 않습니다. 그런 사람만이 저의 상태를 성취합니다. 내적 지복은 스승에 대한 봉사가 어떤 이기적 의도도 없을 때만 가능합니다. 오로지 신에 대한 헌신을 위해서만 자신의 몸을 넘겨준 사람, 그리고 스승에게 헌신하는 사람에게는 싯디가 필요 없습니다. 자유를 성취하는 유일한 길은 '무욕'입니다. 그것이 참된 해탈로 향하는 유일한 길입니다. 털끝만큼의 이기심이나 무엇을 얻겠다는 어떤 바람도 없어야 합니다. 구도자는 완전히 무욕이어야 합니다. 남자가 여자 옷을 입고 싶은 마음이 전혀 없듯이, 헌신자도 욕망이 없을 때 빠라마뜨만의 상태를 성취합니다.

1934년 12월 11일 오전

47. 스승의 두 발에 봉사하기

스승의 두 발에 봉사하면서 다른 모든 길을 포기하고 참스승에게 자신을 완전히 내맡기는 사람은 참된 성취자, 곧 싯다가 됩니다. 전능한 신의 활동적 요소를 가진 사람은 스승에게 봉사합니다. 달리 누구도 그런 것을 생각조차 하지 않겠지요. (이를 위해서는) 순수한 사뜨와 성질이 필요합니다. 스승이 모든 것이라는 믿음을 가진 사람은 빠라마뜨만의 상태를 성취합니다. 만일 여러분에게 그런 느낌이 있다면, 그것이 바로 대단한 내적 지복을 가져다주는 **무욕**의 한 **표지**標識라는 것을 확신하십시오. 스승의 두 발에 충실한 헌신자가 **진아지**를 얻는다는 것을 분명히 아십시오. 복 없는 사람이 신성한 소 까마데누(Kamadhenu)[소원성취우所願成就牛]29)를 몰아내듯이, 지성이 아둔한 사람은 결코 더 높은 지혜를 얻지 못합니다. 복이 없는 사람은 자신의 악덕의 결과로 고통 받고, **성자**들의 말을 결코 귀담아들으려 하지 않겠지요. 많은 사람이 평생에 한번은 **참스승**을 만날 수 있는 복을 지녔지만, 믿음을 가진 자만이 구원받고 들어 올려집니다. 믿음만큼 결과가 있습니다. 육체적 쾌락의 즐김을 좋아하지 않는 사람은 어렵지 않게 베다적 지혜인智慧人, 즉 '지극히 명민한' 사람이 됩니다. 그것을 '큰 복'이라고 합니다. 일체를 포기한 사람이 **싯디**에 왜 신경을 쓰겠습니까? 에고가 사라진 사람은 능력[싯디]에 어떤 가치도 부여하지 않습니다. 헌신, 해탈, 부富, 능력이 모두 그의 발아래 있습니다. 범부들은 이것을 이해하지 못하고, 모두 헛된 수고를 하고 있습니다. 전혀 아무것도 기대하지 않는 사람에게 모든 능력이 옵니다.

농작물을 지키려고 황소를 쓰지는 않습니다. 왜냐하면 소는 작물을 먹어치우기 때문입니다. 그리고 누가 고양이에게 우유를 맡기겠습니까? 욕망이 없는 사람이 결실을 거둡니다. 어떤 기대나 욕망도 없는 사람이 그런 능력을 얻지만, 그는 그런 것을 필요로 하지 않습니다. 그 능력들은 그가 마다해도 그에게 머무를 수 있습니다. 사실 그 **싯디**들에게도 평안과 휴식이 필요합니다. 그것들은 세상을 위해 온갖 힘든 심부름을 하고 나서 지쳐 있습니다. 그들은 휴식을 좀 취하기 위해 무욕인 사람에게 다가가지만, 쾌락을 탐하는 사람에게서는 도망칩니다. 무욕인 사람은 당당히 **진아지**를 얻고 **빠라마뜨만**이 됩니다. 스승에 대한 믿음이 없는 사람은 **브라만**을 성취하기가 불가능합니다. 브라만의 성품 자체가 이와 같습니다. **진아 깨달음**은 이해하기 어렵습니다. 영적인 **지**知를 얻게 된 모든 사람은 **스승**에게 순

---

29) T. 까마데누는 우유의 바다에서 태어났고, 나중에 진인 바시슈타의 소유가 되었다. 이 소는 참된 헌신자가 원하는 것을 뭐든 제공해 준다고 하여 '소원성취우'로 불린다.

복함으로써 그렇게 되었습니다. 스승 없이 어떻게 영적인 지知를 얻을 수 있겠습니까? 학교에서 얻는 보통의 지식은 선생님에게서 배우지만, 스승이 주는 것은 브라만과 관계되는 고등한 지식입니다. 우리의 참된 성품이라는 실재를 성취하기 위해서는 (그 성품에 대한 주시자가 있어야 하는데) 그 주시자가 곧 진아체험입니다. 주시되는 것이 있고, 그에 대한 주시자가 있어야 합니다. 브라만에서 나온 종교는 이와 같습니다. 따라서 우리는 참스승에 대한 헌신자가 되어야 합니다.

명민하지 못한 사람은 싯디에 쉽게 유혹됩니다. 왜냐하면 자각하지도 못한 채 마음이 어떤 미세한 에고의식을 품기 때문입니다. 자기가 잘났다는 느낌은 몹시 매혹적입니다. 여러분은 설사 자신이 빠라마뜨만이라는 것을 안다 해도, 여전히 자신을 한 개인으로 여기고 헛되이 고통과 슬픔을 기꺼이 겪으려 합니다. 여러분은 '헛되이'라는 말의 의미를 알지만 그 중요성을 깨닫지 못합니다. 무지 속에서 5대 원소를 바라보면 여러분이 개아가 되고, 지知의 눈으로 보면 여러분이 신[시바]이 됩니다. "일체가 브라만이다"라는 개념으로 바라보면 여러분이 빠라마뜨만과 하나가 됩니다.

'꿈바까(kumbhaka)'라는 단어는 '숨의 멈춤'이라는 의미보다는 "마치 물이 항아리(kumbha)를 채우듯이, 내가 전 우주를 채우고 있다"는 깨달음을 의미합니다. 있는 그대로의 세계를 아는 것이 '레짜까(rechaka)', 곧 내쉼입니다. '나'와 '세계'가 하나임이 '뿌라까(pooraka)', 곧 숨의 들이쉼입니다. 슈와사(shwasa)[호흡]라는 단어는 비슈와사(vishwasa)[신뢰]를 뜻하고, 비슈와사는 슬픔을 갖는다는 것을 뜻합니다. 이것은 여러분이 호흡을 하는 한 슬픔을 느낀다는 뜻입니다. 이원성의 느낌이 사라진 사람이 스승의 아들입니다. 사람이 여섯 번째 원소, 곧 5대 원소를 넘어선 진아로서 살 때 신이 되는데, 신은 무소부재합니다. 그럴 때 우리가 보는 것은 더 이상 사람(Jana)들이 아닙니다. 우리는 모두를 '하나인 신', 곧 '모든 사람들 안의 주재자(Janardan)'로 봅니다. 이런 식으로 보게 되면 여러분이 신이 되고, 그렇지 않으면 한계 있는 개아로서 살게 됩니다.

신은 능력을 기대하는 사람 쪽으로는 눈길 한 번 주지 않습니다. 모든 욕망을 포기하는 것이 **참된 해탈**을 얻는 주된 수단입니다. 전혀 어떤 기대도 없는 것이 최고의 상태입니다. **완전한 자유**(Sayujya)**의 상태**는 진흙 덩어리처럼 무욕인 사람의 두 발을 붙듭니다. 기대가 욕망입니다. 기대가 없는 것 자체가 **무욕**의 상태이고, **참스승**에 대한 믿음이 최고의 복입니다. 신기료장수 바산나의 이야기가 있습니다. 이 신기료장수가 한번은 자기 살가죽으로 스승을 위한 신발을 만들었습니다. 왕이 그 이야기를 듣고 자기에게도 한 켤레 만들어 달라고 했습니다. 신기료장수가 부탁을 들어주지 않자 왕은 그에게 그 신발을 만들도록 강요했습니다. 그러나 왕이 그 신발을 신자 몸에 뜨거운 열감熱感이 오기 시작했습니다. 왕은 (놀라서) 용서를 빌었습니다. 스승이 왕에게 신기료장수의 욕실에 있는 물에 몸을 담그라고 하자 열감이 가라앉았습니다. 신은 누가 스승의 헌신자에게 무엇을 강제하는 것을 용납하지 않습니다. 스승은 자신도 그 신발이 자부심을 키우기 때문에 자기에게 맞지 않다고 하면서, 그것을 자신의 스승인 구루 링가장감 마하라지(Guru-Linga-Jangam Maharaj-바우사헵 마하라지의 스승)께 드려야 한다고 말했습니다. 그때 그 스승의 헌신자는 무욕과 자부심의 포기를 통해 자신의 **참된 성품**을 깨달았습니다. 스승에 대한 믿음이 그와 같습니다. 여러분에게 스승에 대한 완전한 믿음이 있으면, 죽은 사람 몸에 흙을 조금 얹어 그 사람을 되살릴 수도 있습니다.

제가 맹세코 말하건대, 여러분 자신의 심장 속에 있는 그 열매를 주는 것은 스승입니다. 스승은 여러분이 하는 모든 일을 압니다. 올바른 열매를 주는 것은 바로 그입니다. 스승의 임무는 조언을 해주는 것뿐입니다. 헌신과 믿음을 갖고 공부하는 것은 헌신자가 할 일입니다. 공부를 해야 합니다. 아무리 많은 재앙이 닥쳐와도 **헌신**을 포기하지 마십시오. 헌신자와 비헌신자가 어떻게 서로 의견이 일치할 수 있겠습니까? 헌신이 없는 사람들은 싸우기만 할 것입니다. 헌신자는 (비헌신자들의) 엄청난 적대에 직면해야 할 것이고, 심한 비난과 괴로움을 견뎌내야 합니다. 여기에 영적인 공부가 있습니다. 그런 사람이 장래의 **신**입니다. **빠라마뜨만**이 그를 기다리고 있습니다. 우파니샤드에서 핵심적으로 중요한 부분의 의미는 "아무 기대를 갖지 말라"는 것입니다. 그것이 최대의 불가사의입니다. 에끄나트 마하라지(Eknath Maharaj)는 자기 **스승** 자나르단 스와미(Janardan Swami)의 축복에 의해 자신이 그 상태를 성취했다고 말합니다. 내적인 **평안**과 함께 그는 무욕의 상태가 되었고, '내적 희열'을 성취했습니다.

1934년 12월 11일 저녁

48. 지_知의 불

　마음과 감각대상들이 마찰을 일으키고 다투기 시작할 때, 무지의 숲을 태우는 화목에 불이 붙어 그 숲을 태워 버립니다. 참스승과 친교하고 그를 받아들이는 사람은 스승의 축복을 받습니다. 스승의 축복이라는 불에 의해 무지가 소멸되는 사람은 **진아지**를 성취합니다. 사람이 신의 은총 때문에 휘저어질 때, 그리고 태도가 확고해질 때, 그가 범부적 삶에 얼마나 오래 몰두할 수 있겠습니까? 그가 세상에 워낙 신물이 나 버리는 탓에 세상의 짐승들―정욕, 분노, 탐욕 등의 이름을 가진 자칼, 개, 호랑이 등이 달아나기 시작합니다. 왜냐하면 이 세속적 삶이라는 밀림에 불이 붙었고, 무지의 숲이 타오르고 있기 때문입니다.

　사람이 애정과 소유물에 대한 집착을 포기할 때, 모든 질병과 재앙이 달아납니다. 애정과 소속감의 유대는 삶의 가시들입니다. **진아지**가 있으면 이 거짓의 가시들이 불타기 시작합니다. 유혹이라는 이무기가 소각됩니다. 순간들의 진행을 뜻하는 '**시간**'이기도 한 죽음조차도 불이 붙기 시작하고, 타서 내려앉습니다. 에고성이라는 호랑이는 어디로도 달아날 곳을 찾지 못합니다. 지知의 불이 가진 힘은 무엇이든 아주 잘 태웁니다. 환幻 속의 모든 것을 태워 버리고, 그런 다음 자신의 연소력이 다하면 꺼져 버립니다. 지知의 불의 위대함이 그와 같습니다.

1934년 12월 12일 오전

49. 진아지에 따라서 살라

공기[바람] 전부와 **생기**(Prana)는 공히 안팎으로 하나입니다. 그것은 몸의 일부입니다. 하늘은 모두 하나입니다. 그 빛남은 안팎으로 하나입니다. 만일 여러분이 바깥 공기를 들이마시지 않으려고 하면, 위대하지 않습니다. 여러분은 (어떤 사물을) "그것은 내 것이다"라고 할지 모르지만, 그것을 남들에게서 받지 않으면 그것 없이 해나갈 수 없습니다. 이 모든 것(창조계)은 여러분의 것입니다. 여러분이 모든 것입니다. 5대 원소와 '하나인 **진아**'는 모두에게 동일합니다. 거기서 가져오고 그 안에 풀어 놓아야 합니다. 물 위에 글자를 쓸 때 첫 번째 글자만 써지고, 뒤이어 두 번째 글자를 쓰는 사이에 그것은 사라집니다. 창조계, 곧 이 세계라는 겉모습 안의 순서도 그와 같습니다. 이것은 모두, **나뉘지 않은** 브라만이 도처에 평등하게 퍼져 있는 것입니다. 여러분이 어느 정도 지知를 얻으면, 어디 멀리 떨어진 곳으로 갈 때도 그것을 가져갈 수 있습니다.

여러분은 동시에 공기[풍風 원소], 하늘[공空 원소] 속을, 그리고 대지 위를 걷습니다. 다른 원소는 버려두고 한 가지 원소만 접촉하며 살 수 없습니다. 그것들은 모두 모여 하나의 몸을 구성합니다. 5대 원소가 하나의 **우주적 몸**(Universal Body)을 만듭니다. 5대 원소가 **하나인 브라만**을 이루고, 5대 원소가 진아와 하나입니다. 만물이 이것과 하나입니다. 만약 주 가나빠띠

(Ganapati)[가네샤]가 쥐를 타고 다닌다면30) 주가 더 위대하고, 쥐가 **가나빠띠**를 타고 다닌다면 쥐가 더 위대합니다. 전 세계가 이와 같습니다. 이 세계의 일, 세계의 작용 자체가 이와 같습니다. 만일 여러분이 **가나빠띠**라면, 가장 깊은 **내면의 존재**, 곧 자기 존재의 핵심적 부분 안에서 살고 있는 것입니다. **가나빠띠**가 되어 여러분이 배운 것을 실천에 옮기십시오.

아이에게 화장실에 가서 용변을 보라고 했습니다. 아이는 화장실에서 용변을 보았지만, 바지를 벗지 않았고 물로 충분히 씻지도 않았습니다. 왜 그랬느냐고 물으니 아이가 말했습니다. "하라는 대로만 했어요. 하라고 하지 않은 것은 하지 않고요." 여러분도 이와 같이 합니다. 어떻게 일일이 다 말해줍니까? <u>스스로</u> 이해해야 합니다. 매일 독서하고 매일 공부하는 아이는 물어보면 얼른 답을 합니다. 아이가 이와 같이 답할 수 있는 것은 계속 공부하기 때문입니다. 이와 같이 공부해야 합니다. 여러분은 가르침을 들을 뒤 집에 가서는, 다른 일은 많이 하는데 가르침은 잊어버립니다. 그래서야 어떻게 온전히 이해하겠습니까? 그래서 매일 다시 여러분에게 이야기를 해야 하는데, 배운 것이 유지되지 않습니다. 이 공부가 완전히 흡수되어야 합니다. 삶 자체, 모든 원자, 모든 분자, 미세한 것보다 더 미세한 **진아**, "이 모든 것이 나"입니다. 불, 물, 허공, 5대 원수 모두가 **하나**입니다. 아래도 위도 없고, 뒤도 앞도 없습니다. 모든 이름과 형상은 다 거짓입니다. 코끼리, 말, 그 무엇도 다 환幻이며, 존재하는 것은 **하나인 순수한 영**靈, 곧 **진아**입니다. 이름과 형상은 모두 우리를 속입니다.

지知의 강이 이름과 형상에 빠져 익사합니다. 모든 **지**知는 하나의 강과 같지만, 그 강이 이름과 형상 때문에 하찮고, 사소하고, 보잘것없는 것이 되었습니다. **진아**라는 큰 무변제無邊際(광대무변한 범주)는 이름과 형상을 넘어서 있습니다. 그런데 이름과 형상에 의해, 마치 그 강이 배 안에 빠져 버리는 것과 같습니다. 코끼리, 말, 산들이 모두 그 물에 빠지지만, 참새 한

---

30) T. 코끼리 머리의 가나빠띠 신은 쥐를 탈것으로 이용한다. 그리고 가나빠띠 상像에서 그의 코는 보통 왼손에 놓인 과자를 맛보는 형상을 하고 있다.

마리도 거기서 갈증을 해소할 수 없습니다. 참새의 형상을 한 **브라만**이 갈증을 해소하지 못합니다. 이름과 형상의 허망한 에고에 속지 마십시오. 있는 그대로 머무르십시오. 쥐가 **가나빠띠**를 타고 다니면 안 됩니다. **가나빠띠**는 나무로 만든 좌대에 안치되어 있었습니다. 쥐가 그의 등을 타고 올라가 그의 손에 있던 랏두[달콤한 과자]를 훔쳐갔습니다. 쥐가 말했습니다. "**가나빠띠**는 매일 나를 타고 다니지만, 오늘은 내가 그의 몸 위에 앉아 이 랏두를 먹고 있다." **가나빠띠**가 쥐를 탈 때는 그가 모든 능력을 얻지만, 쥐가 **가나빠띠**를 타면 쥐가 모든 능력을 가져갑니다. 여러분 자신을 하찮은 미물로 생각하면 점점 더 많은 것을 요구할 생각을 하게 됩니다. 분명히 이것저것 요구하고 싶어질 것입니다. 자신이 태고의, 늘 존재하는, 불사不死의 영靈이라 생각하고 그것을 깨달으면, 무엇을 요구하려는 충동이 사라집니다. (더 이상) 자신이 거지가 되기를 원치 않습니다. 점점 더 많은 평안, 만족, 건강이 있습니다. 여러분의 필요를 충족하기에 충분하고 넉넉한 것을 자동적으로 얻기 시작하며, 평안과 만족이 있습니다.

따라서 여러분 자신이 모든 경험의 '내적 경험자'인 브라만이라는 서약을 하십시오. 들판은 누구의 소유입니까? 왕의 소유입니까, 농부의 소유입니까? 여러분은 왕에게 일정 비율의 지대地代를 내야 합니다. 그가 소유자입니다. 안팎의 모든 것이 왕의 소유일 뿐입니다! 여러분은 마을 주민일 뿐입니다. 마을에 사는 것은 여러분의 권리이지만 모든 권한은 왕에게 귀속됩니다. 누구의 권한을 인정해야 합니까? 관습에 따르면 남편은 아내의 이름을 입 밖에 내서는 안 되고, 아내는 남편 이름을 입 밖에 내면 안 됩니다. 왜냐하면 이름이나 형상이 없는 것에다 한정된 이름을 부여하면 어떤 공덕을 잃는다는 믿음이 있기 때문입니다. 여기서 주안점은, **브라만**에게는 이름이나 형상이 없다는 것을 인식하는 것입니다.

화려한 옷은 자신의 겉모습에 자부심을 갖는 사람들을 위한 것입니다. 그런 것들이 저에게 뭐가 중요합니까? 좋은 옷을 입는 동기는 남들에게 잘 보이기 위해서거나, 자기가 가진 것이 많음을 보여주기 위해서입니다.

그것이 다 자부심입니다. 옷이 좋으면 조심해야 하지만, 옷이 평범하면 어디에 앉든 문제가 없습니다. 아무데나 앉아도 됩니다. 옷을 꺼내어 밖에 두어도 잃어버릴까 걱정할 필요가 없습니다. 여러분의 것은 여러분이 먹어서 뱃속에 집어넣은 것입니다. 요컨대, 바깥의 어떤 것도 여러분의 것이 아닙니다. 바깥의 것들은 사람들을 위한 것입니다. 모든 욕심이 불필요합니다. 여러분이 고생하는 것은 오직 에고 때문입니다. 에고를 포기하십시오. 부자는 자신이 부자라는 생각으로 행복합니다. 그에게는 욕심 외에 다른 어떤 것도 지배하지 않습니다. "세상의 모든 것이 내 것이다"라는 태도를 지니고, 어떤 것에 대한 욕심도 포기하십시오. 어떤 것이 "내 것이 아니다"라고 말하면 여러분의 영예가 줄어들겠습니까? 몸은 돌아다닐 수 있고, 여러분에게 필요한 것은 그것뿐입니다. 기타 모든 것은 있어도 그만 없어도 그만이지만, 여러분이 무엇을 잃습니까?

　라마와 크리슈나는 별개였지만 '라마크리슈나 하리(Ramakrishna Hari)'라는 만트라는 그 둘(두 이름)을 통일하여 나옵니다. 라마와 크리슈나 둘 다 사라지고, '라마크리슈나 하리'가 되었습니다. 소유권과 욕심의 위선을 내려놓으십시오. 스승의 아들이 가진 부富는 모두 스승의 것입니다. 바람·물·빛, 밤과 낮은 모두 그에게만 있습니다. 일체가 그의 것입니다. 그러니 부족함이 어디 있습니까? 바위(바위동굴) 속의 중생에게 음식을 주는 자, 높은 산꼭대기에 사는 새들에게 음식을 주는 자는, 그 자신의 능력으로 모두에게 베푸는 그일 뿐입니다. 모든 곡식 낟알에는 그 소비자의 이름이 새겨집니다. 그가 모두입니다. 음식과 그는 둘이 아닙니다. 그가 호랑이고, 그가 말[馬]입니다. 그가 그 형상이기 때문에, 그는 그 이름이기도 합니다.

　여러분이 몸의 사지 전부를 서로 다른 이름들로 부를 때도, 그 전부를 부를 때는 '나'라고 합니다. 마찬가지로, 모든 사물, 모든 동물과 하나가 되십시오. 자신의 진아가 되십시오. 여러분 자신의 참된 자아가 되십시오. 허공, 물, 기타 원소들이 앉거나 잠자는 것과 같은 어떤 속성을 취합니까? 그것들은 언제나 도처에 있습니다. 단일성을 심적인 것으로만 간직하지 말고, 그것을 실천에 옮기고 그에 따라 행동하십시오. 아르주나는 자신이 듣고 배운 대로 했기 때문에 (궁술에서) 최고의 기량을 터득했습니다. 까르나(Karna)는 궁술 공부를 계속하지 않았기 때문에, 필요할 때 적시에 그것을 기억하지 못했습니다. 육신의 형상을 한 대지(Earth)가 그의 전투마차와 그의 지知를 집어삼켰습니다. 여러분이 일상생활에서 자신의 **깨달음대로 살 때, 비로소 여러분은 진인, 곧 진아를 깨달은 사람이 됩니다.**

1934년 12월 12일 저녁

50. 참스승의 위대함과 "그대가 그것이다"

사드구루, 곧 **참스승의 위대함은 헤아릴 수 없습니다.** 지知를 얻은 뒤 스승에 대한 믿음이 감퇴하는 사람은 위없는 **지복**의 기쁨을 얻지 못합니다. 스승에 대한 믿음의 감퇴는 실패의 원인입니다. 먼저 스승께 올리지 않고는 물도 마시지 않아야 합니다. 즐길 수 있는 모든 행위와 사물들은 먼저 스승께 올리고 나서, 남는 것이 있으면 취해야 합니다. "그대가 그것이다(Tat Tvam Asi)"라는 큰 말씀에서 '이다(Asi)'라는 말은 스승의 은총에 의해서만 성취할 수 있습니다. 스승에 대한 봉사가 최고입니다. 그런 헌신은 여러분을 이 세상에서는 필적할 것이 없는 상태에 도달할 수 있게 해줍니다. 그것에 도달할 때는 지성에 어떤 변화가 있고, 마음속에 이런 환적인 생각이 들어옵니다. "스승이 어떤 중요성을 가지고 있나?" 스승에 대한 헌신을 결코 버리지 마십시오. 스승에 대해 깊은 믿음을 가져야만 여러분이 **깨달음을 성취하고, 일체가 여러분의 뜻에 따라 일어나는 것을 보게 될 것입니다.** '이다'라는 말의 의미를 실제로 느끼고 체험해야 하며, 여러분 자신을 **브라만**으로 인식하고, 최종적 만족에 도달해야 합니다. 여러분이 진아지를 성취하기 어렵다고 느끼는 이유는 **헌신**이 어설프기 때문일 뿐입니다. 스승의 형상을 한, 성질과 형상을 가진 **브라만**에 대한 헌신은 매우 어렵습니다. 헌신자는 노력을 조금만 게을리 해도 손해를 봅니다. 여러분의 헌신에 관해서는 게으름이 용납되지 않아야 합니다.

모든 종교를 포기하는 것은 특별한 의미가 있습니다. 그것은 여러분의 몸-의식을 먹여 살리는 모든 습習을 포기해야 한다는 뜻입니다. 이것이 영적인 과업에서 여러분의 성공을 보장해 줄 것입니다. (『바가바드 기타』에서) 까우라바 일족(Kauravas)을 죽인다는 것은 몸과의 동일시를 죽인다는 뜻입니다. '싸운다'는 것은 소위 종교입니다. 그것은 다르마(dharma-임무)의 길입니다. 우리는 무지를 소멸하고 **진아지**를 얻기 위해 싸워야 합니다. 이것을 **스와다르마**(Swadharma), 즉 '자기 본연의 임무'라고 합니다. 따라서 여러분은 자신의 임무를 다하고, 행위를 해야 합니다. 임무를 다하지 않으면 운명이 어떤 행위를 강제할 것이고, 여러분은 전락을 경험할 것입니다. 종교(다르마)는 따라야 하고, 싸움은 해야 합니다. 제가 일러드리는 대로 하십시오. 여러분은 풍부한 지식을 가지고 있지만 믿음이 어설픕니다. 여러분의 믿음의 밀도를 높이십시오. **참스승**에 대한 믿음을 증장하십시오.

브라만의 **절대적 성품**에 대해 확신을 가져야 합니다. **브라만** 외에는 아무것도 없습니다. 신은 여러분의 느낌에 따라 있습니다. 느낌에서의 차이는 여러분의 믿음에 따를 뿐입니다. 신이 되기를 원하는 사람들은 **헌신**의 길을 따라야 합니다. 여러분의 충실함이 입증되면 **브라만**의 상태는 여러분의 것입니다. 무수한 날들의 베일이 걷혀야 합니다. 만일 **진아지**를 얻고 나서 **헌신**이 약해진다면, 그 지知는 결실을 많이 거두지 못합니다. 신에 대한 개인적 헌신 덕분에 여러분은 세상에서 유명해지고 영향력을 갖게 될 것입니다. 그런 사람은 아무것도 필요로 하지 않습니다. 그의 믿음에 부족함이 어디 있습니까? 크리슈나는 왕자였음에도 자신의 **스승**에게 봉사했고, 힘든 일을 많이 했습니다. 그리하여 자기 스승보다 더 많은 부富, 신성神性이라는 부를 얻기에 이르렀습니다. 누구나 자신이 노력한 만큼의 지위를 얻습니다. 진정한 믿음의 결과는 분명하고, 오지 않을 수 없습니다.

1935년 9월 19일 오전

51. 참스승은 해와 같다

참스승은 뜨거운 해에 비유할 수 있습니다. 해가 뜨자마자 문제가 시작됩니다. 깊은 잠 속에서는 왕과 거지가 같은 행복을 즐깁니다. 지知의 해가 떴을 때는 더 이상 낮이나 밤이 없습니다. 이 세계의 겉모습은 조악하고 세속적인 꿈이어서, 마치 참된 것처럼 보입니다. 지知의 빛이 퍼져나가면 세계의 환적인 겉모습이 해소됩니다. 참스승이 '지知의 해'입니다. '지知의 자식들'에게 진아지의 날이 시작된 것입니다. 새들[개아들]이 진아의 눈을 얻습니다. 진아지의 길을 걷는 여행자들의 마음속에 있던 두려움이 사라집니다. 진아의 빛이 퍼져나갈 때 범부적 삶의 어둠이 소멸되며, 이때 싯디들이 출현하는데, 그것은 신기루에 불과합니다.

여러분이 곧 그라는 것을 이해할 때, 그때가 해가 정점에 있는 한낮입니다. 환幻은 전 세계의 존재라는 꿈을 영속시키는 밤입니다. 그 환幻의 밤이 사라지면 '나'의 꿈도 해소됩니다. 그럴 때 큰 체험을 완전히 깨닫게 되며, 그것이 우리 자신의 집입니다. 참스승은 떠오름과 가라앉음 둘 다를 소멸하는 해입니다. 그 해가 떴습니다. '본다'는 것은 세계를 본다는 뜻입니다. 그것은 환幻, 즉 우리가 진아를 모를 때입니다. 베단타에 '환幻'이라고 하는 하나의 거짓된 개념이 있는데, 참스승이 이것을 쓸어내 버린 것입니다. 스승의 위대함은 저도 그분 자신의 언어를 사용해서만 찬양할 수 있습니다. 제가 달리 무엇을 할 수 있습니까?

참스승은 낮과 밤 둘 다를 넘어서 있습니다. 누가 그를 볼 수 있습니까? 그는 빛의 주인이지만 또한 '물러남의 길'의 주主, 곧 한 사람의 니브리띠나트(Nivrittinath)이기도 한데, 거기에도 아무 빛이 없습니다. 그에게 거듭거듭 경배해야 할 것입니다. 그를 찬양하는 데는 부적절한 면이 있습니다. 그것은 우리가 왕을 부자라고 부르는 것만큼이나 군더더기입니다. 참 스승에게는 그런 한정된 찬양을 할 수 없습니다. 그가 베풀어 준 것을 어떻게 열거할 수 있겠습니까? 그것은 워낙 방대하여 언어가 미치지 못합니다. "오 주님, 당신께서 이것을 주셨고, 저것을 주셨고…" 하는 식으로 하나씩 꼽아 말할 수가 없습니다. 우리가 그를 찬양하면 할수록, 그것은 그를 전혀 찬양하지 않은 것과 같습니다. 베단타는 (여러분이 찾아낼 수 있는) 최고의 발견물입니다. 그것을 참으로 공부하는 사람은 행운아입니다. 몸으로 행할 수 있는 것은 기예技藝(art)이고, 마음으로 성취하는 것은 지知(Vidya)입니다. 지知의 14번째 유형은 브라만의 지知(Brahmavidya)입니다. 그 지知를 증장시키는 힘은 가늠할 수 없는데, 베다는 이 지知를 체험한 뒤에 쓰여진 저작들입니다. 구도자가 내면으로 들어갈 수 있었던 곳이 어디였든, 그는 그 체험을 묘사한 것입니다.

1935년 9월 19일 저녁

52. 신은 세계에 편재해 있다

성자 에끄나트가 자기 스승 자나르단(Janardan)에게 절하면서 이렇게 말합니다. "세간적 삶이 있다는 느낌은 제가 진아지를 얻었을 때 침몰해 버렸습니다." 그가 세계를 보지 않는다는 것이 아니라, '너'도 없고 '나'도 없다는 것을 아는 스승의 중요성을 깨닫고 있다는 것입니다. '나'가 있는 한 다른 모든 것도 있습니다. '나'가 없을 때는 무엇이 남습니까? 여러분이 공간을 점하고 있는데, 신을 어떻게 모실 수 있습니까? 여러분이 있는 한, 절을 하는 데는 법도가 있습니다. '나'와 '너' 둘 다 사라지면 진아만이 있습니다. '만물의 단일성에 대한 지知'를 깨닫지 못하고 있는 동안은 여러분이 분리되어 있습니다.

가나빠띠[가네샤]에게는 엄니(tusk)가 하나뿐입니다.31) 이것은 그가 자기 홀로임을 뜻합니다. 사물들은 외관상 무수하지만 모두가 **하나인 단일성**입니다. 색채들은 다양해도 모두 단 하나의 색에서 나옵니다. 모든 색의 주인이 '**색들의 주**主' 랑가나트(Ranganath)이지만, 그가 있는 곳에서는 그에게 색이 없습니다. 모든 다수성은 **가나빠띠**에게서 시작됩니다. 숫자 세기도 그에게서 시작됩니다. 일체가 **일자의 뱃속**에 들어 있습니다. '나'가 떨어져 나왔기 때문에, '나'가 유리되었기 때문에, '나'가 개아라고 불리는 것입니다. 만약 우리가 인간계에 들어온 뒤에 우리의 '인간다움'을 증명하면, 비로소 신, 곧 **나라야나**가 될 수 있습니다. 우리의 지성(intellect)은 밥벌이를 위한 것이 아니라 **진아 깨달음**을 위한 것입니다. 지성을 사용했다는 표지는 여러분이 **나라야나**가 되었다는 것입니다. 이것은 지성을 사용하는 그 사람에게 달렸습니다. 지성은 길들지 않은 말[馬]입니다. 이 말을 길들여야 합니다. 사람 몸 안의 이 말이 여러분을 방해하여 **빠라마뜨만**의 상태를 성취하지 못하게 하지만, 이 목적을 위해서는 그것을 이용해야 합니다.

가나빠띠는 액운이나 장애의 소멸자로도 불립니다. 그의 네 팔은 인간의 네 가지 성취 목표인 **다르마ㆍ부**富**ㆍ무욕**32)**ㆍ해탈**을 의미합니다. "오, 주 가나빠띠시여, 빛을 주는 것들에게 빛을 주시는 근원이 **당신**이십니다. 참이냐 거짓이냐 하는 판단은 **당신**만이 내리십니다. **당신**의 안목은 일체를 브라만으로 봅니다. **당신**을 이해하는 사람은 '**브라만의 음성**'이 됩니다. 그는 **브라만의 지복** 안에서 행복해집니다. 당신의 배에 감겨져 있는 뱀 허리띠는 지혜를 의미합니다. 그것은 '**지혜 허리띠**'로 불립니다. 당신을 아는 사람

---

31) *T*. 가네샤는 코끼리 얼굴을 하고 있지만, 엄니가 하나뿐인 모습으로 묘사된다.
32) *T*. 보통은 '욕망'으로 열거되지만, 여기서는 '**무욕**'으로 되어 있다.

은 전혀 액운을 보지 않습니다. 당신은 당신이 좋아하시는 헌신자를 당신 가까이 끌어당기시고, 아무것도 기대함이 없는 사람이 있으면 그에게 최고의 행복을 주시며, 당신의 손으로 그에게 달콤한 환희의 기쁨을 주십니다. 가장 미묘한 곳이 당신의 처소입니다. 당신의 발아래 있는 쥐는 아주 미묘합니다." 누가 그 작은 쥐를 얼핏 보았을 때는 달을 보면 안 됩니다. 그것은 희망과 욕망이 커지면 안 된다는 뜻입니다. 형상 없는 **가나빠띠**가 '모든 일을 하는 자'가 되었습니다.

사라스와띠(Sarawasti)는 지성을 의미합니다. 그녀는 본질적인 것과 비본질적인 것을 분별합니다. 그래서 그녀가 **사라스와띠**입니다. 그녀는 감각기관들을 자극하고 활성화하며, 그래서 **사라스와띠**라고 불립니다. 그녀는 자신의 빛으로 이해합니다. 진리를 말하는 것은 그녀의 목소리이고, 그녀는 그런 말이 훌륭하다고 말합니다. 진리가 말로 표현될 수 있는 것은 그녀 때문입니다. 성자라고 불리는 것은 누구입니까? 진아-지복의 화신인 자, 고초를 겪는 사람들에게 만족을 주는 자를 **성자**(Sajjana)라고 합니다. 모든 성자들은 성품상 지복스럽습니다. 영적인 지혜의 쾌활한 기쁨인 사람들을 성자라고 합니다. 성자들은 그들 내면의 신에게 안식을 줍니다. 그 행복, 그 안식이 머무를 곳은 이 **성자들**밖에 없습니다. 그들은 '자비의 바다'입니다. 성자들은 사람들에게서 어떤 것도 부족함을 보지 않습니다. 성자들은 바로 절대자의 팔다리입니다. 성자들의 두 발에는 만족이 거주합니다. 성자들을 섬기는 사람들은 만족을 얻고, 안식을 얻습니다. 죽음은 여러분이 자신의 실수를 후회하게 하지 않고는 결코 여러분을 찾아오지 않습니다. 여러분의 다음 숨이 마지막 숨이 될 수도 있습니다. 사람은 죽음이 임박하면 늘 자신이 살면서 저지른 오류들을 자각합니다. 개인은 자신의 실수들을 기억하지 않고 죽는 법이 없습니다. "머리를 낮추어 **성자들**의 발아래 두라." 두려움이 있는 사람은 죽음에 대한 걱정이 있습니다.

성자들이 축복하는 이들은 **브라만**이 됩니다. '네 가지 성취(Purushartha)' [인간이 추구하는 목표인 다르마·부·욕망·해탈]를 얻으려고 힘들게 일할 필요가 없습니다. 모두를 해방시키는 자가 **빠라마뜨만**입니다. 그는 그 자신의 지성에 접촉하고, **실재와의** 완전한 동일시를 부여합니다. 그러자면 **믿음**이 필요하며, 그런 다음 도처에 **빛**이 있습니다. 그러나 개아들은 의심의 길을 가면서 기만당합니다. 의심을 품는 사람들은 **깨달음**이라는 결실을 거두지 못할 것입니다. 어떤 사람은 어느 신상神像에 대한 믿음으로 브라만 깨달음을 얻기도 했습니다. 여러분이 어떤 **성자**에게 **온전한 믿음**으로 단 한 번만 절을 해도 그는 여러분을 바로 자신처럼 만들어 줄 것입니다. 여러분은 그를 친견하고, 그의 발을 만지고, 그에게 말을 하고, 그가 하는 말을 귀담아 듣거나, 아니면 그에게 나뭇잎·꽃·과일, 하다못해 물이라도 바치며 그를 숭배할 수 있습니다. 성자들은 형상이 어떻든, 기형이든, 혹은 세속적 행동을 하든, 그로 인해 영향을 받지 않습니다. 성자는 대상을 즐기든 일체를 포기하든, 그로 인해 영향을 받지 않습니다. 만일 어떤 사람이 오늘 순수해진다고 하면, 어제는 그가 불순수했다는 의미일 것입니다.

성자들은 자신의 기행奇行이나 지知를 자랑하지 않습니다. 그들은 자연스러운 단순함 속에 삽니다. 그들은 **진아성**에 대한 지知이자 무지로서 살고, 그 둘 다를 에워쌉니다. **절대자의 사랑이 그의** 안에서 완전히 흡수되고, 그의 안에서 경외감이 사라집니다. 전체 삶이 **하나**입니다. 세간적 삶과 영적인 삶이 **하나**입니다. 기억이 망각과 함께 사라집니다. '나'라는 느낌이 사라지고, '나'라는 느낌을 버린다는 자부심도 사라집니다. 그것이 존재하지 않는데 내버릴 무엇이 있었고, 생겨났던 것은 무엇입니까? 꿈과 생시가 사라집니다. 황홀경이 그 자체에 대해 기뻐하게 되었습니다. 보이는 대상이 보는 감각과 함께 사라졌습니다. 주시자라는 느낌도 사라집니다. 지知는 **무지**와 함께 사라졌습니다. '아는 자'라는 인식도 사라집니다. 모든 지知가 하나의 꿈처럼 사라졌습니다. 지혜가 완전히 흡수되었지만, 그것은 늘 있던 것입니다. 밖에서 오지 않았습니다. 저는 이와 같이 지혜로운 사람들 앞에 절합니다. 우리는 그런 겸허함이 있어야 합니다. 안 그러면 삶이 모두 헛되어 낭비됩니다. 우리는 **참스승**에게 절해야 합니다. 그의 은총에 의해 우리는 일체를 주시할 수 있고, 실제로 죽이지 않으면서 죽음을 살해했습니다. 그는 만물에 아름다움을 부여하는 자, 몸을 가졌으되 몸-의식을 넘어선 자이며, 그에게는 무엇을 취해 가졌다는 어떤 표지도 없습니다. 그는 의심이 없는 자입니다. 그는 완전히 확신하게 되었습니다.

우리가 애정을 가지고 헌신자가 되려고 노력하면 **신성**神性을 얻습니다. 자신을 바쳐 헌신하는 자와 그 **헌신**을 받는 자의 이원성이 사라집니다. '무심無心'이 '무심'에게 간 것입니다. 그것은 마음과 접촉하지 않습니다. 우리가 절하는 대상이 우리 자신이 되었습니다. 관찰자, 관찰 대상, 관찰 행위가 하나이고, 모든 구분이 소멸했습니다. 이제 누가 신이고 누가 헌신자입니까? 아무것도 남지 않습니다. 신이 신으로서의 정체성을 잃고, 이제 신이라는 별개의 느낌 없이 세계 안에 전적으로 편재합니다. 신과 헌신자의 이원성이 제거되었습니다. 이제 **한량없는 전적인 자유**가 그의 하인입니다. 그 상태의 **지복**은 말로 전할 수 없습니다. 거기에 언어가 들어설 자리가 없습니다. 나라다, 슈까 등 여러 진인들은 이 **지복** 때문에 황홀해졌습니다. 강물과 바닷물이 하나가 되었고, 합일될 때의 희열은 지극합니다.

이원성 상실의 느낌을 체험하는 자만이 그것을 스스로 알 수 있습니다. 그가 **요기들의 왕**이며, 인간 마음속의 **의식의 태양**입니다. 이것이 해탈의 이야기입니다. 경청하고 싶은 사람은 마음의 머리 위에 자기 발을 내려놓아야 합니다. 마음을 제어해야 합니다. 제가 묘사하는 것이 실제로 우리의 의식의 일부입니다. 태어날 때부터 환幻과 별개인 주 **크리슈나**는 그의 적들조차 해탈시켰습니다. 그는 화신의 몸으로 대단한 일들을 해냈습니다. 그 자신 **전체성**이었기에, 물건들을 훔치기도 했습니다. 결혼하여 자식들도 있었지만 그럼에도 독신이었습니다. 이 모든 것이 너무나 경이롭습니다. 어느 누가 그를 찬양할 수 있습니까? 어느 누가 그의 **위대함**을 묘사할 수 있습니까?

1935년 9월 16일

53. 참스승은 모든 신들의 신이다

참스승(Sadguru)은 모든 신들의 신입니다. 그는 우리를 신으로 만들기 때문에 신들의 신인 것입니다. 가난한 사람이 부자가 되면 그는 그것을 더 소중히 여깁니다. 부자를 더 부자로 만들어 주는 것은 별 의미가 없습니다. 우주 안에 거주하는 **보편아**(Universal Self)가 하나의 몸 안에서 나타났고, 그래서 여러분이 그를 여러분의 스승이라고 부를 수 있습니다. 참스승에게 완전한 믿음을 갖지 않으면 **보편아**가 될 수 없습니다. 믿음을 가진 사람은 **보편아**가 됩니다. 그 **보편아**가 실제로 우주 안에서 현현할 때, 그럴 때만 그가 참으로 **보편아**가 됩니다. 몸 그 자체는 (그 사람에게) 충실하다고 말할 수 없습니다. 베단타는 1차적으로 실용적입니다. 죽은 뒤에도 느껴지는 자, 네 가지 몸을 넘어서 있는 자가 이 신, 곧 **참스승**입니다. 그런 그가, 충실하지 않고 헌신하지 않는 사람들에 의해 지위가 낮아졌습니다. 이 신은 전능하며, 그에 대한 여러분의 신뢰에 의해 여러분을 축복합니다. **참스승**의 두 발에 다가오는 사람은 그의 일견—見, 그의 친견(Darshan)을 받습니다. 헌신자는 스승의 두 발을 꼭 붙들 수 있어야 합니다. 주 크리슈나는 말합니다. 의식의 세 가지 측면[보이는 대상, 보는 자, 보는 행위]과 '나'라는 느낌은 물론이고, "내가 그것이다"라는 지知까지도 모두 해소될 때, 비로소 그 헌신자가 그의 안에 합일된다고 말입니다.

사람의 부모는 그 육신하고만 관계됩니다. 참스승은 '여러분의 존재 핵심'의 어머니입니다. 그런 의미에서, 아버지 지위는 여러분 안에 있습니다. 그런 **참스승**에게 헌신을 드리지 않는 사람은 복이 없습니다. 제가 그 표지를 일러드리겠습니다. 분명히 말씀드리지만, 헌신자가 아닌 사람은 큰 슬픔 속에서 환幻에 의해 이미 삼켜집니다. 주 시바가 묘지에 앉아서 명상을 하고 있습니다. 주 브라마는 (그에게서) 지知를 전수받을 희망을 품고 그의 아들이 되었습니다. 여러분에게 그런 지知를 주는 **참스승**은 자비로운 분입니다. 사람이 대단한 공덕을 쌓았을 때만 **참스승**이 그를 만납니다. 성자 에끄나트는 이렇게 말합니다. "오, 저의 어머니이자 아버지시여, **진아-지복**의 하사자이신 당신께서 제 집에 오셨습니다. 저는 이제 제 삶을 완수했습니다. **바그와뜨**(Bhagwat-크리슈나)의 종교 안에서 저에게 조언해 주시고, 저를 행위는 물론이고 무위無爲에서도 벗어나게 해 주십시오."

환幻은 워낙 강력해서 **하리**[비슈누]와 **하라**[시바]는 여전히 그녀를 두려워합니다. 이 **마야**는 세 가지 성질(Gunas)로 되어 있습니다. 예를 들어, 태양에게는 어떤 의도도 없지만 그것이 떠오르면 전 세계가 활동을 시작합니다. 실은 아무것도 없는데 어떤 것이 있다고 느낄 때, 그것이 **환**幻입니다. 실재 안에 무엇이 있어 "나"라고 말합니까? 그것은 상상된 개아입니다. 몸에는 "나"라고 말하는 것만 들어 있는 게 아니라 피, 살, 정액, 기타 모든 물질이 있습니다. 그러나 "나"라고 말하는 개체는 실은 없습니다.

실재 안에는 어떤 '타자'도 없고, 어떤 의심이나 어떤 대안도 없습니다. 그러다가 **원초적 환**幻(Moolamaya)이라고 불리는 원초적 열망이 일어납니다. 여기서 **존재-의식-지복**의 세 가지 측면 속의 **지복**이 나타납니다. 그러면 그 **사람**이 그 자신을 보고, 그 자신을 먹고, 그 자신을 마시고, **진아-지복**을 얻기를 바라기 시작하며, 그런 다음 상상에 따라 그것을 얻습니다. 존재들의 네 가지 '흐름'(태생·난생·습생·화생) 모두 상상에 의해 창조됩니다. 세 가지 성질, 삼계三界, 5대 원소는 모두 그에 의해 창조됩니다. 그는 다수였지만 그 자신이 **하나**라고 생각했고, 그것만 알았습니다. 원래의 시원적始原的인 **순수한 시대**에는 그가 홀로였습니다. 꿈속에서와 같이 사람은 다수가 출현하는 것을 보지만, 그 사람은 늘 홀로일 뿐입니다.

움직이지 않는 것은 하늘 곧 **허공**(Akash)이고, 움직이기 시작한 것은 **바람**[공기]입니다. 그 다음은 바람에 이어 **불**[빛]이 나오고, 그 다음은 물, 이어서 흙이 나옵니다. 바람은 움직이는 것입니다. **형상 없는 영**靈을 **뿌루샤**(Purusha)라고 하며, 그것이 움직일 때는 바람이라고 합니다. 5대 원소는 **쁘라끄루띠**(Prakruti)[현상계]라고 합니다. **뿌루샤**는 홀로, 있는 그대로 있습니다. 그러나 쁘라끄루띠는 혼합된 것입니다. 그것을 하리마야(Harimaya), 즉 하리의 신력神力 혹은 현현물(현상계)로서의 신이라고 합니다. 그만이 자기를 압니다(Self-knowing). 마야를 모르는 자가 '영의 본질(Chidghana)'인데, 생명이 그의 속성입니다. 다른 모든 것은 죽어 있습니다. 5대 원소는 원초적입니다. 다른 모든 것은 나중에 현현된 것입니다. 각각의 원소에는 똑같은 '나'가 있습니다. 같은 영靈이 우주 안에도 있습니다. 그것을 '시바'라고 합니다. 그것이 몸 안으로 들어가면 개아(Jiva)가 됩니다. 우리가 잠 속에서 보는 것을 꿈이라고 합니다. 신의 꿈을 세계라고 합니다. 우리의 생시 의식은 시바의 꿈입니다. 지知가 있는 사람은 꿈이 그 자신의 생각이라는 것을 알듯이, 사람이 진아지를 얻으면 그의 삶은 하나의 환幻이 됩니다. 그것이 마야입니다. 사람은 말을 할 때 진아의 힘으로 인해 말을 하는데, 자신이 (말을 하는) 그 몸일 뿐이라고 생각한다면 착각하는 것입니다.

브라만이 자신을 분명하게 표현하게 되면 옴(OM) 소리가 나타납니다. A+U+M은 그것의 모음母音들입니다. 신은 여기서 하나의 죄수가 되었습니다. 신이 자신의 본래적 상태(Original State)에서 내려온 것입니다. 개아 자신이 시바이지만, 마야의 유혹이 있습니다. 여러분이 시바이기는 하나, 마야가 여러분에게 자신을 하나의 몸이라고 생각하게 만듭니다. 그것이 마야의 힘입니다. 마야는 진아에 대한 망각과 관능적 쾌락에 대한 열망을 키웁니다. 감각대상들에 대해 생각하는 것을 마음이라고 합니다. 에고의 영리함을 지성이라고 합니다. 같은 '나'라는 느낌이 자신을 진아로 생각할 때는 브라만이 됩니다. 마음·주의·지성·에고가 모두 단 하나의 음音인 옴과 하나가 됩니다. 열 가지 감각기관의 열 가지 성질은 실은 생명이 없습니다. 신, 곧 나라야나가 그것들 모두의 안에 있기 때문에 그것들이 감각할 수 있습니다. 그것은 나라야나가 '아는 자'임을 의미합니다. 감각기관들은 조악합니다. 나라야나가 그것들의 모든 활동을 수행합니다.

1935년 9월 17일 오전

54. 몸은 '나'가 아니다

일자(One)만이 마음, 지성 그리고 모든 감각기관과 그 대상들을 비춥니다. 그가 '어떤 사람'이라는 것은 거짓된 관념일 뿐입니다. 만일 여러분이 자신은 한 '몸'이라는 관념을 유지하면, 그 몸이 먹고 마시는 등 일체를 하는 것처럼 보입니다. 이것을 **무지**라고 합니다. "나는 몸이다"라는 환적인 개념이 개아를 창조하며, "나는 몸이 아니다"라는 느낌이 여러분을 신[시바]으로 만듭니다. 감각대상들이 쾌락으로 가득 차 있다는 믿음은 하나의 개념일 뿐입니다. 감각기관들은 대상을 붙들기 위해 요동합니다. 몸의 세계는 족히 가늠됩니다. 그것은 팔 세 개 반 길이[몸의 길이]에 지나지 않습니다. 모든 활동들은 몸을 위한 것일 뿐입니다. 몸의 즐김과 몸의 집착들을 몸이 수용할 뿐입니다. 몸은 자신의 영광을 감각기관들에게 내주었는데, 이제는 여러분이 애를 써도 그것을 되찾지 못합니다. 감각기관들은 (감각대상에) 탐닉합니다. 여러분이 만 년을 애써도 그것들을 통제할 수 없을 것입니다. 그것이 놀라운 일이지요! 그것이 이른바 쾌락이라는 것입니다! 쾌락은 감각 신경들을 가리킵니다.

미친 게임이 하나 있는데, 거기서 여러분은 승리 아니면 패배, 쾌락 아니면 고통의 이 게임을 계속 하면서 그것을 계속 경험해야 한다고 정해져 있습니다. 여러분은 그것을 쾌락이라고 부르지만, 실은 그것은 상상의 유희에 지나지 않습니다. 여러분이 그것을 쾌락이라고 해도, 그것은 '살해'되어야 합니다. 즐김을 살해하는 데 진정한 행복이 있지만 사람들은 즐김을 계속합니다. 그것은 실은 괴로움일 뿐인데 말입니다. 여러분이 즐김을 죽였다면 그건 좋습니다. 그러나 그 즐김을 죽인 자도 죽어야 합니다. 대상들은 환적이며, 그것들의 즐김도 환적입니다. 즐김은 여러분이 좋아하는 하나의 느낌입니다. 일체가 여러분이 기대한 대로 일어날 때 여러분은 즐김을 얻습니다. 신[시바]은 이원성에 대한 생각이 없고, 어떤 의심의 생각도 없습니다.

각 감각기관의 대상들은 서로 다릅니다. 열 가지 감각기관 모두가 여러분을 열 가지 방향으로 잡아끕니다. **죽음의 신 야마**는 무지라는 물소를 타고 다니면서 여러분을 공격합니다. 무지는 사람을 죽음의 영역으로 데려가는 자입니다. 감각기관들이 유혹하고 우리가 쾌락의 함정에 빠지는 것은 우리가 몸에 집착하는 것에 지나지 않습니다. 모든 일은 사물들의 거대한 흐름 속에서 일어나지만, 개아는 "내가 모든 것을 했다"고 말합니다. 그는 **진아**임에도 자신이 그 몸이고, 공덕과 죄악의 짐을 진다고 말합니다. 이것이 에고라고 불리는 '몸 동일시(body identification)'의 병입니다. 그것은 움직이는 달구지 밑을 걸어가는 개가 달구지를 모는 것은 자기라고 말하는 것과 같습니다. 마찬가지로, 개아는 거짓된 자부심을 갖습니다. 그는 모든 것을 하고 싶어 합니다. 한시도 쉬지 않습니다. 그것은 그가 몸 동일시라는 제어할 수 없는 발작을 일으키고 있는 것과 같습니다.

눈 먼 사람들이 사는 도시에, 만일 자기 눈으로 볼 수 있는 사람이 오면 그의 눈알을 빼버린다고 하는 법률이 있었습니다. 그런 데서는 머리를 영리하게 써서 탈출해야 합니다. **마야**는 누군가가 **진아**를 깨달으면 자신의 명성이 떨어질 것을 알기 때문에, **지**知와 반대 방향으로 노력하기 시작합니다. 여러분이 (몸과 감각적 쾌락에) 집착하기 때문에 생사윤회가 계속됩니다. 실은, 여러분이 쾌락은 슬픔일 뿐이라는 것을 알 때만 그것이 진정한 행복입니다. 과보를 기대하고 하는 행위는 매우 해롭습니다. 과보나 결과에 대한 욕망이, 탄생을 넘어서 있는 **진아**로 하여금 태어나지 않을 수 없게 만듭니다. 그러니 어떠한 결과에 대한 욕망도 품지 마십시오. **마야**는 개아에게 몸 동일시라는 신기루를 덮어씌워 그를 괴롭히지만, 안타깝게도 개아는 그것을 지겨워하지 않습니다. 개아는 갖가지 몸을 받아서 태어나 모두 자발적으로 괴로움을 겪습니다. 진아성의 눈을 가리는 개아가 사방을 헤매고 다닙니다.

1935년 9월 18일

55. 마야의 순환

태양은 정지해 있지만 사람들은 그것이 움직이고 있다고 힘주어 말합니다. 마찬가지로, 개아가 수많은 다양한 동물의 형상으로 탄생을 거듭하는 것은 환幻의 유희 때문일 뿐입니다. 그가 고통 받는 것은 자기 자신을 잊어버렸기 때문입니다. 그래서 탄생과 죽음이라는 두 열매를 거듭합니다. 자유롭고 완전한 진아가 노예 상태로 된 것은 몸과의 동일시 때문입니다. 대상들에 행복이 있다고 생각한 그는, 시간이 가면서 속박이라는 독毒을 먹었습니다. 화학적 독은 한 생에서만 사람을 죽이지만, 감각대상이라는 독은 몇 배로 늘어나 많은 생 동안 사람을 죽이는 원인임이 드러납니다. 슬픔에 슬픔이 중첩됩니다. 개아는 욕망과 슬픔의 바닥없는 구덩이로 던져지고, 거기서 그가 고통 받는 동안 파멸의 큰 파도가 그 몸 위를 쓸고 갑니다. 그런 다음 다시 환생이 있습니다.

인간의 삶에는 두 갈래 길이 있습니다. 하나는 해탈의 길이고, 다른 하나는 환생의 길입니다. 사람이 해탈의 길을 만나는 일은 드뭅니다. 신에 대한 참된 헌신 없이는 지知를 가진 사람조차도 자유로워지지 않습니다. 최고의 헌신은 스승에 대한 헌신입니다. 스승의 헌신자들은 자신의 어려움이 기회가 되는 것을 발견합니다. 마야는 실로 아주 이상하고 경외스럽습니다. 단순한 사람들은 마야를 넘어서지만, 자신의 지성을 통해 탈출할 것이라고 말하는 사람들은 기만당합니다. 하리[비슈누]의 환幻은 실로 넘어서기 어렵습니다. 그것은 실은 거짓된 것이지만, 몸에 집착하는 사람에게는 아주 강력하고 아주 끈질깁니다. 어떤 사람들은 이 세간적 삶에서 벗어나야겠다고 생각하지만 마음이 제어되지 않습니다. 스승 자신이 빠라마뜨만이라는 것을 이해한 사람들은 이 환幻을 아주 쉽게 넘어설 수 있습니다. 환幻에 대한 치유책은 무엇입니까? 지성이 명료하고, 환幻과 브라만이 마치 거울에서 본 것처럼 뚜렷이 별개라고 인식하는 사람만이 여러분에게 치유책을 말해줄 수 있습니다. 그런 사람들에게는 환幻을 건너가는 것이 곧은길을 걸어가는 것만큼이나 쉽습니다. 그렇게 하기 위해서는 감각대상들로 향한 이끌림이 완전히 사라져야 합니다.

영원한 것과 영원하지 않은 것을 아는 사람이 깨달은 사람입니다. 여러분이 무상한 것들에서 얻는 쾌락은 실은 고통입니다. 감각대상들을 원치 않는 사람은 이미 자유롭습니다. 감각대상들의 즐김을 매우 황홀하게 느끼는 사람들은 동물의 몸을 가지고 있는 것일 뿐입니다. 그들은 죽을 때까지 돈을 벌어 쌓아두다가 마지막에는 일체를 처자식에게 남겨줄 뿐입니다. 공덕과 죄악의 묶음들을 모으고 쌓는 것으로써 그 개아는 (이 삶이라는) 여정을 시작한 것입니다. 세속적 삶에 대한 집착이 사라진, 그리고 **스승**에 대해 믿음을 내고 참된 영적인 길을 이해하는 사람만이 진정한 **영적 권위자**입니다. 그는 어김없이 **참된 영광**을 성취합니다.

제자들의 에고를 몰아내고 무욕에 대한 지知를 안겨주는 **스승**이 진정한 **참스승**입니다. **브라만**으로 자리 잡고 있고, 말에 정통하고, 명성이나 돈을 추구하지 않는 사람이 참으로 큰 **스승**입니다. 그는 모든 것을 **브라만**으로 보며, 제자들에게 자신을 부양할 어떤 짐도 지우지 않습니다. 그는 감각대상을 포기하지도 않고 즐기지도 않습니다. 그는 자기 몸이 좌대에 앉아 이동하든 거친 길을 걸어서 가든, 거기에 무관심합니다. 영리한 빤디뜨들은 참된 **스승**의 이런 표지를 이해하지 못합니다. 유식한 학자들은 자신이 철학자이고 위대한 지식의 전통에 속해 있는 것을 자부합니다. 그들의 마음은 **실재**에 합일되기는커녕, 매우 경직되고 자부심으로 강해집니다. 그들은 자신이 학식을 늘려갈 때 자기 삶이 상실되고 있음을 보지 못합니다. 그들의 에고는 완전한 평안을 얻기는커녕 이리저리 날뜁니다. 평안이 **참스승**의 표지입니다.

참으로 배운 사람(진인)들은 바깥세상에서 일어나는 어떤 일도 그것을 실재하듯이 보지 않습니다. 그들에게는 바깥 사물들이 실재한다거나, 언젠가 그것들이 유용할 거라는 느낌의 어떤 자취도 없습니다. 세계의 겉모습을

'참되지 않다'고 느끼지 않으면, 우리의 주의가 그것을 향하게 될 것입니다. 대상적 세계가 참되다고, 그리고 오늘이든 다른 어느 날이든 그것이 자기 자신이나 다른 사람에게 유용할 거라고 느낄 때, 그럴 때만 사람은 세계의 겉모습에 이끌립니다. 본질적인 것을 깨닫고 있고, 대상적인 것들이 오늘이나 어느 때인가는 유용할 거라는 어떤 개념도 갖지 않은 사람이, 참으로 배운 사람이고, 참으로 이익을 줍니다. 따라서 배운 사람은 대상들을 보면서 "그래, 그것들은 실재하지"라고 말하지 않습니다. 그는 그런 것들에서 물러납니다. 그는 아무 이유 없이 늘 평화롭습니다. 참스승에 대한 헌신 없이는 여러분이 영적 평안을 성취하지 못할 것입니다.

스승은 그 자신의 상태를 헌신자에게 하사합니다. 스승에 대한 헌신의 큰 열매가 그와 같습니다. 여러분은 "죽음이 닥쳐와도 반드시 신을 보겠다. 몸이 쓰러져도 내 목표를 성취하겠다."와 같은 일념의 결심을 해야 합니다. 그런 강한 결의를 가진 사람은 틀림없이 자신의 참스승의 모든 지원을 얻습니다. 그런 사람들은 지체 없이 해탈합니다. 그냥 참스승의 말씀을 위해 목숨을 내놓을 준비가 되어 있는 사람, 스승의 명령에 불복하지 않는 사람, 그리고 스승이 곧 빠라마뜨만이라고 확신하는 사람, 그런 사람은 그 자신 전능한 신입니다. 그래서 여러분은 참스승에게 완전한 믿음을 가져야 합니다. 진실로 그는 신입니다.

1935년 9월 20일 오전

56. 아홉 가지 유형의 헌신

헌신의 첫 번째 유형은 듣기, 즉 청문聽聞(Shravana)입니다. 우리는 어떻게 숭배해야 합니까? 헌신은 지知의 어머니입니다. 헌신 없이는 지知가 없습니다. **헌신**이 최고의 길입니다. 행위 속에서 그것을 할 수 없는 사람은 마음속으로 해야 합니다. 숭배하는 법을 잘 들으십시오. **스승**이 설명하는 모든 길—**지**知의 길, **무욕**의 길, **수행**의 길 그리고 **최종적 진리**(Siddhanta)의 길을 귀담아 들어야 합니다. 그 모든 길의 핵심을 알아내야 합니다.

헌신의 두 번째 유형은 **신을 찬양하기**, 즉 **찬가헌신**(Kirtan Bhakti)입니다. 찬가(Kirtan)는 실은 육신을 받아 온 신을 찬양하는 것입니다. 우리가 암기하고 있고, 중요한 많은 인용구들을 이해하며, 그 의미를 다 아는 그런 찬가를 해야 합니다. 이 찬가에는 **신**, 즉 **주**主 **하리**(비슈누)의 이야기가 나와야 하지만, 즐거이 그리고 싶을 때가 아니면 다른 목적으로 찬가를 부르지 마십시오. 전 세계가 여러분이 진아의 위대함을 전파할 장場입니다. 찬가형의 헌신은 모두를 정화합니다.

헌신의 세 번째 유형은 주 비슈누를 **기억하기**입니다. **참스승**을 기억하십시오. 이것은 아침, 낮, 저녁, 언제 어느 때나 해야 합니다. "나는 **브라만**이다", "나는 **시바**다", "내가 **그다**"를 기억하십시오. 그 기억하기는 똑딱거리는 시계처럼 부단해야 합니다. 신에 대한 헌신이 부단히 이루어지는 심장은, 움직이는 살아 있는 사원입니다. 모두가 **라마**의 명호名號에 의해 해탈할 수 있습니다. 주 **마하데브**(Mahadev)[시바] 자신도 **라마**의 신성한 명호를 염하는 것을 통해 감각대상들을 벗어났습니다.

헌신의 네 번째 유형은 스승에게 **봉사하기**입니다. 스승의 두 발을 숭배해야 합니다. 생사에서 벗어나기 위해서는 스승에게 봉사해야 합니다. 실재를 보여주는 분이 **참스승**입니다. 눈에 보이지 않는 것, 드러나지 않은 것을 성취하는 것은 스승의 축복 때문입니다. 무집착, 순복, 몸을 넘어서기, 마음을 넘어서기, 완전한 무관심의 본연적 상태에 있기와 같은 **의식**의 상태들은 모두 **스승**의 축복에 의해서만 성취됩니다. 이름들은 달라도 그 상태는 **하나**입니다. 그 상태들 중 하나를 성취하면 모두를 성취하는 것입니다. 무집착은 '내 것'이라는 느낌을 포기하는 것은 물론, 이름과 형상도 포기하는 것입니다. 어머니 같이 자애로운 **스승**처럼 용서해 줄 수 있는 사람은 달리 누구도 없습니다. 여러분이 스승에게 전적으로 의지하면 **신을 성취**할 것입니다. 헌신자는 스승의 발아래서 봉사해야 합니다. 우리가 배우는 것을 검증하는 방법은 세 가지입니다. 스승의 가르침을 통해 확인하는 것, 경전의 가르침을 통해 확인하는 것, 자기 자신의 체험을 통해 검증하는 것입니다. 브라만의 지知를 성취하는 것은 자기 자신에게 달렸지만, **참스승** 없이는 진정한 만족을 얻지 못할 것입니다. 공부만으로는 스승의 말씀을 통해서 배우는 것을 얻지 못할 것입니다. 성취할 수 없는 것은 스승의 은총에 의해서만 성취할 수 있게 됩니다. **절대적 실재**인 **빠라브라만**의 성취는 **성자들과의 친교** 없이는 불가능합니다. 이것이 **헌신의 네 번째 유형**의 표지입니다.

헌신의 다섯 번째 유형은 **숭배**(Archan)입니다. 여러 신들은 실은 과거에 존재한 스승들입니다. 모든 사원은 이 신들의 것입니다. 세계보다 더 큰 그분께 우리가 어떻게 사원을 건립해 드릴 수 있습니까? 지知를 가진 사람, 곧 현자가 신입니다. 현자의 몸, 곧 그가 자기 몸으로 가지고 있는 형상 그 자체가 지知의 이미지요, 지혜의 신상神像입니다. 그는 **신적 지혜의 화현**입니다. 그것이 **참스승**이 소유한 지知이지만, **참스승**은 그런 것들과 다릅니다. 여러분이 **참스승**을 만나지 못했을 때는 과거의 스승들, 즉 고대의 현자들을 숭배해야 합니다. 그러나 **참스승**을 만나면 자신의 몸·말·마음으로써 **참스승**에 대한 헌신을 해야 합니다. **참스승**에 대한 헌신이 우리 자신의 **진아**에게 할 수 있는 최고의 행위입니다. 이것이 우리 자신의 행복을 위해서 우리가 할 수 있는 최고의 행위이며, 모든 성취와 만족을 가능케 하는 행위입니다. 다른 모든 행위는 쓸데없어지고 소멸할 뿐입니다.

헌신의 여섯 번째 유형은 **절하기**(Vandanam)입니다. 우리는 신에게, 그리고 **참스승**에게 절해야 합니다. 절을 하면 우리의 인격 안의 오점들이 사라지고, 축복이 주어지며, 스승이 즐거워합니다. 절을 함으로써 여러분은 겸손과 행복을 얻고, 이 행복에 의해 어떤 적의도 없고 오직 **지복**만 있는 상태를 성취합니다.

헌신의 일곱 번째 유형은 **봉사**(Dasyam)의 길입니다. 사람은 늘 신 또는 **스승**의 문간에 대기하고 있어야 합니다. 퇴락한 사원을 재건하고, 성수지 聖水池(목욕용 저수지)를 개축하며, 늘 **신**의 영광과 사원을 늘려가야 합니다. 늘 스승이나 신의 문간에 있다는 말은 늘 내면의 **진아**에 집중하고 있다는 것입니다. "내가 있다"는 자각, 곧 "내가 있다"는 사실에 대한 **주의**는 우리가 존재한다는 느낌인데, 그것이 **스승**의 문간이고 신의 문간입니다. 그 안쪽이 스승이 있는 곳이고 신이 있는 곳입니다. 우리의 **자각**, 우리의 주의가 그 신의 사원 안으로 들어가는 길입니다. 우리는 이 문으로 해서 안쪽 깊은 곳으로 들어가야 합니다. 부단한 **자기자각**(Self-awareness)에 의해 스승이 존재하는 그 상태로 나아갈 수 있습니다. 우리는 낡고 퇴락한 사원들을 재건해야 합니다. 이것은 모든 사람의 몸을 의미합니다. 우리는 다양한 수단으로, 갖가지 액운과 어려움으로 고통 받고 고초를 겪는 헌신자들의 몸을 건강하고 강하게 만들어주려고 노력해야 합니다. 그러기 위해서는 조언도 해주고, 실제로 그들을 도와주어야 합니다. 우리는 성수지들을 개축해야 합니다. 마음이라는 성수지들이 불운한 일들과 반복된 충격으로 파괴됩니다. 이들 성수지 안에는 나쁜 생각들로 인해 쌓인 오물이 많을 뿐 아니라 잡초와 이끼도 많습니다. 우리는 말라붙은 이것들을 다 제거하고 성수지를 청소해야 합니다. 이 마음이라는 성수지 주변 벽들이 튼튼하여 오래가야 하고, 성수지의 물이 늘 남들에게 유용하도록 해 두어야 합니다. 우리는 **참스승**이 좋아하는 일을 좋아해야 합니다. 참스승은 우리가 감각대상들을 멀리하는 것, 감각기관을 통한 즐김 없이도 자족하는 것, 우리가 진아의 **지복스러운 불멸 상태**에 부단히 머무르는 것을 좋아합니다. 우리는 가정생활에 대한 걱정을 포기하고, 신의 위대함에 대한 이야기들을 독송하는 것은 물론, 그를 찬양하는 찬가를 불러야 합니다. 우리는 덜 중요하고 천한 노동을 조금도 싫어하면 안 됩니다. 우리는 심지어 신을 위한 한 사람의 노예로서 일하기도 해야 합니다. 하찮은 일도 아주 즐기면서 열성적으로 하여 우리의 몸에 대한 자부심을 잃어버려야 합니다. 우리는 즐거운 마음으로 봉사해야 합니다. 만일 신체적으로 그렇게 할 수 없다면, 마음속으로 그와 같이 생각해야 합니다.

헌신의 여덟 번째 유형은 **신과의 친교**(Sakhyam)입니다. 우리는 신과 친근해야 합니다. 진아가 **참스승**입니다. 깊은 사랑으로 **참스승**에게 우리 자신을 묶어 두어야 합니다. 이 세간적 삶 속에 봉사가 있듯이, 영적인 삶에는 아홉 가지 헌신이 있습니다. 우리는 언제나 새로운 일을 하려고 노력해야 합니다. 헌신을 하는 동안 상상력을 발동하여 어떤 새로운 일들을 해야 합니다. 이것은 우리의 마음에 행복과 새로운 에너지, 그리고 기쁨을 줍니다. 우리는 **참스승**이 즐거워할 그런 방식으로 행위해야 합니다. 신이 좋아하는 그런 방식으로 행동해야 합니다. 그럴 때만 우정과 애정이 있습니다. 일들이 우리가 바라는 대로 일어나는 즉시 자연발생적 친근함이 있습니다. 우리는 **참스승**이 좋아하는 일을 좋아해야 합니다. 그리고 **참스승**을 찬양해야 합니다. 우리는 심지어 **신과** 친근하기 위해 모든 것에서 초연해야 할지도 모릅니다. 신이 자신의 '**진정한 생명력**'이라는 느낌을 가지고 행위하는 사람은 신의 **참된 헌신자**가 될 수 있습니다. **참스승**이 그 생명력입니다. 그는 지고의 진아입니다. 이것을 우정의 헌신이라고 합니다.

힌두 신화에서 락샤그리하(Lakshagriha)33)라는 집은, 밀랍 등 가연성 재료로 지은 것이었습니다. 락샤의 의미는 영적으로는 좀 다릅니다. 주 크리슈나의 형상을 한 신은 터널을 통해 빤다바 일족(Pandavas)을 락샤그리하에서 데리고 나올 수 있었습니다. 락샤그리하는 대상들에 대한 우리의 주의라고 할 수 있습니다. 우리는 대상들에 묶여 있는데, 주主에 대한 주의와 기억에 의해서만 거기서 벗어날 수 있습니다.34) "우리가 있다"는 것을 기억하는 것을 락시야(Lakshya)라고 합니다. 우리는 아무것도 모르는 상태에서 시작하여, 우리의 어머니·아버지가 하는 말을 듣고 그들에게 주의를

---

33) T. 『마하바라타』에서, 빤다바 형제들은 드리타라슈트라 왕이 바르나바라트에 가연성 자재로 지어준 락샤그리하 집에서 살았다. 그들은 왕이 이 집에 불을 질러 그들을 살해할 계획임을 알고 땅굴을 파두었다가 탈출에 성공했다.
34) Lakshya: 주의의 대상. griha: 붙들기. 곧, '나'가 '나'임을 기억하기.

기울이고, 또한 다른 사람들이 해주는 많은 말을 들으면서 그 들은 관념들로 가득 차게 되는데, 우리의 주의는 그 들음에 의해 조건 지워집니다. 까우라바 일족(Kauravas)은 **진아**에 등을 돌린 개아들을 의미합니다. 개념적 상상에 의해, 그들의 주의의 '대상'은 (조건 지워진) 주의의 집 안에 갇힙니다. 욕망이 대상들이라는 연료에 불을 붙여 이 개아들을 태울 것입니다. 우리는 모든 **주의**를 **참스승**을 기억하는 데 쏟고 신의 명호를 기억함으로써, 슬픔의 불길만 가져올 뿐인 대상들로 지어진 이 불타기 쉬운 집에서 벗어나야 합니다. 여기서 벗어나는 사람들은 온전한 행복을 즐깁니다. 어떤 사람들은 올바른 선택을 하는 힘이 부족하여 그 불타기 쉬운 집에 머무르다가 거듭거듭 불에 데여 고통 받습니다.

　이것은 여러분이 벗어날 수 있는 기회입니다. 만일 여러분이 자신에 대해서 걱정한다면, 스승이 여러분을 걱정할 필요가 어디 있습니까? 걱정을 놓아 버리고 여러분의 스승을 돌보십시오. 그러면 **참스승**이 분명히 여러분을 돌봐줄 것입니다. **참스승**이 **지고아 빠라마뜨만**입니다. 그에게는 어떤 형상이나 오점도 없습니다. 우리의 믿음은 우리에게 바람직하지 않은 일이 일어나면 금방 사라지기 일쑤지만, 결코 걱정해서는 안 됩니다. 신이 당신 좋을 대로 하게 하십시오. 여러분은 자신이 **신**보다 우월하지 않다고 말하지만, 여러분 내면의 마음은 그렇게 느끼지 않습니다. 그의 뜻에 부합하게 행동하고, 결코 서운해 하지 마십시오. 어떤 사람이 **참스승**을 신뢰하면, 그 사람이 조금만 다쳐도, 그의 머리카락 하나만 누가 건드려도 마음 아파하는 것은 **참스승**입니다. **참스승**은 늘 궁핍한 자들의 편을 들고 있습니다. 그는 여러분에게 최고의 자리를 안겨주기 전에는 결코 쉬지 않을 것이고, 그것은 틀림이 없습니다. 여러분이 '내 것'(내 가족, 내 친구)이라고 생각하는 사람들은 묘지까지 여러분을 동행하겠지요. 그들은 여러분의 죽음에 소리높이 탄식하겠지만, 신은 그에게 자신을 내맡긴 사람들을 결코 실망시키지 않을 것입니다. 따라서 여러분은 신과 친교를 가져야 합니다.

　헌신의 아홉 번째 유형은 **자기순복**(Self-Surrender)입니다. 만일 일체가 브라만이라고 느낀다면, 여러분 자신도 **브라만**이라는 확신을 가져야 합니다. **비이원성**의 상태는 자연스럽게 옵니다. 스승에게서 만트라를 받을 때 여러분은 한 사람의 왕입니다. 다섯 명 가운데 한 명만 성공합니다. 여신 **락슈미**가 다섯 명의 이마에 점(tilak)을 찍어 주러 왔지만, 그 중 네 명은 세수를 하지 않았다고 하면서 얼른 세수를 하러 갔습니다. 그러나 다섯 번째 사람은 그 자리에 서 있었습니다. 락슈미는 그의 이마에 점을 찍어 주었고, 그는 부자가 되었습니다. 충실한 헌신자의 그 무행위가 바로 브라만의 행위가 된 것입니다. 이것을 **순수성의 상태**라고 합니다. 우리의 수행은 치열해야 합니다. 이것은 우리가 모든 그릇된 생각을 버려두어야 하고, 우리의 **헌신**이 일체를 쏟아 붓는 그런 것이어야 한다는 뜻입니다. 언제나 우리의 가슴속에 스승의 모습을 소중히 간직하는 것이 수행이며, 그것이 순수성의 **상태**입니다. 늘 깨끗하고 늘 신성하며 늘 순수한 '**그것**'은, 가장 강력하고, 파괴 불가능하고, 불멸인 **참스승**의 **참된 성품**(Swaroopa)입니다. 이것을 잊지 않는 것 자체가 수행입니다.

1935년 9월 20일 저녁

57. 어머니 베다에게 절하자

베다는 **모두의 어머니**입니다. 어머니가 모두에게 피난처를 제공하듯이, 이 베다라는 어머니도 모두에게 피난처를 제공합니다. 이 어머니에게 피난하지 않은 사람은, 그가 다른 방식으로 아무리 강한 사람이라 해도 분명히 슬픔을 겪습니다. 보통의 어머니는 자기 아들들을 어떤 여자에게 장가들이려고 열심이고, 그래서 그들을 가정생활의 쳇바퀴로 밀어 넣습니다. 그러나 이 '**베다-어머니**(Veda-Mother)'는 전혀 그렇지 않습니다. 결혼이란 실은 사람을 속박으로 밀어 넣는 하나의 재앙입니다. 이 **어머니 베다**에게 피난처를 구하는 사람은 자유로우며, 그는 **원초적 자아**가 됩니다. **참스승**만이 베다라는 큰 창고를 열어젖혀 모두에게 **지**知**의 소락**酥酪(우유를 정제한 것)을 마음대로 나눠줍니다. **참스승**은 비참한 삶을 기쁨의 삶으로 변환시킵니다. 성자 뚜까람은 이 사실을 비유해 이렇게 말했습니다. "**금빛** 해가 떴고, 그것이 감로를 함께 나누어 먹는다."

참스승은 완전한 **자유**와 '**절대자**'를 제자에게 하사할 능력을 가지고 있습니다. **참스승**의 **자비** 그 자체가 광대한 허공입니다. **참스승**은 삶의 바다를 건너가게 해주는 나룻배입니다. 그는 자신의 헌신자들을 실재에다 비끄러매는 닻입니다. **시간**은 3신[브라마·비슈누·시바]이라 해도 봐주지 않는데, **참스승**은 이 **시간의 통제자**입니다. 그는 그 **자신**이 이 세계 너머의 지지물인 **실재**이며, **행복의 집**입니다. 그런 **참스승**에게 자기를 내맡기는 사람은 모든 분리의 느낌을 상실합니다. 여러분은 몸-의식을 넘어섬으로써 그에게 절해야 합니다. 이 세간적 삶은 사람들이 떠들면서 **환**幻 속을 걸어가는 하나의 긴 꿈입니다. 그들은 "꿈속에서 나는 물고기가 되었고, 내 아내는 다른 물고기가 되었다"고 생각하지만, 이 꿈속의 물고기는 실은 거듭 반복해서 "나"라고 말하는 하나의 살덩어리에 지나지 않습니다. 그 꿈속의 삶을 그는 실재한다고 여깁니다. 그런 사람은 그 꿈속의 주인공인 개아의 아버지가 된 것입니다. 그는 아내 외에는 누구에게도 봉사하지 않습니다. 세속적인 사람들은 자기네 삶 속에서 **성자**들이 재앙에 지나지 않는다고 생각합니다. 그러나 **성자**들의 친견을 받고 그들의 말에 귀를 기울이면 범부적 관심이 끊어지고, 활동적인 가정생활에 대한 믿음이 떨어져 나갑니다. 그래서 관습적으로 가정생활에 집착하는 사람들, **환**幻의 노예인 사람들이 **성자**들에 대해 극렬히 목청을 높이는 것입니다.

사람은 무지로 가득 찬 그 꿈속에서 일체가 자기 것이라고 말하지만, 그렇게 말하는 사람들은 실은 괴물입니다. 단순히 감각대상들을 즐기는 사람들은 그저 인간일 뿐이지만, 극단적으로 일체를 포기하는 사람들은 **전**

능한 신과 같습니다. 아무것도 모르면서 이야기하는 것을 말의 과잉이라고 합니다. 지知의 태양이 지면 우주는 무지의 어둠으로 가득 차고, 경건하던 별들도 보이지 않습니다. 이 미혹된 마음은 자신이 누구인지를 보지 못합니다. 완전히 잊어버린 것입니다. 몸-의식의 옥좌에 앉은 왕인 에고가 꿈을 하나 꾸었습니다. 그는 밀림 속에서 혼자 남았는데, 몸은 지쳤고 매우 서글퍼졌습니다. 거기서 그는 한 여자를 만나 결혼을 했습니다. 그리고 나무를 해다 팔아서 생계를 유지했습니다. 여러 가지 짐승의 고기를 먹었고, 매우 비참하게 살았습니다. 그러다가 극심한 고통으로 인해 문득 깨어났습니다.35) 마찬가지로, 여러분도 이 꿈을 경험하고 있습니다. 이 세계는 실재하지 않습니다. 그 왕은 거기서 17년을 통치했습니다. 다섯 감각기관, 다섯 행위기관, 마음, 지성, 그리고 다섯 가지 생기를 합쳐 17가지입니다. 이것들이 그의 17년입니다. 무지한 개아는 이것들로 인해 고통 받을 수밖에 없습니다. 여러분은 잠들어 있지, 깨어 있지 않습니다. 그 잠 속에서 태어나고 그 속에서 죽습니다. 잠 속에서 무한정 헤맵니다. 여러분은 자신의 위대함을 깨닫지 못한 채 고통 받는 자가 되었습니다. 따라서 여러분 자신의 진아에 대한 지知를 얻어야 합니다. 이 **영적인 지**知가 가장 위대한 학學입니다. 그것을 **지고의 진아지**(Adhyatma Vidya)라고 합니다.

시작부터 존재하고 있는 것은 무엇입니까? 처음부터 있는 것은 누구입니까? '시작부터'와 '처음'은 여러분이 무엇을 경험하기 이전을 뜻합니다. '처음'은 우리의 실체입니다. 그것이 무엇이고, 어떻게 있으며, 그것의 성품은 무엇인지를 아는 것이 '안다', '이해한다'는 말의 의미입니다. 그 이해가 고정적이고 확정적인 것이 될 때, 그것을 **영적인 지**知, **지고의 진아지**라고 합니다. 모든 감각기관을 하나로 만들어서 듣는 자만이 진정으로 이 **영적인 지**知를 얻을 만한 사람입니다. 그런 사람은 열 권의 책도 이해할 수 있지만, 다른 사람들은 그 책을 펼쳐서도 안 됩니다. 그 의미를 이해하지 못

---

35) T. 이것은 『요가 바시슈타』에 나오는 라바나 왕(King Lavana)의 이야기이다. 그는 궁궐의 옥좌에 앉은 채 한 요술가의 환술로, 이상한 나라에서 온갖 고초를 겪는 환의 경험을 한다.

할 테니 말입니다. "다른 모든 것은 잃어버려도 좋다. 상관없다. 나는 영적인 길만 따르고 싶다"고 말하는 사람만이 이 길에서 이익을 얻을 수 있습니다. 그런 사람만이 참으로 영적입니다. 주 **크리슈나**는 말합니다. "나에 대해서 전적으로 관심을 두는 사람은, 나의 모든 영광과 함께 내 것인 모든 것을 얻는다. 전 세계, 모든 대상은 나의 군대이다." 신의 헌신자들은 신만을 선택합니다. 남녀를 전혀 분별하지 않는 그의 헌신자들만이 **빠라마뜨만**을 성취합니다. 저의 길을 걷는 요기는 분명히 **저**를 만나게 됩니다. 그 헌신자는 **지고아 빠라마뜨만**과 하나가 되며, 절대자 안에 합일됩니다.

  구도자의 임무는 무엇입니까? 스승의 가르침에 따라 수행을 해야 합니다. 그럼으로써 우리가 신 안에 합일됩니다. 만일 여러분이 가정생활에 대한 믿음을 유지한다면 아무리 수행을 많이 해도 소용없습니다. 거기서 필요한 것은 **지**知에 대한 믿음입니다. 어떤 직업을 가지고 있느냐는 중요하지 않습니다. **지**知에 대한 믿음을 가진 사람만이 **빠라마뜨만**의 상태에 도달할 수 있습니다. 인간은 그가 가진 진지한 열망에 따라 무엇을 받습니다. **지**知에 믿음을 가진 사람은 헌신에 대한 이야기를 들으면 마음이 고무되며, 언제나 **헌신**을 생각합니다. 그런 사람만이 몸에 대한 집착을 포기합니다. 그는 자기가 몸을 가지고 있든, 그것을 잃든 상관하지 않습니다. 소금 결정結晶이 바다를 만나면 바다가 됩니다. **지**知에 믿음을 가진 사람은 설사 어떤 잘못된 일을 해도 **저의 안으로** 합일됩니다. 그의 행위들은 그에게 영향을 주지 못합니다. 성자 쪼카멜라(Chokhamela)[36]가 빤다르뿌르에서 쫓겨났을 때, 많은 사람들이 병이 들기 시작했습니다. 그러나 그를 사원으로 다시 모셔오자 모든 사람이 건강해졌습니다. 신은 **헌신**을 좋아하며, 신체적 행위들은 별로 중요하지 않습니다. **저**의 헌신자들이 한 나쁜 행위도 **저**에게는 좋은 행위입니다. **저**의 헌신자의 경우에, 그들의 행위가 좋든 나쁘든 모두가 신 안에 합일됩니다. 행위는 자부심이 있는 사람만

---

36) *T.* 마하라슈트라 지방의 시인-성자(14세기). 남데브에게서 헌신을 배워 빤다르뿌르로 이주했으나, 불가촉천민이라는 이유로 사원에 들어가지 못하고 쫓겨났다.

속박할 뿐입니다. 성자의 행위들은 그를 속박하지 않습니다. 참스승의 헌신자에게 주어진 말씀의 힘은 워낙 대단해서, 그는 무슨 일이든 할 수 있습니다. 스승의 축복이 그와 함께 하기 때문입니다. 그는 세상에서 가장 위대한 자입니다. 죽음의 신(야마)조차도 스승의 헌신자를 두려워합니다.

늘 스승을 탓하는 자에게는 브라만의 지혜도 아무 소용이 없습니다. 그런 사람은 피해야 합니다. 찬란한 '진아의 빛'이 없는 한, 나쁜 행위와 좋은 행위들이 있을 것입니다. 진아의 빛이 있을 때는 그 빛 안에서 모든 행위가 길합니다. 종교(다르마)란 저와의 단일성, 곧 전능한 신과의 단일성을 성취하는 것을 의미합니다. 그것이 올바른 행동입니다. 만일 여러분이 신과 하나가 될 가능성이 있다면, 다른 사람들이 보통 '죄'라고 멸시하는 일도 할 수 있습니다! 쁘랄라드가 오직 신과 함께 있기 위해 어떻게 자기 아버지에게 불복종했고, 비비샤나가 어떻게 자기 형을 떠났으며, 바라뜨가 어떻게 자기 어머니를 멸시했는가 하는 이야기들이 전해집니다.37) 여러분이 보편적인 신을 만나면 모든 행위가 선합니다. 해가 뜨면 어둠은 사라집니다. 저의 헌신자는 공간과 시간이 존재하지 않는 곳에 있게 되는 상태를 성취합니다. 위대한 요기란 몸과의 동일시를 포기하는 사람입니다. '진아와 하나'인, 그리고 자신이 곧 진아라는 믿음을 가진 자는 위대합니다.

세속적인 사람에게는 설사 많은 영적인 지知가 쏟아진다 해도 아무 소용이 없습니다. 저의 헌신자의 삶에도 재앙들이 있지만, 그것은 그를 지탱하고 해방시키기 위해서일 뿐입니다. 만일 어떤 사람이 자기 몸에 대해 자부심을 갖고 저의 가르침에 주의를 기울이지 않으면 내리막길로 가게 되어 있습니다. 여러분이 본질적으로 불사의 존재라 하더라도, 저의 말을 귀담아 듣지 않으면 괴로움을 겪을 것입니다. 여러분이 본시 나고 죽음을 넘어서 있다 할지라도, 자신의 몸에 집착하면 죽고 또 죽어야 할 것입니

---

37) T. 『라마야나』에서 비비샤나(Vibheeshana)는 라바나의 동생이었으나 라바나를 버리고 라마 편에 섰고, 바라뜨(Bharat)는 자기 어머니가 자신을 왕으로 만들기 위해 라마를 14년이나 숲으로 가서 살게 한 데 분개하며 어머니를 멸시했다. (쁘랄라드는 154쪽의 각주 참조.)

다. "오 아르주나여, 내가 그대를 흡족해 하면 그대에게 **불멸**이라는 열매를 줄 것이다. 탄생도 죽음도 그들의 주의를 그대에게 돌리지 않을 것이다." 두 마리 새가 있는데, 하나는 탄생과 죽음을 안겨주고, 다른 하나는 해탈을 안겨줍니다.

1935년 9월 21일

58. 신은 누구인가?

제자가 스승에게 묻습니다. "신은 누구입니까?" 스승의 답변은 이랬습니다. "**생명기운**(Chaitanya)이 신이다." 생명기운은 여러분의 있음, 곧 존재입니다. 진흙과 돌로 된 신들은 제작된, 즉 만들어진 신입니다. 상상에 의해 창조된 신들은 겁劫(Kalpa)이 끝날 때 죽습니다. **생명기운**은 토대입니다. 즉, 라마·크리슈나와 같은 **비슈누**의 화신이나, **암비까**(Ambika)·**사라스와띠**와 같은 **어머니 쁘라끄루띠**의 화신 등 모든 화신의 뿌리입니다. 비슈누가 **생명기운**입니다. 그 **생명력**이 신입니다. 주 시바는 빠르바띠(Parvati)에게, 일체를 움직이게 하는 **생명력**이 신이라고 말했습니다. 그것은 모두에게 내재해 있습니다. 순수한 **생명기운**, 그것이 신입니다. 그를 인식하는 자도 신으로 불립니다. 진인 야냐발끼야(Yadnyavalkya)에게 제자가 물었습니다. "신은 누구입니까?" 그가 제자에게 말했습니다. "그대가 신이다." 여러분이 신이라는 이 사실에 대해 생각해 보십시오.

한 사람은 신이고 한 사람은 악마인 두 제자가 스승을 찾아갔습니다. 스승이 그들에게 조언했습니다. "그대들이 **그것**이다." 악마는 집으로 가서 육식을 계속했습니다. 신이었던 첫 번째 제자는 "어째서 내가 신인가?" 하고 생각하기 시작했습니다. 그는 다시 스승을 찾아가서 말했습니다. "어째서 제가 신인지를 부디 보여주십시오." 스승이 말했습니다. "신은 몸을 살아 움직이게 하는 것이다. 몸은 신이 아니다. **생명기운이** 신이고, 그것이 바로 그대 자신이다." 죽은 자와 산 자의 차이점이 무엇입니까? 산 자 안에서는 움직임이 있고, 죽은 자 안에서는 움직임이 없습니다. 그것이 차이점입니다. 뼈·근육·피 등 몸을 구성하는 일곱 가지 주된 요소가 있습니다. 이것들을 **다뚜**(Dhatu), 즉 몸의 핵심 요소라고 합니다. 이것이 육신입니다. 이 모든 것들이 몸이라고 하는 방아를 돌리는데, 이 방아의 생산품은 똥에 지나지 않습니다. 저는 육신이 아닙니다. 저는 미세신이 아닙니다. 이 몸은 부단히 처벌 가능합니다. 그것은 매일 이 몸뚱이가 벌을 받고 있다는 뜻입니다. 개아는 늘 벌을 받고 있습니다. 승려로 불려야 할 사람은 누구입니까? 외적인 것들을 포기하고 그 자신을 **산야시**(Sanyasi)라고 부르는 사람입니까? 아니지요, 단순히 외적인 것들을 포기하는 것만으로 여러분이 산야시가 되지는 않습니다! 내가 마음이 아니고 지성이 아닐 때, 마음과 지성이 하는 행위들은—좋은 행위든 나쁜 행위든 관계없이—내 것이 아닙니다. 이것을 아는 자는 자유롭습니다.

'마음'이란 뭔가를 말하거나 주장하는 것을 의미합니다. 아무 말도 하지 않는다는 것은 마음의 포기를 의미합니다. 마음이 포기될 때는 일체가 잊혀지고, '**무**無'가 남습니다. 그 무無가 원인신입니다. 이것은 **무지의 밤**입니다. 우리가 이 망각을 깊이 공부하면 이 '무無'가 있다는 것을 체험할 수 있는데, 그것을 **원인신**이라고 합니다. 모든 것이 잊혀지고 이 무無가 남을 때, 그때는 그 무無 자체도 포기해야 합니다. 모든 것이 사라지고 모든 것이 치워졌을 때, 남는 것은 여러분, 곧 여러분 자신입니다. 이 **의식이 브라만**입니다. 그는 세 세계, 곧 생시의 상태, 꿈의 상태, 깊은 잠의 상태를 아는 자입니다. 생시의 상태는 브라마의 세계인 **사띠야 로까**(Satya-loka)이고, 꿈의 상태는 비슈누의 세계인 **바이꾼타 로까**(Vaikuntha-loka)이며, 깊은 잠의 상태는 시바의 세계인 **까일라사 로까**(Kailasa-loka)입니다. **빠라마뜨만**은 이들 모두를 넘어서 있습니다.

꿈의 상태에서는 꿈을 꾸는 개체가 있는데, 그는 그 꿈속의 주인공 아닌 어떤 자입니다. 꿈은 오고 가며, 깊은 잠도 오고 갑니다. 생시의 상태조차도 오고 갑니다. 어떤 사물에 대한 지知는 오고 갑니다. 지知 자체도 왔다가 가 버렸습니다. 오는 모든 것은 가 버리지만 여러분은 남습니다. 변치 않고 영원한 그것이 **여러분**입니다. 여러분이 이 모든 상태를 지켜봅니다. 오는 어떤 맛도 반드시 가게 되어 있습니다. 즐겼던 어떤 쾌락도 사라졌습니다. 여러분은 어떤 것이든 이해할지 모르나, 여러분이 이해하는 그것은 머무르지 않습니다. 그것은 모두 환幻 속에 있고, 따라서 소멸될 수밖에 없습니다. 한 아이가 태어나는데, 아이가 죽으면 우리는 그 시체를 처리합니다. 왜냐하면 아이가 죽어서 사라졌기 때문입니다. 그래서 그 아이, 그 아이의 대단함, 그 아이의 즐거움, 그 아이에 대한 보살핌을 안다는 것도 모두 소멸될 수밖에 없고, 그것은 죽음, 곧 환幻의 영역에 있습니다. 이 영역에 속한 그 어떤 것도―즐기는 모든 것, 경험하는 모든 것, 심지어 지知조차도―불멸이 아니고, 죽었습니다. 지知로 충만한 사람들은 불멸의 감로를 즐긴다고 흔히들 말하지만, 그들의 모든 체험은 **바이꾼타**와 **까일라사**에 대한 지知와 함께 죽었습니다. 그것들은 불멸이 아니기 때문입니다. 진인, 곧 **진아지**를 가진 사람만이 '**불멸의 감로**'를 즐깁니다.

한 아이가 태어나고 우리가 그것을 보는데, 그 아이는 짧은 기간 동안 등장했다가 죽었습니다. 그래서 아무 쓸모가 없게 됩니다. 진인들만이 감로를 나누어 먹습니다. 여러분도 그 감로를 나누어 먹어야 합니다. 스승은 모든 존재들 안에 있는 **진아**입니다. 여러분이 그렇게 말하고 그것을 체험할 때, 여러분의 임무는 끝납니다. 그는 모두의 안에 있습니다. '죽음이 없는 (어떤) 것'이 그입니다. 우리는 그가 불멸이라는 것, 우리는 오직 그에게 헌신해야 한다는 것을 깨달아야 합니다. 오직 그만이 신뢰받을 만합니다. 우리는 그에게만 믿음을 가져야 합니다. 그는 모든 것의 안에 있습니다. 그는 모든 것 이전이고, 모든 것이 사라졌을 때 그가 있습니다. 이것을 깨닫는 것이 신에 대한 참된 숭배입니다. 그 미묘한 원리를 아는 것을 진아지라고 하며, 이것을 아는 사람을 진인, 곧 '진아지를 가진 사람'이라고 합니다. 모든 경험은 신, 즉 스리 하리(Shri Hari)[비슈누]일 뿐입니다. 언제나 일체의 안에 있는 그를 숭배하는 것을 참된 숭배라고 합니다.

삼계三界의 주主는 일체의 안에 거주하고 있습니다. 지고아 빠라마뜨만은 그의 시원적인 본래적 존재(Pristine Original Being) 안에 늘 존재합니다. "내 안에 있는 것은 신이지만, 네 안에는 신이 없다"고 말하지 마십시오. 그는 모든 중생의 안에 있습니다. 따라서 모두와 하나라는 느낌을 가지고 행동하십시오. 그는 모든 중생 이전이었는데, 그의 안에서 어떤 움직임이 있자 그는 공기, 곧 바람이 되었습니다. 모든 몸들은 그 뒤에 창조되었습니다. 진아(Atman)가 신인데, 여러분이 그 진아라는 것을 잊지 마십시오. 이 점에 대해 명상해 보십시오.

1935년 9월 22일

59. 무형상의 브라만

하늘, 곧 허공이 무형상이듯이 브라만도 무형상입니다. 허공은 형태가 없고, 성질이 없고, 아무것도 없습니다. 그러나 그것을 생각할 수는 있고, 따라서 그것은 존재합니다. 마찬가지로, 브라만은 허공과 같습니다. 우리가 잠들어 있을 때는 아무것도 인식하지 못하지만 그래도 우리는 존재합니다. 허공은 그와 같이 비어 있습니다. 그러다가 의식이 나오고, 그와 함께 '앎(Knowing)'의 성질이 나옵니다. 그 의식이 물라마야, 곧 원초적 환幻입니다. 그것은 바로 시초입니다. 이 의식을 이스와라[하느님]라고 합니다. 이 의식과 함께 '앎'의 상태가 옵니다. 이 '앎'과 함께 뿌루샤와 쁘라끄루띠[대상이 없는 순수한 의식과, 현상계로 나타나는 의식]의 이원성이 일어납니다. 쁘라끄루띠는 원초적 행위, 최초의 끄루띠(Kruti)입니다. 그것을 시바-샥띠(Shiva-Shakti)라고도 하는데, 그것은 남성-여성 원리가 합쳐진 것이라는 뜻입니다. 이 상태를 구나마야(Gunamaya), 곧 '속성이 있는 환幻'이라고도 합니다.

비슈누는 의식입니다. 브라마는 중간의 측면[창조]이고, 그런 다음 시바[파괴]가 있습니다.

깨어 있음은 자연적 현상입니다. 여러분은 잠들어 있을 때도 반쯤 깨어 있고, 그러다가 깨어나면 완전히 깨어 있습니다. 깨어 있을 때 여러분은 자신의 세계를 창조합니다. 그 힘은 여러분에게 내재해 있습니다. 여러분은 그런 세계를 수백 개나 창조할 수 있습니다. 본래적 의식은 세 가지 구나의 평형상태라고 하는데, 그것을 마하뜨 원리(Mahat Principle)라고도 합니다. 여러분이 자기 자신은 모른 채 남들을 알려 할 때, 그것이 원인신의 상태입니다. 무지 혹은 따모구나(Tamoguna)가 그것의 성질입니다. 그것을 아까쉬(Akash)[세계가 나타나는 허공]라고도 합니다. 그것을 묘사하는 그것은 우리가 마음이라고 부를 수 있고, 그것에 대해 생각하는 것은 지성이라고 부를 수 있겠지요. 그것에 대해 자부심을 갖는 그것은 에고(Ahankar)라고 부를 수 있습니다.

브라만 안에서 일어나는 원초적 충동 혹은 움직임이 신입니다. 그것 자체가 신이라고 불리는 것인데, 그것이 원초적 환幻입니다. 미세한 원소들인 원초적 환幻과, 구나들의 동요된 평형상태는 하나의 비非활동(따마스) 상태입니다. 그것이 어떤 움직임이 될 때 그것을 공기[바람] 원소(Vayu)라고 합니다. 다섯 개의 바다가 있습니다. 5대 원소인 흙·물·불[빛]·공기[바람]·하늘[허공]이 그 바다들입니다. 의식(Mahat)이 여섯 번째 바다이고, 생명기운이 일곱 번째 바다입니다. 그래서 일곱 개의 바다가 있다고 합니다.

외관상 존재하는 것은 파괴될 수 있습니다. 여러분이 '있다'고 생각하는 것, 그것은 실은 없습니다. 그것은 여러분이 생각하는 그런 것이 아니며, 여러분은 그것을 실제 있는 그대로 생각할 수 없습니다. 그것을 있는 그대로, 자연스럽게 '그 자체로' 보아야 합니다. 그러면 욕망을 가지고 그것을 보지 않게 될 것입니다. 여러분의 내적 시각, 곧 '진아의 견見'이 저 시바-샥띠, 시바의 성질, 혹은 자비로움입니다. 이 진아견眞我見(Self-Vision)에서 우주 창조가 일어납니다. 그 창조에서 욕망은 여러분에게 아무 소용이 없습니다. 왜냐하면 여러분이 먼저 존재하고, 대상들 바라보기는 그 다음에 오기 때문입니다. 이 전체 창조계는 여러분의 진아견 안에 있다는 것을 잊지 마십시오.

여러분은 어떤 집에 손가락을 갖다 댐으로써 그 집을 보여줄 수 있을지 모르나, 실제로는 흙이 있을 뿐인데 그것을 '집'이라고 부르는 것입니다. 여러분은 그것이 흙인 줄 알면서도 집이라고 부릅니다. 흙을 보면서도 그것을 자기 집이라고 하지만, 만일 그것을 먹어야 한다고 하면 흙이기 때문에 먹지 않겠다고 하겠지요. 집은 살기 위한 것이지 먹기 위한 것이 아닙니다. 마찬가지로, 이 세계는 눈에 보이는 것일 뿐, 거기에는 여러분의 마음이 이끌려 그 안에 말려들어야 할 것이 아무것도 없습니다. 이 창조계는 의심할 바 없이 흙이지만, 여러분은 어떤 길 전체를 50그램 정도에 불과한 꾸러미 하나에 담아 가져올 수 없습니다. '길'은 이름일 뿐, 그 실체는 흙입니다. 여러분이 길을 가져오려고 한다면, 50그램의 흙밖에 가져오지 못할 것입니다. 이름은 길이지만, 그것을 가져오려면 한 줌의 흙만 가져와야 한다는 것입니다.

여러분의 얼굴도 마찬가지입니다. 여러분은 그것이 얼굴이라는 것을 증명하지 못합니다. 그래서 세계는 흙으로만 만들어졌다고 하는 것입니다. 일체가 흙에서 일어나고, 흙 속으로 스러지고, 결국 흙에 덮입니다. 고대의 전설에서, 바스마아수라는 무엇이든 그가 손을 얹은 것은 재로 만들어 버리는 은택恩澤(고행자가 신에게서 하사받는 특별한 혜택이나 능력)을 받았습니다. 재는 흙을 의미합니다. 그가 자기 머리에 손을 얹자 그 자신도 흙이 되어 버렸습니다. 그는 처음부터 흙이었을 뿐입니다. 이 세상의 모든 것은 본질적으로 흙일 뿐입니다. 일체가 흙이 된다는 것을 보는 것이, 지성의 눈으로 보는 것입니다. 더 깊이 들어가면, 흙은 공기에 삼켜지고, 공기는 허공

속에 흩어진다는 것을 봅니다. 그 허공이 **생명기운**입니다. 이름과 형상은 모두 상상된 것일 뿐입니다. 본질은 이 **생명기운 짜이따니야**일 뿐입니다. 흙과 물이 섞여서 진흙이라고 하는 세 번째 물건을 어떻게 만들어내는지 보십시오. 꽃들과 실이 한데 엮이면 우리가 화만華鬘을 얻습니다. 형태가 변하고 이름이 변하지만 그래도 모두 흙일 뿐입니다. 항아리가 깨지면 그것을 사금파리나 파편이라고 합니다. 여러분 모두가 **생명기운**이지 몸이 아닙니다. 남자, 여자, 아들, 딸, 모두가 저 **짜이따니야**일 뿐입니다. 모두가 그 **하나**에서 나왔습니다.

본래의 수는 '하나'[1]입니다. 여기서 하나씩 숫자가 늘어나기 시작합니다. 숫자들이 무한히 늘어날 수는 있지만, 원초적 수는 **하나**이며, 모든 성장이 결국 소멸된 뒤에 그것이 남습니다. 그래서 오직 **하나**가 있고, 두 번째는 없습니다. **하나**가 있음을 보는 것이 지혜이고, 다수가 있음을 보는 것이 무지입니다. 바람, 물 등 일체와, 대지의 **여신**, **물의 신**, **불의 신** 등 일체가 '**하나인 나라야나**'입니다. 일체의 안에 단 **하나**인 **생명기운**이 거주합니다. 마음과 지성은 **짜이따니야**일 뿐, 별개의 존재성을 갖는 어떤 '나'도 없습니다. 그것만 들어내면 됩니다. 우리는 그것이 무엇인지 모르지만, 이 '나'가 거짓이라는 것은 알아야 합니다. "나는 존재하는 모든 것이다"라는 것과, 그것은 하나인 **생명기운**일 뿐이라는 것을 아는 '**그것**'이 곧 **시바**입니다. 여러분이 소위 '나'를 몸일 뿐이라고 생각할 때, 여러분은 작은 중생, 곧 개아이며, 그것이 범부적 삶의 확장을 가져옵니다.

환幻 속의 선생들은 그들 자신도 무지하면서 우리에게 "내가 있다"('개별적 자아가 있다')고 가르쳐 왔습니다. 이 세계 경험은 (나라는) 그 경계선에 의해 한정됩니다. 이 가르침 때문에 이 '나'는 (미래의 어느 생에) 개나 고양이가 되어야 합니다. 이런 세속적 가르침을 통해 욕망이 증대되고, 개인은 가정을 꾸립니다. 그리고 그 몸을 가지고 있다가 죽으면 또 다른 몸을 가져야 합니다. 그리고 다시 가정생활을 갖습니다. 욕망 때문에 연달아 몸을 얻고, 욕망에 따라 하나의 몸을 받아 태어납니다. 여러분이 현미경으로 들여다보면 세계가 아주 작은 세균들로 가득 차 있다는 것을 알 것입니다. 가정인(family man)은 걱정을 더 많이 하고, 더 많이 두려워하게 됩니다. 심지어 개미 한 마리도 겁냅니다. 귀찮은 개미들에게서 벗어나려고 애씁니다. 죽는 그 몸 안에 있는 것이 무엇인지, 부디 말해 보십시오. 5대 원소는 결코 죽지 않습니다.

어떤 사람이 태어나서 하나의 이름을 받고 불과 12일 뒤에 죽는다고 합시다. 그는 사라졌습니다. 그는 죽지만, 사람들은 그의 이름을 기록합니다. 이름의 명의자는 사라졌습니다. 우리는 그를 만날 수 없습니다. 그는 하나의 상상일 뿐이었기 때문입니다. 사람들은 아이에게 이름을 지어줄 때 많은 생각을 하는데, 그것은 모두 개념적 사고입니다. 그들은 자기 마음의 표면에 떠오르는 어떤 이름을 지어줍니다. 왜 그런지는 아무도 말할 수 없지만, 다들 이름과 명성에 대해 예민한 관심을 가지고 있습니다. 우리는 그 아이의 명예가 나빠지지 않게 하려고 신경 씁니다. 아이의 명예가 실추되면 안 되는 것입니다. 우리는 이런 것들을 보살피려고 얼마나 애를 씁니까? 이 모든 자부심은 거짓된 것들에 대한 것일 뿐입니다. 우리가 보는 것을 참되다고 여기는 것은 무지입니다. 우리가 보는 모든 것은 거짓임을 이해하는 것이 **지**知입니다. 여러 그룹으로 분류하는 것은 **무지**이고, 일체를 하나로 보는 것이 **지**知입니다. 이것은 **스승**의 관점으로 보는 것이 **지**知임을 의미합니다. 모든 것이 **브라만**의 성품으로 되어 있습니다.

무엇이 거짓입니까? 이름과 형상이 거짓입니다. **지견**知見은 **이해를** 가지고 보는 것입니다. 조사하는 사람은 '분별인', 곧 **빠리끄쉬뜨**(Parikshit) 왕[38]입니다. 그가 일체를 조사합니다. 그는 모든 관찰을 관찰합니다. 그는 관찰하고 있는 그 '관찰자'를 관찰합니다. 또한 그 관찰의 순간을 관찰합니다. 관찰이 최종 경계선에 이르면 우리가 그 정확한 순간, 곧 관찰의 시발점을 깨닫습니다. 그것을 깨닫는 사람이 '**참된 관찰자**'인 그 왕입니다. 우

---

[38] T. 아르주나의 아들인 아비마뉴의 아들로, 빤다바 가문의 유일한 후손인 왕. 그와 진인 슈까의 여러 가지 문답이, 중요한 뿌라나 경전인 『바가바따 뿌라나』의 내용을 이룬다.

리는 일체를 조사해야 합니다. 조사함으로써 알게 됩니다. 조사(탐구)가 없는 곳에는 **무지**가 있습니다. 이 무지는 **아비디야**(Avidya)라고 불리는 지각 없음입니다. 올바른 생각은 지혜, 곧 **선지**善知(Suvidya)입니다. '있는 그대로' 보고 안다는 것은 진리를 말한다는 것입니다. 실재는 사뭇 다른 것인데도, 사람들은 엉뚱한 것을 이야기하고, 자신들이 진리를 이야기하고 있다고 하면서 자부심을 갖습니다. 세간적인 모든 이야기는 영악한 언설이고 속임수일 뿐입니다.

진정한 **지**知(Vijnana)를 가진 사람들만이 진리를 말할 수 있습니다. 진리를 말하기는 매우 어렵습니다. 신만이 진실된 말을 소화할 수 있습니다. 실제로 내면에 있는 것에 따라 행동하는 것은 신에게만 가능합니다. 사람들은 진실이라고 맹세하면서 거짓되게 말합니다. 그 모든 것은 기만적입니다. 어머니, 아버지, 자식, 모두가 신, 곧 라마입니다. 만일 여러분이 '개'라고 하면 그것은 개이고, '신'이라고 하면 그것은 신(Vitthal)입니다. 진아가 곧 모든 존재들입니다. '전 우주'를 본다는 말의 의미는 무엇입니까? **하나인 존재**(One Being)에게 모든 형상이 들러붙습니다. 모든 얼굴, 끝없이 무수한 얼굴과 끝없는 손들, 그리고 그들의 모든 행위는 **하나인 존재**에 귀속됩니다. 아르주나는 주 크리슈나가 그의 진면목을 드러낼 때 이것을 보았습니다. 몸에 대한 자부심이 악마 나라까아수라(Narakasura)입니다. 그것을 죽이는 것은 어렵기도 하고 쉽기도 합니다. 죽음이란 없습니다. 이 세상의 그 어떤 것도 아주 완전히 소멸되지는 않습니다. 만일 완전히 소멸된다면 그것이 어디로 가겠습니까? 있지 않은 것, 그것이 어디서 옵니까? (『바가바드 기타』의 전투에서) 빤다바 일족 가운데 아비마뉴(Abhimanyu-아르주나의 아들)만 죽었습니다. 아비마뉴는 자부심입니다. 그러나 마음이 사악하고 자신들의 몸에 집착하고 있던 까우라바 일족은 다 죽었습니다. 스승의 아들은 '모두가 하나'이며, 두 번째가 없다는 것을 압니다.

1935년 9월 23일

60. 두 번째가 없는 오직 하나가 있다

진아는 하나이고, 홀로입니다. 그는 모든 것 이전이고, 오직 하나이며, 전적으로 완전합니다. 만일 다른 어떤 것이 나와야 한다면, 그것이 어디서 나오겠습니까? 그것은 그 하나를 파괴해야만 나올 수 있습니다. 두 번째 것이 들어올 자리가 없습니다. 하나인 진아는 온전히 전적으로 존재하고 있습니다. 어떤 '두 번째'도 가능하지 않습니다. 지고아 빠라마뜨만은 자신이 도처에 충만해 있다고 말합니다. 오직 하나의 권위가 있습니다. 만일 다른 어떤 것이 조금이라도 들어온다면, 그의 힘은 그만큼 감소하겠지요. 어떤 두 번째도 결코 들어올 수 없었습니다. 만약 다른 어떤 것이 이 전체성 안에 들어왔다고 느껴진다면, 그것은 망상일 뿐이고, 하나의 의심일 뿐입니다. 무의심의 전체성 안에서 의심은 '두 번째' 것입니다. 그 의심이 몇 배로 늘어나서 의심으로 가득 찬 마음이 되고, 세계라는 환幻이 나타납니다. 진아를 기억함으로써 빠라마뜨만을 본 것이 확인됩니다. 의심이 제거되고 존재의 단일성이 입증됩니다. 오직 하나인 형상, 하나인 상태, 하나인 힘만이 남습니다. 오직 하나가 있다는 것을 여러분이 확신할 때, 어떤 '두 번째'도 없습니다.

낮 동안의 세 때에, 즉 오전·낮·오후 내내 해는 동일합니다. 낮의 세 때가 있지만 해는 오직 하나입니다. 실은 낮과 밤은 어떤 실재성도 없습니다. 해는 말합니다. "나는 아침도 모르고 저녁도 모른다. 그대는 있는 그대로의 나를 모른다. 그래서 나를 측정하고 있다. 일곱 날(요일)이 어디 있는가? 그것들은 어디로 가는가?" 해는 월요일 등의 어떤 날도 모릅니다. 여러분의 상상이 그 모든 것을 결정해 왔습니다. 해는 동쪽도 모르고 서쪽도 모릅니다. 우리가 왜소해졌기 때문에 이런 것들을 경험하고 있는 것입니다. 제가 없는 작은 공간 하나도 비어 있지 않습니다. 모두가 의식입니다. '점유자'와 '점유당하는 것'이 다르지 않습니다. 마치 흙과 벽이 다르지 않듯이 말입니다. **생명기운**인 것이 마음으로 불립니다. (생명기운 외에는) 그 어떤 것에게도 그것을 다른 어떤 이름으로 부를 힘이 없습니다. 마음·지성·의식·에고는 모두 저 자신의 성품의 유희입니다.

어떤 사람이 밥을 먹으러 와서 말했습니다. "저희는 17명입니다". 그러나 그는 단 한 사람[다섯 생기, 다섯 감각기관, 다섯 행위기관, 마음, 지성의 17가지로 이루어진 사람]이었습니다. **성자** 외에는 누구도 **저**를 알아보지 못합니다. 영리한 학자는 **저**를 알아보지 못합니다. 모두가 저 자신이고, **하나**이며 오직 하나입니다. 감각기관들은 자연스러운 활동으로서 그들의 일을 해야 합니다. 그것이 바로 그들의 성품입니다. 한번은 왕이 처남에게 27일 동안 잠을 자라는 벌을 내렸습니다. 닷새 뒤 처남이 말했습니다. "차라리 저의 목을 매다십시오. 이 벌은 제가 못 받겠습니다." 누구도 아무 활동이 없는 마음을 갖고 싶어 하지 않습니다. **성자**만이 그럴 수 있습니다. 활동 없이 있는 것은 마음의 성품이 아닙니다. 마음은 **실재** 근처에서만 가만히 있을 수 있습니다. 그것은 **실재** 근처에서만 **자유**의 **기쁨**을 얻을 수 있습니다. 마음속에 거짓된 관념이나 행복의 희망이 있는 한, 그 마음은 거듭되는 슬픔을 겪습니다. **하타** 요가를 통해 제어된 마음조차도 **삼매**의 황홀경이 깨질 때는 감상적인 상태에 빠집니다. **헌신**의 길을 통해 **진아**를 깨달은 **성자**들은 마음의 일어남 그 자체의 성품을 알고 있고, 따라서 그들의 마음은 늘 행복한 상태에 있습니다. 마음이 생겨나게 된 1차적 원인을 모르면 마음을 제어하거나 그것을 행복한 상태에 머무르게 할 수 없습니다. 이것을 아는 것은 불가사의한 일입니다. 여러분은 마음을 발견하려고 애써도 그것을 붙잡지 못할 것입니다. 마음과 **브라만**은 하나입니다. 둘 다 **생명기운 짜이따니야**의 성품을 가지고 있습니다. 마음을 이해하려면 우리가 그것과 함께 가야 하고, 우리가 원하는 대로 그것을 돌려야 합니다. 성자들은 마음을 미묘하게 적절히 이용합니다. "저 **생명기운 짜이따니야**에게 헌신하라, 그대는 왜 그렇게 오만한가?" 이것은 힌디어에서 하나의 격언입니다. '**생명**'인 것은 그일 뿐입니다. 마음은 저 자신의 위에 나타나는 하나의 겉모습입니다. 그것은 마음이 아니라 저 자신일 뿐입니다. 만일 여러분이 '두 번째'라는 단어를 쓴다면, 그것 또한 지知로 충만해 있을 뿐입니다.

말하는 자와 그가 말하는 대상은 저 자신일 뿐입니다. 말하는 자로서 저와 별개인 누가 있습니까? 신이 베다를 만들었습니다. '말한다'는 것은 베다를 의미합니다. 베다를 말하는 자는 저입니다. 베단타(Vedanta)는 '앎의 끝'이라는 뜻입니다. 베다(Veda)는 아는 것을 뜻합니다. 베다를 아는 쁘라나바(Pranava), 즉 옴 소리(Omkar)가 저이고, 저 자신입니다. 그 대답, 응답, '오(O)'도 제가 주는 것일 뿐입니다. 저는 그 원초적인 말(옴)의 말입니다. 빠이감베르(Paigamber-예언자, 곧 무함마드)에게 "알라가 어디 있습니까?"라고 묻자 그가 말했습니다. "그가 있다." 이것은 그가 옴이라는 의미입니다. 응답을 하는 그 개체(빠이감베르)는 알라일 뿐입니다. 우리는 신[하리]과 별개의 어떤 사람이 아닙니다. 신은 하나입니다. 두 가지란 없습니다. 그의 말씀에 의해 우주가 돌아갑니다. 그의 말씀에 우주가 복종합니다. 옴은 전 세계에 편재해 있습니다. 옴의 첫째 음절은 '아(A)'입니다. '아'를 발성하지 않고는 어떤 말도 할 수 없습니다. A, U, M을 합쳐 세 음절이라고 합니다. 옴은 세 음절입니다. 이 세 음절과 신이 함께 세계의 토대입니다. 세 세계가 여기서 창조됩니다. 그 세 세계에서 무수한 우주들이 생겨납니다. 따라서 원초적 옴은 곧 저 자신입니다. 저는 모든 말의 주제입니다. 눈으로 보는 것[見]이 곧 저 자신입니다. 보고 어떤 것을 인식하는 것도 제가 없다면 가능하지 않습니다. 제가 없다면 눈들은 하나의 살덩어리에 불과합니다. 봄[見]은 의식을 의미하는데, 그것은 움직이는 **생명기운**이고, 곧 저입니다. 세 세계 안에서 저 외에 다른 '보는 자'는 없습니다.

'세 세계'란 생시의 상태, 꿈의 상태, 깊은 잠의 상태입니다. 저는 이 세 세계의 주인입니다. 저는 위장의 통증을 아는 자입니다. 저는 모든 것을 압니다. 보는 기술은 곧 저입니다. 저는 욕을 먹는 자입니다. 원인, 기원은 저만이 압니다. 이해하는 자는 (무엇을) 알지만, 그것은 저 자신입니다. 저는 눈이 주는 암시(hint)인데, 그것은 의식이 있기 때문입니다. 그것은 '저 자신의 **존재**'입니다. 제가 없는 혀는 장화 밑창이나 같습니다. 그것이 무엇을 압니까? 저는 냄새 맡기를 즐기는 자이고, 냄새 맡아지는 것도 저일 뿐입니다. 저는 그 냄새를 인식하는 자입니다. 사물들에 대한 지식을 가지고 있는 것은 저입니다. 저 외에는 아무도 무엇을 알지 못합니다. 속박은 저 때문에 있고, 저를 아는 것이 자유(해탈)입니다. 저를 모르는 것이 유일한 속박입니다. 제가 없는 어떤 구조물도 하나의 거죽, 빈껍데기일 뿐입니다. 제가 맛입니다. '맛을 아는 자'가 된다는 것이 무엇인지, 저 말고 누가 압니까? 저는 모든 감각기관의 향유자이자 창조자입니다. 저는 '행위의 힘'이고, '물질의 힘'입니다. 저는 '지(知)의 힘'입니다. 제가 전체성인데, 몸이라고 하는 살덩어리가 어떻게 저와 별개일 수 있습니까? 그것이 어디서 오겠습니까? **모두가 하나입니다.** 그렇다면, '타자'라고 불릴 수 있는 것이 무엇입니까? 저 외에 무엇이 있습니까? 모두의 숨(생명)은 **하나입니다.**

미혹된 사람들만 몸이 신과 별개라고 생각합니다. 사람은 매일 죽을 수밖에 없습니다. 매일 어떤 무거운 물질이 몸에서 빠져나갑니다. 매일 새로운 어떤 물질에 몸 안으로 들어갑니다. 나가는 것의 두 배가 몸 안으로 들어갑니다. 사람은 '죽은' 것[몸]이 '있다'고 생각하면서 그에 대해 자부심을 갖습니다. 그는 '죽지 않는 것'을 인식하지 못합니다. 이 5대 원소는 물의 물결과 같습니다. 실은 저와 별개인 것은 아무것도 없습니다. 생물과 무생물들의 창조계 모두가 저일 뿐입니다. 사람들이 서로 다른 이름을 갖는 것은 사회에서 활동하는 데 편리하도록 하기 위해서입니다. 여러분이 **진아지를 가진 사람**[진인]이 될 때는 괴짜처럼 행동할 필요가 없습니다. 단 하나의 **보편아**, 하나인 **진아**가 있을 뿐입니다.

여러분은 무엇을 공부하고 있습니까? 비이원성(Advaita)에 대한 이해를 가지고 있으면 그걸로 족합니다. **하나** 없이 다른 어떤 것이 있습니까? 여러분이 자기 어머니를 알고 있을 때, 어머니의 이름을 외칠 필요가 있습니까? 오직 하나가 있을 뿐이라는 분별이 마음에 배어 있을 때는 해야 할 일이 달리 아무것도 없습니다. 자신이 도처에 있다는 것을 깨달은 사람에게는 더 이상의 수행이 필요치 않습니다. 저를, 곧 진아를 아는 사람에게는 노력이 끝납니다. 저는 제가 사랑하는 헌신자들에게, 진아가 전부이며 "나는 모두의 안에 있다"고 말했습니다. 그러나 다른 사람들에게는 어떤 수행을 하게 했고, 머리를 길게 기르라고 했습니다. 그들에게는 저의 지知를 주지 않았습니다. 이것은 '저 자신의 지知'입니다. 저는 제 헌신자들의 마음속에서 분리의 느낌을 없애주었지만, 현자들과 요기들에게는 어떤 수행법을 처방해 주었습니다. 그들의 몸에는 천 년의 수명을 베풀었지만, 저의 지知는 저의 헌신자들에게만 주었습니다. 저의 지知, 저의 참된 성품에 대한 지知는 얻기 어렵습니다. 에고의 모든 느낌, 모든 욕망, 모든 자부심이 비워지지 않으면 그것을 깨닫지 못합니다.

1935년 9월 24일 저녁

61. 베단타의 주된 교의敎義

모두가 **브라만**입니다. "나는 아무개다"라는 개념을 갖는다는 것은 상상된 존재입니다. 개념이 없는 것이 **브라만**입니다. 개념은 개아이고, 개아는 에고, 곧 **무지**입니다. 베단타에는 두 가지 원리가 있는데, 그것은 **브라만**과 **마야**입니다. **마야**는 '없는 것'이라는 뜻입니다. **브라만**은 '있는 것'입니다. **마야**는 하나의 거짓, 위선자입니다. 거짓이 아닌 것이 **브라만**입니다. **마야**는 위조이고 속임수입니다. 속임수가 없는 곳에는 거짓이 없습니다. **마야**라는 단어가 쓰일 때 그것은 위선, 거짓, 기만을 의미합니다. 위선인 것은 결코 진리일 수 없습니다. **마야**는 거짓이고 **브라만**이 진리입니다. 그것은 위선이 아닙니다. 겉모습을 가진 그 어떤 것도, 지각되는 그 어떤 것도 거짓입니다. 만약 그것이 어떤 이름이나 형상을 가지고 있다면, 그것은 참되지 않고, 오래 가지 못합니다. 만일 그것이 어떤 겉모습을 가지고 있다면, 그것은 지속되지 않을 것이고, 영구적이지 않습니다.

오직 **브라만**이 참되고, 따라서 그것은 거짓인 것을 존중하지 않을 것입니다. 거짓인 것은 많은 춤과 공연을 벌이지만, **진리** 곧 **브라만**은 거기에 반대합니다. 거짓인 것은 조금도 존중받지 못하며, 따라서 그것은 오래가지 못합니다. 그것은 오래 남아 있는 것이 용납되지 않습니다. 얼마 가지 못합니다. 그럴듯한 위선인 것들은 그것이 아무리 힘이 세고 대담하다 하더라도, **브라만** 앞에서 참됨을 증명하지 못합니다. 그것은 **브라만**에 의해 지지되거나 존중받지 못하고, 그래서 자동적으로 떨어져 나가 보이지 않게 됩니다. 사라진 것은 거짓이었고, 거짓이었기 때문에 보이지 않게 된 것입니다. 그것은 **마야**로 불려야 하고, 또 그렇게 불립니다. **마야**는 폄하적인 단어입니다. 그것은 경멸적인 용어입니다. **브라만**은 참됩니다. 거기에 대해서는 어떤 구실도 소용없습니다. **진리**는 복제품이 없습니다. 우리는 **진리**를 거짓으로 꾸밀 수가 없고, 그것의 어떤 복제품도 없습니다. 어떻게 **진리**에게 그와 대등하거나 비슷한 것이 있을 수 있겠습니까? 모방할 수 있는 것은 **진리**가 아닙니다. **진리**는 무조건적이고 절대적이며, 어떤 이미지도 없습니다. 고품질의 가짜 이미지를 자랑스러워하는 것은 전혀 쓸모없습니다. **브라만**은 **마야**를 아주 형편없는 것으로 여깁니다. 그 자신을 자랑스러워하는 어떤 거짓도 경멸 받아야 합니다.

브라만에게는 자부심이 전혀 없습니다. 따라서 어떤 체험, 어떤 성취에 대해 조금이라도 자부심이 있다면 그것은 무가치합니다. 그것은 심지어 자신이 했다고 느끼는 어떤 큰 선행에 대한 자부심일 수도 있지만, **브라만**은 그것을 건드리지 않고 그것을 존중하지도 않습니다. 이것이 우리의 **참된 성품**에 대한 '**진정한 지**知'이고, 그것을 '**진아지**'라고 합니다. '나'라고 하는 어떤 사람도 발견되지 않습니다. 자연과 인간 속의 모든 원소와 원리들을 찾아서 제거하면 어떤 '나'도 전혀 남지 않습니다. **진아**가 있고, 몸이 있을지는 모르나 제3자인 이 '나'는 없습니다. "나"라고 말하는 것은 **마야**

입니다. 그 '나'는 **마야** 안의 어떤 **요동**(disturbance)의 산물입니다. 이 제3자가 떨어져 나가면 그 추구자 곧 구도자와, 그가 성취한 것, 이상理想, 그리고 그의 노력도 다 소거됩니다. 그러고 나면 **빠라마뜨만**이 홀로 있습니다. 에고의 느낌이 사라지지 않는 한 **진아**지는 불가능합니다. '나'가 사라지면 자신이 구도자라는 느낌, 무엇을 한다는 느낌, 성취해야 할 어떤 것에 대한 관념도 사라집니다. **빠라마뜨만**에 대해 아무것도 하지 않아도 그것이 드러납니다. 여러분이 자신의 모든 생각을 조사해 보면, '나'란 전혀 존재하지 않는다는 것을 발견할 것입니다.

5대 원소가 있고, 여섯 번째는 **진아**입니다. 5대 원소는 그 자체 몸 안의 감각기관들이고, **진아**가 여섯 번째입니다. 그 어느 것에서도 '나'는 발견되지 않습니다. **단일성**을 통해 **단일성**을 이해하면 일체가 **브라만**입니다. 이 '나' 혹은 그것의 없음을 인식할 때, 그것의 기능은 끝납니다. 세계의 **창조주**인 것만 남습니다. '나'와 '너'가 소거될 때 무엇이 남습니까? 남는 것, 이 소거 과정에서 살아남는 것은 **존재**(Being), 즉 '있는' 것입니다. '있는' 것이 사라졌고 '없는' 것도 사라져서 사물 아닌 어떤 것이 남을 때는 무엇이 '있다'고 선언할 필요가 없습니다. 그것은 '그 자체'로 있습니다. '없는' 것을 알면, '있는' 것은 그게 무엇이든 있습니다. 없는 것을 존재하지 않는다고 선언할 필요가 있습니까? 당연히 없지요! 이것을 **자기순복**(Atma-Nivedan), 곧 '나'를 내맡기기라고 합니다. '나'를 신에게 내놓는 것입니다. 신이 그것을 소화하자 그것은 신 자신이 되었습니다. **자연**(현상계)이 해소됩니다. **자연**을 **쁘라-끄루띠**(Pra-Kruti), 곧 두 번째 행위라고 합니다. 그것이 해소되면 신만 남습니다. 하나가 있었습니다. 그가 두 번째를 산출했습니다. 두 번째란 타자를 의미합니다. 산출된 것을 그가 집어삼켰습니다. 그러자 하나만 남았습니다. **쁘라끄루띠**, 곧 별개의 창조계는 쓸려나갑니다. 세 번째 개체, 즉 환幻인 나는 어디서 왔습니까? 그것은 존재하지 않는데, 어떻게 끼어들었습니까? 이 신을 '다섯 얼굴' 신이라고 부릅니다. 5대 원소가 그의 다섯 얼굴입니다. 당연히 이 5대 원소 모두가 하나인 **진아** 안에서 통일됩니다. 그것은 모두 **하나**입니다. "신은 다섯 얼굴을 가졌다"고 성자 **냐노바**(Dnyanoba-냐네스와르)가 말합니다. 한 개체로서의 '나'는 어디 있습니까? 그것은 '없습니다'. 이는 등불을 손에 들고 어둠을 찾아 나서는 것과 같습니다. 등불을 들고 어둠을 찾으면 그것을 찾지 못하겠지요. **지**知의 **태양**이 뜨면 어둠, 자부심 많은 에고, 곧 **무지**는 보이지 않을 것입니다. 뱀에서 '뱀'은 어디 있습니까? 당나귀에서 '당나귀'는 어디 있습니까? 모두가 **진아**입니다. 처음과 끝에 오직 **진아**가 있습니다. 그가 **아뜨만**입니다. '나'와 '너'는 없습니다.

옴에서는, 'M'의 한계까지만 요동이 있습니다. 'M'은 환幻, 곧 범부적 미혹인데, 그것이 에고이고, 그것이 자부심입니다. **진아지**의 상태를 성취하면 여러분 자신의 식사는 신에 대한 공양이 되고, 여러분의 보행은 신상神像 주위를 도는 오른돌이(pradakshina)입니다. 말을 하는 것은 그를 찬양하는 것이고, 잠을 자는 것은 그의 삼매입니다. 앉아서 편한 자세로 휴식하는 것은 그의 **일여삼매**一如三昧(Unbroken Samadhi)입니다. (그런 사람이) 자연스럽게 '있는' 것, '존재하는' 것이 현현된 **브라만**입니다. 그것은 인간의 형상을 하고 눈에 보이게 된 **브라만**입니다. 그것 외에는 달리 아무것도 없습니다. 그래서 **성자**들을 '구체적 형상으로 표현된 **브라만**'이라고 하는 것입니다. 그 다발은 여러분이 그것을 묶었기 때문에 존재합니다. 생각(**분별**)으로써 이 다발을 풀어야 합니다. 그러면 어떤 다발도 없을 것입니다. 분별의 부족이 별개성, 곧 개아라는 다발입니다. 분별의 부족이 사라지면 이원성은 없습니다. 그러면 **브라만**만 있습니다. 그 다발은 다양한 것들을 축적하면서 만들어졌습니다. 이런 것들을 분석하고, 나누고, 걸러내는 동안 그 다발은 흩어집니다. 그 다발의 짐을 지고 가던 사람의 속성들이 없어집니다.

'나'가 사라지고 나면 무슨 수행을 할 누가 있습니까? 누가 명상을 하겠습니까? 제가 신으로 불리는 것은 **성자**들의 축복 덕입니다. 그들은 매우 위대합니다. 남들은 '**진정한 지**知'를 가진 사람의 인사를 받기가 매우 어렵습니다. 그런 사람은 사람 몸을 한 신, 곧 **전능자**입니다. 그런 분의 인사를 받는 사람이 되기는 극히 어렵습니다. 죄악이나 공덕, 천상과 지옥은 그에게 영향을 주지 않습니다. 그는 자명합니다. 그는 나뉘지 않았고, 단도직입적입니다. 그는 토성의 불운기[39]를 겪지 않습니다. '진아지를 가진 사람'[진인]을 기억하는 사람은 죄까지 깨끗이 씻깁니다. 그의 손길이 닿은 사람은 생사를 넘어섭니다. 신은 말합니다. "나의 친존, 나를 보는 것, 그 자체가 선행이고 길시吉時이다." 진인은 비방을 겪지 않습니다. 왜냐하면 그는 개아가 아니기 때문입니다. 그는 표현되지 않으며, 성질들을 넘어서 있고, 모든 형상을 넘어서 있습니다. 요기와 무니들(Munis)은 자신들이 요기[다양한 고행을 하는 사람]라는 자부심을 지니고 있습니다. 주 크리슈나도 그들에게, 그들은 지위가 매우 높다고 말했습니다. 왜냐하면 그들은 육신과의 동일시를 잃지 못했기 때문입니다. 그들은 자랑스럽게 (길게 자란) 머리와 수염을 내보였습니다. 그는 말했습니다. "여러분은 수십억 년을 살 수도 있습니다." 그들은 먹고 마시는 일에서 이상한 죄의 관념을 가지고 있었습니다. 그러나 주 크리슈나는 온갖 것을 다 먹으면서도 순수한 상태로 있었습니다. 왜냐하면 자신이 지고의 빠라마뜨만이라는 것을 알고 있었기 때문입니다.

몸과의 유대를 끊는 사람은 빠라마뜨만이 될 것이고, 그 삶은 성취됩니다. 여러분은 거듭하여 계속 견실하게 생각해야 합니다. 어떤 개념에도 집착하지 마십시오. 단순히 "브라만이 도처에 있다면 나도 구원받겠지"라는 개념을 믿지 마십시오. 이 모든 것이 브라만이니, 어떤 개념에도 집착하지 마십시오. 브라만은 개념이 없습니다. 이러한 '이해'를 가지고 있으면 여러분이 해탈할 것입니다. 의심을 품는 사람들은 실패합니다. 스승의 헌신자인 사람들은 브라만의 상태를 성취합니다. 먼저 영적인 법문을 들어야 하고, 그런 다음 스승에 대한 봉사가 오고, 그런 다음 진아 깨달음이 오며, 그런 다음에 브라만의 상태를 성취합니다. 단순한 영혼의 소유자들은 흔들

---

39) 베다 점성학에서, 어려움을 겪는 7년의 기간.

림 없는 믿음과 신뢰를 가진 사람들입니다. 여러분의 자아를 내맡길 때, 유일하게 남는 순수한 것이 **브라만**입니다. 에고라는 악마(Narakasura)를 용납하지 마십시오. 그것은 지옥입니다.

자신이 **빠라마뜨만**임을 깨달을 때, 여러분은 그 몸을 포함하여 **브라만**입니다. 이전의 범부적 삶은 소멸됩니다. 신에게는 예전의 업이 없습니다. 예전 업이 있다고 계속 믿지 마십시오. 여러분의 개념이 여러분을 속입니다. 의심의 제물이 되지 마십시오. **마야**는 말합니다. "나는 큰 짐승들을 많이 결박했다." 구도자·사두·요기들이 마야에 결박된 그 짐승들입니다. 지고아 주 크리슈나는 **빠라마뜨만**이 되었고, **빠라마뜨만**으로 머물렀습니다. 다른 사람들은 그들 자신을 별개의 에고와 동일시했을 뿐입니다. 거울은 말합니다. "내 안에는 아무도 없다." 거울을 들여다보는 사람은 말합니다. "내가 거울 안에 있다." 배운 이들은 이 모든 것을 압니다. 어떤 원소들이 결합하자 하나의 몸이 되었습니다. 이것을 이해한 뒤 이 **지**知에 따라서 사는 데는 기술이 필요합니다. 먼저, **진아지**를 얻기 위해서는 **지**知가 필요합니다. 그런 다음 이 **진아지**, 곧 '**지혜**'가 그 **지**知를 소멸합니다. 우리는 또한 일어난 모든 일을 내버려야 합니다. 자기순복의 핵심은, 개념적 개체가 사라진 그 사람입니다. 그가 '**배운 이**'입니다. 환幻이 사라지고, 원소들이 사라지고, **지**知 또한 사라집니다. **비냐나**(Vidnyana), 곧 절대지만 남습니다. 한 '집'이 비워지면 모든 '집들'이 빕니다.

초월적인 **브라만**은 성질들을 넘어서 있어, 어떤 것에도 영향을 받지 않습니다. 그것은 늘 동요가 없습니다. 우리가 분별을 사용하면 비본질적인 것은 떠나고 순수한 본질만 남습니다. 사뜨와의 성질조차도 넘어서 있는 **브라만**만 남습니다. '나'라는 느낌은 상상된 것일 뿐입니다. 스승의 축복에 의해 '나'라는 느낌이 쓸려져 나간 사람은 한 사람으로서가 아니라 **빠라마뜨만**으로서 남습니다. 그 결과는 여러분의 결의에 달렸습니다. 여러분이 무엇을 생각하든, 여러분은 그것을 경험합니다. 신을 바라보는 동안은 우리가 신이 됩니다. **빠라마뜨만**은 무엇을 하고, 도로 없애고, 그런 다음 다른 뭔가를 할 힘이 있습니다. 그는 모든 것을 초월해 있습니다. 그는 자신이 뜻하는 어떠한 일도 할 수 있습니다. 모든 행위에서 벗어나 있는 그에게는 어떤 속박도 없습니다. 업(karma)에 어떤 자부심도 갖지 말고, 자신을 그것과 동일시하지 마십시오. 어떤 사람이 자신을 속이면서 그 자신을 특정한 개체로 불렀지만, '나'라는 느낌이 사라지고 나면 "나", "나는 누구인가?", "내가 그것이다"도 모두 사라집니다. 그러면 설사 하나의 몸 안에 거주한다 해도, 그는 몸에서 벗어나 있고, 몸을 넘어서 있습니다. 빠라마뜨만만 있습니다.

1935년 9월 25일 저녁

62. 몸 안의 의식이 신이다

진정한 신은 **사뜨-찌뜨-아난다**[존재-의식-지복]입니다. 몸 안의 의식이 신입니다. 그 몸이 사고를 당하지 않도록, 말에서 떨어지지 않도록, 뱀에게 물리지 않도록 보호하는 것이 그 의식, 즉 신입니다. 이것은 분명해졌습니다. 우리는 우리가 무엇인지 알아야 합니다. 이 몸 안에서 "나"라고 말하는 것은 실은 어떤 사람이 아닙니다. 그 모든 것은 오해이고 미혹일 뿐입니다. 우리는 자신이 하나의 몸이라고 개념적으로 추정해 왔지만, 몸을 샅샅이 탐색해 보면 그 안에 '너'도 없고 '나'도 없습니다. '너'와 '나'라는 느낌은 그것 안에는 없습니다. 우리는 5대 원소 모두를 보지만 그것들은 모두 **생명기운 짜이따니야**에서 창조됩니다. 이 모든 것은 저 **생명기운**일 뿐입니다. 한 물건만이 실재한다는 것을 이해한 사람은 생사에서 해탈합니다. 턱수염·콧수염·머리털은 모두 털일 뿐입니다. 이름·형상·모양 등은 모두 거짓입니다. 여러분이 이 **생명기운**을 알고 나면 모든 것이 성취됩니다. 그 모든 무수한 형상 안에서 신은 단 하나이며, 도처에 있습니다. 스승은 5대 원소를 분석하여 이 **생명기운**이 무엇인지를 여러분에게 보여줍니다. 그리고 "**그대가 그것이다**"라는 큰 말씀의 의미를 설명하여, 여러분이 **브라만**임을 말해줍니다. 그 **본래적 존재** 안에서 에고는 바람[風]입니다.

 스승에게 자신을 내맡길 때는 어떤 집착도 없어야 합니다. 이것을 설명해야겠군요. 여기서 '집착이 없다'는 것은, 겁이 나서도 아니고 다른 사람의 개인적 위대함이 모종의 압력을 행사해서도 아니며, 어떤 것이나 어떤 사람이 우리에게 압력을 가해서도 아니라는 의미입니다. 즉, 어떤 압력이 존재하지만 그 사람이 그것을 적극적으로 사용하지 않는다는 것이 아니라, 그런 압력이 존재하지 않아야 한다는 것입니다. 우리 자신의 **참된 존재**에 대해서는 단 한 점의 압력도 없습니다. 따라서 지금이든 미래의 어느 때든, 우리의 **참된 존재**에 어떤 압력을 가하거나, 그 **참된 존재** 못지않게 중요하다고 나설 어떤 사물이나 사람도 없습니다. 우리는 이 점을 확신해야 합니다. 언제나 도처에서 다양한 형태로 우리를 가로막거나 우리에게 압력을 가하는 것은 다름 아닌 우리 자신의 미혹이나 오해입니다. 다른 왜곡은 전혀 없습니다. 순복은 이와 같이 집착이 없어야 합니다.

 사물들을 통찰력 있게 바라보면 분리감이 사라집니다. 그리고 의식으로서의 입장조차도 사라지면 **짜이따니야**만 남습니다. 그럴 때는 자연스러운 **무관심**(Nivritti)만 남습니다. '말하는 자'가 사라질 때, 그 상태를 **운마니**(Unmani), 곧 **무심**無心의 상태라고 합니다. 기소된 자가 없는데 벌금을 낼 사람이 어디 있습니까? 누구도 자신의 배를 화장실이라고 부르지 않습니다. 누구에게 세 가지 유효한 업[과거업·미래업·발현업]이 있습니까? 왕인 자가 왜 무슨 벌금을 냅니까? 자신이 왕(Prabhu)이라면, 누가 그에게 벌금을 매길 수 있습니까? 무정물無情物인 육신이 어떻게 과거업을 가질 수 있습니까? 몸이 **브라만**이고, **진아**가 **브라만**입니다. **비냐나**(Vidnyana)[절대지]에 의해 **지**知가 무효가 되었습니다. 명상자가 명상과 함께 사라졌습니다. 명상하는 개체인 '나'가 명상과 함께 소멸했습니다. 세간적 삶의 원인인 '나'

가 그 삶과 함께 사라진 것입니다.

　사라진 그 삶이 찬란한 모습으로 다시 왔지만, 이제 그것은 **브라만**이 되어 있습니다. 모든 겉모습은 **브라만**에 지나지 않습니다. 죽는 사람이 죽은 것은 그가 '비실재물'이었기 때문입니다. '없었던' 자가 죽은 것입니다. 지구 표면에는 어떤 죄도 머무르지 않습니다. '속박을 갖지 않는 것'이 속박을 가지고 있었는데, 그 매듭이 사라졌습니다. 신에게 무슨 속박이나 자유가 있습니까? 스승은 짓밟힌 자들의 해방자인데, 그의 하인인 사람들도 남들을 해방합니다. 그들은 하인으로 머무르지 않고 **브라만**으로 남습니다.

1935년 9월 26일

63. 브라만은 개념을 넘어서 있다

　빠라브라만은 비이원적이고, 우리가 **그것**입니다. 그것이 명상의 대상이 될 수 없다는 것은 사실이지만, 그렇다고 우리가 명상을 포기해야 합니까? 명상이 없는 것은 우리가 그것에 집착하고 있기 때문입니다. 오히려 그것은 본연적(natural)입니다. 첫 번째로 할 공부는 진아, 곧 **아뜨만**에 대한 공부입니다. 지금 제가 이야기하는 것은 **지고아 빠라마뜨만**에 대한 공부입니다. 우리의 본연적 상태는 **빠라브라만**입니다. 그것은 **생명기운**입니다. 그것이 **신**입니다. 여러분이 **의식** 속에서 경험하는 것은 **신**의 **생명기운**입니다. **빠라브라만**이 그 자신의 의지에 따라 움직이게 되었습니다. 우리가 **신**입니다. 그 원초적 충동[움직임]이 **신**입니다. 그것이 **의식**입니다. 지금 일어나고 있는 단 한 가지 일은 (우리의) **존재**(Existence)가 느껴지고 있다는 것입니다. 그것이 느껴지기 시작했고, 지속적으로 느껴지고 있습니다. 앎 없이, 의식함이 없이 머무르는 그것이 **지고아 빠라마뜨만**입니다.

눈에 보이는 이 세계로 내려온다는 것은 **화신**(Avatar), 곧 **신**의 **화현**을 취한다는 것입니다[avatar는 '내려오다'는 뜻이다]. '**그것**'이 그것의 **존재**(Being)에서 내려오고 있습니다. 그것은 전적인 고요함에서 약간 내려와 있습니다. 이것이 **화신**입니다. 우리가 영원한 것과 영원하지 않은 것을 생각할 때, 마음은 어떤 평형 단계에 이릅니다. 여러분이 **빠라마뜨만**을 공부하면 다른 어떤 것이 생겨납니다. **빠라마뜨만**은 남아 있는 것입니다. 그는 공부의 주제(대상)가 아닙니다. 사람들은 '되는 것'과 '되지 않는 것'이 뭔지 이해하지 못합니다. 만일 우리가 무엇이 '되려고' 하면 손해를 봅니다. 어떤 것도 '되지 않는' 데 우리의 노력을 쏟는 것이 올바릅니다. '됨'이 무엇이고, '되지 않음'이 무엇인지 여러분 스스로 경험해 보십시오. 무엇이 '되려는' 어떤 생각도 절대 갖지 마십시오. 기억 속에 아무것도 간수하지 마십시오. **절대자**에 대한 명상은 이원성을 가져옵니다. 의심의 제물이 되지 마십시오. 걱정을 하지 마십시오. 모든 **환**幻을 떠나십시오. **빠라마뜨만**은 결코 더럽혀지거나 오염될 수 없고, 여러분이 하는 어떤 노력에 의해 그것이 새로워지지도 않습니다. 분별적 지성이 없는 사람들은 세속적 삶에 관여합니다. 따라서 조심해야 합니다. 이른바 **개인**(Jiva)은 실은 **신**입니다. 상상으로 창조되는 것이 사라졌을 때, 남는 것은 **빠라마뜨만**일 뿐입니다. "그가 있다"는 느낌조차 버리십시오. 여러분이 그것을 바라보고 있다는 그 느낌이 사라지면 남는 것은 그일 뿐입니다. 여러분의 **진아**와 함께, 있는 그대로 머무르십시오. 아주 자연스러워지십시오. 그것은 세 가지 **시간**[과거·현재·미래]에 의해 영향을 받지 않습니다. 과거·현재·미래가 모두 사라질 때, 끝에 남는 것은 여러분의 **진아**, 곧 **빠라마뜨만**입니다.

여러분이 보기 시작할 때 관찰자, 관찰 행위, 관찰 대상이라는 세 측면이 생겨납니다. 원인이 있을 자리가 없고, 그와 비슷한 아무것도 존재하지 않는 **그것**을 알아내려고 애쓰면, 그것을 발견하기는커녕 잃어버립니다. 관찰해야 하고, 기억해야 하고, 숭배해야 할 '**그것**'이 여러분의 **진아**입니다. "**그대가 그것이다**(You Are That)." 그러나 그것을 발견하려고 애쓰고 있으면 그것은 '다른' 어떤 것이 됩니다. 여러분이 자신의 **진아**를 잊어버린다는 것은 있을 수 없습니다. '여러분이 존재한다'는 사실은 여러분 자신의 직접적 체험입니다. 달리 누가 여러분이 존재한다는 것을 여러분에게 납득시킬 수 있습니까? 먼저 여러분이 존재해야 합니다. 그럴 때만 탐구가 가능합니다. 여러분이 없다면 누가 탐색을 하겠습니까? 여러분이 있다고 말하지 않아도 여러분은 있습니다. 여러분이 존재한다는 것을 확인하는 것은 감각기관에 의존하지 않는다는 것을 이해할 필요가 있습니다. 그 점에서는 진위에 대한 의심이 없습니다. 왜냐하면 그것은 **존재**(Being)의 상태이기 때문입니다. 이것이 여러분입니다. 감각기관이 접촉할 수 없고, 우리가 접근할 수 없는 '그것'이 진리입니다. 그것이 시간의 세 측면(과거·현재·미래)의 효과를 넘어선 **사뜨**(Sat), 곧 **존재성**(Being-ness)입니다.

존재하는 것을 우리가 어떻게 닦습니까? 존재물, 곧 이미 있는 것에 대해 생각할 것이 뭐가 있습니까? 그것을 어떤 노력도 필요 없는 **자명한 상태**라고 합니다. 진아는 '자명'합니다. 이렇게 저렇게 그를 비틀어 왜곡할 수 없습니다. 설사 그래 보려고 해도 여러분은 자신의 **진아**를 잊어버릴 수 없습니다. 여러분이 잊어버리고 있다고 느끼는 그것은 여러분이 아닙니다. 그것은 '타자'입니다. 그것은 기억하고 있던 것을 잊어버리는 것일 뿐입니다. 기억되는 것은 뭐든 잊혀지기 쉽습니다. 잊혀질 수 있는 모든 것은 **진아**(자기) 아닌 것입니다. 기억과 망각은 다른 어떤 것에 대해 일어납니다. 그것은 여러분이 아닙니다. 여러분은 기억의 대상이 아니므로 망각의 대상도 아닙니다. 기억, 망각, 이런 것들은 **의식** 안에서만 일어납니다. 여러분은 그런 것 없이 있습니다. 여러분 안에서는 전혀 어떤 손상도 없습니다. **이것은** 언제 누구에 의해서도 손상될 수 없기 때문입니다.

여러분이 저를 찾아왔을 때 제가 결국 무엇을 했습니까? 단지 **환**幻을 제거했을 뿐입니다. 저는 뱀이라는 **환**幻을 제거했습니다. 밧줄이 뱀으로 보이자 두려움이 있었습니다. 저는 여러분에게 그것은 뱀이 아니라 밧줄일 뿐임을 납득시켰습니다. 그 밧줄은 결코 뱀이 된 적이 없습니다. 여러분이 미혹된 것뿐입니다. 이제 그 뱀은 잊혀집니다. 그것을 잊어버리는 것 자체가 **실재**를 기억하는 것입니다. 여러분은 먼저 **지**知를 얻어야 하고, 그런 다음 그 **지**知를 떠나야 합니다. 이 **참된 '나'**를 아는 것으로 족합니다. 인식했으면 그뿐입니다. 왜 거듭거듭 알아야 합니까? 그것은 전신에 두루 편재해 있습니다. 그것은 몸을 완전히 덮고 있는 하나의 장신구입니다. 만약 그것을 만나려고 들면 그것은 도망갑니다. 이것은 체험해야 할 기적입니다. 그것은 어떤 수단으로도 성취할 수 없습니다. 그것을 잃어버리려 해도 그럴 수 없습니다. 잃어지지 않습니다. 내버리려 해도 내버려지지 않습니다. 그것은 늘 존재합니다. 그것을 보려고 하면 그것이 여러분을 피해 가고, 그것을 보지 않아도 그것은 있습니다. 그것을 획득하려고 하는 것은 하나의 장애가 됩니다. 그것은 이해의 과정 없이 깨달아집니다. 그것은 어디에도 노력의 초점이 없는 부정적인 상태['네띠, 네띠'(이건 아니다, 이건 아니다)]입니다. 그것을 이해하려고 하던 그 '나'는 죽었습니다.

　브라만은 명상의 한 주제(대상)가 아닙니다. 여러분이 먹고 마실 때, 그것은 내내 **그**입니다. 그는 물러남 그 자체입니다. 마음은 거짓인데, 어떻게 그것이 광대한 **브라만**을 이해할 수 있겠습니까? **브라만**을 안다고 말하는 사람은 참으로 그 경지에 가보지 못한 것입니다. **브라만**은 심적인 태도나 마음으로는 알 수 없습니다. 만물의 아버지이고, 모든 창조계의 뿌리인 것을 누가 알 수 있습니까? 마음속으로 그것을 따라가려고 하면 미혹될 뿐입니다. 그것을 묘사하려 들다가 베다조차도 ('네띠, 네띠(neti, neti)'라고만 하면서) 침묵했습니다. 제가 묘사할 수 없는 것을 **참스승**만이 이야기해 줄 수 있습니다. 그런 일과 씨름하는 것은 제 몫이 아닙니다. 묘사할 수 없는 것을 누가 묘사할 수 있습니까?

　모든 상상은 에고, 곧 '나'라는 느낌에 따라 투사됩니다. 우리는 에고의 그 길에서 아예 떠나야 합니다. 그럴 때만 여러분이 **빠라마뜨만**에 도달할 수 있습니다. **성자**들과 친교하면서 의심을 끊어 버리십시오. **성자**와 여러분 자신을 비교해 보십시오. 에고를 줄여나가 결국 완전히 제거하십시오.

배워서, 어떻게 그렇게 할 수 있는지 알아내십시오. 여러분의 말은 **성자**의 말씀과 함께 가야 하고, 그 말씀에 대한 이해는 **그**의 가르침에 부합해야 합니다. 여러분의 형상을 그의 형상 가까이에 두어야 하고, 여러분의 덕이 그의 덕과 같아야 합니다. 여러분의 자질과 행위들을 **성자**의 자질과 비교해 봐야 합니다. 그럴 때 우리는 그의 어떤 점이 더 나은지를 보아야 합니다. 그의 더 낫거나 가장 좋은 점이 우리에게도 있는지 살펴야 합니다. 그런 다음 그의 도움으로, 그의 분별력과 지혜에 힘입어, 우리 자신의 결점들을 보아야 합니다. 우리의 자질들을 비교해 봄으로써 최선의 것을 보유해야 합니다. 우리의 인격에서 최악인 것을 제거해야 합니다. 그런 식으로, 모든 의심이 완전히 씻겨나가야 합니다. 비슷한 것 두 가지가 있으면 그것들을 결합시켜야 합니다. 이 모든 연구와 관찰은 '내적인 영역'에 속합니다. 이것이 앎, 모름 그리고 **위없는 지**知 사이의 교차 관계입니다. 이런 노선에 자신을 부합시키는 사람은 **직접지를 가진 자**가 됩니다.

에고의 느낌은 없애기 어렵습니다. **참스승**의 가르침만이 그렇게 할 수 있습니다. 에고적 태도에 의해 **헌신**이 파괴됩니다. 자명한 **진아**가 에고에 덮여 가려집니다. 에고 때문에 많은 사람이 벌거벗고 돌아다녔고, 많은 사람이 전도된 방식으로 요가에 접근했으며, 많은 사람이 산중에 깊이 은둔했습니다. 또 많은 사람이, 돌보지 않아 딱딱해진 긴 수염과 헝클어진 머리로 자신을 휘감았습니다. 이 모든 소위 '영적인 공부'는 에고에 기초해 있습니다. 에고가 어떤 피해를 줄지 알 수 없습니다. 에고 때문에 영적인 삶이 없습니다. 오히려 그것이 손상됩니다. **신 의식**(God Consciousness) 안에서는 에고가 용납될 수 없습니다. **참스승**의 헌신자는 에고를 놓아 버립니다. 에고를 어떻게 놓습니까? 그것을 자각하면 놓아집니다. 이해에 의해서만 그것이 놓아질 것입니다. 여러분이 **실재**를 알 때, 에고를 없앨 수 있습니다. 우리는 **브라만**이 되어야 하며, 그럴 때 우리는 직접 체험을 얻을 수 있습니다.

무집착 안에서 행복하십시오. 자부심 없이 영적인 노력을 하는 사람은 참으로 칭찬받을 만합니다. 브라만의 영광은 온통 상서롭습니다. 신은 말합니다. "라마·크리슈나 등은 나의 숭배자들이다. 나라다(Narada)·사나까(Sanaka) 등 현자들은 모두 나를 찬양했다. 나는 모두의 신이다. 지금까지 살았던 모든 성자들이 나에게 예배(Pooja)를 했다. 그들은 형상 없고, 결함 없고, 기쁨에 충만되고, 정서들을 넘어서 있고, 모든 성질을 넘어서 있고, 어떤 잔여물도 없는, 완전한 **진아인 신**(Atmaram), **빠라마뜨만**인 나를 숭배했다. 나는 신으로서 (그들의) 모든 일과 그들이 바치는 공양을 즐기는 자이다. 그대의 속박에 대해서는 그대 자신의 마음에게 책임이 있을 뿐이다. 나에게서 그대를 가로막는 어떤 장애도 없다."

우리는 브라만이 됨으로써 브라만을 체험해야 합니다. 그 체험은 '나', 곧 체험자가 없어야 합니다. 그럴 때만 그 체험이 가능합니다. 어떤 나-의식(I-consciousness)도 전혀 없어야 합니다. 에고로서의 여러분이 브라만을 체험한다고 알면 안 됩니다. 너무나 많은 사람들이 브라만의 체험자가 되고자 노력했으나 그 영광을 누리지 못했습니다. 주 크리슈나만이 그것을 누릴 수 있었습니다. 우리는 행위자가 되어야 하지만, 우리가 행위하고 있다는 느낌이 없어야 합니다. 그 행위들은 행위자로서의 '나'라는 느낌이 없어야 합니다. 초연하게 머무르는 상태를 올바르게 이해해야 합니다. 그럴 때만 우리가 브라만이 됩니다.

1935년 9월 27일 저녁

64. 자기정화

만족, 혹은 여러분이 행복이라고 하는 것은 묘사할 수 없습니다. 벙어리가 설탕을 먹으면 그 단맛을 묘사하지 못합니다. 지극한 진지함으로 들으십시오. 그것은 설명한다 해도 이해할 수 없고, 알 수도 없습니다. **지고아 빠라마뜨만**은 절대적으로 숨겨져 있습니다. 성자들 가까이 있는 것을 통해, 그들과의 친교를 통해서만 그것을 이해할 수 있습니다. **빠라마뜨만**의 그 행복, 그 만족은 매우 깊습니다. 만일 어떤 기호나 표시로 그 체험을 이야기해야 한다면, 말이 나오지 않습니다. 그것은 묘사할 수 없습니다. 손짓이나 얼굴 표정에 의한 기호들은 그 신체 부분의 성질일 뿐이고, 따라서 한계가 있고 부적당합니다. **빠라 언어**(Parawani),40) 곧 본래적 에너지라고 불리는 언어의 가장 깊은 힘조차도 그것을 어떤 표시로써 보여줄 수 없고, 따라서 그것은 묘사가 불가능합니다. **참스승**의 도움 없이는 그것을 알 수 없습니다. 자기 자신을 탐색하는 사람만이 **참스승**의 축복을 받을 수 있습니다.

참스승의 축복을 받는 사람의 체험은 어떤 것입니까? 그런 사람은 자기 자신이 **빠라마뜨만**이라는 것을 체험합니다. 그것은 그의 **진아탐색**의 결과입니다. 여러분이 자신은 아무것도 아니라는 것을 이해할 때, 그때 남는 것은 단 하나의 **브라만**입니다. 이것을 **본연삼매**本然三昧(Sahaja Samadhi), 곧 '자연적 삼매의 상태'라고 합니다. 그가 걷거나 이야기를 하면 그것을 **자재삼매**自在三昧(Sairat Samadhi)41)라고 하는데, 이것은 외관상 정신이 이상한 사람의 활동 같지만 실은 내적인 만족 안에서 휴식하고 있는 상태입니다. 그는 의심할 바 없이 완전히 행복합니다. 사람들은 그가 이상하게 행동한다고 생각하지만, 그는 자신이 행동하고 있다는 것을 전혀 의식하지 못합니다. 어떤 이들은 **빠라마뜨만**이 일체의 주시자라고 주장하나, **실재**를 아는 이들—**싯다들**—은 '일체를 주시하기'가 마음의 한 상태일 뿐, **실재**는 그런 어떤 상태나 가정적 입장도 없다고 말합니다. **빠라마뜨만**은 네 가지 몸을 모두 넘어서 있고, 의식의 네 껍질[마음·지성·생각·에고]을 넘어서 있

---

40) *T.* 빠라 언어에 대해서는 308쪽의 각주 참조.
41) *T.* 마라티어 sairat는 '미친(mad)', 혹은 '거친(wild)'의 뜻이다. 따라서 Sairat Samadhi는 마음대로 거침없이 행동해도 삼매의 상태를 벗어나지 않는다는 의미로 이해된다.

습니다. 여러분이 지각하는 것은 어떤 대상적 사물이나 물질이 아니라 모두 **브라만**이라는 것을 깨달을 때, '나'라는 복합물, 곧 에고는 희미해질 것입니다. '나'의 관념이 떨어져 나가면 '너'의 관념도 떨어져 나갑니다. '나'의 소실消失이 깨달음의 표지입니다.

'**있는 그것**'은 있습니다. 그것은 개아도 아니고 신[시바]도 아닙니다. 그런 이원성은 거기 나타나지 않습니다. 우리는 또 아무것도 없다고 말할 수도 없습니다. '그것'은 **묘사 불가능한 지복**입니다. 말, 단어는 모두 환幻입니다. 단어는 의미를 전달하지만 그 의미가 이해되자마자 이내 사라집니다. 그 단어가 끝납니다. 메시지를 전달하고 나면 그 단어는 사라집니다. 브라만 안에서 단어는 거짓입니다. 그 의미만 취해야 합니다. 단어는 보이는 것과 별개이고, 그것을 넘어서 있는 것이 **브라만**, 곧 **실재**입니다. 순수한 체험은 뭐라고 지적할 수 없습니다. **진아체험**은 그것을 바라보는 요소(보는 자)가 없습니다. 본다는 것은 하나의 성질입니다. 여러분이 (무엇을) 볼 때는 '타자'가 생겨납니다. 주의(attention)의 성품은 자동적으로, 아주 자연스럽게, 그것에 의한 어떤 산출물이 있다는 것입니다. 산출할 수 있다는 것이 그것의 특기입니다. 어떤 것으로도 파괴될 수 없는 것이 그것의 성품이요, 내재적 성질입니다. **실재에 대한 지**知에 의해서만 그것이 사라집니다. 공기를 체로 걸러 **생명기운 짜이따니야**의 핵심을 얻는다고 하지만, 그 또한 상상입니다. '체험의 원칙'은 이원성 없이는 그것이 가능하지 않다는 것입니다. 체험한다는 것은 이원성을 의미합니다. 체험의 어머니는 본래적 환幻, 곧 마야라는 석녀의 딸인데, 이 마야는 상상의 개념입니다. 이 '환幻', 이 상상은 심하게 내뱉은 나쁜 단어입니다. 이것은 그들 자신의 **진아**를 아는 사람들만 압니다. 체험이라는 현상이 있는 곳에는 이원성이 있습니다. 따라서 **실재의 참된 존재** 안에는 체험이 들어설 곳이 없습니다. 진아 깨달음 이후에는 이원성이 슬그머니 사라집니다.

해는 낮과 밤의 원인입니다. 해가 없으면 "이것은 낮이다", "이것은 밤이다"라고 말할 수 없습니다. 체험과 그 체험을 남들에게 이야기하는 것은 환幻의 영역 내에 있을 뿐입니다. 만약 '나'와 **브라만**이 전혀 다른 별개였다면, 어떤 사람에게 그 체험에 대해 이야기하는 것도 가능했겠지요. 이런 경우는 얼마나 놀라운지 보십시오. "태어나지 않은 사람이 잠을 자고 있었습니다. 꿈속에서 그는 또 다른 꿈을 꾸었습니다. 그 꿈에서 그는 스승의 축복으로 지知를 얻었는데, 그러자 자신이 사라졌습니다. 아무것도 없을 때 남은 것은 자기 **본연의 본질적 존재**였습니다. 그는 지知가 무엇을 의미하는지 논의하다가 잠에서 깨었습니다." 만일 이것의 의미를 알아차린다면, 여러분도 비슷한 만족을 얻을 것입니다. 언어의 개입이 없는 **단일성**이 있습니다. 그 개체는 꿈속에서 어떤 꿈을 꾸었고, 잠에서 나옴으로써 깨어났습니다.

여러분이 이 설명을 이해하지 못했기 때문에 제가 다시 말씀드리겠습니다. 여러분은 태어남이 없는 자입니다. 태어났다는 것은 여러분의 망상입니다. 그것은 여러분의 느낌입니다. 그 꿈속의 꿈이란, **본질적인 것은 무엇**이고 비본질적인 것은 무엇인지에 대해 여러분이 생각(탐색)을 하는 것이고, 자신이 **진아**임을 깨달으면 여러분이 이 체험을 갖습니다. (그 꿈속에서) 여러분은 세계가 환幻이라고 느꼈습니다. 그리고 자신이 깨어 있으며, 그것이 생시의 상태라고 느꼈습니다. 자신이 '체험'을 얻었다고 느꼈습니다. 하지만 여러분의 미혹, 여러분의 환幻은 먼저와 같이 지속되고 있습니다. 여러분은 아직도 그 꿈속의 것들에 대해 이야기하고 있습니다. 참된 깨어남이 있을 때는 '있음'의 모든 느낌이 사라집니다. 여러분이 **진아**라는 느낌조차도 해소됩니다. 그것을 '**말을 넘어선 지**知'라고 합니다. 이제 말을 넘어선 것이 무엇인지 이해했습니까? 뭐가 남습니까? 오직 **브라만**이 남습니다. 거짓이었던 속박이 끊어집니다. 세간적 삶의 바다는 하나의 신기루임이 증명됩니다.

이 삶에 대한 어떤 자각이 밝아온 어릴 때부터, 죽음의 공포는 당당하고 위협적이었습니다. 우주에 대한 방대한 경험이 우리 눈앞에 있었고, 아주 대단한 뭔가를 성취하고 모종의 재산을 소유하고 싶은 바람이 부단히 커져 갔습니다. '나'는 현재 어떤 굉장한 소유물을 가지고 있어야 하고, 미래에도 그래야 한다고 느꼈습니다. 미래생을 위해서도 어떤 대단한 소유물을 가지고 있는 것이 옳다고 생각되었습니다. 그래서 아주 강한 욕망이 가차 없이 '나'를 괴롭혔습니다. 이 세계가 실재한다는, 그리고 '내'가 들어가려고 하는 다음 세계도 실재한다는 굳은 확신이 있었습니다. 이제 그 모든 것은 부질없는 것임이 드러났고, '나'는 이 외관상 실재하는 세계가 하나의 신기루에 지나지 않았다는 것을 깨달았습니다. 따라서 '나'는 단 하나의 물건도 소유하거나 축적하지 않습니다. 세간적 삶은 하나의 바다처럼 보였지만, 거기에는 물 한 방울도 없는 것이 밝혀졌습니다. 이제는 아무래도 상관없습니다. 환幻이 해소되었으니 말입니다. 태어남이 없었던 자가 탄생과 죽음에서 해방되었습니다. 그 사람은 자신이 호랑이가 되었다고 생각했지만, 진짜 호랑이를 보여주자 자신이 호랑이라는 환상이 사라졌습니다. 가정인이 아니었던 그가 가정생활이라는 귀신에 씌어 있었는데, 그 병이 없어졌고 그는 벗어났습니다. 그는 늘 비이원적이었으나, 거짓된 이원성이 타파되었습니다. 그는 사람들의 세상에 몰두해 있었지만, **그 자신의 홀로됨**으로 돌아왔습니다. 그는 깨어 있었음에도 나중에 깨어났습니다. 그는 불사不死의 존재였지만 불사의 존재가 되었습니다. 마음속에 품고 있던 두려움이 제거되었습니다.

성품 자체가 **지혜**인 자, **진아**인 자가 **진아**가 되었습니다. **불사의 감로**(Amrut)에 '**불사**不死'의 성질이 주어졌습니다. 죽지 않는 자가 **불사의 진아**입니다. 죽을 수 없는 자가 **불사의 감로**입니다. 그럼에도 그는 자신이 죽게 될 존재라는 관념에 사로잡혀 있었습니다. 그러나 그 관념도 소멸되었고, 그는 **불사의 존재, 불사의 감로**가 되었습니다. 이제 그는 결코 죽지 않을 것입니다. 자유로운 자에게 **자유**가 주어졌습니다. "내가 자유롭게 될 것"이라는 희망을 가질 필요가 없습니다. 왜냐하면 어떤 속박의 자취도 없기 때문입니다. 그는 이미 단일해져 있었지만 그에게 **단일성**이 주어졌습니다. 그는 자신이 내던져졌고, 그래서 매달려 있다고 느끼고 있었습니다.

그래서 두려웠습니다. 그가 추방되어 간 곳에서, 그는 자신이 분리되거나 소외되어 있지 않았고, 자신이 본래 도처에 퍼져 있고 만물에 편재하며, 본질적으로 하나이고 홀로라는 것을 확신하게 되었습니다. 많은 날들이 지난 뒤 그가 자기 자신을 만난 것입니다. 나뉘지 않은 것의 나뉨이 사라졌습니다. 모든 영적인 수행이 결실을 맺었습니다.

신이 그의 진정한 처소인 내전內殿, 곧 사원의 지성소至聖所에 제대로 안치되었습니다. 그는 숲 속을 헤매는 꿈을 꾸고 있었지만, 이제는 자신이 원래 있어야 할 내전에 제대로 자리 잡고 있다는 것을 확신합니다. 늘 그의 곁에 있었음에도 그가 추구하던 그것을, 이제는 가졌습니다. 그는 심한 악몽 때문에 슬퍼했습니다. 그는 가장 높은 카스트인 브라민이었지만, 이른바 불가촉천민이 되어 있었습니다. 그것이 이제는 사라졌고 그는 **브라민**, 곧 브라만을 아는 자로서의 성품을 되찾았습니다. 그는 어떤 일도 일어난 적이 없다는 것을 확신하고 있습니다.

1935년 9월 28일 저녁

65. 형상 없는 무제약적 브라만

베다에서는 **쁘라냐나**(Pradnyana), 곧 **의식**이 브라만이라고 합니다. 의식인 것이 브라만입니다. '나', 즉 '나'라는 이름을 지닌 자는 환幻입니다. 아무 애씀 없이 존재하는 것은 쁘라냐나 브라만(Pradnyana Brahman), 곧 브라만 의식입니다. 그 존재의 체험이, 그에 대해서 이야기하지 않아도 브라만입니다. 만일 그 안에 "나는 아무개다"라는 개념이 있다면, 그것은 상상된 유령입니다. 오직 그것만을 '나'라고 부르고, 그것을 놓아 버려야 합니다. 그것이 사라지면 일은 끝납니다. 브라만이 무엇인지 보려고 나설 필요는 없습니다. "**그것만이 있다**"는 **자각**으로 충분합니다. 그것이 **브라만**입니다. 그러나 '**그것**을 알기' 위해 다른 어떤 요소가 마음에 의해 창조됩니다. 알기 위해서는 지성이 별개의 뭔가를 창조해야 합니다. 지성은 '알기' 위하여 어떤 이원성을 상상하지만, 상상된 것은 뭐든 **그것**이 아닙니다. 마음과 지성은 **그것**에서 흘러내리는 하나의 연속적 흐름과 같습니다. 그 흐름이 **그것**에서 나올 때, 그것은 자신이 스며 나오는 원래의 저수지를 알 수 없습니다. 그래서 구도자들(sadhakas)은 마음과 지성을 억제하여 누출을 막으려고 합니다. 예를 들어 물이 가득 찬 매우 큰 저수지가 있는데, 거기에 작은 구멍이 하나 있습니다. 물이 그 구멍을 통해 흐르고 있습니다. 내려오는 물줄기가 구멍을 통해 돌아보며 저수지에 있는 물의 내용을 알 수는 없습니다. 흐름이 시작되자마자 그것은 자신이 그 저수지 안에 모여 있던 물의 일부라는 것을 잊어버립니다. 일단 저수지를 나오면 저수지에 관한 모든 것이 잊혀집니다.

　그래서 여러분이 마음과 지성을 제어해야 하는 것입니다. 그것이 흐르도록 용납하지 마십시오. 정처 없이 흘러내려 환幻 속으로 들어가는 그것의 본성을 막아야 합니다. 이것을 여러분에게 힘주어 이야기하고 있습니다. 마음과 지성은 이것을 이해하지 못합니다. 여러분이 모든 집착을 내려놓으면 일체가 **브라만**입니다. 마음이 말하는 것의 의미를 도외시해야 합니다. 마음이 말하는 것을 따르면 안 됩니다. 마음이 말하는 것에 집착하지 마십시오. 마음은 타락한 물건입니다. 마음은 자기 내키는 대로 해석하고, 그것이 흐르는 동안 행복과 고통이 뒤섞이는 탓에 괴로워합니다. 마음과, 마음의 해석을 떠나야 합니다. 그것을 여러분은 어떻게 떠납니까? 사람들은 집을 떠나 옷을 찢어버리고 승려가 되려 하지만, 그러고 나서도 집착이 떨어지지 않습니다. 놓아버리기로 결심한 것을 계속 가지고 있으면서 어떻게 승려가 될 수 있습니까? 그런 사람은 **브라만**이 아닙니다. 하루 만에 깨닫는 사람은 독수리가 비행하는 곧은 길[새의 길]을 가고, 많은 날들이 지난 뒤에 깨닫는 사람은 개미의 느린 길[개미의 길] 위에 있습니다. 모든 집착이 떨어질 때, 남는 것은 **브라만**입니다. 이것을 체험하면 여러분이 행복할 것입니다.

놓아 버려야 할 우리의 집착은 무엇입니까? 그것은 여러분이 '나'만을 볼 때, '나의'와 '내 것'이라는 느낌이 떨어질 거라는 의미입니다. '나'는 '나'라는 느낌을 의미합니다. 개아의 상태인 것은 이 별개의 '나'라는 느낌입니다. 여러분이 "나는 존재하지 않는다"고 말할 때 그 개인은 끝이 납니다. 여러분이 실제로 자신이 존재하지 않는다는 것을 보았을 때는 수단과 목적이 아무 필요 없습니다. 개인[개아]이 사라지면 **신**만이 남습니다. 개아가 종식된다는 것은 '나'가 종식된다는 의미입니다. 자신이 존재하지 않는다는 것을 본 것입니다. 머리부터 발끝까지, 온 몸 안에 '여러분'이 없다는 확고한 **깨달음**이 있습니다. 이러한 확신을 얻고 난 뒤에도 여전히 하나의 몸과 **의식**에 대한 경험이 있습니다. 이제 이 경험은 어떤 부드러운 접촉의 성품을 가지고 있습니다. 그것은 **의식**, 곧 **시바**를 가볍게 접촉하는 것에 지나지 않습니다. 이것은 **의식**이 몸이라는 그 껍질을 건드리거나 살아 움직이게 한다는 뜻입니다. 이것은 더없이 자연스러운 하나의 단순한 감각입니다. 순수한 의식의 성질이 이른바 **시바**입니다.

실제적 경험이나 관찰의 토대가 없고 상상에 불과한 것을 **무지**라고 합니다. 몸으로 태어나는 것을 '나'로 여기는 오해가 개아 상태의 본질인데, 그것이 곧 **무지**입니다. 이것은 그릇된 **지**知입니다. 사실과 여러분이 생각하는 것이 별개일 때, 그것이 그릇된 **지**知입니다. **무지**는 '모름'을 뜻합니다. 여러분이 (무엇을) '알' 때, 이해할 때, 그것이 **지**知입니다. **지**知를 얻으면 무지가 제거되는데, **절대지**(Vidnyana)가 그 **지**知를 없애 버립니다. 그러고 나면 여러분은 공부할 필요가 없습니다. 여러분이 그냥 순수한 **브라만**입니다. '그것'은 하나의 열린 체험입니다. 이미 구워진 빵은 다시 구울 필요가 없고, 이미 다 된 밥은 다시 지을 것이 없습니다.

'**스와얌부**(Swayambhu)'는 발음만 약간 바꾸면 **샴부**(Shambhu)[시바]가 됩니다. 샴부인 저 하나가 스와얌부, 곧 '**스스로 존재하는 자**'입니다. 몸은 목욕을 해서 깨끗이 할 수 있다 해도, **진아**는 그렇게 해서 깨끗해지지 않습니다. 브라만은 이미 순수합니다. 왜 그것을 목욕시키려 합니까? 호랑이에게 먼저 목욕을 한 다음 동물들을 죽이라고 조언했습니다. 호랑이는 그 조언을 따랐지만 허기로 죽을 지경이 되었습니다. 현자가 호랑이에게 말했습니다. "너는 너의 다르마[자연스러운 행동]를 따르지 않았기 때문에 배가 고픈 것이다." 만약 '이' 브라만이 온갖 불필요하고 그릇된 일들을 하면 일체가 잘못됩니다. 그러니 아무것도 하지 마십시오. **시바**가 어떻게 카일라사 산(Mount Kailasa)의 자기 처소를 떠나 묘지로 가서 **진아** 깨달음을 성취했는가 하는 이야기가 전해집니다. 여러분은 빠라마뜨만입니다. 여러분 자신의 영광을 즐기십시오. 다른 사람들은 그냥 여러분을 바라보기만 해도 청정해질 것입니다. 여러분은 자신이 하는 모든 일이 이루어진다는 것을 알게 될 것입니다.

여러분이 있는 곳에 머무르십시오. 여러분이 왕일 때는 화장실 청소를 하지 마십시오. 자신의 **존재**를 온전히 자각하면서, 자신 자신과 함께 머무르십시오. 여러분은 집착이 없고 **스스로 존재하는 빠라마뜨만**입니다. 여러분의 힘을 키우는 것은 여러분이 할 일입니다. 이 **지**知(Vidya)의 힘은 새로운 우주를 하나 창조할 수 있을 정도입니다. 이 **지**知를 (고대의) 왕들이 사용했습니다. 과거에 왕의 **스승**들은 이것을 남들에게 전하지 않았습니다. 그 **스승**들은 왕들에게만 임명되었기 때문에, 왕들에게 의존했습니다. 진정한 **성자**는 그런 데 신경 쓰지 않습니다. 이 **요가**의 **지**知[하나됨의 지知]는 대단합니다. **주 크리슈나**는 그것의 영광(찬연함)을 즐겼습니다. 분명 브라만의 상태를 성취하는 것은 대단한 일이지만, 그것을 즐기는 것은 더 대단한 일입니다. 하지만 애석하게도 아무도 그것을 즐기지 않습니다. 목표를 성취했는데 수단이 무슨 필요 있습니까? 여러분이 그 원초적인 영원한 **브라만**입니다! 상상된 사람의 관념을 놓아 버리십시오. 여러분은 상상되지 않고도 존재합니다. 엄청난 고초를 겪었고, 심지어 영적인 노력을 위해 죽음에 직면하기까지 한 사람들이, '나'를 놓아 버린 뒤에도 죽지 않았습니다.

그러나 사람들은 삶 속에서 힘들게 많은 일을 하고 나서 헛되이 매일 죽으면서, **브라만**의 영광과 위엄을 즐기지 못합니다.

자부심이 사라진 사람은 자동적으로 **브라만**입니다. 이것은 생각의 물결 하나 없는 **삼매**입니다. 이것을 '일여무장애—如無障碍 **삼매**三昧'[단절 없고 장애 없는 삼매]라고도 합니다. 성질을 가졌든 않든, **브라만**만이 있습니다. 달리 아무것도 없습니다. 그 사람은 불필요하게 거짓된 개념을 붙들고 있었습니다. **브라만**은 왕에게나 가난뱅이에게나, 여자에게나 남자에게나 도처에서 동일합니다. 브라민[사제]의 **브라만**은 순수하고 수드라[노동자]의 **브라만**은 순수하지 않다는 것은 사실이 아닙니다. 이제까지 존재한 모든 사두·**성자·진인·승려**들이, 심지어 베다도 (브라만인) **여러분**만을 찬양하여 노래합니다. 전 세계가 **여러분**만을 숭배합니다. 마하데브[시바]·비슈누, 그 밖의 신들도 모두 와서 **여러분**을 숭배하고, **여러분** 안에 합일됩니다. 그들은 다른 장소를 가지고 있지 않습니다. 모두에게 단 하나의 안식처가 있습니다. 모두에게 그 안식처는 **빠라마뜨만**, 곧 여러분의 **스와루빠**(Swaroopa)[참된 성품]입니다. 브라마·비슈누와 모든 신들이 이 신만을 찬양합니다. **쁘라끄루띠**, 곧 현상계 전체가 이 신의 하인입니다. 그녀(쁘라끄루띠)는 그의 기분을 즐겁게 해 주기 위해 열심히 노력합니다. 모든 영광이 신 안에 있습니다. **전능한** 신이 곧 그입니다. 모든 명성, 모든 위대함, 모든 힘이 신에게 귀속됩니다. 그래서 베다들이 목청껏 외칩니다. 그들은 **성자**를 한 번 보기만 해도 정화된다고 말입니다. 모든 영광은 신[시바]에게 돌아가고, 가난은 개인[개아]에게 돌아갑니다.

스승과 그의 제자에게는 **하나됨**밖에 없습니다. 거기에 어떤 차이도 없습니다. "단 **하나**가 있고 다른 어떤 것도 없다"는 것이 베다의 큰 말씀입니다. 만약 1차적 전제[하나만이 있다]를 상정하지 않으면 그 뒤에 나오는 최종적 진술[어떤 타자도 없다]이 분명하지 않습니다. 첫째, 우리는 거짓인 것을 인식해야 하고, 그로부터 참된 것을 발견해야 합니다. 그 목적을 위해 14가지 **브라만**의 조건 혹은 정의가 이야기되어 왔습니다[이것은 사마르타 람다스의 『다스보드』에서 자세히 설명된다]. 5대 원소의 본질은 '일체에 **편재하는 브라만**'이라고 불립니다. 주시자가 된다는 것은 하나의 성질이고, 브라만의 한 측면일 뿐입니다. 그것은 모두 한정된 브라만입니다. 경전에, "영원한 것은 브라만이고 무상한 것은 환幻[마야]이다"라는 말이 있습니다. '일체에 편재하는 브라만'은 무상합니다. '주시하는 브라만'도 무상합니다. 한정된 브라만은 무상합니다. 생명기운, 곧 '짜이따니야인 브라만'도 영원하지 않습니다.

'이름'을 가진 모든 것은 토대가 없습니다. 그것은 거짓입니다. 모든 이름은 거짓입니다. 속성 없는 브라만을 가리키기 위해 다양한 이름들이 사용됩니다. 브라만 안에는 지복이 없고, 따라서 지복도 거짓입니다. 브라만과의 동일시도 하나의 거짓된 이름입니다. '묘사 불가능'이 그것을 가리키는 말이지만, 그것도 거짓입니다. 원칙은, 우리가 '**그것**'에 대해 전혀 이야기할 필요가 없다는 것입니다. 마음이 없는 그 상태를 가리키려고 '**무심**(Unmana)'이라는 단어가 사용됩니다. 걱정은 합일되고 마음은 해소됩니다. "나"라고 말하던 개체는 마음이었습니다. '**사물 자체**'[의식] 위에 있는 구조[마음]가 사라지면, 남는 것은 **본연적 상태**입니다. 그는 있는 그대로 남아 있습니다. 현현된 **진아**(Atman), 베단타, 무無형상의 **진아**(Shivatman)는 하나로 남아 있었습니다. 자신을 체험하는 사람들은 이것을 압니다.

1935년 9월 29일

66. 진아-실재를 보기

진아, 곧 **실재**라고 하는 것은 무엇입니까? 지각되지 않는 것이 실재입니다. 만물을 아는 그것이 **브라만**입니다. 지성의 도움으로 작용하는 것은 개아, 곧 개인적 의식입니다. 그는 지성을 통해서 이해합니다. 브라만은 파괴 불가능입니다. 진리가 그것의 실체입니다. 그 위에 다른 모든 것이 나타납니다. 진인, 곧 깨달은 자는 실재 위에서 봅니다. 존재하는 것은 무엇이든 **실재** 위에서 나타나고, 나타나는 모든 것은 사라집니다. 그것의 성품은 사라지는 것이기 때문입니다. 깨달은 자의 존재는 하나의 겉모습이 아닙니다. 그것은 나타나지 않고, 따라서 쇠퇴하지 않습니다. 그것은 줄어들지 않을 것입니다. 이것은 우리 자신의 **주의**에 의해 이해됩니다. 이것을 이해하기 위한 어떤 노력도 필요치 않습니다. 실재, 곧 여러분의 '**참된 성품**'은 본연적입니다. 그것은 깨트릴 수도 없고 파괴할 수도 없습니다. 전 우주가 '**그것**' 위에서 나타납니다. 그것을 **브라만**이라고 합니다. 해를 디와까르(Diwakar)나 바스까르(Bhaskar)라는 이름으로 부를 때가 있습니다. 해를 수리야 나라얀(Surya Narayan)이라고 부르기도 합니다. 광채, 신성神性, '낮을 만드는 자', '신적인 성질'[빛]이 그의 성품입니다. 빛은 모두를 깨닫게 하는 어떤 것을 의미합니다. 빛은 아는 성품, 곧 지성을 뜻합니다.

신이 누구입니까? 신은 일체를 보는 자입니다. 해는 비추어지는 물체보다 더 위대하지만, 우리의 눈이 해를 알기 때문에 눈은 해보다 더 위대합니다. 마음은 눈을 압니다. 마음은 누가 압니까? 지성이 마음을 알지만, 지성을 아는 자에 대해서는 아무도 모릅니다. 그는 스스로 빛납니다. 눈은 그 자체를 모릅니다. 해는 그 자체를 모릅니다. 진아는 타자들을 알고 **그 자신**을 아는 **아뜨만**입니다. 그래서 잠들어 있던 사람이 스스로 깨어나는 것입니다. 그렇지 않으면 누가 그를 깨워주겠습니까? 진아는 늘 깨어 있습니다. 다른 사람이 그를 깨워줄 필요가 없습니다. 그는 스스로 빛나는 **신**이며, 그가 신에게 **신성**神性을 부여하고, 해에게 **광채**를 줍니다. 진아는 모든 사람을 자기 자리에 적절히 두는 자이고, 일이 이루어지게 하는 자입니다. 그는 어떤 타자에 의해서도 비추어지지 않습니다. 일체가 **진아**에 의해 비추어지거나 지각될 뿐입니다. 그를 한 번 아는 것으로 족합니다. 그를 다시 알려고 하는 것은 순전히 어리석은 짓입니다. 눈이 그 자신을 알기는 불가능합니다. 달리 누가 감히 저 신을 알려고 하겠습니까? 겉으로 보이는 것이 실재한다고 생각하는 사람은 **빠라마뜨만**을 모욕하는 것이고, 그렇게 **빠라마뜨만**을 모욕하는 사람은 비참해집니다. 왜냐하면 그는 겉으로 보이는 것이 신이라고 생각하기 때문입니다. 그는 **빠라마뜨만**이 무지의 어둠이라고 생각하고, 감각기관에 나타나는 것들의 헌신자가 되어 그것들을 숭배합니다.

　실재를 잊어버리는 것이 최초의 죄입니다. 그래서 우리는 겉으로 보이는 것, 알려진 것의 장場 안에서 움직이면서 자기를 과시합니다. 잘못은 애당초 **실재**를 잊어버린 것입니다. 이런 식으로 개인[개아]은 나타나 보이는 것을 존중하고 많은 재앙을 겪습니다. 진아는 있는 그대로이며, 늘 찬란합니다. 모든 겉모습이 인식되는 것은 그의 위에서이고, 그의 위에서 그것들이 지각됩니다. 타자들을 아는 것이 그이므로, 그는 늘 존재하며 늘 있습니다. 그는 모든 겉모습을 넘어서 있습니다. 모든 것을 아는 자가 가장 위대합니다. 그는 나타나는 모든 대상들의 통제자입니다. 눈에 보이는 것은 '대상들'인데, 대상들은 성품상 '사멸할 것'임을 의미합니다. 감각기관의 대상들은 감각대상들 그 자체에 의해 산출됩니다. 이것이 이 대상들의 짓궂은 성품입니다. 그것들을 실재하는 것으로 받아들이는 사람은 비참해집니다. 만일 여러분이 감각대상들을 계속 따라가면 반드시 비참해질 것입니다. '보이는' 것만 보게 될 테니 말입니다. 만일 여러분이 '**내적인 체험**'의 눈으로 보면, 진아인 그는 도처에, 안팎에 있습니다.

　이제까지 누구도 '그 관찰자'가 무엇인지 보여주지 못했습니다. 하늘, 곧 허공이 모든 사물 안에 다 있듯이, 그 또한 만물에 편재하여 일체에 두루 스며 있습니다. 이 세상의 만물 안에 있는 것은 오직 그일 뿐입니다. 모든 차별상은 에고에 기인합니다. 얼마나 이상한 일이 있어났는지 보십시오! 신이 염소 앞에서 희생됩니다. 여기서, 차이를 보는 것은 에고입니다. 그 차이란 분리성이 보인다는 것을 뜻합니다. 오직 하나가 존재함에도, 두 개가 보이는 것입니다. 둘이 있음을 보여주는 것이 차이를 만들어내는 것인데, 여기서 하나는 주인이 되고 다른 하나는 그의 노예가 됩니다. 그러나 여기에 어떤 트릭이 있었습니다. 그의 힘에 의해 경험이 일어나고 우주 전체가 경험되는 그, 이 우주에 대한 경험의 본질이기도 한 그가 노예(에고)가 되었지만, 그 에고는 실은 존재하지 않습니다. 그것은 하나의 상상된 개체가 되었고, 오히려 참된 '**경험자**'가 장차 죽을 수 있다는 위협을 받았습니다. 그는 벌금을 내게 되었습니다. 그래서 그는 희생염소가 되었습니다. 거짓된 개체가 '**신**'이 되어 있었지만, 그의 (거짓된) 신성은 **참스승의 조언**에 의해 절단되었습니다. 이 '**신**'이 그 염소 앞에서 희생되었고[이원성이 제거되었고], **참된 신**이 그의 신성을 회복했습니다. 그는 **스스로 존재하는 신**입니다. 이것이 제가 본 경이로움이었습니다.

    악마는 **죽음의 신 야마**가 타고 다니는 수컷 물소입니다. 몸을 '나'로 알고 집착하는 모든 사람이 수컷 물소입니다. 야마가 그들을 타고 다닙니다. 야마는 처벌을 의미하고, 야마는 슬픔을 의미하며, 야마는 죽음을 의미하고, 죽음은 두려움을 의미합니다. 신체적 에고성에 집착하는 사람들에게는 분명히 두려움과 처벌이 있습니다. "나는 신이다, 나는 **브라만이다**"라고 말하는 개체조차도 같은 에고입니다. **빠라마뜨만**이 "내가 있다", "나는 경험한다" 또는 "나는 실재다"라고 말할 때도 역시 모두 에고입니다. 에고, 곧 '나'라는 느낌은 외적인 형상의 변화를 겪습니다. 이 에너지는 즐기려는 욕망입니다. 그것은 여기에 워낙 능숙하여 신마저도 속이려 듭니다. 그것은 자신의 형상과 성질을 매우 빨리, 매우 능숙하게 바꾸지만, 즐기려는 자신의 욕망, 자신의 욕정에서 벗어나지 못합니다. 에고는 이른바 **경건한 큰 현자들**조차도 쉽게 속입니다. 그것은 여러 무리의 신들에게도 욕망을 불어넣어 그들을 노예로 만듭니다. 에고는, 자신의 **참된 성품** 안에 머무르면서 모든 산만함을 경계하는 사람들에게만 굴종합니다. 예리하고 미세한 관찰이 아니면 이것을 이해할 수 없습니다.

    에고의 충동 혹은 에너지가 개념과 상상에 기초해 있는 반면, **실재**는 그 앞에 어떤 목표도 가지고 있지 않습니다. 이 상상은 **실재의 광대함**을 가늠할 수 없습니다. 이것은 '나'라는 개념이 **실재의 성품**을 알 수 없다는 뜻입니다. 그것은 **실재**의 길이, 너비, 그것이 얼마나 많은지, 그것이 편재해 있는 상태들이 어디서 오고, 어디에 있는지 등을 알지 못합니다. '나'라는 느낌은 늘 불완전하고, 한계가 있고, 아래로 향합니다. 그것이 아래로 향하고 있는 한 그것은 계속 확장되지만, 위를 향하여 가늠할 수 없는 것을 파악하려고 노력하면 그것은 자동적으로 해소됩니다. 따라서 그것은 끝없는 것의 끝을 가늠할 수 없습니다.

　언어가 형성되어 나오는 네 단계 **빠라·빠시얀띠·마디야마·바이카리**[42]는 **실재** 안에서 모두 소멸됩니다. 거기서 누가 말을 하겠습니까? 거기서 누가 무엇을 이야기하겠습니까? 만일 **실재**가 이야기된다면 그것은 **실재**가 아닙니다. "나는 **브라만**이다"라고 말한다고 해서 **브라만**인 것이 아닙니다. 그것은 있는 그대로이며 말이 없습니다. 그것은 있지만 말을 하지 않는데, 이는 어떤 말이 발화되기 전에 그것이 존재한다는 의미입니다. '**그것**'은 어떤 경험이 형태를 취하기 이전이며, 이는 '**그것**'이 몸을 경험한다는 자각 이전에 있고, 몸에 대한 자각 속에서조차도 지속된다는 것을 의미합니다. 그것이 말을 하고 다른 감각기관들을 사용하기 시작한 것은 몸에 대한 경험이 있었기 때문이지만, 그럴 때조차도 그것은 동일합니다. 몸이 더 이상 존재하지 않게 되고 어떤 말들만 남게 될 때, 그리고 나중에 그 말들조차 끝이 날 때도, 그것은 여전히 이전과 같이 존재합니다. 몸은 왔다가 사라지지만 **실재**에는 어떤 더하기나 빼기도 없습니다. 한계 있는 몸을 경험하는 에고 의식은 **실재** 안에서 유일하게 그릇되게 보이는 것입니다. 이것이 이해될 때, 일체가 올바르게 됩니다. **실재**는 설사 제가 그것을 없다고 해도, 있습니다. 그것은 변치 않습니다. 그것에 대해 많은 말을 할 수도 있지만, 그것은 있는 그대로입니다. 그것은 늘 있는 그대로 남아 있습니다. **브라만**의 성품은 변하지 않습니다. 있는 **실재**는 변하지 않습니다. 여러분

---

42) T. 인도 고대 문법철학에서 **빠라**(Para)는 모든 언어와 의미의 총합인 내면의 단일체, **빠시얀띠**(Pashyanti)는 특정한 단어와 의미의 단일체, **마디야마**(Madhyama)는 내면에서 문자화된 언어, **바이카리**(Vaikhari)는 입 밖으로 나온 언어이다.

이 그에 대해 무슨 말을 하든 관계없이, 그것은 늘 '**그것**'일 뿐입니다. 설사 여러분이 나쁜 단어들을 사용한다 해도, 그것은 모두 주 **시바**의 이름일 뿐입니다.

짝할 것이 없고, 필적할 것이 없고, 두 번째가 없다는 것은 단 **하나**를 의미합니다. 그것은 도처에 고르게 퍼져 있는 **그것**입니다. 우리는 '**그것**'이지, 달리 무엇도 아닙니다. 여러분이 개에게 입을 맞추면 **브라만**에게 입을 맞추는 것일 뿐입니다. 개도 **브라만**입니다. **시바**로서 **시바**를 유지하는 것이 **삼매**입니다. **브라만**으로서 **브라만**을 유지하는 사람은 지혜롭습니다. "화장실을 어떻게 **브라만**이라고 부를 수 있나? 자기 아내를 어떻게 **브라만**이라고 부를 수 있나?" 이런 의문은 일종의 에고 정체성(ego identity)을 통해서만 일어납니다. 육안으로 보면 그것은 환幻인데, 이는 그것의 **참된 성품**에 대한 무지를 의미합니다. 만일 '내적인 시각'으로 보면 그것은 **브라만**입니다. 툴시(tulsi)[인도의 신성한 바질 풀] 잎을 따는 것은 죄이지만, 툴시 잎을 공양하는 것은 상서로운 일입니다! 경전에서 무슨 말을 하든, 참으로 지혜로운 사람에게는 그것이 아무 의미가 없습니다. 요컨대 자기 자신을 모르는 사람이 큰 죄인입니다. **진아**는 본래적으로 있는 그대로입니다. 우리가 '**진아**다'라고 할 때의 성질은 **진아**를 소유하는 것이 아닙니다. 그것은 '**나**'라는 느낌이 **진아**는 아니라는 뜻입니다. '**이것**'과 '**나**'가 별개의 것이라는 느낌은 옳지 않습니다. "**하나만이 있다**"가 옳습니다. 어떤 타자도 없고, 따라서 우리는 '**나**'를 사용하면 안 됩니다. **순수한 지각**, 곧 아무 애씀 없이도 경험되는 것이 올바르며, 그렇게("나는 진아다"라고) 말하는 것은 하나의 '대상'과 그것을 경험하는 '나'가 있다는 의미를 함축합니다. 이것은 피해야 합니다.

진아가 홀로라는 것이야말로 무집착의 표지입니다. 집착은 '타자'인 어떤 것과 어울린다는 것을 뜻합니다. 집착이 없다는 것은 어울림이 없고, 타자가 없다는 뜻입니다. 어울림은 '타자'를 의미합니다. 그것은 이원성을 함축합니다. 동반자는 '함께'를 뜻합니다. 집착이 없다는 것은 그것이 '타자'와 함께 있지 않다는 의미입니다. **진아**는 **하나**이고, **홀로**이며, 집착이 없습니다. 이것이 체험의 표지입니다. 자신이 어떤 것을 알았거나 이해했다는 것을 알고, 알면서 있는 그대로 머무르는 사람은 이해한 사람입니다. 이해한 사람은 만족합니다. 그는 침묵하게 됩니다. 올바르게 이해한 사람은 분명히 알았고, 이제 아무 불만이 없고, 더 이상 아무 말이 없습니다. 우리에게 불만이 없을 때 말을 할 필요가 어디 있습니까? 불만을 가진 사람은 분명히 말을 하겠지요. 불만이 사라진 사람은 침묵합니다. 말이 없다는 것이 '**위대한 자**'와 어울립니다. (그에게는) 말을 할 아무 이유도 남아 있지 않습니다. "나는 그것을 알았다"는 것은 잘못된 언명입니다. 말을 할 필요가 사라지기 때문입니다. **브라만**을 묘사할 때는 모든 형용사에 '**비非**'가 접두사로 따라옵니다.

　말을 하는 사람은 혀가 갈라진다고 합니다. 혀가 갈라지면 아무 말도 할 수 없음이 분명합니다. 이 격언은, 어떤 말도 입 밖에 내는 것이 불가능하다는 것을 보여주기 위해 사용됩니다. 이것은 완전한 것을 묘사할 어떤 말도 할 수 없다는 것을 의미합니다. "**주 비슈누**가 누워서 기대고 있는 성스러운 뱀은 혀가 갈라졌다"고 하는데, 왜냐하면 **실재**는 묘사할 수 없기 때문입니다. 말은 **실재**를 표현할 수 없습니다. 혀는 쓸모없는 것으로 남습니다. 베다는 그것을 묘사하려는 시도를 그만두고 "네띠, 네띠(Neti, Neti)" ["이건 아니다, 이건 아니다"]라고 했습니다. **스루띠**(Shruti)[베다]라는 말은 '듣고 나서 받아들인 **지**知'를 의미합니다. 듣고 나서 우리는 "이것이 그렇구나"라고 판단했고, 그것을 참된 것으로 받아들였습니다. 그러나 이것은 실제 체험에서 나온 **지**知가 아닙니다. 논리적 결론은 **진아지**도 아니고 **직접 깨달음**도 아닙니다. 베다가 그렇게 상정하는 **지**知는 그렇게 믿어지고 또한 그럴 수 있겠다고 추측되지만, 이런 개념을 그냥 믿는 것은 **진아지**가 아닙니다.

　진아지가 무엇입니까? 우리의 전 존재로써 깨닫고, 우리의 내면에서 그것을 우리의 진아로 실제로 느끼는 것이 '**진아에 대한 지**知'입니다. '타자가 아닌'이란 그 상태가 '타자'에 대한 경험이 아님을 의미합니다. **진아지**는 타자의 지知가 아닙니다. 실재의 상태, 성품, 즐김이 진아입니다. 그것이 진아지의 실체입니다. 여러분이 깨달았을 때, 자신의 완강한 태도를 유지하는 것이 무슨 소용 있습니까? 사마르타 람다스는 말합니다. "나는 거짓이다. 일체의 내 것은 거짓이다. 나에게는 어떤 장소, 어떤 지위도 없다." 일체가 기만적입니다. 현상계, 곧 **쁘라끄루띠**는 말을 하는데, 그것은 기만적입니다. 무형상인 것, 즉 **뿌루샤**도 기만적입니다. 그 또한 거기서 버려집니다. **쁘라끄루띠**와 **뿌루샤**는 인위적이고 거짓입니다. 그것들은 부질없습니다. 실재하지 않습니다. 그것들의 이름조차도 거짓입니다. 아무것도 남아 있지 않은 곳에서 "나는 알았다"고 말하는 것은 거짓입니다. 여러분이 '알' 수는 있고, 거기에는 아무 잘못된 것이 없습니다. 그러나 "나는 지금 아무것도 남은 게 없다"고 말하지 마십시오. 그 '나'가 아직 남아 있으니까 말입니다.

1935년 9월 30일

67. 마야는 무지이다

무신자無身者 자나까(Videhi Janaka)가 물었습니다. "그토록 무서운 이 마야란 무엇입니까? 어떻게 하면 우리가 여기서 벗어날 수 있는지 부디 말씀해 주십시오." 그러자 진인 안따릭샤(Antariksha)가 말했습니다. "그대의 질문은 부질없소. 왜냐하면 그대는 없는 것에 대해 묻고 있기 때문이오. 없는 것이 온 세상 사람들을 미치게 만들었다오. 이 모든 것은 환幻이오. 전 세계가 이 환幻 속에 합일된다오. 시간, 십이궁十二宮, 석녀의 아들 이름 등에 대해서 묻는 것은 부질없소." 마찬가지로, 여러분도 이것을 묻습니다. 환幻이 그와 같습니다. 자기 그림자의 머리 부분을 짓뭉갤 수 있습니까? 석녀의 며느리가 아들을 낳았습니다. 비슈마(Bheeshma)[43]의 아내가 젖을 냅니다. 바람이 맷돌에 들어가서 빻아져야 합니다. 내시의 손자가 태양의 집에 들어가 숨었습니다. 이런 것들을 참되다고 받아들이는 사람들은 환幻을 실재한다고 여깁니다. 환幻이란 우리가 무슨 활동을 하든, 무엇을 경험하든, 모든 적극적인 사건들, 심지어 우리 자신들조차도 부질없다는 것을 뜻합니다. 이원성 안에서의 모든 경험은 거짓이라는 것을 증명해 주는 것이 마야라는 단어가 가진 의미입니다.

마야가 무엇이냐는 베다와 스승이 이야기해 줄 것입니다. 그것을 받아들이느냐 않느냐는 여러분에게 달렸습니다. 요컨대 마야는 '존재하지 않는 것'을 의미합니다. "나"라고 말하는 마야는 아주 큰 환幻입니다. 마야는 '음(M)'으로 시작됩니다. 이해하지 못하는 것이 마야입니다. 마야는 그냥 무지나 오해를 뜻합니다. 오해는 사람을 오도하는 결과를 가져옵니다. 여러분은 몸에게 음식을 먹이고 싶어 합니다. 왜냐하면 여러분은 "나는 몸이다"라고 말하기 때문입니다. 그에 따라 마야는 실재하는 것처럼 보이지만, 그것은 무지에 지나지 않습니다. 달리 무엇이 마야입니까? 원숭이인 개아는, 어떤 큰 격변이나 변화를 겪지 않고서는 개아로서의 자신의 한계 있는 삶을 놓아버릴 준비가 되어 있지 않습니다. 큰 불행과 재앙을 겪고 난 다음에야 모든 것이 거짓이라고 느낍니다. 그때는 세간적인 것들 속에 어떤 행복도 없다는 것을 압니다. 그럴 때 마야가 무엇인지를 알게 됩니다. 마야 자신이 그녀는 어느 때에도 결코 존재하지 않는다고 말합니다. 마야는 그릇된 지知를 의미합니다.

마야의 원인은 미혹이며, 미혹의 물에 의해 마야라는 나무가 자랍니다. 어리석음이 그 가지이고 감각 즐김이 그 열매입니다. 브라만(Brahman)과 브흐라마(Bhrama)는 철자상 근소한 차이밖에 없습니다. 그것은 '브라'냐 '브흐라'냐입니다. 브흐라마는 환幻입니다. 사람들은 "나는 진아를 깨달았다",

---

[43] T. 『마하바라타』의 등장인물. 평생 결혼하지 않기로 맹세한 독신이었다.

"나는 **브라만**을 깨닫지 못했다"고 말합니다. **브라만**이라는 실재 위에서 이 무수한 자식들이 다 태어났습니다. 감각대상들은 욕망에 의해 밧줄처럼 묶여 있는데, 욕망은 '나'라는 느낌 안에서 젊음을 구가합니다. 사람을 옭아맬 그물을 짜려고 신기루의 물에서 건진 진주를 가져옵니다. 밧줄 상에 있는 것처럼 보이는 뱀의 머리에 있던 보석을 떼어내어, 땋은 머리에 박습니다. **마야**는 첫아들로 에고를 낳았습니다. '내 것'과 '집착'이 그녀의 다른 자식들입니다. 미혹(Moha), 곧 '몸에의 끌림'이 그녀의 집에 거주하는 사위입니다. 사위(jaawai)는 '쓸모없게(waya)' 되는 자입니다.

"이 모든 것"에서 그 의미는 결국 무엇입니까? "이 모든 것"이 거짓이라는 뜻입니다. **마야**는 결의와 의심의 팔찌를 끼고 있습니다. 개아인 에고는 그 팔찌들이 쟁그랑거리는 소리에 맞추어 춤을 추고 있습니다. (**마야**는) 사위에게 지참금으로 '마음'을 줍니다. 그녀는 오직 세 가지 **구나**의 토대 위에서 (가세를) 확장했습니다. 이 거짓된 **마야**의 성품은, 그녀가 무지한 자들에게 영향을 미친다는 것입니다. 그녀가 실제로 존재한다고 우리가 어떻게 말할 수 있습니까? 지知의 '내적 시각'으로 보면 그녀는 전혀 존재하지 않습니다. 어떻게 그녀가 있다고 말할 수 있습니까? 있다고 말 못합니다. 이 **마야**를 넘어서기 위해 많은 사람들이 머리가 자라게 내버려두었고, 불에 의한 시련을 겪었습니다. 그들은 5음절 만트라(Panchakshari Mantra-옴 '나마 시바야)를 알고 있습니다. 이 만트라는 **마야**가, 우리가 그녀에 대해서는 아무 질문도 하면 안 된다는 존재임을 보여줍니다. **마야**는 묘사 불가능입니다. 우리는 그녀를 묘사하려고 말을 사용해서는 안 됩니다. 그러는 것조차 그녀에게 맞지 않기 때문입니다. **마야**는 과거에 없었고, 나중에도 없을 것입니다. 이 세계가 실재한다고 생각하는 것(미혹)이 **마야**입니다.

베다들에게 **마야**가 무엇이냐고 물었습니다. 그들은 침묵을 지켰습니다. 신기루의 강이 언제 시작되었는지 우리가 말할 수 있습니까? 그것의 시작은 바보들의 무지 안에 있습니다. 지知 속에 그녀의 끝이 있습니다. 그녀가 나타나는 것은 우리가 어떤 것을 생각하기 때문입니다. 우리는 자신의 발자국소리를 듣고 누가 따라오는지 살펴봅니다. 사람이 무엇을 생각하고 상상하든, 그것은 그에게 참됩니다. 그는 거기서 미혹되고 거기서 두려워합니다. 이 모든 것은 상상의 장난입니다. 원래의 상상을 **물라마야**, 곧 **원초적 환**幻이라고 합니다. 사람이 자신의 **실재**를 잊어버렸을 때 **마야**라는 개념이 일어났습니다. 그때 사람은 그것이 참되다고 생각했습니다. **마야**는 '**나**'를 의미합니다. 여기서 우리 자신에 대한 그릇된 개념이 큰 잘못이지, 달리 아무 잘못도 없습니다. 5대 원소 안에는 ('나'라는) 이 그릇된 개념이 없습니다. 순수한 **브라만** 안에는 '나'가 없습니다. 에고의 연쇄 속에서 세간적 삶이 시작됩니다. 이 '나'는 중성적인 어떤 것입니다. 그 개념이 무無에서 어떤 유령을 만들어내는데, 그것은 (다른 올바른) 개념에 의해서만 사라집니다. 우리는 자신의 상상으로 그것을 건립하고, 그것을 소화하려고 애쓰고, 그렇게 할 수 없을 때는 두려워합니다. 몸 안에는 어떤 세간적 삶도 없고, **진아** 안에도 그것은 없습니다. 욕망과 몸-에고(body-ego)가, 세계가 존재한다는 느낌을 창조합니다.

 꿈속에서는 5분간의 짧은 시간 안에 오랜 기간의 삶이 들어갈 수 있습니다. 우리가 깊은 잠에 들었을 때는 생시의 삶도 꿈속의 삶도 존재하지 않습니다. 거기서 우리는 어떤 지복을 즐깁니다. 그 안에는 **진아**가 있고 몸도 있지만, 에고는 없습니다. 탄생과 죽음도 거짓입니다. **진아**가 잊혀지면 즉시 '나'가 생겨나고, 그로 인해 우리는 탄생과 죽음을 보고 경험합니다. 세간적 삶 속에 말려들면 삶이 굉장히 어려워지고, 그것을 넘어서기가 매우 힘들어집니다. 어떤 것이 '되는' 사람은 **마야**에게 기만당합니다. 감각 대상의 즐김에 대한 정욕이 강해지면, 그로 인해 **마야**의 에너지와 힘이 증가합니다. **가나빠띠**의 상像에는 먼저 목욕을 하지 않고는 손을 대서는 안 된다고 합니다. 그러나 그 상像을 만들기 전에 거기에 사용될 진흙에 도공의 어린 아들이 오줌을 누는 것을 누가 보았습니까? 요컨대, 개아에게 팔다리가 생기면 그것들은 자라게 되어 있습니다. 그러나 팔다리가 없거나 처음부터 부러져 있다면 누가 그것을 어떻게 부러뜨릴 수 있습니까?

무슨 파괴가 어떻게 있을 수 있습니까?

　또 하나 예를 들자면, 어떤 사람이 1파이사(64분의 1루피)를 시주하면서 훗날 100파이사를 얻기를 바랍니다. 이것은 순전한 무지입니다. 마야가 이런 성품을 가지고 있습니다. 그것을 찾아내어 어떤 수단으로 그것을 내버린다는 것은 귀신의 활동(아무 소득 없는 활동)과 같습니다. 그것은 **참스승**의 가르침과 조언에 의해서만 해소됩니다. 꿈속에서 하는 행동은 참입니까, 거짓입니까? 그 꿈이 언제 어떻게 일어났는지 알아낼 수나 있겠습니까? 거짓인 것에 대해 어떻게 물어볼 수 있습니까? 결코 건립되지 않은 도시가 있었습니다. 그 도시가 왜 지어지지 않았는지 누구에게 물어봐야 합니까? 그런 질문을 한다는 것은 분별없는 짓입니다. **마야**는 상상일 뿐이라는 것을 알아야 합니다. 나타나는 것 일체가 거짓입니다. 모든 것이 꿈과 같습니다. **마야**를 참이라고 여기는 사람들은 이 **마야**를 넘어서기가 매우 어렵습니다. 많은 사람들은 "이 모든 일이 일어났다"거나 "나는 이 말을 다 하고 나서 깨어났다"고 말합니다. 사람은 "내가 있다"고 말하면서도, 되풀이하여 "내가 모든 일을 다 했다"고 말합니다. 제가 저 자신을 '행복하다'거나 '불행하다'고 부르기는 했지만, 저는 지금 **참스승**의 축복에 의해 깨어나 있습니다. "나는 해탈했고, 이 **지**知가 일어난 것은 스승님의 은총 덕분이다"라고 말하십시오. 그렇지 않으면 **마야**가 참되며 실재한다고 생각하여, 생사윤회에 걸려듭니다.

　"나는 몸이다"라고 말하는 것은 자궁을 통해서 태어나는 것을 뜻하지만, "나는 **브라만**이다"라고 말하는 것은 그런 과정이 전혀 없다는 것입니다. 이렇게 말하는 사람이 **스승**의 **아들**입니다. **브라만** 안에서 '나'라는 느낌을 갖는다는 것은 곧 개아가 되는 것입니다. 그러나 '나'가 아무것도 아닐 때는 모든 것이 **브라만**입니다. 우리는 '나'의 구조가 어떤 것인지 보아야 합니다. 만일 '나'에 어떤 구조나 형태도 없다면, 그것은 자동적으로 거짓임이 드러납니다. 그것이 자체의 구조를 가지고 있지 않은데, 어떻게 우리가 그것의 존재성을 증명할 수 있습니까? 따라서 어떤 말을 하더라도 먼저 우리가 '나'의 구조를 관찰하고 나서 해야 합니다. '나'가 사라지면 전 세계가 사라집니다. 왜냐하면 전 세계는 '나'와 함께 환幻이고, 거짓이기 때문입니다. 그래서 이런 말이 있습니다. "우리가 죽으면 전 세계가 무無 속에 빠져 죽는다." '나'라는 느낌을 놓아 버린 사람이 진정으로 브라만을 아는 자가 됩니다.

1935년 10월 1일

68. 브라만은 속성이 없고 마야는 속성이 있다

순수한 브라만은 순수한 의식으로 체험됩니다. 이를 니르구나(Nirguna), 곧 속성 없는 무제약적 절대자라고 합니다. 마야는 속성을 가지고 있고, 눈에 보입니다. 무엇을 마야라고 부르고, 무엇을 브라만이라고 불러야 합니까? 제가 일러드리지요. 브라만은 실재한다거나, 마야는 실재한다고 판단하는 것은 마음일 뿐입니다. 마음 안에서 아무 말도 하지 않는 것이 브라만이고, 말을 하는 것은 마야입니다. 자신을 브라만과 동일시하는 것은 의식의 일면적인 초점입니다. 다른 어떤 것을 생각하는 것은 한계가 있는 하나의 가정假定입니다. 여러분에게 본래적인 그 상태가 브라만입니다. 설사 여러분이 "나는 없다"고 말한다 해도, 그것은 그 말의 토대로서의 한 개념입니다. 여러분이 그것을 브라만이라고 선언해야 그것이 브라만이 되고, 그렇지 않으면 아닙니까? 아니지요, 그에 대한 어떤 말이 없어도 그것은 정당하게 "스스로 존재"합니다. 그것은 있는 그대로, 그냥 있습니다. 여러분이 그렇게 말하든 않든, 그것은 있는 그대로, 그냥 있습니다.

'이것'은 브라만이고 '저것'은 마야라고 아는 것을 네 번째 몸, 곧 '뚜리야 상태'라고 하며, 그것을 '일체를 보는 상태'라고도 합니다. 뚜리야는 모든 것을 안다는 뜻이지만, '모든 것'이 존재하지 않는다면 알아야 할 것이 뭐가 있습니까? 브라만은 올바른 판단이고, 마야는 의심스러운 상상입니다. 주시자, 생명기운, 힘은 모두 브라만 위에 부과되는 것일 뿐입니다. 주시하기의 성질은 아무 원인 없이 옵니다. 왜입니까? 이원성에 모순이 있기 때문에 관찰자의 성질이 생겨납니다. 짜이따니야의 힘, 곧 생명기운도 거짓으로 부과되는 것입니다. 항아리 안의 공간, 방 안의 공간, 바깥의 공간은 불필요하게 사용되는 이름입니다. 마야가 실재한다고 느껴지기 때문에 이 모든 무수한 형상과 이름들이 사용되어 왔습니다.

깊은 잠 속에서는 시간도 없고 공간도 없습니다. 생시의 상태는 하나의 긴 꿈에 지나지 않습니다. 환幻이 실재하는 것처럼 보이는 한, 주시하기는 참된 것처럼 보입니다. 마음이 모든 것의 주시자이지만, 만약 그것이 아무 할 말이 없으면 '무심', 곧 '마음 너머'가 됩니다. 이제 마음은 아무 불만이 없고, 더 무엇에 대한 욕망이 없습니다. 우리 자신의 존재를 깨달으면 이제 욕망이 고요해집니다. 이 깨달음에 의해서만 마음이 평안해집니다. 그것은 마음이 아무 할 말이 없다는 뜻입니다. 욕망하는 마음이 더 이상 존재하지 않습니다. 그것은 '무심(Unmani)'입니다. 이런 것은 모두 학적인 용어들입니다. 이 세계는 환幻입니다. 모든 말과 법칙들은 환幻 속에서만 존재합니다. 이원성이 있으면 일체가 있습니다. 이원성이 사라지면 일체가 사라집니다. 모든 법률, 학문, 규칙, 일체가 사라집니다. 그것은 주인 없는 물건을 정부가 압수한 다음, 그것을 정부가 소유하는 것과 같습니다. 정부는 힘이 막강합니다. 이 환幻 속에서 여러분은 자신의 소유물입니다. 한 대금업자가 만 루피를 잃었습니다. 그는 그만큼 더 가난해졌습니다. 재산이 그만큼 줄어들었습니다. 공주가 가난뱅이와 결혼하자 그녀는 가난뱅이가 되었습니다. 만일 왕자와 결혼했다면 왕비가 되었겠지요. 백단목 덩어리 하나를 신기료장수에게 주자 그 나무는 매일 짐승 가죽을 두드리는 데 쓰였습니다. 위대한 분들과 친교하는 사람은 그 자신 위대한 사람이 됩니다. 그러면 그는 전 세계의 주인입니다. 마음이 사라지면 네 번째 몸, 곧 뚜리야 상태[삿찌다난다]의 수준에 들어 있던 지知가 사라지고, 개아와 신의 이원성도 사라집니다. 이원성과 비이원성 둘 다 사라집니다.

요컨대 이원성이 있느냐 비이원성이 있느냐는 여러분의 개념이나 태도의 문제일 뿐입니다. 비이원성이 있다고 말할 누가 있습니까? 여기서 환幻과 브라만의 문제가 풀립니다. 내가 "나는 없다"고 말할 때, 환幻과 브라만의 연관이 끊어집니다. 환幻과 브라만을 생각하는 것은 마음입니다. 마음이 더 이상 존재하지 않으면 일체가 그냥 브라만입니다. 백조가 여행을 떠나자 까마귀가 총리가 되었다는 말이 있습니다. 백조가 다시 총리가 되자 모든 다르마(dharma)가 보호받았습니다. 다르마란 본연의 기능을 뜻합니다. 우리 자신의 다르마는 이롭고, 남의 다르마는 두렵습니다. 어떤 상상도 없이 존재하는 것이 순수한 브라만인데, 그것을 진인, 곧 지혜인들이 체험합니다. 브라만을 이해하면 알아야 할 '다른 것'이 남아 있지 않습니다. 우리가 브라만을 알려고 나서면 의식이 '무無' 속으로 뛰어듭니다. 마음속으로 우리는 '무無'를 의심합니다. 왜냐하면 그것을 체험하지 못하기 때문입니다. "내가 체험자로 있지 않고서 어떻게 체험이 일어날 수 있나?"라는 것입니다. 브라만을 체험하기 전에 우리의 분리성을 쓸어낼 필요가 있습니다. 해가 그 자신을 한 번이라도 만날 수 있습니까? 분리성이 있으면 브라만을 체험할 수 없습니다. 분리성이 없으면 모든 것이 브라만입니다. 어떤 사람이 '모든 것'을 체험한다고 할 때, 스스로 그 체험이 되지 않고서야 어떻게 그럴 수 있겠습니까?

체험은 '타자'가 의식 속으로 들어오는 것을 의미합니다. 타자는 다른 어떤 것을 뜻합니다. 우리는 그 타자가 무엇인지 알아야 합니다. 우리 자신을 제외한, 존재하는 것의 인상이 의식 안에 고정되어야 합니다. 그 타자가 이해될 때, 그것은 우리가 무엇인지를 우리가 이해한다는 의미도 내포합니다. 깨달음은 이해하는 것입니다. 달리 무엇이겠습니까? "동의한다", "나는 깨달음을 확신한다"고 말하는 것은 환幻입니다. 진아의 성품 자체가 깨달음입니다. 그가 있기에 깨달음이 있습니다. 그가 없으면 어떤 깨달음도 없습니다. 그 체험자가 진아와 다르다고 생각된다면, 그 개념은 즉시 불태워져야 합니다. 그렇지 않으면 그것이 부패하여 냄새를 풍길 것입니다. 빠라마뜨만은 몸 안에 있지 않고, 깨닫는 것은 '그것'이라는 것을 이해해야 합니다. 여러분은 '그것의 단일성' 안에 합일되어, 거기에서 보아야 합니다. 그것이 사물을 보는 올바른 방법입니다. 그를 알았다고 말하는 사람들은 그와 거리가 멉니다. 그것이 수수께끼인데, 그것을 풀려면 참스승이 필요합니다.

제가 더없이 확실하게 말씀드리지만, 만일 여러분이 별개의 관찰자로서 보면 무無, 즉 무지의 어둠 속으로 떨어질 것입니다. 그 '공空'을 브라만으로 여기고 돌아 나오면, 그 '공'은 결코 브라만이 될 수 없다는 것을 분명히 아십시오. 그 '공空' 혹은 무無는 의식의 특정 상태의 성질입니다. 브라만은 그것을 넘어서 있습니다. 관찰자가 아무것도 얻지 못했기 때문에 그 관찰자를 관찰해야 하고, 그런 다음 브라만을 브라만으로서 체험해야 합니다. "우리가 브라만"이라는 것은 '자명'합니다. 참된 진인들(seers)은 여러분이 진아라는 조언을 해줍니다. 이 다음에 여러분이 진아라고 말해줄 사람이 누가 있습니까? 여러분은 누구의 말로써 이해했습니까? 진인의 조언에 대해 믿음을 갖는 것 자체가 그 체험입니다. 그를 알아야겠다고 하는 것이 마음의 자연적 충동이지만, 그런 노력 속에서 마음은 맹목이 됩니다. 왜냐하면 마음은 그를 알 능력이 없기 때문입니다. 우리 자신이 바로 우리가 체험하려고 애써 온 그 물건입니다. 꽃들이 어떻게 자신의 향기를 즐길 수 있습니까? 몸과의 동일시가 그치면 우리가 브라만입니다. 우리는 실은 브라만, 곧 우리 자신입니다. 이것이 이해되면 지知는 자기 할 일을 다 한 것입니다. 이상으로, 『다스보드』의 지知에 관한 부분이 마무리되었습니다.

1935년 10월 2일

진아
깨달음의
달 인

하권

서문

이것은 『진아 깨달음의 달인(Adhyatma Dnyanacha Yogeshwar)』 하권이다. 이 책의 상권은 앞서 1961년 11월 4일 바게와디(Bagewadi-까르나따까 주 벨가움 군의 한 마을)에서 출간되었다. 여기 하권에 기록된 것은 지知이지만, 그것은 '절대지知'로 불리기도 한다. 발행인과 몇몇 사형제들이 나에게 이 책의 서문을 쓰라고 했다. 그러나 감히 그러기 어렵다. 왜냐하면 이 책의 주제가 비범하고, 깊고, 광대하고, 어느 면에서 끝이 없기 때문이다. 우리가 이 지知를 비냐나(Vidnyana), 곧 '영적인 지知'라고 할 때는, 우리가 사용하려는 단어들을 말하지 않고 그대로 두는 것이 낫다. 무지는 '지知 없음', 곧 지知의 부재이지만, 지知는 무지에 대한 자각이 있다는 의미를 내포한다. '알려지는' 것은 무지이며, 그것은 존재성 자체가 없기 때문에 사라졌다. "이것은 그것이 아니다"라는 것을 아는 지知는 더 이상 알아야 할 것이 없고, 따라서 침묵하게 된다. 아는 능력은 그곳에 머무르지 않았다. 언어가 단어에 의해 묘사될 어떤 대상도 얻지 못했기 때문에, 그 언어가 멈추어졌다. 언어와 더불어 지知가 고요해졌다. 진아의 힘에 의해, 그 지知는 아무 대상 없이 진아 안에만 머물렀다.

우리가 지知는 '알아야' 할 어떤 것을 가져야 한다고 말할 때 그 '알려지는' 것은 무지이며, 따라서 지知라는 용어가 그에 해당될 수 있게 되었다. 이제 다른 어떤 대상도 없으므로 그것은 어떤 대상에 대한 집중도 없이 그 자체와 함께 머물렀다. 그래서 앎의 기능이 사라진다. "내가 그것이다"라는 느낌도 기능하지 않는다. 지知에 장소가 없다는 것을 본 사람이 실제로 보는 힘을 상실했고, 그런 다음에 보았다. 그래서 **생명기운**[짜이따니야]은 아무 지위가 없다. **비냐나**(절대지)는 이 모든 것을 지각해 온 **힘**이다. **지**知가 '영적인 지각' 때문에 앎의 성품을 상실할 때 그것이 **비냐나**이다. 그것은 **원초적 생명기운**일 뿐인데, 그것이 일체 어떤 개념도 없는 본연적 변모를 겪으면서, 자기 자신을 5대 원소, 혹은 **신**, 혹은 **브라만**으로 자각하는 것을 돕는다. 이제 그 **비냐나**는 자신의 이원성을 잃어버린 **지**知에 대한 주시자이다. 그것은 또한 에고 없음과, 물 위의 파도들 같은 형상들의 출현에 대한 주시자이기도 하다. 그래서 우리는 이것을 '비냐나'로 규정한다. 비냐나에서는 행위자도 향유자도 없고, 어느 하나를 자극하는 인자도 없다. 본**연적 존재**(natural Being), 곧 **자기지각성**(Self-Knowability)만 있다. 그것은 자신이 5대 원소의 혼합인 어떤 '것', 또는 어떤 형상, 어떤 이름, 어떤 모양, 혹은 헌신자, 혹은 **화신**, 혹은 어떤 활동적 원리라는 느낌이 없다. 저 **짜이따니야**, 즉 모든 상태를 초월한 '힘'이야말로 **비냐나**이다.

이 **비냐나**, 곧 위없는 **지**知의 화신이셨던 **참스승 스리 싯다라메쉬와르**의 입에서 나오는 감로의 비와 같은 법문을 듣는 행운을 가졌던 사람들은 복되다. 이 법문을 읽고 경청하며, **불사의 감로** 그 자체가 될 사람들도 동등하게 복될 것이다. 그들은 결코 죽음에 대한 공포를 갖지 않을 것이고, 죽지도 않을 것이다. 참스승을 마치 절대적 브라만의 가장 상서로운 화신처럼 여기고 헌신하는 사람들은, 이 **신성한 지**知를 받아서 자신이 몸이 아니라 몸을 움직이는 저 **생명기운**이라는 것을 깨달을 수도 있다. 그리고 점차 이 **영적인 자기존재**를 점점 더 많이 자각해 가는 가운데, 이 **순수한 자각**에 대한 이름 붙일 수 없는 자각이 있다. 그 이해가 **의식하는 존재** 전체에 편재할 때, 삶의 영적인 측면은 또한 그 '**이해의 전체성**' 안에서 자신의 존재성을 잃는다. 여기서 예를 드는 것이 별로 마땅치는 않지만 그것을 표현하지 않고 내버려둘 수 없고, 그래서 식사하는 사람의 예를 들게 된다. 어떤 사람이 음식을 먹어 그것이 소화되면 그 음식의 다양한 성분들이 육신의 체계 안에서 혼합된다. 그는 허기를 충족하고, 영양과 힘을 얻는다.

마찬가지로, 의식의 영적인 측면은 이해의 전체성 속으로 혼입되면서 평안·영양·만족을 준다. 따라서 진아지, 실재—곧 빠라마뜨만, 절대적 빠라브라만—의 학學이라고 불리는 것은, 영원하고 본래적이며 초월적인 상태로서 어떤 영향도 받지 않고 남으며, 그 상태는 끝없는 만족이다.

성자 냐네스와르(Dnyaneshwar)는 말했다. "모든 행복의 바다는 라쿠마데비(Rakhumadevi)[빗탈라의 아내]의 남편이니, 그가 우리의 아버지이다." 그래서 우주의 창조력들이 일어날 때조차도 이 과학적 이해의 본체는 영향 받지 않고 남는다. 그것은 행위로 가득 찬 다차원적 힘을 가지고 있기는 해도, 모든 성질을 넘어서 있다. 그것은 '성품의 본질' 그 자체를 완전히 갖춘 하나의 실재로서, 비활동적이고 불변이다. 그것은 헤아릴 수 없는 '지복의 충만함'이다. 위없는 지知로 가득 찬 이 법문을 읽으면 무지한 사람들이 지혜를 얻을 것이고, 참스승에 대한 깊은 헌신에 의해 '최고의 경지'에 도달하게 될 것이다. 그들 자신이 신과 같은 세상 모든 사람들이 부디 이 책을 읽고 배우기를 겸허히 기원하는 바이다.

이제 서문을 마치겠다.

친애하는 독자들이여, 여러분은 모르는 가운데 원래 브라만일 뿐이다. 그래서 우리는 여러분에게, 우리의 개인적 체험과 확신에 기초하여, 브라만인 여러분이 비록 오늘은 그것을 모르고 있다 해도, 이 책을 읽어서 직접적인 지知를 얻고 브라만이 되시기 바란다. 삼가 인사드린다!

인도력 1884년 아샷다 흑월黑月(Ashaddha Vadya) 열 하룻날
1962년 7월 27일 금요일
뭄바이, 케뜨와디 10번 길
반말리 브후반 니사르가닷따 아쉬람에서
니사르가닷따

69. 지知의 표지標識에 귀를 기울여라

진아지가 진정한 지知입니다. 지知에는 두 종류가 있습니다. 하나는 **참된 지知**(Vidya)인데, 이것은 **진아**에 대한 **지知**입니다. 다른 하나는 거짓된 지知이며, 이것은 무지(Avidya)의 성품을 가졌습니다. 우리는 거짓된 지知를 버리고 **참된 지知**를 인식해야 합니다. '나'와 '내 것'이라는 느낌 둘 다 완전히 사라질 때 그것을 **참된 지知**라고 합니다. 마음과 지성이 감각기관들을 뛰어넘을 때 논리적 사고는 설 자리가 없어집니다. 이것은 불가사의인데, 그것을 이해하는 데는 마음과 지성이 필요하지 않습니다. 그것은 **진아체험**의 성품을 가졌습니다. 진아는 자명합니다. 그는 다른 것들을 알고, 물론 그 자신도 압니다.

그가 그 자신을 안다고 우리가 말할 때 그것은 무슨 의미입니까? 그가 이미 존재하고 있다는 뜻입니다. 이미 존재하는 자만이 '타자'를 알 수 있습니다. 존재하지 않는 자가 어떻게 다른 어떤 것을 알 수 있습니까? 어떤 사람이 존재하지 않을 때, 그 없는 사람이 어떻게 누가 오는지 가는지를 알고, 그것에 대해 무슨 말을 할 수 있겠습니까? "나는 모른다"고 말할 사람이 누가 있습니까? 진아에게 이것은 사실입니다. 우리는 어떤 사람이 미혹되어 있다고 당연히 말할 수 있겠지만, 그 사람이 있어야 그가 미혹될 수 있는 것 아닙니까? 그래서 어떤 미혹이 있기 전에 '비非미혹', 곧 명료함의 상태가 있었다는 것이 증명됩니다. 실제로 **진아** 외에는 달리 어떤 것에도 존재성이 없습니다. '스승의 아들'인 사람들은 이 점에 대해 더 생각해 볼 것도 없습니다.

"내가 있다(I Am)"는 문구가 있습니다. "내가 있다"는 밤낮으로 끊임없이 염송해지고 있습니다. 말 한 마디 하지 않아도 그것은 하나의 부단한 **자각**입니다. 산스크리트어의 '자빠(japa-염송)'라는 단어는 '염하기'라는 한 가지 의미 외에도 마라티어로 또 한 가지 의미가 있는데, 그것은 '보살피다', 혹은 '보호하다', '양육하다'는 뜻입니다. 이것은 모두 자동적입니다. 모든 생명체의 모든 몸 안에서는 '소함(Soham)'과 '함사(Hamsa)'라는 소리 없는 소리가 호흡과 함께 계속되고 있습니다.1) 이것을 이해하는 사람은 모든 속박에서 벗어납니다. 모든 생명체에게는 "내가 있다"는 자각이 늘 있습니다. "내가 있다"는 문구의 음악이 밤낮으로 진행되고 있습니다. 처음에는 그것이 개아였다가, 나중에 시바가 되었습니다. 그런 다음 둘 다 사라지고 "내가 있다"는 문구가 "그대가 있다(You Are)"로서 남았습니다. 누구도 "내가 없다"는 경험은 하지 못합니다. 그렇게 "내가 없다"고 말하는 것은 곧 "내가 있다"고 말하는 것입니다. 한 학생이 선생에게 쪽지를 썼습니다. "저는 오늘 출석하지 않았습니다." 선생은 그것을 읽고 웃음을 지었습니다. 그는 생각했습니다. "이 학생은 제 손으로 자기가 출석하지 않았다고 썼군." 어떤 사람이 말했습니다. "저는 입이 없어 말을 하지 않습니다. 저는 말을 못합니다." 그가 말을 해야만 그 말을 할 수 있습니다. 존재의 체험이 말의 기원[빠라(Para) 말]을 넘어서 있다는 것은 두말할 필요가 없습니다. 지(知)의 세계는 '이해'의 시야입니다. 어떻게 우리가 "나는 죽었다"를 알 수 있습니까? 진실은, "나는 죽지 않을 것이다. 나는 죽지 않았다"입니다. 죽음이 닥쳐오면 때[垢]는 사라지고, 순수한 것이 남습니다. 때의 죽음이 일어난다고 생각하십시오. 몸이 때입니다. 몸에 붙은 지성이 때입니다. 그 때에 집착하지 마십시오. 만일 우리가 초연하다면, 누가 죽었습니까? 어떻게 죽었습니까?

알려고 애쓰는 것은 무지입니다. 눈이 있으나, 그 자신은 보지 못합니다. 진아가 그 자신의 감각으로 자기 자신을 의식할 때, 그것은 스스로 빛납니다(Self-luminant). 그것은 **진아체험**의 성품을 가지고 있습니다. 알려고 하는 사람은 무지 속에 있습니다. 진아는 앎의 대상이 아닙니다. 왜냐하면

---

1) T. Soham은 Sa(그/그것)+aham(나)이고 Hamsa는 그것을 뒤집은 것으로, 둘 다 '내가 그다(I am He)' 또는 '내가 그것이다(I am That)'라는 뜻이다. 숨을 들이쉬는 소리는 sa, 내쉬는 소리는 ham이다. 따라서 호흡과 함께 이 문구가 자동적으로 끊임없이 이어진다.

그것은 모든 것을 아는 자이기 때문입니다. 모든 것이 그의 앎의 대상입니다. 알아야 할 모든 것은 그가 압니다. 알려지는 모든 것을 대상이라고 합니다. 대상들에게 알려지지 않는 것은 대상 없이 남습니다. 그가 모든 것을 주관합니다. 그는 최초의 원초적 눈입니다. 그가 모든 것을 보는 저 눈인데, 그 눈은 세상의 그 누구 혹은 그 무엇도 감길 수 없습니다. 그는 늘 깨어 있습니다. 그는 잊어버리지 않습니다. 그는 일체를 아는 태양입니다. 태양을 산스크리트어로 수리야(Surya)라고 하는데, 그 말에는 '그는 끝이 없고, 무한하고, 만물에 편재한다'는 의미도 있습니다. 그는 어떤 초점 없이 의식하고 있습니다. 주의의 초점이 있을 수도 있고 없을 수도 있지만, 그는 도처에, 온전히 편재하고 있습니다. 그는 무엇에 대한 주의 혹은 초점이 있으면 (그 주의의 대상을) 알고, 없으면 고요히 머물러 있습니다.

회중전등으로 태양을 보려고 하는 것은 어리석은 짓입니다. 마음과 지성이라는 회중전등으로 지知라는 태양을 보려고 하는 것도 마찬가지로 어리석습니다. 그 지知는 순수하고 무구無垢한 지知입니다. 세계를 지켜보는 지知를 세간적 지知라고 합니다. 그러나 그것은 참된 지知가 아니고, 실재가 아닙니다. 그것은 브루띠(Vrutti), 곧 주의의 초점입니다. 모든 사람은 언젠가 우리가 죽어야 한다고 말하지만, '죽는다는 것'이 무엇인지 아무도 모릅니다. 여러분은 다시 죽을 필요가 없도록 한번은 죽어야 합니다. 네 번째 몸, 곧 뚜리야 상태[삿찌다난다]인 지知는 순수한 지知가 아닙니다. 그것은 '여러분'이 남아 있다는 것을 뜻합니다. 뚜리야 상태는 자신과 브라만이 별개의 둘임을 자각합니다. 뚜리야는 이원성을 말해줍니다. 뚜리야는 끝이 있고 영원하지 않지만, 브라만은 끝이 없습니다. 뚜리야는 시간이고, 시간은 끝이 있음을 의미합니다. 끝나는 것이 시간의 성품입니다. 브라만은 끝이 없습니다. 오직 브라만이 실재합니다. 이것이 순수한 지知입니다. 마하바키야(Mahavakya)는 '큰 말씀'이고 '궁극의 말씀'입니다. 그것은 좋은 의미를 지녔고, 그 자체로 참으로 위대합니다. '아함 브라마스미(Aham Brahmasmi)'라는 말씀은 "나는 브라만이다"라는 의미입니다. 그것을 말하는 것 자체가 매우 고상하지만, 여러분은 그 의미, 그 체험을 추구해야 합니다. 단순히 "나는 브라만이다"라고 염하기만 해서는 환幻의 마법을 깨트리지 못합니다. 참스승의 실제적 가르침을 통하지 않고는 다른 수단으로 그 말씀의 의미를 파악할 수 없습니다.

생각을 전혀 하지 않는 사람은 하나의 짐승에 불과합니다. 그는 자신이 살고 있는 삶을 알아가고 삶을 이해하는 데 관심이 없습니다. 그래서 그는 바보입니다. 어떤 사람이 세간에서 대단한 용맹성을 발휘하여 무엇을 한다 해도, 그 자신을 모른다면 아무 소용없습니다. 그것은 장님이 세계일주 여행을 떠나는 것과 같습니다. 사람이 그 자신의 삶을 직접 알고 거기에서 체험을 얻을 때, 비로소 자신의 삶을 알차게 사용한 것입니다. "나는 브라만이다"라는 큰 영적인 말씀에 대해 명상한다는 것은 지혜가 있음을 말해줍니다. 자기 스스로 **자기 자신**을 얻는 것은 하나에서 하나를 빼는 것과 같습니다. '하나 빼기 하나'라는 방정식에서 남는 것은 **지고아 빠라마뜨만**인데, 그는 이름과 형상이 없습니다. 우리는 완전히 죽되, 죽는 일 없이 남아 있어야 합니다. 이것이 희유한 **지혜**의 상태입니다. 우리가 자신의 **진아**를 만날 때 그것이 **진정한 지**知입니다. 모든 인연[속박]이 문득 끊어집니다. 마지막으로, 우리가 그것을 매우 예리하게 성찰하면 이 체험은 그 스스로 생겨난다는 것이 드러납니다. 베단타에서는 움직이거나 움직이지 않는 모든 창조계의 뿌리가 하나임을 아는 것을 '**절대지**'라고 합니다. 거기서는 다양한 모든 논의가 사라집니다.

우리가 우리 자신을 탐색해 들어가면 전지全知(일체를 아는 상태)가 있습니다. 우리는 미세한 지각적 사고를 통해서 우리 자신을 만납니다. 여러분이 진정한 통찰을 얻고 나면 일체가 **브라만**일 뿐입니다. 물론 그것을 다른 어떤 이름으로 부를 수도 있겠지요. 그럴 때 뱀을 뱀으로, 전갈을 전갈로 부를 수도 있지만, 여러분은 그것이 **브라만**일 뿐이라는 것을 압니다. 관찰자가 참된 체험을 얻을 때, 할 일은 끝납니다. '**지**知의 영역'과 '그 영역을 아는 자'가 사라지면 '**빠라마 뿌루샤**(Parama Purusha)', 곧 **지고의 실재**가 남습니다. 그것은 경험자나 관찰자 없이도 경험을 하고 있습니다. 여러분은 밖으로 향하던 초점이 그 자신 안으로 되돌아서는 것을 지각할 수도 있습니다. 드러난 의미와 숨겨진 의미 둘 다 사라집니다. "나는 아무개다, 무엇이다"라고 말하는 미미한 관념도 사라집니다. 그림 속의 등불은 어둠을 없애지 못합니다. 어둠을 없애려면 진짜 등불을 켜야 합니다. "내가 있다"는 관념이 사라질 때, 남는 것은 **자기 자신 속으로의 완전한 철수**입니다. "나는 유한한 존재다"라는 관념은 하나의 개념, 유한한 관념입니다. 그것은 의식의 협소한 개념적 초점에 지나지 않습니다. "내가 있다"는 하나의 개념적 상태입니다. 그것이 떨어져 나가면 **브라만, 절대자**만 남습니다.

1935년 10월 3일 저녁

70. 시바인 스승을 찬양함
— 『에끄나티 바그와뜨(*Eknathi Bhagwat*)』[2])의 가르침

제자는 두 손을 합장하고 **시바**의 형상을 한 **스승** 앞에서 절을 합니다. 그렇게 절을 한 다음 **스승**에게 말합니다. "당신께서는 당신께 절하는 사람에게 **시바**의 상태를 하사하십니다. 당신께서 주시는 그 지위는 **당신 자신의 존재**입니다. 당신께서는 개아로서의 별개의 개체가 남아 있는 것을 용납하지 않으시는데, 육신과의 동일시가 어떻게 남아 있을 수 있겠습니까? 당신께서는 저희의 삶을 방해하지 않으시지만, 당신에 대한 저희의 봉사는 받아들이십니다. 이것은 제자가 외관상 남들과 마찬가지로 육신 안에 있다는 것을 뜻합니다. 그 제자 안에서 살아 움직이는 원리는 다른 사람

---

2) *T*. 성자 에끄나트(1533-1599)가 지은 『바가바따 뿌라나(*Bhagavata Purana*)』, 제11권에 대한 운문체 주석서.

들의 그것만큼 정상적이지만, 당신께서는 그 내적인 의식을 **시바**의 광대함으로 변화시키십니다. 당신께서는 당신의 헌신자에게 몸을 넘어선 **진아**의 높은 상태를 베푸시지만, 어떻든 그 육신은 여전히 당신께 봉사합니다."

"의심이라는 큰 악마는, 자신이 참으로 **브라만**임에도 불구하고 자신을 한 개인이라고 생각하는 것입니다. 당신께서는 이 의심이라는 악마를 죽임으로써 이 송장을 가져가십니다. 자신이 개아라는 그릇된 관념이 사라지면 당신께서 그의 송장을 가져가서 그 몸에 **브라만**의 지위를 베푸십니다. 그러면 **만물에 편재하는 신이신 비슈누**께서 그 몸을 결속시켜 그것을 통해 작용하고, 당신께서는 그 몸 안에 **자나르다나**(Janardana)로서 거주하십니다. 이제 에끄나트는 도망갔습니다. 이 몸 안에 있는 에끄나트라는 이름의 임자는 없습니다. 오직 **스승님 자나르단** 님만 계십니다. 소라고둥 소리는 그것을 부는 사람 때문에 분명하게 들립니다. 이 몸이 말을 할 수 있을 때, 그것은 당신께서 그렇게 하도록 하시기 때문입니다. 이 몸은 당신 때문에 움직이고 활동을 합니다. 모든 행위는 당신 때문에 가능한데, 왜냐하면 '제 것'이었던 것이 '저'와 함께 사라졌기 때문입니다."

"이제 모든 행위는 당신에 의해 이루어집니다. 몸 안에 있던 에고의 느낌이 사라져 지금은 당신으로 대체되었습니다. 이제 '개아의 왕국'이 사라졌고, **시바이신** 당신이 지배자이십니다. 몸의 **생기**(Prana)가 움직이는 것은 당신의 생기에 의해서입니다. 밖을 보는 눈은 당신의 눈이고, 향기를 취하는 코는 당신의 코입니다. 당신께서는 코와 눈의 지각자이십니다. 귀는 당신이 듣기를 원하시기 때문에 듣습니다. 혀는 당신의 의지로 맛을 보고, 지성은 당신의 힘에 의해 이해합니다. 마음이 하는 모든 말은 당신의 힘에 의해 말해집니다. 당신 없이는 마음이 어떤 말도 할 수 없습니다. **분별**과 '**선택적 지**知'[본질에서 비본질을 걸러내기]는 당신의 **의지**에 의해서 가능합니다. 언어는 당신의 장식품입니다. 이해는 당신 때문에 가능합니다. 깨어 있거나 꿈을 꾸는 것은 당신의 **힘**에 의해서입니다. 깊은 잠조차도 당신 때문에 경험됩니다. 무엇이 향유되든 그것은 당신 때문입니다. 당신께서 여기

계시면서 당신 자신을 '나'라고 말씀하십니다. 당신의 **은총**에 의해 사람들은 이 몸을 에끄나트로 인식합니다. 그 이름은 이제 당신의 것입니다. 사람들은 당신을 **자나르단**으로 부르지 않고 에끄나트라고 부르지만, 행위하는 자는 에끄나트가 아니라 당신이십니다. 당신께서 에끄나트라는 이름을 취하시고 '지시자'가 되셨습니다."

"이 세상의 모든 것에 생명을 주시는 분이 당신이십니다. 당신은 **세계의 생명**이십니다. 당신께서 모든 행위를 가능케 하십니다. 당신은 그와 같이 위대하신 **참스승 자나르단**이십니다. 당신 자신의 **힘**으로 당신께 인사를 올립니다! 아라띠 등불을 태양께 바치지만, 그 등불의 빛은 태양이 준 것입니다. **시바**를 숭배하는 것은 **시바**가 되는 것입니다. 그것이 **그분**에 대한 숭배입니다. 이와 같이 몸을 지시하시는 분이 당신이십니다. 집에 불이 나면 모든 목재와 말린 소똥들이 그 불과 함께 불이 됩니다. 마찬가지로, 하나의 몸을 가진 '나'가 知의 불에 의해 知가 되었습니다. 그것은 '나'가 존재하지 않게 되었고, 이제는 당신만이 知로서 머무르신다는 뜻입니다. 당신께서는 당신의 **힘**으로 삶이라는 장부를 계속 유지하십니다. 잠자기, 먹기, 식사하기 등 일체가 오직 당신 때문에 가능합니다. 당신의 순수성은 결코 오염되지 않습니다. 길상함과 불길함은 모두 당신 안에서 하나입니다, 주 라마시여. '당신께서 모든 일의 행위자'라고 말하는 것은 누구입니까? 당신께 어떤 이름을 드려야 합니까? 그렇게 말하는 이가 곧 당신이시고, **자각**을 자각하는 이도 당신이십니다. 당신은 **당신 자신**이십니다."

여러분이 이원성이 생겨난다고 말할 때는, 보이는 것(바깥의 대상들)과 보일 수 없는 것(내면의 보는 자)에 대해 주의해야 합니다. **순수한 체험**만이 존재하는데도 관찰자, 관찰 대상, 관찰 행위라는 3요소가 생겨나는 것은 마음의 장난 때문입니다. 여러분이 단 것을 먹었는데, 왜 분별을 하고 '그'가 먹었다고 말합니까? "나는 **브라만**이다", "나는 모든 쾌락을 즐긴다"고 말하려면 아주 분명하게 이해해야 합니다. 이것은 **브라만**이 **브라만**을 즐긴다는 의미입니다. 세계를 알고 난 뒤에, 그리고 체험한 뒤에 '여러분'[진아]은 여전히 있지만, (개아로서의) 여러분은 하나의 비실재물입니다. 이것을 느끼는 것이 핵심입니다. 몸 안에 거주하는 것은 스승뿐입니다.

1935년 10월 4일

71. 내면에서 깨어 있어야 한다

여러분이 세간에서 아무리 학식이 있고 많이 배웠다 하더라도, 그것은 다 겉보기일 뿐입니다. 여러분의 **의식**이 내면에서 흔들리지 않아야 합니다. 세간에서 큰 명성을 얻은 사람이라 해도, 내면에서 자유롭고 깨어 있지 않다면 그는 인생을 허비하고 있는 것입니다. **하나인 신을 놓치고 있는 사람은 자기 삶을 내던져 버린 것입니다.** 공적인 삶에서 유명하다고 한들 무슨 소용 있습니까? **진아**지가 없다면 그 사람은 **자기**에 대해 무지합니다. 만약 여러분이 신의 헌신자라면, 여러분이 지금 있는 곳과 죽은 뒤에 있을 곳은 '신의 세계'입니다. 세속적인 것들에만 관심이 있으면, 세상으로 돌아오게 될 것입니다. 여러분이 **진아**에 전념하고 있을 때는, **진아** 안에 머무르면서 그와 **하나**가 됩니다. 이런 이야기를 하는 목적은, 여러분이 불필요한 쓰레기를 모두 태워버리고 '절대자의 전체성'과 하나가 되도록 하기 위해서입니다. 몸에 대한 욕망을 해소해 버리면 몸을 구성하는 원소들은 광대한 우주의 원소들에 합일됩니다. 그럴 때 여러분은 외적인 몸을 가진 채 자유로워진 자(Jivanmukta-생전해탈자)가 됩니다. 그것 자체가 **자유**입니다. 부단히 여자 생각을 하는 사람은 다음 생에 여자로 태어납니다. 여러분이 생각하고 명상하는 대로 여러분은 그것이 됩니다. 주의가 늘 세속적인 것들에 가 있는 사람은 거듭거듭 이 세상으로 돌아와야 합니다.

다른 중생들에게는 이 **지**知가 없습니다. 인간들만이 이 **지**知를 가지고 있고, 따라서 사람 몸을 받았을 때만 그런 명상을 하기가 쉽습니다. 온갖 쾌락을 완전히 충족하면 여러분이 결국 무욕으로 되느냐 하면 그렇지 않습니다. 천만에요! 그런 식으로는 욕망이 결코 죽지 않고 증대되기만 합니다. 즐길 기회가 없는 사람의 욕망들도 이미 대단히 증대되어 있습니다. 다들 가끔은 삶에 염증을 느낀다고 말하겠지만, 이는 그들이 자신의 문제들에 대한 해답을 발견하지 못하기 때문입니다. 그것은 좌절이지 진정한 **무욕**(Virakti)이 아닙니다. 여러분은 자신이 원하는 방식으로 꿈을 꾸지 못합니다. 꿈의 경험은 어떤 지속적 갈망에 의해 야기됩니다. 브라민이 그의 욕망 때문에 신기료장수의 집에서 태어나야 합니다. 여러분이 특정한 감정에 에너지를 쏟으면 그것을 얻습니다. 만일 **속성 없는 브라만**에 집중하면 그것을 체험하게 될 것입니다. 거기서 **구나**(Gunas)[속성 혹은 성질]가 끝이 납니다. **구나**[혹은 욕망]가 부단히 되풀이되면서 몇 배로 늘어날 때, 그것들은 **우주**라는 형상을 취합니다. 이것이 **원초적 마야**(Moola Maya), 곧 '의식을 산출하는 환幻'입니다.

　니르구나 브라만(Nirguna Brahman)에 대한 명상에 의해 우리는 속성의 해체를 이룹니다. 이렇게 하여 여러분은 **오로지 하나**가 됩니다. 출가인은 수염을 깎고 삭발해야 하는 것이 원칙입니다. 이것은 속성에 대한 자부심을 제거해야 한다는 의미입니다. 그것은 함부로 자라난 어떤 것도 진아에서 제거해야 한다는 것을 상징합니다. 그곳에 원래 있던 것이 다른 어떤 것으로 되어 버린 것처럼 보입니다. 그 '다른 것'이 제거되고 '**본래적 존재**'가 머물러야 합니다. 본래적 상태에서는 **사뜨와 · 라자스 · 따마스** 같은 어떤 성질도 없었습니다. 그러다가 이들 **구나** 중 하나가 나타났습니다. 그 **구나**의 본성은 상상의 힘입니다. 그 **구나**를 받아들이자 진아는 그것을 자신의 성품으로 착각하고, 자신의 **본래성품**(Original Nature)을 잊었습니다. 그곳을 미혹이 점거했습니다. 진아는 거기서 매우 예리하게 깨어 있어야 합니다. 상상의 힘은 그의 참된 **성품**이 아니며, 그는 이원성이 없다는 것을 깨달아야 합니다. 그는 성질이 없습니다. 그는 '**전적으로 자유로운 존재**'입니다.

이 모든 것의 최종적 열매는 **하나인 신**을 인식하는 것일 뿐입니다. 신을 인식한다는 것은 여러분의 실체를 생각한다는 것입니다. 생각하기는 환幻의 영역 내에 있을 뿐인데, 그렇다면 이 말의 의미는 무엇입니까? 그것은 "나는 아무것도 아니다"라고 생각한다는 뜻입니다. 그러면 **진아**가 지배합니다. 최소한 이것을 이해해야 합니다. 진리를 아는 것을 **올바른 지**知라고 합니다. '진리를 아는 것'이 지知입니다. "**내가 그것이다**(Soham)"라는 굳은 확신이 자리 잡을 때, 우리는 자신이 아무것도 아님을 압니다. 존재하는 것은 모두 **브라만**일 뿐입니다. 그런데 왜 논리를 가지고 다툽니까? **진아**는 자신의 **제자리**에 있습니다. 진아 없이 누가 자신의 이름조차 말할 수 있습니까? 아이가 자기에게 어떤 이름을 지어 주어야 한다고 말합니까? '묘사할 수 없는 것'에 여러분은 어떤 이름도 붙일 수 있겠지요. 일어날 일은 이미 일어났고, 그것이 생겨났고, 그런 다음 상상을 통해 이름이 주어졌습니다. 마음이 무엇을 선택했든, 그 이름은 거기서 나왔습니다. 어떤 단어를 사용하여 그 이름을 지어 준 것은 사회적 편의를 위해서였을 뿐입니다. 음식을 내오는 소녀에게 와디라는 이름을 붙입니다. '와디(Wadhi)'는 음식을 내오는 사람이라는 뜻입니다. 마찬가지로, '셴데(Shende)'라는 이름은 '마지막'이라는 뜻인데, 막내에게 그 이름이 붙여집니다. 이름들은 그냥 상상에서 나옵니다. 어떤 때는 이름이 그 사람의 성질을 적절히 표현하지만, 어떤 때는 그런 이름들로 충분하지 않아서 성姓이 붙었습니다. 성을 붙이는 것은 이름이 적합하지 않기 때문입니다.

진아는 그것이 있는 곳에 있습니다. 진아에게는 몸의 느낌이 없습니다. 5대 원소는 그들의 자리에 있습니다. 몸은 없습니다. 우리는 없습니다. 몸은 가짜 형상입니다. 누구도 결코 참으로 진짜 몸을 가진 적이 없습니다. 브라만에게도 진짜 몸은 없습니다. 누구도 진짜 몸을 얻을 수 없습니다. 누구도 몸 때문에 실재하지는 않습니다. 그 형상이 무엇이든, 몸은 거짓입니다. 일체가 실은 형상이 없습니다. 누구나 자기 자신을 바라보고, 성취해야 할 것을 성취해야 합니다. 몸이 실재한다고 말하는 사람은 큰 죄인입니다. 그는 브라민[브라만을 아는 자]의 살해자와 같습니다. 신은 무형상입니다. 부디 더 이상의 억측은 이제 그만두십시오. **진아** 그 자체가 이미 성취되어 있습니다. 더 이상 어떤 수행(sadhana)이 그에게 필요합니까? 머리를 완전히 삭발하고 나면 어떻게 그것을 다시 깎습니까? 머리(head) 그 자체를 잘라야 합니까? 자유로운 사람에게 어떻게 속박이 있을 수 있습니까? 수행은 우리가 자신의 **진아**를 발견하는 것을 목적으로 합니다. 그것이 이미 발견되었다면 그 수행이 무슨 필요 있습니까? 도공이 왕이 되었다면, 그 뒤에도 (점토를 나르는) 당나귀들을 보살피겠습니까? 왜 점토를 준비하는 데 신경 써야 합니까? 온갖 유형의 노력과 수행은 우리 자신의 성향의 결과입니다. 이런 것들을 넘어서 있는데, 왜 그런 것에 신경을 씁니까?

　죄인인 사람은 선행善行을 해야 합니다. 자신이 나쁜 짓을 했다고 생각하면 선행을 하십시오. 이것은 마음의 한 태도입니다. 포기한 사람이라면 왜 마음의 기분 상태들로 도로 떨어져야 합니까? 온갖 수행을 통해 성취해야 할 것이 뭐가 있습니까? 행위 규범을 준수해서 어떤 열매를 얻습니까? 우리 자신이 수행의 목표였던 **그것**이 되었을 때, 그리고 **그것**이 내면에서 체험되고 깊이 흡수되었을 때, 스승에 대한 사랑 때문에 그 스승의 헌신자로 남을 수는 있습니다. 그러나 그 헌신은 욕망이 없어야 합니다. 여러분은 이미 **브라만**과 하나입니다. 스승이 여러분에게 해준 것을 기억하기 위해서라면 그를 찬양하는 노래를 불러도 됩니다. 우리가 **그것**입니다. 몸은 5대 원소에 속합니다. 개아는 실은 **브라만**일 뿐입니다. 여러분이 과연 '누구'이며, 실제로 어디 있는지를 깊이 숙고해 보십시오. 의도적인 생각 없이, 여러분은 자신이 '있다'는 것을 어떻게 느낍니까? 생각해 보면 자신이 아무것도 아니라는 것을 알게 됩니다. 있는 것은 **진아**입니다. '있다'는 동사는 본래적 **존재**를 의미합니다. 여러분이 자신을 '개아'라고 말하면 개아를 경험합니다. 진아는 실은 **신**, 곧 **락슈미-나라야나**(Laxmi-Narayana)입니다. **나라야나**, 곧 일체에 편재하는 것이 그것의 성품이고, **락슈미**, 곧 큰 행운이 그것의 성질입니다. 그가 **라다-크리슈나**(Radha-Krishna)입니다. 여러분이 뭐라고 부르든, 진아는 그것입니다. 환幻이라고 부르면 그것은 환입니다.

'진아의 전체성'이 전부이며, 진정으로 지혜로운 사람은 자신이 누구인지 알기 위해 탐색합니다. 인간은 조사하지 않는 것이 없지만 그 자신은 인식하지 못합니다. 그 자신을 인식하지 못하는 사람은 깨달을 수 없습니다. "내가 있다"고 말할 의도가 떨어져 나가면 '어떤 물건'도 없습니다. 남는 것은 **브라만**이고, 그것이 참으로 여러분의 실체입니다. 이것을 확신하는 것은 매우 심오한데, 이것을 '**영성의 깨달음**', '**영성의 학**學'이라고 합니다. 우리가 몸과 별개이고 신과 별개인 것이 아닙니다. 열매는 (나무와) 별개가 아니며, 우리는 별개가 아닙니다. 우리가 곧 열매입니다. 목표는 **최종적 절대자**이며, 그것은 우리와 **하나**입니다. 어떤 사람이 그 열매를 얻으려고 애쓰는 동안 그것이 되었습니다. 자신이 가난한 것을 걱정하던 사람이 왕이 되었는데, 왜 이제 와서 가난에 대해 조금이라도 걱정합니까? 구도자와 스승이 성취하려고 그토록 바쁘게 수행을 했던 것, 우리가 이미 **그것입니다**.

모든 길들이 부설되는 것은 **자기 자신**을 만나기 위해서입니다. 지금, 우리가 **그것입니다**. 이것이 증명됩니다. 이것이 깨달아집니다. 이제 무엇을 하고 말고가 없습니다. 왕의 명령을 두려워하던 사람들 자신이 왕이 되었습니다. 두려움이 가난과 함께 사라졌습니다. 베다가 왜 베다 공부를 해야 합니까? 순례지가 어떻게 자기 자신에게 갈 수 있습니까? 신이 무슨 신을 만나야 합니까? 불사의 감로가 무슨 '불사의 감로'를 마셔야 합니까? 어떤 '헤아릴 수 없는 것'이 헤아릴 수 없는 것의 숭배를 받아야 합니까? 어떤 '성질 없음'이 성질 없는 것의 헌신의 대상이 되어야 합니까? 어떤 **실재**가 **실재**를 즐겨야 합니까? '오염 없는 **브라만**'이 그 **자신**을 어떻게 경험할 수 있습니까? '명상의 대상'이 어떻게 그 자신을 명상합니까? 여러분이 자기 자신을 깨달으면 일체가 언어를 넘어서 있습니다. 그 '묘사 불가능한 것'이 이제 증명됩니다.

1935년 10월 5일

72. 잘 믿지 못하는 사람

사두가 실재가 되었습니다. 우리는 누구를 사두[성자]라고 불러야 합니까? 실재가 된 사람만을 그렇게 불러야 합니다. "어떤 이가 **실재**가 되었다", "우리는 **브라만**이다", "모두가 **브라만**이다"와 같은 취지의 말들이 있습니다. 누가 어떤 사람이 되었다, 어떤 사람이 다른 어떤 사람이 되었다고 말하거나 생각하는 것은 에고의 게임에 지나지 않습니다. 우리가 '선량하다'거나 '나쁘다'는 것은 우리를 몸 안에 머무르게 강요하는 일종의 속박입니다. 실은 **브라만**밖에 없습니다. 토끼에게 뿔이 나는 것이 전혀 불가능하듯이, **브라만** 아닌 어떤 것이 존재하는 것도 마찬가지로 불가능합니다. 따라서 의심은 우주 너머로 추방되었다고 말하는 것이 옳겠습니다. 의심 자체는 개아의 성품입니다. 그 개아는 사라졌고, 그와 함께 의심도 사라졌습니다. 주된 의심은 "나는 누구인가?" 혹은 "나는 누구여야 하는가?"에 속합니다. '내가 누구인지', '어떻게 존재하는지'를 확신하게 되면 그 의심은 사라집니다. 우주 너머로 사라집니다.

실재 안에는 의심이 존재하지 않습니다. 이 의심은 어느 면에서 (서사시 『마하바라타』에 나오는) 드리타라슈트라 왕과 그의 아들들인 까우라바 일족(Kauravas)입니다. 이 드리타라슈트라[의심]는 마음의 투사投射에 의해 형성되는 이미지입니다. 뿌라나(Puranas)에서는 그것을 **마야수르**(Mayasur)라고도 합니다. 이 **마야수르**, 곧 의심은 비실재물이라는 것을 이해하는 사람이 **성자**입니다. 그가 곧 **빠라마뜨만**입니다. 베다에서도 계속 같은 이야기를 해 왔습니다. 이 사실을 깨닫는 사람은 **싯다**[성취자]가 됩니다. **성자**는 설탕과 같다고 하는 비유가 사용됩니다. 설탕은 어떻게 보관해도 상관없습니다. 수직으로, 수평으로 혹은 똑바로 세워두어도 됩니다. 어떤 자세를 하고 있어도 그것은 설탕일 뿐입니다. 마찬가지로, **성자**는 어떤 상황에 있어도 여전히 **성자**입니다. 그는 신선하지도 않고 상하지도 않았고, 순수하지도 않고 불순수하지도 않습니다. 순수한 그것은 불순수해질 수 없습니다. **성자**는 저 순수한 실재입니다. 혀나 위胃의 성질은 음식의 맛이 어떠하든, 그것이 상했든 혹은 이미 남이 맛본 것이든 관계없이 변치 않습니다. 마찬가지로, **성자**가 삶 전체를 바라볼 때, 그는 어떤 것이 길한지 흉한지를 분별하지 않습니다. 사람들은 신부가 시댁에 처음 들어갈 때 오른발을 먼저 넣는 것이 길하다고 생각합니다. 그런 개념들은 미신적인 것이고, 의심만 낳을 뿐입니다. **성자**가 살펴보는 의심은 우주에서 전적으로 사라집니다. 판단이 확고한 사람이 **싯다**이고 스승입니다.

지知를 얻은 **스승**의 아들들은 그들의 결의나 믿음에 따라 체험을 얻는 데 익숙합니다. 어떤 것에 대한 확신에 도달하는 것은 두 가지 방식으로 가능합니다. 하나는 **스승**에 대한 전적인 헌신이고, 다른 하나는 치열한 고행이나 금욕적 수행을 통해서입니다. 이런 고행은 목적이 확고히 정해져 있어야 합니다. 베단타에서 이것을 분명히 말하고 있습니다. 한 번이라도 **스승**이 이해를 전수해 주면 우리의 **의식**이 변환되며, 그것이 **브라만**입니다. **성자**는 **절대자**와 하나입니다. 의심이 사라진 사람이 **성자**입니다. 스승의 가르침에 대한 믿음이 있어야 합니다. 사람이 **진아지**가 없고 자신이 누구인지를 모른다면, 모든 결의를 다해 마음을 집중하려고 노력해야 합니다. 우리가 **스승**의 가르침을 참되지 않다고 생각할 때는, 그 의심에 의해 우리가 하나의 개아로 머무르게 됩니다. 그것이 **브라만**이 아니라면, 결국 무엇이 있습니까? 누군가가 그것을 증명해야 합니다. 어떤 근거 없이 의심을 일으키지 마십시오. 처음에는 당연히 구도자의 마음속에 어떤 의심의 태도가 있지만 점차 그것이 사라집니다. **성자**는 의심이 없습니다. 자신이 **브라만**임을 아는 사람, 확신이 흔들리지 않는 사람이 참으로 **성자**입니다.

의식儀式과 행위의 길[까르마(karma)의 길]은 온갖 의심들로 가득 차 있습니다. 어떤 브라민이 강에서 목욕을 하고 자기 집 쪽으로 간다고 생각해 봅시다. 누군가가, 어떤 불가촉천민이 그 물에 접촉했다고 말하면 그 목욕은 즉시 소용없는 것으로 되고 맙니다! 많은 사람들은 만트라가 산스크리트어로 되어 있어야 한다고 고집합니다. 그것이 산스크리트어가 아니면 참되지 않고, 제대로 된 것이 아니라는 것입니다. 이런 것은 다 의심하는 성향 때문입니다. 집파리들이 더러운 것에 앉았다가 좋은 음식 위로 날아와 앉습니다. 의심(음식이 오염되었다는 생각)이 그 음식을 쓸모없는 것으로 만듭니다. 그것은 하나의 의심일 뿐이지만, 지나치게 세심한 의식주의자는 음식을 버립니다. 아무 흠결 없는 의식을 거행하기는 매우 어렵습니다. 왜냐하면 여러분의 마음속에 염려를 일으킬 사람들이 너무 많기 때문입니다. 그것을 피하기는 거의 불가능합니다. 행위(karma)의 포기가 있어야 합니다. 자신은 '하는 자(doer)', 행위자가 아니라는 것을 깨달아야 합니다. 이것이 아주 필요합니다. '행위는 결과를 낳는다, 우리는 그 결과를 겪어야 한다'는, 우리의 마음속에서 만들어지는 느낌은 매우 강력한 독입니다. 실은 우리는 행위자가 아닙니다. 행위의 결과 속에 환생의 씨앗들이 들어 있습니다. 씨앗 없는 열매는 열매가 아닙니다. 행위['하는 자'라는 관념]가 있는 곳에는 열매가 있고, 열매는 어김없이 씨앗을 포함합니다. 이 연쇄가 끊임없이 이어집니다. 따라서 여러분은 큰 주의력으로, 자신이 행위를 하는 자라는 개념을 포기해야 합니다. "내가 행위자다", "내가 했다", "내가 한다" 등의 느낌이 털끝만큼도 없어야 합니다.

행위에 이어서 행위자라는 개념이 일어나고, 그에 이어 의심이 일어납니다. 참스승에 대한 헌신 없이는 행위의 포기가 이해되지 않을 것입니다. 그런 이해가 없으면 행위를 몽땅 놓아 버리지 못할 것입니다. 흙을 피하려고 땅바닥을 떠나 나무 위에 올라가 앉았던 제자의 이야기를 이미 해 드린 바 있습니다. 행위와 의식 거행의 길은 의심의 함정으로 가득 차 있습니다. 그러나 지知에는 의심이 없습니다. 한번은 요기인 성자가 똥이 있는 곳 근처에 앉아 있었습니다. 사람들이 비웃자 그가 말했습니다. "좋소, 그러면 나를 똥이 없는 곳에 있게 해 주시오. 똥은 내장 속에도 들어 있소. 그렇다면 내가 있을 곳이 어디요?" 지知 외에는 신성한 것이 아무것도 없습니다. 지知는 순수하고 신성합니다. 남들은 여러분에게, 보시로 무엇을 베풀거나 불 속에 공물을 바칠 것을 강요하고 싶어 합니다. 그런 행위의 과보로 여러분이 얼마간의 위안을 얻을지는 모르지만 말입니다! 그런 것은 모두 마음이 정화된다는 느낌을 얻기 위한 것일 뿐입니다. 거짓된 것을 통해 점차 **진리**가 발견됩니다.

진아지를 갖는 것이 모두에게 최고의 성취입니다. 그러면 이기심의 모든 힘든 고역이 떨어져 나갑니다. 다른 나라 사람들은 사람으로 태어나는 것이 정말 대단한 성취라는 것조차 모릅니다. 그들이 목표하는 것은 다른 여느 동물과 마찬가지로 죽을 때까지 계속 힘들게 일하는 것이 전부입니다. 사람들에게 종교적 의식을 거행하라고 조언할 때가 있기는 합니다. 왜냐하면 그런 것을 통해 사람들이 자유를 향한 진정한 길을 차츰 발견하기 때문입니다. 바다는 광대하지만 밤낮 계속되는 내부의 요동으로 가득 차 있기도 합니다. **성자는 의심이 없습니다.** 의심이 잠복해 있는 지知는 거짓된 지知입니다. 의심하는 마음이 있는 무욕이나 고행은 매우 빈약한 성질의 것입니다. 마음속에 의심이 있는 헌신은 거짓입니다. 여러분이 **브라만과 하나**이고 계속 헌가獻歌를 부르는 곳에서는 그것이 진짜입니다. **브라만과 하나**라는 것은 의심이 없다는 뜻입니다. 자신이 무엇인지, 자신의 성품이 무엇인지에 대해 아무 의심이 없습니다. 헌신자가 별개로 존재하는 헌신은 이원성입니다. 그런 식의 헌신에서는 어떤 단일성도 없습니다.

브라만은 하나입니다. 따라서 여러분이 브라만일 때는 의심이 없고, '그런 헌신'이 진짜입니다. 만일 신에 대해 다소 의심이 있다면 그 신은 거짓입니다. 왜냐하면 여러분 자신이 신이기 때문입니다. 의심이 지배한다면 여러분은 신이 되지 않은 것입니다. 의심이 있을 때는 그와 같습니다. 의심의 느낌은 일체를 헛된 것으로 만듭니다. **전적인 믿음**을 갖는 사람은 큰 그릇입니다. 완전한 믿음을 가진 사람은 복됩니다. 신이 있다고 생각하는 사람, 그 신에 대해 전적인 신뢰를 갖는 사람은 복됩니다. 신에 대한 충실한 헌신자와 그렇지 않은 사람 간에는 큰 차이가 있습니다. 그런 사람의 삶과 헌신자의 삶은 유사하지 않습니다. 헌신자의 지성과 범부의 재능은 같지 않습니다. 신의 헌신자는 삶 속에서 신의 뜻에 완전히 의지하며, 자신의 운명이 무엇이든 그에 만족합니다. 실은 헌신자의 가정생활은 하나의 명목에 불과합니다. 그 헌신자와 신이 서로를 완전히 이해하고 난 뒤에는 일체가 이미 정해집니다. 헌신자의 삶이 세간적 기준에서 볼 때 이상적인 삶인지 번뇌가 많은 삶인지는 전혀 중요하지 않습니다. 자신의 가정생활이 다른 사람들의 삶과 비견할 만한 것이어야 한다는 것을 부정하는 사람은 아직 신을 신뢰할 그릇이 아닙니다.

신적인 신뢰는 좀스러운 영리함과는 매우 다르고, 그래서 신의 헌신자는 신에게 전적인 믿음을 가져야 합니다. 이런 유의 믿음은 복됩니다. 일체를 의심하는 습관은 쓸모가 없습니다. 결연한 믿음 없이는 영적인 삶이 아무 의미가 없습니다. 가장 중요한 것은 여러분이 자기 자신에게 믿음을 가져야 한다는 것입니다. 제가 마음에게 물었습니다. "너는 왜 떠나지 않나?" 마음이 대답했습니다. "내가 언제 있었던가?" 그것이 여러분의 마음이고, 그것이 여러분과 대립합니다. 문제의 어려움은 여러분의 내면에 있습니다. 사실상 그것은 정복해야 할 성城과 같습니다. 제가 묻겠는데, 여러분은 태어났습니까? 언제 태어났습니까? 언제 순결을 잃었습니까? 그런 일들이 실제로 일어났습니까? 태어남이 없는 것이 언제 어떻게 태어났고, 언제 어떻게 망쳐졌습니까? 이 강해의 유일한 목적은 여러분의 세간적 태도를 바꿔놓기 위한 것입니다. 책에서 배운 것은 여기서 아무 쓸모가 없습니다. 믿음을 가지십시오. **브라만**이 되고, **그것**을 체험하십시오. 일단 납득했으면 의심 속에서 길을 잃지 마십시오. 자신을 파괴하지 마십시오. 납득한 뒤에 의심하지 않는 것을 단순한 믿음이라고 합니다. 여러분이 체험하는 것을 확인하고, 확고한 믿음을 견지하십시오. 실은 맹목적 믿음이란 이런 강한 확신에 다름 아닙니다.

각자 '브라만을 깨달은 **성자**'에 대해 신뢰를 갖고, 그들 자신의 해방을 얻어야 합니다. 비실체인 개아는 존재하지 않는 것들을 늘 상상해 냅니다. 우리는 우리 부모에 대해서도 그들이 정말 우리 부모인지, 아니면 다른 어떤 사람인지 확신하지 못합니다. 의심이라는 악마를 살해한 사람은 베다의 지혜 전체를 얻은 것입니다. '아는' 것이 베다의 종교입니다.

1935년 10월 6일

73. 승리의 상태

여러분이 어떤 일을 완성했다 하더라도 만일 자기 자신을 확신하지 못한다면, 그 일은 이름값을 하지 못합니다. 전 세계가 의심의 흐름에 쓸려 갑니다. 확신한다는 것은 자신이 **진아**임을 확신한다는 뜻입니다. 우리는 자신이 무엇인지를 확신해야 합니다. 그렇지 않으면 일체가 쓸모없습니다. 우리는 **진아**이지만, 그에 대해 분명한 이해가 없다면 그런 이야기를 한들 무슨 소용 있습니까? 우리 마음속으로 확신해야 하며, 그런 다음 우리가 하고 싶은 것을 뭐든지 해도 됩니다. 제자의 가슴이 매우 순수하고 스승에 대한 존경심이 있을 때, 비로소 후속 공부가 유용할 것입니다. 스승에 대한 그런 믿음이 우리에게 영적인 노력의 열매를 가져다줍니다. 다른 이야기는 다 헛소리입니다. 물론 우리는 확신이 없으면 일체가 엉터리라고 느낍니다. 그러면 그런 이야기를 한들 무슨 소용 있습니까? 그런 이야기를 해봐야 아무 이익이 없겠지요. 아무 의심 없는 **지**知가 있을 때 **만족**이 있습니다. 이 **만족**은 어떤 것에도 의존하지 않습니다. 이 **만족**은 우리가 한 어떤 의식이나 행위의 산물이 아닙니다. 그런 것들에 의존하는 만족은 진정한 **만족**이 아닙니다. 독립적인 **만족**은 **진아 깨달음**에 의해서만 가능합니다. 자신이 **브라만**임을 확신할 때, 그 자체가 **만족**입니다. 만족은 실재를 성취했다는 하나의 표지標識입니다. 의심이 없는 것이 **만족**의 표지임을 알아야 합니다.

가르침을 듣는 사람이 확신의 표지가 무엇인지 말해달라고 하면, 스승은 그에게 단 하나인 절대적 전능자가 누구인지 발견하고, 그것을 확신하라고 말해줍니다. 신은 그것에 의해 이 세계가 생겨난 힘입니다. 여러분은 이제 전 세계가 그것에 의해 움직이는 '그것'을 내면에 가지고 있고, 지금 그것을 사용하고 있습니다. 그것에 의해서만 여러분이 자신과 세계를 경험하고 있습니다. 여러분이 무엇을 가졌는지 보십시오! 세계는 그것 때문에 '있습니다.' 그것에 의해 이 세계가 먹고 영양분을 얻습니다. 그것에 의해 해와 달과 별, 그리고 5대 원소가 만들어집니다. 이 모든 일이 아무 문제 없이, 그리고 건립하거나 파괴하는 데 많은 힘이 들지 않고 일어납니다. 그런 힘(Chaitanya)이 여러분 안에 있습니다. 여러분이 세계에 대한 경험을 얻는 것도 이 힘에 의해서입니다. 그러나 그것을 확신하지 못하는 한 여러분의 마음은 안식하지 못합니다. 구리와 황동으로 만들어진 신들은 신이 아닙니다. 신화집에 나오는 브라마·비슈누·마하데브[시바] 같은 다양한 신의 화신들(Avatars)은 무엇을 뜻합니까? 그들의 신성神性의 범위는 어디까지입니까? 그 힘이 그들을 살아 움직이게 하는 한에서만 그들이 신입니다.

헌신자의 표지는 무엇입니까? 그는 신을 인식해야 하고, 신이 누구인지를 깨달아야 합니다. 우리는 무엇입니까? 우리는 아무것도 아닙니다. 몸에 대한 집착을 떠나 그것, 즉 브라만으로서만 머물러야 합니다. '나'가 있는 곳에는 속박이 있습니다. '나'가 사라지면 속박이 사라집니다. 우리는 누구를 헌신자라고 불러야 합니까? 자기 자신을 탐색하고 자기 자신을 발견하는 사람이 헌신자입니다. 우리는 내면에서 우리의 진아를 찾고, 그것의 언어로 신에 대해 명상합니다. 우리는 자기탐색(Self-search)에 몰두하며, 말로 하는 단어들(만트라)로써 신을 명상하는 데 바쁩니다. 우리가 진아를 발견하면, 다른 모든 것을 제거하고 우리의 실체를 선택합니다. 우리는 자신의 진아를 납득하고, 확신하게 됩니다. 무엇에 대해 확신합니까? 실재에 대해서입니다. 여기서 완전한 확신은 말로 하는 그 단어 때문에 가능했습니다. 그래서 신 깨달음의 장엄한 순간이 온 것입니다! 바다는 있는 그대로입니다. 파도만 일어났다 사라질 뿐입니다. 자유가 무엇입니까? 자신의 진아를 아는 것이 자유(해탈)입니다. 원소들은 원소들을 통해서 태어나지만, 그것들은 또한 생명기운 짜이따니야에서 태어납니다.

설득과 분별의 두 가지 접근법 모두 이 생명기운 안에 들어 있습니다. 1차적 접근법에는 분별과 소거법[비본질적인 것을 본질에서 걸러내기]이 들어 있습니다. 이 말을 하는 것은, 겉모습을 가진 모든 것이 거짓임을 증명하기 위해서입니다. 싯단타(Siddhanta), 즉 최종적 진술에서는 "모두가 브라만이다"라고 합니다. 네 가지 기본적 의식의 상태[마음·지성·기억·에고], 세 가지 상태[생시·꿈·깊은 잠], 세 가지 성질[사뜨와·라자스·따마스], 10가지 감각기관[그리고 다양한 사물들과 그 사물을 즐기거나 경험하는 다양한 방식들]을 모두 합치면 짜이따니야, 곧 지知(Jnana)에 지나지 않습니다. 바로 그 '하나인 지知'가 '앎'의 순간에 전 세계로 경험됩니다. 그 지知가 경험되는데, 그것을 넘어 여러분이 그것을 경험하거나 포기할 수는 없고, 인위적으로 그것을 무효화하지도 못합니다. 앎의 순간에 그 경험이 가능한 것은 스스로 존재하는 짜이따니야 때문입니다. 아주 예리하고 미세한 관찰을 해보면 확실함과 분명한 확신이 있는데, 이것을 싯단타, 곧 '최종적 진리'라고 합니다. 그럴 때는 매우 고요하게, 신에 대한 확신이 있습니다. 오직 하나가 있고 달리 어떤 것도 없다는 깨달음이 있습니다. 그러나 육신에 대한 끈덕진 집착 때문에 그 평안과 만족이 소멸됩니다. 그에 대해 여러분은 이렇게 말해야 합니다. "내가 누군지 말해!" 의심이라는 악마에게 이렇게 물어야 합니다. "내가 누군지 말해!" 그러나 그럴 때 그는 침묵을 지킵니다. 그도 그럴 것이, 브라만 아닌 어떤 것을 그가 어떻게 보여줄 수 있겠습니까?

우리는 자신의 **참된 성품**에 대한 믿음에서 벗어나면 안 됩니다. 몸-의식은 다른 어떤 것을 도입합니다. 그것은 의심과 걱정이 늘어나게 할 뿐이며, 여러분을 끌어내리려고 합니다. 전락하지 마십시오. 신들과 여러 천신들은 모두 환幻입니다. 그들은 우리 자신의 상상입니다. 거짓된 관념, 혹은 거짓된 의심을 품지 마십시오. 니샤다 국의 날라 왕(King Nala)에 대한 이야기가 있는데, 그는 소변을 본 뒤에 발을 씻지 않았다고 합니다. 그는 집으로 들어갔는데, 그 허물 때문에 깔리(Kali), 곧 악이 그의 몸과 마음 속에 들어갔습니다.3) 이 이야기에서 '발'은 청결히 해야 할 토대 혹은 뿌리를 의미합니다. 우리는 만물의 뿌리에 있는 것이 무엇인지 조사해야 합니다. 그것을 관찰하십시오. 그 뿌리를 분명하게 보고 의심을 씻어내면 기본적 순수성, 근본적 명료함만이 있습니다. 기본적으로 깨끗한 것은 강력합니다. 그러면 확실함, 확신이 있고 의심이 들어설 여지가 없습니다. 근본적 깨끗함이 없는 한 악이나 의심이 반드시 들어올 것입니다. 일체가 의심으로 가득한데, 마음의 습은 몸-의식 쪽으로 향하는 것입니다. 그래서 구도자들은 진아에서 벗어나면 안 된다고 하는 것입니다.

몸은 그 상태[유아기·청년기·노년기 등]에 따라 특정한 형태를 가지고 있습니다. 그러나 스스로 그 형태를 고수할 수 없습니다. 그것이 형태를 갖는 것은 **생명기운 짜이따니야**의 불가사의한 힘 때문입니다. 의식은 비록 몸 안에 있기는 하나 특정한 형상이나 형태가 없습니다. 의식은 그 본래의 성질상 우리로 하여금 무엇을 느끼거나 감지하게 합니다. 그 성질을 '지知로서의 짜이따니야'라고 합니다. 지知로서의 **생명기운**은 자신이 이런 저런 몸이라고 여기고, 어떤 형상과 자신을 동일시할 때는 그에 따라서 기능합니다. 의식은 자신이 진아임을 생각하지 않고, 눈에 보이는 모든 것 혹은 존재하는 것처럼 보이는 모든 것을 참되다고 여기며, 그 미혹을 가지고 기능합니다. 그것이 어떤 몸을 휘두르든 않든, 실은 그것은 한계가 없는 ─ 어떤 특정한 형상이 없는 ─ **생명**입니다. 그것은 결함이 없지만 자신이 형상을 가지고 있다고, 더 정확히 말하면 자신이 그 몸의 형상이라고 가정하는데, 그것은 어리석은 실수입니다. 그것은 자신이 몸이라는 개념을 아주 강하게 지니고 있어서, 자신에게 적합하다고 생각하는 외부의 재산

---

3) T. 『마하바라타』에 나오는 날라 왕은 올바르고 덕 있는 사람이었다. 악마 칼리는 그를 다르마에서 벗어나게 하기 위해 12년간 틈을 엿보다가 한 번의 작은 실수를 틈타 그의 몸과 마음에 침투한 다음, 그가 내기 도박 끝에 나라를 잃고 숲에 들어가 살지 않을 수 없게 했다. 나중에 칼리의 영향에서 벗어난 그는 다시 나라를 되찾았다.

과 소유물을 요구합니다. 이처럼 그것은 자신의 **실재**에 대해 무지하기 때문에, 사멸할 몸뚱이에 매혹됩니다. 그래서 몸이 엄청나게 중요한 것으로 되고, 우리는 불필요하게 많은 슬픔을 겪게 됩니다.

몸 형상은 우리의 **본래적 존재**(Original Existence)가 아닙니다. 그것은 일시적인 불청객 상태일 뿐입니다. 만일 그것을 매우 주의 깊게 바라보면, 욕망과 열망의 그물을 불이 없이도 태워버릴 수 있습니다. **성자**들은 말합니다. "몸-의식에 유혹당하지 말라. 그대에게는 아무것도 필요 없다." 따라서 구도자는 진아인 상태에서 벗어나면 안 됩니다. 여러분의 만족이 방해받는 것을 결코 허용하면 안 됩니다. 진아확신이 그처럼 강해야 합니다. **브라만**인 '그것'에게 어떤 날짜나 시간이 길하거나 길하지 않습니까? 진아는 시간을 넘어선 힘입니다. 그것에게 무엇이 '나쁜 때'입니까? 그것은 '공덕 있는 때'의 '공덕' 자체입니다. '나쁜 때'로 불리는 그 무엇도 진아와 무관합니다. 진아는 신들의 신이며, 모두에게 **최상**의 것을 줍니다. 몸-의식은 여러분이 순수한 이성에 대한 분별을 잊게 만듭니다. 따라서 매우 예리하게 깨어 있어야 합니다. 침상에서 잠을 자고 있을 때도 자신이 신들의 신인 **브라만**이라고 생각하며 평안을 가져야 합니다. 여러분은 무형상이고, 깨끗하고, 순수하며, 오염 없는 **찬란한 진리**라는 것을 결코 잊지 마십시오. 어떤 것에 의해서도 동요되지 않고 머무르는 그 **만족** 안에서 안정되어야 합니다. 신 **빗탈라**(Vitthala-크리슈나)가, 루끄미니(Rukmini-그의 반려자)가 가까이 있다고 해서 브라만인 상태를 잃습니까?⁴⁾ 두 분 모두 순수하고, 무형상이고, 신성하며, 철두철미하게 **생명기운**일 뿐입니다. 빗탈라로서 머무르십시오. 여러분이 진아, 곧 아뜨만이라는 개념을 유지하십시오. 여기서 아뜨만이라는 단어는 무형상의 의식, 곧 **짜이따니야**를 의미합니다. 여러분이 이 지고아라는 부단한 확신이 곧 해탈 혹은 **자유**입니다. 자유는 늘 존재하므로 계발할 필요가 없습니다. 진아로 있는 것이 곧 자유로운 것입니다.

---

4) 이것은 남성 원리와 여성 원리, 곧 무형상과 현상계의 통일을 가리킨다.

여러분 자신이 **진아**라는 것을 결코 잊으면 안 됩니다. 제가 말씀드리지만, **성자**를 가까이하지 않으면 이것이 여러분의 마음에 새겨지지 않을 것입니다. 여러분 자신을 **성자**들에게 내맡기십시오. 만일 겉으로는 동의하고 깨어 있으면서도 은밀하게 의심을 가지고 있다면, 그렇게 동의해 본들 무슨 이익이 있겠습니까? 이제 하나의 큰 원리를 귀담아 들어 보십시오. 절대적으로 아무 의심이 없는 사람이 **싯다**요 **달**인입니다. 두 발을 **시바 링감** 위에 얹고 잠을 잔 비소바 케짜라(Visoba Khechara)의 이야기가 있습니다. 왜 그러느냐고 (남데브가) 묻자 그가 말했습니다. "시바가 없는 곳이 어디 있는가? 이 지구 전체가 **시바 링감**이네. 내 두 발도 **시바**이고, 달리 그 무엇도 아니네. 이 전 세계가 **시바**라네." 이것을 결코 잊으면 안 됩니다. 이런 결의가 흔들리면 안 됩니다.

싯다의 단계에서는, 이전에 '나미야(Namya-남데브)'로 불리던(그러나 그 뒤 진인 비소바를 찾아가서 **만물에 편재하는 신을 깨달은**) 사람이 없습니다. 어떤 '타자'도 없습니다. '두 번째', 혹은 다른 사람 같은 것은 없습니다. 두 번째가 없습니다. '타자'는 거기서 무관합니다. 이것을 이해한 사람이 **싯다**입니다. 의심을 가진 사람은 아직 구도자입니다. 세상에는 죄악과 공덕이 얼마든지 있습니다. 여러분이 일단 몸과 자신을 동일시하면 죄악과 공덕의 바다가 가득 찹니다. 이 모든 것을 베다에서 이야기하고 있습니다. 베다는 우리가 자신을 육신으로 생각하는 동안 어떻게 행위해야 할 것인지를 가르칩니다. 인간의 지성이 몸의 한계를 초월할 때, 베다는 헌신자인 사람에게 어떤 가르침도 줄 수 없습니다. 어떤 사람이 자기 육신을 넘어서 있고, 지각 가능한 것을 넘어서 있을 때, 그 사람에 대해 무슨 말을 할 수 있겠습니까? 그의 표지는 무엇입니까? 표지는 측면 혹은 성질들에 지나지 않습니다. **진아**에는 어떤 형태도 없습니다. 우리가 자신이 **진아**임을 깨달을 때, 어떻게 그것의 성질이나 성질 없음을 묘사할 수 있겠습니까?

자신을 **진아**로 이해하는 사람은 죄악과 공덕을 넘어서 있고, 가시적 형상들의 경계선을 초월해 있습니다. 그는 승리한 것입니다. 그것은 그의 승리일(Vijayadashami)5)입니다. 그날이 **황금의 날**입니다. 그것이 **불사 감로의 잔**입니다. 나고 죽음이 사라졌습니다. 개아인 상태가 사라졌습니다. 베다 자체가 그들 자신의 한계를 두었습니다. 여러분이 그 한계를 넘었을 때, 여러분은 의심할 바 없이 **진아**이고, 그 몸이 아닙니다. 몸 안에 있던 '나'가 **시바**가 된 것입니다. 승리한 것입니다. 그는 이제 **브라만의 절대적 힘**, 곧 진아의 힘을 가진 달인이며, 그 자신의 실재입니다. 지고아 라마가 그의 왕국을 되찾았습니다. 그것을 성취한 것이 '승리'의 상태입니다.

1935년 10월 7일

74. 비이원적 브라만을 설명함

비이원적 브라만은 그 자신 아닌 어떤 것이 아닙니다. '타자'인 그 어떤 것도 없습니다. 상상할 필요가 없습니다. 상상함이 없이 우리가 '있습니다.' 누구나 무엇을 상상함이 없이 그 자신을 경험합니다. 존재하는 것과 나타나는 것은 모두 **브라만**일 뿐입니다. 청문자들은 이 가르침에 만족한다고 말했습니다. 하지만 그 청문자가 여전히 의문을 제기합니다. "이 설명으로 저는 **절대자**와 하나가 되었습니다. 이제 저 **브라만** 안에 머무르겠습니다. 저는 가족과 세간적 삶에 대한 어떤 생각도 제 마음속에 들어오지 않아야 한다고 느낍니다. 저는 법문을 듣는 동안 **브라만**이 되었지만, 다시 저의 집에 대한 일들이 기억나고, 개아가 가족을 인식하게 됩니다. 그래서 혼란이 있고 마음이 헤맵니다. 제가 어떻게 해야 할지 부디 말씀해 주십시오. 저는 우리가 그런 것들에 대한 기억이 없어야 한다고, 아니 그보다도 우

---

5) *T.* 비자야다샤미(Vijayadashami)는 라마가 라바나를 죽인 것을 기념하는 인도의 축제일이다.

리가 이 몸을 가지고 있지 않아야 한다고 느낍니다. 저 자신이 하나의 몸을 가지고 있다는 것을 기억하는 한, 제가 브라만이 되었다는 데 동의할 수 없습니다. 브라만인 자가 어떻게 가정생활로 돌아갈 수 있습니까? 브라만이 있어야 하거나, 아니면 가정생활을 영위해야 합니다. 이것을 어떻게 조화시킬지 부디 말씀해 주십시오. 욕망과 분노도 여전히 지배합니다. 어떻게 해야 합니까?"

이 청문자는, 브라만을 깨달으면 자신이 느긋하게 드러누워야 한다고 주장합니다. 스승이 묻습니다. "깨달은 자들이 바위처럼 가만히 있게 되면, 비야사(Vyasa)나 슈까 같은 다른 성자들은 용도폐기 됩니까? 슈까와 바마데바는 해탈했지만 다른 사람들은 실패했다고 하는데, 어떻게 단 두 사람만 자유롭다고 말할 수 있습니까? 그러면 슈까의 스승도 환幻을 소멸하지 못했다고 봐야겠지요. 단 몇 명만이 저 너머로 건너갔다면, 왜 베다와 여타 경전들을 여전히 따라야 합니까? 그래서 이 모든 이야기는 맞지 않습니다. 비야사, 야냐발끼야 등 많은 리쉬들(Rishis)이 모두 해탈했습니다. 두 사람만 자유로워졌다고 말하는 사람은 어리석습니다. 어떤 사람이 알면서 어리석은 말을 할 때, 그 사람은 지혜로운 바보입니다. 예를 들어 그대의 이웃사람이 지혜로울지 모르지만, 그렇다고 해서 다른 사람들은 모두 어리석습니까? 참으로 지혜로운 사람은 거기에 동의하지 않을 것입니다. 그런데 만약 두 사람만 해탈했다고 하면 베다의 힘은 어디 있습니까? 진인이 베다에 대해, '만약 베다에 있는 한 마디만 이해해도 그 사람은 공덕이 있는 사람이다'라고 말한 것은 거짓입니까? 다른 제3의 구도자는 자유로워지지 않을 것이라고 한다면, 누가 베다를 존중하겠습니까? 그대는 장작처럼 딱딱해지는 사람만이 해탈한다고 생각하는데, 설사 우리가 그대의 견해에 동의한다 하더라도, 어떻게 진인 슈까는 나무토막이나 바위처럼 되지 않았습니까? 그는 빠리끄쉬뜨 왕에게 가르침을 주었습니다.6) 그가

---

6) *T.* 크리슈나의 생애와 가르침을 전하는 『바가바따 뿌라나(Bhagavata Purana)』는 진인 슈까가 빠리끄쉬뜨 왕에게 들려주는 이야기로 되어 있다.

빠리끄쉬뜨를 가르쳤다면, 어떻게 그대는 슈까가 바위처럼 되었다고 말할 수 있습니까? 만약 그가 하나의 바위가 되었다면 베다를 설명할 수 없었겠지요."

어떤 사람이 브라만을 깨닫자마자 나무토막처럼 쓰러진다면 나중에 누가 해탈의 길을 보여주겠습니까? 누가 남들에게 지(知)를 전해주며, 누가 그 사람을 애당초 가르칠 수나 있었겠습니까? 만일 그가 나무토막처럼 누워 있다면 누가 남들을 가르치겠습니까? 모든 지(知)가 상실되어 버리겠지요. 설명을 할 때는 우리가 모든 것에 대해 이야기해야 합니다. 영원한 것이든 사멸할 것이든 관계없이 말입니다. 따라서 한 순간 바른 정신으로 자각하다가 다음 순간 움직이지 않게 되어서는 안 될 것입니다. 그런 사람 역시 속박 속에 있겠지요. 그래서 우리는 삼매 중에도 나무토막처럼 쓰러지지 않음은 물론이고, 깨어 있고 말을 하는 등 활동하는 동안에도 브라만의 지(知)를 가지고 있어야 합니다. 브라만은 상상함이 없이 스스로 존재합니다. 그러나 일체가 브라만이라면 여러분의 상상도 브라만이고, 세간적 삶도 브라만입니다. 이 소위 '세간적 삶'이 어디서 여러분을 만났습니까? 그것은 어디에 있고 언제 있습니까? 모두가 브라만입니다. 여러분도 브라만의 밖에 있지 않습니다. 범부적 삶이 별개로 존재한다는 것 자체가 어디 있습니까? '브라만 깨달음'의 성품 자체가 이와 같습니다.

우리가 어떻게 손에 회중전등을 들고 어둠을 찾아 나설 수 있습니까? 회중전등을 끄면 어둠은 여러분 곁에 있습니다. 찾는 사람 그 자신이 브라만입니다. 자기 자신을 알지 못하면 온 지구상을 헤매고 다녀서 영겁의 세월이 지나도 브라만을 만나지 못할 것입니다. 반면에, 그 구도자가 자신이 브라만임을 알면 그것은 그에게 가장 가까이 있는 것이고, 그는 어디를 가든 '홀로'입니다. 브라만이 모든 공간을 채우고 있습니다. 그는 도처에 브라만 외에는 아무것도 없다는 것을 체험할 것입니다. 회중전등은 보는 시각을 의미합니다. 그것 자체가 브라만이라면, 그것이 무엇을 보든 모두 자동적으로 브라만일 뿐입니다. 더욱이 그 시각, 즉 보는 힘이 무지하다면,

그것이 무엇을 보든, 보이는 것은 **무지**이고 **환**幻입니다. 일체가 이미 어떤 얽힘도 없습니다. 어떤 사람이 잠에서 깨어난 뒤에도 누워 있을 수는 있지만, 그는 어느 모로 보나 깨어 있습니다. 여러분이 **브라만**을 깨닫고 나면, 설사 그것을 잊어버리려 해도 잊혀지지 않을 것입니다. 오히려 **단일성** 속에서 그것을 깊이 자각하게 될 것입니다.

어떤 사람이 한 구도자에게 **시바**의 만트라를 주고 염하라고 하면서, 그 만트라를 염하는 동안은 '원숭이'를 생각하면 안 된다고 했다는 이야기가 있습니다. 그런데 어떻게 되었습니까? 그 사람이 **시바**의 만트라를 염할 때는 늘 원숭이가 떠올랐습니다. 뿐만 아니라 꿈속에서조차 원숭이를 보았습니다. 그는 환각에 빠졌고, 모든 것에서 원숭이를 보았습니다. 자기 아내, 자식들, 다른 사람들, 심지어 자기 집에서도 원숭이가 보였습니다. 그래서 금지된 것이 마음속에서 가장 먼저 떠오른다고 말할 수 있습니다. 잊어버려야 하는 것이 두 배로 많이 기억됩니다. 잊어버리기는 매우 어렵습니다. 여러분이 몸을 가지고 있는 동안은 (세간사에의) 관여가 있습니다. 그것을 어떻게 피할 수 있습니까? 여러분은 즐기기 위해 사물을 수집합니다. 여러분은 자신의 욕망으로 사물들을 축적했고, 이제는 그것을 거북하게 느낍니다. 여러분이 자신의 **만족**을 파괴하고 있습니다. 부디 단순한 사실 하나를 기억하십시오. 일반적으로, 어떤 사람도 아무 이유 없이 누구에게 무엇을 해주지는 않습니다. 요컨대, 훗날 그런 관여를 없애고 자유로워질 것을 바라지 마십시오. 그렇게 되지 않을 것입니다. 가정생활을 포함한 일체가 **브라만**입니다. 깊은 잠 속에는 **브라만**이 있고 생시의 상태에는 **브라만**이 없다고 어떻게 말할 수 있습니까? 여러분이 그 몸이라는 개념, 한 개인이라는 개념으로 영위하는 삶은 위험하고 파괴적입니다. 그러나 활동하는 매 순간 여러분이 **브라만**일 때는, 삶 그 자체가 **브라만**이고, **지복**만이 있습니다. 육신과의 동일시를 가지고 살 뿐이라면 그것은 해롭습니다.

1935년 10월 8일

75. 나라야나는 많은 형상으로 유희한다

일체가 **생명기운**이며, 달리 아무것도 아닙니다. **생명기운 짜이따니야**가 그 자신을 표현할 때, 그것은 '**바람**'이 됩니다. 우리는 **바람의 신**에게 예경하고, 불의 신에게 예경하고, 물의 신에게 예경하고, 흙의 신에게 예경합니다. 짜이따니야가 그 자신을 표현할 때, 우리는 그것에 많은 이름을 부여합니다. 어떤 것의 결과인 것은 본질적으로 그 '어떤 것'의 성품을 갖습니다. **생명기운**의 현현인 것은 여전히 **생명기운**일 뿐입니다. 아내와 자식들은 모두 **생명기운**일 뿐이지만, 우리는 그들을 마야, 곧 환幻으로 부릅니다. 그것은 개념적이고, 그래서 **마야**라고 불립니다. 또 개아라고도 합니다. 그것은 이 모든 환幻이 거짓이라는 의미입니다. 거짓된 것 안에 일부 좋은 것도 있고 일부 나쁜 것도 있습니다. 사람들은 심지어 어떤 금 장신구가 좋다거나 나쁘다고 말하기도 합니다. 사물을 좋다, 나쁘다고 부르는 이런 습은 '**기본적인 것**'에도 해당될 수 있습니다. **생명기운**이 **기본적인 것**이고, 그래서 그것이 다양한 이름으로 불립니다. 한 여자가 딸·아내·처남댁·시누이·형수·누이·숙모·이모·고모·할머니·증조할머니 등으로 불립니다. 그러니 이 모든 것이 무엇입니까? 단 한 가지가 많은 이름으로 불리는 것입니다.

신은 많은 형상을 취하는데, 이 사실을 아는 사람을 구도자라고 합니다. 신 **칸도바**(Khandoba)[7]의 황금상과 돼지의 황금상은 금이라는 면에서는 똑같습니다. 그 가격이 그램당 동일하기 때문입니다. 가격은 기본 금속과 관계되고, 가치는 기본 금속에게 부여됩니다. 진정한 가치는 원물原物과 관계됩니다. 그 물건이 다양한 형상을 취하면서 전체 게임이 진행됩니다. 그것은 재미입니다. 오락입니다. 한가한 시간에 탐닉하는 상상의 유희입니다.

---

7) *T.* 마하라슈트라 주에서 널리 숭배되는 시바 신의 한 형태. 대표적인 칸도바 사원은 마하라슈트라 주의 제주리(Jejuri)라는 읍에 있다.

그것은 장난치는 태도이며, 재미의 관념입니다. 이익이냐 손해냐, 좋으냐 별로냐는 생각하지 않습니다. 그것은 그냥 의식의 즐김입니다. 그것에 대해 서운해 하거나 즐거워할 필요가 없습니다. 그것은 그냥 의식의 즐거운 기분입니다. 그러나 이것을 진짜라고 진지하게 받아들이는 사람은 슬픔의 바다에 떨어집니다. 사물과 숫자들은 상징적인 정서적 개념입니다. 어떤 특정한 사물, 사람 혹은 장면도 실재성이 없는데, 그것을 실재한다고 여기는 사람은 바보입니다. 실제로 그는 완전히 미친 것입니다. 성자들과 친교하면 그런 미침이 소멸됩니다. 그럴 때 우리는 브라만을 온전히 즐깁니다. 이것이 무엇을 의미합니까? 우리가 모든 경험의 토대에 있는 상태 안에 머무르면서 변화가 없다는 것을 의미합니다.

금세공인은 금의 가격에 관심이 있지, 그 금이 신의 형상이냐 돼지의 형상이냐에는 관심이 없습니다. 이것이 지혜로운 사람의 관점입니다. 환幻은 사물들의 형상이 변한다는 것을 의미합니다. 모든 존재에서 동일한 의식을 보는 사람이 성자입니다. 이것이 가톳까츠(Ghatotkach)의 환幻입니다. 가타(ghata)는 형태를, 웃까르(utkat)는 최선 혹은 참된 것을 뜻합니다. 나타나는 어떤 사물이 참되거나 실재하는 것으로 여겨질 때 그것이 환幻입니다. 여기서 가트는 우리의 몸입니다. "우리는 이 몸이고, 그것은 우리 자신의 존재다. 나는 몸으로 나타나 보이는 이대로의 사람이다"라는 생각이 우리의 환幻입니다. 그것이 마야입니다. 내 몸의 유용성, 내 몸의 뚜렷한 면모, 그리고 이 몸이 나에게 유용하다는 개념은 환幻입니다. "장래에 나는 이 몸으로 이익을 얻을 것이다. 그 장래를 위해 나는 열심히 일할 것이다. 그리고 모든 쾌락을 누리고 싶다"는 개념, 그리고 이런 관념으로 모든 일을 하는 사람은 가톳까차 마야(Ghatotkacha Maya-몸이 참되다고 하는 환)에 말려듭니다. 이 모든 환幻은 가타, 즉 우리의 몸에서 일어났습니다.

고대의 이야기에서 주 크리슈나가 헌신자들에게 말했습니다. "어떤 새로운 것도 붙들지 말라. 그대들이 가지고 있는 오래된 것들이 참되다." 여기서 오래되었다는 것은 처음 혹은 원래의 것, 즉 모든 것의 안에 거주하는 일자를 의미합니다. 그것이 **브라만**입니다. **그것**과 함께 머무르십시오. 가톳까차는 사람들에게 새 옷, 새 장신구를 가지라고 하면서 낡은 옷과 낡은 장신구를 자기에게 달라고 했습니다. 사람들은 욕심이 나서 아름다운 새 옷과 새 장신구를 받고 그들의 오래된 옷과 장신구를 다 주었습니다. 나중에 기이하게도 그 새것을 받은 사람들은 여러 가지 방식으로 고통을 겪게 되었습니다. 그들의 손과 발이 고통스럽게 옥죄었고, 많은 사람들이 미쳤으며, 많은 사람들이 기억을 상실했습니다. 어떤 경우에는 그들이 입고 있던 옷이 눈에 보이지 않게 되어 벌거숭이가 되었습니다. 머리쓰개들이 사라졌고, 어떤 사람은 상의를 잃어 버렸으며, 장신구들의 절반이 사라졌습니다. 어떤 사람들은 벌거숭이여서 몸을 숨기기 시작했고, 숨을 곳을 찾아 여기저기 뛰어다녔습니다. 따라서 그 모든 사람들이 수모를 당했습니다. 그 사람들이 새 옷을 받기 위해 옷을 교환할 때, 주 **크리슈나**가 좀 떨어진 곳에서 자신의 몸을 보이지 않게 하고서 사람들에게 그 새 옷을 받으면 안 되며, 그것은 모두 가톳까차의 요술이라고 경고했습니다. 그들에게 자기 물건을 내주어서는 안 된다고, 가톳까차가 그들을 속이면서 그들에게 사악한 마법을 걸고 있다고 경고한 것입니다. 그러나 사람들은 **크리슈나**의 조언을 귀담아 듣지 않았고, 그래서 웃음거리가 되었습니다.

  실로 '가장 오래된 것'은 우리 자신의 **존재**, 즉 **진아**이며, 이것은 어떤 새로운 경험보다도 이전입니다. 그것은 **금**金입니다. 그것을 포기하면 안 됩니다. 오래된 것이든 새 것이든 일체는 의심할 바 없이 **생명기운**일 뿐이지만, 그 물건이 새롭다고 해서 새 것에 속지 마십시오. 형성되는 것은 사멸합니다. 주 **시바**가 악마인 바스마아수라에게 매일 재를 좀 가져오라고 했습니다. 그 말의 의미는, **시바**는 모든 것이 불에 타서 신성한 **생명기운**으로 돌아가는 것을 좋아한다는 뜻입니다. 눈에 보이는 전 세계는 결국 **큰 신인 마하데바**[시바] 속으로 들어갑니다. 이제 현대 과학은 공기가 모든 생명체의 기원이라고 믿습니다. 그들은 그 너머를 탐색하지 못했습니다. 그 너머에 **브라만**이 있지만, 화학을 통해서는 더 이상 접근하지 못합니다.

두 가지가 한데 모이면 제3의 어떤 것이 형성됩니다. 목수와 목재가 한데 모이면 의자가 만들어집니다. 인간의 이 힘을 바지가리(Bajigari), 곧 새로운 것을 만들어내는 힘이라고 합니다. 악마들이 쓰는 창조력은 워둠바리(Wodumbari)라 하고, 이 세계를 창조하는 신의 힘은 **창조력**이라고 합니다. 이 세 가지 모두를 패배시키는 자를 '브라만을 아는 자'라고 합니다.

새로운 것들을 건립하거나 창조하는 힘 모두가 어느 면에서는 최면술의 힘입니다. 그것은 사람들 눈앞에서 미혹을 창조하는 기술입니다. 이 창조된 형상들이 실재하고 영원하다고 여기는 사람은 바보입니다. 그는 거듭거듭 태어나고 죽을 수밖에 없습니다. 세 가지 창조 유형 모두에 매혹되지 않는 사람은 **전능한 신**과 같습니다. 창조의 세 과정을 아는 사람은 그것을 넘어서 **빠라마뜨만**의 옥좌에 앉습니다. **브하바**(Bhava-존재계)는 창조된 바다를 의미하고, 여러분은 그 바다 속의 고기들입니다. 미끼를 물지 않음으로써 이 바다를 넘어서야 합니다. 만일 그 고기가 자신이 바다라고 생각하면 그는 바다입니다. 그는 물로 만들어졌습니다. 눈에 보이는 일체가 **빠라마뜨만**에서 생겨났다는 것을 아는 사람은 이 환幻에서 벗어나 있습니다. 사람들은 돈을 내고 부의 여신 **락슈미**의 소상塑像들을 산 다음, 그 상을 숭배합니다. 이것이 올바릅니까? 이것을 알고 이해하는 것이 올바른 지知입니다. 자나까 왕은 이 올바른 지知를 이해하고 기뻐했습니다.

우리가 현자를 만나면 그에게 올바른 질문을 하고 배워야 합니다. 그렇게 하는 사람은 영리한 사람입니다. 왜냐하면 올바른 질문을 하여 그 자신의 복리를 얻기 때문입니다. 자나까 왕이 물었습니다. "부디 저에게 **브라만**이 무엇인지, 누가 **브라만·바수데바·빠라마뜨만·나라야나** 등으로 불리는지 설명해 주십시오." 거기서부터 이 모든 것이 창조된 '그것'을 **브라만**이라고 합니다. 산스크리트어로 **빠다르타**(Padartha)라는 단어는 특별한 의미가 있습니다. **빠다**(pada)는 용어 혹은 단어이고, **아르타**(artha)는 그 용어의 의미를 뜻합니다. 자나까가 질문한 이 모든 것은 **브라만**과 관계됩니다. 그것이 아르타, 즉 그 용어의 의미입니다. 우리에게 '원초적인 것'이라는 의미를 전달하는 단어가 없었기 때문에 그것이 브라만으로 불렸고, 인간은 이 브라만이라는 하나의 단어에 만족했습니다. 들으려고 한 모든 것을 그것이 다 갖추었기 때문입니다. 크리슈나·바가반·비슈누 등은 모두 이 '한 물건(One Thing)'의 이름입니다.

이제 저 한 물건의 성품을 들어 보십시오. 만물의 토대로서 우주 안의 일체를 완전히 채우고 있는 것을 나라야나(Narayana)라고 합니다. 베다에 통달한 리쉬들이 이를 나라야나라고 불렀습니다. 현자 삐빨라얀(Pippalayan)은 말합니다. "오 왕이시여, 이 우주의 태초의 원인은 나라야나입니다. 그가 존재하지 않을 때는 우주가 해체됩니다. 존재하고 움직이며, 몸 안에서 기쁨에 가득 차 있는 자가 나라야나입니다. 몸을 창조하고, 그에 영향 받지 않고 그 안에 머무르는 자가 나라야나입니다." 이 세계는 어떻게 창조되었습니까? 제가 말씀드리겠습니다. 잠을 자는 자, 꿈을 꾸는 자, 꿈속에서 사물을 보며, 눈에 보이는 세계를 아는 자가 나라야나입니다. 나라야나가 허공이 되자마자―거기서 그는 깨어 있었는데―세계가 생겨났습니다. 그것이 잠깐 동안이든 오랜 시간 동안이든, 나라야나는 생시 상태의 경험입니다. 그 경험은 그것을 원한다고 해서, 또는 원하지 않는다고 해서 일어나지 않습니다. 그것을 원치 않는다고 해서 사라지지도 않고, 결코 경험자의 욕망에 의지하여 일어나지도 않습니다. 세계는 하나의 자연적 현상으로서 생겨나고 사라집니다. 이 모든 것의 경험자가 나라야나라는 것을 아십시오. 꿈이 거짓이라고 말하는 자가 나라야나입니다. 꿈은 허구적인 것이라고 말하는 자, 생시 상태의 자각을 아는 자, 그리고 깊은 잠의 지복을 온전히 자각하는 자가 나라야나입니다.

모든 상태와 모든 경험을 인식하는 '그것'을 지고아 빠라마뜨만이라고도 합니다. 그는 의식의 위없는 찬연함이자 빠라마 뿌루샤(Parama-Pususha), 곧 지고의 무형상이며, 일체에 편재하는 나라야나입니다. 이제 브라만의 상태에 도달하는 쉬운 길을 들어 보십시오. 전체적인 '그것', 전부인 '그것'을 보십시오. 저 빠라마뜨만은 '옴' 소리 안에 있는데, 그 소리는 여러분 안에 있습니다. 그의 힘으로 마음과 지성이 움직이는 '그것'이 빠라마뜨만입니다. 이 나라야나가 여러분의 내면에서 별처럼 빛나고 있습니다. 나라야나는 모든 존재들 안의 **생명**입니다. 그는 모든 존재들을 움직이는 자입니다. 그는 깊은 잠 속에서는 물론이고 삼매 속에서도 깨어 있습니다. 그는 **세계의 하느님**(Jagadeeshwar/Jagadisha)으로 불립니다. 이 세계를 보는 자가 **세계의 하느님**입니다. 그가 **태초의 하느님**(Adhi-Isha)입니다. 만약 그가 존재하지 않는다면 콧속의 빈 공간이 어떤 향기도 맡지 못할 것입니다. 그의 힘으로 여러분이 "내가 있다"고 말하는 그가 **나라야나**입니다. 우리를 보호하는 자가 **나라야나** 신입니다. **나라야나**가 모든 행위의 행위자입니다.

1935년 10월 9일

76. 지知로서의 세계

세계는 세 겹인데, 이는 세 차원의 세계 또는 세 세계라는 의미입니다. 그것은 생시의 상태, 꿈의 상태 그리고 깊은 잠의 상태입니다. 깊은 잠의 상태를 **빠딸**(Paataal)이라고 합니다. 나라야나는 일체의 안에 거주하는 자입니다. 처음에는 꿈의 상태 안에 아무것도 없습니다. 얼마나 많은 사람이 있습니까? 꿈을 꾸는 사람과 그 꿈을 아는 사람은 하나입니다. 생겨나는 꿈은 사라지고 깊은 잠도 오고 가지만, 꿈을 꾸고 잠자는 그 사람은 사라지지 않습니다. 그는 세 세계의 지배자입니다. 그는 모든 것의 주시자입니다. 그가 **빠라마뜨만**, 곧 **지고아**입니다. 몸의 세 가지 상태 모두를 아는 자가 저 **빠라마뜨만**입니다. 그의 힘으로 마음·지성·생기·감각기관들이 기능하는 그가 **나라야나**입니다. 만일 그가 감각기관들에 의존한다고 말하면 그것은 맞지 않습니다. 그는 왕입니다. 그는 신이고, 감각기관에 의존하지 않습니다. 그를 알려고 노력하면 속을 것입니다. 그는 누구에게도 알려지지 않은 채로 있습니다. 만일 여러분이 자신을 어떤 존재, 어떤 특정한 개체라고 생각하고 그를 알려고 하면 알 수가 없을 것입니다. 그를 알려고 하지 마십시오. 그는 (알려지는 대상이 아니라) '아는 자'입니다.

그를 알려고 하지 않아도 그가 있습니다. 단일성(Oneness)은 그처럼 실제적입니다. 그 단일성은 이미 있었습니다. 단지 재확립될 뿐입니다. 진인, 곧 '지자知者'는 '아는 자'나 관찰자가 될 수 없고, 그를 알려고 하거나 주시하려고 할 수 없습니다. 지知는 지知 그 자체에 의해 알려집니다. 그것은 말없이 이해해야 합니다. 그것은 그것 자체로 있습니다. 그것은 우리 자신이 거울에서 우리 자신을 보는 것과 같습니다. 실재를 지知의 거울 속에서 보아야 합니다. 혀의 능력은 맛을 보는 것인데, 맛을 볼 때만 일어납니다. 지知라는 책은 거울과 같습니다. 의식은 오직 하나입니다. 하나인 의식이 어떻게 '다른' 어떤 것을 알 수 있겠습니까? 우리는 스승이 우리에게 주는 개인적 가르침을 통해 배워서 그것을 이해해야 합니다. 우리의 심장 속에서 모든 것과 모든 사람을 아는 그 하나(일자)가 빠라마뜨만입니다. 어떤 상태도 취하지 않으면서 존재하는 '그것'이 브라만입니다. 어떤 상태를 취하는 것은 '두 번째' 혹은 '타자'를 도입하는 것입니다.

못의 물이 분수를 통해 하늘로 솟구쳐 올라 하늘을 보지만, 떨어지면 다시 못의 물과 철저히 섞입니다. 그 물이 자신은 못의 물일 뿐이라는 것을 알 때 진리가 있습니다. 그것을 깨달아야 합니다. 스승의 아들은 이것을 압니다. 다른 사람들은 뭐가 뭔지 모른 채 앉아 있을 뿐입니다. 만일 여러분이 그것을 알려고 하면, 아는 기능을 상실할 것입니다. 대상적인 감각적 앎의 과정을 통해서는 실재를 만날 수 없습니다. 그것을 경험하여 알겠다고 고집하는 사람들은 미혹을 야기할 뿐입니다. 그런 접근법을 떠나십시오. 실재를 경험의 수준으로 끌고 오려는 노력을 그만두십시오. 앎과 모름을 떠나십시오. 둘 다 개념이고 여러분의 태도에 불과합니다. 둘 다 버려질 때 존재(Existence)만이 남는데, 그것은 순수한 있음(Being)의 상태입니다. 그럴 때만 이해가 일어납니다. 그것이 우리의 진아입니다. 그것을 어떻게 알 수 있습니까? 여러분이 매일 저를 찾아와서 어떻게 하면 여러분 자신을 붙들 수 있는지 말해 달라고 하는데, 저는 그러겠다고 했습니다. 저는 여러분이 길을 잃지 않았다는 것을 압니다. 저는 그것을 아주 분명하게 알고 있고, 그래서 여러분 자신의 주소를 여러분에게 제공할 것입니다. 진아의 성품은 '있는' 것입니다. 여러분은 그를 원치 않을지 모르지만 그는 있습니다. 그는 분명히 있을 것입니다. 설사 여러분이 그를 원치 않는다 해도 말입니다. 그가 지고아 빠라마뜨만입니다.

신의 거주처(Vaikuntha)를 상상하는 것은 마음입니다. 마음이 "나는 비슈누다"라고 상상합니다. 그러나 진아에 대해서는 마음이 아무것도 상상할 수 없습니다. 세 세계를 상상하는 마음도 진아는 상상하지 못합니다. 만일 진아에 대해 상상하려고 들면 그 마음은 끝나 버립니다. 눈은 그 자신을 볼 수 없고, 다른 눈들을 볼 수 있을 뿐입니다. 1리터나 2리터를 재는 단지가 수백 킬로리터를 잴 수 있지만, 그 자신은 재지 못합니다. 마찬가지로, 마음은 진아를 가늠할 수 없습니다. 마음과 지성이 알 수 없는 것을 언어가 어떻게 알 수 있겠습니까? 샅가리개를 착용하고 수천 년 동안 좌선을 한다고 해서 진아를 알 수는 없습니다. 그것은 샅가리개를 아는 그, 곧 진아입니다. 우리는 그를 이해하는 방도를 알아야 합니다. 참스승은 그 방도를 압니다. 만일 여러분이 한 폭의 천으로 하늘을 묶으려 하면 천의 네 귀퉁이가 다 비어 있겠지요. 몸은 쁘라나, 곧 생명기운의 힘으로 인해 기능합니다. 그 쁘라나도 그를 알지 못합니다. 언어는 그를 알 수 없습니다. 그는 마음의 마음, 지성의 지성, 앎의 앎입니다. 그는 모두의 눈들의 눈입니다.

의식은 그 자체 지知의 성품으로 되어 있습니다. 그것은 그 자체 우주의 몸입니다. 그것은 모든 살아 있는 존재들의 생명입니다. 모두의 생명인 것입니다. 육신들은 가죽 인형이나 꼭두각시와 같습니다. 그들 안에서 살고 있고 모든 게임을 하는 것은 그입니다. 눈이 사물을 본다고 해서 사람은 헛되이 눈을 탓합니다. 일체를 보는 것은 그일 뿐입니다. 감각기관들을 헛되이 지각기관이라고 부릅니다. 아는 것은 그입니다. 상상된 개아가 헛되이 자신이 존재한다고 말합니다. 개아가 음식 남은 것을 먹는데, 실제로 그 음식을 먹는 것은 **진아**입니다. 진짜 임자가 먹지만, 개아는 자신이 먹는다고 말합니다. 개아는 이처럼 2차적인 음식을 먹고 있습니다. 의심의 '개'인 이 개아가 헛되이 짖어댑니다.

어떤 사람의 몸이 그 자신에게 부담이 됩니까? 마찬가지로, **진아**지를 가진 **성자**는 세계와 하나가 되었습니다. 우주가 그의 몸입니다. 그는 바로 자신의 성품에 의해 **단일성**입니다. 그가 어떤 부담을 느끼겠습니까? 전 우주는 하나의 단위, 하나의 완전한 전체, 지知의 전체성이기 때문에 우주와 지知의 성품은 하나입니다. 지知 없는 우주와 우주 없는 지知는 가능하지 않습니다. 지知가 철두철미 우주입니다. 전 우주가 지知 안에 들어 있습니다. 지知는 브라만을 뜻하고, 겉모습(현상계)은 우주를 뜻합니다. 그래서 우리가 "**브라만은 참되고 세계는 환**幻"이라고 말하는 것입니다.

1935년 10월 10일

77. '나'를 집에서 내보내라

감각기관 모두에게 빛을 주는 것, 그것들에게 생명을 주는 것, 그것들이 전달하는 감각들을 즐기는 것, 그리고 모든 감각기관과 그것들의 대상들이 그에게 굴종하는 그것이 **진아**입니다. 그가 감각기관들로부터 인상을 수용하기는 하나, 그는 그것들에서 초연한 상태로 머무릅니다. 냄새는 코의 대상이지만 코는 그 냄새에 의해 통제되지 않고, 냄새가 코에 의해 통제됩니다. 마찬가지로, **진아**는 모든 감각기관을 통제하는 자입니다. 대상들은 가치가 적지만 **진아**는 더 큰 가치가 있고, 그가 임자입니다. '임자'는 '더 가치가 있다'는 의미를 내포한 단어입니다. 그는 모든 대상들보다 우월합니다. 그는 일어나는 모든 경험보다 우월합니다. 그 우월성이 '임자'라는 말로 표현됩니다. "모든 사물은 그 임자보다 가치가 적다"고 말하는 것은 경험되는 것과 관련된 모든 물질, 모든 재산을 그가 소유하고 있다는 뜻입니다. 그는 모든 재산의 향유자입니다. 그는 모든 감각대상에 대해 권력을 가지고 있습니다. 모든 물질이 그의 소유입니다. 그는 감각기관에게 알려지지 않습니다. 그는 감각기관들의 지시자이고, 그것들보다 우월합니다.

대상과 감각기관들은 **진아**를 알 수 없습니다. 대상들은 경험될 수 있는 사물입니다. 경험자는 그것들을 경험하는 자입니다. 그는 대상들을 압니다. 대상들은 그를 모릅니다. 지성이 도달할 수 없는 곳에 마음이 어떻게 도달할 수 있습니까? 어떻게 감각기관 중의 어느 것이 그를 알 수 있겠습니까? 네 가지 언어는 그를 알지 못합니다. **생명기운들**(Pranas)은 그를 알지 못합니다. 감각기관들이 그를 모르는데, 손이나 발과 같은 행위기관들이 어떻게 그를 알겠습니까? 확대경 안에 해가 들어 있지는 않지만 태양 광선이 그 유리를 통과하면 매우 뜨거운 점이 만들어져서 반대편에 있는 어떤 물건도 태울 수 있습니다. 파도에는 바다 전체가 들어 있지 않습니다. 바다에 파도들이 들어 있습니다. 마찬가지로, 감각기관들의 도움으로 **브라만**을 아는 것은 가능하지 않습니다. 감각기관들은 **브라만**을 모르고, **브라만**이 감각기관들을 경험합니다. 바나나에서 바나나 나무가 만들어지거나 소금에서 바다를 만들어낼 수 있을지언정[이것은 불가능한 일이지만], 감각기관들은 **브라만**을 알지 못할 것입니다.

감각기관이 **브라만**을 알 수 없다면, 무지하고 '마음이 단순한' 사람들은 **브라만**을 알지 못할 거라고 생각하는 것이 당연합니다. 그것은 그렇지 않습니다. 만일 그렇게 생각한다면, 제가 여러분에게 더 해드릴 이야기가 있습니다. 소위 '마음이 단순한' 사람들에게 **영적인 지**知를 가르치기 위해 신성한 단어 **옴**(Om)이 제시되었습니다. 이 단어는 **브라만**을 가리킨 다음 사라집니다. 그렇지 않으면 사람들이 브라만을 알지 못할 것입니다. 그 단어가 들리는데, 듣는 행위는 귀가 합니다. 귀에 들리는 그 단어가 살아 있는 '옴'이 진동하는 내면에 도달합니다. 그 살아 있는 단어는 '알기(knowing)', 곧 인식의 기술입니다. 앎은 알기의 작용입니다. 앎은 그것의 본래적 성질입니다. 감각기관들은 외부의 어떤 사물에 대한 지각을 가지고 있고, 이 알기의 기술은 의식에 내재된 성질입니다. 브라만에 대한 설명은 진아에 대한 묘사인데, 그것은 우리 자신의 진아, 우리의 성품, 그리고 삶 속의 의식의 기능에 대한 지知를 의미합니다. 감각기관들은 그것을 알지 못합니다. 그 아는 능력이 감각기관들을 사용하여 외부의 사물들을 아는 것입니다. 그것의 주된 성질은 '아는 것'입니다. 그래서 그것을 속성 있는 브라만(Saguna Brahman)이라고 합니다. 그 아는 성질이 없을 때 그것은 당연히 속성 없는 브라만(Nirguna Brahman)입니다. 그것에게는 어떤 특별한 행위도 필요치 않습니다. 그래서 성자들은, 진아는 감각기관으로 이해할 수 없다고 가르치는 것입니다. 진아는 감각기관을 알고 그것들을 통제하는 신입니다. 그는 그 기관들에게 감각대상을 지각할 수 있는 능력을 주는 힘을 제공합니다. 그래서 성자를 감각기관의 정복자(Jitendriya)라고 부르는 것입니다.

어떤 사람이 근처에 앉아 있는 다른 사람을 봅니다. 그는 그 사람의 이름을 모르지만, 손가락으로 그 사람을 올바르게 가리킵니다. '저기'라는 말로써 그 사람을 가리키면 그 단어는 사라집니다. 그 말의 기능이 끝났기 때문입니다. 마찬가지로, 단어는 우리에게 이것이나 저것은 브라만이 아니라고 말해줍니다. 브라만은 어떤 겉모습이나 이름을 가진 대상을 넘어서 있습니다. 이는 마치 어떤 사람이 손목시계를 이야기하고 싶었지만 그 이름이 기억나지 않자 "손목에 차는 둥근 것"이라고 말하는 것과 같습니다. 따라서 어떤 요령 있는 설명 수단을 써서 그것을 묘사하면 그 단어는 사라집니다. 그래서 스승들은 여러분이 한 단어를 이해하면 신이 될 거라고 말하는 것입니다. 몇 마디 말로 된 스승의 조언에 의해 우리는 신을 이해하게 될 수 있습니다. 그래서 논리적으로, 말이 신과의 만남을 가능하게 한다는 결론이 나옵니다. 말 자체가 아주 대단합니다. 우리가 과거와 현재를 아는 것은 말에 의해서입니다. 우리가 **라마**, **크리슈나** 여타 위대한 스승들을 아는 것도 말에 의해서입니다. 주 **크리슈나**도 어떤 말로써 그의 제자 아르주나를 가르쳤습니다.

한 인간의 삶이 그 이름에 값하는 것은 우리가 말을 이해하기 때문입니다. 말에 의해, 인간으로 태어나는 것이 위대한 일이 되었습니다. 말이 우리를 **신**으로 만듭니다. 베다의 지식은 말로 전해집니다. 우리는 (책을 통해) 슈까, 비야사와 대화를 할 수 있습니다. 책의 저자는 실제로 우리와 이야기를 나눕니다. 이야기는 말로써 가능합니다. 책에는 글로 쓰여진 말들만 들어 있습니다. 우리는 '말'이 **지**知를 전해주는 일을 맡았다고 말할 수 있습니다. 말은 많은 것들을 환幻이라고 내버리고, 마지막으로 그 자신도 쓸모가 없어져 침묵합니다. '나'와 말 둘 다 사라집니다. 여기서 '나'는 에고 혹은 자부심을 뜻합니다. 말이 그것이 일어난 장소에 도달하고, 그런 다음 침묵합니다. 우리에게 **실재**, 즉 **브라만**을 가르치겠다고 맹세한 것이 '말'입니다. 파리가 음식 속에서 죽어 사람이 그 음식을 토하게 만듭니다. 마찬가지로, 그러나 상당히 좋은 방식으로, 베다는 아껴둔 단 하나의 말만 간직하고 다른 것들은 다 내버립니다. 베다는 여러분이 **브라만**에 대해 말하는 그 어떤 것도 **브라만**이 아니라고 말합니다['이건 아니다(Neti)']. 남는 것은 **브라만**입니다. 그렇게 말하면서 베다 역시 침묵합니다.

형이상학자들은, **브라만**은 직접 묘사할 수 없는 것이라고 말합니다. 요령 있는 설명에 의해 그 전제를 이해하는 사람이 **구루뿌뜨라**, 곧 **스승의 아들**입니다. '여러분'이 사라질 때 남는 것이 **브라만**입니다. 금화 더미 위에 도사리고 앉은 코브라처럼, **브라만** 위에 '나'가 도사리고 앉아 있습니다. 코브라를 죽일 때만 그 돈을 가질 수 있습니다. 마찬가지로, 여러분이 '나'를 죽이는 즉시 **브라만**이 있습니다. 말로써 묘사할 수 없는 **그것**을 아는 그 사람 자신이 **브라만**입니다. 일체를 내버린 뒤에 남아 있는 **그것**은 항상 존재합니다. 바스마아수라가 손을 자기 머리에 얹자 그는 재로 변해 버렸습니다. 그럴 때 남아 있는 것은 단 하나, **마하데바**[시바]입니다. 없던 자가 죽었습니다. 어떤 집에 세입자가 아무도 없는데, 사흘 안에 집을 비우라는 통고문이 대문에 붙었습니다. 실제로 그 집을 점유한 사람이 아무도 없었습니다. 집이 비어 있었습니다. 이 '나'의 경우에서 보는 어리석음도 마찬가지입니다. '나'의 존재성이 그 말에 의해 부인될 때, 남는 것은 **브라만**입니다. 천신들은 말 속에 숨어 있기를 좋아합니다. 우리가 우리의 말로써 그들에게 **신성**神性을 부여합니다. 모든 창조계는 말의 소관사항입니다. 전 세계가 말에 의해 창조됩니다. 말·소리는 허공의 성질이며, 세계는 말에 의해서만 절멸됩니다.

언어가 그에게 말하도록 강제할 수 없지만 언어에게 말을 하게 하는 자, 그의 힘으로 눈이 보지만 눈은 그를 볼 수 없는 자, 그리고 그는 모든 것을 알지만 모든 것은 그를 알 수 없는 자에게는, 그를 알 '두 번째'가 없습니다. **자기알기**(Self-knowing)인 그것에게는 그를 알 '타자'가 없습니다. 그 외에는 아무도 존재하지 않습니다. 냄새가 있고 냄새 맡는 행위가 있지만, 그 중간 요소인 냄새 맡는 자['나']를 제거하면 남는 것은 **빠라마뜨만**입니다. 관찰자·관찰 대상·관찰 행위의 3요소가 형성되면 그를 이해할 수 없습니다. 만일 어떤 사람이 자연스럽게 침묵하면, 그것은 그입니다. 그가 없다면 다른 모든 것이 부질없습니다. 행위기관과 감각기관들이 모두 기능하고 있어도, 그가 없다면 그 모두 죽은 것입니다. 그 없이는 그것들이 모두 죽은 것인 그것이 신입니다. 다른 어떤 '것'을 '알지' 말고, 지각하지 마십시오. 여러분이 그것을 안다는 것을 배제하십시오. 그러면 무엇이 있습니까? 그만이 있습니다. 대상적인[타자인] 어떤 '것'도 인식함 없이 존재하는 자는 그 자신이 자신의 장엄함, 자신의 찬연함 속에 있습니다. 그가 일체를 합니다. 의심할 바 없이 그가 존재하지만, '나'는 집을 비워 주어야 합니다.

그 개아가 죽으면 우리는 **시바**로만 남습니다. 마라티어로 '아지(Aaji)'는 오늘 있는 자를 뜻하고, '마지(Maaji)'는 지금 존재하고 과거에서부터 존재해 온 자, **스스로 존재하는 자**를 뜻합니다. 만일 여러분이 개아를 개아로만 부르겠다고 고집한다면 그것은 여러분 자신의 뜻입니다. 그러나 한 가지는 확실합니다. 여러분이 자신이 하고 있는 어떤 일을 경험할 수 있는 것은 여러분이 '존재하기' 때문이라는 것입니다. 경험이 가능한 것은 **의식** 때문입니다. 따라서 '여러분'은 곧 **의식**을 의미하고, **의식**이 지知입니다. 이것은 여러분이 본질상 지知라는 것을 뜻합니다. 지知를 브라만이라고 합니다. 여러분이 **그것**이고, 여러분이 **브라만**입니다.

1935년 10월 11일 저녁

78. 세계라는 겉모습

말이 '**브라만의 지**知'를 안겨주지만, 말해야 할 모든 것이 끝난 뒤에만 '**브라만의 지**知'가 일어납니다. 말이 끝난 뒤에 **깨달음**이 일어나고, 그 말은 침묵합니다. 베다는 모든 경전의 왕이지만 그조차도 침묵해 왔습니다. 베다가 **브라만**에 대해 "이건 아니다, 이건 아니다(Neti, Neti)"라고 했을 때 다른 학문들은 무슨 말을 해야 할지 몰라 당황했습니다. 그 학문들은 **브라만**이 무엇인지를 말해주는 어떤 표지나 암시도 발견할 수 없었습니다. 제반 학문, 곧 샤스뜨라(Shastras-세간적 지식을 설하는 경전들)는 베다의 산물인데, 베다가 **브라만**과 접촉하여 침묵하자 다른 경전들은 **브라만**의 한 자락도 보여줄 수 없었습니다. 다른 경전들은 묘사하려고 할 뿐이지만 베다는 그것을 직접 보여주려고 했습니다. 결혼하기로 마음을 정한 사람은 결혼할 생각밖에 없습니다. 그는 결혼에 대해 일념입니다. 그에게는 그것이 삶의 주된 목표입니다. 설탕은 단데, 여러분이 그것을 먹을 때만 그 단맛을 압니다. 단맛을 묘사하려고 경전을 동원할 필요는 없습니다. 전 세계는 **하나**입니다. 그것은 '**한 물건**'에 의해서만 채워져 있고, 달리 아무것도 없습니다. 이것을 이해하고 그 체험을 얻는 것이 여러분이 성취해야 할 가장 중요한 일입니다. 도처에 그 **일자** 외에는 다른 어떤 것의 출현도 없습니다. 이 체험이 있으면 에고의 매듭이 느슨해지고, 몸에 대한 숨은 속박이 헐거워지며, 모든 영적 능력들이 하나가 됩니다.

주 **가나빠띠**의 상像을 숭배하는 열매나 공덕은 그 상이 크든 작든 동일합니다. 신상이 더 크다고 해서 무슨 의미가 있습니까? 그것은 흙의 양이 더 많은 것뿐입니다. 흙이 **가나빠띠** 상像이고, 그 상은 흙에 지나지 않습니다. 차이가 있다면 정서상의, 곧 그것에 대한 느낌의 차이입니다. 우리가 특정한 형태와 색깔의 흙에 신의 이미지를 부여하는 것은 마음의 만족을 위해서입니다. 그 상像에서 기쁨을 얻고 싶은 것입니다. 그 전체가 마음의 이미지일 뿐입니다. 흙은 **가나빠띠**가 되지 않고, **가나빠띠**도 흙이 되지 않습니다. 그 숭배는 우리 마음의 정서적 산물입니다. 그것은 마음의 투사물이기에 영원하지 않습니다. **성자**들은 영원한 것을 생각하고, 따라서 어떤 정서적 개입에도 빠지지 않습니다. 그들은 **절대자, 불멸자**를 확신하고 있습니다. 현자 삐빨라얀은 현상계 전부가 **브라만**이라는 진리를 전할 의도로 이렇게 말합니다. "자신과 **브라만**이 하나임을 이해하는 사람도 남들처럼 활동하지만, 그의 모든 행위·감정·행동은 **브라만**일 뿐이다. 슈까나 브라마데바(브라마)처럼 그의 잠은 삼매이며, 그것을 **브라만 삼매**라고 한다."

존재하지 않고 상상일 뿐인 어떤 거짓된 개념적 인간이 있었습니다. 그가 일을 하고 있었지만, 그러다가 실재하지 않는 것, 비실재물로 판명되어 무화無化되었습니다. '나'가 거짓임을 깨달은 사람은 그의 삶 전체가 **브라만**이 됩니다. 베다에 의거하여 **주 시바**의 상 위에 뿌린 깨끗한 물이 그에게는 불결함입니다. **브라만**을 아는 자는 그 자신 **브라만**입니다. 자부심이 사라진 사람, **브라만**에 대한 이해를 가지고 있는 사람은 **가장 큰 신 마하데바**입니다. 스승의 아들에게 괴로움을 안겨주는 것은 큰 죄입니다. 스승의 헌신자를 괴롭히면 안 됩니다. 에고가 사라졌고, 만물에 편재한 **브라만**을 보게 된 사람이 **시바**가 아니고 달리 누구겠습니까? **진인**(Dnyani), 곧 **진아**지를 가진 사람의 모든 행위는 신의 삶 그 자체입니다. 그의 몸과 그의 가정 생활은 **시바**의 집입니다. 그의 말은 큰 가치가 있는 큰 만트라입니다. 그의 부인은 **우마**(Uma)[빠르바띠]이고, 그의 아들은 **가나빠띠**, 곧 스승의 아들입니다. 그런 **진인**을 숭배하는 것은 수천의 **가나빠띠** 신상에 예공을 올리는 것보다 더 공덕이 있습니다. **브라만** 안에서는 선과 악이 다르지 않습니다. 그에게는 지옥과 천국의 문간이 동일합니다. 그에게 **시바**는 무소부재하여, 링감 상징물 안에도 있고 진흙 속의 벌레 안에도 있습니다. 자비에 가득 찬 그의 시선은 **시바**의 직접적인 **축복**입니다.

　마야는 실재하지 않지만, 그녀는 모든 세상 사람들을 위해 행위[업]를 창조해 두었습니다. 그녀는 **빠라마뜨만**이 하나의 몸을 가지고 있다고 생각했고, 그래서 **시바**를 조롱했습니다. 그녀는 **지**知와 **무지** 둘 다를 창조하고 세계의 활동들을 확장했습니다. 남자와 여자를 창조했고, 거듭되는 탄생의 연쇄를 도입했습니다. **시바**의 **의식** 안에 망각을 창조하고, 그를 한 마리의 당나귀나 돼지로 만들었습니다. 형상 없는 것에게 무수한 형상들을 창조해 주었습니다. 바지·셔츠·모자 등 모든 천에는 실밖에 없고 많은 형상과 모양이 그 실에서 만들어지듯이, **마야**의 기이한 게임도 그와 같습니다. 사람들은 연꽃 안에 서 있는 여자는 **부**富의 여신 **락슈미**이고, 나무 밑에 서 있는 여자는 그 반대인 악령이라는 개념을 가지고 있습니다. **마야**는 이처럼 온갖 상상적 존재들을 도입했고, 세계 전반이 그렇게 형성됩니다. **디왈리**(Diwali) 날8) 사람들은 소똥으로 만든 **크리슈나·고삐**(Gopis)9) 등의 **상**像을 준비하여 실제로 꽃으로 그것들을 숭배합니다. 이 **마야**가 어떻게 개아들에게 소똥한테도 절을 하게 하는지 보십시오. 똥으로 만든 **크리슈나**의 상 안에 똥 말고 뭐가 들었습니까? 그것은 모두 꾸민 것이고 모두 거짓입니다. 진실은 모두가 **브라만**이라는 것이지만, 바보들은 이 거짓이 진

---

8) 사람들이 **락슈미** 여신을 위해 등불을 켜는 힌두 축제일.
9) *T.* 크리슈나와 유희를 벌인 목동 여인들.

실인 것처럼 보이게 합니다. 개아는 한때 아기들을 요람에 눕힐 때와 아기 명명식 때 부르던 그 노래들을 부릅니다. 개아는 이름과 형상을 꽉 붙듦으로써 생사의 연쇄에 붙들리고, 매 순간 '나, 나'라고 말합니다. 이것이 끝없는 탄생과 죽음의 연쇄를 야기해 왔습니다.

하나인 **브라만** 안에서 많은 모양과 형상들이 창조되었고, "이것은 이와 같다", "저것은 다른 것이다. 저것은 남의 것이다"라는 등으로 불리고 있습니다. 체스 게임에서 여왕·기사·왕 등은 모두 나무로 만들어집니다. 모두 그냥 나무입니다. 하지만 게임에서조차도 불필요한 언쟁이 벌어집니다. 그 사람들이 영리하면 할수록 더 많이 싸웁니다. 마찬가지로, **브라만**인 일자 안에 거짓된 겉모습의 많은 것이 존재해 왔습니다. 이것이 환幻입니다. 이것은 최면술입니다. 이 환幻은 하나의 숨바꼭질 게임입니다. 하나의 놀이이고, 영리한 정서적 상상의 게임입니다. **마야**를 아는 사람은 그녀를 즉시 내버릴 것입니다. 만약 체스 게임이나 다른 게임이 참된 것으로 밝혀진다면 세계도 참된 것으로 밝혀지겠지요. 세계는 참되지 않습니다. 그것은 의식 안의 한 겉모습이며, 사라질 허망한 사물들입니다. 외관상의 세계라는 현상 전체가 실재하지 않습니다.

1935년 10월 12일 저녁

79. 신처럼 침묵하라

브라만이 진아, 곧 **아뜨만**인데, '**아뜨만**'은 우리의 **진아**를 의미할 뿐입니다. 열 가지 감각기관의 열 가지 경험은 열 가지 서로 다른 감각이 아닙니다. 그것들은 모두 하나인 **진아**의 단일한 행위입니다. 여러 기관器官들이 파업을 벌여 자기 일을 하려 들지 않았다는 이야기가 있습니다. 진아가 왕이고, 모든 기관들은 그를 위해서 일합니다. 진아야말로 가장 위대한 자입니다. 몸 동일시는 개아의 성품입니다. **브라만**이 된 사람의 경우에는 "나는 **브라만**이다"라는 느낌조차도 해소됩니다. 그것은 '나'도 없고 '너'도 없는 상태입니다. 그것은 존재하지도 않고 존재하지 않지도 않습니다. 그것은 그 둘을 넘어선 어떤 것입니다. **진아** 안에는 "나는 **진아**다"라는 자부심도 없습니다. '이다'와 '아니다' 같은 것이 없습니다. 바닷물의 물결은 바다일 뿐이어서, 바다와 별개가 되기보다는 그냥 고요해져야 합니다. "그것은 하나의 사물이 아니다"라는 설명은, "겉모습을 가진 모든 것은 그것이 아니다"라는 것입니다. 모든 차별상은 환幻과의 관계에서 지각됩니다. **진리**와 관련해서는 나쁘다, 가장 좋다, 중간이다, 못하다 등의 정도 차이가 없습니다. 어떤 **진인**에게 "당신은 누구십니까?"라고 물었습니다. 그 사람은 침묵했습니다. 왜냐하면 **실재**는 묘사할 수 없기 때문입니다. 그는 이렇게만 말했습니다. "베다는 우리에게 침묵하라고 말합니다." 진인 **삐빨라얀**은 말했습니다. "마야가 무엇인지 묘사해 보겠습니다. 그녀는 없습니다. 그것이 제가 묘사하려는 것입니다. 신기루의 물 속에 얼마나 많은 배가 침몰했는지 들려드리겠습니다."

누가 부르면 우리 안에는 "오"라고 하면서 대답하는 뭔가가 있습니다. 그것이 '옴'입니다. A+U+M의 세 음절이 옴(OM)을 구성합니다. **사뜨와 · 라자스 · 따마스**는 각기 이 세 음절과 관계됩니다. 옴은 '아는' 힘, 곧 **의식**, **마하뜨**(Mahat) 원리입니다. 그것을 '**행위의 힘**', '**물질의 힘**'이라고도 합니다. "**내가 있다**"고 말하는 것은 **브라만**이지만, 만약 그 말을 "나는 몸이다"라는 의미로 했다면, 여러분은 **브라만**이 아니고 개아입니다. 우리 내면에 있는 '**보물**'은 어떤 가치도 넘어서 있습니다. 그것이 **브라만**입니다. 그것은 **신성**神性 그 자체입니다. 만약 그것이 육신에 대해 자부심을 갖게 되면, 그것의 완전성은 감소되고 그것은 큰 슬픔을 겪습니다. 그러나 몸에 대한 알량한 자부심을 놓아 버리면 그것이 곧 신입니다. 우리는 우리가 있다는 것을 결코 잊지 않지만, "**내가 있다**"고는 결코 말하지 않습니다. 우리가 그에 대해 무슨 말을 하지 않아도 삶 속의 우리의 존재에 대한 체험이 있습니다. 그것은 그냥 있는 그대로이고, 그것이 **브라만**입니다. 개아는 이 세상에 들어올 때 울면서 옵니다. 모두 울면서 오고, 울기 위해서 옵니다. 태어나는 유일한 목적은 울기 위해서입니다. 우는 것이 탄생하는 자의 운명입니다. 모두가 울면서 앞으로 나아갑니다. 아무도 뒤를 돌아보지 않습니다. 만일 어떤 사람이 뒤를[자신의 근원을] 돌아보게 되면, 울 어떤 이유도 없을 것입니다. 아주 자연스러운 것, 그것이 **브라만**입니다. 여러분은 어떤 공부를 하고 있습니까? 모든 공부는 울기에 지나지 않습니다. 있는 모든 것을 있는 그대로 내버려 두고, 아무 말도 하지 마십시오. 그러면 그것은 그렇게 있습니다. 스루띠(Shruti)[베다]는 여러분이 아무것도 아니라고 말합니다. 그런데 왜 여러분은 억지로 자기 자신을 아무개라고 부릅니까?

　우리는 마치 죽은 사람처럼 침묵해야 합니다. 신처럼 침묵하는 것은 곧 신이 되는 것입니다. **브라만**은 침묵입니다. 우리의 개념들이 우리의 적입니다. 여러분의 성취가 아무리 위대하고 풍요롭다 해도, 결국 여러분은 대수롭지 않게 될 것입니다. 여러분이 이룬 모든 것이 결국 아무 소용이 없습니다. 여러분이 죽을 때, 자신이 하찮은 한 개인이라는 개념과 함께 죽을 것이기 때문입니다. 한 개인으로서는 진정한 위대함을 얻을 수 없습니다. 여러분이 무엇을 얻었든, 그것은 여러분의 목전에서든 나중에든 모두 소멸될 것이고, 여러분은 하찮은 한 개아로 죽을 것입니다. 따라서 여러분은 실제로 아무것도 얻지 못합니다. 개아가 실은 신의 일부이기는 하지만, 신(천신)조차도 매 순간 가슴속에 두려움을 안은 채 자기 행위의 빚을 갚은 뒤, 자신의 **신성**을 깨닫지 못한 채 하찮은 개아로서 죽습니다. 그의 모든 부富는 쓸모없는 것으로 드러납니다. 환幻 속에서 무슨 일이 일어나든, 어떤 것이 됨이 없이 있는 그대로 있는 것이 **브라만**입니다. 사람들은 무엇을 하려고 하거나 어떤 사람이 되려고 하다가, 거듭거듭 저 대단한 환幻의 제물이 됩니다. 여러분이 무엇이 되든, 그것은 어떤 '타자'가 되는 것이고, 타자는 늘 하찮습니다. 침묵이 위대한 사람들의 성질입니다. 여러분이 이름을 부여하는 그 어떤 것도 **실재**에서 내려옴을 의미합니다. 그러니 어떤 사람도 되려고 하지 마십시오.

브라만보다 더 높은 권위는 없습니다. '타자'인 어떤 것도 건드리지 마십시오. 그것을 건드리는[참되다고 여기는] 순간 그것은 망쳐지고 여러분은 오염됩니다. 여러분이 "그래, 나는 이러저러한 사람이야" 하면서 어떤 단어를 말하기 때문에 **브라만**이 개아로 불립니다. 여러분이 자신을 뭐라고 부르든, 그 이름으로 사람들이 여러분을 부르겠지요. 여러분이 자신을 아무 개라고 부를 수는 있겠지만, 그렇게 말하는 것은 전락하는 것이고, 내려오는 것입니다. 팔찌라는 이름으로 불리는 것은 금일 뿐입니다. 그 이름을 강조함으로써 원물을 잊어버린 것입니다. 금은 결코 어떤 장신구가 된 적이 없습니다. 그것은 늘 금일 뿐입니다. 그 이름에 의해 원물은 커튼 뒤로 들어갑니다. 그것이 라벨로 덮입니다. 원물이 보이지 않게 됩니다. 이름이 사용되면서 원물은 가려져 보이지 않게 됩니다. 마치 그것이 시야에서 사라져 다른 데 있는 것과 같습니다. 이름에 대한 자부심에 의해 그것이 중요해지고, 그것의 제국이 확산됩니다. 원물은 덮여진 채로 있습니다. **환**幻이 이와 같습니다. 혀에는 털이 없습니다. 혀에 털이 있다고 말하는 것은 **환**幻입니다. 감각기관의 대상들은 고통과 슬픔이라는 열매와, 약간의 쾌락을 안겨줍니다. 개아는 대상들이 실재한다고 생각하고, 그래서 고통과 쾌락을 겪습니다. 그가 **진아**이기는 하나, 정욕과 욕망의 힘에 의해 작은 개인이 되고 맙니다.

지知의 힘, **행위**의 힘, **물질**의 힘이라는 세 가지 힘은 **브라만**의 **전체성** 안에서 하나입니다. **브라만**은 처음부터 "있는" 것일 뿐입니다. 5대 원소는 모두 **브라만**일 뿐입니다. 다 합쳐서 오직 **하나**만이 있습니다. 이 몸 안에서도, 존재하는 것은 그일 뿐입니다. 일체가 그입니다. **브라만**은 오직 **하나**입니다. 만일 잭프루트(jackfruit)가 설탕으로만 되어 있다면, 이 과일의 껍질, 조각, 꼬투리 등 모든 부분이 그냥 다 설탕입니다. 마찬가지로, '이 세계'라고 불리는 것은 무수한 형상으로 되어 있지만 **브라만**일 뿐입니다. 몸의 형상은 브라만의 힘에 의해 성장합니다. 그것은 브라만일 뿐입니다. 천으로 만들어진 인형 안에 있는 것은 모두 천일 뿐이듯이, 몸은 모두 스스로 힘 있는 브라만(Self-Powerful Brahman)일 뿐입니다. 그것은 현상계의 모든 것 안에 있습니다. 그것은 자연스럽습니다. 그것은 어떤 겉모습에 의해서도 방해받지 않으며, 결코 부패한 적이 없습니다. 기(ghee)[정제한 버터]는 고체일 때나 액체일 때나 늘 기일 뿐입니다. 무지한 사람들은 그것들이 서로 다르다고 생각합니다. 지혜로운 사람들에게는 그것이 고체든 액체든 기일 뿐입니다. 이와 같이 자신의 부패하지 않은 존재(Existence)를 이해하는 것이 브라만을 아는 것입니다. 브라만은 어떤 것에 의해서도 오염되지 않고, 순수한 상태로 있습니다. 만약 천 루피짜리 지폐가 하나 있다가 1루피짜리 동전이 천 개 있다고 하면, 그 가치는 달라지지 않습니다. 모양과 형상은 내재된 가치의 한 왜곡입니다. 고체인 것은 기의 한 왜곡입니다. 고체 형태는 하나의 누적적인 결과, 하나의 저장 과정입니다.

　기본적 '존재'는 브라만일 뿐입니다. 브라만이 어떤 변화를 겪었다고 말하는 사람은 어리석습니다. 브라만에게는 부모가 없고, 그것은 소진될 수도 없고 증가할 수도 없습니다. 무신론과 유신론은 거기에 들어설 자리가 없습니다. 그것은 늘 있는 그대로 있습니다. 창조되는 것에게만 성장과 변모가 있습니다. 브라만에게는 성장이 없고, 변모가 없습니다. 여러분이 강물에서 목욕을 하면 강은 아무것도 잃는 것이 없습니다. 그 물은 같은 강으로 돌아갑니다. 유년기·청년기·노년기의 상태들은 몸이 경험할 뿐입니다. 브라만은 아이나 청년이 되거나, 늙지 않습니다. 우리는 남자도 아니고 여자도 아닙니다. 비록 몸 안에 들어 있기는 하나, 우리의 존재는 몸의 상태들과 다릅니다. 여러분이 곧 빠라마뜨만이라는 것을 아십시오. 그러나 존재하는 것은 그이지 '여러분'이 아니라는 것을 잘 기억하십시오. 이것이 확인되면 목표에 도달할 것입니다.

1935년 10월 13일 저녁

80. 브라만은 늘 깨어 있다

진아는 늘 지복의 성품을 가지고 있고, 그 안에는 결코 어떤 병도 없습니다. 진아는 늘 안전하고, 결코 부서지지 않고, 아무것도 그 안으로 들어가지 않습니다. 모든 물질적 사물은 손상되거나 증가되기 마련입니다. 어떤 물질적 사물이 손상되는 것을 경험하면 여러분은 자신이 그 피해를 입었다고 생각합니다. 개아는 자신이 어떤 식으로 손상된다고 상상합니다. 진아는 그 안에 어떤 것도 가지고 있지 않습니다. 그 안에는 손상될 수 있거나 쇠퇴할 것이 아무것도 없습니다. 그것은 어떤 때[垢]도 없습니다. 이는 그 안에 어떤 물질적 물건도 없다는 것을 뜻합니다. 그래서 그것은 청정하다고 불립니다. 그것은 때가 없기 때문에 파괴 불가능합니다. 쇠퇴하는 것이 때의 성질입니다. 그것은 쇠퇴하고 파괴되게 되어 있고, 다시 흙으로 돌아갑니다. 그러나 오점이 없는 진아는 파괴 불가능입니다. 그는 몸과 감각기관 안에 있기는 해도, 그런 것들에 영향을 받지 않습니다. 진아에게는 탄생도 죽음도 없습니다. 진아는 결코 부패하지 않고, 부분들이 없습니다. 그것은 여러 부분들로써 합쳐지지 않고, 어떤 부분들의 합계도 아닙니다. 그가 누구인지를 여러분이 알고 싶다면, 이 진아는 여러분의 몸 안에 살고 있고, 그 몸을 아는 자입니다.

우리가 지知는 일시적이라고 말할 때, 그것은 마음속의 지知가 일시적이라는 뜻입니다. 그 언어는 끝이 나지만 의식은 남습니다. 만일 어떤 사람이 그 자신을 알지 못했다면 일을 하러 나갔다가 집으로 돌아오지 않았겠지요. 감각기관에 속하는 욕망들은 결국 죽지만, 지知, 곧 의식의 본질적 성품은 남습니다. 유년기·청년기·노년기 등은 몸의 상태들입니다. 이런 것은 모든 물질적 사물의 자연적 국면입니다. 이런 상태들이 찾아올 때는 **쁘라나**, 곧 **생명기운**의 매개에 의해 그것을 이해할 수 있습니다. 그러나 **쁘라나** 그 자체는 젊어지지도 않고 늙지도 않습니다. 그것의 에너지 성질은 그대로 남아 있습니다. **쁘라나**의 상태에 아무 변화가 없는데, 어떻게 '**쁘라나의 쁘라나**', 즉 '**생명기운의 생명기운**'인 진아에 그런 상태들이 있을 수 있겠습니까?

알[卵], 열과 습기의 조합[濕], 태胎, 씨앗은 모든 존재가 창조되는 네 가지 근원입니다. 모든 존재에게서, **쁘라나**는 **진아**의 힘에 의해서만 기능합니다. 유년기 등의 상태들은 **쁘라나**에 어떤 영향도 주지 못하는데, 어떻게 그것들이 **진아**에 영향을 줄 수 있겠습니까? 개아는 자신의 그릇된 개념으로 자기 자신을 속박합니다. 욕망 속에 속박이 있습니다. 제가 설명하겠습니다. 여러분이 원하는 것이 무엇이든 그것은 어떤 장소에 있습니다. 만일 그것을 원하면 그것이 있는 곳으로 가야 합니다. 그리고 여러분이 원하는 것을 얻을 때까지 기다려야 합니다. 어떤 때는 그 욕망이 충족됩니다. 그럴 때, 여러분이 원하는 것을 얻었는데 그것을 그 장소에서 가져올 수 없으면, 여러분이 그곳에 머물러야 합니다. 거기서만 그 대상을 즐기거나 그것을 사용할 수 있습니다. 그것이 우리가 가는 곳으로 함께 가지 못할 때, 우리는 그 대상 근처에서 살아야 합니다. 왜냐하면 우리가 그것을 필요로 하기 때문입니다. 이것이 욕망으로 인한 속박입니다. 만일 속박되고 싶지 않다면 여러분의 욕망을 포기해야 합니다. 그럴 때만 그것을 떠날 수 있습니다. 욕망이 있는 곳에는 구금 상태가 있고, 그것은 그곳에[세상 속에] 거처를 두고 산다는 것을 의미합니다. 욕망은 그 대상의 근처에 머무는 것을 수반합니다. 욕망이 죽으면 구금 상태도 떠납니다. 욕망을 포기하면 **해방**은 확실합니다. 욕망을 품는 것 자체가 속박입니다. 모든 욕망이 영원히 놓아질 때 그 사람은 **실재**가 되지만, 온갖 욕망에 꽉 붙들려 있는 개아는 파멸을 향해 밑으로 내려갑니다.

진아는 모든 성질이나 변모에 영향 받지 않습니다. 어떤 사람들은 생시 상태에서는 진아가 그 상태의 한계에 의해 제한된다고 말합니다. 만약 그렇다면 그는 꿈 상태에 대한 앎을 갖지 못할 것이고, 한 상태에만 매여 있어야 할 것입니다. 계속 단것만 먹거나 쓴 것만 먹었겠지요. 그러나 그렇지 않습니다. 이것은 그가 몸 안에 있어도 영향을 받지 않는다는 뜻입니다. 꿈의 상태에서는 그가 육신이나 감각기관의 도움 없이 마음에 의해서만 기능합니다. 꿈을 넘어서 깊은 잠 속에 있을 때는 어떤 껍질(sheath)이나 몸 없이 홀로 남아 있습니다. 어떤 종류의 잔물결도 없습니다. 여러분은 "진아가 어디 있나? 아무것도 없다"고 할지 모르지만, 실은 그렇지 않습니다. 자신이 행복하게 잠들어 있었다고 말할 수 있는 것은 누구입니까? 그 몸에 지어준 이름으로 누가 부르면 대답하는 것은 누구입니까? 그것은 진아가 없으면 불가능할 것입니다. 깊은 잠과 생시의 상태는 육신의 것일 뿐, 진아의 것은 아닙니다. 그는 세 가지 상태 모두의 주시자이므로 '아무것도 아닌 것'일 수가 없습니다. 그가 지고아 빠라마뜨만입니다. 여러분은 그가 잠에서 깨어날 때 생시 상태의 모든 환경을 어떻게 다시 기억하느냐고 물을지 모릅니다. 설명을 주의 깊게 들어 보십시오. '환경적 여건'은 지성 혹은 두뇌와 관계되지, 진아와는 무관합니다. 지성이 변모되면 세간적 삶은 실재하지 않게 됩니다. 그럴 때는 무엇의 속박이나 무엇에서 벗어남도 없습니다.

세간적 삶이 존재하는 것은 여러분이 그렇다고 말하기 때문입니다. 여러분이 그렇게 생각하는 것입니다. 그것이 실제적인 것은 여러분의 개념 때문일 뿐입니다. 만일 여러분이 "나는 그것을 놓아 버렸다"고 말하면, 가정생활, 곧 속박이 사라져 완전히 소멸됩니다. 여러분이 그것을 증가시키면 그것은 증가하고, 소멸시키면 그것은 소멸됩니다. 마음이 세간적 삶의 근원이자 영적인 삶의 근원이기도 합니다. 여러분은 잠자리에 들 때 겉옷을 벗고, 깨어나면 다시 그것을 입습니다. 깊은 잠 속에서는 몸이 진아를 덮고 있다는 것을 여러분이 의식하지 못합니다. 깨어나면 사물을 보면서 주의력으로 일체를 기억합니다. 무지와 에고성이 사라진 사람에게는 모든 것이 브라만일 뿐이고, 생시의 상태에서도 그렇습니다. 개아가 해소되면 빠라브라만이 됩니다. 그러면 어떤 종류의 욕망도 없습니다. 이때는 사용할 비유도 없습니다. 이 경우에 비유란, '진리의 성품에 대한 지^知'가 다른 어떤 것과 비슷하다는 것을 보여주기 위한 거라는 의미입니다. 그것과 대등한 아무것도, 그 비슷한 어떤 것도, 보여줄 수 없습니다. 그것의 상태나 그 의미를 충분하고도 적절하게 묘사하기 위해 사용할 수 있는 어떤 단어도 없습니다. 그 상태에 비할 수 있는 어떤 형상, 대상, 말도 없습니다. 따라서 그 상태를 두고 비유를 넘어서 있다거나, 그것을 설명하기 위한 어떤 비유도 없다고 말하는 것입니다. **그것**에게는 다른 것들이 전혀 없습니다. 전 세계가 **빠라브라만**, 곧 **빠라마뜨만**일 뿐입니다.

진아지가 분명할 때는 행복 자체, 행복한 존재만 있습니다. **지복 자체가 지복** 안에서 즐거워합니다. 무아적 헌신자가 될 사람은 **환**幻을 내버렸을 때 이 체험을 하게 될 것입니다. 그래서 헌신은 지속적이어야 합니다. 우리 자신을 내맡기는 것을 결코 잊어서는 안 됩니다. 잊어버림이 없어야 합니다. 어떤 사람에게 다른 대상이나 성취가 매력적으로 보여서 그가 그 대상을 생각하면, 신에 대한 헌신을 잊게 됩니다. 그래서 **성자**들은 끊임없는 헌신을 강조합니다. 헌신자가 돈, 자식, 물질적 부富, 사회에서의 명성에 대한 욕망을 버리고 신에 대한 헌신에 전적으로 몰두할 때, 의식에 묻어 있던 때가 씻기고 의식이 신과 **하나**가 되어 자신의 **참된 성품**(Swaroopa) 안에 안주하게 됩니다. 신에 대한 사랑과 헌신이 늘어날 때는 베다의 말씀들이 그 헌신자에게 복종합니다. 베다에서 '**최고의 진리**'라고 선언한 그것을 그가 매우 자연스럽게 말하게 됩니다. 그럴 때 **존재**(Existence-삶)는 '**하나의 완전한 전체**'로 체험됩니다. 이것이 최고 수준의 헌신입니다. 이 헌신은 여자, 남자, 비천한 자, 브라민을 포함하여 모두를 아무 구분 없이 해방합니다. 그러나 마음이 맑지 않으면 **진아**의 빛이 없을 것입니다. 치우침이 없는 헌신을 가진 사람은 **실재**에 도달합니다. 그의 눈 위에 씌워져 있던 베일이 사라집니다. 태양과 무수한 사물이 즉시 다 보입니다. 우리가 모든 자부심을 놓아 버리고 마음이 의심에서 벗어나게 되면, 일체가 **브라만**으로 보입니다.

자나까 왕이 물었습니다. "깨달은 뒤에는 우리의 임무를 어떻게 수행해야 하며, 행위(karma)의 속박은 어떻게 타파됩니까? 어떻게 하면 우리가 임무를 수행하는 동안에도 어떤 오염에서도 벗어난 상태로 머무릅니까? 어떤 치유책에 의해 행위(업)의 매듭이 끊어지거나 느슨해집니까? 어떻게 하면 행위를 하면서도 무위의 상태를 성취할 수 있으며, **지고의 존재인 신**을 어떻게 만날 수 있습니까? 진인 사나까(Sanaka)와 그 밖의 분들은 왜 자식들의 질문에 대답하지 않았는지, 부디 말씀해 주십시오."

이런 질문들은 답변하기 어렵습니다. (질문을 받은) 진인 아위르호뜨라 나라야나(Awirhotra Narayana)10)는 당시 이렇게 말했습니다. "행위, 비非행위[그릇된 행위], 무위無爲의 문제는 평범한 문제가 아닙니다. 이런 문제들에 대해 생각한 입법자들은 지쳐 버렸고, 위대한 현자들은 그런 것들을 어떻게 설명해야 할지 몰랐습니다. 무수한 현자들이 머리를 짜내 보았지만 결국 자존심으로 서로 다투기만 했습니다. **창조주 브라마**와 여타 존재들에게도 행위를 적절히 구분하고 분석하기는 쉽지 않습니다. 행위는 베다의 근저에 있는데, 베다는 **나라야나**일 뿐입니다. 베다가 침묵을 지키는 곳이 이 지점입니다. 행위·무위·비행위는 어느 면에서 모두 동일합니다. 설탕의 경우와 같이, 여러분이 부드러운 설탕, 흰 설탕, 갈색 설탕을 가지고 있다면 '설탕'인 점은 동일합니다. 마찬가지로, 행위는 **하나**이지만 행위에 집착하는 사람은 여러 가지 차별상을 발견합니다. 행위 안에 무위가 내재되어 있습니다. 비행위 안에도 행위와 무위가 내재되어 있습니다. 어떤 행위가 시작되면 그것을 **행위**(Karma)라고 합니다. 그것은 시발점부터의 행위를 의미합니다. **비非행위**(Vikarma)라는 것은 선으로도 불리고 악으로도 불립니다. 행위를 뒤로함이 **무위**(Akarma)인데, 이는 마치 그 행위가 일어나지 않은 것과 같다는 뜻입니다.11) 무행위자無行爲者(non-doer)가 참된 행위자임을 아는 사람은 **진인**이 된 것입니다. 그는 '행위 없음'을 성취했습니다. 오, 왕

---

10) T. 『마하바라타』에 나오는 진인의 한 사람.
11) T. 일반적으로 karma는 해야 할 일을 하는 것(선善), vikarma는 하지 말아야 할 일을 하는 것(악惡), akarma는 선도 악도 아닌 행위이다. 여기서는 더 깊은 해석을 보여준다.

이시여, 행위자와 행위를 야기하는 자가 이 몸 안에서 오직 **하나**임을 깨달을 때에만 당신이 '행위가 없게' 될 것입니다. 행위의 처음에 존재하는 행위자 자신이 행위의 결과를 받는 자입니다. **참스승**의 축복에 의해서만 행위에서 벗어난 상태를 성취합니다. 하나의 행위에서 많은 행위가 일어나며, 그것들은 올바른 행위나 그릇된 행위로 불립니다. 그러나 **참스승**의 가르침에 의해 모든 행위가 끊어집니다. 행위의 노래가 이와 같습니다."

그 질문은 아주 큰 질문입니다. 그래서 진인 사나까와 여타 사람들은 아직 성숙하지 않은 (영적) 어린이들에게 이 지知를 전해주지 않았습니다. 행위와 무위의 이러한 차이는 그것을 이해할 만큼 성숙하지 않은 사람들에게 말해주면 안 됩니다. 빠라마뜨만은 언제나 어떤 동요도 없고 어떤 장애도 없습니다. 그것은 영원히 파괴 불가능이며, 완벽하게 청정합니다. 여러분이 **그것**임을 확신하십시오.

1935년 10월 14일 저녁

81. 의심과 분별을 포기하라

분별은 차별 혹은 분리를 뜻합니다. 이것은 평등의 부재를 의미합니다. 평등에서는 높고 낮음의 느낌이 없고, 더럽다 깨끗하다 같은 구별이 없습니다. 평등은 '다른 것'이 어떻게 있는지에 대해 묻지 않는 그 느낌입니다. 우리가 불평등의 의심을 제거함으로써 **브라만**이 만물 속의 **하나**라는 것을 알아야 합니다. 일체를 **브라만**으로 존중하는 속에서도 우리는 그들 앞에서 절해야 합니다. 사회적 예법을 완전히 무시하고 그렇게 해야 합니다. 주 **크리슈나**가 이 수행에 대해 분명하게 이야기했습니다. 우리는 자신의 몸을 포함한 모든 사람을 **브라만**으로 보아야 합니다. 그것이 우리의 심장에 확고히 새겨질 때까지는 이런 태도를 배양해야 합니다. 우리의 눈에 무엇이 나타나 보이든, 그리고 실제로 보지 않아도— 마음속으로 상상하는 개념들을 포함하여— 무엇이 있다고 느끼든, 그것은 조금도 애쓸 것 없이 모두 브라만일 뿐입니다. 이것이 우리의 **내적 존재**의 확신이 되어야 합니다. 일체가 **생명기운**, **의식**이며, 그것은 **지**知의 성품으로 되어 있습니다. 마음이 보는 것과 눈이 보는 것, 모두 브라만일 뿐입니다. 우리의 수행이 이 정도까지 가야 합니다. 우리가 상상하는 것과 상상할 수 없는 것이 오직 브라만일 뿐이라고 확신해야 합니다. 그것이 우리가 제대로 이해했는지 여부에 대한 마지막 점검입니다. 마음이 상상하는 것과 마음의 범위를 넘어선 것이 모두 브라만이고, 우리 자신의 **진아**이고, 빠라마뜨만임을 확신할 때, 그것이 **베다적 행위**[베다에서 가르치는 행위]와 우리의 모든 일상생활 행위의 정점입니다.

　모두가 브라만이라는 것을 확신하는 사람의 **수행**은 완성된 것입니다. 브라만이 우리 자신에게 증명되지 않는 한 **수행**을 해야 합니다. 생시의 의식, 꿈 또는 깊은 잠 속에서 경험하는 모든 것은 우리 자신의 **진아**일 뿐이라는 것을 확신하는 사람에게는 더 이상의 수행이 필요 없습니다. 여러분이 지금까지 멸시하던 사람도 여러분의 **진아**, 곧 빠라마뜨만일 뿐이라고 느껴야 합니다. 만일 여전히 그 사람에게 적의를 느낀다면 여러분의 수행은 아직 끝나지 않았다고 확신해도 됩니다. 분리성을 느끼지 않는 사람이 참으로 완성된 사람입니다. 여러분이 하는 모든 활동은 빠라마뜨만의 활동입니다. 이 세계에는 달리 아무것도 없습니다. 여러분의 **진아**, 곧 빠라마뜨만이 모든 존재 안에 있다고 느끼는 그런 헌신을 가져야 합니다. 주님은 말합니다. "그대가 한량없는 세월 동안 노력한다 해도, 다른 어떤 수단으로는 나의 **소견**, 나의 **체험**을 갖지 못할 것이다." 이것을 알고, 빠라마뜨만이 도처에 존재한다는 것을 명상해야 합니다. 여러분의 영리한 논리와 기타 모든 마음의 곡예를 떠나십시오. 도처에서 아주 쉽게 그리고 자연스럽게 브라만을 보는 사람은 헌신의 바른 길에 들어선 것입니다. 저는 여기서 여러분에게 브라만의 상태를 성취하는 열쇠의 바로 핵심을 말했습니다. 이것으로 여러분은 참으로 자신의 진아를, 즉 진정한 지혜를 깨닫게 될 것입니다. 몸·말·마음으로써 오롯한 정성으로 그렇게 해야 합니다.

마음은 매우 교활하지만, 마음은 빠라마뜨만을 건드리지 못합니다. 그것은 실은 그에게 속박을 만들어내지도 못합니다. 빠라마뜨만은 방해받지 않고, 어떤 오염도 없습니다. 그것은 흠이 없습니다. 이는 그것이 어떤 물질도 포함하고 있지 않다는 뜻입니다. 물질은 쇠퇴하고 파괴되기 쉽습니다. 물질은 빠라마뜨만을 결코 건드리지 못합니다. 마음을 가지고 (다른 사람의 내적 실재인) 빠라마뜨만을 연하니 연상이니 상상하는 식의 어떤 일도 하려고 하면 안 됩니다. 모든 활동은 마음에 속할 뿐입니다. 삿된 생각을 말하면서 언어를 잘못 사용해서는 안 되고, 내면에서 질투심을 끓이는 것은 더 나쁩니다. 누구나 어떤 악덕을 가지고 있지만, 누구도 자신의 나쁜 면을 드러내고 싶어 하지 않습니다. 그것을 숨기려고 합니다. 이것은 모두 (참된 성품에 대한) 오해의 문제입니다. 최소한 남들을 위압하려 들면 안 됩니다. 왜 모두가 여러분에게 복종하기를 기대합니까? 누구나 자유를 가져야 합니다. 요컨대 왜 그들이 여러분의 뜻에 따라 행동해야 합니까? 왜 그런 횡포를 부려야 합니까? 그러니 그렇게 하지 마십시오. 여러분의 모든 행위를 빠라마뜨만의 표현으로 여기십시오. 어떤 사람이 자신은 몸·말·마음에서 빠라마뜨만일 뿐이라고 느끼면, 그들의 체험도 그 정서에 따르게 될 것입니다. "나는 홀로이고, 모든 존재들을 마치 빠라마뜨만인양 본다"는 관념조차도 사라져야 합니다. '내'가 보는 어떤 '타자'가 있습니까? 이 전 세계가 빠라마뜨만인 것은 단지 '내'가 그렇게 생각하기 때문입니까? 여러분이 그렇게 생각하지 않아도 전 세계는 처음부터 이미 빠라마뜨만일 뿐입니다. 그것을 주장할 필요가 없습니다. "나는 빠라마뜨만이다"라는 사실을 아주 분명하고 확고하게 이해해야 합니다. 그럴 때에만 마음은 아무 원인이 없는 '그 상태'에 있게 됩니다. 브라만은 늘 아무 원인 없이 존재합니다.

의식이 **진아**에 고정된 사람은 제가 여기서 말하는 것을 즉시 이해합니다. 그러나 그렇지 않은 사람들을 위해서 우리는 거듭거듭 다양한 방식으로 말을 해야 합니다. 그래서 우리는 모든 존재를 **빠라마뜨만**으로 존경하면서 겸허히 그들에게 절해야 하는 것입니다. 우리가 겸허하면 모두의 심장 속에 한 자리를 가질 수 있습니다. 우리가 겸허하면 늘 자기를 내세우지 않게 되고, 더 순수해지고 오염 없이 됩니다. 이렇게 하면 우리의 비非이기적 삶이 모든 존재들에게 편재할 수 있습니다. 겸허함은 큰 덕입니다. 겸허한 가운데 큰 힘이 자리 잡고 있습니다. 겸허하려면 큰 용기가 필요합니다. 겸허함 속에서는 모두가 **브라만**이며, "내가 **브라만**이다"라는 생각조차도 사라집니다. **브라만** 외에 달리 무엇이 있습니까? 네 것, 남의 것, 내 것이라는 느낌이 삼켜져 버린 곳에서는 모든 비유와 비교가 하나의 **단일성** 속으로 사라집니다. 그럴 때 우리는 **브라만**에 대해 이야기하려 드는 것조차도 지겨워집니다. 그것은 **신**과 그의 헌신자가 별개로 남아 있지 않은 상태입니다. 신과 헌신자 둘 다 사라집니다.

　신이 환幻을 창조하자 헌신자는 한동안 그 안에 안주했으나, 나중에는 신과 헌신자 둘 다 사라졌습니다. 본시 둘 다 실제로는 전혀 존재하지 않았고, 그래서 사라진 것입니다. 이원성 없는 **한 물건**이 있는 그대로 늘 있습니다. **성자**는 종종 비난을 듣습니다. "무슨 성자가 그래? **성자**도 아니야." 그 자신도 이렇게 말합니다. "무슨 **성자**? 모두가 환幻일 뿐인데." 그는 **실재**에 어떤 이름을 붙이는 것이 부질없다는 것을 잘 알고 있습니다. 구도자는 매우 예리하게 깨어 있고 주의 깊어야 합니다. 정서와 정념들은 고삐 풀린 듯이 마구 일어나 감각대상들을 즐기려고 쫓아갈 것입니다. 우리의 의식 속에 남아 있는 아주 미세한 욕망을 인식해야 합니다. 감각대상을 즐기려는 욕망이나 욕정이 마치 신에게 올려진 뒤 시든 꽃처럼 생기가 없어져야 하고, 그런 다음 폐기처분되어야 합니다. 그것이 말로 하는 주장에 머물러서는 안 됩니다. 우리 **의식** 속의 실제 상태여야 합니다. 우리의 존재 속에 일점의, 혹은 한 방울의 욕망도 없으면, 욕망 그 자체가 죽습니다. 욕망이 죽으면 그 무욕이 마음을 표현하게 되는데, 만족이 그것의 본질, 즉 **진아**의 성품입니다. (이때는) 무엇을 즐기려는 어떤 충동도 일어나지 않습니다. 왜냐하면 우리를 매혹하는 '타자' 자체가 전혀 없기 때문입니다. 우리가 '타자'라는 단어를 이야기할 때만 무엇을 갖는다, 혹은 무엇을 즐긴다는 생각이 일어납니다. '타자'란 우리 바깥의, 혹은 우리에게 대상이 되는 어떤 것을 의미하고, **자기 자신**이란 **진아** 안에서 홀로 만족한다는 것을 의미합니다.

진아 안에는 하나가 다른 하나를 즐기는 이원성이 머무르지 않습니다. 어쨌든 즐긴다는 느낌은 마음의 한 태도에 지나지 않는데, 그에 반대되는 마음의 태도로써 그것을 해소하는 것도 당연히 가능하겠지요. **진아**는 하나이고 스스로 존재하며, 이원적 성품의 어떤 관계도 (진아에는) 없습니다. 세간적 삶의 느낌이 사라지면 모두가 **브라만**인 것은 사실입니다. 그러나 그러기 전이라도 그것은 늘 사실이었습니다. 그것은 누구의 **환**幻입니까? 여러분의 것입니까, 다른 누군가의 것입니까? 여러분이 오해했을 뿐입니다. 이 **환**幻은 그것에 집착하는 사람을 괴롭힙니다. 이 세간적 삶은 여러분이 그것을 참된 것으로 취급하는 동안만 존재합니다. 그것이 거짓임을 확신할 때 그것은 끝이 납니다.

1935년 10월 15일 저녁

82. 영적인 삶에서는 조심하라

밧줄이 뱀이라는 개념이 사라지면 밧줄은 있는 그대로 있습니다. '뱀'의 **환**幻이 사라지면 밧줄은 다른 어떤 것이 아니고 분명히 밧줄일 뿐입니다. 마찬가지로, 세간적 삶에 관여하게 되는 원인은 무지, 곧 에고입니다. 그

에고가 사라지면 **브라만**이 이미 충만하게 존재합니다. 마찬가지로, 세계가 참된 것처럼 오인되기는 하지만, 그것을 **빠라마뜨만**으로만 보아야 합니다. 영적인 공부는 이와 같아야 합니다. 여러분은 **지**知의 말들을 잘 귀담아 들을지 모르지만, 그 **효과**를 **의식** 속으로 가져가는 것은 여러분의 정서와 욕망입니다. 예를 들어 왕은 영적인 의미에서 의심할 바 없이 **브라만**이지만, 왕으로서 일을 할 때는 자신의 임무에 대해 매우 예리하게 깨어 있으면서 왕답게 행동해야 합니다. 모든 겉모습 안에는 **브라만** 외에 아무것도 없습니다. 따라서 여러분은 "이 모든 것은 **브라만**일 뿐이다"라는 확신을 유지하려고 노력해야 합니다.

스승의 아들은 많은 위대한 사람들이 할 수 없는 것을 쉽게, 그리고 자연스럽게 성취할 수 있습니다. 그는 자신이 인식하고자 하던 **그것**이 됩니다. 수십 억 번 환생한 뒤에야 성취되는 그 광대무변함이 우리 자신의 성품임을 깨닫습니다. 우리는 남들에게서 좋은 성질이나 나쁜 성질을 결코 찾으면 안 됩니다. 그런 모든 경박한 활동을 놓아 버려야 합니다. 개아는 일반적으로 "남들은 다 나쁘고, 나만 좋다"고 생각합니다. 개아는 모든 사람과 모든 것에서 흠을 찾는 습관이 있습니다. 그러나 **수행**에서는 이런 성질이 우리를 더 높은 상태로 이끌어 주지 않습니다. 누가 남들을 비판하고 있을 때는 귀를 닫으십시오. 남들의 작은 미덕을 크게 보는 사람이 참으로 위대합니다. 더 좋은 것은, 여러분을 반대하는 사람에 대해 어떤 적의도 품지 않은 채 그를 평가해 주고 칭찬해 주는 것입니다. 남들에 대한 비판을 듣는 것은 기분 좋은 일 같아 보이기는 합니다. 개아에게, 남들에 대한 험담을 듣는 것보다 더 달콤한 감로가 어디 있겠습니까? 반면에 지혜로운 사람에게는, 남들에 대한 쑥덕공론을 듣지 않는 것이 감로보다 더 달콤합니다. 영적인 길을 걷는 구도자는 뒷공론에 몰두하지 않도록 조심해야 합니다. 심중에 남들에 대한 악의를 결코 품지 말아야 합니다. 여러분이 이렇게 순수하지 않으면 모든 존재 안의 **전능자**를 체험하지 못할 것입니다.

"모두가 브라만이다"라는 의식을 갖기 위해서는 누구에 대한 비판이나 악의의 어떤 자취도 결코 없어야 합니다. 어떤 사람은 내 사람이고 어떤 사람은 남의 사람이라는 구별을 한다면 결코 성자가 되지 못할 것입니다. 따라서 지혜로운 사람은 늘 모든 존재가 우리 자신의 진아이고, 그들이 다르지 않다고 느껴야 합니다. 세인들은 현자가 다른 사람들의 좋은 점과 나쁜 점을 보는지 여부를 알아내려고 늘 예리하게 관찰하고 있습니다. 사람들은 일부러 그를 괴롭히기도 하는데, 그것은 그를 시험하는 것입니다. 만일 여러분이 그런 말썽꾼들을 포함한 모든 사람이 빠라마뜨만이라는 느낌을 가지고 있다면, 일체 아무 문제가 없습니다. '여러분'이 없는데 누가 누구를 비난하겠습니까? 이것을 알면 모든 수수께끼가 풀립니다. 진아지를 갖기를 원하는 구도자들은 신문 따위를 보아서는 안 됩니다. 왜냐하면 그런 것들은 우리의 영적인 공부를 분명히 방해하기 때문입니다. 삶의 최고의 성취에 도달하기 위해서는 우리의 의식이 순수하고 일념인 것이 필요합니다. 일념일 때만 그것이 실재 속으로 합일할 수 있습니다. 우리가 실재에 접근할 때는 의식의 주의를 끄는 다른 어떤 것도 있어서는 안 됩니다. 따라서 신문과 세상사에 대한 다른 모든 구경거리를 치워 버려야 합니다. 구도자는 늘 스승의 가르침을 (성찰의 막대기로) 거듭거듭 저으면서 지고아 빠라마뜨만을 명상해야 합니다. 우리 자신의 마음이 동요하는 것을 원치 않는다면, 왜 세상사로 더 많은 번뇌를 불러들일 생각을 합니까?

구도자가 진아에 대해 명상할 때는 꾸준히, 명확하게 감각기관들의 요구 충족을 피하고, 초점을 다른 방향으로, 빠라마뜨만 쪽으로 돌려야 합니다. 요컨대 세간의 일상사에 대해 신경 쓰는 것은 부질없는 짓입니다. 거기서는 어떤 실질적 이익도 얻지 못합니다. 헌신과 신에 대한 찬송[바잔]이 무엇보다 여러분이 신을 깨달을 수 있는 최선의 활동입니다. 주 크리슈나는 그 자신도 이 수행을 했기 때문에 신이 되었다고 말합니다. "내가 모두의 신이 된 것은, 단 하나의 진아인 브라만이 모든 존재들 안에 거주하고 있다는 깨달음과 하나가 되었기 때문이다. 나의 신의 상태는 이 '만물과의 단일성'에 기초해 있다. 일자성에 힘입어, 나는 설사 수십억의 중생들이 창조되었다 해도 그에 영향 받지 않는 무행위자로 남아 있다. 흙으로 주 가네샤의 상像을 많이 만드는 조각가가 그 모든 상像이 진흙에 불과하다는 것을 마음속으로 알고 있듯이, 나 또한 모든 창조된 형상들 속에서 브라만을 본다." 만물이 위대하다는 것, '모두가 브라만'임을 아는 구도자는 빠라마뜨만이 됩니다. 우리 자신의 존재, 곧 진아에 대한 깨달음을 얻는다는 것은 늘 그 상태에 머무르는 것을 의미합니다.

주 브라마가 저를 찾아와 저에게 귀의한 적이 있습니다. 왜냐하면 그는 만물에 편재하는 그런 의식을 통해 수십억의 인간들을 해방시키기로 결심했기 때문입니다. 그러나 저의 참된 성품을 이해하는 것은 베다의 시구를 암송하는 것만으로는 불가능합니다. 성공하는 유일한 길은 복이 있어서 저의 헌신자를 만나는 것입니다. 신체적으로나 정신적으로나 저의 헌신자 가까이에 있게 되면, 구도자가 저를 알게 될 것입니다. 어떤 사람은, 그 자신의 바람으로 매우 치열한 수행을 하여 빠라마뜨만을 깨닫겠다고 말할지 모릅니다. 그러나 그런 사람은 성공하지 못할 것입니다. 왜 그렇습니까? 이것은 가장 신성한 비밀입니다. 궁극적인 성공은 성자들과의 친교를 유지하는 것을 통해서만 이루어질 것입니다. 그렇지 않으면 그 구도자는 핵심을 놓치고, 자신이 상상하는 것을 브라만이라고 생각할 것입니다.

1935년 10월 16일 저녁

83. 아뜨만과 빠라마뜨만

우리가 좋아하지 않는 일이 일어날 때 안타까워하면 안 됩니다. 모두가 신이라면, 어디에 무슨 차별이 있습니까? 우리는 이것을 온전히 알아야 합니다. '모두가 신'임을 아는 것이 마음으로 하는 진정한 헌신입니다. 사람은 낮은 카스트, 소위 불가촉천민에 속할 수도 있고 행동이 아주 사악할 수도 있지만, 그의 **본래적 상태**(Original State)에서는 여전히 **신**입니다. 그의 안에는 신밖에 없습니다. 신이란, 우리 자신이 **지고아 빠라마뜨만**일 뿐이라는 의미입니다. 우리는 모든 경험이 그 위에서 일어나는 토대입니다. **빠라마뜨만**은 끝이 나지 않습니다. 경험들은 시작과 끝이 있습니다. 경험들의 시작과 끝에 대한 미세한 자각인 저 **의식을 아뜨만**, 곧 **진아**라고 하며, 모든 경험이 일어나는 저 배경을 **빠라마뜨만**이라고 합니다. 경험이 끝난 뒤 남아 있는 것이 '우리', 곧 **빠라마뜨만**이며, 그것은 경험이 시작되기 전과 경험이 끝난 뒤에도 존재합니다. '만물의 저 뿌리'는 파괴 불가능입니다.

뱀과 전갈은 동일합니다. 그들 안에서도 바로 우리 자신의 존재가 맥동합니다. 우리가 이런 느낌을 가지고 있을 때 그것을 '**신**神 **의식**'이라고 합니다. 모든 중생이 **신**임을 아는 사람은 결코 남들에게 심한 말을 하지 않을 것입니다. 누구도 자신이 사랑하는 사람은 모욕하지 않지만, 남들에게는 심한 말을 하겠지요. 이것은 자신을 개인이라고 믿는 에고의 습입니다. 모든 것, 모든 존재가 **빠라마뜨만**임을 우리가 이해할 때는, 누구에 대해 어떤 말도 하면 안 됩니다. "내가 그에 대해 무얼 신경 써? 상관 안 해!" 모두가 우리의 **진아**이고 **빠라마뜨만**일 뿐입니다. 설사 우리의 목숨을 내놓는다 해도 결코 남들의 결점을 말하거나, 말이나 행동으로 누구에게 상처를 주면 안 됩니다. 우리는 남들에게 도움이 되도록 행동해야 합니다. 우리에게 돈이나 다른 자산이 있다면, 남들을 기쁘게 해주기 위해 베풀어야 합니다. 우리는 남들이 만족하도록 행동해야 합니다. 이것을 '**신체적 헌신**', 곧 자기 몸으로 하는 헌신이라고 합니다.

우리는 심지어 우리에게 잘못하는 사람에게도 친절해야 합니다. 진인 바시슈타는 (그를 죽이려 한) 현자 비슈와미트라를 용서했습니다. 아직 구도자인 사람들은 화를 냅니다. 구도자나 어떤 요가 체계를 공부하는 사람은 아직 적절한 자기제어 감각을 가지고 있지 못할 수 있고, 그래서 욕망과 분노가 여전히 그런 사람들을 괴롭힐 수 있습니다. 그들은 때로 남들을 저주하거나 그들에게 많은 문제를 안겨줄 수도 있습니다. 마치 부잣집 아들들이 수행을 해도 자기제어력이 없듯이 말입니다. 우리는 적들에게서도 **전능한 신, 지고의 존재**를 볼 수 있어야 합니다. 그것이 **무아**(selflessness)의 표지이기 때문입니다. 에고가 사라진 사람이 진정한 **사두**[성자]입니다. 사람들의 성품은 남의 흠을 들추는 것이지만, **진인**의 성품은 남의 나쁜 점이나 결점들을 보지 않는 것입니다. 남들의 좋고 나쁜 성질들에 대해 관심이 있는 사람이 어떻게 **진인**이 될 수 있겠습니까? **진인**은 그런 사람들과 다릅니다. 그가 세간 사람들과 다르게 행동할 때, 비로소 **진인**이라고 할 수 있습니다. 나쁜 사람의 성품은 남들에게서 어떤 좋은 점도 보지 않는 것입니다. 진인, 혹은 성자다운 사람은 어떤 특정한 성질이나 표지가 없습니다. 참으로 위대한 사람은 남들의 좋은 점을 보며, 그것이 그 자신의 내면에서 빛나고 있는 '신의 빛' 자체라는 것을 압니다.

   모두에게 친절하십시오. 그러면 그 무엇도 필요하다고 느끼지 않을 것입니다. 모든 존재들에 대한 자비심은 **환**幻의 그물을 파괴하는 최선의 수단입니다. 험담보다 더 큰 죄는 없습니다. 말을 잘 하십시오. 그러나 결코 남들에 대해 나쁜 말을 하지 마십시오. 남들을 비난하는 사람은 결코 좋은 음식을 얻지 못할 것입니다. 좋은 음식을 얻고 싶으면 좋은 말을 해야 합니다. 쓰레기 같은 말을 하는 사람은 쓰레기를 먹게 됩니다. 친절하게 말하지 않는 혀는 맛난 음식을 얻지 못합니다. 경전에서는, 남의 험담을 하는 사람들은 똥을 먹는 돼지로 태어날 거라고 합니다. 좋은 말, 진실한 말을 하는 사람은 '늘 **진실한 말의 힘**'을 갖습니다.

   주 **크리슈나**는 말합니다. "나는 **헌신**의 길이 매우 순수한 것이 되도록 정해 두었다. **헌신**에는 아무 어려움이 없고, **헌신자**는 성공하게 된다. 종교적이고 신성한 책들이 많이 있지만, **헌신**의 길은 그 모든 것보다 더 위대하다. 그 구도자는 모두의 도움을 받고, 따라서 재앙들이 그에게는 결코 얼굴을 보이지 못한다. 그는 자신과 온 세상의 모든 존재들, 그리고 **빠라**

마뜨만이 하나라는 것을 안다. 뱀이 독수리를 겁내고 사람이 죽음을 두려워하듯이 재앙들은 헌신자를 두려워한다. 친애하는 웃다바(Uddhava)12)여, 이것이 내가 내 어머니에게도 말하지 않았던, 그러나 지금 그대에게 말해 준 나의 '헌신의 길'이다."

1935년 10월 17일 저녁

84. 일체를 신께 드려라

도처에 오직 신만이 있다고 생각하면, 도처에서 **브라만**의 체험을 얻습니다. 그것은 '있다'와 '없다'를 넘어선 그런 것입니다. 일단 여러분이 자신이 인간임을 확신하고 나면 "나는 인간이다"라고 되풀이할 필요가 없습니다. "나는 **브라만**이다"라는 여러분의 개념도 마찬가지여야 합니다. 그럴 때만 그 구도자가 **빠라마뜨만**이 됩니다. 모두가 **브라만**이라는 것을 그가 이해할 때, **무욕의 헌신**이 자동적으로 남습니다. 근심 없이 있는 것이 최고의 수행입니다. 일어나는 모든 일은 유익하며, 여러분은 걱정할 필요가 없다는 것을 알아야 합니다. 확신에서 퇴보하지 않는 것이 **브라만**의 상태입니다. 행위들은 어떤 과보에 대한 욕망을 가지고 할 수도 있고 그런 욕망 없이 할 수도 있지만, 모든 활동은 **아뜨만**에 의해 이루어진다는 것을 아십시오. 이것을 알고 있으면 모든 행위가 자연스럽게 **신**, 곧 **주 크리슈나**에게 내맡겨집니다. "나와 하나인 헌신자가 진실로 **참된 헌신자다**"라는 것입니다. 일상생활 속에서 우리가 하는 노력이 성공하지 못한다 해도, 그 또한 신에

---

12) *T.* 크리슈나의 친구이자 헌신자. 크리슈나는 천상으로 올라가기 전에 그에게 마지막 가르침을 들려준다. 『바가바따 뿌라나』, 제11권 제6장부터 제29장 사이의 1,000여 연으로 이루어진 그 가르침 부분을 따로 『웃다바 기따』라고 한다.

게 드려야 합니다. 우리가 홀리(Holi)[13] 놀이를 하면서 즐길 때도 그것을 신에게 드려야 합니다. 어떤 사람이 강도를 피하기 위해 밀림 속에 숨었는데, 운 좋게도 거기서 금을 좀 발견했습니다. 마찬가지로, 모름지기 우리가 어떤 사람의 행위에 의해 어떤 이익을 얻는다면, 그것을 신에게 드려야 합니다.

"모든 행위는 **빠라마뜨만**에 의해 행해진다는 것을 믿는 사람은 **나와 하나가 된다**"[크리슈나의 말]고 했습니다. 만일 남편이 아내를 때리거나 아내가 남편을 때린다면, 그것을 신에게 드리도록 하십시오. 여러분이 코트를 입는다면 그 행위를 신에게 드리십시오. 신발을 신는다면 그 행위를 신에게 드리십시오. 언제나 신을 생각해야 합니다. 모든 행위는 신에 의해서 행해지니, 여러분은 마치 자신이 신인 것처럼 모든 일을 해야 합니다. 누군가가 우유 단지를 넘어뜨렸다면, 신이 그렇게 했다고 생각하고 그것을 크리슈나에게 드리도록 하십시오. (매우 쓴 열매인) 여주(bitter gourd)로 쑨 죽도 아주 정성스럽게 신에게 드려야 합니다. 신은 그것을 좋아할 것입니다. 밀가루를 좀 허비했다면 그것을 신에게 드리십시오. 요컨대, 무슨 일이 일어나든, 그것이 여러분에게 어떤 슬픔도 야기해서는 안 됩니다. 어떤 것이 좋을 수도 있고 나쁠 수도 있겠지만, 결코 그것을 생각하고 있으면 안 됩니다. 여러분이 어떤 이익을 얻거나 어떤 손해를 볼 수도 있겠지만, 여러분의 마음은 만족하고 있어야지 슬퍼하면 안 됩니다. 언제나 걱정 없이 머무르십시오. (연극에서) 호랑이 역을 하는 사람이 먹는 음식은 실제 호랑이가 먹는 것이 아니라 연기하는 그 사람이 먹을 뿐입니다.

어떤 것을 신[크리슈나]에게 드린다는 의미는 무엇입니까? 그것은 일체가 '**기본적 존재**'에게로 회복된다는 뜻입니다. 어떤 것이 땅에 떨어지거나 상한다 해도, 하나도 허비되지 않습니다. 모두가 **본래적 실재**에게로 돌아갑니다. 달리 어디로 갈 수 있습니까? 다른 어떤 곳이 있습니까? 모든 몸

---

[13] 힌두교의 색의 축제. 이때 사람들은 장난으로 서로에게 채색 물감들을 뿌린다.

안에서 유일한 행위자는 단 **하나인 신, 라마**입니다. 이것이 **존재의 영적 핵심**, 곧 **빠라마뜨만**입니다. 이것을 아는 것이 **진정한 지성**, 곧 **지혜**입니다. 특히 그 지성을 신에게 드려야 합니다. 바깥세상에서는 비이기적 헌신을 보이면서도 내면에 불타는 욕망을 여전히 감추고 있는 것은 좋지 않습니다. **생명기운 짜이따니야**가 여러분을 위해서만 있고 남들에게는 있지 않다고 생각합니까?

어떤 사람들은 아주 박식하고 많이 알지만, 그들은 자신의 지식에 대한 자부심 때문에 남들과 분리됩니다. 예를 들어 소금을 물에서 분리할 수 있지만 그것은 다시 물속으로 녹아들 수 있습니다. 그러나 귀하게 여겨지는 진주가 물에서 나오면, 어떤 여자의 코고리에 끼워져 거기에 고정되고, 그래서 속박을 겪습니다. 영리한 많은 사람들이 어떤 요가 체계를 열심히 공부하여 그들의 업業을 증가시킵니다. 왜냐하면 무엇을 '**하라**'와 '**하지 말라**'가 장애물이 되어 그들이 행위에 매이기 때문입니다. 그들은 잘못된 행위를 하지 않으려고 너무 신경 쓰고, 그러면서 아주 자부심을 갖게 됩니다. **크리슈나**는 그의 **헌신의 길**에는 속박이 없다고 말합니다. 행위를 한다는 자부심을 놓아 버리고 자유롭게 머무르는 사람들이 그의 '**진정한 헌신자들**'입니다. 다른 모든 사람은 '지식에 대한 에고[자부심]'의 힘 때문에 깨달음에 미치지 못합니다.

우리는 신성한 것과 그렇지 않은 것을 분별해야 합니다. 모든 행위는 진아지의 성취라는 목표를 가지고 있습니다. 여러분이 진아지를 성취하고 나면 (해야 할) 어떤 임무도, 어떤 행위도 없습니다. 모든 열매들의 열매인 그것을 성취하면 다른 모든 활동이 불필요합니다. **싯다**[성취자]의 경우, 그가 하는 행위들은 만물에 편재한 **짜이따니야**의 행위이며, **보편적 생명기운**, 곧 **보편적 의식**과 하나입니다. 그러한 **성취자**가 행위를 하고 있을 때, 그것은 특정한 이름과 형상을 가진 한 개인의 행위로 머무르지 않습니다. 지금 여러분이 어떤 개인적 행위도 해서는 안 된다고 우리가 말할 때, 그것은 어떤 의미입니까? 이는 행위의 근원이자 본체인 것은 **보편적 의식**일 뿐이라는 뜻입니다. 그럴 때는 그것을 해야 한다거나 하지 말아야 한다는 어떤 강박도 없습니다. 행위는 "나는 한 개인이다"라는 개념이 마음을 지배하는 한에서만 속박을 창조합니다. 여러분이 **진아**지를 얻으면 행위가 **보편적 생명기운**의 자연스러운 표현이 되며, 이 확신과 함께 그 사람의 분리감도 사라집니다. 그래서 자유로운 그런 행위에 붙는 이름이 '**브라만의 행위**(Brahmakarma)' 혹은 '**니쉬까르마**(Nishkarma)'입니다. 우리는 '**니쉬까르마**'가 되어야 하는데, 이것은 여러분이 더 이상 어떤 행위에 의해서도 속박되지 않는다는 뜻입니다.

  변호사시험에 합격한 사람이 초등학교로 돌아간다면 그는 바보겠지요. 그와 같이, **진아 깨달음**이 있을 때 누가 의식용 단지와 숟가락들을 가지고 신상神像에 예공(Pooja)을 올리겠습니까? 그가 자기 발을 씻으면 그걸로 족할 것입니다. 그것이 더 나은 예공입니다. 자신이 **참된 신**을 이해했는데, 어떻게 석상을 숭배할 수 있습니까? 웃다바의 아내가 하녀에게 집안의 신상 앞에 바치도록 바나나를 몇 개 주었습니다. 하녀는 예공실에 들어가 그것을 신에게 바치는 대신 자신이 먹었습니다. 예공할 때 웃다바가 바나나에 대해 물었습니다. 그의 아내가 하녀를 불러 물었습니다. "내가 너에게 준 바나나는 어디 있느냐?" 그녀가 대답했습니다. "**그분께** 올렸더니 그분이 드셨습니다." 어느 입으로 신이 바나나를 먹었느냐고 물으니 하녀가 말했습니다. "제 입으로요." 웃다바가 끼어들어 아내에게 말했습니다. "그녀를 나무라는 말은 하지 마시오. 우리가 **신**에 대해 늘 하는 말을 듣더니, 그것을 이해하고 **크리슈나**와 하나가 된 거라오." 요컨대 우리는, 신에 대해 부단히 명상하는 사람은 **신**이 된다는 것을 이해해야 합니다. 그럴 때 우리가 다른 어떤 **신**을 숭배할 수 있겠습니까?

  많은 사람들은 과거에 성취한 것들에 대한 자부심을 마음속에 간직하고 있습니다. 그러나 진정으로 '**산디야**(sandhya)'[조석으로 신에게 올리는 기도]를 하는 사람은 의심이 사라진 자입니다. 우리의 손바닥에서 성수聖水를 마시는 사람은 실은 세간적 삶이라는 바다 전체를 마시는 것입니다. 산스크리트어로 '아짜만(Aachaman)'은 '일체를 들이마시는 자'라는 뜻인데, 그는 즐거이 '행복이라는 정원의 지복'을 누리고 있습니다. 깨달은 자는 아짜만이 무엇을 뜻하는지 참으로 아는 사람입니다. 자신이 과거에 했고 지금도 계속하고 있는 헌신 행위에 큰 자부심을 가지고 있는 사람들은, 환幻의 먹이이며 손해를 볼 뿐입니다. 복된 사람들은 저의 '참된 헌신자'가 됩니다. 저는 그들의 지성 속에서 진리에 대한 직접지각이 되어 그들을 제 속으로 끌어들입니다. 저는 저의 헌신자에게 그런 지성을 부여합니다. 그 헌신자는 더 이상 동쪽이나 서쪽과 아무 관계가 없습니다! 왜입니까? 그는 여덟 방위에 개의치 않고, 어떤 특정한 시간에 개의치 않기 때문입니다. 죄와 공덕의 모든 개념이 저의 헌신자에게서는 소멸됩니다. 그는 '깨달아야' 할 것을 이해한 것입니다. 이제 그는 저의 안에서 휴식하고 있습니다. 그에게는 모든 것이 브라만의 성품으로 되어 있습니다. 그가 무슨 말을 하든, 그의 말 또한 브라만 아닙니까? 그의 심한 말, 겉보기에 의미 없는 잡담, 그리고 그의 모든 선행이 다 브라만의 말입니다.

  주 크리슈나는 "모든 행위들이 나에게 내맡겨진다"고 말합니다. 의심을 갖지 마십시오. 누구도 아무 의심을 가져서는 안 됩니다. 최고의 지성은 모든 것을 크리슈나로 보고, 다른 어떤 것도 존재하지 않는다고 보는 것입니다. 그 지성은 그것이 최고의 지성이라는 것을 알며, 참스승의 충실한 헌신자들만이 그것을 가질 수 있습니다. 다른 모든 사람은 의심의 그물에 걸립니다. 자신이 자기 몸이라고 생각하는 사람들은 빠라마뜨만을 깨달을 수 없고, 그들은 몸이 끝이 날 때 죽습니다.

1935년 10월 18일 저녁

85. 신성한 나무에 대해 명상하라

　모든 존재들, 우리가 보는 모든 것, 우리가 느끼는 모든 것은 그 완전함에서 **브라만**일 뿐입니다. 이것을 아는 사람은 만물이 **브라만**임을 깨닫습니다. 바나나나무가 물로 가득한 것과 마찬가지로, 흙을 포함한 5대 원소 모두가 **생명기운 짜이따니야**일 뿐입니다. 모든 바람이 **짜이따니야**이고, 그 **짜이따니야**가 신입니다. 집들은 흙이고 사람들도 흙입니다. 그들은 흙을 먹고 결국 흙으로 돌아갑니다. 마찬가지로, 이 환幻 전부가 영원한 움직임입니다. 우리가 많은 그림을 그릴지 모르지만, (그림에는) 물감 외에는 없습니다. **지**知(Dnyana)는 '올바른 **지**知'를 뜻합니다. 무엇이 올바른 **지**知입니까? '**본래 물건**(Original Thing)인 것'을 아는 것이 올바른 **지**知입니다. 5대 원소에서 나온 중생들은 모두 하나의 **신화**(myth-사실이 아닌 그릇된 관념)입니다. (그 원소들이 해체되면) 남는 것은 **생명기운 짜이따니야**뿐입니다. 지혜로운 사람은 일체의 뿌리에 무엇이 있는지 알아야 합니다. 내면에서 작용하는 것이 **짜이따니야**입니다. 그것을 아는 사람은, 도처에서 모든 원소들 안에 있고 모든 존재의 안에 있는데, 그가 참으로 신이고, **크리슈나**입니다.

　모든 존재들 안에 살고 있는 것은 저이며, 그 '저'가 신입니다. 이것은 '**단 하나의 성질**'입니다. 그것은 본래적 **자기 존재**(Self Being)요, **참된 종교**이며, **본연적 상태**(Natural State)입니다. 이 성질이 사라지자마자 남는 것은 성질이나 속성을 넘어서 있습니다. 이 하나인 **성질**, 곧 **존재**(Existence)는 지고아 **빠라브라만**일 뿐입니다. 그는 모든 존재들, 그들의 모든 활동과 기능의 큰 신이고, 그들의 찬연함입니다. 그것은 어떤 사실이나 속성도 없는 오직 하나입니다. 그것은 본래적이고, 도처에 편재하며, 전체이고, 스스로 창조되고, 스스로 빛나는 **빠라마뜨만**입니다. 그것이 **지고아**입니다. 움직이는 모든 것 중에서 그것이 본질적 **생명**입니다. 그것을 깨달아 그 **실재**가 된 **사람**은 묘사가 불가능합니다. 이 상태를 생각하는 것이 우리의 지성이 할 수 있는 최고의 성취입니다. **브라만**, 즉 **모든** 것을 인식하는 그 **지**知가 위없는 **지**知입니다. 배워야 할 것이 더 이상 남아 있지 않습니다. 그런 식으로 공부하는 구도자들은 **브라만**이 됩니다. 그들은 지성의 정점이자 가장 지혜로운 사람의 위없는 지혜인 이 **지**知를 성취합니다. 그들은 그 '**유일한 존재**' 외에는 달리 아무것도 없다는 것을 체험합니다.

이 모든 겉모습은 다수로 이루어진 실재하는 것이라고 생각하고 그렇게 주장하는 것은 더없이 어리석은 것입니다. **브라만**은 여러분이 어떤 겉모습들을 인식하기 전부터도 존재합니다. 일체가 **브라만**의 성품으로 되어 있지만, 사람들은 '나'가 별개의 어떤 것이라고 생각하기 시작했고, 이 세계가 실재한다는 환상적 개념을 가지고 행동하기 시작했습니다. 어떻게 되었습니까? 쥐가 주 **가나빠띠**를 타고 다닙니다. 여러분이 그 **주님** 앞에서 절을 하면 **가나빠띠**가 말합니다. "그대는 해야 할 일을 하고 있으나, 부디 이 작은 실수(쥐의 장난)를 살펴보고 그것을 바로잡으라." 그러면 문제가 없을 것이고, 그것이 환幻의 끝입니다. 다생에 저지른 죄가 제거됩니다. 여기서 **가나빠띠**는 원초적인 남성 원리, 곧 본래의 무형상적 존재(Adhi-Purusha)인데, 여러분의 오해 속에서는 신이 쥐를 타지 않고 쥐가 **그**를 탑니다. 여러분에게 이것저것 지시하는 것이 이 쥐입니다. 모든 **샤스뜨라**(학적인 경전들)와 베다는 이 쥐[에고]에게 좋은 일을 하라고 충고하고 있지만, 쥐는 귀담아 듣지 않습니다. 그때 참스승이 제자에게 말합니다. "이보게, 어떤 쥐도 없다네. 쥐가 있다는 생각은 그릇된 것이네. 이 에고는 거짓이네. 참된 것은 이 본래의 무형상적 존재라네. 에고라는 이 환幻을 놓아 버리게."

여러분이 출가(Sanyasa)의 서원을 하면 이발사가 머리를 깎아주지만, 그것은 이발사가 해주는 입문(initiation)일 뿐입니다. 그것으로는 어디에도 이르지 못합니다. 머리의 뿌리가 결코 다시 자라지 않게 조치를 취해야 합니다. **브라만**은 여러분의 머리털 안에 붙잡히지 않습니다. 머리털은 거듭 거듭 다시 자랄 것입니다. 여러분의 몸에 대해 어떤 외적인 성격의 일을 한다고 해서 **브라만**을 깨달을 수는 없습니다. 필요한 것은 큰 스승과의 친교입니다. 그가 신성한 만트라를 하사하면서 여러분의 심장 속에 켜주는 빛에 의해, 생사윤회 속으로의 입문(탄생) 자체가 그 삿된 효과들과 함께 사라지게 됩니다. 생사윤회 속으로의 입문을 싹부터 잘라버리면, 여러분의 **내적 진아**라는 기본적 상태에 도달할 수 있습니다. 머리털은 그냥 두십시오. 여러분을 세상 속으로 이끄는 내면의 습習(samskaras)이라는 머리털을, **참스승**이 베푸는 **지**知로써 잘라 버려야 합니다. (진정한 출가를 하려면) 여섯 가지 악덕[탐욕·분노·증오·욕망·갈망·자부심]의 포기가 일어나야 합니다. 이 발사에게 머리를 깎을 필요가 어디 있겠습니까?

'**지**知의 **열쇠**'라는 말의 의미는, '나'가 놓아질 때 그 성가심도 사라진다는 뜻입니다. 집을 비워 주어야 합니다. 해야 할 일은 그것뿐입니다. 오직 한 가지 일이 일어나야 합니다. 즉, 어떤 '나'도 갖지 않는 상태를 취해야 합니다. 만물에 편재하는 무소부재한 **브라만**은 있는 그대로이며, 단지 '나'만 없습니다. '나'가 없으면 그 에고 없는 상태에서 일체가 무제약적인 **브라만**입니다. '나'는 에고, 즉 별개의 한 개체라는 느낌을 의미합니다. 그 별개의 존재에 대한 자부심이 포기되어야 합니다. 그것이 **참된 지혜**의 정점입니다. 이 몸의 형상은 어느 날 사멸할 것입니다. 그러나 이 몸으로 인해, 그리고 이 몸의 도움을 받아서만 우리가 **진아의식**(Self-Consciousness)의 **상태**를 깨달아 영원한 **브라만**이 될 수 있습니다.

환幻이 실재하지 않는다는 것은 의심할 바 없지만, 그토록 유용한 이 몸은 **환**幻 때문에 창조됩니다. 이 몸의 도움으로 부단히 저에게 자신을 내맡기는 사람들은 **브라만**, 곧 (만물의) 시작점에 도달합니다. 이 인간의 몸을 제대로 사용할 때 얻는 이익이 얼마나 클 수 있는지를 보십시오. 무가치한 것들에 기력을 소비하고 이 가장 큰 이익을 잃는 사람들은 아주 오랜 시간 동안 지옥에 들어갑니다. 우리는 무가치한 이익에 혹하여 우리 삶의 온전한 성취를 놓치면 안 됩니다. 누군들 그 행위를 하면 우리가 환생해야 할 운명이 될 그런 행위에 몰두하는 바보가 되려 하겠습니까? 한 가지 사소한 행위만 해도 우리가 **브라만**을 성취할 수 있다면, 현명한 사람이 왜 그 행위를 하지 않겠습니까? 상상적 개념들이라는 누더기를 포기하고 **소원성취수**라는 신성한 나무를 얻으려 하지 않을 사람이 누가 있겠습니까?14) 그렇게 하지 않겠다는 사람은 바보겠지요. 모든 행위를 **크리슈나**에게 드리는 단순한 행위를 하지 않음으로써 **그**와 결합하는 큰 이익을 잃으려는 사람이 누가 있겠습니까? 영적인 삶에 대한 이 조언은 **크리슈나**가 웃다바(Uddhava)15)에게 해준 것입니다. 이것이 모든 **헌신**의 정점입니다. **크리슈나**가 말했습니다. "이 **브라만**의 지知는, 어머니의 사랑이 듬뿍 담긴 한 줌의 맛난 음식처럼 내가 베푸는 것이다. 복잡한 샤스뜨라(Shastras)[학學들] 속으로 들어가는 사람들에게는 이 지知가 성취 불가능하다. 진인 가우땀(Gautam)은 소를 도는 것[오른돌이 하는 것]만으로 아힐리야를 아내로 얻었다.16) 다른 모든 사람들과 천신들은 아직도 지구를 돌고 있다. **비슈누**와 **브라마**는 **마하데바**[시바]의 발과 정수리를 찾으려고 나섰다. 그러나 **비슈누**는 마하데바의 발에 도달할 수 없었고, **브라마**도 그의 정수리에 도달하지 못했다. (시바의 위대함에 대한) 그런 지知를, 오 웃다바여, 내가 그대에게 베푼다."

    베다와 여타 경전들을 따르는 사람들은 그것들에 말려들 뿐입니다. 그들은 **진짜인 것**, 곧 **절대자**를 알지 못한 채 헛되이 다툽니다. 많은 대단한 사람들이 다양한 샤스뜨라들의 의미상 뉘앙스와 해석을 두고 서로 싸우지만, 그것들을 낱낱이 분해하고서도 신에게 도달하지 못했습니다. 그들이 **브라만**의 지知에 도달하지 못한 이유는, **브라만**을 말로 묘사하는 것이 가능하지 않기 때문입니다. 베다는 "이것은 **브라만**이 아니다(Neti, Neti)"라고 선언했습니다. 그런데 한 인간이 그것을 어떻게 묘사할 수 있습니까? 그

---

14) 인도의 시골 지역에서는 마을 사람들이 소원을 이루기 위해 깔라빠뜨루(Kalapatru), 즉 소원성취수에 헌옷을 걸어 둔다.
15) 'Uddhava'라는 단어는 확신을 확고하게 해준다는 뜻이다.
16) T. 아힐리야(또는 아할리야)는 **브라마**가 창조한 아름다운 처녀였다. 브라마는 지구를 가장 먼저 한 바퀴 돌아오는 자는 아힐리야를 아내로 얻을 수 있다고 했는데, 가우땀은 암송아지 까마데누(소원성취우)가 태어나고 있을 때 그를 도는 것으로써 그녀를 아내로 얻었다.

것을 묘사하는 사람들은 한 번도 그 동네에 가 보지 못한 것입니다. 보지 못한 동네를 그들이 어떻게 묘사할 수 있습니까? 깨닫지 못한 사람들만이 장황한 묘사와 끝없는 이야기에 몰두합니다. 베단타 학자들이 **브라만**에 대한 많은 논변을 설하지만, 그들은 '**그것**'의 **지복**을 즐겨 보지 못했습니다. 그것이 그들의 주장에서 결여된 주된 것입니다. 저는 여러분에게 베다나 샤스뜨라와 무관한 그 **지**知를 드렸습니다. **참스승**만이 다양한 방편과 사례를 이용하여 자격 있는 제자들에게 이 **지**知를 베풉니다. 여러분이 아무 수고를 하지 않고도 저는 이 **지**知를 여러분에게 드렸습니다.

이 **지**知를 얻으면 모든 의심이 불태워지고, 그 헌신자는 절대적 **브라만**이 됩니다. 이것이 제가 여러분에게 말한 '**지**知의 **왕**'이라고 하는 것입니다. 그것을 귀담아 듣고, 그에 대해 읽는 사람은 참으로 복이 있는 사람입니다. 여기서 이야기하는 것을 듣고 그에 대해 생각하여, 이 **지**知를 얻는 것은 그런 복 있는 사람들뿐입니다. 현명한 사람들이 이 **지**知를 배워서 해탈하는 것은 놀라운 일이 아니지만, 마음이 단순한 사람들조차 해방될 것입니다. 사람들도 소에게서 우유를 얻는데, 송아지는 더 말할 것이 없습니다. 마찬가지로, 웃다바의 헌신에 의해 다른 사람들도 이익을 얻습니다. "나는 내 **심장** 속에 숨겨져 있던 것을 그대에게 공개적으로 내주었다. 그대는 **죽음**이라는 이름조차 알려져 있지 않은 그런 땅으로 들어갔다. 불사의 감로조차도 모름지기 끝이 있겠지만, 그대는 사람들이 이 불사의 감로와 같은 **지**知의 샘물을 마셨기 때문에 그들에게 탄생과 죽음이 없는 그런 상태를 성취했다."

에끄나트가 산스크리트어로 된 서사시 책 『바그와뜨(Bhagwat)』를 마라티어로 저술하자, 브라민 사제들이 그를 괴롭히기 시작했습니다. 그들은 그를 계급 밖으로 추방했습니다. 나중에 그 책이 바라나시(Varanasi)로 보내졌는데, 그곳의 어떤 브라민들이 이 책을 엄청나게 찬양했습니다. 그러자 비판적이었던 브라민들은 할 말이 없게 되었습니다. 『에끄나티 바그와뜨(Eknathi Bhagwat)』라고 하는 이 책은 '문답 체계'라고 불립니다. 우리가 이 세상에 태어났을 때, 우리 앞의 유일한 목표는 무조건 자유로워지는 것입니다. 그러나 참으로 운이 좋고 복이 있는 소수의 사람들만이 이 목표를 이루었습니다. 자신의 가슴속에 이 이해, 이 지知를 간직하고 있는 사람은 브라만 자신이 됩니다. 청문자와 스승이 하나가 됩니다.

여러분이 이 지知를 얻고 나면 그것은 결코 소멸하지 않습니다. 저는 이 지知를 제 헌신자들에게 가르치는 사람들의 하인이 됩니다. 이 지知를 남들에게 나누어 주는 결과를 주 크리슈나 자신이 이렇게 말하고 있습니다. "이 지知는 몸·말·마음으로 그들 자신을 나에게 내맡기는 사람들에게 주어야 한다. 이 지知를 헌신자 아닌 사람에게 가르쳐서는 안 된다. 이 비밀은 나에 대한 사랑을 가진 헌신자들에게만 말해주어야 한다. 나 자신이, 헌신과 지知에서 탁월한 그 헌신자의 하인이 된다."

1935년 10월 19일

86. 행위하면서도 비非행위자로 남기

육신과 말과 마음으로 신의 발에 순복한 사람들은 신처럼 되었는데, 그들이 곧 스승들이고, 스승의 아들들입니다. 그들은 자신의 몸과 말을 바침으로써 그들이 소중히 여기는 것을 활용합니다. 성자들을 사랑하는 사람이 그 성자의 미덕을 하사받게 되는 것은 매우 자연스러운 일입니다. 이것이 성자들과 친교하는 결과입니다. 우리가 자신의 믿음·몸·말 그리고 마음을 스승의 발아래 내맡기면 원하는 목표를 이룹니다. 마음이 영적인 공부에 끌리고 그 안에 몰입되는 것, 그 자체가 명예로운 일입니다. 이와 반대되는 태도가 세속성입니다. 주 크리슈나와 접촉한 많은 사람들이, 그 접촉이 어떤 이유로 일어났든 간에 자유로워졌습니다. 그의 생전에도 어떤 사람들은 그와 대립했습니다. 그들은 감각대상을 통해 얻어지는 쾌락을 추구했고, 이기적이었습니다. 감각대상에 사로잡힌 사람은 그런 쾌락들만 욕망합니다. 그런 사람은 자신과 비슷하게 관능적 쾌락에만 탐닉하는 사람들과 친교합니다. 형상 없는 상태로 향하는 것을 좋아하지 않고, '대상 없는' 것에 전념하기 좋아하는 사람들을 증오합니다. 이 증오에는 몇 가지 이유가 있습니다. 대상들로 가득 찬 환경에서 태어나 거기에 길들여진 사람은 만일 모든 것을 빼앗기면 자신이 죽을까봐 두렵고, 그래서 감각대상에 계속 집착합니다. 그는 대상들에 대한 몰두가 없는 상태를 겁내고, 그래서 이름 없고 형상 없는 존재(Existence)에 관심이 가 있는 사람들을 반대하고 비난하기 시작합니다.

만일 남편이 헌신의 길로 향하면 아내가 그를 미워합니다. 이것은 그녀의 삶에서 관능적 쾌락에의 탐닉이 없어지기 때문입니다. 이 무의식적인 대립적 태도 때문에, 대상들을 즐기는 데 사로잡혀 있는 사람은 감각기관을 통해 경험되는 즐김이 우리가 얻을 수 있는 가장 달콤한 음식이라고 생각합니다. 행복이 관능적 쾌락에서 발견될 수 있다고 믿는 사람은 이 기쁨을 포기하면서 영적인 공부로 향하지 않습니다. 우리를 실재로 향하게 하고 진아 깨달음을 얻을 수 있게 도와주는 유일한 음식은 무욕입니다. 무욕적으로 되는 사람이, 그저 세속적인 데 몰두하고 있는 친구나 가족들에게서 미움을 받는 것은 당연합니다. 지知를 추구한 사람들은 지혜로워졌습니다. 저에 도달하기 위해 모든 부富, 가정, 그리고 그동안 모았던 일체를 포기하는 사람들은 몸·말·마음과 더불어 저와 하나가 됩니다. 진아지 외에는 그 어떤 것도 좋아하지 않는 사람들만이 그것을 얻을 수 있습니다. 이 정도로 저의 헌신자인 사람들은 어디로 눈을 돌려도 브라만만 봅니다. 그들이 생각을 할 때는 그 생각조차도 브라만입니다. 그들이 자신을 볼 때는 브라만을 보는 것입니다.

성자 람다스가 자기 어머니에게 말했습니다. "브라만이라는 귀신이 저를 사로잡고 있습니다." 이것은 영적인 이해가 가장 성숙한 상태입니다. 사람이 다른 어떤 것도 좋아하지 않을 때, 그것을 올바른 지知, 완전한 지知라고 부릅니다. 저의 헌신자들에게, 가르칠 것이 더 이상 아무것도 남지 않은 그런 완전함의 수준까지 가르침을 베푸는 사람은 저에게 너무나 소중하여, 제가 그들에게 빚을 지게 됩니다. 제가 지고아 빠라마뜨만이기는 하나, 그들에게 빚을 지고 있는 것입니다. 저는 그 빚에서 벗어날 수 없습니다. 그런 권위, 그런 최고의 지위는 성자들에게나 가능합니다. 그들이 참 스승입니다. 브라마·비슈누·시바 같은 신들도 이런 높은 지위는 하사할 수 없습니다. 시인인 와만 빤디뜨(Waman Pandit)17)가 비슈누에게 자신을 생사의 연쇄에서 해방시켜 달라고 청했지만 신은 이렇게 말했습니다. "그 것은 나의 능력 밖이다. 나는 그대에게 엄청난 부와 높은 지성을 주겠지만, 자유는 줄 수 없다. 자유를 얻으려면 성자들을 찾아가야 한다. 그들은 그대를 도와줄 수 있을 것이고, 그대는 싯다가 될 것이다. 신들의 임무는 모든 중생들을 쳇바퀴에 올려 그들을 돌리는 것이다. 그 쳇바퀴를 멈추고 해탈을 안겨주는 것은 성자들만이 할 수 있다. 그것이 그들의 능력이다. 그들만이 그대에게 진아지를 베풀어줄 것이다." 성자들이 하는 그 큰 책무의 은혜를 갚기는 불가능합니다. 왜냐하면 가치 면에서 저 진아지에 견줄 만한 것이 아무것도 없기 때문입니다. 그것의 대가로 지불할 수 있는 어떤 돈이나 귀중품도 없습니다. 신은 말합니다. "나는 나 자신의 형상과 나의 존재를 성자들에게 베푼다. 이마저도 정확하지는 않다. 왜냐하면 실제로 그것을 주는 것은 아니고, 그 성자 자신이 브라만의 상태를 성취하는 것이기 때문이다. 나는 그에게 소유되어 있다! 성자가 한 말을 준수하고 그 말에 따르면서, 나는 나 자신의 의식의 상태, 나 자신의 지위를 남자, 여자, 심지어 불가촉천민들에게까지 준다."

'까르마(Karma)'라는 단어는 행위의 시작을 뜻하고, '비까르마(Vikarma)'라는 단어는 행위의 끝남을 뜻합니다. 이를 위해서는 그 둘 사이에 있는 '니

---

17) T. 마하라슈트라 지방의 시인-학자(1608-1695).

쉬까르마(Nishkarma)' 단계를 알 필요가 있습니다. 우리는 어떻게 행위를 하면서도 비非행위자로 남을 수 있는지를 알아야 합니다. 진실로 우리는 행위하지 않고, 행위한 적이 없고, 행위하지도 않을 것입니다. 이것을 알고 이것을 체험하는 것이 **니쉬까르마**, 곧 무위無爲입니다. 이것은 그 행위를 하는 자가 없다는 뜻입니다. 이 상태에서는 우리가 비非행위자로 남습니다. 이것을 깨닫는 것이 **니쉬까르마 싯디**(Nishkarma Siddhi)입니다. 행위들은 구도자의 삶에서 장애임이 드러납니다. 따라서 우리는 **참스승**의 가르침을 듣고 **진아지**를 성취하여 '비非행위자'의 상태를 체험해야 합니다. 몸과 관련되는 모든 것이 사라질 때, 불멸의 뭔가가 남습니다. 그것은 무수한 행위가 이루어짐에도 불구하고 비非행위자로 남아 있습니다. **브라만**이 어떻게 그 자신에 대해 무엇을 상상할 수 있고, 어떻게 무슨 의식을 거행할 수 있겠습니까? 이것이 어떻게 일어나는지를 아는 사람은 수행을 끝낸 것이며, **브라만**으로서 안주합니다. 이것을 가르치는 사람이 **참스승**입니다.

모두를 보살피는 분은 실은 비非행위자입니다. 환幻이 누구에게 영향을 미칩니까? 그것에 집착하는 사람뿐입니다. **마야**는 감각의 만족이라는 음식을 주어 개인을 속박합니다. 기소 당한 사람이 범죄를 시인하면 비로소 그의 유죄가 입증됩니다. **마야**는 자신의 범죄를 시인하는 개아를 속박하여 끝없는 탄생을 겪게 만듭니다. 이 바보들이 시인하는 범죄가 무엇입니까? 그들은 자신이 감각대상들의 노예임을 시인합니다. 이 노예 상태가 무엇입니까? 어떤 사람이 이미 많은 쾌락을 즐겨 왔을지는 모르나, 그것을 거듭거듭 즐기려는 욕망이 지속됩니다. 개아는 감각의 대상들이 실재한다고 생각하며, (진리에 대한) 다소의 이해를 가지고 있을지라도 감각대상에서 쾌락을 얻어야겠다고 생각합니다. 그런 사람들은 설사 지知를 가지고 있다 해도 걱정하며 이렇게 묻습니다. "내가 무엇을 더 할 수 있나? 이제 어떻게 행동할 수 있을까?" 그런 쓸데없는 의심을 품으면 환幻의 노예가 됩니다. 실은 '어떻게 행동할까, 무엇을 해야 할까'라는 어떤 문제도 없습니다. 행위와 비非행위 모두 상관이 없습니다. 전체 삶이 하나인데 어떻게 행동해야 할지를 왜 묻습니까? 그런 질문은 끝났습니다.

주 크리슈나는 말합니다. "나는 이 니쉬까르마를 깨닫는 자의 하인이다." 또 이렇게 말합니다. "나도 브라만을 깨달은 참스승의 가르침을 받았다. 문제는, 왜 그리고 어떻게 이 필요성이 일어나는가이다. 나는 빠라마뜨만, 곧 하나인 온전한 지복이자 유일한 실재이다. 어떤 것이 나와 별개라는 어떤 느낌도 없다. 나의 생명은 도처에 퍼져 있는 단 하나의 만물에 편재한 전체성, 곧 일자성이다. 그래서 나조차도 진아를 이해하기 위해 참스승을 찾아갈 필요가 있었다. 진아의 위대한 비밀이 그와 같다. 나는 그러한 '깨달은 자'의 몸이다. 그는 나의 진아(Atman)이다. 모든 깨달은 자들의 진아는 하나이며, 그것이 나의 진아이다. 그 참스승의 진아와 나 자신은 하나이다. 이 점에 대해서는 어떤 의심도 없다. 성자의 신체적 행위는 나 자신의 신체적 행위이다. 나는 화신(Avatar)[브라만에서 하강한 신의 화현]으로 불린다. 왜인가? 나는 브라만을 알기 때문이다. 그렇지 않다면 (내가 사랑했던) 많은 목녀牧女(gopis)들의 자식들이 있었을 것이고, 있을 것이다. 내가 화신으로 불리는 것은 나의 '브라만의 지知' 때문이다. 마찬가지로, 성자도 실은 나 자신의 진아이다. 그는 나의 또 하나의 화신이다. 그의 지知도 그에 더해 증가했고, 따라서 진인은 나보다 더 위대하다. 마치 마차꾼이 그냥 말만 타고 가는 사람보다 분명히 더 우월하듯이 말이다. 이 세상의 다양한 학문들이 더 진보하면서 영적인 지知도 진보한다. 그래서 이 세상에 출현한 깨달은 자들은 매우 위대하며, 그대는 그들이 나 자신과 하나라는 것을 알아야 한다. 나는 남들에게 브라만의 지知를 가르치는 사람들에게 진 빚을 갚을 수가 없다. 어떻게 갚을 수 있겠는가? 나는 부단히 그들의 시중을 든다. 나는 그들의 집에서 일하는 가정하인이 된다. 그들의 집에서 살고 있는 것은 나이다. 나는, 그의 몸과 말에서 영적인 지知가 표현되는 사람의 하인인 것이다."

크리슈나가 말했습니다. "우리의 이 대화는 순수한 영적인 지知로 불린다. 열 가지 감각기관과 마음으로 심지를 만들어 그 빛으로 이 지知의 책을 읽는 사람은 지혜를 성취한다." 환幻은 진아지를 전염병처럼 취급합니다. 왜냐하면 어떤 사람이 이 지知를 성취하면 다른 많은 사람들을 끌어모아서 그 지知를 베풀기 때문입니다. 환幻은 참스승과 성자들에게 몹시 화를 내지만, 그들에게는 화를 내봐야 아무 효과가 없습니다. 성자들의 발을 소중히 붙드는 사람은 자신의 많은 조상들을 천도한 것입니다. 마찬가지로, 집안의 어떤 사람이 저에게 전혀 헌신하지 않으면 조상들이 화를 내어 그를 저주하고, 그의 삶에 어려움을 안겨줍니다. 브라마와 여타의 신들조차도 진아를 깨달은 성자와 친교하는 사람의 발 앞에 절합니다. 그 성자가 그토록 높은 지위를 성취하기 때문입니다. 환幻을 조사하는 사람은 빠리끄쉬뜨(Parikshit) 왕입니다. 그는 제대로 관찰하고 판단하는 자입니다. 만일 어떤 사람이 그런 성자에게 물 한 단지라도 드린다면 그 사람은 분명히 속박에서 벗어날 것입니다. 뿐만 아니라, 그런 사람들의 달구지에 매여 있는 황소들까지도 궁극적으로 해탈할 운명이 됩니다. 왜냐하면 그들은 성자들의 일을 돕는 데 신체적으로 쓸모가 있었기 때문입니다. 달 하나가 수백 만 개의 별과 동등하듯이, 배워서 깨닫는 사람은 전 세계를 해방합니다.

   가르침을 듣기는 해도 들은 것에 대해 성찰해 보지 않는 사람의 경우에는 그 청문이 성과가 없습니다. 청문한 뒤에는 성찰과 명상이 필요합니다. 이야기는 끝났을지 모르나 명상은 계속되어야 합니다. 구도자들은 부단히 명상에 힘써야 합니다. 명상과 함께 바잔[신과 스승에 대한 찬가 부르기]이 늘어나며, 우리의 삶에서 매우 높은 수준의 헌신이 나타납니다. 이것을 빠라박띠(Parabhakti)라고 하는데, 그것은 지고의 헌신이라는 뜻입니다. 참스승의 헌신자들은 이 지고의 헌신을 성취합니다.

1935년 10월 20일

87. 까르마의 씨앗

저는 빠라박띠, 곧 지고의 헌신입니다. 이것은 무엇을 뜻합니까? 헌신에는 두 종류가 있습니다. 낮은 것과 높은 것이 그것입니다. 높은 헌신은 자기 자신을 있는 그대로 보는 것을 뜻합니다. 높은 헌신에서는 그 헌신자가 저[신]를 볼 수 있습니다. 저의 헌신자인 사람들에게는 어떤 종류의 속박도 없습니다. 단 하나의 행위도 저의 헌신자들을 속박할 수 없습니다. 이것은 큰 비밀입니다. 이런 이야기는 사적이고 비밀입니다. 이것은 빠라마뜨만과 그의 헌신자 간에 가슴 대 가슴으로 전하는 이야기입니다. 위대한 헌신자와 빠라마뜨만만이 이것을 이해하지 다른 누구도 이해하지 못합니다. 해탈로 이끄는 지知는 진정으로 자유로워지기를 원하는 사람에게 저절로 찾아옵니다. 뭔가를 욕망하는 사람은 그 일 속에서 힘과 용맹함을 얻고, 그 속에서 완벽해집니다. 사람으로 태어나면 많은 사람들이 다양한 욕망을 갖지만, 해탈에 대한 훌륭한 욕망을 갖는 사람은 매우 드뭅니다. 큰 믿음을 가지고 확고하게 헌신하는 사람은 이 '자유를 얻는 지知'를 설사 내버리려 해도 그것이 그를 떠나지 않습니다. 진정으로 듣기를 원하는 사람에게는 이 지知가 '안식처'입니다.

이 빠라박띠는 워낙 대단해서 그것을 듣기만 해도 헌신자들이 저를 깨닫습니다. 여러분은 이 높은 헌신을 듣고도 지知를 얻지 못했습니까? 여러분이 설탕이나 어떤 단 것을 받으면 남들도 그것이 달다는 것을 알게 되는 것이 자연스럽습니다. 저는 여러분에게 이 비밀스러운 지知를 그 순수한 형태로 이야기했습니다. 이것은 모든 지知의 유형 중에서 최상의 지知입니다. 이 지知는 정수精髓입니다. 지知의 핵심입니다. 베다가 중요시되는 것은 이 지知 때문입니다. 총명한 브라민[브라만을 아는 자]들만이 이 지知에 대한 권위를 가질 수 있습니다. 저는 베다 학자들이나 베다가 주지 않는 이 지知를 남들에게 드렸습니다. 이 지知에 의해서 온갖 무지가 사라질 것이고, 개아(jiva)와 신(Shiva)은 안식을 얻을 것입니다. 저는 여러분에게 마음과 지성을 넘어서 있는 이 지혜를 드렸습니다. 저의 부富 전부를 여러분에게 나누어 드렸습니다.

제가 여러분에게 말씀드린 것이 이제 여러분의 의식 속에 온전히 존재합니다. 여러분은 제가 말씀드린 대로 모든 것이 브라만이라는 것을 확신합니까? 마음속에 아직도 어떤 의문이 있습니까? 만일 제 이야기를 따라잡지 못했다면 다시 들려 드리겠습니다. 이 세계라는 겉모습 모두가 생명기운 짜이따니야일 뿐입니다. 여러분의 몸을 포함한 일체가 브라만입니다. 이것을 확신하는 사람은 마음속에서 '나'와 '너' 같은 이원성을 결코 가져서는 안 됩니다. 실제로 이러한 이원성이 존재하지 않습니다. '나'가 사라지면 남는 것은 브라만의 상태입니다. 처음부터 '나'와 '너'의 어떤 이원성도 없습니다. 여러분이 눈으로 무엇을 보든 그것은 하나의 형상입니다. 그것은 여러분에게 보이는데, 그것이 여러분의 진아는 아닙니다. 어떤 것이 여러분의 형상이 아닌 것으로 경험될 때, 여러분은 무無형상이 됩니다. 자연히 '너'의 관념은 '나'라는 느낌과 더불어 사라질 것입니다. 이 '나'라는 느낌은 에고지만, 여러분의 형상이 무효화되면서 그 에고도 사라집니다. 어떤 형상이 없으면 에고는 아무 기반이 없게 됩니다. 형상이 없으면 그것이 있을 곳이 없습니다. 이제 여러분은 본래 그러했던 것처럼 무형상이 된 것입니다. 형상 없는 것에는 아무것도 붙들어 맬 수 없고, 그것을 속박할 어떤 방도도 없습니다. 무형상인 것은 늘 속박에서 벗어난 상태로 있습니다. 그것에게는 속박이 없습니다. 그래서 그것을 집착이 없고, 에고가 없는 상태라고 말합니다. 이제 명상, 명상자, 명상의 대상이 모두 사라졌습니다. 만일 명상자가 존재하지 않는다면, 명상할 대상이 누가 있습니까? 이것을 알 때 그 사람에게는 어떤 업의 속박도 없습니다.

행위는 환幻의 활동이고, 그것은 개아의 것입니다. "이 행위에서 내가 이익을 얻거나, 아니면 어떤 길한 것을 얻겠지"라고 생각하는 것은 개아의 관심입니다. 좋고 나쁜 것은 모두 환幻의 일부입니다. 진아지를 가진 사람에게는 좋은 것도 없고 나쁜 것도 없습니다. 아무 이익도 원하지 않을 때 누가 그 일을 하겠습니까? 행위는 어떤 이익을 얻기 위한 것입니다. 그 이익을 받는 개체는 누구입니까? 개아였던 것이 사라졌고, 그는 **브라만**이 되었습니다. 고객이 사라졌습니다. 주인은 남았습니다. 그는 **전부**이고, **전체**이며, **온전**합니다. 그에게는 부족한 것이 전혀 없습니다. 사람이 자신의 행위에 자부심을 갖는 한, 그는 **진아**에 대해 확신이 없는 거라고 간주해야 합니다. 그에게는 여전히 의심이 있습니다. 의심이 있는 지知는 가짜입니다. 여러분은 자신이 신이라는 것을 확신하지 못하기 때문에 제가 이 말씀을 드렸습니다. 환幻 전체가 기본적으로 거짓인데, 그 안에 거짓인 것들이 무수히 있다고 해서 무슨 해害가 있습니까? 일체가 거짓, 곧 비진실인데, 그 안의 어디에 진실이 있습니까? 그리고 그 '나'가 거짓임이 드러난다고 한들, 환幻 속에서 뭐가 잘못입니까? 천당과 지옥 둘 다 거짓입니다. 그것은 모두 상상에 지나지 않습니다.

  진아확신(Self-conviction)에 견줄 수 있는 것은 아무것도 없습니다. 이 **진아확신**이 참으로 확립될 때, 그것이 **빠라마뜨만**입니다. 진아확신은 전혀 흔들리면 안 되고 부동이어야 합니다. 그것이 **전능한** 신입니다. 흔들리지 않는 확신이 신입니다. 확신에 의해 더 향상된 확신이 계발되고, 마침내 엄청난 힘을 얻게 됩니다. **진아확신**이 증장되어야 합니다. 만일 그것이 흔들린다면 아무 쓸모가 없습니다. 안정된 **진아확신**이 없는 동안 거대한 별똥별의 **파국**(meteoric catastrophe)이 진행되는데, 그것은 우리 자신의 상상입니다. 그런 많은 별똥들이 떨어진다 해도 구애받지 마십시오. 무슨 일이 일어나든 일어나게 내버려두십시오. 늘 여러분의 **진아확신**을 강화해 나가십시오. 실재하지 않는 환幻이 실재함을 증명하려고 애쓰는 것이 **진리의 서원**입니까? 그렇게 애를 쓰면 그것을 더 건립하게 되고, 여러분 자신의 **참된 성품**에서 벗어납니다. 참되지 않은 것을 참되다고 증명하려는 어떤 의도도 없어야 합니다. 여러분이 **진아**라는 확신이 더 강해져야 합니다. **진아**에서 전락하는 것이 모든 전락 중에서 최악의 전락입니다. 여러분은 자신이 진아라는 매우 강한 확신을 가질 필요가 있습니다.

한 위대한 브라민이 언젠가 이렇게 말했습니다. "해는 내 공양물을 받기 전에는 지지 않을 것이다." 그 이야기는 이렇습니다. 때는 저녁이었고, 베다에 통달한 대단한 고행자였던 한 브라민이 자고 있었습니다. 저녁이 되자 아내가 그를 깨우면서 말했습니다. "해가 지려고 해요. 산디야[기도] 할 때를 놓치겠어요." 브라민이 말했습니다. "조금 더 자게 해 주오. 내가 일어나지 않는 한 해는 지려고 하지 않을 거요." 이것은 그의 실제 체험이었습니다. 몸은 우리의 그림자에 불과합니다. 그 몸에 자부심을 가지면 안 됩니다. 그래서 브라만을 깨달은 사람은 의식儀式에 대해 티끌만큼의 존경심도 없습니다. 모든 의식은 두려움 때문에 거행됩니다. 두려워하는 사람들만이 온갖 의식을 거행합니다. 상실이 두려움의 아버지요 어머니입니다. 두려움은 뭔가를 상실할지 모른다는 두려움일 뿐입니다. 우리에게 두려움이 없다면 왜 어떤 의식을 거행해야 합니까? 두려움이 모든 행위의 이유입니다. 두려움이 없는 사람에게는 두려워할 것도 없고 까르마도 없습니다. 두려움이 없는 사람은 몸을 넘어서 있습니다. 그는 무형상입니다.

까르마는 의심에서 태어납니다. 의심이 까르마의 씨앗입니다. 의심이 없다는 것은 씨앗이 없다는 것을 의미합니다. 볶은 볍씨는 파종해도 자라지 않습니다. 마찬가지로, 까르마는 지혜로운 사람에게 어떤 이득이나 손실도 안겨주지 않습니다. 진아가 무형상이고 몸이 없다는 것을 깨달으면, 신이 무형상이라는 것을 알게 됩니다. 그런 깨달은 자는 그 자신 무형상입니다. 그의 동네가 무형상이고, 그의 집이 무형상입니다. 그가 그 자신의 음식이고 생계입니다. 일체가 진아입니다. 이것이 바로 불멸의 **실재**를 성취한 것입니다.

1935년 10월 20일 저녁

88. 영적인 지知를 얻을 만한 사람들

브라만 깨달음의 표지는 무엇입니까? "나는 이러이러한 사람이었다"는 정체성이 완전히 사라져야 합니다. 그럴 때 우리는 있는 그대로이며, '어떤 사람'이 아닙니다. 그럴 때는 아무 슬픔이 없습니다. 슬픔은 자신을 몸과 동일시하는 사람의 운명입니다. 자신이 어떤 사람이라는 느낌이 있는 사람에게는 확실히 욕망과 슬픔이 있습니다. 여러분이 **브라만**을 깨달으면 자신이 무엇인지를 기억하지 않습니다. 주 **크리슈나**의 이 조언을 웃다바가 들었을 때 '웃다바'로서의 그의 정체성은 사라졌고, 그는 **실재의 지복**과 하나였습니다. 그의 말하는 기능이 더 이상 존재하지 않았습니다. 그 자신을 깨닫자 그의 '나'는 해소되었습니다. 몸과의 동일시가 사라졌습니다. "나는 모든 것이다"라는 느낌도 사라졌습니다. '나'도 없고 '너'도 없었습니다. 그 형언할 수 없는 상태가 나타났습니다. 거기서, 누가 **크리슈나**가 한 질문에 대답하겠습니까? 그 자신이 질문자가 되었고, **크리슈나**와 웃다바가 합일되었습니다. 충만함이 남았습니다. 언어가 끝났습니다. **크리슈나**는 웃다바의 상태를 보고, 그가 **브라만**에 완전히 합일되었다는 것을 알았습니다.

제자가 **브라만**과 하나가 되면 스승은 매우 기쁩니다. 아들이 큰 부자가 되면 어머니가 즐거워하듯이, **참스승**은 제자가 **브라만**을 깨달으면 매우 즐거워합니다. 스승만이 자신의 제자가 **브라만**을 체험할 때 자신이 어떤 큰 행복을 느끼는지 압니다. 주 **크리슈나**는 '행복의 온전함' 자체입니다. **참스승**의 최고의 기쁨은 어떤 제자가 **브라만의 지복**을 즐기게 되었다는 것입니다. 만약 그렇지 않았다면 **스승**이 제자들에게 영적인 가르침을 주는 전통 전체가 지속되지 않았겠지요. 제자에게 아무 이해가 없다면 어떤 체험이 있을 수 있겠습니까? 제자가 그 체험을 가지면 **참스승**은 즐겁습니다. **크리슈나**는 "나의 웃다바가 의심이 없게 되었다"는 사실이 즐거웠습니다. 웃다바가 **브라만**을 깨닫기는 했지만, **크리슈나**는 그에게 이렇게 말했습니다.

"나의 헌신자가 아닌 사람, 게으른 사람, 그리고 늘 스승을 비난하는 사람들에게는 이것을 가르치지 말라. 이 지知는 인기를 좋아하는 사람, 세속적 활동에 집착하는 사람, 또는 베다와 샤스뜨라, 그리고 스승에 대한 믿음이 없는 사람들에게는 꿈속에서조차 베풀면 안 된다. 이교도들에게는 이 지知의 껍데기를 버린 부스러기도 보여주면 안 된다. 그들에게 알맹이를 주는 것은 생각도 할 수 없다. 비헌신자들이 이 지知에 접촉하게 해서는 안 된다. 그것이 오히려 그들의 삿된 생각과 삿된 행동을 조장할 것이기 때문이다. 자신이 훌륭하다고 밖으로 과시하지만 가슴속에 존경심이 없는 사람들을 악당이라고 한다. 이 지知는 행동, 말 혹은 생각으로 스승을 증오하는 사람이나, 자기 가문을 자부하거나 자신의 영리함을 자랑하는 사람에게도 베풀면 안 된다. 이 지知는 스승에게 봉사하지 않는 사람에게도 베풀면 안 되고, 돈은 선뜻 내지만 스승에 대한 봉사로 아무것도 하지 않는 사람에게도 베풀면 안 된다. 또한 자신의 명성에 대한 자부심이 있고, 그 자신의 속된 기질을 증장하려고 애쓰는 사람에게도 베풀면 안 된다."

어떤 사람들은 스승을 위해 보통의 하찮은 일을 하는 것은 바람직하지 않다고 여기고, 브라만과의 합일이라는 드높은 기분 속에 있는 것으로 족하다고 생각합니다. 겸허한 봉사에서 스승을 속이는 사람들은, 설사 이 브라만의 지知를 듣거나 읽는다 해도 결코 아무것도 얻지 못합니다. 스승에게 어떤 봉사도 하지 않고 하인을 대신 보내겠다는 사람이나, 돈을 내겠다고 약속하여 어떤 시주에 대한 헛된 희망을 갖게 하는 사람은 제자로 받으면 안 됩니다. 수업료를 좀 내고 브라만의 지知를 얻겠다고 말하는 사람은 제자로 받으면 안 됩니다. 스승에게 봉사할 일이 있을 때 그 봉사를 하지 않는 사람은 내버려야 합니다. 스승에 대한 헌신을 통해서 자신이 자유를 얻을 것이라고 믿지 않는 사람에게는 이 가르침을 주면 안 됩니다. 스승이 브라만의 화신 혹은 브라만 그 자체라고 믿지 않는 사람은 가르치면 안 됩니다. 그런 사람은 어차피 이해하지 못할 것입니다. 이 가르침은 비헌신자들에게 주면 안 되고, 스승이 해주는 좋은 충고를 따르지 않는 사람에게도 주면 안 됩니다. 자신이 스승보다 더 순수하다거나, 스승보다 더 신성하다고 생각하는 사람은 비헌신자와도 대등하게 취급하면 안 됩니다. 그는 스승의 헌신자가 아닌 단순한 사람보다 내면적 삶의 수준이 더 낮습니다. 그런 이들에게는 어떤 지知도 베풀면 안 됩니다. 이 지知를 베풀고 있는 저, 곧 주 크리슈나에 대한 사랑이 없는 사람에게는 이 지知를 가르치면 안 됩니다. 스승에 대한 믿음이 있는 사람들은 '브라만의 지知'에 관심이 있지만, 오만한 사람들에게는 이 가르침을 주면 안 됩니다. 저의 헌신자들을 욕하는 사람에게는 이것을 가르치면 안 됩니다. 저의 헌신자들은 바로 저의 생명이며, 그들을 비난하는 사람에게는 이 지知를 베풀면 안 됩니다. 저의 헌신자의 하인조차도 존경받을 만합니다.

　남들을 욕하다가 성자들을 찾아가서 그들 앞에 절하는 사람은 이 지知를 받을 그릇이 되지 못합니다. 이 말을 들으면 여러분은 이렇게 말할지 모릅니다. "그러면 그릇이 되는 어떤 제자도 찾지 못하겠습니다." 제자는 예리하게 무욕이어야 합니다. 그 무욕은 미친 사람의 그것 같아서는 안 됩니다. 감각대상들을 4, 5일가량 혐오하고 나서 갑자기 감각 쾌락에 정신없이 탐닉하는 사람은 그릇이 되지 못합니다. 무욕의 태도를 잃는 사람은 자신의 지식에 자부심을 갖게 되어 남들의 결점을 찾기 시작하고, 심지어 존경할 만한 사람을 비난하는 데 몰두합니다. 무욕의 치열함이 약해지면 지식에 대한 자부심이 늘어납니다. 이 세상에는 두 가지 마음 상태가 있습니다. 하나는 무욕이고, 또 하나는 대상들에 대한 집착입니다. 사려분별이 없을 때는 욕망에서 자유롭지 못하고, 무욕이 줄어드는 곳에서는 쾌락에 대한 정욕이 늘어납니다. 우리가 '브라만의 지知'를 성취하지 못한 한, 물질적 욕망에서 극히 초연해야 합니다. 그런 금욕자는 이 가르침을 받을 자격이 충분합니다. 단순하게 믿는 사람들과 충실한 사람들도 좋은 덕을 많이 가졌습니다. 마음이 초연한 사람은 누구와 경쟁할 이유가 없습니다. 그는 실로 요기들 중의 왕입니다.

1935년 10월 23일 저녁

89. 헌신의 길의 수승殊勝함

이 세상에는 두 가지 마음 상태가 있습니다. 하나는 무욕이고 다른 하나는 감각대상들에 대한 집착입니다. 집착은 영적인 삶보다 감각대상에 더 많은 가치를 부여하거나 그것을 더 좋아하는 것입니다. 영적인 삶에 더 큰 가치를 두는 사람은 감각대상들을 좋아하지 않습니다. 그런 욕망이 없습니다. 관능적 쾌락에 탐닉할 것인지, 아니면 영적인 길을 따를 것인지 선택해야 합니다. 영적인 공부를 하고 싶어 하는 사람은 자신의 목표를 이루기 위해 필요한 어떤 노력이든 해서 그것과 하나가 됩니다. 우리의 삶은 두 가지 방향, 즉 무욕의 방향과 감각대상에 대한 집착의 방향 중 어느 한쪽으로 갈 수 있습니다. 감각대상들이 실재하지 않는다는 것을 알 때는 자연히 무욕이 증가합니다. 욕망이 증가할 때는 육신과 감각대상에 대한 자부심이 더 중요해집니다. 이렇게 되면 사람이 더 미혹됩니다.

가끔 어떤 사람은 "어느 누가 한 생에 자유로워질 수 있는가?"라는 주장을 하면서 진아 깨달음의 길에 장애를 만들어내기도 할 것입니다. 그러면서 남들에게도 그런 식으로 가르칩니다. 그의 무욕은 사라지고 그는 전락합니다. 그는 올라가던 길에서 등을 돌려 내리막길로 향합니다. 그러나 감각 즐김을 완전히 혐오하는 사람은 이미 스승에게 완전히 내맡겨져 있습니다. 그는 충실한 신자로 머무릅니다. 그는 보석 같은 사람이고, **영적인 지知와 권위**를 받을 만한 그릇이 됩니다. 그 무욕인은 자신의 목표와 완전히 하나가 됩니다. 어제 제가 많은 자격상실 요건을 묘사했습니다. 그런 것에서 자유로운 사람이 그릇이 되는 제자입니다.

마음은 자신이 좋아하는 것과 자신과 비슷한 것에 끌리는 경향이 있습니다. 그래서 사람은 비슷한 성품의 사람들과 우의를 맺습니다. 배우는 배우들을 좋아하고, 악당은 다른 악당을 좋아합니다. **성자는 다른 성자를** 좋아하고, 그래서 그런 이들과 교분을 갖습니다. 많이 알고 영적으로 깨달은 사람들이 유일하게 진정한 **브라민**, 곧 '브라만을 아는 자들'입니다. 그들은 서로에 대한 사랑을 가지고 있습니다. 자신을 **스승**에게 내맡긴 사람은 모든 존재들이 본질적으로 **브라만**임을 알고, 그들을 평등하게 봅니다. 그런 사람에게서는 **헌신**과 감각대상들에 대해 아무 욕망이 없는 상태가 결합됩니다. **헌신**은 사랑을 뜻합니다. **무욕**은 그가 아무것도 원하지 않음을 의미합니다. 요컨대, 마음이 곧은 사람은 일체를 단순하고 곧게 보며, 마음이 비뚤어진 사람은 일체를 비뚤어지게 봅니다.

스승은 제자를 사랑하겠지만, 그 제자가 오롯한 마음으로 충실하게 행동하지 않으면 **브라만**을 깨닫지 못할 것입니다. 자애로운 성품을 지녔고 헌신적인 사람만이 **지**知를 성취합니다. 스승에 대한 봉사보다 돈, 아내, 자식에게 더 많은 가치를 부여하는 사람은 **자유**를 빨리 발견하지 못합니다. 자신의 가정과 아내가 찰나적이고 거짓된 것이라고 생각하는 사람은 사실상 해탈한 것이나 마찬가지입니다. 스승, 곧 주 **크리슈나**가 그가 얻는 결실입니다. **스승**의 하인으로 불리는 것을 명예로 생각하는 사람, (스승을 위해) 온갖 잡역을 하는 사람은 참으로 위대합니다. **창조주**[브라마]와 같은 **신들**에게는 자신의 **스승**에게 하는 만큼의 존경을 베풀지 않는 사람이 참으로 위대한 제자입니다. 그런 제자도 실은 **성자**입니다. **브라만**의 **지**知는, 그것을 얻고자 열렬히 소망하여, 사람들이 자신을 어떻게 생각할까 하는 모든 걱정을 놓아 버리고 여론을 두려워하지 않는 헌신자만이 얻을 수 있습니다. 베다가 내버리는 사람들, 베다에서 제시하는 **헌신**의 원칙들을 따르지 않는 사람들은 그릇이 되는 제자들이 아닙니다. 정말 낮은 카스트의 사람들이 있습니다. 하지만 탄생과 죽음에서 벗어나고자 열망하여 **스승**의 발아래로 나아가 배우는 사람들은 **브라만**의 **지**知를 성취합니다.

브라만의 **지**知를 얻으려는 강한 욕망은 그 자체로 **무욕**의 다른 이름입니다. 그런 강한 욕망을 가진 사람들은 **무욕**의 성질을 성취합니다. 사람은 어떤 카스트에도 속할 수 있고, 그것이 아주 낮은 카스트일 수도 있지만, 만일 그가 **스승**이 주는 가르침을 유일한 길로 믿고 충실히 따르며 그에 따라 공부한다면, 그런 사람에게는 영적인 가르침을 주어야 합니다. 돈을 버는 데 일가견이 있고 상류층만 가르치는 사람들을 **스승**으로 여기면 안 됩니다. 그들은 스승 지위를 전혀 갖지 못하고, 그들이 주는 가르침은 결실이 없습니다. 그러나 신분이 낮은 사람들을 오직 그들을 해방시키려는 욕망으로 가르치는 사람들이 있다면, 그런 이들을 비난해서는 안 됩니다. 여자들은 보통 금욕적 생활에 관심이 없기 때문에 그들에게는 영적인 가르침을 주어서는 안 된다고 하지만, 여자들에게 그토록 높은 가르침을 주었던 위대한 **성자**들을 보십시오! 진인 카필라(Kapila)는 이 **지**知를 자신의 어머니 데바후띠에게 베풀었습니다. **주 샹까르**(Shankar)[시바]는 이 가르침을 빠르바띠에게 주었습니다. 나라다(Narada)는 이 가르침을 쁘랄라드의 어머니에게 베풀었고, **주 크리슈나**는 이 가르침을 브린다반 근처에서 희생제(Yadnya) 의식을 행하던 브라민들의 부인들에게 주었습니다. 도처에서 **브라만**만 보는 마음 상태를 가졌고, 아녀자들을 포함한 모두를 평등하게 여기는, 그리고 **빠라마뜨만**이 모든 존재들에게 똑같이 편재하고 있음을 보는 큰 **스승**들만이 여자들에게 이 가르침을 줄 것입니다.

이런 가르침은, 세간적인 감각대상들에 대한 욕망이 없고, 믿음이 증장되어 **영적인 지**知를 얻는 데 큰 관심이 있는, 그리고 **신에 대한 헌신**을 열망하는 그런 여자들에게는 줄 수 있습니다. 이 **지**知에 대한 욕망을 중요시해야 합니다. 사람은 어느 카스트에도 속할 수 있고, 남자일 수도 있고 여자일 수도 있습니다. 이 가르침은 **영적인 지**知에 대한 진정한 갈증이 있는 곳에 주어야 합니다. 만일 **구원자**가 없다면 그의 가르침을 받는 사람의 곤경은 어떻게 되겠습니까? 근기가 되지 않는 사람에게는 이 가르침을 주면 안 됩니다. 만약 가르침을 주어야 할지 말아야 할지에 대해 가르치는 사람에게 의심이 있다면, 그 가르침을 주면 안 됩니다. 의심은 하나의 결함입니다. 결함은 여러분에게 있고 무결함도 여러분에게 있습니다. '대상적 사물'이 없는 곳에서만 일체가 결함이 없습니다. 물질이 없으니 형태가 없고, 형태나 형상이 없으니 좋거나 나쁜 성질도 없고, 성질이 없기 때문에 어떤 결함도 있을 여지가 없습니다. **실재**에는 어떠한 결함이나 오점도 없습니다. 그것은 무엇을 해야 하고 무엇을 하지 말아야 하는지에 대한 의심과 아무 관계가 없습니다. 조언을 주는 것이 적절한지 혹은 올바른지에 대해 가르치는 이의 의심이 사라지지 않은 한, 조언을 주면 안 됩니다.

깨달은 **진인**이 남들을 가르쳐야 하느냐 여부를 묻는 것은 어리석은 질문입니다. 진아와 **실재**에 대해 완전히 눈이 멀어 있지 않다면 그런 질문을 하지 않겠지요. 죄인과 무지인의 문제들은 결코 해결되지 않고, 앞으로도 결코 해결되지 않을 것입니다. 근기가 안 되는 사람들은 그들에게 베푼 **지**知를 실천에 옮기지 않습니다. '이해'가 있으면 이 **지**知의 목적은 달성된 것이고, **지**知 자체가 사라집니다. 세간적 삶이 완전히 놓아진다면, 무엇이 적절한지 않은지에 대해 왜 신경 씁니까? **해탈한 자**에게는 무엇을 해야 한다는 것 자체가 없습니다. 비난을 받고 안 받고의 문제가 없습니다. 웃다바가 질문했습니다. "의무(dharma)·재물(artha)·욕망(kama)·해탈(moksha)의 네 가지 목표를 이루는 다양한 길이 있는데, 왜 한 가지 길만 조언하십니까?" 이에 대해 주 크리슈나가 말했습니다. "새가 날아가는 길은 그 새가 어디에 앉아 있느냐에 달려 있다. 마찬가지로, **지**知는 생사의 연쇄를 끊는 유일한 길이다." 권력을 얻는 네 가지 단계 혹은 접근법이 있습니다. 유화책(sama), 금전적 보상(dama), 신체적 징벌(danda), 모든 관계의 단절(bheda)이 그것입니다.[18]

헌신의 길을 걷지 않는 사람들에게는 다양한 요가의 길과 의식儀式이 있습니다. 이런 것들은 세간적 지위, 권력, 더 나은 생활조건, 더 높은 자격을 성취하려는 욕망, 한 단계씩 더 높이 올라가서 남들을 능가하려는 욕망을 가지고 하는 활동입니다. 이런 활동들은 에고와 욕심으로 가득 차 있고, 어떤 목표를 이루었다는 자부심, 그리고 그 이후의 목표들을 이루고

---

[18] *T*. 이 넷은 상대방과의 일이 원만하게 해결되지 않을 때 취할 수 있는 단계적 수단으로, sama는 대화, dama 혹은 dana는 보상이나 선물, bheda는 관계 단절의 위협, danda는 싸움(전쟁)이다.

싶다는 욕망과 연관됩니다. 이 모든 것은 거짓된 에고 의식에 뿌리를 두고 있습니다. 이런 목표들을 모두 성취하는 것만으로는 결코 진정한 평안을 얻을 수 없고, 결코 완전히 얻지도 못할 것입니다. 왜냐하면 에고가 그 열망, 그 변덕스러운 성품을 놓아 버리지 못하기 때문입니다. 사람은 자부심에 가득 차서, 사실은 실재하지 않는 많은 환상적 성취들을 이루려고 열심히 노력합니다. 이것이 바로 환幻의 뿌리가 가진 성품입니다. 이것을 인식하는 사람은 이런 상상적 성취들을 전혀 필요로 하지 않는 최고의 인간입니다. 지혜가 있는 사람은 앞에서 말한 네 가지 목표를 전혀 필요로 하지 않습니다. 다른 추구의 길에서는 많은 결함이 널려 있고, 그 결과도 망쳐집니다. 저에 대한 헌신을 통해서만 삶의 목표들(Purusharthas) 전부가 자동적으로 실현됩니다.

1935년 10월 24일

90. 브라만이 실재다

"나는 나에게 완전히 귀의하는 사람들의 모든 욕망을 충족시킨다. 네 가지 목표는 그것을 이루려면 엄청난 노력이 필요한 것이지만, 그래도 성취되지 않는다. 해탈의 그림자조차 볼 수 없다. 해탈이란 '나는 모든 까르마를 넘어섰다. 나는 아무것도 필요 없다. 나는 나 자신 안에 **온전한 평안**을 가지고 있다'고 말할 때의 확신이다. 그러나 나의 헌신자들, 자신이 브라만이라는 이해를 가진 사람들은 그들 자신이 네 가지 목표 전부를 얻으며, 신들의 무리들이 그들에게 와서 복종한다. 신들의 무리들은 어느 면에서 인간들의 최고의 덕과 좋은 성질들이며, 이것들 안에는 영적인 능력이 스며 있다. 그것들은 그 자체가 신들의 화신이다. 이것은 나에게 순복하는 사람만이 성취한다."

"사람은 자신이 좋아하는 것에 순복한다. 어떤 이들은 세간적 삶의 노예이고, 어떤 이들은 나에게 온다. 나는 나에게 자신을 내맡기는 사람들에게 욕망·해탈·돈 등 사실상 '모든 것'의 충족을 의미한다. 나의 헌신자가 아닌 사람들은 쾌락과 감각대상에 대한 집착을 가지고 있고, 다시 태어난다. 그러나 나의 헌신자들은 설사 세간의 것을 즐긴다 할지라도 내가 그들에게 해탈을 안겨준다. 나는 나의 헌신자가 무엇을 소망하든 그것을 들어주고, 또한 그를 속박에서 벗어나게 한다. 친애하는 웃다바여, 그대의 삶의 네 가지 목표는 모두 별개가 아니다. 그대에게는 내가 그 모두이다."

이렇게 말하면서 크리슈나는 크리슈나로서의 자신의 정체성을 잊어버렸고, 웃다바는 자신이 웃다바라는 것을 잊어버렸습니다. 그것은 사뭇 다른 종류의 포옹이었습니다. 둘 다 **짜이따니야**, 곧 **생명기운** 그 자체가 되었고, 가르치고 배운다는 그들 마음속의 이유 혹은 목적이 사라졌습니다. 신과 헌신자가 **하나**가 되었습니다. 스승과 제자라는 이원성의 느낌이 사라졌고, 의무와 행위의 수행遂行에 대한 모든 느낌이 상실되었습니다. 분리와 비분리의 느낌 둘 다 사라졌습니다. 확신을 주자 ("나는 브라만이다"라는) 이해가 사라졌습니다.

"나는 브라만 혹은 빠라마뜨만이 되었다"고 느끼는 것은 더 큰 환幻입니다. 언제 여러분이 빠라브라만 아니었던 때가 있었습니까? 그런데 왜 "이제 나는 그 상태에 머무르고 있다"고 말합니까? 여러분이 성취하는 것은 새로운 상태가 아닙니다. 사실 여러분은 이미 브라만입니다. 여러분은 이렇게 말할지 모릅니다. "당신의 가르침에 의해 환幻은 사라졌지만, 어떻게 하면 브라만의 상태에 머무릅니까?" 여러분은 그 상태에 머무르거나 계속 있기 위해 취해야 할 어떤 조치들을 영리하게 생각해낼 수 없습니다. 여러분은 자연히 그것입니다. 여러분은 거기에 부단히 있기 위해 해야 할 일은 아무것도 없습니다. 무엇이 되고 안 되고가 없습니다. '그것'은 여러분이 있는 그대로 있는 것입니다. 됨도 없고 안 됨도 없습니다. 되어야 할 무엇이 있습니까? 어떻게 여러분이 무엇이 됩니까? 진리가 되는 일은 없습니다. 만일 된다면 그것은 참되지 않습니다. 따라서 여러분이 **브라만**이 되어야 한다는 것이 아니고, 이미 **브라만**입니다. 우리가 진아인 상태가 이미 우리에게 있었는데, 어떤 환幻이 우리에게 영향을 주었던 것입니다. '일어난' 일은 환幻이었을 뿐입니다. 설사 어떤 일이 일어나거나 여러분이 무엇이 된 것을 경험한다 하더라도 그것은 환幻일 뿐입니다. 만일 여러분이 직접적인 '브라만 깨달음'을 가지고 있다는 어떤 관념이 있다면, 그것은 헷갈린 마음의 미혹일 뿐입니다. 그 헷갈림은 이미 있는 환幻이 향상된 것을 의미합니다. 그것은 환幻이 벌이는 구경거리요, 축제입니다. 모든 이른바 '브라만 깨달음'은 환幻입니다. 브라만은 생겨나지도 않고 소멸하지도 않습니다. 그것은 늘 있던 그대로, 그 **원초적 존재**로 있습니다. 그것은 별개로 경험되는 것이 불가능한 '**그것**'이며, 여러분은 **그것**을 피할 수 없습니다. 그것은 늘 현재 속에, **실재**로서 있습니다.

다른 모든 노력을 떠나서, 어떤 것에 대한 어떤 욕망도 없이 저에게 순복하는 사람은 이른바 **전적인 순복**(Total Surrender)을 가지고 있습니다. 믿음이 나뉘지 않는 사람은 이른바 **나뉨 없는 헌신**(Undivided Devotion)을 가지고 있습니다. 그런 사람만이 **충실한 헌신자**입니다. 저는 그에게 **저와의 합일**을 안겨줍니다. 저는 의무·재물·욕망·해탈이라는 그의 네 가지 목표 전부를 이루어줍니다. 그 해탈은 상대적인 자유가 아니라 **전적인 자유**입니다. 그런 사람은 설사 사회구조 속에서 자신에게 정해진 임무들을 수행한다 해도, 한 사람의 비非행위자입니다. 이렇게 해서 저는 그를 무욕이 되게 합니다. 저는 그에게 내면에서부터 그런 이해를 안겨주며, 저의 여섯 가지 부富를 줍니다. 네 가지 **해탈**[19] 모두가 그의 발아래 있습니다. 자신이 진아임을 아는 사람은 자신의 뜰에 **자유의 나무**를 심은 것입니다. 그런

---

19) T. '네 가지 해탈'은 동주해탈同住解脫(Salokata Mukti-신의 천국에 함께 거주하는 상태), 친근해탈親近解脫(Samipata Mukti-신을 가까이 하는 상태), 동형해탈同形解脫(Sarupata Mukti-신과 같은 모습을 띠는 상태), 그리고 합일해탈(Sayujya Mukti-신과 하나가 된 상태)이다. 앞의 세 가지는 공덕이 다하면 소멸하는 일시적 해탈이고, 합일해탈은 영구적 해탈이다.

나무를 심는 사람은 복이 있습니다.

주 크리슈나는 그의 헌신자의 욕망을 충족시키고, 그들에게 절대자를 안겨줍니다. 주 크리슈나는 말합니다. "모든 노력을 젖혀두고 자신을 나에게 내맡기는 사람에게는 그가 열망하는 모든 것이 나에 의해 주어지며, 나는 그를 해탈시킨다." 어떤 사람이 스승의 발아래 귀의하는 날, 그것이 그의 전락이 멈추는 날입니다. 저는 제 헌신자의 고통을 조금도 용납하지 못합니다. 따라서 저는 저 자신을 그에게 완전히 넘겨줍니다. 저는 제 헌신자의 보호자입니다. 그의 고통은 저의 고통이나 마찬가지입니다. 그는 저와 분리되어 있지 않습니다. 저의 헌신자가 지복스러운 생각을 가지고 어떤 사람을 바라본다면, 저는 그 사람도 해방시킵니다. 저 자신의 헌신자가 어떻게 무슨 전락을 겪을 수 있습니까? "내 헌신자가 고통 받았다"는 말조차도 저는 용납할 수 없습니다. 저는 그의 보호자이므로, 그에게 부족함이 없도록 보살핍니다. 그는 결코 저를 보지 못하는 일이 없습니다. 저는 실제로 저 자신의 상태에 있기 때문입니다.[20] 저의 헌신자가 어떤 상태에 있든, 저는 그를 해방시킵니다. 물질적 세계 속의 몸·말·마음의 쾌락의 대상들을 젖혀두고 저에게 헌신하는 사람들을 저는 잘 보호해 줍니다. 왜냐하면 제가 그들을 보살피기 때문입니다. 몸·말·마음을 젖혀둔다는 것은 무슨 뜻입니까? 좋거나 즐거운 일이 그의 마음에 전혀 일어나지 않는다 해도, 그 헌신자는 단 한 가지 욕망만 가지고 있다는 뜻입니다. 그리고 일어나는 일들이 모두 그가 좋아하는 것과 반대라 해도, 전능자에 대한 그의 믿음은 동요되지 않습니다. 저는 자신의 몸·말·마음을 저에게 내맡겨 버린 그런 사람만을 고려합니다. 나뉨 없는 헌신의 위대함이 그와 같습니다.

1935년 10월 24일

---

[20] *T.* 여기서 '저 자신의 상태'란 '일체에 편재하는 상태', 혹은 '헌신자 자신의 진아로서 늘 현현해 있는 상태'를 뜻한다고 본다.

91. 『다스보드』의 위대함

'스리(Shri)'라는 단어는 부富와 풍부함을 의미합니다. 모든 것 앞에 이것이 옵니다. 자신의 원래의 장엄함을 되찾고 싶어 하는 사람은 **여신 사라스와띠**의 축복을 받습니다. 사라스와띠는 지성, 곧 진아의 지성을 뜻합니다. 이 '지성'을 얻는 사람은 **사라스와띠**가 흡족해하는 사람입니다. 그러나 이를 위해서는 **스승**이 필요합니다. 사라스와띠의 축복을 얻고 싶은 사람은 어떤 **참스승**을 찾아가서 그에게 봉사해야 합니다. **스승의 축복**을 받으면 사라스와띠가 혀끝에서 춤을 춥니다.21) **참스승**의 축복이 그와 같습니다. 이 모든 것은 **가나빠띠**의 기도이자 찬양이며, 그 자체 **가나빠띠**의 형상, 곧 그의 **진정한 존재**입니다. 그것은 시작이 있기도 하고 시작이 없기도 합니다. 지知는 단지 정보가 아닙니다. 그것은 사려분별(지혜)이기도 합니다. **참스승**의 축복을 하사받는 사람만이 **진아 깨달음**이라는 주제에 대해 말할 수 있습니다. 매우 복 있는 사람들만이 **스승**의 은총에 의해 '이 **권능**'을 받을 수 있습니다. **스승**의 아들들이 이런 것들을 가르칠 수도 있겠지요. 다른 사람들은 그런 것들에 대해 말할 권한이나 권능이 없습니다. 왜냐하면 그런 것은 '**사자의 심장을 가진 사람**'들이 감당할 일이기 때문입니다. 이것은 왜 그렇습니까? 왜냐하면 다른 사람들은 자기 몸과의 동일시와 이 세간적 삶이 모두 아주 실재한다고 생각하기 때문입니다.

스승의 아들이 그 육신을 가지고 신체적 삶을 영위한다는 것은 보통의 기준으로는 실재하는 듯하지만, 영적으로 말하면 실재하지 않습니다. 이것은 증명된 사실입니다. 그래서 **스승**의 축복이 없는 개아는 풀이 죽고 낙심하는 것입니다. 그런 사람은 작은 손실에도 괴로워할 것입니다. 그러나 **스승**의 아들은 이미 몸과 그것의 모든 활동을— 그 자연적 기능과 활동을

---

21) *T*. 이것은 "지혜로운 말이 자유자재로 흘러나온다"는 의미이다.

포함하여—재로 만들어 버렸습니다. 그는 자신이 어떤 손실을 맛보거나 어떤 이익을 얻든 아무 두려움이 없습니다. 그는 태울 수 있는 모든 것을 스승에게서 받은 '지혜의 불'로 태워 버렸고, 자유롭고 순수해졌습니다. 따라서 스승의 아들이 성취한 권능과 권위는 보통 사람들이 얻은 권능과 같지 않습니다. 그와 같이 진정한 성자는 남들을 속이는 악당(사이비 스승)과 다릅니다. 참스승이 내리는 분명한 명령 없이는 아무것도 내놓을 수 없습니다. 쥐들은 사자에게 허풍을 떨 힘이 없고, 그럴 능력도 없습니다. "나는 진아다"라고 말하는 것은 사자의 포효와 같습니다.

참스승이 안전하게 지니고 있는 비밀스런 것들이 있습니다. 여러분이 참된 지知와 헌신이 무엇인지 배울 수 있는 곳은 스승의 발아래입니다. 우리가 헌신하는 법을 배울 수 있는 분은 스승입니다. 스승의 은총에 의해서만, 그가 베푸는 가르침에 의해서만 아홉 가지 유형의 헌신이 무엇인지를 알고, 그것을 닦는 법을 알 수 있습니다. 『다스보드』라는 책은 헌신자들이 전능한 신을 깨닫게 할 목적 하나로 저술되었습니다. 거기서는 스승과 제자의 대화 속에서 가장 핵심적인 가르침이 주어집니다. 『다스보드』는 우리에게 우리가 무엇이며, 우리의 진정한 성품은 무엇인가에 대한 지知를 줍니다. 이 책은 초연함의 상태와, 유일하게 실재하는 신이 누구인지를 설명합니다. 개아가 무엇이며 시바[신]가 무엇인지를 이야기합니다. 브라만에 이르는 길과, 마지막으로 우리 자신의 참된 성품(Swaroopa)에 이르는 길을 보여줍니다. 이 책은 바보가 어떻게 지혜로워질 수 있는지와, 환幻의 성품과, 환幻이 어떻게 일어나는지에 대한 가르침도 담고 있습니다. 마야의 원래 시작이 거기서 이야기되고, 마야는 우리의 상상이라는 것이 설명됩니다. 이 길에서의 모든 의문이 저 위대한 책에서 해소됩니다. 그 책에서 가르치는 내용이 무엇인지 정말 알고 싶다면, 여러분이 그 책을 직접 읽어보는 것이 좋습니다.

'다샤끄(Dashak)'[장章]라는 단어는 그 책의 큰 장들의 이름입니다. 『다스보드』에는 20개의 다샤끄가 있고, 각 다샤끄에 10개 하위 장들이 있는데,

그것을 '사마스(Samas)'[소장小章]라고 합니다. 다샤끄라는 단어는 10가지 감각기관과 행위기관을 가리킵니다. 마라티어에서 우리는 '다샤끄'라는 단어를 두려움을 뜻하는 '다샤하뜨(Dashahat)'로 변형시킬 수 있습니다. '다스띠(Dhasti)'는 '다하-아스띠(Daha-Asti)'[두려움]를 뜻하는데, 그것은 이 세간적 삶으로 인해 느끼는 매우 뜨거운 열감입니다. 그 두려움, 그 열기가 사라져야 하고, 우리가 그것을 놓아 버려야 합니다. 무지가 사라져야 합니다. 우리는 그것을 던져 버려야 합니다. 그것을 다샤끄라고 합니다. 서문 혹은 전문은 우뽀다뜨(Upoddhat)라고 하며, 그것은 '제시될 내용을 알리는 어떤 흥미를 창출하기'라는 뜻입니다. 그것은 알려는 의도를 창출합니다. 『다스보드』에서 다샤끄가 사마스들로 나누어진 것은 **자유의 길**을 설명하기 위해서라고 합니다. 이 책에서는 **진아 깨달음**을 가르치며, 거기서 묘사되는 것들을 우리의 삶 속에서 쉽게 시험해 볼 수 있고 확인할 수 있습니다. 시기심에서, 그리고 비뚤어진 소견으로 이 책에 아무 **진리**도 없다고 말하는 사람은, 코가 있는데도 자기는 코가 없다고 말하는 사람과 같다고 합니다. 이 책이 어리석은 말들을 담고 있다고 말하는 사람은 자기 조상들을 바보라고 부르는 사람과 같습니다. 우리의 조상들은 브라마·비슈누·마헤쉬(시바)·**구루 닷따뜨레야**·주 크리슈나·스리 라마, 그리고 지금까지 이 세상에 출현한 모든 **성자**들 같은 위대한 존재들입니다. 그들은 과거에 태어났기 때문에 조상 또는 선조들로 불립니다. 과거에 태어난 분들이 이제 다시 출현하고 있습니다. 어떤 새로운 **성자**들이 온 것이 아닙니다. 이미 존재했던 사람들이 계속 존재하고 있습니다. 우리는 저 **본래적 존재**, 곧 '만물의 **기원**'을 탐색해야 합니다. '**그것**'을 다시 보아야 합니다. 그들은 과거에서 온 분들이므로, 우리의 조상들입니다.

『다스보드』에는 『바가바드 기타』, 『한사기타』[22], 『시바기타』[23] 등 모든 기타[위대한 경전들]에서 이야기한 지知가 들어 있습니다. 이런 경전들은 신

---

22) T. 『한사기타(Hansageeta)』는 곧 『웃다바 기타』를 말한다(390쪽의 각주 참조).
23) T. 『시바기타(Shivageeta)』는 『빠드마 뿌라나』의 제4편인 'Patala Khanda'를 말한다.

그 자신의 말씀입니다. 『다스보드』에 들어 있는 내용이 거짓이라고 말하는 사람은 이미 망할 운명이며 타락한 사람입니다. 지혜의 형상으로 이 세상을 지배하는 신은 **가나빠띠**, 곧 **지고아 빠라마뜨만**입니다. 이 지혜를 가진 사람을 **보다**(Bodha), 즉 **의식**이라고 합니다. 이것이 **지**知, 곧 '이해'입니다. 그 자신이 그것임을 깨닫는 사람은 이미 단숨에 모든 속박을 끝내 버린 것입니다. 모든 영적 능력이 동시에 그에게 옵니다. 『다스보드』는 그처럼 위대한 책이어서 '경전의 왕(Grantha Raja)'으로 불립니다.

1935년 10월 25일 오전

92. 성자와의 친교

무지에서 일어난 일들이 사라졌습니다. 이제는 이해가 있으니 여러분은 거기서 이익을 얻어야 합니다. 무엇이 올바른지를 알 때는 **성자와의 친교**를 구해야 합니다. 그에게 봉사하고, 그가 가진 **지혜**를 점진적으로 배워야 합니다. **성자**에게서 그의 삶의 목적과 그의 **깨달음**을 배워야 합니다. 그 성자를 위해 좋은 일들을 해야 하고, 그의 사고방식을 알아야 합니다. 그를 자주 만나고, 질문을 하고, 여러분의 의문을 해소하십시오. 이를 위해 필요한 모든 수고를 다해야 합니다. 그가 그렇게 하듯이 여러분의 삶에서 사려분별을 사용하십시오. 만일 여러분이 어떤 친교를 열망한다면 **성자**와의 친교를 구하고, 그가 작업하듯이 열심히 노력해야 합니다.

성자와의 친교에서 얻게 되는 두 가지 중요한 것이 있습니다. 그것은 진아에 대한 묘사와, 자신의 자아를 내맡기는 것입니다. 진아에 대한 묘사는 진아의 성품이 무엇인지 알게 되는 것입니다. 자신의 자아를 내맡긴다는 것은 **성자**들이 행동하듯이 행동하고, **성자**들이 말하듯이 말하며, **성자**

들이 하듯이 자신의 삶을 영위하는 것을 뜻합니다. 그 지혜의 말씀들을 귀담아 듣고 여러분이 이해한 것을 실천에 옮겨야 합니다. 그의 전략이 무엇인지를 알아야 합니다. 그가 가르칠 때 배우고, 그의 성품을 이해해야 합니다. 그것은 여러분 자신의 성품을 이해해야 한다는 뜻입니다. 그의 내면의 생각과 그의 논리에 대해 배워야 합니다. 그의 이야기와 그의 목표들, 그의 기민함, 그가 사물을 이야기하는 방식을 배우십시오. 그의 말들, 그 말들의 달콤함, 친절함, 그리고 그가 선택하는 말들의 다양한 뉘앙스를 배우십시오. **성자들이** 얼마나 자비로운지를 배우고, 그들의 본을 따라야 합니다. 성자가 자기 시간을 어떻게 활용하는지를 배워야 합니다. 참된 포기에 대해 배우십시오. 명상하는 법을 배우고, 그가 어떻게 그 무엇에도 집착하지 않는지, 어떻게 몸-의식(body-consciousness)을 넘어서 있는지를 배우십시오.

내적 진아가 '아는 자'입니다. 누구도 그가 가진 능력의 한계를 볼 수 없습니다. 자신의 진아와 부단히 대화를 나누어야 합니다. 그것은 엄청난 희열을 가져다줄 것입니다. 사람이 사려 깊으면 깊을수록 더욱 더 만족하게 될 것입니다. **전능한 지고아 빠라마뜨만**은 전 세계를 창조하지만, 그는 눈에 보이지 않습니다. 깊이 성찰하고 자비로워지면 그를 알 수 있습니다. 부단한 명상을 통해, 그가 여러분을 만나줍니다. 대단한 결의를 가지고 무엇을 하려고 할 때만 여러분이 뭔가를 얻습니다. 세속적인 생각들을 없애고 강한 결의로 **진아**에 대해서만 생각하는 사람은 그 **상태**를 깨닫고 성취할 것입니다. 거짓인 것하고만 부단히 접촉하면 거짓인 것만 얻습니다. 사람은 마음이 늘 생각하는 것만 보고 느낍니다. 따라서 여러분은 늘 **신**을 생각하고 신에 대해서만 이야기해야 합니다. 신을 깨닫기로 결의한 사람이 **참된 헌신자**입니다. 결의가 없다면 그 사람은 **참된 헌신자**가 아닙니다. 모든 숭배의 정점은 신이 그 헌신자이고 그 헌신자가 신일 때입니다.

이 인간의 삶은 매우 귀중한 것이고 얻기 드문 것입니다. 그러니 그것을 허비하지 마십시오. 거기서 최선의 것을 얻으십시오. 그렇게 하지 않는 사람으로 말하면, 그들은 마치 자살을 하고 있는 것과 같고, 자신의 삶을 내버리고 있는 것과 같습니다. 그토록 얻기 힘든 인간의 몸과 인간의 삶을 허비하지 마십시오. 죽음이 찾아오면 한 숨도 더 쉬지 못할 것입니다. 여러분의 숨을 낭비하지 마십시오. 그것이 여러분에게 도움이 될 것입니다. 쓸데없는 한담에 시간을 낭비하지 마십시오. 이런 식으로 여러분 자신을 바치고, 자신을 내맡기십시오. 깊이 그리고 인내심 있게 생각하고, 매우 신중하게 행동하십시오. 제대로 생각하지 않는 사람은 자신의 인생을 허비하며 분별없음으로 자신을 파괴합니다. 많은 사람이 나쁜 사람들과 어울리다가 죽었습니다. 그들은 나가떨어진 것입니다. 경박한 어리석음으로 인해 파괴의 주먹이 강타했고, 그 사람은 죽었습니다. 이 인간의 몸을 받고서도 스스로 이익을 얻지 못하는 사람에 대해 우리가 무슨 말을 할 수 있습니까? 어떤 것의 중요성을 모르는 사람, 마음이 **진아공부**(Self-study)에 관심이 없는 사람, 공부하지 않는 사람은 실로 어리석은 사람입니다. 그는 남들을 탓하는 사람이고, 말과 생각에 일관성이 없는 사람입니다. 그런 사람은 내생에 아무 복이 없을 것입니다. 여러분은 있는 힘껏 마음을 집중하고, 필요하다면 자신을 강제하면서 **수행**(Sadhana)을 해야 합니다. 여러분이 어디서 잘못하고 있는지 **성자**에게 물어 보십시오. 모든 악덕을 놓아 버리고 덕을 계발하십시오.

사람은 실제 삶의 시험을 통해 배우고 지혜로워집니다. 신중한 사려분별로 말을 해야 합니다. 주의 깊은 분별력 없이 내키는 대로 말하는 것은 아무 쓸모없습니다. 세간사만 이야기하며 세월을 보낸다면, 여러분의 삶 전체가 허비됩니다. 자신의 삶을 어떻게 사용하고 싶은지 잘 생각해 보십시오. 실은 누구도 본질적으로 악하지 않습니다. 모든 적의는 '오해'에 기인합니다. 모든 다툼은 오해에 불과합니다. 누구에 대해서도 이야기하지 않는 것이 최선입니다. 만일 무슨 이야기를 해야 한다면 여러분의 의문과 오해를 해소하십시오. 여러분은 말·마음·지성을 부여받고 있으니, 이야기를 할 때는 사려분별 있게 하십시오. 남들에 대해 이야기할 때는 아주 조심하십시오. 여러분의 혀는 삽과 같습니다! 그것으로 누구를 치면 안 됩니다. 여러분의 마음에서 모든 편견과 비뚤어짐을 제거하십시오. 그럴 때만 여러분이 자유로워질 것입니다. 우리가 노력하면 그에 따라 결과를 얻습니다. 노력의 결실은 확실합니다. **수행**(Upasana)은 노력, 곧 어떤 행위의 부단한 실행이며, 마음속에 어떤 목표를 지니는 것입니다. 그 결과는 노력과 같은 본질을 갖습니다. 무엇이 올바른 노력인지를 인식해야 합니다. 여러분이 남들에 대해 어떤 방식으로 생각하든, 그에 따라 결과를 얻을 것입니다. 남들에 대해 나쁜 생각을 결코 하지 마십시오.

곡들의 음악적 조화, 즉 **라가**(Raga)에 대한 지식은 여러분이 마음속에 품고 있는 뜻과 같습니다. 박자에 대한 지식은 여러분의 실제 행동입니다. 자신의 노래를 빈번히 '배치'하게 되는 것은 **드루빠드**(Dhrupad)[24]이며, 그것은 여러분의 원래 의도로 부단히 돌아가는 것과 같습니다. 그것이 이루어지면 구도자는 **지복**의 성취를 즐깁니다. 진아의 비세간성을 깨달아야 합니다. '자기관찰'로써 그것을 자각하십시오.

1935년 10월 25일 저녁

93. 빠라브라만은 지각 불가능하다

빠라브라만은 감각기관으로 지각할 수 없지만 그것은 존재합니다. 지각될 수 없는 '그것'이 빠라브라만입니다. '그것'은 존재하는 **실재**이지만 눈에 보이지 않습니다. 누가 **그것**은 없다고 말해도, 그렇게 말하는 사람 자신조차 **빠라브라만**일 뿐입니다. 어떤 형상이 있으면 그것의 몸체나 형태를 알

---

24) *T*. 인도 고전성악의 한 형식. 정해진 곡조가 있고, 앞뒤에 단조로운 음절들을 빠르고 느린 여러 박자로 노래하는 대목들이 있는 매우 긴 가곡이다.

수 있습니다. 그래서 우리가 그것을 알 수 있고, 지각할 수 있고, 이해할 수 있습니다. 그러나 진아의 형체나 형상은 우리가 지각할 수 없습니다. 진아인 그 사람 자신이 전혀 어떤 형체나 형상도 아니기 때문입니다. 어떤 사람은 '그것'은 알 수 없는 것이라고 하면서 탐구를 그만두지만, '그것'은 늘 여러분과 하나입니다. 딱한 점은 여러분이 '그것'의 존재를 인정하지 않는다는 것과, '그것'이 여러분의 진아로 존재한다는 것입니다. "내가 그 이해이다. 나는 시바다, 나는 시바다(Shivoham, Shivoham)"라는 이해는 '이해라는 내적 시각'—즉, 시바—의 눈에 의해 지각됩니다. 이해가 지각입니다. 지구는 모든 중생들을 지탱해 주고 있습니다. 그것을 '대지大地(Bhoomi)'라고 합니다. 우리의 감각기관에 나타나는 모든 것이 대지 위에, 이 지구상에 있듯이, 눈에 보이는 일체는 눈에 보이지 않는 **빠라브라만**의 존재 위에서 지각됩니다. 일체가 시작되고 끝이 나는 것은 '그것' 때문입니다. 우리는 '그것'의 밖으로는 어디도 갈 수 없습니다. '그것'을 떠나는 일은 있을 수 없습니다. 일체가 끝이 나고 소멸되지만, 끝날 수 없는 '그것'은 남습니다. 남는 것이 '그것'입니다. '그것'은 모든 상황에서 동일합니다.

  묘사할 수 없고, 상상할 수 없고, 논리와 추측으로 파악할 수 없는 것이 '그것'입니다. '그것'은 실로 존재합니다. 만일 누군가가 "그것은 이와 같다"거나 "그것은 저와 같다"고 말하려고 든다면, 그의 진술은 거짓입니다. '그것'에 대해 이야기하는 것이 가능하지 않습니다. 누가 어떤 식으로 '그것'에 대한 명제를 제시한다 해도, 그것은 그 명제 안에 걸리지 않습니다. 그래서 누가 무슨 말을 하든—설사 그가 지혜로 충만한 사람이라 해도—'그것'은 묘사할 수 없습니다. 따라서 이 문제에는 매우 미묘하게, 결의를 가지고 접근해야 합니다. 신체적 존재의 실재성, 그리고 존재하는 것처럼 보이는 우주의 외관상 실재성에 대한 믿음을 무효화해야 합니다. 그럴 때 비로소 '그것'을 이해하게 될 것입니다.

  브라만이 '만물에 편재한다'고 하지만, '만물'이 실재하지 않는데 어떻게 **브라만**이 거기에 편재할 수 있습니까? 우리가 보는 것들이 실재하지 않는

데 어떻게 **브라만**이 거기에 편재할 수 있습니까? 깊은 잠 속에서는 지각되거나 편재될 것이 '아무것도' 없습니다. 깨어나서 여러분이 존재할 때, 여러분이 보는 것은 보이는 대상, 곧 형상입니다. 형상이 '보이는 대상'입니다. 그것이 보인다고 말하는 것은 그것이 알려진다, 혹은 지각된다고 말하는 것입니다. 그럴 때만 "내가 그것을 본다"고 말합니다. 그러나 보이는 것이 무엇이든 그것은 실은 감각기관에 의해 보이고, 감각기관들은 지성에 의해, 또한 **지**知에 의해 알려집니다. 자, 부디 세심한 주의를 기울여 주십시오. 그 **지**知를 누가 봅니까? '아는' 상태, **지**知 그 자체가 보이지만, '그것을 보는 **자**'는 우리가 묘사할 수 없습니다. '보는 자'는 묘사될 수 없으나, '**그것**'이라고 지칭되고 있습니다. 그래서 '보는 것'은 곧 '아는 것', '지각하는 것'을 뜻하고, 그렇게 지각되는 것은 **브라만**에 의해 지각되고 **브라만**에 의해 편재됩니다. 그렇게 편재되는 것만이 알려지고 지각됩니다. 알려지는 것이 눈에 보이는 상태에 있는 한, **브라만**이 그것에 편재합니다. 그러나 외관상의 사물이 사라지면, 편재될 것이 뭐가 있습니까? **브라만**에 의해 '편재된다'는 것은 보이거나 알려진다는 것일 뿐입니다. '알기'가 끝날 때는 편재될 것이 아무것도 남지 않습니다.

우유와 크림은 함께 우유 안에 있습니다. 크림이 분리되면 우리의 감각기관에 그것이 별개로 보입니다. 그것은 우유의 중요한 성분입니다. 우리가 그것을 분리하면 별개가 되고, 그렇지 않으면 우유와 하나입니다. 빈 공간과 편재함의 성질은 거짓된 용어들입니다. 상상이 사라진 뒤에 남아 있는 **자**가 **진아**입니다. 그는 상상의 영역 안에 있지 않습니다. 개념, 상상, 운동 능력, 움직임, 이해, 의식 등이 보일 때, 그럴 때만 우리가 남성 원리와 여성 원리[뿌루샤와 쁘라끄루띠]를 자각합니다. 여기에 내재되어 있는 것은 세 가지 **구나**(Gunas), 5대 원소, 의식의 상태들(생시·꿈·잠), 그리고 다양한 환경과 물질의 무수한 속성입니다. 이 모든 것을 아는 '**그것**'은 '존재의 성품, 주된 목표, 저 너머의 힘, 앎의 힘, 전체성 곧 우주적 존재에 대한 일견—見, 브라만의 광대무변함에 대한 일견, 원초적 신' 등으로 불립니다. 이런 이름과 형상에서 나오는 이해는, 원초적 **뿌라쇼따마**(Purashottama)25)가 느끼는 '있음'이라는 단순하고도 가장 본연적인 경험이지만, 그것은 상상이 파악할 수 없는 일종의 직접적 지각입니다.

가장 순수하고 단순한 영적 노력은 **청문**聽聞(Shravana)입니다. 그 다음에 **성찰**(Manana)이 오는데, 이것이 청문보다 더 수승殊勝합니다. 하나의 존재로서든 아니면 이해의 성질로서든, '아는 자'가 아무도 없을 때는 마음이 그것의 더 높은 상태에 합일됩니다. 노력의 상태, 곧 수행이 끝나는 곳에 **비냐나**, 곧 **영적인 지**知가 있습니다. 우리의 삶은 영적인 노력이 **최종적 성취**에서 정점에 이를 때 완수됩니다. 성질들(Gunas)을 넘어서 있는 것은 영원하고 부동이며, 어떤 것에 의해서도 동요되지 않습니다. 그것은 파괴될 수 없고, 뚫을 수 없이 가장 견고하며, 결코 끝나지 않고, 결코 사라지지 않습니다. 여러분이 '그것'입니다. 이 이해는 '그것'이 결코 끝나지 않음을 보증합니다. 그럴 때 환幻의 문제가 풀립니다. 왜냐하면 그것이 전혀 보이지 않기 때문입니다. 환幻이 사라진 것입니다. 예를 들어 어떤 사람은 꿈속에서 자신이 결혼하여 처자식이 있는 것을 발견합니다. 그러나 깨어나면 그들이 어디 있습니까? 어디서 그들을 찾겠습니까? 그들이 어디서 그를 만나겠습니까? 그 사람이 깨어나면 그 꿈은 거짓으로 드러납니다. 다른 것들에 대한 그 지각은 **무지** 때문에 일어났고, **무지**가 그 꿈이었습니다. 꿈이 그 무지였고, 그것이 곧 세간적 삶이었습니다. 광대한 하늘이 보였고 광대한 지구가 있었고, 많은 사람들이 그 지구 표면에 살면서 행복한 것처럼 보였습니다. 많은 가족들이 행복하게 살고 있었고, 저 자신의 작은 가족도 그 중의 하나였습니다. 그러나 그 가족, 즉 하나의 작은 점은, **영적인 의식** 혹은 **자각**의 관점에서는 없었습니다. 그 장면 모두를 무지가 보여주었습니다. 일반적으로 누구도 가족을 그 **실재성** 면에서 이해하지는 못합니다. 실재를 아는 자는 매우 드뭅니다. 왜냐하면 그 '아는 자'는

---

25) *T*. '지고의 **뿌루샤**', 곧 '지고의 존재' 또는 '최상의 인간'이라는 뜻이며, 흔히 Purushottama로 표기된다.

빠라마뜨만이기 때문입니다. 실재를 '알면' 여러분이 깨어납니다. 꿈이 끝납니다. 이것은 무엇을 의미합니까? 깨어남이 무엇입니까? 그것은 이제 '실재에 대한 지知'가 있다는 뜻입니다. 깨어남이 지知이고, 지知는 여러분이 깨어난다는 것을 의미합니다.

세간적 삶을 경험하는 것 자체가 **무지**를 경험하는 것입니다. 그 사람은 아주 행복하고 호화로운 삶을 즐길 수도 있겠지만, 그는 **무지**에 합일되어 있습니다. 한편 그가 문제로 가득 찬, 힘들게 일하는 삶을 영위할 수도 있지만, 그럴 때도 그가 즐기는 것은 **무지**입니다. 세간적 삶이 어떤 수준의 것이든, 우리가 즐기는 것은 **무지**일 뿐입니다. 무지 자체가 출현했습니다. 분명히 드러나 있는 것은 **무지**입니다. 그러다가 어떤 변화가 찾아옵니다. 지知가 출현하고, 그와 함께 깨어남이 옵니다. 그 사람은 깨어나서 말합니다. "아, 대단한 세간적 삶이었군. 이제 그 모두가 거짓으로 판명되었다." 사람이 깨어나도 그는 여전히 보지만, 일체가 묘사할 수 없고 말로 표현할 수 없습니다. 이것은 분별(viveka)[실재와 비실재 간의 분별]에 의해서 부드럽게 그리고 미묘하게 느껴집니다. 깨어남의 체험은 그 자체의 표지, 그 자체의 성품을 인식해야 합니다. 『다스보드』 책은 '진아의 말씀'으로 끝났습니다. 빠라마뜨만에 대해 명상하는 사람은 이 '**생명의 책**'을 압니다.

1935년 10월 26일 오전

94. 스승의 은총의 중요성

주 크리슈나에게서 **헌신의 길**이 위대함을 들은 웃바다는 매우 기뻤습니다. 웃다바로서의 별개의 정체성이 사라졌습니다. 웃다바는 정말 복이 있었습니다. 진정한 **지복**의 바다인 진인 슈까가 빠리끄쉬뜨 왕에게 말했습니다. "당신은 청문으로 지_知를 얻었으니 복이 있습니다. 청문 자체가 대단한 행운입니다. 이제 당신은 **전능한** 신을 압니다. 이런 이야기를 듣는 좋은 기회를 얻는 사람은 극소수입니다." 빠리끄쉬뜨 왕은 자신이 죽음을 피할 수 없음을 알았을 때, **완전한 자유**를 얻는 길을 찾은 것입니다. 자유라는 가장 귀중한 보석을 얻은 빠리끄쉬뜨 왕은 복이 있습니다.26)

『**탐구의 바다**(*Vicharsagar*)』27)라는 책에 나오는, 이와 연관되는 어떤 왕의 이야기가 있습니다. 그 무엇도 **영적인** 삶의 **희열**에는 필적할 수 없습니다. 여덟 가지 현현물28)은 이 왕의 여덟 신하입니다. 왕은 그들의 지시에 따라 행동하면 안 됩니다. 그들은 잘못된 조언만 합니다. 요기들이 지속적으로 그의 명성을 묘사하는 분, 그의 발에 묻은 먼지 알갱이들 자체를 모든 천신들이 숭배하는 분(크리슈나), 그 자신이 이 헌신을 약속했습니다. 저 위대한 주님이 헌신보다 더 유익한 것은 아무것도 없다고 했습니다. 그것을 **박띠 요가**(Bhakti Yoga)라고 합니다. 박띠 요가의 길은 **순수한 사랑**의 길입니다. 여러분의 마음속에 **순수한 사랑**에 대한 의심이 있을 때는 이 길을 이해하지 못할 것입니다. 웃다바는 그 말씀을 들었을 때 **사랑의 황홀경**에 압도되었습니다. 호흡이 느려졌고, 눈은 반쯤 감겨졌습니다. 웃다바는 완전히 소멸되기 직전의 상태에 있었지만, 주 크리슈나가 그의 황홀경을 제어했습니다. 웃다바가 말했습니다. "저의 삶은 성취되었습니다. 저는 모든 영적인 부_富의 바로 핵심을 얻었습니다." 그는 **주님의 축복**에 어떻게 보답해야 할지 생각하기 시작했습니다. '스승님께는 재물을 드려 보답할 수가 없다. 내 몸을 당신께 드린다 해도 그것은 사멸할 것에 불과하다. 사멸할 몸뚱이를 드려서 반대급부로 신을 얻는다면, 어떻게 받은 은혜에 보답할 수 있겠는가? 개아를 스승님께 내맡긴다 해도, 개아는 개념적인 것일 뿐이다. 그것은 사실이 아니라 거짓된 것이다. 몸, 말, 마음, 돈, 그리고 생명

---

26) T. 빠리끄쉬뜨 왕은 어떤 소년의 저주로 7일밖에 살지 못할 운명이었다. 그가 죽기 전에 진인 슈까에게 법문을 청해서 듣는 이야기가 『바가바따 뿌라나』이다.
27) T. 베단타에 관한 니스짤다스(Nischaldas, 1791~1863)의 저작.
28) 허공, 바람, 불, 물, 흙, 마음, 지성, 기억과 '나'라는 느낌.

그 자체를 내맡긴다 해도 **스승님**의 은혜를 갚기는 불가능하다.' 이 제자는 그 모든 것으로도 감사를 표할 길이 없자, 말없이 **스승** 앞에서 절을 했습니다.

웃다바는 자신의 머리 위에 **주 크리슈나**의 발밑에 있던 흙 알갱이들을 얹어 갖가지 방식으로 **신**을 찬양하며 이렇게 말했습니다. "당신께서는 브라만을 아는 지혜로운 이들 중에서도 가장 위대하십니다. 당신께서는 세계의 지지자이시고, 세계의 수호자이시며, 세계의 해체자이십이다. 저는 **무지**의 어둠 속에서 던져져 있었는데, 당신의 감로 같은 가르침이 저의 슬픔과 욕망을 소멸하고, 저를 구렁텅이에서 건져내어 구원해 주셨습니다. 이것은 당신의 힘 없이는 불가능했습니다. 이제 욕망과 에고가 저를 어떻게 괴롭힐 수 있겠습니까? 무지의 냉기가 **지**智의 불에 의해 흩어졌습니다."
참스승과 제자가 만나면, 제자는 자신의 모든 세속적 욕망이 더 이상 존재하지 않는 것을 체험합니다. 하지만 집으로 돌아가면 **환**幻이 다시 그를 미혹시킵니다. **환**幻은 스승의 가르침을 이해하는 제자의 경우에만 소멸됩니다. 신심 있는 제자들만이 이 사실을 압니다. 이런 것은 **환**幻에 의해 시야가 가려진 사람들과, 자신의 성취에 오만해진 사람들은 결코 알지 못할 것입니다.

성자들과의 친교가 중요하다는 것은 **신**에 대한 **사랑**을 가진 헌신자들만 압니다. 웃다바가 말했습니다. "오, **주님**, 저를 위한 것처럼 보이는 당신의 가르침을 통해서, 당신께서는 무수한 헌신자들을 구제하셨습니다. 그러나 듣는 이가 그 가르침에 믿음을 가져야 합니다. 그럴 때만 그 가르침의 상서로운 열매를 딸 수 있습니다." 따라서 제자는 명민해야 합니다. 믿음이 크면 클수록 제자가 얻는 **지**智는 더 깊습니다. 믿음은 좋은 등燈과 같습니다. 이 등의 두 심지는 (본질적인 것과 비본질적인 것 간의) 분별과 무욕입니다. 이 두 심지에 의해 **지**智의 불길이 켜집니다. 그러나 희망이라는 유령[세간적 행복에 대한 욕망]이 그 등불을 꺼 버립니다. 희망이라는 유령이 가까이 오지 못하게 해야 합니다. 그럴 때 비로소 위대한 **짜이따니야의 빛**

이 전 우주를 찬란히 비춥니다. 최고의 헌신자 웃다바는 이제 '우주와 하나'가 되었습니다.

1935년 10월 26일 저녁

95. 자유와 헌신

자유에 이르는 데는 성자들과의 친교만큼 유용한 길이 없습니다. 우리가 어떤 형상, 어떤 대상을 볼 때는 그 형상을 향한 모종의 정서가 일어납니다. 마찬가지로, 여러분이 자신의 어머니와 아버지를 볼 때는 그 관계에 어울리는 적절한 감정을 갖게 됩니다. 그러나 여러분이 스승을 친견할 때는 심장이 존경의 느낌으로 넘쳐 오릅니다. 이와 같이, 성자들과의 친교가 최고입니다. 성자들과의 친교로 보자면, 참스승 가까이 있는 것이 여러분을 가장 순수하게 만들어줍니다. 그의 가까이에는 환幻이 설 자리가 없습니다. 환幻은 참스승 근처에 머무르지 않습니다. 대다수 사람들은 헛되게 삶을 살면서 쓸데없는 세간적 이익을 중요시하다가, 결국 비참해지고 근심하게 됩니다. 개아는 어리석게도 전혀 중요하지 않은 대상적인 것들을 중요시하고, 환幻의 덫에 걸려 있습니다. 그러나 우리가 참스승 가까이에 있으면, 그런 쓸데없는 매혹물들이 자동적으로 사라집니다.

웃다바가 주 크리슈나에게 말했습니다. "당신께서는 가엾고 무지한 사람들의 이른바 지知라는 어둠을 몰아내기 위해 조언을 베푸셨습니다. '진정한 지知'라는 등燈의 심지가 분별과 무욕이라는 기(ghee)에 의해 불이 댕겨지는데, 관능적 욕망 충족에 대한 집요한 희망은 (욕망을 충족하려 하면서) 그 불길에 뛰어들어 불을 꺼트리려고 하는 나방과 같습니다. 헌신자가 당신의 신적 친존에 집중하면 욕망이 소멸됩니다. 헌신자의 심장 속에 '이해'로서 머무르고 있는 **참스승**만이 당신의 **진정한 존재**와의 합일을 성취할 수 있습니다. 이제 저는 당신께서 저에게 **당신과의 전적인 동일성**을 하사하셨다는 것을 확신합니다. 당신께서는 모두의 가장 깊은 내면에 거주하시는 분이므로 당신의 **형상**은 이미 아주 자연스럽게 저의 안에도 늘 안주하지만, 그 형상이 베일에 가려져 있었습니다. 제가 해온 **헌신 요가**로 인해, 당신께서는 저를 충분히 흡족해 하십니다. 그래서 당신 자신의 **참된 형상**으로 당신을 이해할 '**내적 지혜**'를 저에게 주셨습니다. 이제 그것은 저 자신의 **본래적 존재**입니다. 당신께서 이 사실을 저에게 납득시키셨습니다. 성자들과 진인들은 이 기적을 '**돌아가기**' 혹은 '**올바른 귀환**'이라고 부릅니다. 그러면서 당신께서는 당신에 대한 제 **헌신**의 밀도를 높여 주셨습니다. 그리고 이미 저 자신의 **진아**지였던 그 **지**(知)를 주셨습니다. 이제 **환**(幻)과 의심들은 결코 다시는 저를 덮어 가리지 못할 것입니다. 당신께서는 너무나 자비로우시고, 특히 지혜로워져서 당신에 대한 **찬가**(바잔)를 부르는 데 몰두하고 있는 당신의 하인(헌신자)들에게 친절하십니다."

바잔(Bhajans)을 부른다는 것은 단순히 심벌즈를 두드리거나 악기를 연주하는 것을 의미하지 않습니다. 사람들은 반복해서 심벌을 두드리고 악기를 연주하는 사람들이 헌신적이라고 말하지만, 이 **바잔**, 이 '**헌가**(獻歌)'는 그런 유형이 아닙니다. 그것은 매우 깊습니다. 세속인들이 무엇을 부단히 명상하든, 그것이 그들의 헌신이고 그들의 숭배 방식입니다. 마음속에 무엇이 거주하고 있든, 그것이 그 사람의 숭배 대상입니다. 어떤 사람이 세속적인 대상에서 얻는 기쁨을 경험할 목적으로 그 대상을 생각할 때, 그것은 일종의 숭배입니다. 그 대상에 대한 집중이 그들의 명상입니다. 만일 어떤 감각대상에 대한 과도한 집착이 있다면 그 집착은 하나의 부단한 **내관**(內觀)입니다. (대상에 대한) 청문, 내관, 명상, 집착 그리고 대상을 얻는 데서 느끼는 위안은 **진아**의 만족, 곧 진정한 '**내적 만족**'이 아닙니다. 오히려 더 많은 관능적 쾌락에 대한 욕망이 늘어나기만 하고, 탐닉에 대한 허기가 충족되지 않습니다. 욕망은 욕망을 낳고, 그러한 한에서 **진아**는 자기만족(Self-Satisfaction)을 얻지 못할 것입니다.

따라서 **참된 숭배**는 자기만족에 대한 명상과 내관, 혹은 바꾸어 말해서 부단한 몰두이며, 이것을 내면을 향한 충동이라고 합니다. 헌신자가 자신에게 이 **자기만족**이 없다고 느낄 때, 내면에서 들끓는 것은 고뇌 혹은 공허의 느낌입니다. 그 **열망**(자기만족에의 내적 충동)의 상태에서 되돌아올 길은 없습니다. 그것을 '**내적 실재**'의 체험을 열망하는 사람이라고 합니다. 이 충동이 있으면 '그 자신에 대한 **진아의 만족**'이 있을 것이 확실합니다. 그 만족을 **내적 평안**이라고 합니다. 우리가 이 **내적 평안**의 상태를 성취하면 더 이상 대상적인 것들에 대한 갈망으로 고통 받지 않을 것입니다. 그런 갈망들이 더 이상 일어나지 않으면 욕망들이 완전히 고요해집니다. 이것이 **내적 숭배**의 진정한 성품이고, 이것이 그 방식입니다. 이 본질적 숭배에서 벗어나 대상적인 것들에서 만족을 얻는 데 몰두하는 사람들은 인간으로 태어난 삶을 그냥 낭비하는 것입니다.

웃다바가 말했습니다. "주님, 당신을 숭배하지는 않고 쓸데없는 것들에 대해 지껄이는 사람들은 사람 형상의 두발짐승에 지나지 않습니다. 그들은 평범한 짐승일 뿐만 아니라 일곱 당나귀들입니다. 주 **하리**[비슈누]에 대한 숭배에 쓰이는 시간만이 제대로 쓰인 시간입니다. 다른 모든 시간은 **환**幻에 의해 삼켜지며, **환**幻은 다시 그것을 이용하여 사람에게 또 한 번 탄생을 안겨줍니다. **진아성취**(Self-Attainment)의 대의에 쓰이는 시간만이 참으로 가치 있는 시간입니다. 다른 모든 시간은 사라지고 허비됩니다. 몸을 보호하기 위해 해온 모든 노력조차도 헛된 것입니다. 그러나 **하리**에 대한 **헌신**으로 한 일은 참된 공덕입니다. 인간의 삶은 매우 귀중합니다. 그것을 선행과 헌신에 사용한다면 그것은 가치가 있습니다. 자신의 마음, 말 그리고 자신의 육신에서 **신의 축복**의 징표를 아는 사람들은 참으로 복됩니다. 이렇게 하여 세간적 삶의 속박이 저에게서 끊어져 나갔습니다."

"전에는 아내와 자식들에 대한 애착이 있었고, 그럴수록 물리적 세계에 더욱 얽혀들 뿐이었습니다. 또 제가 저의 집안에서 태어나 그들 가운데서 자랐다는 관념이 있었고, 그들이 저의 식구라고 생각했습니다. 그러나 저의 마음이 당신의 존재에 대한 명상에 몰두하자마자, 이 모든 것이 환幻임을 깨닫게 되었습니다. 환幻에 이끌리면 그것이 참된 것처럼 보이는데, 이 현상의 진정한 성품을 보여줄 수 있는 분은 달리 아무도 없습니다. 당신께서는 이 우주를 확장하는 힘이시고, 이 모든 것을 당신 자신 속으로 거두어들이는 지知의 힘이십니다. 당신께서는 제 마음에서 집착의 덮개를 제거해 주셨습니다. 저는 어릴 때부터 당신을 좋아했습니다. 이제 당신께서 저에게 주신 지知의 검으로 다른 모든 사람들과의 속박을 끊겠습니다. 이제 저의 삶을 완수했지만, 작은 소원이 하나 있습니다. 부디 자애롭게 이 소원을 들어 주십시오. 오직 당신만이 불가능한 것을 가능케 하실 수 있습니다. 당신께서는 산 것[의식]과 죽은 것[물질]을 한데 결합시키는 대大마야이시기도 합니다. 당신께서는, 주 샹까르(Shankar)[시바]와 다른 분들조차 속인 마야를 제어하십니다. 당신께서는 '아는 자, 앎, 알려지는 것'의 3요소를 소멸하셨습니다. '저'와 '당신'의 분리, '신'과 '헌신자'의 분리감이 사라졌습니다. 저는 진아지에 의한 지복으로 충만한 상태로 남았지만, 다시 말로써 그렇게 말하는 것은 환幻의 일부가 되는 일입니다. 이제 네 가지 언어 유형과 네 편의 베다가 모두 침묵합니다. 모든 것이 공空이고, 인과因果는 사라졌습니다."

"이제 어머니가 자식에 대해 갖는 그런 사랑으로, 부디 제가 간청하는 것을 해 주시지 않겠습니까? 지금 이것이 저의 마지막 청입니다. 저는 그토록 큰 환幻을 가지고 있었습니다. 해탈, 곧 생전해탈자(Jivanmukta)의 상태는 행복한 상태가 아닙니다. 당신께서는 '그렇다'고 말씀하실지 모르지만 말입니다. 그러니 저에게 '당신에 대한 헌신'을 주십시오. 저는 무미건조한 해탈을 원치 않습니다. 해탈은 참스승의 축복에 의해서 가능하며, '실재에 대한 이해'를 갖는 것이 필요합니다. 그러나 저에게 부디 '당신에 대한 헌신'을 베풀어 주십시오. 저에게, 합일해탈(Sayujya Mukti)보다 수승한 당신에 대한 숭배를 허락해 주십시오. 과거에 당신께서는 많은 사람들에게 해탈만 베푸셨지, 그들에게 이 '당신에 대한 헌신'은 베풀어 주시지 않았습니다. 사실 당신께서는 해탈만 베푸시면서 그들을 속이셨습니다. 부디 저에게는 이 속임수가 통하지 않게 하십시오. 진정한 지知를 성취한 사람들을 부디 당신에 대한 헌신으로써 축복해 주십시오. 스승에 대한 헌신을 소홀히 하면서 자신이 해탈을 성취했다고 선언하는 사람들은 미혹됩니다. 부디 저희에게 스승에 대한 헌신을 주십시오. 스승에 대한 헌신은 필요치 않다고 말씀하지 마십시오. 당신께서는 불가능한 것을 가능케 하실 수 있고, 가능한 것을 불가능케 하실 수 있습니다. 당신께서는 잎만 먹는 숲 속의 짐승들에게까지 해탈을 주셨고, 목녀牧女들에게까지 해탈을 베푸셨기에 그녀들이 워낙 신성해져서 창조주 브라마까지도 그들을 숭배했습니다. 원숭이들과 여타 존재들은 당신이 빠라마뜨만이시라는 것을 몰랐습니다. 당신에 대한 헌신의 위대함은 깊이를 가늠할 수 없습니다. 당신과 하나가 되는 사람은 당신의 영광 모두를 보유합니다. 헌신은 그 자체 안에 해탈을 포함하고 있습니다. 헌신에 의해 해탈이 신성해집니다. 설사 제가 해탈을 얻게 된다 할지라도, 저는 당신의 헌신자이기만을 바랍니다."

이렇게 말하면서 웃다바는 지극한 존경심으로 주 크리슈나의 두 발을 붙잡았습니다. 그리고 놓아주려 하지 않았습니다. 그러자 신께서 그를 축복해 주었습니다. (웃다바가 말했습니다.) "브라만의 전체성이라는 상태를 성취했을 때, 이원성이 내재된 헌신은 더 이상 필요치 않았습니다. 저는 어떤 상태를 성취했다고 자부하다가 고통을 겪으면 안 됩니다. 해탈을 성취하면 헌신이 머무르지 않지만, 그것은 지知의 자만심입니다. 부디 저에게 '당신에 대한 헌신'을 베풀어 주십시오. 당신께서는 '내가 그대에게 수백만 생이 지난 뒤에나 얻을 수 있는 해탈을 베풀었는데, 왜 헌신을 달라고 하는가?'라고 말씀하실지 모르지만, 저로서는 스승에 대한 헌신을 못하게 되는 것이 최대의 장애라고 말씀드리겠습니다. 그러니 부디 저에게 해탈을 넘어서 있는 그 헌신을 베풀어 주십시오."

1935년 10월 27일 저녁

96. 해탈 후의 헌신 — 웃다바는 복되다

웃다바는 말했습니다. "오, 주님, 주 크리슈나시여, 제가 청하오니 저의 자유 상태를 영원히 유지해 주시되, 어떤 이기적 목표도 없는 '당신에 대한 헌신'을 베풀어 주십시오. 어떤 이기적 목적이나 동기도 없어야 하지만 헌신은 계속되어야 합니다. 당신께서는 '내가 그대에게 영원한 자유, 전체적 해탈을 베풀었는데, 왜 아직도 헌신을 달라고 청하는가?' 하고 말씀하실지 모릅니다. 그에 대해 저는, 제가 이미 해탈을 가지고 있었다고 답변 드립니다. 당신께서 그것을 베푸셨다고 하는 것은 참되지 않습니다. 당신께서는 이미 저에게 있던 것을 베푸신 것입니다. 그러니 그것을 베푸신다는 주장은 하시지 말아 주십시오. 만일 당신께서 저에게 해탈의 상태 위에 '당신에 대한 헌신'을 베풀어 주신다면, 저는 당신을 참으로 자비로운 신이시라고 부를 것입니다. 저는 '당신에 대한 헌신'을 달라고 청하지만 당신께서는 관심이 없어 보입니다. 그것을 별로 달가워하지 않으십니다. 이 점에 대해서는 당신께서 인색하심이 분명한 듯합니다. 만일 제가 생전해탈자로서 해탈해 있으면 스승에 대한 헌신을 못하게 될 텐데, 저는 당신의 그런 해탈을 원치 않습니다! 자유는 하나의 환幻입니다. 속박이 없는데 어디서 이 자유를 가져오셨단 말입니까? 영원한 해탈이든, 몸이 없는 해탈이든, 저는 어떤 유형의 해탈도 원치 않습니다. 당신께서 해탈을 베푸신 사람들을 당신께서 속이셨습니다. 이제 부디 저에게 스승에 대한 헌신을 베풀어 주십시오." 이렇게 말하면서 웃다바는 주 크리슈나의 두 발을 공손히 붙잡고, 아주 현명하게도 해탈 후의 '스승에 대한 헌신'을 청했습니다. 이것은 주 크리슈나에게 큰 기쁨을 안겨주었습니다. 그가 말했습니다. "나의 웃다바여, 그대는 좋은 것을 배웠다. 올바르게 청했다. 그대는 참으로 복되다." 그런 다음 주 크리슈나는 웃다바에게 '스승에 대한 헌신'을 베풀어 주었습니다. 해탈을 넘어선 헌신이 주 크리슈나의 본질입니다. 참스승의 가르침은

"스승과 그의 헌신자는 불가분"이라는 명제로 이루어져 있습니다.

해탈 후의 헌신은 자격 있는 제자에게 주어지는 올바른 선물입니다. 초기에 왔던 헌신자들은 해탈만 원했고, 그들에게는 그것을 베풀어 주었습니다. 그러나 웃다바는 그들 모두를 능가했습니다. 웃다바는 불가능한 상태를 청했고, 주 크리슈나는 그것을 베풀어 준 다음 "해탈 후의 헌신은 나 자신의 화현력이다"라고 말했습니다. 만일 어떤 사람이 자신이 해탈했다는 관념을 가진 채 게을러진다면 그것은 잘못된 것입니다. 그보다는, 제자가 세상의 모든 것은 자신의 스승에 지나지 않는다고 느끼는 그런 헌신의 상태가 더 높습니다. 그것은 어떤 구분도 없는 브라만이며, 이는 참스승과 동일합니다. 해탈 후의 헌신은 그 자체가 곧 참스승의 상태입니다. 어떤 것이 '된다'는 것은 하나의 전락입니다. 그것은 개아의 작용입니다. '나'라는 느낌이 이미 있습니다. 그러나 이 상태에서는 '나'가 없습니다. 누구에게 해탈을 베푸는 것입니까? 만일 한 사람의 주인이 있고 두 번째 사람은 하인이라면, 둘 중 한 명에게는 해탈을 베풀 수 있습니다. 해탈 후의 헌신은 일체가 단 하나의 단일성이라는 것을 의미합니다. 이 헌신이 저의 화현력입니다. 저 자신이 몸을 받아 태어나고, 제가 사람들에게 행복을 가져다줍니다. 이렇게 행동하는 존재를 화신(Avatar), 곧 신의 화현이라고 합니다. 그는 저의 화현으로 불리지만 실은 독립적입니다. 그는 누군가의 화현이 아닙니다. 몸을 포함한 모든 것은 브라만, 곧 하나인 전능한 신일 뿐입니다. 우리는 그것을 '성질이 있는(Saguna) 신'이라고 부르는데, 이것은 형상이 있다는 뜻입니다. 그러나 실제로는 그에 대해 무슨 말을 할 수 있는 여지가 없습니다. 그는 다른 누군가의 화현이 아닙니다. 신의 화현은 신일 뿐입니다. 우리는 자신의 진아가 브라만이라는 이해를 가진 채, 본연의 상태 그대로 머물러야 합니다. 그러나 이 경우, 그것은 존재도 아니고 비존재도 아닙니다. 어떤 '타자'도 없습니다. 앎과 아는 자의 이원성은 물론이고, 형상의 찬란함도 모두 하나일 뿐입니다.

날짜 미상

97. 헌신과 참스승의 축복

웃다바는 대단한 위업을 이루었고 명성을 얻었습니다. 그는 **해탈 후의 헌신**을 청했습니다. 그는 얻을 수 없는 것을 청했고, **주 크리슈나**는 그것을 그에게 베풀어 주었습니다. 많은 현자들이 **브라만의 지**知에서 해탈의 상태에 이르기까지의 다양한 상태를 얻기 위해 아주 열심히 노력했습니다. 그런 상태들을 우리가 머무를 수 있는 유일하게 바람직한 상태로 묘사했다는 것은, 그들이 그런 상태들에 대해 자부심이 있었다는 것을 의미합니다. 그들이 집착하는 그런 자부심은 해소되지 않으며, 따라서 그 현자들은 특정한 자부심을 가진 채 **브라만**에서 분리된 상태로 남아 있었습니다. 여러분은 그들의 긴 머리와 치렁치렁한 수염을 보고 그들을 대단한 도인으로 여길지 모르지만, 그것은 사실이 아니니 그렇게 생각하지 마십시오. **브라만의 지**知(Brahmavidya)는 오래 되지도 않았고 새롭지도 않습니다. 그들에게도 **브라만의 지**知는 오늘날의 그것과 다르지 않았습니다. 지知는 아는 것을 뜻하고, '요가'는 합일 또는 결합을 뜻합니다. 사람이 어떤 것과 잘 맞으면, 그것이 무엇이든 비교적 쉽게 그것을 성취합니다.

핵심을 이해한 사람은 **브라만**이 무엇인지 쉽게 압니다. 지혜를 가진 사람은 신을 올바르게 인식합니다. 다양한 요가 형태의 운동이나 자세와 같은 특정한 행법을 닦던 현자들[요기들], 그리고 묵언의 맹세와 같은 고행을 하던 사람들[묵언 수행자들]은 마음속으로 그들의 몸에 집착하고 있었습니다. 그들은 몸을 소중하게 여겼지만 그것은 하나의 도구일 뿐입니다. **진아**와 몸은 별개인데, 그들은 몸에 대해 자부심을 가졌기 때문에 옆길로 빠졌습니다. **크리슈나**는 그런 현자들을 공손하게 숭배했으나, 그들에게 숲으로 들어가서 움막을 짓고 살라고 했습니다. 그리하여 그는 자신의 **홀로됨**을 즐겼습니다. **크리슈나**는 그 현자들이 공기만 마시고 사는 등의 여러 가지 엄격한 금욕적 행법을 닦고 있는 것을 보고, 그들에게 **빠라마뜨만의 헌신**

자가 되라고 말했습니다. 빠라마뜨만은 바로 그 자신이었습니다. 크리슈나는 그들에게, 오직 그와 주 마하데바[시바]만이 진리를 아는 자이며, 다른 누구도 완전한 지知를 성취하지 못했다고 말했습니다.

이 해탈 후의 헌신을 성취하는 사람은 높은 반열에 드는 신의 화현입니다. 크리슈나는 말합니다. "이것은 나의 화현력이다. 나는 이 힘, 이 능력, 이 원리로써 일체를 행하면서도 비非행위자로 남아 있다. 나는 모든 안락이나 쾌락을 즐기지만 그럼에도 비非향유자이다. 나는 이 세계의 창조자·유지자·파괴자이지만, 이런 모든 활동과 무관하게 남아 있다. 이 신적 요가를 전혀 이해하지 못하는 사람은 노력을 허비하고 헛되이 고생을 했을 뿐이다." 주 크리슈나는 말합니다. "이 요가는 어떤 책이나 베다에서도 배울 수 없었고, 나 자신과 주 마하데바만이 알고 있다. 나는 이 장애 없는 연속성의 요가를 지니고 있다. 이 요가는 결코 단절되지 않고 결코 중단되지 않는다. 그래서 나는 '요가왕(Yogendra)'으로 불린다."

이 '해탈 후의 헌신'의 요가는 비밀로 숨겨져 있었지만, 제가 오늘 그것을 드러냈습니다. 이것은 참스승의 불멸의 축복입니다. 제가 바로 그 목동소년(크리슈나)이고, 또한 오늘날의 요가왕입니다. 지知의 화신(Bodh Avatar)이란, 제가 이 '신적 요가의 비밀스러운 지知'를 드러냈다는 뜻입니다. 숭배의 의식儀式 측면만 중시하여 의식만 거행하는 사람들은 영적인 지知(Vidnyana)의 성취에까지 이르지 못합니다. '브라만의 지知'는 가장 신성하고 온전하고 파괴 불가능이며, 고등한 지知이고, 결코 끝나지 않습니다. 그것은 파괴 불가능일 뿐만 아니라 결코 줄어들지 않습니다. 그것은 늘 온전하고, 결함이 없고, 부동이며, 영구히 존재하고, 눈부시게 찬란한 생명입니다. 그것은 무엇을 먹일 필요가 없습니다. 그것은 전적인 행복입니다. 그것은 가장 사랑하는 친족이고, 최고의 진아로서, 보이는 세계와 미묘한 세계의 모든 존재들을 평정심으로 바라보고, 그들에게서 사랑 받습니다. 그것 안에는 누구에 대해 친밀함이 더하거나 덜함이 없습니다. 이는 그것이 모두에게 평등하다는 뜻입니다. 그것 안에는 누구에게 더하거나 덜한 어떤 것도 없습니다. 늘 평형의 상태에 있는 것이 바로 그것의 성품이고, 그것의 성질입니다. 그것은 모든 존재들의 가장 가까운 친족입니다.

자신의 의식儀式 활동에 대해 자부심을 갖는 사람이 '브라만의 전체성', 곧 그것의 **실재**에 대해 명상하여 그것을 얼핏 보거나 그것을 성취하기란 불가능합니다. 의식을 거행하는 사람은 마음속에 어떤 개념을 지니고 있습니다. 그는 특정한 성질을 가진 특정한 신의 모습에 관해 어떤 편협한 개념을 지니며, 이 개념에 따라 자기 행위의 열매를 받습니다. 숭배 받는 그 형상이나 모습은 미묘한 세계에서 형성됩니다. 형상은 눈에 보이는 것을 의미합니다. 보이는 것 가운데 주된 대상은 우주 혹은 우주적 장場이고, 이 장場 안에서 개아는 자신이 욕망했던 즐김을 갖기 위해 그가 원한 몸을 가지고 있습니다. 그는 이 모든 것을 자신의 강한 욕망에 따라 지각합니다. 그는 자신이 이 세계의 모든 것을 즐긴다는 어떤 고정개념을 가지고 있고, 그에 따라 자기 행위의 열매를 얻습니다. 그러나 상상의 산물인 그 형상과 성질들은 결국 사라질 수밖에 없고, 그러면 얻고 잃음에 대한 걱정이 늘어납니다. 그러다가 다시 상상, 개념, 그가 '결의'라고 부르는 강한 욕망, 그리고 행위에 집착하는 그 개인의 그런 반복 행동이 끝없이 계속됩니다. 그는 정념에 대한 집착을 포기하지 않는데, 그것은 찰나적인 쾌락을 안겨줄 뿐입니다. 만일 정념을 충족하려는 추구를 포기하고 **실재**를 명상하면 '**전체적 삶**'이라는 이익을 쉽게 얻을 수 있을 텐데 말입니다. 그러나 일반적으로 어떤 개아도 욕망에 대한 집착을 기꺼이 포기하려 들지 않습니다. 사람이 자신의 욕망과 습을 포기하지 않기 때문에, 행위에 대한 자부심도 놓아지지 않습니다. 행위에 대한 자부심이 떨어져 나가지 않으니, 이 짧은 생의 비참한 괴로움도 떨어져 나가지 않습니다.

그 대안은 이와 매우 다르고, 자기 삶의 목표를 완전히 성취하기도 쉽습니다. 사람이 욕망과 습을 놓아 버리면, 온전하고 충족된 삶의 주인이 됩니다. 그럴 때는 의식의 유희나 그것의 부재가 우리 자신의 **존재**라는 바탕 위에서 전개된다는 체험을 쉽게 얻습니다. 모든 유형의 자부심을 놓아

버릴 수 있지만, 지知에 대한 자부심은 놓아버리기가 매우 어렵습니다. 이 영적인 학學은 잘 숨겨져 있었습니다. 이제 그것은 확실히 퍼져나갈 것입니다. 왜냐하면 예전의 현자들과 진인들이 다시 몸을 받아 왔고, 앞으로도 계속 나오면서 이 지知를 얻을 것이기 때문입니다. 이 지知는 불 속에서 올리는 희생제를 많이 거행한다고 해서 얻을 수 없습니다. 모든 현자들이 이 지知가 무엇인지를 설명했지만, 그들 자신은 그것을 갖지 못한 채로 있었습니다. 주 크리슈나만이 과감하게 자신이 신이라고 선언했고, 실제로 신처럼 살았습니다. 현자들은 그렇게 과감하게 행동할 능력이 없었습니다. 주 크리슈나만이 아무 의심이 없는 진정한 지知를 가지고 있었습니다. 시바는 이 지知를 가진 두 번째 사람이었습니다. 주 크리슈나는 웃다바에게, 다른 사람들의 지知는 자신의 지知에 비교될 수 없다고 말했습니다. 웃다바는 그것을 확신했고, 그래서 완전한 행복에 도달했습니다. 주 크리슈나는 웃다바에게 화현(Incarnation)의 지위를 부여했습니다. 이 명예 때문에 모두 그는 화현이라고 말합니다. 이것은 일종의 장식입니다. 주 크리슈나는 웃다바에게 영적인 학學을 하는 어떤 사람도, 심지어 베다를 저술한 사람도 알지 못하는 그런 지知를 베풀었습니다. 웃다바는 주 크리슈나의 완전한 힘, 곧 '뜻대로 화현하는 힘'을 청하여 그것을 얻었습니다.

저는 지금까지 비밀이었던 이 '브라만의 지知'를 여러분에게 나누어 드렸습니다. 이것을 전파하는 사람은 베다를 드높이는 사람이 될 것입니다. 스승에 대한 헌신이 이 지知를 안겨주는 유일한 보약입니다. 참스승에 대한 믿음은 아주 깊어야 합니다. 이 지知는 참스승에 대한 완전한 신뢰와 믿음을 가진 사람에게만 유익할 것입니다. 진흙 덩이도 만약 스승의 아들이 집어 들면 황금으로 변할 것입니다. 몸에 대해 자부하고 지식에 대해 자부하면서 스승에게 봉사하지 않는 사람은 여기서 이익을 얻지 못할 것입니다. 오늘 길일인 디왈리(Diwali) 날에, 저는 여러분에 이 '화현을 취하는 힘', 즉 스승에 대한 헌신을 드렸습니다. 이 지知를 잘 간수하는 사람은 세상에서 (신의) 한 화현으로 유명해질 것입니다. 뿐만 아니라 그는 주 크리슈나,

곧 빠라마뜨만으로 칭송받을 것이고, 사람들은 그것(빠라마뜨만)의 체험을 갖게 될 것입니다. 따라서 여러분 모두 에고 의식을 놓아 버리고, 일념의 주의력으로 스승에 대한 헌신을 가져야 합니다. 저의 가르침을 준수하는 사람에게는 제가 스승에 대한 헌신의 힘은 물론, 저 자신과 저의 화현력까지 드릴 것입니다. 이것이 참스승 바우사헵 님의 은총과 저의 축복에 의해 여러분 안에서 결실을 맺게 하십시오. 이 헌신의 성품을 이해하고 스승의 말씀을 준수하는 사람에 대해서는 승리의 노래가 불려질 것입니다.

1935년 10월 28일 저녁

98. 화신의 성품

화신(Avatar)에게는 어떤 힘이 어떻게 부여됩니까? 화신이란 지상에 '내려옴' 또는 내려온 '신의 화현'을 뜻합니다. 신의 화현으로 불리는 것은 누구입니까? 이미 존재하는 신만이 화현을 취하겠지요. 달리 누가 그렇게 할 수 있겠습니까? 브라만을 완전히 깨달은 사람은 비록 육신을 가지고 살고 있다 해도, 뭐라고 할 수 없는 어떤 초월적 상태에서 삶 속을 걸어갑니다. 왜 우리가 그를 화현이라고 부르지 말아야 합니까? 그는 확실히 화현입니다. "나는 진아가 아니다"라고 말하는 것은 무지입니다. 여러분은 그렇게 말하지 않을지 모르지만, 그는 있는 그대로의 그입니다. 자기 자신의 영원한 성품을 이해하는 자는, 그 상태에 있기 위해 어떤 일도 하지 않음에도 '스스로 분명한 브라만'입니다. 먹든, 마시든, 대상을 즐기든, 모두가 브라만입니다. 이 분명한 확실성이 곧 화현력입니다. 화현, 곧 신의 '내려옴'은 마음이 생각해 낸 하나의 관념입니다. 이 모든 것은 정서적 개념의 문제입니다. 뭔가가 빠져 있다는 느낌이 있는 동안은, 혹은 어떤 의심들이 여전히 마음을 동요시킬 때는, 뭔가가 여전히 잘못되어 있다는 개념이 있습니다. 무슨 일이 일어나도 마음이 전혀 동요되지 않는 사람은, 미세신에서도 벗어나 있는 자입니다. 설사 어떤 재앙이 닥친다 해도 동요를 느끼지 않는 사람이 진정으로 **브라만**입니다. 그는 **브라만**을 깨달은 것입니다.

행위자가 있는 한 그는 분명히 뭔가를 할 것입니다. 만일 행위자가 없다면 누가 행위하겠습니까? 무슨 일을 하게 되든 다음과 같은 질문을 하여 점검해야 합니다. "그것을 언제 했는가? 그것은 언제 일어났는가? 그것이 알려지기 전의 상태에서 그것은 어떻게 생겨났고, 어디서 왔는가? 그 행위가 나타난 그곳에서 '나'는 무엇이었나? 거기서 내 이름은 무엇이었나? 거기서 내 형상은 무엇이었나?" 여러분이 그 안에 있었습니까, 아니면 그것이 여러분 안에서 일어났습니까? 행위자가 과연 행위를 한다면, 행위의 느낌이 일어나는 단계에서 그 행위자의 형태, 형상 등을 알아야 합니다. 행위자는 존재하지 않습니다. 형상이 없고 성질이 없는 것이 어떻게 행위에 의해 영향을 받을 수 있겠습니까? 그는 기쁨과 슬픔을 넘어서 있습니다. 그는 특정한 수단이 필요한지, 아니면 아무 수단도 필요하지 않은지에 대해 관심이 없습니다. 여러분은 언제든 그일 수 있습니다. 그가 언제나 왕입니다. 우리는 **시바**가 되어야 하고, 그런 다음 **시바**의 헌신자가 되어야 합니다. **시바**로서 산다는 것은 '해탈을 이룬 뒤의 **헌신의 삶**'을 영위한다는 의미입니다. 신으로서 사는 것을 신의 화현이라고 합니다.

헌신은 **단일성**(합일)을 뜻합니다. 헌신자의 이름은 어떤 이름이어도 됩니다. 중요한 것은 그가 **신성한 진아**가 되었고, 그의 이름이 무엇이든 그가 신이라는 것입니다. 자신이 **진아**라는 개념적 상태에서 사는 사람들이 많지만, 실은 어떤 종류의 개념도 없어야 합니다. **브라만**을 성취한다, 그리고 그 **상태** 안에 산다는 것도 그릇된 관념입니다. **브라만**이 된다는 것은 없습니다. 여러분이 이미 **브라만**입니다. 되고 안 되고가 없습니다. 어떤 진술도 하지 말아야 합니다. 아무 말 없이 그와 같이 존재하는 것, 실제로 그와 같이 살고 행동하는 것을 **해탈 후의 헌신**이라고 합니다. 밧줄 위에 나타난 뱀의 모습이 사라지면 뱀에 대한 생각과 뱀이라는 환幻도 사라집니다. 금 자체는 금이 '될' 수 없습니다. **샴부**(Shambu)[시바]는 있는 그대로입니다. 그는 되지 않았습니다. 그가 무엇을 하든 그는 **샴부**입니다. 먹을 때, 잠잘 때, 걸을 때, 그는 **샴부**일 뿐이고, 더도 덜도 아닙니다. **사두**[해탈한 유랑 고행자]가 국법을 따라야 한다고 말하는 것은 무지한 사람들의 이야기입니다. **사두**에게는 어떤 법도 규칙도 없습니다. 그가 자신에 대해 어떻게 느끼느냐만이 중요합니다. 남들에게 그가 어떻게 보이는지는 문제가 되지 않습니다. 그는 있는 그대로의 그입니다. 그는 모든 옷을 벗어 버렸고, 심리적으로도 자기 몸이라는 거죽을 내던졌습니다. 겉에 걸친 의복은 물론, 개념적 동일시라는 내면의 의복, 모든 옷, 모든 거죽을 그가 제거합니다. 그가 삶 속에서 어떻게 행동해야 한다는 그런 것은 없습니다. 그가 **브라만**이고, 그가 **샴부**이고, 그가 **비슈누**이며, 그가 **모든** 것입니다.

신에게는 인간들이 생각하는 법률이나 규칙, 죄악이나 공덕이 없습니다. 왕은 자신의 법을 만들고 그것을 지킵니다. **브라만**은 정지해 있지도 않고 움직이지도 않습니다. **사두**가 곧 **브라만**이며, **브라만**은 **사두**와 다르지 않습니다. 어떻게 그것에게 어떤 상태, 움직임 혹은 속박이 있겠습니까? 여러분이 소를 팔았다면, 어떻게 그 소에게 멍에를 얹어 쓸 수 있습니까? 팔린 것은 팔린 것입니다. 어떻게 소가 돌아오겠습니까? 마찬가지로, 에고가 사라지면 남는 자는 신뿐입니다. 그는 모든 규칙의 바깥에 있습니다. 그에게 무엇이 규칙입니까? 그는 해야 할 어떤 의무도 없습니다. 사람들이 무슨 말을 해도 **사두**들은 결코 동요되지 않습니다. 사람들이 무엇입니까? 인간들을 사람이라고 하지만, **사두**는 사람이 아닙니다. 그는 신입니다! 신인 자는 신처럼 행동하며, 어디에 있든 늘 그 자신의 찬연함 속에 있습니다. 신인 그는 그 자신의 힘 속에 있습니다. 사마르타(Samartha)라는 단어는 가장 높은 의미에서 '그 자신의 중요성을 아는 자'라는 뜻입니다. 사람은 자신의 진아에 대한 이해 정도에 따라서 행동합니다. **사두**는 자신의 가치, '그 자신의 삶'의 중요성을 올바르게 압니다. 그는 자신이 어떤 특정한 성품의 존재이고, 실은 '그것'이며, 언제나 그럴 거라는 것을 압니다. 세계가 종말을 맞는다 해도 그는 결코 변하지 않을 것입니다. 그는 최종적인 '그것'이 된 것입니다. 그는 이제 완성되었습니다. 그의 상태는 고정되었습니다. 그것은 변하거나 부서지지 않습니다.

그의 상태가 부서질 수 없기 때문에 자신에 대한 그의 확신은 고정되어 있습니다. 사두는 부서지지 않습니다. 그는 올바른 이해가 있기에, 그 자신의 힘 속에서 삽니다. 사람들이 자신에 대해 무슨 말을 하든 신경 쓰지 않습니다. 그는 영향을 받지 않습니다. 노인이 이가 없어 힘들게 밥을 먹으면 사람들이 웃지만, 늙은 처지에 어떻게 젊어질 수 있습니까? 그 노인은 자기 나름대로 행동할 것입니다. 마찬가지로, 사두가 브라만일 때는 브라만으로서 행동할 것입니다. 그는 '브라만의 모든 힘'을 가지고 움직일 것입니다. 이 세간의 규칙은 그에게 해당되지 않습니다. 사두이면서 무엇이 올바른 행동인지 생각하는 사람은 깨달은 사두가 아닙니다. 그는 브라만이 아닙니다. '자유로운' 자가 브라만이며, 그 브라만인 자는 '있는 그대로' 자연스럽게 움직입니다. 그런 사두와 브라만은 하나입니다.

1935년 10월 29일 저녁

99. 두려움이 없는 상태

신은 말합니다. "해탈 후의 헌신은 나의 화현력이다." 해탈 후의 헌신은 브라만의 힘입니다. 브라만의 힘과 헌신은 둘이 아닙니다. 자신의 진아가 브라만이라는 깨달음이 있을 때, 개아라는 상태는 사라집니다. 빠라마뜨만이 유일한 존재입니다. 빠라마뜨만의 상태에 머무르는 것이 곧 해탈 후의 헌신입니다. 개아는 두려움으로 가득 차 있습니다. 개아는 두렵습니다. 그러나 시바는, 곧 신은 어떤 것도 두려워하지 않습니다. 두려움 없이 있으십시오. 호랑이와 쥐는 생각하는 것이 다릅니다. 쥐는 누구를 만나도 그것이 자신의 죽음을 의미하므로 두려워하지만, 호랑이는 늘 어떤 동물이든 사냥합니다. 무엇이 호랑이를 맞닥뜨리든 그것은 호랑이의 먹이입니다. 어떤 존재도 두려워하지 않는 자만이 진인, 곧 '지知를 가진 자'입니다. 그는 어떤 것에 대해서도 두려움이 없습니다. 두려움은 하나의 심리적 현상일 뿐입니다. 사람이 잠들어 있을 때는 뱀이 몸 위로 기어간다 해도 두려움을 느끼지 않습니다. 그러나 깨어 있을 때는 멀리서 뱀을 봐도 두려움을 느낍니다. 두려움은 마음입니다. 여러분이 모든 것일 때, 무엇을 두려워하겠습니까? 가장 큰 두려움은 죄와 공덕에 대한 것입니다. 왜냐하면 그 두려움은 신에 대한 것이기 때문입니다. 그러나 여러분 자신이 신일 때, 두려워해야 할 것이 무엇입니까? 여러분이 태어나자마자 두려움이 생겨났습니다. 자궁 속에 있을 때는 몰랐는데 세상을 보자 두려워졌고, 그 두려움이 계속 남아 있습니다. 아이에게 꿀과 우유를 주어 진정시켜 보지만 두려움은 지속됩니다. 사라지지 않습니다. 그것은 참스승이 베푸는 가르침에 의해서만 불식됩니다. 지知를 베푸는 것은 여러분이 이해하고 올바른 깨침(illumination)을 갖도록 하기 위해서입니다. 이처럼 지知가 여러분을 두려움이 없게 만듭니다. 쁘랄라드는 두려움에서 벗어나게 해 달라고 신에게 기도했습니다. 진아지가 곧 두려움 없음입니다.

어떤 사람이 부자라 해도 만일 아침에 한 시간 늦게 일어나면 "오늘은 늦었다. 돈을 좀 손해 보겠구나" 하는 느낌을 가지고 두려워합니다. 누구나 이런 식으로 두려워합니다. 그는 잠자리에 들 때 아내에게 일찍 깨워 달라고 말해둡니다. 그가 왜 두려워합니까? 두려워하는 이유는, 자신이 매일 하는 일이 처리되지 못할 것이 두렵기 때문입니다. 어떤 사람들은 자기 스스로 깨어납니다. 그들은 내면의 시계를 감아두었다가 그들 자신의 자각에 의해 깨어납니다. 이 두려움은 만물에 편재해 있습니다. 여러분은 밥을 먹으면서도 두려워하고, 일을 하면서도 두려워합니다. 그리고 두려움 때문에 많은 혼란이 있습니다. 두려움 자체가 혼란의 원인입니다. 두려움 없이 있으십시오. 행복하게 자고, 행복하게 먹고, 행복하고 평화롭게 일체를 하십시오. 장차 무슨 일이 일어날지 걱정하지 마십시오. 부질없이 근심하지 마십시오. 침묵하고 평안하십시오. 상황에 적응하며 평안해지기는 쉽지 않지만, 자기 자신과 평화롭게 지내려고 노력하십시오. 마음은 혼란스러워하고 동요되지만, 무엇이 문제입니까? 왜 두려워하느냐고 마음에게 물으면 마음이 잠잠해집니다. "너는 뭘 하고 있느냐?"고 물으면 그것이 침묵합니다. 그 모든 동요나 걱정이 과연 무엇인지, 누구도 대답하거나 설명할 수 없습니다. 가끔 방문객에게 여기 온 목적이 무엇이냐고 물으면 이렇게 대답합니다. "특별히 아무것도 아닙니다. 그냥 별 생각 없이 들렀습니다." 이것은 습관적인 대답이지 참된 대답은 아닙니다. 얼마 후에는 그 사람이 마음을 열고 자신이 필요한 것을 말하고, 자신의 걱정을 토로합니다.

호랑이는 늘 포효하는데, 이는 호랑이가 누구도 두려워하지 않음을 말해줍니다. 호랑이는 늘 두려움이 없습니다. 두려워하지 않음이 **해탈**이며, 그 상태를 즐기는 것이 **헌신**입니다. 두려움 없음은 누구 혹은 무엇도 두려워하지 않는 것을 뜻합니다. 그것이 진정한 **신성**神性의 상태이며, 여러분은 늘 그 안에서 살고 있습니다. 여러분은 늘 **빠라마뜨만의 상태** 안에서 삽니다. 이것을 **해탈 후의 헌신**이라고 합니다. 이것은 우리 자신의 **찬연함** 안에서 사는 것을 뜻합니다. 진정한 '신의 화현'인 이들은 이 **헌신**을 알며, 그들은 **자유**를 얻고 난 뒤에도 신에게 헌신합니다. 스스로 해탈했다고 하면서 여전히 어떤 신체적 부상이나 보통의 세간사에 따른 결과를 두려워하는 사람들이, 어떻게 진정한 의미에서 '**해탈했다**'고 할 수 있습니까? 자유로운 사람은 진정으로 자유로워야 합니다. 자유로운 사람은 자신이 어떤 의식을 거행하면 순수함이 있고 그런 것을 거행하지 않으면 순수하지 못함이 있다고 결코 생각해서는 안 됩니다. 일단 **진아 깨달음**이 있으면 생전에 해탈하며, 이후에 **신의 찬연함 속에서 사는 상태** 자체가 **해탈 후의 헌신**입니다. 그것이 화신이라고 불리는 신의 화현을 취하는 힘입니다. 여러분은 신으로서 살아야 합니다. 신은 두려움이 없습니다. 만일 두려움을 느낀다면 여러분은 개아이고, 어떤 오해가 남아 있는 것입니다.

욕망과 감정이 곧 여러분이 고통 받는 결과의 원인입니다. 사람이 **진아** 깨달음을 얻고 나서도 여전히 전과 같은 방식으로 행동한다면, 그 **지**知가 무슨 소용 있습니까? 자신이 이해한 바에 따라 행위하는 사람이 참으로 깨친 사람입니다. 그가 신입니다. 주 크리슈나는 말합니다. "내가 모든 존재들의 신이 된 것은 창조·유지·파괴라는 그들의 개념 때문이다." 신은 수백 개의 세계를 창조하고 파괴하지만, 그 때문에 그가 어떤 죄를 짓거나 공덕을 얻습니까? 누가 그를 벌하겠습니까? 어떤 타자도 없습니다. 그러면 그를 두렵게 할 자가 누가 있습니까? 그는 모든 개념을 넘어서 있습니다. 신은 형상이 없고 보이지 않지만, 그러면서도 그는 모든 것입니다. 그가 없이는 어디에 그 무엇도 존재하지 않습니다. 여러분이 여기 있는 것도 그 때문입니다. 그가 없이는 여러분이 존재하지 않을 것입니다. "나는 전 우주이다. 나는 모든 것을 즐기고, 모든 것을 먹고, 모든 것을 파괴한다. 나는 나 자신의 유희성이다." 우리가 자기 혀를 핥으면 그것이 오염되지 않지만, 다른 사람의 침은 더럽다고 여깁니다. 핥고 있는 모든 혀들을 가진 자, 도처에 홀로이면서 만물 안에 있는 자는 전혀 두려움이 없고, 따라서 신의 화현으로서 삽니다.

1935년 10월 30일 저녁

100. 지고의 상태

저는 여기서 해탈 후의 헌신에 대해 말씀드리고 있습니다. 브라만이 되는 것이 해탈입니다. 브라만은 우리의 출생 이름이며, 헌신은 신이나 스승에 대한 헌가 찬송(Bhajan)을 뜻합니다. 우리가 '아무개 씨'라는 이름으로 부르던 사람 자신이 이제 **브라만**이고, 그의 배우자는 **락슈미**입니다. 이제 호흡을 포함한 그의 모든 행위는 **신**의 행위입니다. 그가 없이는 행위가 일어날 수 없습니다. 자신이 **브라만**임을 알 때, 여러분의 모든 행위는 **브라만**의 성품을 지닙니다. 어떤 사람들은 **진아지**를 얻은 뒤에는 활동적 삶을 사는 것이 적합하다고 공언하면서 사회를 돌아다니는데, 그들은 분명 뭔가를 잘못 이해하고 있습니다. 그들은 사람들을 가르치기 위해서는 무지한 바보처럼 행동할 필요가 있다고 말하지만, 그것은 옳지 않습니다. **진아지**를 가진 **사람**은 '있는 그대로' 행동해야 합니다. 무지한 사람처럼 행동하며 돌아다닌다면, 그가 어떻게 지혜로운 사람일 수 있겠습니까? **주 라마**, **주 크리슈나**, 자나까 왕과 같이 지혜를 가진 위대한 사람들은 어떻게 그들의 삶을 영위했고, 왜 그렇게 했습니까? 다른 위대한 **스승**들은 어떻게 행동했습니까? 누구의 행동이 참으로 적절했고, 누구의 행동이 모두에게 도움이 되었습니까? **진아지**를 가진 사람은 이 점에 대해 생각해 봐야 합니다. 신의 성질들을 가지고, 신으로서 행동하십시오.

　예컨대 어떤 사람이 자신의 영적인 상태를 남들에게 알리기 위해 자기 팔을 자를 수도 있겠지만, 그렇게 하는 데는 "내가 내 팔을 잘랐다"는 자부심이 있습니다. 이것은 에고를 내맡기는 방식이 아닙니다. 에고를 내맡기는 방식은 "나는 어떤 사람도 아니다"라는 이해 자체입니다. 여러분이 이것을 알면 에고는 사라집니다. 어떤 사람들은 자신이 누구도 아니라는 것과 자신이 포기자임을 보여주기 위해 자동차가 자기 몸 위를 지나가게 하지만, 그것도 에고입니다. 여러분이 일부러 괴짜처럼 행동할 때, 그것은 여전히 에고입니다. 자신이 뭔가 특이한 일을 했다는 에고가 있습니다. 어떤 특수한 방식으로 행동하지 않고 아주 자연스럽게 행동하는 사람이 '**참된 지**知**를 가진 사람**'입니다. 그러나 이 길은 **참스승**이 베푸는 가르침을 통해서만 알려집니다. 에고는 어떤 무기로써 잘라낼 수 없습니다. 아무리 애를 써도 잘려나갈 수 없습니다. 그것은 이해를 통해서만 사라집니다. 에고는 하나의 신화(실재하지 않는 것)입니다. 여러분이 그것의 성품을 알면 에고는 사라집니다. 그것이 에고의 방식입니다.

일체가 신의 것입니다. '내 것'이라고는 아무것도 없고, 어떤 '나'조차 없습니다. **진아지**를 얻은 뒤 사회에서 활동하고 있다고 공언하면서, 남들을 인도하기 위해 미친 사람처럼 행동하는 것이 옳습니까? 아니, 그것은 결코 적절하지 않지요! 나이든 아이들이 더 어린 아이들을 가르치면서 스스로 어린 아이들이 되어야 합니까? 왜 지혜를 버리고 무지해집니까? 신만이 일체를 할 수 있다는 것은 사실입니다. 신이 하는 일과 우리가 하는 일이 다르다는 개념은 잘못된 것입니다. 우리는 신을 숭배해야 하고, 그래서 신은 우리에게 연민을 갖는다고 생각하는 것도 지혜롭지 못합니다. 실은 일체가 신일 뿐입니다. 그는 자발적으로 행위하고, 행위를 자극합니다. 모든 일이 일어나게 하는 것이 그입니다. 신은 이원성의 느낌, 즉 우리가 그와 별개라는 느낌을 용납할 수 없습니다. 지혜로운 자만이 **참된 종교**를 압니다. 사람들은 "우리가 신을 목욕시켰다. 우리가 신께 음식을 드렸다. 우리가 이것을 다 하기 전에는 아무것도 먹어서는 안 된다"거나, "우리는 어떤 사람이나 어떤 것에 접촉하면 안 된다"와 같은 말을 많이 합니다. 신이 접촉하지 않는 어떤 사물이나 품목이 있습니까? 어떤 것에 접촉하면 불순함의 영향을 받는 것은 누구입니까? 신 외에 어떤 '타자'도 없습니다. 일체가 신 **자신**에 의해 이루어집니다. 먹고 식사하는 것도 그일 뿐입니다. 달리 누가 먹습니까?

어떤 사람이 **성자**의 발 앞에서 절을 하면 사람들이 **성자**에게 묻습니다. "왜 이런 절을 하게 허용하십니까?" 그 답변은 이렇습니다. "보세요, 저는 신일 뿐입니다. 이 사람들은 저에게 절을 해야만 해탈할 것입니다. 절은 저에 대한 의무가 아닙니다. 그들의 죄가 씻겨 나가고, 그들이 해방되는 것뿐입니다." 사람들에게 절을 하게 하는 것은 누구입니까? 신만이 그렇게 할 수 있습니다. 누구도 이유 없이 어떤 사람에게 절을 하지는 않습니다. 여러분이 절을 하기 때문에 그가 신인 것은 아닙니다. 그는 신이고, 먹고 마시는 것도 그입니다. 그에게 비다(vida)[빈랑나무 잎]를 드리면, 그것은 어떤 사람에게 준 것이 아닙니다. 그것은 신에게 드린 것임을 아는 것이 해탈 후의 헌신입니다. 여러분이 신이 되면 신으로서 행동해야 합니다. 귀신처럼 행동해야 하겠습니까? 신처럼 행동하는 사람이 신입니다. 그의 행위들이 현자 같은 사람이 현자입니다. 고대의 위대한 분들처럼 행동하는 사람을 그 특정인의 화현이라고 합니다. 만일 신처럼 행동한다면 그는 신의 화현입니다. 그가 과거의 어떤 사람처럼 행동한다면 그 사람의 화현입니다. 뚜까람처럼 행동한다면 뚜까람의 화현입니다. 어떤 사람이 해탈한 뒤에 신처럼 행동한다면, 그는 신입니다. 자신을 화현이라고 칭한 사람들은 저와 같이 행동했습니다. 진실한 사람은 자신의 진짜 이름을 말합니다. 크리슈나는 자신이 신임을 확신했기 때문에 늘 자신이 신이라고 말했습니다. 그는 어릴 때부터 자신이 신이라고 말하기 시작했습니다. 지금 여러분은 이런 이야기를 들어야 압니다. 그래서 여러분은 자신을 신이라고 부르기를 부끄러워합니다. 사람은 자신의 실제 모습대로 행동해야 합니다. 이러한 이해의 견지에서 살아야 합니다. 그러면 행위자가 없을 것이 보장됩니다.

여러분은 어떤 행위의 행위자가 아닙니다. 저는 모든 쾌락을 향유했기에, 향유자라는 느낌에서 벗어나 있습니다. 저는 심지어 세계들의 창조·유지·해체 이후에도 자유로운 상태로 남아 있습니다. 이 요가를 모르는 사람은 슬픔을 겪습니다. 이것은 끝없는 요가입니다. 이 요가는 결코 상실되지 않습니다. 이 요가를 아는 사람은 행복한 사람입니다. 주 시바와 저 자신, 우리 둘만이 이 요가를 압니다. 다른 사람들도 자신이 요가를 이해했다고 말하지만, 그들의 요가는 이 요가가 아닙니다. 이 의식의 상태를 웃바다는 완전히 흡수했습니다. 그가 말했습니다. "나는 참스승만이 보여줄 수 있는 이 불가사의한 비밀의 길을 만났다." 그와 주 크리슈나는 한 심장, 한 마음이었습니다. 그는 헌신이라는 큰 선물, '큰 열쇠'를 얻었습니다. 주 크리슈나가 심장 속에서 이미 알고 있던 것을 웃다바도 알게 되었습니다. 그는 올바른 진아의 상태를 이해했습니다. 진아의 참된 성품, 진아의 존재

자체가 순수함을 이해했습니다. '그것'과 섞인 것은 아무것도 없습니다. 바로 그가, 그 자신의 진아, 그의 원초적 존재에 대한 최고의 깨달음을 얻습니다. 그것을 지고아 빠라마뜨만, 곧 아뜨마람(Atmaram)이라고 합니다. 웃다바는 '그것'을 성취했습니다.

1935년 10월 31일

101. 라자 요가

여기서 제시하고 있는 것을 라자요가(Rajayoga), 곧 왕 요가[요가들의 왕]라고 합니다. 라자요가는 '본연적 상태'를 뜻합니다. 브라만은 '본연적 존재'입니다. 그 존재(Existence) 안에서는 '타자'인 어떤 것에 대한 헌신이 없습니다. 그 최고의 상태, 원래의 본연적 상태를 지혜 있는 사람들은 라자요가라고 합니다. 절대적 전체성에 대한 자각이 있을 때, 이것을 무장애 요가라고 합니다. 무엇을 한다, 무엇을 떠난다, 혹은 무엇을 포기한다는 것이 없습니다. (그런 상태에서) 한 일은 진지하게 이루어진 것이고, 자유로워진 것입니다. 이제 무엇을 더 하든 그것은 이미 자유의 상태에 있습니다. 따라서 그것은 의미가 없고, 의미 없지도 않습니다. 더욱이 어떤 활동을 수행하든, 그 활동은 모두 전적으로 비이기적이고 욕망이 없습니다. 그래서 그것을 본연삼매(Sahaja Samadhi), 혹은 '모든 것에 편재하는 삼매'라고 합니다. 이 상태에 대해서는 많은 이름이 있고, 책을 다양하게 읽은 사람들은 그것을 알겠지만, 그것이 무엇인지 실제로 알지는 못합니다. 우리 둘, 곧 저 자신과 주 시바만이 그것을 압니다. 이 요가에서는 무엇을 한다는 것이 없습니다. 뭔가를 하려고 노력하는 사람은 그 자신에 대해 자신이 없는 것입니다. 자신 있는 사람은 어떤 것을 하려고 나서지 않습니다. 그는 사물의 자연적인 과정 속에서 일어나는 모든 것을 바라볼 뿐입니다. 달리 해야 할 일이 아무것도 없기 때문에, 그는 바라봅니다. 그 '바라봄'이 일어납니다. 그것이 그가 하는 유일한 일이고, 그걸로 그에게는 족합니다.

여러분이 계획하는 무슨 일이든 성공하겠지만, 목적이 확고해야 하고 용기로 충만해야 합니다. 어떤 사람이 충만한 결의로 결정하는 일은 그것이 무엇이든 해낼 수 있게 됩니다. 설사 여러분이 아무 말을 하지 않아도, 일어날 모든 일은 틀림없이 일어날 것입니다. 일체가 **빠라브라만**에서 방출되며, 따라서 일어나고 있거나 장차 일어날 무슨 일이든 분명히 일어날 것입니다. (의도적으로) 해야 할, 또는 붙들 일은 아무것도 없습니다. 일어날 일이 자연적으로 강력하게 실현력이 있다면, 무엇을 하겠다고 결정하고 말고가 없습니다. 하기로 결정하는 것은 어떤 짐을 나른다는 느낌을 만들어낼 뿐입니다. 그러니 그것도 놓아버리십시오. 자신이 적극적인 역할을 하지 않아도 일체가 자연스럽게 일어날 거라고 생각하는 사람은 침묵해야 합니다. 이 점을 보여주기 위해 들려주는 이야기가 있습니다. **신**이 음식을 주면 먹을 것이고 그렇지 않으면 그냥 침묵하며 앉아 있겠다고 생각한 사람이 있었습니다. 사람들이 그에게 무엇을 하라고 조언하곤 했지만, 자신에 대한 그의 믿음은 달랐습니다. 그는 사람들의 제안을 받아들이지 않았고, 자연히 얻을 수 있는 것이면 그것이 무엇이든 자기에게 족하다고 생각했습니다. 말없이 앉아 있는 것이 그의 방식이었습니다. 하루는 그가 숲속에 들어갔다가 한 바위 위에 발을 두게 되었고, 거기에 앉았습니다. 그러자 (발밑에서) 이상한 소리가 났습니다. 그는 다른 사람들을 몇 명 불러서 와 보라고 했고, 바위를 치우자 그 바위 밑에 꽤 많은 보물이 있었습니다. 그는 그 돈을 거기 온 사람들에게 다 주어 버렸습니다. 그는 결코 어떤 것도 부족하다고 느끼지 않았습니다. **자기 자신**에 대한 믿음은 전적이어야 합니다. 그 **자신**을 실제 있는 그대로 아는 사람은 결코 어떤 부족함을 느끼지 않습니다.

성자 뚜까람이 말했습니다. "결의의 힘이 그 자체의 열매다." 만일 여러분이 뭔가를 하지 않으면 성공할 수 없다고 느낀다면 확실히 그것을 하십시오. 그렇지 않으면 하지 마십시오. 신이 일체를 한다는 믿음을 여러분이 가지고 있다면, 그는 분명히 그렇게 하고 있습니다. 만일 자신이 하고 있다고 느낀다면, 분명히 여러분이 하고 있습니다. 여러분의 믿음이 무엇이든 그것은 진실합니다. 그것은 여러분이 무엇을 제안하고, 무엇을 결정하느냐에 달렸습니다. 여러분이 정말 확실하다고 느끼는 대로 행동하든지, 아니면 스승의 말을 믿는다면 그의 조언만 따르십시오. 스승의 지시를 위반하면서 무슨 일을 하지는 마십시오. 그랬다가는 두 사람 다 망치게 될 것입니다. 문제들을 뒤섞어서 혼란에 빠지고 고통 받아서는 안 됩니다. 결의, 곧 완벽한 결심은 더없는 것입니다. 브라만을 깨닫고 나면 여러분이 원하는 것을 해도 됩니다. 깨닫고 나면 선택이라는 문제가 남지 않습니다. 왕이 자신을 위해 어떤 행위규정을 정하느냐 마느냐는 전적으로 그의 소관입니다. 따라서 여러분이 무엇을 하든 그 일은 일어날 것입니다. 자신이 무엇을 원하고 무엇을 원하지 않는지를 생각해야 합니다. 남들을 위한 선행을 하는 데 대해 어떤 자부심도 갖지 말아야 합니다. 그 또한 여러분이 결정해야 합니다. 자유로운 상태로 있고 싶은지 아니면 속박되어 있고 싶은지는 여러분만이 결정합니다. "주 시바와 나 자신만이 이 요가를 안다." 이 비밀을 주 크리슈나가 웃다바에게 가르쳤습니다.

  진아지는 '위없는 지知'입니다. 그것을 얻으면 그 지복을 즐기십시오. 이제 모든 슬픔이 해소되었습니다. 여러분이 자기 돈을 묻어 놓고 고통스러운 투쟁을 해야 한다는 것은 비극입니다. 브라만을 깨달았을 때 여러분이 걱정을 할 수도 있고 하지 않을 수도 있지만, 그 깨달음은 여러분에게 아무것도 말해주지 않습니다. 왕이 보위寶位에 있으면 그의 명령은 자동적으로 나라 안에서 시행됩니다. 사려분별이 없는 사람은 설사 깨달았다 해도 슬픔을 겪을 것입니다. 어떤 사람이 (깨닫고도) 개아로서 살고 싶다면 그렇게 하겠지요. 그 사람이 어리석은 선택을 하면 영적인 깨달음이 무엇을 해 줄 수 있겠습니까? 보세요, 우리는 '우주의 힘'입니다. 그런데 어떻게 여러분이 하기로 결심한 일이 실패할 수 있습니까? 이것을 아는 사람은 실제로 거기서 이익을 얻습니다. 여러분이 무엇을 결정하든, 그 일은 반드시 일어납니다. 왜 일어나지 말아야 합니까? 원칙상 여러분은 **신**입니다. 여러분이 결정하는 일은 일어나게 되어 있습니다. 유일한 필요조건은 여러분이 굳게 결심해야 한다는 것입니다.

자신이 신임을 깨닫고, **진리**만을 말하는 사람은 또 하나의 **우주**를 창조할 것입니다. 스승에 대한 **헌신**은 이 한 가지 목적을 가지고 있습니다. 여러분의 마음속에 의심이 없어야 합니다. 이 **헌신**이 완전할 때, 여러분이 말하는 모든 것이 왜 성공하지 않겠습니까? 그러나 이 점을 아주 확신하려면 스승에 대한 **헌신**이 매우 깊어야 합니다. 여러분의 마음은 (바가지를 긁는) 아내와 같습니다. 여러분의 마음이 하는 말을 귀담아 듣지 마십시오. 여러분 **스스로** 결정해야 합니다. 마음에 어떤 내면적 망설임도 없어야 합니다. 그것이 여러분을 찔러대면 안 됩니다. 마음이 용기로 충만해 있을 때는 다른 아무것도 필요 없습니다. 마음이 확신을 하지 못하면 안 됩니다. 요컨대, 모든 것은 여러분의 개념에 달렸습니다. 여러분의 마음, 여러분이 결의가 여러분이 얻는 열매를 좌우할 것입니다. 마음이 용기를 가져야 합니다. 혼란스러운 사람은 그의 결과도 혼란스러울 것입니다. 신은 여러분이 그에 대해 느끼는 대로입니다. 여러분이 신입니다. 만일 확신한다면 여러분도 그렇게 말할 것입니다. 여러분이 그렇게 말하면 그것은 그러하고, 그렇지 않다고 말하면 그러하지 않습니다. 무엇을 취하거나 무엇을 베풀면 여러분의 공덕이 감소하겠습니까, 아니면 죄를 범하겠습니까? 아니지요, 그것은 그렇지 않습니다. 세계의 창조와 파괴는 여러분에게 달렸습니다. 여러분이 누구에게 축복을 베풀면 여러분이 무엇을 잃겠습니까?

1935년 11월 1일 저녁

102. 내적인 깨달음의 희열

지금까지 묘사한 이 요가를 **라자요가**라고 합니다. 이 요가는 저만, 그리고 주 **시바**만이 아는 것입니다. 크리슈나는 이 비밀스러운 요가를 웃다바에게 드러냈고, 웃다바는 그것을 완전히 이해했습니다. 크리슈나와 웃다바 둘 다 같은 **진아 깨달음**을 가지고 있었습니다. **진아 깨달음**이란 자신의 진아가 브라만임을 깨닫는 것을 뜻합니다. 브라만은 이 우주의 **창조주**이며, "내가 브라만이다"입니다. 그래서 "나는 이 우주의 창조주·유지주·파괴주이다"라는 깨달음이 있었습니다. 이제 웃다바는 크리슈나가 되어 버린 것입니다. 목동이 왕이 되고 나면 목동으로서의 역할은 끝납니다. 웃다바가 크리슈나가 되었다는 말의 의미는 무엇입니까? 쇠가 금이 된 것입니다. 구도자가 브라만이 되었습니다. **브라만의 힘** 전부를 이제 그가 보유하게 되었습니다. 구도자가 브라만이 되어 버린 것입니다. 전 우주가 그 자신입니다. 그는 전 세계에 편재하는 물이 되었습니다. 우주 안의 빛이 되었습니다. 그는 전 우주를 살아 움직이게 하는 바람입니다. 그는 그 안에 너무나 많은 광대한 우주들을 지닌, **모든 것에 편재하는 허공**이 되었습니다. 그는 **지각의 의식**, **지知의 힘**, **앎의 성질**, **생명기운** 그 자체입니다. 그는 이 모든 것이 되었습니다. 그는 만물 안에서 벌이는 그들의 다면적인 내적 유희에 지친 5대 원소의 세계가 사라진 뒤에, **평화로운 존재로서 남아 있는 저 '홀로됨**(Aloneness)'입니다. 그는 브라만의 힘을 모두 보유하고 있습니다. 이처럼 구도자가 브라만이 된 것입니다.

그는 우주의 모든 활동을 한데 섞고 결합함으로써 홀로 우주의 모든 작용을 맡아 왔는데, 이제는 **홀로 그 자신**에 대한 **바잔**을 하고 있습니다. 헌신의 증거를 알게 되고, 영적인 공부의 이익을 알게 되고, 그것의 열매들도 온전히 알게 됩니다. 사람이 참으로 자유로울 때는, **해탈 후의 헌신**이 그런 해탈한 자의 행동입니다. 헌신자로서 산다는 것은 **신과 하나됨** 속에서 사는 것입니다. 웃다바는 이 사실을 이해했습니다. 그는 기뻐서 어쩔 줄 몰랐습니다. 그의 개아가 **시바**가 된 지복은 한량이 없었습니다. '브라만과 하나가 된' 위없는 희열이 있었습니다. 그는 **브라만**이 되어 있었고, 브라만의 힘을 휘둘렀습니다. 그는 **전능한 빠라마뜨만**이 된 것입니다. 주 크리슈나는 웃다바에게 **신의 화현**이 되는 능력을 장식품으로 주었습니다. 마치 어머니가 자식을 온갖 장신구로 장식하듯이, 혹은 왕이 즉위하면 권력뿐만 아니라 왕실의 장식품들까지 받듯이 말입니다. 이 은택을 모두가 얻지는 못한다는 이야기는 아닙니다. 그것은 각자의 믿음에 달려 있습니다. 자신이 **브라만**이라는 믿음을 가지고 있으면, 그 사람은 마치 모두의 지배자나 전 세계의 **창조주**인 것 같은 힘을 갖게 될 것입니다. 사람은 자신의 개념에 따라 열매를 얻을 것이고, 만일 그가 특정 방향을 동쪽이라고 결정하면 그렇게 될 것입니다. **자유**를 얻고 나서도 속박 속에 머물러 있는 것은 잘못된 개념입니다.

주 **크리슈나**는 완전한 믿음을 가지고 있었고, 자신이 **브라만**이라는 것을 알고 있었습니다. 그는 '그 **상태**'의 창조자이자 향유자입니다. 그럴 때에만 그가 그 **힘**을 휘두를 수 있고, 그럴 때에만 **화현력**을 베풀 수 있습니다. 웃다바가 얻은 **싯디**는 실은 가장 불가사의한 상태이며, 마음으로 이해할 수 없고 지성으로 평가할 수 없는 것입니다. 각자가 자신의 개념에 따라 그 의미를 해석하고 받아들입니다. 설사 어떤 사람이 **브라만의 지**知를 성취한다 해도, 설사 스승이 그 **지**知를 베풀어주었다 해도, 원래의 결함은 남아 있습니다. 브라만을 깨달았다 하더라도, 그 원래의 결함을 어떻게 버릴 수 있습니까? 다들 이것이나 저것을 하고 싶어 하고, 그러다가 혼란에 빠지고 손해를 봅니다. 그들은 **브라만의 상태**와 **힘** 속에 있기보다는 자신이 한정된 개아라는 느낌에 고착됩니다. 여러분이 본래 거기에 존재하는 '그 **상태**'에 머무르십시오. **브라만의 상태**를 성취하면 그 상태에 머무르십시오. 개아라는 느낌을 받아들이지 마십시오. 많은 사람들이 깨달았고, 많은 사람들이 그 체험을 갖지만, 모두가 자신의 개념에 따라서 체험합니다.

그러나 화현의 상태는 모두가 아는 것이 아닙니다. 베다에 통달한 학자들은 그것을 몰랐습니다. 주 크리슈나는 그 지知를 웃다바에게 베풀었습니다. 여러분도 그것을 알고 그 이익을 얻어야 합니다.

어떤 사람이 물었습니다. "브라만을 깨달으면 우리가 그것을 어떻게 즐겨야 합니까?" 그 질문에 대한 답변은, "해탈 후의 헌신이 '신의 화현력'이다"라는 것입니다. 모두가 브라만입니다. 이 세상의 모든 행위는 브라만일 뿐입니다. 이전에는 한 사람, 상상된 '나'가 있었습니다. 이제 베단타의 가르침을 듣고서 그 상상적인 사람이 사라졌습니다. 그는 상상의 산물에 지나지 않았지만, 너무 많이 시달리고 있었습니다. 자신을 '나'로 부르던 그 개아가 스승의 가르침에 의해 사라졌습니다. '나'와 '너' 둘 다 사라졌습니다. 이 모든 것, 일체가 아무 의심할 바 없이 브라만일 뿐입니다. 모든 행위는 그것이 무엇이든 브라만일 뿐입니다. 백만에서 하나를 없애면 얼마가 남습니까? 아무것도 남지 않고, 세는 것이 그칩니다. 영(0)만 남습니다.[29] 우리가 얼마나 많이 세어야 합니까? 하나를 세면 많은 것을 세어야겠지요. 아무것도 아닌 것에 대해 누가 자부심을 갖습니까? 아무것도 아닌 '그것'이 시바입니다. 그는 일어나고, 걸어 다니고, 무엇을 할 수도 있겠지만, 그래도 그는 시바입니다. 내적인 깨달음에는 어떤 이름도 붙일 수 없습니다. 본래 그것은 아무 이름이 없으나, 내적인 깨달음에 대해 이야기하기 위해 우리가 거기에 어떤 이름을 붙였습니다. 그것을 표현하려면 수십만 가지 이름을 붙일 필요가 있지만, 그 내적 희열은 있는 그대로이고 영향을 받지 않습니다. 그 즐김, 즐김의 대상, 즐기는 자는 모두 시바일 뿐입니다. 이것이 화현의 상태입니다. 이것이 어떻게 그런지 이해하십시오.

보통의 수행 방식과 의식을 받아들여 매일 사원에 가서 사원 안에 있는 시바의 링감(Mahalingam)에 정찬을 올리던 한 헌신자의 이야기가 있습니다. 그는 신에게 올렸던 신성한 음식을 사원 근처의 사람들과 여러 애완동물

---

29) T. 1,000,000에서 1을 없애면 0들만 남는다. 또한 '하나(1)'는 모든 수의 출발점이고 다른 수들이 집적되는 토대이므로, 이 '하나'가 없어지면 모든 수가 근거를 잃고 사라진다.

들에게 나누어 준 다음, 일부는 가져가서 가족친지들에게 나눠주고 마지막으로 자신이 조금 먹었습니다. 이런 식으로 그는 매일 **마하데바**(시바)를 숭배하고 음식을 올렸습니다. 한번은 그가 사원에 갔더니 **시바의 링감** 옆에 낯선 사람이 앉아 있었습니다. 황색 승복을 입고, 긴 수염과 길게 자란 머리를 하고, 손에는 지팡이를 들고 있었습니다. 그는 이 사람 앞에 오체투지하고, 자신이 아는 대로 무슨 기도를 했습니다. 이 헌신자는 그 사람이 그 찬사에 흡족했으리라고 확신했고, 나아가 그 기도에 그토록 흡족해 하는 그 사람이 바로 **마하데바 자신**임에 분명하다고 확신했습니다. 그래서 그 사람에게 자신이 **신**께 바쳤던 음식을 받아달라고 청했습니다. 그 사람은 동의하고 헌신자의 청에 따라 그 음식을 받았습니다. 헌신자는 그 사람이 **시바**라는 믿음을 가지고 있었기 때문에, 그가 **링감**에 그렇게 가까운 데서 음식을 먹고 있고, 음식 부스러기가 접시 밖으로 떨어지는 것도 이상하게 여기지 않았습니다. 그 사람은 식사를 끝내자 헌신자에게 나머지를 모아 달라고 했습니다. 그는 그 사람이 이미 맛본 음식이라는 것은 생각하지 않고 남은 음식을 모았습니다. 그 사람은 헌신자를 축복하면서 말했습니다. "당신의 모든 소원이 이루어질 것이오. 이제 당신은 더 이상 지체하지 말고 이곳을 떠나야 하오." 그 말에 따라 헌신자는 집으로 가면서 도중에 그 얼마 안 되는 음식을 남들에게 나누어 주었습니다. 나중에 사원에 있던 그 사람도 다른 데로 가 버렸습니다. 이제 이 헌신자와 신 사이에 무슨 차이가 있습니까? 그 신은 한 인간이었고, 그 헌신자도 한 인간이었으며, 둘 다 남자였습니다. 그러나 둘 사이에는 큰 차이가 있습니다. 내적인 차이는 하늘과 지하세계 사이의 거리보다 훨씬 더 벌어집니다. 평범하게 보면 둘 다 인간입니다. 그러나 사원 안에 있던 사람의 **진아확신**(Self-Confidence)은 완전하고 전체적이었지만, 그 헌신자의 **진아확신**은 불완전합니다. 저 사람의 **진아확신**은 이 사람의 **진아확신**이 불완전한 만큼이나 완전합니다. 본래의 뿌리·출생·발육, 그리고 그 두 사람의 상태는 동일합니다. 그러나 그 헌신자는 **진아확신**이 부족한 탓에 자신의 몸과 살갗을 자기와 동일시하는 반면, 사원 안의 그 사람은 **영성**靈性 · **지성**, 그리고 **진아 깨달음**이라는 큰 부富가 그에게 완전히 배어 있습니다. 동일시 혹은 자부심은 사람이 '몸-의식'을 취한다는 것을 뜻합니다. 성품 혹은 '다르마'는 동일해도 둘 사이에는 큰 차이가 있습니다. 한 사람은 일시적 경험을 갖는 사멸할 개아이고, 또 한 사람은 늘 완전하고 파괴 불가능한 **전적인 희열**(Total Joy)입니다. 이것이 **참스승**의 가르침을 통해서 얻을 수 있는 **지**知의 효과입니다.

사람들은 '그 상태'를 성취해도 "내가 신이다"라고 말하기를 쑥스러워합니다. 역시 완전히 깨달았지만 자신이 구도자일 뿐이라는 관념에 머물러 있던 많은 현자들이 있었습니다. 주 크리슈나만이 "나는 신들의 신이다"라고 말했습니다. 그 현자들과 주 크리슈나의 실제 차이점은 무엇이었습니까? 주 라마가 자기 아내 **시따**(Sita)를 무릎에 앉힌 채 앉아 있었는데, 아무도 그의 허물을 말하지 않았습니다. 주 라마도 구도자의 상태를 넘어서 있었고, **싯다**가 되어 있었습니다. 그는 **의식**이 그 분리성을 상실하는 상태, 전 세계에 **신**이 편재해 있고 일체가 **진아**의 성품을 가지고 있다는 확신이 있는 상태에 도달했습니다. 그래서 그가 모든 행위를 더없이 자연스럽게, 쉽게 했던 것입니다. 그러면 자신이 구도자일 뿐이라는 태도를 가진 사람들이 행위를 온전히 해내지 못함은 물론이고 행위의 포기를 성취하지 못하는 것은 왜입니까? **전적인 희열**이 없고 자신의 **실재**에 대한 완전한 **진아 확신**이 없는 것이 원인입니다. 그들은 무엇을 취하고 무엇을 물리칠지 판단할 수 없고, 그래서 행위에 대한 자부심이 남아 있습니다.

스리 라마가 **행위**(Karma)와 자신을 동일시한 것은 브라만의 성품을 지녔고, 그래서 그는 모든 사람 앞에서 **시따**를 무릎에 앉히고 앉아 있었던 것입니다. 다른 사람들은 그런 그릇이 못 됩니다. 스리 라마는 **환**幻[마야]을 이겨 자기편으로 만들었습니다. 그가 말했습니다. "나는 신이다. 일체가 나의 뜻에 따라서 일어난다. 그러니 내가 누구를 두려워하겠는가?" **환**幻은 두려워하는 사람들을 압도합니다. 그 **환**幻이 스리 라마에 의해 제어되었습니다. 그는 그녀(마야)를 자기 머리에서 무릎으로 옮겨두고 있었습니다.[30] 그는 "이 마야는 내 하인이다. 모두가 나의 헌신자다. 모두가 나를 숭배한다. 나는 모두의 주主이다. 나는 뜨지도 않고 지지도 않는다. 나는 늘 완전하며 불멸이다."라는 것을 깨달았습니다. 이와 같은 힘을 가진 진아확신이 있어야 합니다.

1935년 11월 2일

103. 진흙을 금으로 바꿔라

주 크리슈나의 제자 웃다바는 해탈 후의 헌신, 즉 브라만의 화현력을 성취했습니다. 마야[환幻]는 개아를 통제하는 힘을 가졌지만, 웃다바는 환幻을 소유했습니다. 그는 마야를 제어했습니다. 이것은 예컨대, 우리가 어떤 새로운 것에 대한 관념을 가지고 있으면 그것이 일어날 수 있다는 것입니다. 여러분은 환幻을 신화(허구)라고 부르고, 그것이 거짓이라고 판정할 힘을 가지고 있습니다. 마야는 뭔가를 창조해 왔습니다. 여러분이 해탈 이후 뭔가를 창조하고 싶다면, 이 창조력 때문에 그것이 가능합니다. 세계는 상상된 것이므로 우리 자신의 상상력으로 그것을 수정할 수 있습니다. 꿈속에서는 그 일어나는 상상력이 즉시 경험됩니다. 자신이 브라만임을 전적으로 확신하는 사람에게는, 이 세상의 어떤 일도 할 수 있는 힘이 있습니다. 이것을 '마야를 제어하는 힘'이라고 합니다.

브라만 안에 완전함을 가져오려는 어떤 일도 할 필요가 없습니다. 여러분이 뭔가를 얻기 위해 기울이는 어떤 노력도 무지(Avidya)에 지나지 않을

---

30) T. 마야는 신의 창조력 샥띠와 같다. 따라서 비슈누의 반려자인 락슈미나 시바의 반려자 빠르바띠와도 동일시된다. '머리' 위에서는 그를 지배했으나, '무릎'에서는 그의 헌신자이다.

것입니다. 해탈 후에 남아 있는 것은 결함 없는 브라만입니다. 이제 존재하는 것은 경험의 영역 내에 있지 않습니다. 왜냐하면 우리가 그것을 마중하러 나갈 것도 없이, 그것은 있는 그대로 있기 때문입니다. 그것을 기억하려고 애쓸 것도 없습니다. 그것은 기억할 수 있는 어떤 대상적인 것이 아닙니다. 기억은 망각과 함께 사라집니다. 그것은 진실과 비진실을 넘어서 있습니다. 진실도 아니고, 비진실도 아닙니다. 있는 '**그것**'이 있습니다. '**그것**'이 무엇인지는 말할 수 없습니다. 마음과 지성은 거기에 도달하지 못합니다. 말로는 그것을 표현할 수 없습니다. 그것의 '색깔'이나 '색깔 없음', 그것의 '문자(varna)'나 '문자 없음'은 말로 서술할 수 없습니다. 그것은 불가능합니다. 만일 무엇을 말하려고 하면 그 말이 해독 불가능해집니다. 말이 도망갔는데, 누가 그것을 묘사할 수 있습니까? 여기서 말의 의미는 지知로서만 알려집니다. 여러분은 의식이 그 나름의 표현을 제시할 것으로 기대하지만, 의식 그 자체가 사라집니다. '그것'의 근처에는 아무것도 없습니다. 아무것도 없다는 것은, 근처에 아무것도 없고 오직 '**말없는 비존재**', '**고요함**'만 있다는 뜻입니다. 둘이 있는 곳에서는 경험이 있을 수 있습니다. 오직 하나가 있는 곳에서는 누가 경험을 할 수 있고, 무엇을 경험하겠습니까? 경험의 어떤 요소도 없기에 그는 '**경험의 큼**'입니다. 그는 모든 것에 대한 경험을 베푸는 자입니다. 그는 그 자신이 '**큰 경험**'입니다. 그는 모두를 알지만, 누구도 그를 모릅니다. 알 수 있고 말로 표현할 수 있는 것으로 보이는 모든 것은 일시적입니다. 만물은 생겨나고 사라집니다. 그는 시간에 의해 지지되지 않고, 시간에 의존하지도 않습니다. 시간이 그를 안다고도 할 수 없습니다. 왜냐하면 시간은 거기에 들어갈 수 없기 때문입니다. 시간은 그와 함께 살아갈 능력이 없습니다. 시간은 끝이 있고, 저뭅니다. 말로 묘사되는 것이 어떻게 **그것**을 알 수 있겠습니까? 그것의 '**존재**(Existence)'는 언제나 있습니다.

그는 '**큰 경험자**(Mahanubhava)'이지만, 존재하고 있는 '사물'—이는 그것이 형상을 가지고 있다는 의미지만—은 그를 알 수 없습니다. 왜냐하면 그 사물은 거짓이기 때문입니다. 혀는 그 자체를 맛볼 수 없습니다. 꿈속의 경험은 사라졌으나 **큰 경험자**는 남습니다. 생시 상태의 경험과 그 '경험자'가 **큰 경험자**입니다. 꿈의 경험자는 실재하지만, 그 꿈의 경험은 거짓입니다. **큰 경험자**는 그가 늘 존재해 온 그것이고, 그는 완전합니다. 그는 본래 있으나, "나는 분리된 어떤 사람, 어떤 다른 존재다"라는 느낌은 이제 사라졌습니다. 5대 원소와 여섯 번째 요소인 '나'라는 느낌이 모두 **진아** 위에 덧씌워졌습니다. 그 '다섯 가지'는 거짓으로 인식되었고, 여섯 번째인 '나'는 염소처럼 도살되었습니다. 이제 **브라만**과 하나가 될 누가 남아 있습니까? (브라만과 자신을) 동일시하는 그 자신이 거짓입니다. 이것이 체험되었습니다. 이제 누가 공부하겠습니까? 공부하던 그 사람이 죽었습니다. 그가 죽었다는 것이 체험되었습니다. 어제가 사라졌듯이, 그 체험도 마찬가지입니다. 에고 의식이 사라졌습니다.

　남데브(Namdev)와 **주 빗탈라** 간의 이야기가 있습니다. 남데브는 **빗탈라**와 친한 사이였습니다. 많은 현자들과 남데브가 함께 모였을 때, 남데브는 성자라고 하기에는 그다지 완전하지 않았습니다. 누군가가 그는 아직 덜 성숙했다고 말했습니다. 그러자 남데브는 울면서 **빗탈라**를 찾아갔습니다. **빗탈라**가 말했습니다. "사실이지. 하지만 나는 자네를 완전하게 만들어 줄 수 없어. 진인 케짜라(Khechara)를 찾아가야 해." 남데브가 케짜라를 찾아가자 이 진인이 그에게 '진정한 이해'를 안겨주었고, 그래서 그는 완전해졌습니다. 그 뒤로 남데브는 사원의 주 빗탈라를 찾아가지 않았습니다. **빗탈라**가 남데브를 찾아와서 물었습니다. "이보게 남데브, 요즘은 왜 사원에 오지 않나?" 남데브가 말했습니다. "우리는 자신의 **진아**만을 보살펴야 합니다. 그러면 '그것'만을 보게 될 것입니다. 지금 제가 저 자신에 대한 아방가(Abhangas)[찬가]를 불러야겠습니까? 지금 제가 당신에 대한 **헌가**를 부른다면, 우리 둘이 정말 둘입니까? 집과 사원이 지금 둘입니까? 이제 온 세상이 하나의 사원입니다." **빗탈라**는 이 대답을 듣자 매우 즐거웠습니다. 개아로서의 '나'가 별개인 한에서 모든 학문, 베다, 헌가 찬송 등도 삶 속에서 어떤 자리를 점합니다. 그 '나'가 사라지면 그 모든 것이 끝납니다. 남는 것은 결함 없는 브라만입니다. 누가 누구에게 기도하거나 헌신을 바칩니까? 장신구의 형상이 사라지고 나면 금만 남습니다.

눈에 보이고 성질이 있는, '**보편적 몸**'을 가진 지고아가 브라만입니다. 그를 '**사구나**(Saguna) 혹은 **사끄샤뜨-빠라브라만**(Sakshat-Parabrahman), **사끄샤뜨-빠라마뜨만**(Sakshat-Paramatman)'이라고 합니다. 두 번째가 없는 오직 **하나**가 있다면, 그 몸이[곧, 보편적 몸이] 어떻게 별개입니까? '나'가 사라지면 '너'도 사라집니다. '나'와 '너'가 남아 있거나, 아니면 '나'도 '너'도 남아 있지 않습니다. '나'가 없으면 '너'도 없습니다. 웃다바는 이 상태를 깨달았습니다. 하나인 참된 브라만 위에서 뭔가를 상상하는 것이 **마야**입니다. 누구나 뭔가를 상상할 수 있지요! 여러분이 몰두하는 그 상상은 현실화될 것입니다. 이 세상에서는 무엇이 좋습니까? 우리가 상상하게 될 것이 좋은 것입니다. 이 세계 자체가 하나의 상상이니, 여러분이 무엇을 생각하든 그것은 성공할 것입니다. 이것이 웃다바가 이해한 제어력, 곧 **화현력**입니다. 그는 **마야**가 거짓이라는 것을 완전히 깨달았습니다. 모든 것이 거짓이라는 것을 알았고, 그래서 그는 무욕이 되었습니다. 이 무욕과 함께 스승에 대한 헌신이 솟아올랐습니다. 그렇다면 헌신자가 생각하는 모든 것이 왜 일어나지 않겠습니까? 스승에 대한 완전한 헌신, 전적인 무욕이 우리 안에 있을 때, 그리고 우리의 확신이 온전할 때, 깨달음은 쉽고도 자연스럽게 옵니다. 스승이 그 자신의 진아, 곧 **빠라마뜨만**임을 이해하는 사람은 마치 자신이 '팔이 넷인 신'(비슈누)을 만난 것처럼 행복해집니다.

스승의 헌신자만이 이처럼 행복한 사람입니다. 그에게는 달리 어떤 것에 대한 욕망도 없습니다. 돈과 흙을 같이 보는 사람은 이 **힘**을 얻습니다. 어떤 사람은, 일체가 **스승**의 것이라고 생각하기 때문에 어떤 것도 포기할 수 없을지 모릅니다. 그 또한 스승의 헌신자입니다. 그는 스승의 힘이 도처에 있다고 생각합니다. 그는 자신의 몸마저 스승에게 내주었습니다. 식사할 때 그가 무엇을 먹든, 그가 무엇을 하든, 일체가 자기 **스승**을 위한 것입니다. 그는 모든 것이 스승의 은총에 의해서 일어난다는 믿음을 가지고 있습니다. 만일 필요하다면 스승을 위해 일체를 포기할 준비가 되어 있습니다. 이것을 스승에 대한 헌신이라고 합니다. 마야를 누가 제어할 수 있습니까? 마야에 신경 쓰지 않는 자만이 마야를 제어할 수 있습니다. 그런 사람은 금에 대해서도 흙과 똑같은 가치를 부여합니다. 그런 사람만이 흙을 금으로 바꿀 수 있습니다. 하나를 '금'이라 하고 다른 하나를 '진흙'이라고 하는 것은 모두 개념이라는 것을 확신하는 사람이야말로 참으로 힘이 있습니다. 마야를 창조하고 마야를 파괴하는 것이 '마야를 제어하는 힘', 곧 마야를 자극하고 마야를 억제하는 힘입니다. 이 마야를 제어하는 힘을 크리슈나가 웃다바에 준 것입니다.

스승을 숭배하는 자만이 눈에 보이는 이 모든 것이 어디서 생겨나는지를 알고, 인식할 수 있습니다. 그런 사람만이 왜 어떻게 이 모든 환幻이 생겨나고 쓸려나가는지 압니다. 이미 스승을 숭배해 왔거나 숭배할 수 있는 사람만이, 어느 것이 우리의 참된 처소, 참된 지위, 참된 시간인지를 압니다. 그런 헌신자만이 자신은 시간의 시작 이전과 시간의 끝 이후에 존재한다는 것을 압니다. 그런 사람만이 마야의 제어자입니다.

1935년 11월 3일 저녁

104. 체스 게임

마야는 '존재하지 않는 것'이라는 뜻입니다. 그것은 아무것도 아닙니다. 모든 것이 브라만입니다. 마야는 상상일 뿐입니다. 마야는 존재하지 않는 것입니다. 바다에 거품과 파도들이 있지만, 그 모두 물일 뿐입니다. 현현된 모든 현상은 관념에 의해 창조됩니다. 그것을 확산하거나 억제하는 것은 모두 관념에 지나지 않습니다. 벽에 걸린 많은 그림들은 본질상 다양한 색상일 뿐입니다. 그것을 그림이라고 이름 붙이는 것은 환幻을 부추기는 것이고, 하나의 관념일 뿐입니다. 그림들은 상상에 의해서 그려지거나 칠해질 뿐입니다. 부추기거나 억제하는 것이 '마야 제어'의 표지입니다. 크리슈나는 이 지知를 제자인 웃다바에게 베풀었습니다. 웃다바라는 단어는 확신을 '견고하게 하기'라는 뜻입니다. 그는 일체를 얻었고, 그 후로 근심에서 벗어났습니다. 일단 확신하게 되면 딴 길로 벗어나지 않습니다. 마음이 확고해질 때, 그 사람 자신이 '진아확신의 상태'가 됩니다. 더 이상 동요되지 않습니다. 웃다바는 더 이상 남아 있지 않았는데, 그것은 웃다바가 빠라마뜨만이 되었다는 뜻입니다.

   체스 게임에서는 남아 있는 과거의 업이 없습니다. 기본 재료인 나무가 있고, 거기서 여러 가지 기물이 만들어집니다. 그러나 그것들은 사실 모두 나무일 뿐입니다. 기물 중 어느 것에도 적의가 내재되어 있지 않지만, 체스 게임은 사실상 하나의 전쟁입니다. 체스꾼들은 "기사(Knight)가 죽었다. 루크(Rook)가 죽었다"는 식으로 말합니다. 그러나 그 말이 기사가 실제로 죽는다는 뜻입니까? 기사가 왕을 제압하면 그가 실제로 무슨 왕국을 얻습니까? 기물들은 생명이 없지만 체스꾼들은 "기사가 죽었다"고 말합니다. 한 사람이 이기고 다른 사람이 지지만, 실제로 어떤 죽음이나 승리가 있습니까? 아니지요, 그런 것은 전혀 없습니다. 게임하는 사람은 모든 것을 게임 속에서 합니다. 모두가 그의 개념입니다. 만일 게임에서 어떤 기물이 죽게 되면 그의 죄는 무엇입니까? 마찬가지로, 속박 당해 있다거나 자유롭다는 것은 그냥 상상의 산물입니다. 세간적 삶 속에서 이러한 지혜로운 태도로 자기 일을 처리하는 사람에게는 속박도 없고 해탈도 없습니다. 그에게는 이 모두가 하나의 꿈일 뿐입니다. 어떤 사람이, 밤에 꾸는 꿈이 낮에 실제로 일어난다고 생각하고 무지한 바보처럼 행동하면서, 부질없이 울고 한탄합니다. 설사 무지한 사람들이 그렇게 생각한다 하더라도, 밤에 꾸는 꿈은 낮의 현실이 될 수 없습니다. 그것은 밤중의 꿈이고, 밤이 끝나면 낮이 되어 그 꿈의 어떤 자취도 없을 것입니다.

생시 상태에서의 남편과 아내, 왕과 왕비는 꿈속에서처럼 모두 거짓입니다. 이것을 잘 이해하는 사람은 **화현**(신)의 **화현**입니다. 그 자신이 신입니다. 경전, 베다, 여러분, 저, 모두가 하나의 신화일 뿐입니다. 이 세계는 하나의 꿈입니다. 이 꿈에서 깨어나는 사람은 참으로 깨어납니다. 이 세계라는 겉모습 속에서 우리는 실로 아무것도 소유하고 있지 않습니다. 우리는 우리가 죽으면 안 되고, 따라서 조심해야 한다고 말합니다. 체스 게임에서는 그런 식이 아닙니다. 체스에서는 지는 사람이 교수형을 당하지 않고, 이기는 사람도 실제 왕국을 얻지 않습니다. 이 **환**(幻)은 하나의 체스 게임과 같습니다. 체스 한 판이 끝나면 체스꾼들은 게임하러 올 때 가져왔던 것만 가지고 돌아갑니다. 무슨 왕국이나 전리품을 가져갈 수 있습니까? 요컨대, 이 세계는 한 판의 체스입니다. 눈에 보이는 것들은 **브라만**이지만, 제가 여러분에게 묻겠는데 이 겉모습을 넘어서 있는 것은 무엇입니까? **빠라브라만**입니다. 제가 여러분에게 묻습니다. "그것이 무엇이며, 어떻게 있습니까?" '그것'은 **시바**입니다. '그것'은 **브라만**, 즉 **진리**입니다. 말[馬]도, 집도, 사람도 없습니다. 오직 **하나**가 있을 뿐 다른 아무것도 없습니다. 그러나 '그것'은 어떤 이름도, 어떤 형태도 없습니다. 그것은 **있다**, 그뿐입니다. 그것이 무엇이냐, 어떻게 있느냐고 물을 수는 없습니다. 베다에서 지시하는 말들은 모두 하나의 꿈과 같습니다. 속박과 자유는 거짓입니다. 이것을 이해하고 자연적인 삶을 사는 사람은 무엇을 해야 한다거나 하지 말아야 한다고 고집하지 않습니다. 하거나 하지 않는 것은 몸-의식에 속하는 생각입니다. 많은 사람들이 세간적 삶에서 물러남으로써 완전히 그리고 영구히 자유로워질 수 있었지만, 그들 역시 자신이 '어떤 사람'이라는 느낌을 지니고 있었습니다. 승리를 얻었을 때도, (그 상태에서 그들이) 움직일 수 있느냐 있느냐는 몸에 속하는 요인들입니다. 그런 사람은 자신을 몸과 관련해서만 평가하거나 생각했습니다. 그런 개념적 망상이 있으면 안 됩니다. 실은 우리는 아무것도 아니고, 그러면서도 모든 것입니다. 하나가 아니고,

둘이 아니고, 심지어 영(0)도 아닙니다. 코끼리, 개, 말, 우리는 이 모든 것입니다. 우리는 일체一切입니다.

금에게 물었습니다. "너는 무엇이냐?" 금이 말했습니다. "저는 일정수의 루피화가 아니고, 팔찌·목걸이 등 다양한 장신구들은 모두 존재하지 않습니다. 저는 모든 것입니다. 그 장신구들과 루피화는 없습니다. 저는 금일 뿐입니다." 금의 예에서와 같이 우리는 모든 것이지, 어떤 특정한 것이 아닙니다. 저는 모두의 안에 있습니다. 저의 안에는 아무것도 없습니다. '나' 조차도 없습니다. 어떤 사람이 **스승**에게 물었습니다. "당신께서는 어떻게 일체 속으로 들어가셨습니까?" 스승이 말했습니다. "내 안의 나가 사라졌을 때, 나는 모든 것 속으로 들어갔다." 그 '모든 것'은 만물에 편재하는 것이 되었습니다. 어디서 그것이 어떤 특정한 것으로 발견되겠습니까? 어떤 사람들이 세간을 포기하고 해탈했을 때, 누가 그들에게 물었습니다. "누가 자유로워졌습니까?" 그들이 대답했습니다. "저입니다." 이는 그 '나'가 전혀 떠나지 않았다는 증거입니다. '나'가 떨어져 나간 뒤에 남아 있는 것이 무엇이든, 그것은 논리로 파악할 수 있는 범위를 넘어서 있습니다. 상상이 안 되는 이 **상태**, 이 **해탈 후의 헌신**은 누구도 이해하지 못합니다. 두 번째가 없는 오직 하나가 있다는 것을 깨달은 사람만이 이 **해탈 후의 헌신**을 성취한 것입니다. "죽음은 확실히 있다"고 누구나 말합니다. 그러나 여러분은 다시 태어날 필요가 없을 정도로 한번은 죽을 수 있어야 합니다. '나' 자체가 전혀 존재하지 않습니다. 존재하는 것은 모두 **브라만**일 뿐, 달리 아무것도 없습니다. 이것을 이해한 사람은 **해탈 후의 헌신**을 가진 것입니다. 그가 모두에게 말합니다. "만일 여러분이 **브라만** 아닌 다른 어떤 것이 있다고 생각한다면, 그것을 찾아내어 여기 가져오십시오." 그는 **브라만의 일자성**을 이해하지만, 또한 **헌신**도 가지고 있습니다.

어떤 이들은 **사구나 브라만**(Saguna Brahman)[속성 있는 브라만]은 환幻일 뿐이고, 그 너머에 있는 것이 참으로 **브라만**이라고 말합니다. 실은 단 하나의 **존재**(Existence)만이 있습니다. 세계가 얼음 형태로 얼어 있는 물과 같다면, **빠라마뜨만**은 다른 어떤 속성도 없는 물일 뿐입니다. 이것이 **사구나 브라만**과 **니르구나 브라만**(Nirguna Brahman)[형상 없는 브라만]의 유일한 차이이고, 그 이상은 없습니다. 그 둘을 구분하는 것은 이원성이고, 그것을 단 하나로 깨닫는 것이 비이원성입니다. 남데브가 말했습니다. "사구나와 니르구나는 단 하나인 신일 뿐입니다. 그러니 누구에게 절을 해야 합니까?" 신이 말합니다. "이보게 나미야(Namya), 이제 진정으로 이해했군. 그대는 참으로 복되다!" 우리가 자유로울 때는 있는 그대로 머물러야 합니다. 우리의 모든 행위는 '브라만 의식'으로서의 행위여야 합니다. 먹고 마시는 것과 같은 모든 활동은 **지고아 빠라마뜨만**이 하는 것일 뿐입니다. 우리 안에서 이것을 매우 깊이 깨달아야 합니다. 이것을 이해할 수 있는 사람은 **해탈 후의 헌신**을 성취합니다. 개아는 자신이 개아라고 말할 준비가 늘 되어 있는데, **절대적 브라만**의 상태를 성취한 뒤에도 그렇습니다. 늘 거짓말을 할 준비가 되어 있습니다. 그에게는 이 습習밖에 없습니다. 개아는 (자신이) '브라만'이라고 말하기가 너무 쑥스러워 저항합니다. 이 쑥스러움이 사라져야 합니다. 브라만은 결코 부끄러워하지 않습니다. 그것은 유일한 **진리**입니다.

1935년 11월 4일 저녁

105. 그대가 빠라마뜨만이라는 것을 알라

앞에서 여러분 자신이 **빠라마뜨만**이라는 것을 설명했습니다. 의심할 바 없이 여러분은 호랑이지만, 호랑이의 식별 표지는 무엇입니까? 마찬가지로, 여러분이 **빠라마뜨만**이라는 이해의 표지는 무엇입니까? 첫 번째 표지는 탄생도 죽음도 없다는 것입니다. 개아를 뜻하는 jiva라는 말은 'ja'와 'iva'라는 두 단어의 결합인데, 이는 그가 '마치 태어난 것 같다', 즉 실제로는 태어나지 않았다는 뜻입니다. 빠라마뜨만은 태어나지도 않고 죽지도 않습니다. 빠라마뜨만은 탄생이 없고 죽음이 없다는 체험이 실제로 느껴져야 합니다. 아까샤(Akasha)라는 단어는 '텅 빔' 혹은 '허공'이라는 뜻입니다. 그 허공은 항아리 안에도, 집 안에도, 의식 안에도 있습니다. 항아리가 부서지거나 집이 무너져도 그 안에 있던 허공이나 공간은 영향을 받지 않습니다. 허공과 마찬가지로 진아도 어디서 오지 않고 어디로 가지도 않습니다. 진아는 모든 속성 이전이고, 그래서 그에게는 옴도 감도 없습니다. 허공이나 물이 있기 전, 그때도 지고아 아뜨마람(Atmaram)이 있었습니다. 여러분은 해가 뜨고 지는 것으로 시간과 연도를 헤아리지만, 그때는 해도 없었고 지구도 없었습니다. 아뜨마람은 워낙 태곳적인 것이어서, 어떤 원소가 생겨나기 전에도 있었습니다. 날과 햇수들은 모두 허구입니다. 설사 대단한 영적 능력이나 기적이 나타난다 할지라도 그것은 다 꿈입니다. 이 세계는 실은 한 순간도 존재하지 않지만, 마치 수백만 년은 된 것처럼 보입니다. 그 모두가 거짓입니다. 꿈 하나를 꾸는 15분간을 생각해 보십시오. 그 사이에 여러분은 수백 년에 걸친 탄생과 죽음들을 경험할 수도 있습니다. 자, 잘 들어 보십시오. (깨달음의) 찬연함이란 모든 겉모습이 환幻과 같고 모든 것이 거짓이며, 옴도 감도 없다는 것을 아는 것입니다. 이 찬연함을 가진 자가 빠라마뜨만입니다.

이제 여러분은 지知를 얻었으니 거기에 별 가치를 부여하지 않을지 모릅니다. 그러나 여러분이 무지했을 때, 그때의 상황은 어떠했습니까? 속박도 없고 자유도 없다는 것을 아는 자가 빠라마뜨만인데, 그는 모든 속성과 형상을 넘어서 있습니다. 체험으로 이것을 아는 자가 '완전한 깨달음'을 가진 빠라마뜨만입니다. 그것이 어떤 찬연함인지 생각해 보십시오! 이것은 보통의 찬연함이 아닙니다. 이것은 매우 희유한 지知입니다. 환幻과 그것의 속박이 끊겨 나간다는 자각은 '본래적 존재 상태'에 유용합니다. 돈과 세간적 부富는 거기서 쓸모가 없습니다. 이것은 빠라마뜨만이 소유한 지知라는 부富입니다. 만약 빠라마뜨만의 집에 어떤 재산이 있느냐고 묻는다면, 그 답은 그 재산이 '지知'라는 것입니다. 누가 주 시바에게 여쭈었습니다. "당신께서는 어떤 재산을 가지셨습니까?" 그가 말했습니다. "나는 홀로이고 완전한 시바라오. 여기에 다른 건 아무것도 없소." 개아의 집에는 가난과 슬픔이라는 탄식이 있습니다. 이것을 진정으로 아는 사람은 **빠라마뜨만**이고, 자신이 팔 세 개 반 길이[조대신의 길이]의 몸이라고 생각하는 사람은 개아입니다. 부유한 대갓집 노인이 몸에 값나가는 것을 하나도 지니지 않았어도 "이것은 다 내 재산이다" 하면서 매우 행복해 하듯이, "나는 이 세계 전부다"라고 말하는 이 태곳적의 **빠라마뜨만**도 행복합니다. 이것을 깨닫는 자는 행복으로 충만한 찬연한 **빠라마뜨만**입니다. 누구도 이 **빠라마뜨만**을 모르고, 그것의 성품이 무엇인지 모릅니다. 누구도 그것의 가장 먼 한계선을 알 수 없습니다. 이것을 아는 유일한 자는, 만물에 편재하고 오직 하나인, 도처에 있는 **빠라마뜨만**입니다.

1935년 11월 5일 저녁

106. 영원한 집

여러분 자신이 **빠라마뜨만**입니다. 여러분의 참된 성품이 이것입니다. 여러분에게는 탄생도, 죽음도, 오고 감도 없습니다. 형상을 가진 것들은 여러분의 실체가 아닙니다. 물은 형상이 없고, 바람과 불도 형상이 없습니다. 우리도 아무 형상이 없는 것입니다. '니르구나'는 성질이 없다는 뜻입니다. '아난따(Ananta)'라는 단어는 '결코 끝나지 않는 것'을 뜻합니다. **빠라마뜨만**은 영원히 존재하며 중단이 없습니다. 우리가 언제 어느 곳에서도 이와 같다는 것을 아는 사람이 **빠라마뜨만**입니다. 어떤 사람이 **빠라마뜨만**의 진정한 성질들을 알 때, 그는 자신 안에 그런 성질들을 가지고 있습니다.

그 성질들은 그의 안에 흡수되며, 그렇게 흡수되어야 합니다. 빠라마뜨만은 모든 것에 편재하므로 그를 비야빠끄(Vyapak), 곧 '일체 편재자'라고 합니다. 다양한 모든 사물들 안에, 존재하는 오직 하나가 있습니다. 마치 모든 장신구 안에 금만 있듯이 말입니다. 이해하기 쉽도록 하기 위해 많은 이름들이 사용되지만, 빠라마뜨만은 묘사를 넘어서 있습니다. 그가 가지고 있다고 하는 그런 성질들은 그냥 그의 재산입니다. 이 세계라는 겉모습 모두가 빠라마뜨만의 재물이고, 그의 부동산입니다. 이런 성질들을 장식으로 가진 자가 빠라마뜨만입니다. 헌신에 의해 우리가 그의 상태를 성취합니다. 아홉 가지 유형의 헌신(Navavidha Bhakti)은 그것으로 많은 사람이 정화된 헌신입니다. 이 아홉 가지 헌신 중 아홉 번째인 '자기순복(자기 내맡김)'을 아뜨마-니베다나(Atma-nivedana)라고 합니다. 우리 자신의 내적 체험을 통해서 이 아홉 번째 유형의 헌신에 대해 명상해야 합니다. 이것을 힘의 상태, 곧 '주시자'인 상태, 짜이따니야의 상태라고 말하기도 합니다. 이에 따라서 우리 자신의 체험을 점검해 봐야 합니다.

　우리는 예배[예공(Pooja)]를 마친 뒤 신이나 스승에게 (절을 하면서) 우리의 내놓아야 합니다. 이것은 우리가 모든 소유물에 대한 집착을 놓아 버려야 한다는 의미입니다. 헌신자들 가운데, 진아의 성품을 명상하고 자신의 실제 존재(Being)가 무엇인지 성찰하는 사람은 매우 적습니다. "나는 무엇인가?"를 탐구하는 사람이 매우 적습니다. 이런 방식의 헌신의 본질은, 우리가 누구인지를 관해야 한다는 것입니다. 우리가 아무도 아니라는 것을 알게 될 때, 그때는 누가 있습니까? 누군가가 있지요! 그 누군가가 빠라마뜨만입니다. 결함이 없고 성질이 없는 것이 그 지고아입니다. 그는 모든 대상이고, 모든 성질이며, 에고이고, 모든 것입니다. '여러분'만 없습니다. 일체가 빠마라뜨만이지만, 여러분이 왜소한 소아小我가 되면 여러분은 하나의 개아(jiva)입니다. 걱정과 슬픔이 삶 속에서 여러분의 운명이 되고, 여러분은 힘을 잃습니다. 개아의 상태를 받아들이기 때문에 여러분이 죄수가 됩니다. 개아의 상태가 해소되면 남는 것은 시바입니다. 이 위대한 존재성의 하인들도 모두 위대합니다. **비슈누**가 그의 마음입니다. 해와 달이 그의 눈입니다. **시바**가 그의 에고입니다. **브라마**가 그의 지성입니다. 지구는 그의 피부요 털입니다. 이 모든 것이 '**주**±**의 찬연한 힘**'입니다. 그 안에서는 하찮은 것이 하나도 없습니다. 개아라는 느낌이 사라지면 **시바**만 남는데, 그가 곧 **빠라마뜨만**입니다. 그럴 때 모든 감각기관은 그 **찬연함** 속에서 들어 올려지고, 여러 천신들의 이름이 붙습니다. 주인이 집을 소유하고 있을 때는 당연히 문과 창문들도 그의 소유입니다.

헌신자와 신을 발견하는 것이 **자기순복**(Atma-nivedana), 곧 자기 자신의 **실재**를 발견하는 것입니다. 그 헌신자 자신이 **태고의 신**입니다. 헌신자 자신이 원초적 신, 본래적 신입니다. 그를 헌신자라고 부르는 것은 거짓입니다. 여러분 자신이 **신**입니다. 헌신자는 신을 알아내려고 애썼는데, 그 자신 신이 되었습니다. 신과 헌신자는 별개가 아닙니다. **헌신자가 곧 신입니다**. 그는 속박되어 있지 않기 때문에 자유롭고, 그 자유는 '**이전의 하나**'(원초적 하나)입니다. 경전에서 제시한 기준으로 보나, 그 자신의 설득력 있는 체험으로 보나, 그는 신일 뿐입니다. 이것을 인식하기 전에는 그들이 둘입니다. 인식이 일어나면 오직 **하나**가 있습니다. 뚜쁘(Toop)와 그루따(Ghruta)로 불릴 때는 이름이 둘이지만, 그것은 기(ghee)일 뿐입니다.[31] 그 물건, 곧 존재는 오직 **하나**이며, 차이가 있다면 이름과 형태의 차이뿐입니다. 신이 헌신자로 불리고, 헌신자가 신으로 불립니다. 여러분 자신의 체험으로 이것을 점검해 보아야만 하면 납득할 것입니다. 의심이 사라지면 두 이름 간의 차이도 사라집니다. 그러면 오직 하나인 **빠라마뜨만**에 대한 참된 체험이 있습니다. 자신이 몸일 뿐이라고 생각하던 헌신자가 **신**을 숭배하기 시작했는데, 그가 자신의 **참된 자아**(True Self)를 인식하자마자 별개의 개체로서의 그는 사라져 버렸습니다. 존재·의식·지복의 세 가지 현상이 모두 **하나**가 되었습니다. 현자들은 최종적 끝, 곧 세계의 해체를 일순간에 체험

---

31) *T.* '기'를 마라티어로 '뚜쁘'라 하고, 산스크리트어로 '그루따'라고 한다.

하며, 비록 그들이 몸을 가지고 살아 있다 해도 그들은 무형상이 되고, 브라만의 성품을 지니게 됩니다.

아홉 번째 유형의 헌신인 자기순복을 성취하면 신과 하나됨이 있고, **사유쟈**(Sayujya), 곧 전적인 자유의 상태가 있습니다. 한편 **살로까따**(Salokata-'同住')라는 자유(해탈)의 상태는, 자유로운 사람들과 친교하고 그 해탈을 누린 뒤에 자유인으로 다시 태어나는 것을 의미합니다. **사미빠따**(Sameepata-'親近')라는 자유의 상태는 **자기 자신을 아는 것**입니다. 자유의 네 번째 상태는 **사유쟈따**(Sayujyata-'합일')인데, 이것은 자아를 내맡겨 그것이 참된 **진아 깨달음**이라는 결과를 가져오는 것입니다. 제가 지금까지 이야기한 것을 여러분이 정말 따랐다면, 그것이 **진아지**입니다. 여러분 자신의 존재를 이해한 것입니다. 그럴 때 우리는 있는 그대로의 우리를 아무 편견 없이 봅니다. 어떤 것에도 의존하지 않는 **전체성**이 우리의 **온전하고 완전한 존재**입니다. 이에 대한 이해가 있습니다. 자아를 내맡기는 자는 무조건 자유로워집니다. '**영원한 집**(Sayujya Sadan)'이란 **만물 일자성**(All-Oneness), 곧 **홀로됨**을 뜻합니다. 이 '**나뉘지 않은 헌신**'은 파괴 불가능입니다. 헌신자가 자신을 성자들에게 내맡기고 진아지를 얻었습니다. 그는 하나가 됩니다. 이제 그는 분리될 수 없습니다. 만일 어떤 사람이 자신을 전적으로 내맡기지 않았다면, 죽음의 신이 또 한 번 탄생을 안겨줍니다. 거기서 그는 다시 환幻에 종속됩니다. 어떤 사람이 **시바**, 곧 **빠라마뜨만**으로서의 자신의 **참된 성품**을 망각했을 때, 자신을 개아라고 말했습니다. 스승에 대한 헌신을 내팽개치면 다시 환幻이 있습니다. 따라서 **성자들의 발아래 귀의해야** 합니다.

한 부자가 잠이 들었는데, 꿈속에서 미혹에 빠졌습니다. 사람들은 그가 미쳤다고, 정신이 이상해졌다고 말했습니다. 그는 일어나서 거지로 살아가기 시작했습니다. 그러나 어느 **성자**의 축복으로 그의 환幻이 사라졌습니다. 그는 다시 자신의 부를 즐겼고, 미혹에서 벗어났습니다. 우리는 믿음을 가져야 합니다. 우리의 아버지(스승)가 우리에게 재산을 주었는데, 왜 그의 이름을 기억하고 그 재산을 즐기면 안 됩니까? 그를 비난하면서 우리의 음식을 먹으면 뭐가 좋습니까? 여러분은 음식을 받았고 그것을 즐겨야 하지만, 그의 이름을 기억하고 나서 드십시오. 만일 여러분이 **빠라마뜨만**의 자유와 찬연함을 즐기고 싶다면, **스승**에게 봉사해야 합니다. 스승에게 큰 존경심을 갖고, 그 **영광**을 즐기십시오. 이런 믿음을 가진 사람만 **진아지**를 얻을 것입니다. 이 **지**(知)에 의심을 가진 사람은 늘 어디서나 의심에 시달릴 것입니다. 성자와 현자들은 우리에게 작은 개미와 곤충도 신으로 대하라고 조언했습니다. **성자들**을 비난하는 이들은 틀림없이 큰 슬픔을 겪게 될 것입니다. 지성이 혼란에 빠지고 **지**(知)가 그를 떠나갈 것입니다. 여러분은 **브라만**이니, 남들을 비난해서는 안 됩니다. 자부심이 사라진 사람이 **진정한** 현자입니다. 자부심을 가진 사람은 **브라만**이 될 수 없습니다.

지(知)는 망고와 같습니다. 망고가 익었을 때 여러분은 그 겉모습 등의 표지로 그것이 익었다고 판단하고 바로 따고 싶어집니다. 그때 그것을 따면 분명히 맛있습니다. 단맛이 납니다. **지**(知)의 표지는 우리가 **성자**와 **현자**들 모두를 사랑하고, **하나됨**의 느낌을 가지고 있으며, 모두에게 자애롭다는 것입니다. 진아지를 가진 사람은 **성자**와 **현자**들 모두를 존경하며, 어떤 것에 대해서도 자부심이 없습니다. 그는 동문 사형제들을 **스승**과 동등하게 봅니다. 그리고 전 세계가 **신**일 뿐이라고 생각합니다. 그런 사람은 따기 좋은 상태의 망고와 같으며, 진정한 만족을 얻을 만한 그릇입니다. 그래서 **진아지**를 가진 헌신자는 어떤 것에도 자부심을 가지면 안 됩니다. 비천한 일을 좋아하지 않는 사람은 성자가 아닙니다. 만일 스승의 헌신자가 신일 뿐이라면, 모든 사람의 행복을 보살피는 것은 그의 임무입니다. 누구를 미워할 수 있는 가능성이 전혀 없습니다. 신은 만물에 편재하는 모두의 **진아**이며, 스승의 헌신자는 신과 같습니다. 성자들을 진지하게 존경하는 사람은 당연히 모든 사람을 존경하겠지요. 따라서 **성자들**에게 봉사하는 사람은 **사유쟈**(Sayujya) 상태, 곧 **영원한** 상태를 얻습니다.

1935년 11월 6일 저녁

107. 자기순복

우리가 누구인지를 알 때, 우리는 자신이 아무것도 아니며, 오직 모든 것을 주시하는 진아만이 있다는 것을 압니다. 그것이 자기순복입니다. 부마(Bhooma-대지)라는 단어는 '지지물(support)'을 뜻합니다. 진아가 이 부마이며, 그것은 체험의 성품을 가지고 있습니다. 우리는 자신을 개인들로 생각하지만 그것은 맞지 않습니다. 그 환幻이 제거되어야 합니다. 밧줄은 처음부터 밧줄이었을 뿐이지만 거기에 뱀이 있다는 환幻이 있었습니다. 지知가 무지를 소멸합니다. '밧줄'이라는 지知가 '뱀'이라는 무지를 소멸했습니다. 지知는 아무 한 일이 없고, 단지 무지를 제거했을 뿐입니다. 여행하던 열 명의 사람들에 대한 이야기가 있습니다. 도중에 그 중 한 명이 자기들이 모두 몇 명인지 세어 보았는데, 자신을 세는 것을 잊어버렸습니다. 다른 사람들도 마찬가지로 세어 보았지만, 그들도 계속 자신을 세는 것은 잊었습니다. 마침 지나가던 어떤 지혜로운 사람이, '열 명'을 모두 세어 그들이 잘못 세었음을 보여주었습니다. 마찬가지로, 자기가 실은 진아임에도 자신을 한 개인이라고 부르는 환幻이 있습니다. 지知는 '참된 사실'이 무엇인지를 납득하는 것입니다. 지知는 환幻의 소멸을 위해 필요할 뿐입니다. 우리의 환幻이 더 이상 존재하지 않으면 우파니샤드니, 자연의 원리들에 대한 다섯 가지 분류[5대 원소]니 하는 모든 지식이 더 이상 필요치 않습니다. 전쟁이 끝나면 갑옷, 칼, 방패, 일체를 없애야 합니다. 그런 다음 승리를 경축합니다. 지知의 경우도 마찬가지입니다. 목표를 이루면 도구는 필요치 않습니다. 한 글자로 이해하지 못하는 사람들을 위해 많은 책이 저술되어야 합니다. 스승은 여러분을 만나자마자 "그대가 그것이다(Tat Tvam Asi)"라는 한 문장이나 언구로 가르침을 주지만, 여러분이 그것을 이해하지 못하기 때문에 더 많은 설명으로 의심을 제거해 주어야 합니다.

브라만을 깨달은 사람에게 온갖 학學이 무슨 소용 있습니까? 스승의 은총으로 순수한 지知를 깨달은 사람은 아무것도 필요하지 않습니다. **절대지**(Vijnana), 곧 순수한 지知는 순수한 불가사의입니다. 어떤 사람들은 주의의 흐름이 가늘게 따르는 기름 줄기 같아야 한다고 말합니다. 그러나 그런 개념으로 **브라만**을 깨닫는 것이 과연 가능하겠습니까? 공부로 포착할 수 없고 지성으로 파악할 수 없는 **브라만**이 어떻게 무슨 개념에 의해 발견될 수 있겠습니까? 에고 중심적 사고가 사라진 사람만이 이것을 깨달을 수 있습니다. 자기순복이 일어났을 때 그 상태를 **합일해탈**(Sayujya Mukti)이라고 합니다. '분별'의 과정에 의한 환幻의 절멸 혹은 해체를 **분별해체**(Viveka-Pralaya)라고 합니다. 이 해체가 일어나면 **오직 하나인 신**만 남습니다. 성자들에게 자신을 내맡기는 사람은 그들이 베푸는 가르침을 통해 **하나됨**을 성취합니다. 그러면 그 사람은 모두가 오직 하나이고, 어떤 두 번째도 없다는 것을 확신합니다. 세계를 **브라만**으로 바라보는 사람에게는 그것이 브라만이지만, 세계를 세계로 바라보는 사람에게는 그것이 세계입니다. 세계가 있다거나 없다는 것이 아닙니다. 무지한 사람들에게는 그것이 세계로 보이고, 명민한 사람들에게는 **브라만**으로 보입니다. 개아인 그 사람이 존재하지 않은 때는 한 번도 없고, 그 개아가 존재하는 어떤 때도 없습니다. 이것을 이해하는 사람은 복됩니다. 이 부富를 가진 사람은 현명합니다. 이것은 **빠라마뜨만**의 부富이기 때문입니다. 진정으로 교양이 있다는 것은 일체를 단 하나의 **빠라마뜨만**으로 보는 것입니다. '모두가 자기 자신'이라는 깨달음이 있을 때는, 설사 애를 써도 그 사람이 별개로 될 수 없습니다.

요컨대 세계와 하나인 자가 어떻게 그것과 분리될 수 있습니까? 어떤 사람이 단지 자신을 **비슈왐바라**(Vishwambhara)['만물에 편재하는 신']라고 부른다고 **비슈왐바라**가 될 수 있습니까? 더욱이 그가 실제로 **비슈왐바라**라면, 아무도 그 이름으로 불러주지 않는다고 해서 **비슈왐바라**가 아니겠습니까? 만물에 편재하는 자는 늘 그럴 것이고, 그의 전체성에서 그를 분리할 사람이 아무도 없습니다. 여러분이 그는 별개라고 말해도 그는 별개가 아닐 것입니다. 어떤 사람이 베나레스(바라나시)에 갔다가 돌아온다고 합시다. 어떤 사람이 그는 베나레스에 가지 않았다고 말하면 그 사실이 없던 것으로 됩니까? 마찬가지로, 브라만과 일단 결합한 사람은 개아의 상태로 떨어지지 않을 것입니다. 환幻의 그물은 다시 그에게 영향을 주지 못할 것입니다. 예를 들어, 그림 속에 그려진 등불은 바람에 꺼지지 않습니다. 브라만은 존재하지도 않고 존재하지 않지도 않습니다. 그것은 환幻도, 개아도, 시바도, 브라마도 아닙니다. 그게 무엇이든 그것은 있지만, 그것은 어떤 식으로도 한정되지 않습니다. "그대가 그것이다"라는 말에서 '그대'와 '그것'이라는 두 단어가 사라져도, '이다'라는 단어로 알려지는 어떤 것이 있습니다. 그 '존재'의 상태에 도달한 사람은 '아무것도 아닌 것'이 되지 않을 것입니다.

세상에는 '있다'와 '없다'의 두 상태가 있습니다. 이들 중 어느 것이 먼저 생겨났습니까? '없다'의 상태는 어떻게 해서 있게 되었습니까? 먼저 '있는' 어떤 것이 있어야 '없다'가 생겨날 수 있습니다. 한 사람이 있으면 그는 어떤 사람이 없다고 말할 수 있습니다. 만일 아무도 없다면 다른 사람이 없다고 말할 사람이 누가 있겠습니까? 존재하는 사람만 무슨 말을 할 수 있고, 그래서 '있다'는 말이 유효해집니다. '존재하는' 사람만이 '없다'고 말할 수 있고, 그래서 존재하는 사람의 존재가 하나의 사실로 입증됩니다. 자신이 죽었다고 말하는 사람은 거짓말쟁이입니다. 금이 자신이 쇠라고 말해도 금으로서의 가치는 줄지 않습니다. 그것의 가치는 고정되어 있습니다. '깨달은' 사람은 세상 속으로 얼마든지 다시 돌아올 수 있습니다. 어떤 사람이 '완전한 진아지'를 성취한 뒤에 세간적 삶을 영위하느라고 바쁜 것은 잘못이 아닙니다. 그러나 그는 실수 없이 적절하게 행위해야 합니다. 우리는 다시 깨달음 이전의 그 사람이 됩니다. 그는 '자신이 이미 그것이었던 존재'가 되고 나서 다시 돌아왔습니다. 이제 그는 세상에서 자유자재하게 행위합니다. '그곳'[실재]에 갔다가 자유롭게 돌아온 사람에게는 반대할 수 없습니다. 깨달은 현자가 '나'라는 말을 쓰지 않는다고 말하는 것은 맞지 않습니다. 그러나 그런 사람은 '나'가 거짓이라는 것을 충분히 자각하고 있습니다. 그는 그곳에 갔다가 이제 돌아왔습니다. 순수한 지知를 성취한 뒤에는 그 사람이 다른 언어를 써야 한다는 그런 법률은 없습니다. 어떤 사람들은 진아지를 얻고 난 뒤에도 일부러 정신 나간 어리석은 사람처럼 행동합니다. 그들은 자신이 남들과 다르다는 개념을 가지고 있습니다. 일부러 초라하게 사는 그런 사람들에 대해 무슨 말을 할 수 있습니까? 그런 사람들에 대해 할 수 있는 말은, 그들은 그들 자신의 나쁜 업 때문에 고생한다는 것뿐입니다. 좋거나 나쁜 것으로 보이는 그 무엇도 그 자체로는 순수합니다. 이상한 행동을 할 까닭이 없지만 그들은 그렇게 합니다. 거기에는 지혜의 파괴 외에 아무것도 없습니다. 그들은 자신의 스승이 가르친 것을 되풀이하겠지만, 그들 자신의 체험에 대한 어떤 지知도 없습니다.

'브라만에 대한 참된 이해'를 말해주는 유일한 표지는 '나'가 사라진다는 것입니다. '나'가 제거됩니다. 이 순수한 지知를 가진 사람에게는 환幻이 없습니다. 그가 일단 신이 되면 그는 신입니다. 그가 다른 어떤 이름으로 불린다 한들 무슨 상관 있습니까? 실재 위의 거짓된 겉모습이 사라집니다. 거짓된 겉모습이라는 현상이 어떻게 일어났는지, 실재가 무엇인지를 알게 됩니다. 실재는 사라지지 않고, 허망한 겉모습은 지속되지 않습니다. 존재하는 것의 성품을 있는 그대로 알게 됩니다. 이제 까르마는 끝이 났고, 자기순복이 일어난 것입니다.

1935년 11월 7일

108. 완성인의 상태

자신을 성자들에게 내맡기는 사람은 진아지知에 의해 비추어집니다. 전 세계가 우리 자신의 본래 성품(Original Nature)일 뿐이라는 것을 이해하는 사람은, 설사 분리되려고 애를 쓴다 해도 분리될 수 없습니다. 그런 사람은 두려움이 없습니다. 사실은, **진리**가 무엇인지 알고 나면 그 사람의 이해는 변할 수 없다는 것입니다. 분리해 보려 해도 분리될 수가 없습니다. 그런 사람에게는 눈에 보이는 모든 대상이 **브라만**일 뿐입니다. 변금석變金石(touchstone)32)에 닿아 금으로 변한 쇠는 쇠로 돌아가지 않을 것입니다. "내가 **브라만**일 뿐만 아니라 일체가 **브라만**이다"라는 이해를 얻으면 결코 다시는 분리되거나 소원해지지 않습니다. 그는 헌신자이지만 **신**이 됩니다. 그는 자신의 체험으로, 1차적으로 자신이 **브라만**일 뿐이라는 것을 이해했습니다. '되었다'는 말을 사용하는 것조차도 잘못된 말입니다. 그는 이미 **신**이었습니다. **성자**들이 그를 자유인이라고 선언하고 그들 자신의 친척이라고 부른 사람은, 완성인(싯다)이 된 것입니다. 그 개아는 곧 **브라만**이며, 달리 아무것도 아닙니다. **성자**들은 그를 자신들의 품 안으로 데려가 안식처를 마련해 주었습니다. 그는 **신**이 곧 헌신자이고 헌신자가 곧 **신**이라는 것을 확신합니다. 이제 더 이야기할 필요도 없습니다. 헌신자 속에서 **신**을 보아야 합니다. 참으로 보는 방식은 자기 자신을 **신**으로 보는 것입니다.

우리가 원숭이[마음]라고 부르던 것이 이제는 **마루띠**(Maruti)[하누만]가 되었습니다. 그는 이제 **신**입니다. 그는 원래 그랬던 대로 **빠라마뜨만**이 되었습니다. 이름과 형상에서 그는 **신**이 되었습니다. 라마의 헌신자인 락슈만(Laxman)33)도 탄생과 죽음이 없고, 눈에 보이지 않고, 형상이 없고, 색깔이나 모양이 없습니다. 이런 것들은 **신**의 속성인데, 이 **영광**이 그의 안에 흡수되었습니다. 이것이 **진정한 영광, 진정한 부**富입니다. 다른 모든 장면이나 다른 어떤 영광도 모두 허구입니다. 전갈의 본질적 성질은 쏘는 것입니다. 물의 내재적 성질은 강에 빠진 어떤 사람이든 익사시키는 것입니다. 이 성질은 물에 내재해 있습니다. 단맛이 설탕의 성질이자 영광이며 설탕을 결코 떠나지 않는 것과 마찬가지로, **브라만**의 **영광**은 그것 자신의 것입니다. 여덟 가지 **싯디**[영적 능력]가 그것의 분리할 수 없는 성질입니다. 그래

---

32) T. 쇠를 갖다 대면 금으로 변화시키는 돌.
33) T. 라마의 동생인 락슈마나. 라마와 함께 시따를 구출하기 위해 라바나와 싸웠다.

서 우리가 아주 미세한 것까지 지각할 수 있습니다. 이 능력을 **아니마 싯디**(Anima Siddhi)라고 합니다. 그런 **싯디**들은 모두 **브라만**에 내재해 있습니다. 여러분이 소를 생각할 때, 소의 꼬리와 뿔은 결코 그 소를 떠나지 않습니다. 마찬가지로, **싯디** 곧 **신**의 **영광**은 결코 그를 떠나지 않습니다. 여러분의 진정한 **파워**와 힘은 완전한 **무소부재성**(Omni-Presence)입니다. 따라서 **싯디**에 주의를 기울이면 안 됩니다. 그 능력이 자신에게 있는지 여부를 계속 시험해 보지 마십시오. 망고가 익었는지 손가락으로 검사하는 것은 적절치 않습니다. 익었으면 분명히 좋은 향기를 발산할 것이고, 그 과일은 익었기 때문에 맛이 좋을 것입니다.

　신은 사원 안에 가만히 머물러 있어야 합니다. 숭배자들이 오면 분명히 숭배를 할 테니 말입니다. 아들이 성년이 되면 분명히 수염이 납니다. 여러분이 **브라만**에 대해 확신하고 있으면 **지**知를 통해 분명히 **그의 힘**을 성취합니다. 자신의 힘에 한계가 있다는 것을 알아도 풀이 죽어 믿음이 없으면 안 됩니다. **진인**은 나쁜 징조나 패배가 결코 자신을 향해 얼굴을 돌리지 않을 것임을 늘 확신하고 있어야 합니다. 요컨대 여러분의 확신이 흔들리면 안 됩니다. 자신의 지위를 결코 잊어서는 안 됩니다. 우리 **존재의 참된 성품**은—이것은 **참스승**과 동일하지만—**빠라마뜨만** 보는 것을 결코 그치면 안 됩니다. 연속적이고 방해 받지 않는 **빠라마뜨만 친견**을 가져야 합니다. **신**은 말합니다. "내 이름을 갖는 사람은 성공할 것이다." 그렇다면 누가 방해하거나 어떤 나쁜 징조를 보여주겠으며, 어떻게 그럴 수 있겠습니까? 여러분 자신의 **파워**, 여러분 자신의 **힘**이 늘 여러분과 함께하면서 여러분을 안팎으로 채워줍니다. 선하거나 악한 **신**은 여러분 안에만 거주합니다. 그는 매우 자비로운 **신**입니다. 모든 **싯디**는 그의 발아래 있을 뿐입니다. 그런 것을 쳐다보지 마십시오. 여러분의 진정한 **영광**은 여러분 자신의 **존재**, 곧 **실재**이지 여덟 가지 **싯디**가 아닙니다. 존재하는 모든 것은 실은 **진아**(Atman)이고 **빠라마뜨만**이며, 그것이 그런 모든 능력의 **본질**입니다. **싯디**들이 그 영혼의 내적 동기를 갖는 것은 **그의 힘**에 의해서이고,

싯디가 강력한 것도 그의 힘에 의해서입니다. 만일 이 신인 진아(Atmaram)에게 진아의 파워, 진아의 힘이 없다면, 싯디들이 어디서 그 힘과 부富를 끌어오겠습니까?

무수한 세계를 창조하고 유지하는 그 모든 능력들은 그 힘을 **지고아 빠라마뜨만**에게서 끌어올 뿐입니다. 그래서 필요한 것은 **진아 깨달음**뿐이고, 그러면 일은 끝납니다. 여러 가지 수행을 통해 **싯디**를 성취한 헌신자가 특정한 일이 일어나기를 원할 경우, 그만큼의 일만 성취됩니다. 그것을 위해 그는 자신의 에너지를 써야 하지만, 진인은 스스로 충족됩니다. 그에게는 모든 것이 순수해졌고, 따라서 선도 악도 없습니다. 그 자신이 선善의 구현자인데, 누가 그에게 어려움을 야기할 수 있겠습니까? 전능하고 완전한 그의 **파워**가 어떻게 감소할 수 있겠습니까? 모든 싯디는 그 파워와 힘을 그에게서 얻을 뿐입니다. **시바**는 선善의 화신입니다. 그러니 결코 나쁜 일을 생각하지 마십시오. 모든 영광은 여러분 자신의 **존재**(Being) 안에 있습니다. 마음속에 나약함을 품지 마십시오. 모든 것이 훌륭하고 상서롭습니다. 개아 안에는 온갖 악과 원치 않는 것들이 있지만, **시바** 안에서는 모든 것이 찬연한 충만함이고, 모든 것이 상서롭습니다. 거기서 여러분은 신의 나라에 대한 소유권과 그 장엄함 전부를 얻습니다. 신은 **원초적 일자**이고 시작이 없으며, 그의 헌신자는 **그의 힘** 모두를 얻습니다. 이제 그 헌신자는 바로 우리 눈앞에서 신입니다. 그의 힘이 어떻게 그를 떠날 수 있겠습니까? 그것은 불가능합니다. 우리가 가는 길을 검은 고양이가 가로지르면 나쁜 징조라고 합니다. 그러나 이것이 그의 헌신자에게 무슨 영향이 있겠습니까? 저는 **시간의 본질**입니다. 저는 상서로운 순간의 상서로움입니다. 제가 **시간**을 창조했습니다. 시간은 저의 길을 가로지를 수 없습니다. 여러분 마음속에, 여러분이 **만물의 지배자**라는 사실이 확고히 고정되어야 합니다. 사람들이 어떤 부자의 죽음을 간절히 고대합니다. 그래서 선과 악은 이 세상의 것이고, 그것들은 우리의 참된 **존재** 안에서 본질적이지 않습니다. 성자가 어떤 것을 상상하면, 그 상상에 따라 **싯디**, 곧 **파워**가 얼마든지 발휘될 수 있지만, 모든 능력을 다 갖추고 있는 **빠라마뜨만** 안에 부족한 게 무엇입니까? **빠라마뜨만**은 모든 재산, 모든 부를 가지고 있습니다. 왜 남의 마음속에서 일어나는 일(생각)을 굳이 알려고 합니까? "무슨 일이 일어날까?", "그것이 어떻게 될까?" 하는 그 사람의 걱정 외에 무엇을 알게 되겠습니까? 여러분이 신인데, 왜 집 안에 금을 저장해 두어야 합니까? 그런 욕망이 있다면 어떻게 여러분이 **빠라마뜨만**입니까? 사람이 얻기를 기대하는 그런 능력에서는 어떤 행복도 얻지 못합니다. 그것은 시간 보내기의 한 방식일 뿐입니다.

여러분의 진정한 존재가 **영원한 행복**입니다. 여러분이 다른 종류의 행복을 상상하고 있다는 것은 놀라운 일입니다. 여러분 자신이 그 **찬연함**이고, 그 **행복**입니다. 여러분은 모든 행복 중에서 **위없는 행복**입니다. 모든 친구는 물론 적들의 행복까지도 보살피는 것이 여러분의 임무입니다. **성자**는 자신을 괴롭히는 사람에 대해 결코 나쁘게 생각하지 않습니다. 저를 찾아온 사람은 **저**를 신으로 보았고, 신이 찾아오듯이 그렇게만 와서 물었습니다. 누가 여러분을 숭배하고 축복을 청하든, 누가 여러분에게 욕설을 퍼붓든, 여러분은 그에게 축복만 베풀어야 합니다. 어떤 좋은 결과가 나왔다고 의기양양해 하지 말고, 바라던 결과가 나오지 않았다고 해서 서운해 하지도 마십시오. 믿음을 가진 사람은 여러분에게서 행복을 얻을 것입니다. 이익을 얻게 되어 있는 사람들만 여러분을 만날 것이고, 그때까지는 그들이 여러분을 만나지 않을 것입니다. 일어날 일은 보이지 않는 세계에서 이미 정해져 있습니다. 여러분의 예언은 그냥 가리켜 보이는 것일 뿐이지만, 그것이 필요한 것은 사실입니다. 여러분의 축복이 있어야 합니다. 일이 이루어질 거라는 것은 그것이 이미 정해져 있는 한도에서입니다. 의사는 사람의 건강을 회복시키려고 약을 주지만, 어떤 환자들은 (그 약을 먹고) 죽을지 모릅니다. 의사에게 무슨 잘못이 있습니까? 의사가 그 환자의 회복을 진심으로 바라는 마음을 가진 것으로 족하지 않습니까?

여러분이 **성자**가 되는 것은 남들을 위해서가 아니라 여러분 자신을 위해서일 뿐입니다. 만일 어떤 사람이 거기서 이익을 얻는다면 얻으라 하십시오. 그러나 여러분은 자신이 무엇을 얻을지 생각해서는 안 되고, 자신의 힘에 대해 걱정해서도 안 됩니다. 여러분 자신의 진아 상태에 대한 믿음에서 결코 벗어나지 마십시오. 여러분이 브라만이 된 것이 '그것' 자체를 위한 것인지, 그저 환幻을 만족시키기 위한 것인지 생각해 보십시오. 그 지위는 매우 높습니다. 정당하게 소유한 여러분의 옥좌에서 밀려나지 마십시오. 진인 나라다는 브라만을 성취했지만 그가 어떤 사람을 보자 그 사람이 죽었다고 합니다. 그러니 여러분의 시선에 누가 죽는다 해도 겁내지 마십시오. 여러분의 믿음이 동요하지 않게 하십시오. 무슨 일이 있든, 여러분은 브라만 아닙니까? 믿음이 브라만 안에 고정되면, 지知의 길을 통해서 힘이 증가합니다. 그러나 여러분의 '홀로됨'이 방해 받지 않도록 잘 살피십시오. 여러분이 누구인지, 어디에 있는지, 어떻게 있는지를 단번에 다 확인하십시오. 빠라마뜨만인 자는 결코 비非빠라마뜨만일 수가 없습니다.

1935년 11월 8일

109. 신과 헌신자는 하나다

신 외에는 아무것도 없습니다. 여러분은 신일 뿐입니다. 눈에 보이는 것은 모두 신입니다. 이것을 확신하게 된 사람은 성자들 중에서 최고이고, 해탈자들 중에서 최고입니다. 신을 보는 효과가 워낙 그러하기에, 여러분이 자신이 신임을 확신할 때는 신의 영광을 얻습니다. 우리가 자신이 누구이며 어떤 부류의 사람인지를 알듯이, 같은 방식으로 자신이 무엇을 필요로 하고 무엇을 필요로 하지 않는지 압니다. 이 모든 것이 아주 자연스럽게 이해됩니다. 또한 자신이 어떤 것들을 소유해야 하고, 어디까지 사물을 통제해야 하는지를 자연스럽게 압니다. 그러나 자신의 지위, 자신의 겉모습과 여러 가지 성질에 대한 그 자신의 개념에 부합하게만 모든 행위가 나오고, 모든 활동이 행해집니다. 그에 부합하게 우리는 자신의 영광을 즐깁니다. 예를 들어, 왕자인 아이가 기구한 인연으로 부모와 떨어져 낯선 땅에서 유랑하게 된 이야기가 있습니다. 어린 소년이 고생하는 것을 본 사람들이 그를 동정했습니다. 소년이 왕자임을 알아볼 수 있는 단서가 없었기 때문에 누구도 그의 진짜 신분을 알지 못했고, 그냥 그들 나름의 능력에 따라 그를 양육했습니다. 소년은 여행을 하다가 아들이 없는 부유한 목자牧者를 만났습니다. 이 목자는 소년을 아들로 삼아 같이 살기로 했고, 이 소년이 수천 마리의 양과 염소는 물론 방대한 산야를 소유하게 했습니다. 그러나 소년은 목자의 음식을 좋아하지 않았습니다. 자신은 우유·기(ghee)·근채류·과일만 먹었기 때문입니다. 소년은 늘 자신이 왕가의 후손이고 왕자라는 것을 알고 있었기에, 목자의 재산을 소유하는 것을 달가워하지 않았습니다. 그래서 얼마 후 여러 가지 방법과 수단으로 자신의 왕가의 후손임을 재확인 받고, 왕이 되었습니다. 마찬가지로, 사람은 내면의 **신성한 영적 힘**과 자신의 **진아**에 대한 부단한 기억에 따라, 점차 **신적 영광, 실재의 지**知, 자신의 '**참된 근원**', 곧 자신의 **본질적 성품**을 성취합니다. 자신의 **참된 자아**의 원래 지위인 그 지위를 성취하는 것입니다. 자신을 몸과 동일시하며 사는 사람은 몸의 고통을 겪습니다. 현재 신체적 고통을 겪는 사람은 미래에도 다시 그것을 겪어야 합니다. 바로 지금도 그 유한한 몸-의식을 넘어서 있는 사람은, 나중에도 계속 그러할 것입니다.

공부도 하지 않고 선생이 이야기할 때 질문하는 학생은 현명하지 않습니다. 그 학생이 묻습니다. "어떻게 하면 몸을 넘어설 수 있습니까? 덧붙여, 어떻게 하면 제가 **그 영광**을 성취하게 될지 말씀해 주십시오." 스승은 말합니다. "그 친절한 선생은 학생에게 다시 가르침을 주기 시작했습니다." "나는 몸이다"라고 말하는 것은 개아입니다. 몸을 넘어서 있는 것은 대상이 아닙니다. '**그것**'은 '**본래 물건**(Original Thing)', 곧 주체입니다. 정서적인 것, 상상 그리고 개념은 모두 대상적입니다. 개념이나 상상대로 세계가 있습니다. 그것은 모두 개념적입니다. 개아(Jiva)는 거짓입니다. 우리의 **존재**(Existence)는 그 자체로 몸이 없습니다. 어떤 이름으로 불리는 사람은 몸을 가지고 있지만 '내적 존재'인 **그것**은 몸이 없고, 여러분이 그것입니다. 여러분이 언제 몸-의식을 넘어서느냐고 묻는다면, 그 답은 여러분이 곤히 잠들어 있을 때라는 것입니다. 여러분은 실은 깊은 잠의 상태마저 넘어서 있습니다. 깊은 잠의 상태에서는 세계도 없고 고통도 없습니다. 그래서 깊은 잠이 편안하고 만족을 주는 것입니다. 우리의 **존재**의 행복은 잠의 안락함보다 훨씬 더 초월적입니다. '그것'이 여러분의 **참된 자아**입니다. 누가 잠을 잡니까? 여러분은 몸을 넘어서 있는 '그것'입니다. '그것' 때문에 깊은 잠이 안락한 것입니다. 이것은 얼음 속에 넣어 둔 따뜻한 음식이 곧 서늘해져서 보존되는 것과 비슷합니다. 이 예에서, 음식이 서늘해진 것은 얼음의 성질에 의해서입니다. 마찬가지로, 여러분의 **존재** 덕분에 깊은 잠이 행복한 경험으로 느껴지는 것입니다.

"그대가 그것이다." 여러분은 그것의 성품을 가졌습니다. 따라서 자신이 몸이라고 말하면 안 됩니다. 그렇게 말하는 것은 잘못입니다. "나는 몸이다"라고 말하는 것은 완전 거짓입니다. 몸 안에만 있는 것, 그리고 그 한계 내에서 움직이는 것 자체가 '죄'입니다. 경전에 따르면, 이것을 이해한 자가 **빠라마뜨만**입니다. 그는 자유롭고, 성질을 넘어서 있고, 형상을 넘어서 있고, 파괴 불가능하고, 눈에 보이지 않습니다. 그가 바로 베다에서 칭송하는 자입니다. 베다와 여타 경전들은 그런 사람의 장식품이요 경축물입니다. 그럼에도 베다는 여전히 그를 묘사할 수 없었습니다. 어떤 묘사도 어울리지 않는 그가 **빠라마뜨만**입니다. **영광**이 무엇입니까? 모든 샤스뜨라(학적인 경전), 기도, 만트라가 **빠라마뜨만**인 그만을 찬양합니다. 모하메단(무슬림)들이 '**쿠다**(Khuda-'하느님'의 페르시아어)'니 '**알라**(Allah)'라고 말하는 것은 그에 대해서일 뿐이고, 기독교인들도 그를 숭배할 뿐입니다. 그는 모든 종교가 기도하는 신입니다. 여러분이 몸과의 동일시를 버리면 '이 **영광**'을 즐기는 것은 곧 여러분입니다. 진짜 왕인 사람이 농부처럼 행동한다면 그것은 그의 불운입니다. 누가 그것을 어떻게 할 수 있습니까? 우리는 선善 그 자체의 완전한 **전체성**입니다. 이 몸 없는 **빠라마뜨만**이 그러하기에 성공, 명성, 권력, 일체가 그의 **영광**입니다. 자신이 **빠라마뜨만**이라는 여러분의 믿음이 전적으로 확고할 때, 그것이 '**온전한 확신을 가진 신**'입니다.

사람이 **빠라마뜨만**에 대한 아무 관념도 가지고 있지 않을 때, 삶 속에 뱀이요 전갈인 온갖 악이 있습니다. 신[비슈누]의 헌신자가 없는 곳은 **빠라마뜨만**에 대한 관념이 없는 곳입니다. 그곳에는 온갖 재앙이 찾아와 머무릅니다. 세계는 개념적이다, 혹은 심리적으로 상상된 것이다라고 말하는 것은 마야의 견지에서 이야기하는 것입니다. 마야의 남편이 **빠라마뜨만**입니다. 그녀는 먼저 좋은 음식을 **빠라마뜨만**에게 드린 다음 남들에게는 사멸할 것들을 줍니다. 크리슈나가 있는 곳에는 성공·명성·권력이 삽니다. 여러분 자신의 집이 **천국**(Gokul)이고, 여러분의 아내가 라다(Radha-크리슈나의 반려자)입니다. 여러분이 먹는 것은 **마하데바**[시바]에게 바치는 공물입니다. 여러분이 **빠라마뜨만**이라는 것을 확신하면, 여러분이 목욕할 때 넘치는 물이 곧 갠지스 강입니다. 진인이 식사할 때 남긴 음식 하나가 브라민 수십만 명에게 식사를 대접한 공덕과 맞먹습니다. 힌두 신화에서, 라자수야(Rajasuya) 의식34) 때 진인 슈까가 앵무새의 형상을 취해 그 남은 음식을 좀 먹었는데, 그가 음식을 한 줌씩 먹을 때마다 천상의 종소리가 울렸습니다. 여러분이 진아를 깨달으면 여러분의 식반食盤에 남은 음식 한 점을 먹는 개미도 해탈을 얻는다고 합니다. 여러분이 (깨달은 뒤) 큰 소리로 신의 이름을 한 번만 선포해도 그것이 종일 온 우주에 울려 퍼집니다.

성자 까비르의 한 제자에 대한 이야기가 있습니다. 그가 한번은 어느 마을에 들어갔다가, 중병에 걸려 거의 죽기 직전 상태이던 한 사람을 찾아갔습니다. 그 사람은 까비르의 큰 제자가 자기 집에 찾아온 것을 보고

---

34) *T.* 고대 인도의 베다 시대에 왕이 즉위할 때 거행한 성대한 제의祭儀. 왕권을 확립하는 중요한 절차였다고 한다.

기뻐 어쩔 줄 몰랐습니다. 다른 사람들도 그 제자에게 환자를 위해 축복을 해 달라고 간청했습니다. 그래서 그 제자는 병자를 친절하게 위로하며 안심시켜 주고, **라마**의 명호를 세 번 말하게 했습니다. 그가 하라는 대로 하자마자 병이 사라졌고, 그 사람은 치유되었습니다. 얼마 후 까비르의 제자는 집으로 돌아갔고, 이 일화를 까비르에게 이야기했습니다. 그러나 까비르는 그에게 몹시 화를 내며 말했습니다. "라마의 명호를 한 번만 말하게 했어도 나았을 텐데, 왜 세 번이나 그의 명호를 말하게 했나?" 제자는 부끄러웠습니다. 요컨대 이 이야기의 의미는, **깨달은** 자는 '자신의 힘'과 '자신의 **역량**'을 확신해야 한다는 것입니다. 그럴 때만 그가 영광스럽게 됩니다. 그는 '그 자신의 지위' 안에서 살아야 합니다.

진정으로 완성된 **마하트마**[진아를 깨달은 존재]였던 한 진인의 이야기가 있습니다. 그는 아내와 함께 살고 있었는데, 어느 날 오후 낮잠을 자고 있었습니다. 해가 지려 하는데도 그가 깨어나지 않자 아내는 남편이 해에게 물을 바치지 않은 상태에서 해가 지겠다고 생각했습니다. 그러면 남편이 죄인이 된다고 생각한 그녀가 그를 깨웠습니다. 그가 그녀에게 물었습니다. "왜 방해하는 거요? 내가 일어나지 않으면 해가 지지 않을 거요!" 그러면서 그는 다시 잠들었고, 해는 기다렸습니다. 이것은 그 **마하트마**가 자신의 힘을 매우 확신하고 있었기 때문입니다. 사실 여러분은 워낙 강력하여, 여러분이 원치 않으면 세계가 돌아가지 않을 것입니다. 그러나 먼저 여러분이 자신이 실제로 누구인지에 대한 믿음을 가져야 합니다. 자신이 하나의 몸일 뿐이라는 관념을 놓아 버려야만 그런 **영광**을 얻습니다. 여러분 스스로 자기 자신이 **행복**이라는 것을 보아야 합니다. 이미 존재하는 그 **행복**, 즉 여러분의 **참된 성품**을 볼 수 있으면, 상상적인 일들을 하느라고 온갖 수고를 할 필요가 없습니다. 외부 세계의 행복을 생각할 수 있는 것도 여러분의 **희열**, 곧 여러분의 **내적 행복**의 완전성에 의해서입니다.

1935년 11월 9일 저녁

110. 몸-의식을 놓아버리고 영광을 즐겨라

몸과의 동일시를 떠나면 여러분이 **영광**을 얻습니다. 이것은 여러분이 **브라만**의 **상태**를 얻는다는 뜻입니다. 이런 식으로 사람은 위대해지지만, 몸에 집착하면 매우 왜소해집니다. 마음이 돈과 그 밖의 것들을 얻겠다는 희망을 가지고 있으면 사람이 더욱 작아집니다. 사람이 자신의 개념에서 **브라만**이 되면 그가 아주 위대해집니다. 마음이 협소해지기 시작하면 아주 작아지고, 그것이 점점 커지기 시작하면 **브라만**이 됩니다. 몸에 대한 집착이 여러분을 작아지게 하고, **진아**와 하나가 되면 여러분이 커집니다. **신**이 사는 집의 문간에서 왕은 큰 거지이고 가난뱅이는 작은 거지입니다. 왜냐하면 사람이 몸-동일시를 놓아버리는 즉시 **브라만**의 **상태**가 되기 때문입니다. 여러분이 자신을 몸과 동일시하면 잘못된 길로 가게 됩니다. **성자**가 해주는 조언을 확고히 믿어야 합니다.

질문자가 묻습니다. "**성자**의 조언이 무엇이며, 그의 조언을 믿는다는 것은 무엇을 어떻게 믿는 것인지 부디 말씀해 주십시오." 스승이 말합니다. "**성자**는 여러분이 곧 **지고의 희열**이며, 여러분이 **진아**임을 늘 알고 있다." 여러분에게는 탄생이 없습니다. 그러니 어떤 것에 대해서도 두려움을 갖지 말아야 합니다. 부모와 친척들은 여러분의 몸-의식을 강화하려고만 할 것이고, 그 때문에 여러분은 두려움을 가질 것을 강요당합니다. 그러나 **성자**의 조언을 귀담아 들으면 두려움이 없어집니다. 따라서 **성자**가 해주는 조언을 잘 들으십시오. 베다의 큰 **말씀**은 "**그대가 그것이다**"입니다. 그 말은 여러분이 브라만일 뿐이라는 것입니다. 이것을 잊어버리지 않는 사람은 신입니다. 그 말의 의미는 "**그대가 빠라마뜨만이다**", 즉 여러분은 **브라만** 그 자체의 성품을 가지고 있다는 것입니다. 이것이 큰 **말씀**의 의미인데, 그것은 모든 증거에 의해 뒷받침됩니다. 여러분이 **브라만**이라는 사실은 자명합니다. 설사 자신을 한 개인으로 생각했다 하더라도, 늘 브라만일 뿐이었습니다. 다만 '그것'을 몰랐을 뿐입니다.

어떤 사람들은 여러분이 죽은 뒤에만 **브라만**을 성취할 거라고 말합니다. 그러나 살아 있을 때 그것을 성취하지 못한다면 죽은 뒤에 어떻게 성취하겠습니까? 또 죽은 뒤에 성취한다는 경험적 증거는 무엇입니까? 누가 그 증거를 제시할 수 있습니까? 어떤 바보는 말합니다. "어떻게 우리가 지금 이 순간에 자유로워질 수 있겠는가? 세계가 끝이 날 때 **해탈**은 자동적으로 온다." 이런 바보들은 한 세계가 끝날 때 또 다른 세계가 생겨나게 되어 있다는 것을 깨닫지 못합니다. 환幻이 사라질 때, 또는 몸이 죽을 때 당연히 **브라만**의 성취가 있을 거라고 말하는 것은 어리석습니다. 몸을 실제로 가지고 있을 때 몸을 넘어섰고, 환幻을 인식하지 않는 사람만이 '**브라만 상태의 행복**'을 성취했습니다. 이것은 몸을 가지고 살아 있을 때 성취해야 합니다. 우리가 참으로 '이해할' 때는 몸-의식은 물론 세계도 즐기게 됩니다. 결코 평형이나 평정심을 잃지 않습니다. 한번은 어떤 사람이 길에서 긴 나무뿌리를 보고 뱀이라고 생각했습니다. 그는 그것이 무엇인지 확인해 보고 나서 그것이 뿌리일 뿐임을 알았습니다. 그러자 그 뿌리를 죽일 필요가 없었습니다. 오히려 그것은 땔감으로 하기 좋았습니다. 이와 같이 뱀의 환幻은 사라졌습니다. 마찬가지로, 이 세계라는 겉모습도 처음에는 경험되었지만 이제는 거짓이 되었습니다. "이제 어떻게 하나?" 하고 걱정하던 마음도 사라졌습니다. 이 모든 것은 하나의 거짓이고 환幻인 겉모습일 뿐입니다. 왜 이제 우리가 어떤 노력을 해야 합니까? 물에 빠지는 일도 없고 뜨는 일도 없습니다. 자신이 세계의 주인이라는 실제적인 체험이 있습니다. 우리의 **진아**가 그 주인입니다. "나는 늘 무위의 상태이다. 마음을 가지고서도 나는 어떤 활동도 투사하거나 생각하지 않는다. 일체가 저절로 오고간다. 이제 속박과 자유의 개념은 뿌리 뽑혀 사라졌다. 수프를 달라고 하던 사람이 **불멸의 감로**를 얻은 것이다."

베단타 철학은 워낙 자비로워서 '**브라만의 지복**'을 제공합니다. 그러나 그것을 제공하는 사람은 브라만을 깨달은 **참스승**이어야 합니다. 그가 없으면 베단타가 여러분에게 아무것도 줄 수 없습니다. **참스승**이 없으면 베다는 가난뱅이나 마찬가지입니다. 여러분이 베다에게 물어보면, 베다는 "만약 우리의 **영광**을 알고 싶으면 **참스승**을 찾아가야 하며, 그렇지 않으면 이해하지 못할 것"이라고 대답할 것입니다. 꿈속에서 호랑이가 여러분을 공격하는 것을 경험합니다. 그 호랑이를 어떻게 피합니까? 해결책이 무엇입니까? 그 해결책은, 여러분이 깨어나야 한다는 것입니다. '**그것**'을 위해 여러분 자신을 꼬집는 법을 배우십시오. 이것은 여러분이 "나는 **브라만이다**"라는 확신을 매우 굳게 가져야 한다는 뜻입니다. 그러면 모든 고통이 경감됩니다. 여러분이 개아인 것은 환幻의 작품입니다. 자신이 개아라고 생각하는 사람은 세계를 지각하고, 세계는 그를 괴롭힙니다. 여러분이 "나는 브라만이다"라는 확신을 갖자마자 세계는 사라집니다. 세계의 거짓됨이 드러나고 세계가 실재하지 않음이 증명되며, **진아**가 '**자명**'합니다.

1935년 11월 10일 저녁

111. 걱정이라는 유령

그래서 지금까지 여러분은 자신이 개아라는 망상을 가지고 있었습니다. 개아라는 개념이 사라지는 순간 그 상대 개념인 **시바**[신]라는 개념도 사라집니다. 마야는 대단히 무섭게 보이지만 실은 존재하지 않습니다. 그것은 하나의 환상일 뿐입니다. **진아지**의 결과는 완전한 무외無畏입니다. **진아지**는 '어떤 존재들에 대한 두려움도 없음'을 의미합니다. 어떤 존재들에 대한 두려움도 없는 삶은 형상 없는 삶이며, 그것은 투명한 것조차도 넘어서 있습니다. 그것은 우리의 감각기관으로 지각 가능한 물질적 형상이 아닙니다. 그것은 5대 원소와 관련된 어떤 실험(5대 원소의 해체)으로도 파괴될 수 없습니다. 지知를 가지고 있다는 느낌조차도 그것을 건드리지 못합니다. 환幻이 실재하지 않는데, 왜 우리는 '무슨 일이 일어날지, 일이 어떻게 될지'에 대한 걱정을 품어야 합니까? 꿈속에서 우리가 두려움을 느꼈다 해도 깨어나면 그 두려움은 사라집니다. 마찬가지로, 우리가 자신의 **참된 성품**으로 깨어나면 모든 두려움이 사라집니다. 무지한 많은 사람들이 자기가 꾼 꿈을 해몽하려고 점성가를 찾아갑니다. 마찬가지로, 이 세계가 거짓임은 증명되지만, 여러분이 걱정을 하면 이내 그것은 여러분이 적절한 **분별**(Viveka)을 사용하고 있지 않음을 말해줍니다. 걱정이 있을 때는 늘 **진아**지의 **지복**이 없습니다. 이 **지복**을 즐기는 사람은 자신의 **참된 성품**을 확신하는 사람뿐입니다.

　마음이 우울한 사람은 결코 근심에서 벗어나지 못합니다. 그는 자신이 개인이라는 거짓된 관념으로 고통 받고 있기 때문입니다. 마음에 분별력이 없는 사람은, 왜 자신이 걱정을 하지 말아야 하는지 결코 묻지 않습니다. 모든 사람은 근심의 베일을 쓰고 있고, 걱정으로 죽어갑니다. 그러나 왜 걱정을 전혀 하지 말아야 하는지에 대해서는 결코 생각해 보지 않습니다. 여러분은 걱정이라는 개가 집 안의 '예공실'(신을 숭배하는 방)에 들어가게 내버려둡니다. 걱정은 무엇에도 도움이 되지 않습니다. 문제는, "**형상 없는 진아**가 무엇을 걱정해야 하나?"라는 것입니다. 모든 살아 있는 존재 안에서 밤낮으로 투쟁이 벌어지고 있습니다. 재판관이나 왕조차도 근심에서 자유롭지 않습니다. 왜냐하면 그 재판관이 근심을 적절히 처결處決하지 않기 때문입니다. 심지어 그는 근심 없이 잠자리에 들지도 않습니다. 침상에 몸을 눕히자마자 걱정이 시작됩니다. 왜 그러느냐는 겁니다. 최소한 잠은 평화롭게 자야 합니다. 그러면 다음날 일어날 때 걱정에서 벗어난 안식을 취한 데서 오는 어떤 이익이 있는데, 이것은 깊은 잠 속에서 얻는 것입니다. 그래도 이 사람은 여전히 걱정하기를 그치지 않습니다. 설사 어떤 이익이나 소득을 얻은 것이 있었다 해도, 계속 걱정합니다. **진아**로 깨어나는 것 자체가 참으로 이익이 되는 것입니다. 그래서 여러분에게 묻는데, 여러분이 왜 근심해야 합니까? 여러분이 무엇을 하기를 원하든, 근심 없이 해야 합니다. 걱정 때문에 지知를 얻기가 불가능해지고, **영적인 지**知가 이해되지 않습니다. 일어나기로 운명 지워진 일은 일어납니다. 그렇다면 왜 근심을 해야 합니까? **주 스리 라마조차도** 어느 맑은 날 아침, 왕위에 오르는 대신 숲 속으로 들어가 살아야 했습니다. 이처럼 일어나기로 운명 지워진 일만 일어납니다. 그렇다면 왜 무엇을 걱정합니까? '브라만의 **지복**'은 매우 미묘하고 매우 미세합니다. 그러나 걱정 때문에 그 큰 **지복**을 얻지 못합니다. '그 **지복**'을 즐기려는 욕망으로 수행을 하는 사람들은 결코 걱정해서는 안 됩니다. 그럴 때만 '그 **지복**'을 얻을 수 있습니다. 자신이 개아라는 환상이 사라질 때, 진아를 온전히 깨닫습니다.

왜 어떤 근심을 가져야 합니까? 환幻은 상상에게만 보입니다. 여러분에게 상상이 없으면 환幻은 아무 일도 하지 않습니다. 이런저런 일이 일어나면 어떻게 될까 하고 늘 걱정하던 한 대금업자의 이야기가 있습니다. 그는 대가족을 거느린 큰 부자였고, 소·물소·말을 많이 소유하고 있었습니다. 하인도 많았고 집에는 늘 곡식이 그득했습니다. 한번은 디왈리 축제 때 그가 가족 및 아이들과 함께 푸짐한 저녁을 먹고 나서, 거실의 안락한 곳에 비스듬히 기대 앉아 있었습니다. 그때 그는 몇 년 전 가뭄이 들어 자기 읍과 인근 마을들의 많은 소들이 죽고, 많은 사람들이 굶어 죽기 일보직전이었던 것을 기억했습니다. 안락한 환경의 그곳에 앉아 있으면서 과거의 그 사건들을 기억한 그는 슬픔에 휩싸였습니다. 그 우울한 상태에서 그곳에 앉아 있으니 눈물이 차올랐습니다. 얼마 후 아내가 와서 그것을 보았습니다. 그녀는 의아해서 그에게 무슨 일이냐고, 뭐가 잘못되었느냐고 물었습니다. 그가 말했습니다. "여보, 그런 상황이 다시 오면 어떻게 될까?" 그리고 엉엉 울기 시작했습니다. 아내는 일어나 그가 앉아 있던 곳으로 가서 역시 울기 시작했습니다. 그러는 그들을 보고 다른 여자들이 그녀에게 물었습니다. "무슨 일입니까? 왜 우시는데요?" 그녀가 말했습니다. "뭐 별거 아냐. 하지만 그런 상황이 다시 오면 어떻게 될까?" 부유하고 세련된 사람들의 경우에 종종 그렇지만, 그들이 무슨 감정을 느끼면 주위의 모든 사람도 그렇게 느낍니다. 그래서 다른 사람들도 모두 그 부부를 따라서 울기 시작했습니다. 하인과 친척들도 다 울기 시작했습니다. 점차 이 소식이 온 읍내에 퍼졌고, 그가 유명한 부자였기 때문에 인근의 다른 마을도 영향을 받았습니다. 다들 서로 "만일 그런 상황이 다시 오면 어떻게 될까?" 하고 물었습니다. 도처에 울음소리가 퍼지자 지혜로운 사람들이 이 모든 소동을 야기한 원인이 무엇인지 탐문하기 시작했습니다. 신망 있는 사람들이 그 부자의 집으로 가서 그에게 물었습니다. "좌우간, 뭐가 정말 문제입니까?" 그러자 그가 과거의 그 가뭄 이야기를 들려주었습니다. 이 이야기를 듣자 그들은 놀랐습니다. 온 세상이 이렇습니다. 모든 것이 상상에 의해 왜곡됩니다.

이것이 그 대금업자만의 이야기라고 생각하지 마십시오. 이것은 여러분의 이야기입니다. 만일 어리석게도 진아가 이유 없이 걱정을 하기 시작하면 일체가 뒤틀리고, 모든 감각기관과 신체 기능도 혼란에 빠지며, 걱정되고, 불행해집니다. 모든 존재들은 무슨 일이 일어날지, 그것이 어떻게 일어날지 부단히 걱정하고 있습니다. 미래에 대해 걱정하는 이런 딱한 이야기가 도처에서 발견됩니다. 사람은 울면서 태어났고 죽을 때까지 계속 울 것입니다. 시신의 모습이 좋아 보이는 것은 무엇 때문입니까? 다른 사람들의 애도 때문에 좋게 보일 뿐입니다. 아무도 울지 않으면 그 시신은 명예롭지 않은 것이고, 실제로 그다지 좋아 보이지 않습니다. 이런 격언이 있습니다. "당신이 죽으면 슬퍼해줄 사람은 있는가?" 그리고 어떤 사람이 슬퍼하지 않으면 사람들은 그가 감정이 없다고 말합니다. 그래서 여러분은 이렇게 생각해야 합니다. "왜 울어? 왜 걱정해?" 걱정을 해도 좋지만, 그것이 참된 보살핌, 참된 걱정이어야 합니다. 왜 부질없이 걱정합니까? 자신과 확신을 가지십시오.

일어나도록 운명 지워진 일만 일어날 것입니다. 호랑이는 여러분이 그것에 어떤 이름을 붙이든 관계없이, 분명히 여러분을 죽여서 잡아먹을 것입니다. 그렇다면 불필요하게 근심이라는 이름에 의해 창조된 그 근심을 왜 죽이지 말아야 합니까? 운명은 그것이 뜻하는 대로 전개될 것입니다. 미래에 무슨 일이 일어날지를 왜 걱정합니까? 요컨대, **지복**은 행복이 있는 곳 근처로 옵니다. 이는 우유로 요구르트를 만들려면 우유를 다소 배양해야 하는 것과 비슷합니다. **위없는 지복**을 얻기 위해서는 걱정 없이 즐겨야 합니다. 만일 부자가 거지보다 더 걱정한다면, 그 부자는 거지보다 못한 것입니다. 걱정은 놓아버리지 않으면 사라지지 않는 그런 것입니다. 여러분은 누가 큰 부富를 안겨주어도 계속 걱정합니다. 신인들 어떻게 할 수 있습니까? 모든 걱정을 놓아버리지 않는다면, 신이 여러분을 위해 무엇을 할 수 있습니까? 여러분이 분별의 자질(분별력)을 상실했기 때문에 걱정이 늘 여러분을 괴롭히고 있습니다. 개아는 모든 일을 자신이 한다고 생각하고, 그에 따라 괴로움을 겪습니다. "너무 영리한 것은 영리하지 못한 것" 이라고 합니다. 개아는 부질없이 이렇게 생각합니다. "아무도 자기 일을 제대로 하지 않는군. 나만 그 일을 멋지게 할 수 있어. 나 없이는 제대로 되는 일이 없어." 이와 같이 부질없이 늘 걱정합니다.

　이런 온갖 걱정을 계속 붙들고 있으면 평안을 얻지 못합니다. 그러니 모든 걱정을 놓으십시오. 무슨 일이 닥치든 근심이 없어야 합니다. **환幻**은 무슨 일이 일어날지, 그것이 어떻게 일어날지 늘 걱정하는 사람에게만 두려움을 만들어냅니다. 걱정하는 사람들도 어쨌든 죽을 것입니다. 무슨 일이 일어날지에 대한 어떤 이미지를 투사하는 순간, 걱정이 시작됩니다. 여러분은 존재하지도 않는 것에 대해 걱정을 시작합니다. 왜 미래의 일을 걱정하여 스스로 불행해집니까? 분별력을 상실했기 때문에 걱정을 하는 것입니다. 미친 사람이 행복에 대해 상상합니다. 그 미친 사람의 상상은 **인드라** 신조차도 걷어차 버릴 수 있습니다. 그는 상상 속에서 행복하고 또한 매우 용감합니다. 여러분이 버는 보잘것없는 빵에도 행복해하고 만족해야 합니다. **불멸의 감로**를 얻고 나서도 걱정하는 사람은 확실히 신의 적입니다. 사람은 다른 사람이 행복해하는 것을 보면 불행해집니다. 왜 남의 행복을 보고 불행해집니까? "나는 그가 가진 것을 가지고 있지 않다"고 생각하기 때문입니다. 개아의 본성이 얼마나 이상하고 놀랍습니까! 그것은 바람직한 상태가 아닙니다. 이런 비판을 하는 이유는, 무분별한 사람들은 불행하기 때문입니다. 거지는 어떤 걱정에서도 벗어나 있습니다. 어느 면에서 그는 근심을 걷어차 버립니다. 거지는 자기 빵과 처트니(chutney)를 왕처럼 당당하게 먹습니다. 그런 단순한 음식을 그가 얼마나 즐기는지 보십시오! 걱정할 필요를 느끼지 않고도 모든 일이 가능합니다. 상황이 정말 요구하지 않는다면 전혀 신경 쓰지 마십시오. 뭐가 어떻든, 내버려두고 동요되지 마십시오.

근심의 손아귀에서 벗어나는 사람만이 이 '브라만의 지知'를 소유하기에 적합합니다. 이 '지知'를 얻을 수 있는 것은 그런 사람뿐입니다. 즐거워하는 사람에게는 **지복**이 저절로 찾아옵니다. 그는 언제나 **지복**을 즐깁니다. 비탄은 비탄과 손잡고, 슬픔은 슬픔과 손잡습니다. 걱정을 완전히 놓아버리는 사람은 호랑이를 타는 용감한 사람입니다. 주 비슈누는 가장 맹독성 뱀인 세샤(Shesha)의 몸 위에 비스듬히 기대고 있는데, 그 극심한 독을 겁내거나 걱정하지 않습니다. 그 뱀의 유독한 쉭쉭거림도 그에게는 문제가 되지 않습니다. 오히려 그것이 그에게 즐거움을 줍니다. 스스로 자족하는 자가 진아의 지복을 즐기고 있습니다. 그래서 그가 부富와 재산의 여신인 **락슈미**의 배우자인 것입니다. 그가 그 자신의 내적 지복 안에 있을 때 여신 **락슈미**가 그의 두 발을 마사지합니다. 그러나 여러분[개아]은 걱정이라고 하는 '사멸할 것'의 발아래 있고, 그녀(걱정)는 이유 없이 여러분을 불태우고 있습니다.

근심을 놓아버리고 행복하십시오. 근심은 독입니다. 왜 그 쓴맛을 입 안에 두고 있습니까? 장님의 국에는 파리가 없습니다. 그는 걱정하지 않기 때문입니다. 뱀은 어린아이들을 물지 않습니다. 우리 자신의 상상이 우리의 적이 됩니다. 여러분은 어떤 유령이 있어 그것이 여러분에게 뭔가를 요구하고 있다고 상상하는데, 그러면 걱정이 일상사가 됩니다. 그것이 여러분을 장악하고, 그런 다음 여러분을 완전히 통제합니다. 환幻을 놓아버려야 합니다. 슬픔에 대해 결코 상상하지 마십시오. 근심이 여러분의 마음속에 들어와 박혔습니다. 그것은 불필요하고 비본질적이라고 인식하고, 말없는 분별로써 그것을 내버리십시오. 그러면 분명히 행복해집니다.

1935년 11월 11일

112. 환幻은 상상에게만 보인다

마야[환幻]는 하나의 개념일 뿐이고, 그 개념이 곧 개아(Jiva)입니다. 개아의 형상을 취하는 그 개념이 **마야**입니다. 어릴 때 사물을 이해하기 시작하면서부터 다양한 감정이 우리의 내면에서 일어났습니다. 그것이 **마야**입니다. 개아의 성품 자체가 어떤 것을 인식하고, 지각하고, 감각하는 것입니다. 개아는 **마야**를 뜻합니다. 그러나 우리가 아주 미세하고, 아주 고요하고, 평화롭고, 이 평화 속에 안정되게 머무르지 않으면, 그것을 깨닫지 못합니다. 어떤 충동이 마음속에서 일어나기 전에 우리가 고요히 움직이지 않고 있어야만, 그것이 분명히 드러납니다. 환幻은 상상에게만 보입니다. 금은 그것을 파는 사람에게는 금일 뿐이지만, 그것을 착용하는 사람에게는 장신구입니다. 상인은 그것을 금값에 팔았고, 그 금의 대가로 돈을 받았습니다. 금이 그것을 파는 금세공인에게는 금일 뿐인 것과 같이, 지혜로운 사람에게는 **브라만**도 그렇습니다. 남성으로서의 **브라만**, 여성으로서의 **마야**는 거짓된 이름들입니다. 그것들은 어떤 마법사가 만든 환상과 같습니다.

'장신구' 형상의 금은 '형상들', 곧 현상계로 나타나는 환幻과 같습니다. 장신구는 형상, 즉 눈에 보이는 대상인데, 그것은 금으로만 만들어졌습니다. 그래서 장신구들은 환幻과 같습니다. '장신구'라는 형상이 없는 금은 어떤 환幻의 현현도 없는 브라만과 같습니다. 대상의 이름과 모양은 다른 형상들과 별개로 나타나며, 그 대상에 대해 어떤 호감이나 이끌림이 있는 것은 별개성에 대한 이 믿음 때문입니다. 참되게 여겨지거나 좋아하는 대상인 장신구로서 별개의 금의 형상이 있을 때, 이것이 환幻 속의 '형상'에 대한 집착입니다. 그 장신구 자체가 유혹입니다. 유혹, 곧 이끌림은 가시적인 형상에 대한 것입니다. 그 형상이 참된 것으로 여겨지고, 그래서 우리가 거기에 이끌립니다. 형상에 대한 이 이끌림이 진아를 미혹시켜 왔습니다. 이 미혹이 에고인데, 그 에고가 '환幻의 수호자' 역할을 합니다. 이것을 분명히 이해해야 합니다. 형상은 장신구와 같습니다. 우리는 자신이 장신구가 아니라는 것을 분명히 알지만, 그래도 거기에 집착합니다. 이것이 대환大幻입니다. 우리는 하나의 몸을 가진 개아가 아니라, 모든 형상과 모든 몸들을 넘어서 있는 브라만입니다. 몸이 실재하는 것처럼 보일 때는 여러분이 개아이고, 그렇지 않으면 브라만일 뿐입니다.

"브라만은 브라만으로 있어야 한다"고 합니다. 왕은 자신이 왕이라는 자각을 가지고 행동하고, 군인은 군인처럼 행동합니다. 마찬가지로, 브라만 혹은 브라만을 깨달은 사람은 브라만으로서 행동해야 합니다. 일반적으로 모든 사람은 자신의 지위에 따라 살아야 하는 것이 분명합니다. 그것이 자연스럽습니다. 3백 루피를 버는 사람은 자기 나름의 방식으로 살면서 그에 따라 행동하는 반면, 20루피밖에 벌지 못하는 사람은 자신의 지위에 맞게 삽니다. 진아지도 이와 비슷합니다. 사람은 확실히 자신이 이해하는 바에 따라서 행동하지만, 문제는 그가 제대로 이해하느냐입니다. 일체가 신입니다. 신은 모든 형상을 넘어서 있는데, 그 신이 우리의 진아입니다. 이 세계는 그의 것이고, 그는 이 세계의 향유자입니다. 따라서 그는 '온전한 자각'을 가지고 머물러야 합니다. 그는 어떤 생활방식이나 직업을 가지고 있어도 결코 자신이 신이라는 것을 잊지 말아야 합니다. 단순히 어떤 태도에 의해서 우리가 브라만이 될 수는 없습니다. 어떤 특정한 기분이나 태도에 의해 브라만이 성취되는 것은 아닙니다. 그것은 자연스럽게, 있는 그대로입니다. 우리는 완전한 인식을 가지고, 자기 자신의 장엄함을 기억하면서 '그것'의 당당한 영광 속에서 살아야 합니다. 자신이 무엇인지를 기억하면서 행동해야 합니다. 그러면 모든 것이 아주 쉬워지지만, 이것을 깨닫는 사람에게만 그렇습니다.

늘 남편과 반대로 나가던 한 여자의 이야기가 있습니다. 대체로 그녀는 남편이 말한 것은 하지 않았습니다. 이 가여운 남편은 신물이 났습니다. 그러다가 한 진인을 만났습니다. 진인은 그에게, 정말 원하는 것과 정반대로 말하라고 조언했습니다. 이 조언을 따르자 그는 아주 행복해졌습니다. 이 이야기의 요점은, 만일 여러분의 생각(thinking-분별과 탐구)이 훌륭하면 그 체험을 얻을 거라는 것입니다. 여러분은 본연적으로 브라만[위의 남편]이지만, 생각이 엉뚱한 길로 빠지면서[반대로 나가는 아내] 여러분을 환幻 속으로 이끕니다. 이것이 실제 일어나는 일입니다. 그러나 어떤 태도나 일면적인 생각을 단순히 유지하기만 해서는 브라만이 되지 못합니다. 태도나 생각은 브라만의 상태를 유지할 수 없습니다. 모든 가르침은 그 생각, 즉 틀에 박힌 태도를 해결하기 위한 것일 뿐입니다. 그러나 브라만 그 자체는 실제로 전혀 조언해 줄 수 없습니다. 브라만은 그 자신의 존재(Being) 안에 있습니다. 그것은 브라만일 뿐이고, 태도나 생각은 그 근처에 가지 못합니다. 브라만 안에는 더함도 덜함도 없습니다. 한 바보는 죽을 때 행복했습니다. 왜냐하면 자신이 거액의 돈을 가지고 있다고 확신하고 있었기 때문입니다. 바보는 매우 쉽게 만족합니다. 죽음에서 벗어날 무슨 길이 있습니까? 절대로 없습니다. 그 모든 돈이 장차 그에게 어떤 식으로든 쓸모가 있습니까? 아니지요. 그는 자신의 삶 속에서 분별을 제대로 사용한 적이 전혀 없습니다. 행복과 슬픔은 태도에 속하지, 브라만에 속하지 않습니다. 태도는 그 개아의 개념에 달려 있습니다. 브라만은 환幻을 넘어서 있는 반면, 개아는 환幻에 말려들어 있습니다. 눈에 보이는 이 전 세계가 거짓입니다.

우리의 **참된 성품**은, 우리가 이 세계의 '지고의 주主'라는 것입니다. 이 세계는 우리 때문에 나타납니다. 우리가 세계의 지지물입니다. 우리가 여기 없었다면 세계가 어떤 배경 위에서 나타났겠습니까? 이런 식으로 명상하는 사람들은 참으로 복이 있습니다. 사람은 자신이 **브라만**이라는 기억을 가지고 잠에서 깨어나야 하고, 오직 그 **자각**을 가진 채 먹고, 마시고, 일해야 합니다. **환**幻은 환적인 자각, 곧 **뿌루샤**(Purusha)에게만 나타납니다. **환**幻은 개념적입니다. 마치 **뿌루샤**도 하나의 개념이듯이 말입니다. 그것은 하나의 관념일 뿐이고, 따라서 거짓입니다. 우리의 **성품**은 모든 개념을 넘어서 있는 **브라만**입니다. 아무 관념이나 개념이 없는 사람에게는 이 세계도 하나의 관념이나 개념이 아닙니다. 왜냐하면 그는 어떤 것도 상상하지 않았기 때문입니다. 사람은 자신이 일체를 넘어서 있다는 온전한 자각을 가지고 처신해야 합니다. 예컨대 어떤 사람이 백만 루피를 가지고 있을 때 그는 그것을 알지만, 그 금액을 한입 먹어보지는 못합니다. 그는 그것을 먹지 않고, 먹으려 하지도 않을 것입니다. 그 기억, 즉 돈이 있다는 자각을 가지고 부단히 살 뿐입니다. 배불리 식사를 하고 난 뒤에 사람이 경험하는 만족감은 식사가 끝나지 않고서는 경험할 수 없습니다. 부디 먹는 것을 즐기는 것과 식사를 하고 난 뒤에 경험하는 온전한 만족감의 차이를 아십시오. **진아**지는 그런 온전한 만족감, 곧 **지복**입니다. 진아의 **황홀경** 상태에 머무르는 것을 '**브라만**의 유지維持와 영광'이라고 합니다.

"사람은 임종 때 생각하는 것에 따라 더 높은 세계로 간다"는 말이 있습니다. 우리가 우리 자신에 대해 죽을 때, '나'가 사라질 때, 자신이 **브라만**이라는 직접적인 체험이 있습니다. '나'의 죽음과 함께 우리는 우리 자신의 죽음을 목격합니다. 네 가지 몸[조대신·미세신·원인신·대원인신]과 **의식** 위의 다섯 껍질[음식·생기·마음·지성·지복의 각 껍질]이 사라지면 모든 한계도 사라집니다. 여러분은 네 가지 몸에서 독립해 있는 **진아**입니다. 여러분은 어떤 진보, 성질 또는 정도에서도 독립해 있습니다. 베다가 어디서 침묵하게 되었는지, 베다의 묘사력이 어디서 무無로 돌아가는지에 대해 누가 무슨 말을 할 수 있습니까? **진아** 깨달음이 있을 때는 경전에서 말하는 것, 스승이 말하는 것, 그리고 우리 자신의 체험이 무엇인지가 온전히 검증됩니다. 이것을 세 가지 검증(triple verification)이라고 합니다. **진아**를 깨닫고 이 세 가지 모두의 **진리**를 검증하는 자가 진정한 '**아는 자**'입니다. 이것이 **진아**의 표지입니다. 이것을 **참된 지**知라고 합니다.

자신이 개아일 뿐이라는 환幻이 있었는데, 그것이 이제 사라졌습니다. 다른 사람들도 우리를 속였습니다. 가까운 가족 친척들이 우리가 태어난 지 20일째 되는 날 모두 모여서[이것은 힌두 관습이다] 우리의 이름을 무엇으로 할지 모의하여, 우리의 이름을 정해 버렸습니다. 남들의 욕망에 의해 태어난 그 사람은, 부질없이 평생 그 이름을 가지고 자신을 자랑스럽게 생각하며, 잔뜩 부풀어서 살았습니다. 이처럼 그는 다른 사람들이 조건 지워준 대로 틀 지워진 것입니다. 그러다가 큰 행운으로 **참스승**의 도움을 받고, 위로 들어 올려졌습니다. 그는 스승에 의해 구제되었고, 자신의 **참된 성품**을 상기하게 되었습니다. 그제야 그는, 온 세상 사람들이 발견하기를 바라고, 존경을 표하고, 그것을 위해 수행을 하고, 부단히 그의 명호를 염하는 그것이 바로 그 **자신인 진아**, 곧 시작 없는 원초적 **브라만**이라는 것을 이해했습니다. 그리하여 그는 자신의 체험에 의해, **실재** 안에서 자신 있게 **브라만**이 되었습니다. 세간에서의 자기 직업과의 동일시를 떠났고, 사회의 한 국외자가 되었습니다. 자신이 **자기충족적**이며, 모든 대상적인 것들을 넘어서 있다는 것을 깨달았습니다. 점점 더 높은 **자각**의 상태들로 올라간 끝에 그 **자신**에게 도달한 것입니다. 아버지인 왕이 아들에게 왕국을 물려줍니다. 마찬가지로, **참스승**은 여러분을 그의 드높은 상태라는 왕좌에 앉혀주었습니다. '**그것**'을 즐겨야 합니다.

1935년 11월 12일 저녁

113. 브라만의 도시

개아의 상태는 환幻입니다. 그것이 무지이고, 원죄입니다. 환幻이란 참되지 않은 것을 뜻합니다. 개아의 상태는 '참되지' 않습니다. 개아를 뜻하는 Jiva라는 단어는 'ja'와 'iva'로 이루어지는데, 이는 그것이 마치 태어나는 것 같아 보여도 실제로는 태어나지 않는다는 뜻입니다. 그것은 환幻입니다. 이 개아가 참되지 않다면, 참된 것은 무엇입니까? 진리는 "나는 태어나지 않는 어떤 것이다"입니다. "내가 태어난다"는 것과, 내가 아무개라는 이름으로 불린다는 것은 진실이 아닙니다. 자신이 사람이라는 환상에 빠져 있던 사자의 이야기가 있습니다. 이 사자는 한 목동을 찾아가서 그의 하인이 되겠다고 했습니다. 목동은 한동안 그에게 우유를 주었는데, 나중에는 똥을 주기 시작했습니다. 당연히 사자는 이내 굶주렸습니다. 그러다가 사자는 그의 스승을 만났습니다. 스승이 사자에게 말했습니다. "너는 어떤 동물이든 잡아먹을 수 있는 사자다. 왜 똥을 먹고 있나?" 사자는 자신의 능력을 알게 되자 숲 속으로 들어갔고, 사냥을 해서 제대로 먹었습니다. 마찬가지로, 개아는 실제로 **빠라마뜨만**이지만 자신을 개아로 착각하고 불행해졌습니다. 한 인간이기를 그만두고, 감각대상이라는 똥을 먹는 습관을 놓아버리십시오. 똥을 먹는다는 것은 행위의 결과를 받는 것을 의미합니다. 개아가 하는 모든 행위의 결과는 똥이며, 그것은 **마야**라는 양¥이 누어 놓은 것입니다. 자신이 **시바**임을 확신할 때, 똥과 같은 그 행위의 결과들을 피하게 됩니다. **시바**는 어떤 업業에도 구속되지 않습니다. 진아가 **브라만**입니다. 상상적인 몸은 모든 감각기관과 함께 행위합니다. 진아지가 있으면 행위의 결과를 받는 상속자가 버려지고, 어떤 결과를 받는 개체도 없습니다. 그래서 '유죄'로 판결 받을 자가 아무도 없습니다.

개아라는 환幻이 사라지면 모든 행위도 사라집니다. 그는 모든 업에서 벗어납니다. 산더미 같은 죄들이 불타서 재가 되고, 산더미 같은 공덕이 건립됩니다. 여기서 공덕은 **진리**, **실재**를 뜻합니다. **진아**를 깨달은 사람은 신이 된 것입니다. **진아**지 자체가 공덕의 산더미입니다. **진아**지를 가진 사람의 공덕에는 한계가 없지만, 그것을 갖지 못한 사람은 산더미 같은 죄를 짓습니다. 죄란 자신이 개아라고 생각하는 것을 뜻합니다. 개아가 존재하지 않으면 죄도 존재하지 않습니다. 자신이 개아라는 환상이 있으면 즉시 죄가 산더미처럼 쌓입니다. 우리 자신의 **참된 성품**이 **브라만**임을 이해하면 그 죄의 산더미가 무너집니다. 브라민 사제였던 사람이 자신을 카스트가 낮은 사람이라 생각하고 물소 고기를 먹었습니다. 낮은 카스트라는 그 개념이, 브라민에게 죄가 되는 행위를 수반했습니다. 어떤 노예에게 영원히 살라는 축복을 주면, 그것은 그가 영원히 노예로 남을 거라는 것을 뜻합니다. 그릇된 동일시가 죄의 창조입니다. 우리가 개아가 아니라 **브라만**이라는 것을 알게 되는 날, 우리가 얻는 이익은 큽니다. 그때 노예 상태가 사라지고, 자신이 개아라는 환상이 사라집니다. 그날이 오면 산더미 같은 죄들이 바다 밑바닥으로 가라앉습니다. 지知의 태양이 떠오르고, 사람은 다시 그가 원래 왔던 곳으로 돌아갑니다. 자신의 뿌리에 도달하고, 네 가지 몸이 사라집니다.

감각대상들 쪽으로 향하는 것은 내려가는 것이고, **진아** 쪽을 향하는 것은 올라가는 것입니다. **진아**를 깨달으면 우리가 전적으로 자유롭습니다. 이것을 **합일해탈**(Sayujya Mukti)이라고 합니다. 일체가 완전히 절멸되는 것이 이 합일해탈입니다. '나'가 없고 '너'가 없을 때, 해탈을 원하는 누가 있습니까? '나'의 해체를 통해 **브라만**을 깨달은 사람은 복됩니다. 그는 그 해탈의 주인이며, 그 상태를 남들에게 하사할 수 있습니다. 눈에 보이는 모든 것이 거짓이라는 것을 이해한 사람이 **진인**입니다. 사물들이 분명히 눈에 보이지만 그것은 **브라만**일 뿐이고, 별개의 어떤 것도 없습니다. 이 뭄바이라는 방대한 도시에서 흙 한 줌을 집으면 그것은 흙입니까, 뭄바이입니까? 사람들은 그 흙에 뭄바이라는 이름을 붙이고 그에 따라 활동합니다. 실은 그것은 흙일 뿐입니다. 뭄바이라는 것은 없습니다. 이 흙이 없으면 뭄바이는 존재성이 없습니다. 마찬가지로, **생명기운 짜이따니야**가 없으면 세계는 존재성이 없습니다. 어쨌든 여러분은 이 **생명기운** 외에는 어떤 것도 발견하지 못합니다. 이 **짜이따니야**만 있습니다. 주의 깊게 살펴 제대로 보면, 눈에 보이는 어떤 세계도 없습니다. 이런 식으로 보고, 모든 행위가 거짓임을 아주 잘 알면서 모든 행위를 하며, 그런 태도로써만 행동한다면 이것이 **생전해탈**(Jivanmukti)[육신을 가진 동안의 해탈]입니다. 스승의 조언을 기억하고 실천에 옮기는 사람은 **해탈**을 얻을 자격이 있습니다.

   죄라는 단어가 무엇을 의미하는지 알기 위해 알파벳 전체를 다 암기할 필요가 있습니까? 자신이 **진아**라는 것을 깨달았다면, 베다와 온갖 샤스뜨라가 무슨 필요 있습니까? "**지복**으로 가는 길은 괴로움을 뚫고 나 있다"는 말이 있습니다. **참스승**은 그것이 맞다고 말하지만, 그것은 이 몸을 포기해야 한다는 뜻입니다. 이것이 여러분이 지불해야 할 대가입니다. 우리는 한 육신으로서 삶을 살아서는 안 되고, 순수한 **생명기운 짜이따니야**로서 살아야 합니다. 여러분이 **스승**을 찾아가면 **해탈**은 아주 가까이 있고 쉽게 얻을 수 있습니다. 그러나 **환**幻은 그 제자에 대해 쓸 수 있는 매우 강력한 무기를 가지고 있습니다. 그 무기는 스승에 대한 믿음의 부족입니다. 우리는 스승에게 봉사하고, 결실을 거둘 때까지 신심을 가지고 일해야 합니다. 헌신자는 열매가 익을 때까지 인내심 있게, 충실히 기다려야 합니다. "나는 **브라만이다**"라고 선언하지만 깨달음이 없는 사람들은 죽어서 악마가 됩니다. 망고가 익기 전에 그것을 먹으면 신맛이 나고, 망고의 좋은 맛을 즐길 수 없습니다. 충분히 익지 않았으면 그 과일에서 진정한 이익을 얻지 못합니다. **참스승**은 우리에게 '**진리를 직접 지각하는 내적 시각**'이라는 제3의 눈을 주었습니다. 이것이 '**주 시바의 지**知**의 불**'이라고 하는 제3의 눈입니다. 이것은 육안이 아닙니다. 그것은 '**지**知**의 눈**'입니다. 우리는 두 개의 육안이 있는데, 스승이 우리에게 **지**知**의 태양**이라는 이 새로운 눈을 주었습니다. 전 세계의 **주**主, 만물에 편재하는 **형상 없는 존재**[뿌루샤]가 이 눈입니다. 이 눈으로 보면 전 세계가 사라집니다. 그것이 소멸되고 우리는 **브라만**만 봅니다. 눈에 보이는 이 세계는 **환**幻의 속박인데, **참스승**이 준 이 새로운 눈이 이 **환**幻을 소멸합니다.

스승의 헌신자는 몸을 가지고 있는 동안에도 **홀로됨의 지복**을 즐깁니다. 주 시바가 진아지를 가졌을 때 그가 말합니다. "나는 나 자신의 진아가 꾸는 이 꿈을 경험하고 있다. 이제 이 꿈이 나 자신의 진아임을 알았다." 그 꿈은 자신이 진아인 꿈이며, 우리의 진아로서의 **존재**(Existence)입니다. 그 체험은 우리의 것이고, 그것이 그런 것은 우리의 **존재** 때문입니다. 그래서 그것을 '**진아체험**(Atma-anubhava)'이라고 합니다. 진아 때문에, 그리고 제가 베푸는 지원을 받아서 이 지성의 불길이 켜집니다. 우리가 그 지성의 불길을 가지고 모든 것을 보면, 모든 것이 진아에서 태어나는 것을 봅니다. 여기에는 어떤 '타자'도 없습니다. 이것이 진아의, 진아에 의한 체험이기에 그것을 진아체험이라고 하는 것입니다. 자기 자신·브라만·진아체험 등의 모든 용어는 오직 한 가지, 즉 이 모든 것은 진아의 꿈이라는 것을 의미합니다. 진아체험이 진아 깨달음입니다. 세계는 어른들의 '놀이집'이라고 합니다. 이것은 그 '어른들'이 지知를 가진 사람들이라는 뜻입니다. 그들은 **진아지**를 가지고 있고, 위대합니다. 그들에게는 전 세계가 하나의 장난감, 가지고 놀 물건입니다. 이 게임에서 그들에게는 의기소침이나 의기양양, 손해나 이득, 슬픔·죽음 등이 없습니다. 이 세계를 **진아체험**으로 보는 사람들에게는 그것이 하나의 자연스러운 **기쁨**의 게임입니다. 무지한 사람들은 세계를 실재한다고 여깁니다. 그들에게 슬픔·비탄·걱정·두려움은 삶 속에서 그들의 운명입니다. 그러나 지혜로운 사람들은 세계가 실재하지 않음을 알고 그들 자신의 '**행복의 집**' 안에서 행복하게 삽니다.

지혜로운 사람이 말합니다. "우리는 아무도 갈 수 없는 나라에서 산다." 우리는 우리 자신의 도시에 머물러 있어야 합니다. '우리의 도시'는 아무도 거기서 돌아오지 않는 곳입니다. **브라만**을 깨달은 사람은 그 도시의 일들을 이야기하고, 그 도시에 대해서만 묻습니다. 그 도시는 그 자신에 대해서만 이야기할 것입니다. 부자들은 그들 자신의 부유한 삶에 대해 이야기할 것이고, **진아지를 가진 사람들은 브라만**에 대해서만 이야기할 것입니다. 어떤 사람이 다른 사람을 만나면 그의 말씨와 행동으로 그의 카스트가 무엇이고, 그의 종교가 무엇이며, 그의 직업이 무엇인지 등을 압니다. 진인의 거동·말·행위는 늘 지혜로 충만해 있습니다. 지혜로운 사람은 늘 지혜로운 사람으로서 살 것입니다.

날짜 미상

114. 탄생의 뿌리

우리가 **참스승**이 베푼 가르침에 의해 비추어지면, 네 가지 몸 모두가 해체됩니다. 그럴 때 일체가 거짓으로 됩니다. 사실 그것은 이미 거짓입니다. 오직 '**하나인 상태**'가 일체를 거짓이라고 부릅니다. 마음은 모든 것을 제쳐둔 다음 그 '일자' 안에 몰입됩니다. 그러면 그 사람은 성취할 목표였던 그것이 됩니다. 그는 **합일해탈**(Sayujya Mukti)의 최종적 집이 됩니다. 그 **합일해탈**의 주인이 됩니다. 눈에 보이는 것들을 내버린 뒤에 남아 있는 것이 **브라만**입니다. 무지 속에서는 관찰되는 대상과 관찰자가 둘입니다. 관찰되는 대상이 해소되면 관찰자만 홀로 남습니다. **그것이 브라만**입니다. 무지한 사람은 눈에 보이는 세계를 뒤로한 깊은 잠 속에서, 자신도 모르게 대상 없는 상태를 즐깁니다. 그 지복을 즐기지 않고는 사람이 살 수 없습니다. 잠을 제대로 자지 못하는 사람은 분명 몸을 떠나게 되어 있고, 그것이 죽음이라는 최종적 안식입니다. 깊은 잠의 상태는 가난뱅이든 부자든 모두가 공히 똑같이 필요로 하는 것입니다. 깊은 잠의 행복은 모든 중생들에게 공통됩니다. 어떤 사람은 백만 루피를 빚지고 있을 수도 있고, 어떤 사람은 다른 사람에게서 백만 루피 받을 것을 기대할 수도 있습니다.

그러나 둘 다 깊은 잠 속에서는 평등합니다. 큰 죄인과 요기는 깊은 잠 속에서 평등합니다.

눈에 보이는 것을 넘어서 있는 '그것'이 진아입니다. 우리가 제대로 분별하면, 이 우주는 보이는 모습 그대로가 아닙니다. 무지는 곧 '거짓인 것'이고, 그것을 진리로 취급하는 것도 무지입니다. 거짓을 거짓으로 알고, 그것이 실재하지 않음을 인식하는 것이 지知입니다. 실재를 아는 것이 참된 지知이지만, 비실재를 실재로 아는 것은 무지입니다. 지혜로운 사람들은 거짓을 거짓으로 보며, 그에 따라서 체험합니다. 산은 실제로는 흙의 무더기일 뿐 산이 아닙니다. 여러분이 뭄바이라는 도시를 바라볼 때는 본질인 흙, 즉 그 밑의 실체는 보이지 않습니다. 그것을 흙으로 보면 도시로서의 뭄바이는 시야에서 사라집니다. 해탈은 무엇이 참되고 무엇이 거짓인지 인식하는 것입니다. 거짓인 것을 참되다고 여기는 것이 속박입니다. 이 세계가 거짓임을 알고 그것을 떠나는 사람은 다시 돌아오지 않을 것입니다. 세계가 거짓임을 확신하는 사람은 돌아오고 싶은 마음이 없습니다. 그러나 세계가 참되다고 생각하는 사람에게서는 욕망이 떠나지 않을 것입니다. 세계가 더 이상 필요 없는 사람들의 욕망은 사멸합니다. 달리 누구도 그가 다시 태어나도록 강요하지 않습니다. 사람은 자신의 욕망에 따라 몸을 받습니다. 즉, 태어납니다. 그는 오늘, 다음번 탄생을 위한 준비를 합니다. 무지한 사람에게는, 어쩌면 최소한 다음 생에는 행복을 얻을 거라는 희망이 있습니다. 무지한 사람은 말합니다. "만일 내가 몸을 받지 않을 거라면 달리 무엇을 해야 하나?" 다시 태어나는 것이 불가피하다는 믿음 때문에 자선을 하는 사람들이 많습니다. 지혜로운 사람들은 이 세계의 겉모습이 거짓이라는 것을 알아서, 무욕이 되고 자유로워집니다.

참스승이 베푸는 가르침에 대해 명상하고, 그것을 여러분의 가슴 아주 가까이에 간직하십시오. 여러분은 '하나인 진아'라는 것을 잊지 마십시오. 스승의 말을 경청하고 최대의 존경심으로 그가 한 말에 대해 명상하십시오. 이렇게 하지 않는 사람은 분명히 자신을 죽입니다. 이 세상에서 살아야 하는 사람은 지知의 등불을 끄면 안 됩니다. "나는 브라만이다"라는 큰 말씀을 지키는 사람은 해탈을 얻을 자격이 있습니다. 나중에는 이 개념, 의식의 준수, 그리고 큰 말씀 자체가 모두 사라집니다. 그러면 봄도 없고, 볼 수 없는 것도 없습니다. **본연적 상태**(Natural State)가 성취됩니다. 명상과, 마음속에 어떤 대상을 지니는 것 둘 다 끝이 납니다. 상상이 해소됩니다. 그것은 비개념적인 것 속으로 합일됩니다. 그럴 때 '아무개'라는 이름의 그 사람이 곧 브라만이고, 의식만이 남습니다. 이것을 '미세한 브라만'이라고 합니다. 이 자체가 **본연적 상태**입니다. 꿈이 끝나고 그와 함께 그 꿈 속의 모든 사람도 사라집니다. 그만이 남습니다. 오랜 꿈이 사라지고 브라만이 홀로 남습니다. 그럴 때는 **미세한 브라만**, 즉 순수한 의식만이 남습니다. 세간의 속박은 물론이고 죄와 공덕도 모두 끝납니다. 겉모습들이 끝나고 관찰자만 남습니다. 태어남 없는 **일자**가 해탈합니다. 환幻은 그를 슬픈 생사윤회 속으로 말려들게 했지만, 이제 그 모든 것이 해소됩니다. 참스승이 '찬란한 **자유의 해**'처럼 그를 만났고, 그에게 그 자신의 **본래 성품**을 주었습니다. 그는 어디로도 오고 감이 없이 브라만에 대해 확신합니다.

날짜 미상

115. 가정생활이라는 비극

이 세간적 삶의 바다라는 신기루가 이제 말라 버렸습니다. 우리는 일반적으로 어떤 특정한 일에 대해 자부심을 느끼고, 그에 따라 그 일을 완성해야 한다는 속박을 스스로에게 부과합니다. 우리가 어떤 특정한 일을 끝내야 한다는 그 느낌이 자부심입니다. 우리가 가정생활을 행복하게 영위하고 싶어 할 때, 그것이 자부심입니다. 그러나 가정생활은 결코 행복한 삶이 될 수 없습니다. 진흙 벽은 아무리 그것을 부단히 씻고 청소를 해도 결코 깨끗해지지 않을 것입니다. 주 비슈누의 가정생활도 결코 행복하지 않았습니다. 가정생활은 개의 꼬리와 같습니다. 결코 곧게 되지 않을 것입니다. 우리는 뭔가를 하고 싶어 하는데, 그것은 우리 자신의 자부심, 우리의 에고에 지나지 않습니다. 스승들, 즉 싯다 뿌루샤들(Siddha Purushas)의 삶만이 제대로 사는 삶입니다. 그들은 모든 자부심을 놓아 버렸습니다. 세계가 물에 잠긴다 해도 성자는 신경 쓰지 않습니다. 자부심이라는 아이는 진짜 버터, 행복한 삶의 본질을 보지 못합니다. 볼 수가 없습니다. 주 크리슈나만이 그 본질, 그 버터를 보았고, 그것을 먹었고, 그래서 '버터도둑(Makhanchor)'으로 불립니다.35)

자부심에 가득 찬 사람은 고통과 슬픔을 겪을 뿐입니다. 사람들은 많은 일들이 일어나기를 바라지만, 그 모든 일에서 실재하는 것이 무엇입니까? 개아는 늘 의심으로 가득 차 있습니다. 결코 "그만하면 됐다"고 말하지 않습니다. 신이 한 헌신자에게 은택을 주러 왔지만 6개월이 지난 뒤에도 그 헌신자는 아직 자신이 원하는 것들의 목록을 완성하지 못했습니다. 그는 늘 뭔가를 더 원한다고 말했습니다. 그러는 사이에 신은 사라졌습니다. 자부심이 없는 사람이 행복합니다. 그에게는 세간적 삶의 바다가 말라 버렸습니다. 환幻은 여러분이 착수하는 일과 정반대의 일을 합니다. 그래서 자부심이 없는 사람이 행복합니다. 그는 무엇을 하려는 욕망이 없습니다. 실은 행복이 행복한 것은 그 사람 때문입니다. 모든 슬픔이 자유로워집니다. 요컨대 자부심이 있는 곳에는 환幻이 있고, 자부심이 없는 곳에는 지고한 행복의 상태가 있습니다. 에고가 없는 사람은 결코 패배하지 않지만, 에고가 있는 사람은 세간적 삶에서 결코 벗어날 수 없습니다.

세간적 삶이라는 신기루는 언제 말라 버립니까? 우리에게 자부심이 없을 때입니다. "내가 어떤 일을 완성하겠다"는 에고적 결심을 통해 세 가지

---

35) T. 크리슈나는 어릴 때 장난이 심했는데, 어른들이 집에 숨겨둔 버터를 몰래 찾아내어 먹곤 했다.

문제가 일어납니다. 신체적 질병, 외부의 사물이나 존재들에 의한 사고, 자연적 원인에서 오는 재앙이 그것입니다. 자아가 없는 사람, 에고가 없는 사람의 가정생활이 제대로 영위되는지 여부는 알기 쉽습니다. 설사 여러분이 에고를 죽였다 하더라도 우주적 질서, 곧 운명은 많이 남아 있습니다. 그것은 계속 자신의 일을 하고 있습니다. 그러나 인간은 본성상, 신이 자부심 없는 사람의 일을 얼마나 수월하게 만들어 주는지 확인해 봐야겠다는 마음이 있습니다. 여러분은 보잘것없는 밥벌이를 하고 있으니, 신이 여러분을 위해서 해주는 대로 살아가야 합니다. 여러분은 묻습니다. "만일 신이 모든 일을 하고 있다면, 왜 내가 타고 다닐 코끼리를 한 마리 주지 않나?" 이런 식으로 인간은 헛되이 희망을 강화하고 불행해집니다.

벽에 그림을 그리는 것이 세간적 삶의 성품입니다. 사람들은 벽에 그림을 그린 다음 거기에 여러 가지 제목을 붙입니다. 모두에게서 찬사를 듣고 싶은 욕망이 있는 사람은 세간적 삶의 바다라는 가공적인 그림 속에 빠져 익사합니다. **라마**는 사슴을 쫓아가다가 평안의 화신 **시따**를 잃었습니다.36) 이 신기루의 힘이 그 정도입니다. 환幻은 죽음의 도끼요, **야마**[죽음의 신]의 올가미입니다. 마야에 얽매이는 것이 그 죽음의 올가미입니다. 자부심에서 벗어난 사람은 **야마**의 이 올가미를 끊습니다. 그는 **야마**의 매라는 벌을 받지 않습니다. **야마**의 매로 맞는 것은 슬픔으로 고통 받는 것이고, 자부심이 그 원인입니다. 자부심이 사라지면 모든 두려움과 슬픔이 사라집니다. 그때는 도처에 **행복**이 있습니다.

날짜 미상

---

36) T. 『라마야나』에서, 시따와 함께 있던 라마는 라바나의 부하인 나찰이 황금사슴으로 변신하여 나타나자 그 사슴을 쫓아갔고, 그 틈에 라바나가 시따를 납치했다.

116. 불멸의 감로를 마시기

　세계라는 신기루가 말라 버립니다. 세계를 '브하바(Bhava)'라고 하는데, 그것은 '생겨난 것'이라는 뜻입니다. 진아는 비세간적입니다. 안팎으로 어떤 것의 존재도 없습니다. 세계라는 존재는 여러 가지 속성들(Gunas)로 인해 나타납니다. 속성은 무지를 뜻할 뿐입니다. 까마(Kama)는 욕망을 뜻하며, 그 욕망 때문에 처녀 여신 **샤라다**(Sharada)가 생겨났습니다. 그것을 잇짜-꾸마리(Iccha-Kumari), 곧 '욕망 처녀'라고 합니다. 인간에게 '진리에 대한 지각' 능력을 창조한 것이 그것입니다. 자부심이 없는 자에게 환幻으로서의 세계가 보여지는데, 그것을 **마야**라고 합니다. 성자들은 늘 무욕인 반면, 마야는 뭔가를 욕망하는 사람에게 두려움을 창조합니다. **하리**[비슈누]와 하라[시바]조차도 거지로 보는 자가 **마야**입니다. 보통의 거지는 요구사항이 적지만, **하리**나 **하라**와 같은 위대한 거지들은 엄청난 것을 요구합니다.

　어떤 왕과 한 **진인**의 이야기가 있습니다. 왕은 그 **진인**을 숭배하고 온갖 공경과 성의를 다해 그에게 좋은 자리를 권했습니다. 그러나 왕은 사원의 내전 사당에 들어가, 자기에게 좋은 것을 많이 달라고 신에게 기도했습니다. 바깥의 홀에 앉아 있던 **진인**이 이것을 듣자 떠나려고 했습니다. 왕이 **진인**에게 왜 가느냐고 물었습니다. 이에 **진인**이 말했습니다. "당신은 거지입니다. 사당 안의 신에게 많은 것을 요구하고 있으니 말입니다. 그런 다음 저에게 음식을 좀 베풀겠지요. 저는 그런 것을 모두 원치 않습니다. 모두가 당신 같은 거지입니다. 차이가 있다면 정도의 차이뿐입니다." 세상의 모든 사람은 거지입니다. 아무것도 요구하지 않는 자가 부자입니다. 성자 뚜까람 같은 그런 부자들이 진정한 **성자**입니다. 그들은 **지복**을 즐기면서 말합니다. "마야가 원하는 뭐든지 가져가라지. 마야가 가져갈 수 있는 최대한이 얼마든, 가져가라고 하지."

　시바가 의지를 발할 때만 개아가 생겨납니다. 이를 욕망 처녀라고 합니다. 욕망이 곧 세계입니다. 욕망이 세간적 삶의 바다입니다. 자신이 욕망하는 대상이 곧 자신의 **진아**라는 것을 깨닫는 사람에게는, 이 세간적 삶이라는 신기루가 말라 버립니다. 이는 마치 그가 세간적 삶이라는 바닷물을 단번에 다 마셔 버린 것과 같습니다. 이 세상에서 뭔가를 요구하는 사람은 거지에 불과하며, 어떤 요구도 하지 않는 사람이 진인입니다. 자신의 욕망을 거두어들인 사람은 **전체성**이 됩니다. 곰에게 붙잡힌 사람이 곰에게 키스를 한들 무엇을 얻겠습니까? 곰은 그를 금방 죽이지 않겠지요. 애를 태우고 간질이다가 천천히 죽입니다. 곰은 피해자를 데리고 장난을 칩니다. 이것을 이해하는 사람은 이 세상 어떤 것도 귀하게 여기지 않습니다. 개아는 거짓 맹세를 하고, 에고를 수단으로 활동할 준비를 하며, 허구적인 속박을 만들어냅니다. 그러나 이 속박은 이 전체 현상계가 **브라만**으로만 보일 때 타파됩니다. 그래서 참으로 태어남이 없는 사람은 나고 죽음에서 벗어납니다. 그는 쾌락과 고통에 시달렸지만, 이제 그 향유자 자신이 **신**이라는 것을 이해하고, 눈에 보이던 이 신기루가 사라진 것을 발견합니다. 집착이라는 형태의 질병이 실제로는 어떤 집착도 없는 사람에게 걸려 있었던 것입니다. 몸-의식에 걸려 있던 것처럼 보이던 사람은, 그 몸을 넘어서 있는 그였습니다. 그는 비세간적임에도 불구하고 세간성의 집착들에 걸려 있었습니다. 이제 그 모든 것이 해소됩니다. 원초적이고 시작이 없는 **존재의 전체성** 안에 '나'라는 느낌이 들어가서 '나'와 '너'라는 이원성을 창조했지만, 이제 그것은 다시 **단일성**이 되었습니다. **홀로됨**이 둘로 나뉘었다가 다시 **홀로됨**으로 돌아갔습니다. 고통이 끝났습니다. 그것은 그냥 달아났습니다. 끝이 없었고, 끝이 없는 자가, 끝이 없는 '그것'에게로 돌아갔습니다. 그는 자신이, 영원히 어떤 동요도 없는 **전체**라는 것을 이해했습니다. 참스승의 조언을 통해 자신이 결코 끝이 없으리라는 것을 깨달은 것입니다. 그는 이것을 확신하게 되었고, 자신의 **본래적 상태**에 머무릅니다.

무지한 사람들은 일식 때 어떤 물품들을 보시하여 해를 풀어주려고 합니다. 해와 달 사이에 엄청난 거리가 있지만, 고대에는 일식이 일어날 때

해가 달에게 삼켜진다고 믿었습니다. 달은 해 근처에 갈 능력도 없습니다. 달이 해 근처에 가려고 하면 이내 불타 버릴 것입니다. 과학자들이 이것을 모르지는 않지만, 무지한 사람들에게 보시를 하도록 권장할 의도로 경전에서 해가 달에게 삼켜진다고 선언한 것입니다. 마찬가지로, 경전에는 오늘 1루피를 보시하면 다음 생에 몇 배로 보상받을 거라고 쓰여 있습니다. 그 저자들은 사람들에게 이런저런 방식으로 보시하도록 권장할 의도가 있었습니다. 그러나 **스승**은 여러분이 **브라만**이며, **마야**는 여러분을 건드릴 수 없다고 말합니다. 여러분은 **지성의 태양**입니다. 잠들어 있던 사람을 **스승**이 깨웠습니다. 그는 이미 깨어 있던 사람을 깨운 것입니다. **지**知 그 자체에게, **스승**은 여러분의 성품이 **지**知의 성품이라는 것을 드러냈습니다. '나'라는 환幻이 사라지면 여러분은 자유롭습니다. 여러분은 태아가 없던 어머니의 자궁 속으로 들어갔던 자이고, 또한 그 몸이 죽은 뒤에 남는 자입니다. **스승**을 찾아가기 전의 여러분은 마치 죽은 것과 같았습니다. 죽음을 받아들이고 있었고, 굴욕을 당하고 있었습니다. 죽음에 매달리고 있던 여러분에게, **불멸의 감로**(Amrut)가 주어졌습니다. 이 세간적 몸을 즐기고 있던 그에게 **스승**이 **불사의 감로**를 마시라고 준 것입니다.

힌두 신화에서 술을 마시는 것을 수라빤(Surrapaan)이라고 합니다. 그 술을 악마[아수라]들에게 마시라고 주었습니다. 그 술, 즉 수라(sura)는 다섯 감각기관의 대상들을 의미합니다. **지**知의 **감로**는 신들이 가져갔습니다. 주 비슈누가 그 감로를 마시는 위대한 신입니다. 바다를 저어 나온 결과물인 그 **감로** 단지가 이 **지**知의 **감로**였습니다. **참스승**이 신들에게는 **감로**를 주고, 육신에 집착하는 악마들을 위해서는 감각 쾌락이라는 술이 만들어졌습니다. **지**知의 **감로**를 마시는 사람들은 죽지 않게 되고, **불사**不死의 **도시**로 가는 사람들은 다시는 돌아오지 않습니다. **죽음의 신 야마**는 그의 장부에서 그들의 이름이 적힌 페이지를 찢어냅니다. 이 세간적 삶은 일종의 전염병과 같습니다. 만일 세간성이라는 이 은행에 누군가의 계좌가 있다면, 남들도 분명히 영향을 받을 것입니다. 그러나 **참스승**의 헌신자인 사람의 이름은 야마의 장부에서 발견하지 못할 것입니다. **스승의 은총**에 의해서만 이 **감로**를 받아 마실 수 있습니다. 이 **감로**를 받아 마신 사람은 **신의 화신**입니다. 그에게는 '타자'인 그 어떤 것의 느낌도 없기 때문입니다.

날짜 미상

117. 마야라는 병을 치유하기

환幻은 워낙 기이해서 '집착 없는' 자가 집착에 걸렸고, '불사'인 자에게 죽음이 닥쳤으며, **지고아 빠라마뜨만**이 개아의 상태를 얻고 말로 다할 수 없는 괴로움을 겪게 되었습니다. 이 환幻, 이 **마야**는 건너가기 어렵습니다. **참스승**의 힘에 의해 환幻은 수치를 당하고 사라집니다. 여러분이 아무리 많은 방식과 수단의 수행을 고안한다 해도, 모두 환幻을 강화하는 데 기여할 뿐입니다. 이런 노력들은 집에 불이 났을 때 불을 끄려고 석유를 뿌리는 것과 같습니다. 그러다가 불 끄는 사람 자신이 불에 뎁니다. 이 환幻을 능가하기 위해 상상으로 어떤 노력을 창안한다 해도, **마야**가 더 강하게 보이게 하는 데 일조할 뿐입니다. 우리가 상상을 사용해 **마야**를 소멸하려 하면, 그것은 더 강하게 배양되기만 할 뿐 결코 감소하지 않을 것입니다. **참스승**이 베푸는 가르침을 통해서만 어떤 개념이나 상상을 사용하지 않고도 만족을 얻는 것이 가능하며, 다른 어떤 수단으로도 되지 않습니다. 우리의 수행에서는 '나'라는 느낌이 완전히 부정되어야 합니다. 그것이 환幻을 소멸하는 유일한 방도입니다. 이 미세한 점을 이해하지 못하면 환幻은 더 강해질 뿐입니다. **참스승**이 주는 '**진아**라는 **만능열쇠**'를 가지고 노력할 때만 **진아**를 이해하고 깨달을 수 있습니다. 다른 모든 수단은 자신이 개아, 즉 별개의 한 개인이라는 느낌을 강화해줄 뿐입니다.

사람이 죽으면 신이 된다는 말이 있습니다. 이것은 그 개인의 별개성이 죽으면 남는 것은 브라만뿐이라는 뜻입니다. '나'라는 느낌, 곧 에고가 사라지면 순수한 브라만만 있습니다. '나'라는 망상이 사라지면 시바만 존재합니다. 그는 어떤 집착도 없습니다. 무지한 사람이 눈을 감고 숨바꼭질을 하다가 눈을 뜨자 승리를 거두었습니다. 일상행동 중에는 습習의 힘에 의해 '나'라는 환幻이 있고, 그에 이어 지옥과 천상의 괴로움을 피할 수 없게 됩니다. 모든 병 가운데 가장 큰 병은 '나'가 별개라는 개념입니다. 어떤 이들은 그것을 세간성의 병이라고 부릅니다. 모든 중생이 이 병으로 고통받고 있습니다. 뱀이 되고, 전갈이 되고, 당나귀가 되고, 말이 되는 등의 병은 이 에고가 별개의 개체라는 데 기인할 뿐입니다. 이 마야가 모든 병의 어머니입니다. 그녀는 사악한 여신 마리(Mari)로 불리며, 그 앞에서 무지의 상징인 염소와 물소가 살해되어야 합니다. 마리는 이 공물供物을 원합니다. 염소와 물소가 우는 소리가 그녀의 성찬입니다. 이것은 인간의 잡담이나 무의미하게 떠드는 소리와 비슷합니다. 시간은 늘 해와 달을 포함한 모든 것을 잡아먹으려 들지만, 지고한 죽음의 살해자인 '그것'은 환幻마저도 집어삼킵니다. 시간은 진아지를 가진 자를 두려워합니다. 시간은 말합니다. "이 사냥꾼은 실수 없이 나를 사냥하지만, 달리 누구도 내 손아귀를 피할 수 없다."

죽음은 정해진 특정한 시간에 누구에게든 닥쳐옵니다. 탄생 이전에 시간이 있었습니다. 시간·지속·죽음 등이 그것의 이름입니다. 브라만은 시간 이전입니다. 성자들은 시간을 넘어서 있는 '그것'에 도달했습니다. 성자들은 시간을 디딤돌 삼아 세간적 삶이라는 강을 건너갑니다. 시간은 죽음이고, 사람들이 돌 위에 돌을 쌓아 다리를 만들듯이 성자는 죽음 그 자체의 다리를 건설했습니다. 개아는 참스승이 베푼 가르침 덕분에 주 나라야나로 변환되었습니다. 숲 속의 삶을 받아들이고 그것을 겪어내는 주 라마는 스승의 가르침에 힘입어 그렇게 하고, 에고인 라바나를 죽입니다. 여러분이 라구비르(Raghuveer-라구 일족의 대장부), 곧 주 라마입니다. 숲 속 생활의 고초를 피하려면 **참스승**의 헌신자가 되어야 합니다. 어떤 의식을 거행하겠다는 맹세를 하는 것은 어떤 의미가 있습니까? 그것은 여러분은 없고, 나라야나만 존재한다는 것을 의미합니다. 이것을 마라티어로 '나바스(Navas)'라고 하는데, 그것은 '그대는 없다'는 뜻입니다. 여러분은 **브라만**, 곧 단 하나인 **나라야나**일 뿐입니다. 그런 기적은 달리 없습니다. 이 환幻이라는 병은 매우 기이합니다. 다른 어떤 병도 자신이 개아라는 관념만큼 치유 불가능한 것은 없습니다. 의사는 이 병을 치유하지 못합니다. 왜냐하면 이 병을 치유하는 자는 환幻의 출현 이전이어야 하기 때문입니다. 그는 '환幻을 아는 자', 곧 '환幻 이전인 **그것**'의 진리 전체를 아는 자일 수밖에 없습니다. 이 병에는 **불멸의 감로** 외에 어떤 약도 쓸모가 없습니다. 이 감로는 "나는 브라만이다"라는 깨달음 한 모금입니다. **참스승**만이 "그대가 그것이다"라는 약을 나눠줄 수 있습니다.

　참스승이 베푸는 가르침을 따를 때, 그리고 그에게 봉사할 때, 환幻이라는 병은 점차 치유됩니다. 여러분은 그 병의 근본 원인인 '나'라는 느낌, 즉 에고를 죽이는 '**신약**神藥'['내가 그것이다']을 가져야 합니다. 그 약을 먹고 나면 병은 치유됩니다. 실은 그 병은 거짓이었고, 그 약도 거짓이었습니다. 개념과 상상이 창조한 신기루 안에 홍수가 있었습니다. 그 상상이 소멸되자 신기루 안의 그 물도 그 상상과 함께 말라 버렸습니다. 그러면 이 이야기는 끝납니다. 이것을 이해한 사람은 수행을 할 필요가 없습니다. 자부심, 곧 에고는 그 제자가 **스승**을 찾아가기 전에는 천 개의 팔을 가지고 있었습니다. **스승**은 주 **크리슈나**로서, 다른 팔은 모두 없애 버리고 둘만 남겨두었습니다. "내가 **그것이다**(I Am That)"를 뜻하는 만트라가 그 제자에게 주어져 그를 집착이 없게 만들어 주었습니다.

　왕이 한때 변복을 하고 야간 잠행을 하다가 야경꾼에게 체포되어 옥에 갇혔던 이야기가 있습니다. 그는 야경꾼에게 자신은 거리를 거니는 평범한 사람이라고 말했고, 즉시 체포되어 철창에 갇혔습니다. 경비원에게 자신이 왕이라고 말할 것을 잊어버린 것입니다. 곧 그는 진정한 **스승**인 **진아**

에 의해 자신이 왕이라는 것을 상기했습니다. 왕이라는 진짜 신분을 밝히자마자 그는 감옥에서 풀려났습니다. 마찬가지로, **진아**가 자신이 들어가는 몸이라는 통桶과 자신을 동일시하여 자기는 그 통이라고 말합니다. 그것은 실은 늘 **지고아 빠라마뜨만**일 뿐인데, 그 **빠라마뜨만**이 온갖 형상과 겉모습을 취합니다. 이것을 아는 것이 진정한 앎입니다. **빠라마뜨만**은 '세계의 주'입니다. 몸과 같이 작은 생명체는 **그의 위대함**에 어울리지 않습니다. 몸이 자기라고 말하는 것은 어리석은 것입니다. 환幻은 워낙 어리석어서, 그것은 마치 벌레가 낙타와 결혼했는데 그 자식들은 이(lice)라고 말하는 것과 같습니다. 개아는 자신의 실체를 알게 되자 부끄러웠습니다. 어떻게 **빠라마뜨만**이 자신은 무지한 개아일 뿐이라고 말하겠습니까? 자신을 한 개인으로만 여기는 것은 무지이고, 말도 안 되는 소리입니다. 지知에 의해서 깨어난 사람은 세간성에서 벗어납니다.

날짜 미상

118. 이원성이 타파되다

   홀로인 자가 이 세계는 본질상 이원적이라고 생각했고, 무지의 혼동에 의해 미혹되었습니다. 그것은 해가 지고 난 뒤 반딧불이가 작은 빛을 내는 것을 보고 그 빛을 소유하기 위해 어떤 의식을 거행하기 시작한 사람의 예와 비슷합니다. '홀로였던 그'가 이원성을 보았다가, **참스승**이 베푼 가르침에 의해 다시 **하나**가 되었습니다. 늘 은둔하고 있던 그가 다수가 되어 있었던 것입니다. 늘 깨어 있었던 자가, 자신은 잠들어 있다는 환상을 가지고 있었습니다. 우리가 무엇을 지각하거나 보든 간에, 우리에게 나타나는 것, 우리에게 이해되는 것, 그리고 우리가 인식하는 모든 것은 경험인데, 이 경험은 **단일성**에서 이원성이 일어나는 것이고, 하나의 꿈일 뿐입니다. 이 경험은 꿈속에서의 시간과 같습니다. 경험이 미세한 성품의 것일 때에도, 그것은 시간 그 자체의 성품인 '**무지의 시간**'입니다. 시간에 대한 지각과 외부 세계의 경험은 '**참된 존재**(True Being)'의 잠입니다. 평범한 지知의 상태는 이원성과 환幻입니다. 단일성은 환幻이 아니며, 따라서 '타자'에 대한 주시가 없습니다. 따라서 그가 그 자신을 깨운 것일 뿐입니다. 우리는 **진아**일 뿐이므로 실제로는 결코 잠이 들지 않습니다. 감각기관들이 휴식을 취하면 그것을 잠이라고 하는 것입니다. **진아**는 감각대상들에서 초연합니다. 만일 **진아**가 잠을 잔다면 감각기관들이 전혀 깨어나지 못할 것이고, 어떤 움직임도 없을 것입니다. 그러나 **진아**는 깨어 있습니다. 잠들어 있지 않습니다. 하나의 환幻만 있었는데 그것이 제거되었습니다. 깨어 있는 그가 그 자신을 깨운 것입니다. 늘 '**비추는 자**'의 성품을 지닌 자, '**본래적 관찰자**'의 성품을 지닌 자에게 **진아지**가 주어졌습니다. 이것이 '**더 이상 에고가 없는 자**'에 대한 묘사입니다. 이것은 개아에 대한 묘사가 아니라 **빠라마뜨만**을 가리키고 있습니다.

이것은 **브라만**에 대한 가르침입니다. 호랑이가 자신이 염소가 되는 것을 걱정했으나, 나중에 자신은 호랑이라는 사실을 자각하게 되었습니다. **스스로 창조된 자**가 자신의 '**본래 성품**'을 상기한 것입니다. 설사 어떤 사람이 무지하다 하더라도 그가 불사의 존재라는 것은 증명된 사실입니다. 무지 때문에 사람은 다시 태어나야 하지만, **지**知를 얻으면 그가 '**실재와 하나**'가 됩니다. 그것이 유일한 차이점입니다. 자신을 몸과 동일시하다가 죽는 사람에게는 자신이 왜소한 개아라는 관념이 지속됩니다. **지**知를 얻어서 몸에 대한 집착이 떨어져 나가면 우리가 광대해지고, **만물에 편재하는 존재와 하나**입니다. "나는 도처에 있다"는 깨달음이, 한정되어 있던 '아는 자'의 죽음입니다. 만약 이것을 시험해 보고 싶다면, 여러분이 잠들어 있을 때 어떤 일이 일어나는지 보십시오. 탄생이 없다는 것을 여러분이 알 때, 죽음이 없다는 것도 확신하게 됩니다. 어떤 사람이 자기가 어디서 살았는지 잊어버린 채 방황하고 있었습니다. 그러다가 누가 그를 집으로 데려다 주었습니다. 마찬가지로, '성질들을 넘어서 있는 자'가 참스승의 가르침을 통해 그 자신을 깨닫게 되었습니다. '생명기운인 자'가 다시 그 생명기운, 그 힘으로 되었습니다. 자신의 참된 성품, 자신의 참된 형상을 보게 된 것입니다. '그의 성품이 지복인 자'가, 자신이 지복일 뿐임을 보게 되었습니다. 마하데바[시바]가 황소 난디(Nandi)가 되자 멍에를 끌기 시작했습니다. 그러나 그가 마하데바인 것을 상기시켜 주자 멍에에서 벗어났습니다. 개아가 다시 태어난다면, 분명히 괴로움과 슬픔을 경험할 것입니다.

어느 노예 소유자는 죽은 노예들을 소생시키는 능력을 가지고 있었습니다. 그는 죽은 노예들을 되살려 다시 노예로 부리고는 했습니다. 누군가가 그의 능력을 빼앗아 버리자 노예들은 자유를 얻었습니다. 신이 한 가난뱅이의 숭배에 흡족하여, 무엇이든 그가 원하는 것 하나를 들어주겠다는 은택恩澤을 내렸습니다. 그 사람이 돈을 원하자 신은 그에게 많은 돈을 주었습니다. 그 돈을 받고 나자 강도들이 그를 때리고 괴롭혔습니다. 그는 이 돈 선물을 수백 번 받았지만 그 모든 돈이 다 허비되고 말았습니다. 왜냐하면 수백 번 두들겨 맞았기 때문입니다. 그러다가 한 성자를 만나자, 성자가 그의 모든 돈과 함께 그를 집에 안전하게 데려다 주었습니다. 그 집이란 진아의 상태입니다. 성자가 그 사람의 네 가지 몸─육신·미세신·원인신·대원인신[뚜리야]─을 묻었고, 그리하여 그는 불사의 존재가 되었습니다. 만일 하인에게 불사不死의 은택을 주면 그는 영원히 하인으로 남을 운명이 됩니다. 그런 불사가 무슨 소용 있습니까? 그런 식으로 불사의 존재로 남는 것은 바람직한 일이 아니기 때문입니다. 네 가지 몸을 넘어선 저 '불사不死'가 되십시오. 그러면 자유에게 자유가 주어집니다.

요기는 늘 시바와 결합되어 있습니다. 그러나 자신은 신을 숭배하는 개아라는 관념으로 시바를 숭배한다면, 그리고 마음속에 어떤 분리의 느낌이 있다면, 그런 숭배는 시바에 대한 진정한 숭배가 아닙니다. 개아는 자신이 행위자라는 관념을 가지고 개입하지만, 자신이 무엇인지 모릅니다. 자신이 무엇인지 알게 되면 즉시 죄와 공덕 둘 다를 넘어섭니다. "찌뜨라굽따(Chitragupta)37)가 적고, 찌뜨라굽따가 본다"는 말이 있습니다. 우리가 저지른 범죄 중에서 우리 자신이 모르는 것이 있습니까? 마음이 모르는 어떤 죄와 공덕이 있습니까? 이런 이야기를 하는 이유는, 사람이 두려움을 버리게 하기 위해서입니다. 그러나 여러분이 무엇을 해도 용인될 거라고 생각하지는 마십시오. '무욕인 자'만이 자기 행위의 열매에서 벗어나게 됩니다. "나는 향유자다, 또는 고통 받는 자다"라는 느낌이 사라져야 합니다.

날짜 미상

119. 황금의 날

성질 없는 **빠라마뜨만**이 성질들을 취해 불행해집니다. 그러다가 그 자신의 상태로 다시 되돌려집니다. 왕이 속박에서 벗어나 다시 왕으로 즉위했습니다. 하던 수행이 완성되었습니다. 모든 **샤스뜨라**(Shastras), 즉 일상 행위를 위한 지침들은 우리가 **빠라마뜨만**을 알도록 하기 위해 저술되며, 이 모든 것이 이날 성취됩니다. 우리가 인간의 삶을 제대로 이용하면 **나라야나**, 곧 신이 된다는 것이 경험적으로 증명되었습니다. 이날이 곧 성자 뚜까람이 '**황금의 날**(Golden Day)'이라고 부른 날입니다. 냐네스와르는 자신이 이날, 황금 단지의 감로를 마셨다고 말했습니다. "오늘 이 끝없는 날들의 역사를 철저히 알게 되었다. 왜냐하면 무수히 많은 날들이 지난 뒤, 내가 나의 **진아**를 만났기 때문이다. 이제까지 나는 너무나 많은 행위를 해 왔고, 그 개인이 '나'라고 생각하며 남들에게 봉사하고 있었다. 그러나 오늘

---

37) 찌뜨라굽따는 사람이 일생 중에 한 모든 선행과 악행을 장부에 기록하는 자(야마의 서기)라고 한다.

은 신이 그 자신 안에서 휴식하면서, 행위들이 최종적으로 성취 혹은 제거된다."는 것입니다. 나귀를 타고 가던 사람이 환幻에 미혹되어 자신이 나귀라고 생각했습니다. 그는 "이 몸이 나귀이며, 이 나귀가 '나'다"라는 망상에 사로잡혀 있었습니다. 몸은 꼬리 없는 나귀라고 불립니다. 성자 에끄나트가 이것을 자세히 묘사했습니다. 나귀의 털을 깎도록 한 이발사를 불렀지만, 이발사는 자신이 한 마리의 나귀라고 생각했습니다. 이런 어리석은 이발사들은 온 세상에 널렸습니다. 우리는 자신을 나귀와 동일시하면서 삶의 모든 슬픔을 겪습니다. 이 인간으로서의 삶 속에서 이 점에 대해 깊이 성찰해 봐야 합니다. 어떤 종족이나 사회든 모든 사람은 이 어리석음을 떨쳐버리려고 하는 사람에 반대하고, 그래서 그는 그 안에 붙들려 있습니다. 자기가 자신의 공동체에 속한다고 생각하는 사람은 나귀로 남습니다. 그 무지한 개아는 죽은 어떤 것과 비슷합니다. 개아는 그 몸을 위해 열심히 일하고 몸에 봉사하는데, 그것은 5대 원소에게 봉사하는 것과 마찬가지입니다. 태어나서 죽을 때까지 몸에 봉사하지만, 결국 그 몸은 한 무더기 풀처럼 불에 타 버립니다. 평생토록 한 힘든 일이 모두 헛된 것이 됩니다. 개아는 한 평생, 결국 불에 타고 마는 이 5대 원소의 덩어리(육신)만 계속 깨끗이 합니다. 우리가 누구인지, 누구에게 봉사하고 있는지 알아야 합니다.

실버대추야자나무(shindi tree) 액을 마시고 취하는 사람이 자신의 모자로 그 나무를 존경스럽게 장식하고 매우 즐거워하듯이, 개아는 사실 죽은 물건에 지나지 않는 몸뚱이를 장식합니다. 이것은 모두 에고 의식―몸과 자신의 동일시―의 도취에 지나지 않습니다. 루끄미니(Rukmini-크리슈나의 제1부인)가 **비토바**(Vithova-빗탈라, 곧 크리슈나)에게 말했습니다. "여보, 왜 두 손을 양 허리춤에 두고 계셔요?" 신이 말했습니다. "나는 이 어리석은 사람들을 가르치는 데 진력이 났소." 그러자 여신이 말했습니다. "두 눈은 왜 계속 뜨고 계셔요? 감으세요! 그들이 하는 일을 왜 보셔요?" 참스승은 말합니다. "진아를 깨달은 자만이 수행의 최종적 열매를 얻는다." 그럴 때 비로소 모든 행위(karma)가 성취됩니다. 그럴 때 비로소 여러분의 죽은 조상들이 흡족해 하고, 저 세상에서 경축하며 이렇게 말합니다. "우리는 복이 있다. 우리 가문에서 우리를 해방시킨 사람이 태어났고, 우리의 목적이 잘 이루어졌으니까." 부모는 아들이 태어나면 즐거워하지만, 그들의 아들이 자기 아내와 함께 극장에 영화를 보러 가면 욕을 합니다. 어떤 사람이 진아를 깨달은 참스승에게 봉사하여 진아 깨달음을 성취하면, 72대의 그의 조상들 모두가 해방됩니다. 왜냐하면 그가 이제 자신의 진아를 알기 때문입니다. '이승에서의 삶의 완성'이라고 하는 것이 이제 성취됩니다.

　이 지구는 오직 브라만에 대한 믿음을 일으킬 목적으로 돌고 있다고 말할 수 있습니다. 비가 내리는 것도 이 목표의 성취를 돕기 위해서입니다. (깨달은 사람의) 이 진아지에 의해, 지구를 자기 두건 위에 이고 있는 신성한 뱀 세샤의 짐도 어느 정도 가벼워져 세샤도 즐거워합니다. 이 세상에서 '브라만의 지知라는 나무'를 심는 사람은 영원한 명성을 누리며, 그에게는 영원성, 곧 불사의 상태가 하사됩니다. 참스승은 개아를 불사의 생명기운으로 바꿔 놓았고, 그를 영원한 진아로 인도하여 그가 '그것과 하나'가 되게 했습니다. 무슨 일이든 일어날 일은 일어나라 하고, 일체가 진행되라 하십시오. 여러분은 구걸을 할 수도 있고 왕위에 앉아 있을 수도 있겠지만, 어디에 있어도 행복합니다. 왜냐하면 여러분이 '지복의 성품'으로 이루어져 있기 때문입니다. 이 진아지는 언제나 광채를 발하는 귀중한 다이아몬드와 같습니다. 그것이 어디에 있든 그 찬란함은 시들지 않습니다.

　'세나'라는 이발사의 이야기가 있습니다. 신이 이 이발사와 자신의 모습을 바꾸어 '바드샤'라는 다른 이발사를 찾아가 이발을 부탁했습니다. 바드샤는 거울에서 팔이 네 개인 신의 얼굴을 보았습니다. 요컨대, 신은 자신의 헌신자가 누구의 행위에 의해서도 숨겨져 있지 않을 거라고 말합니다. 이 몸 안에서 분명히 드러나는 진아지는 표현되지 않은 상태로 남아 있지 않을 것입니다. 왜냐하면 그것이 일체를 비추고 있기 때문입니다. 저의 헌신자는 어디를 가도 찬양받을 것입니다. 이런 말이 있습니다. "달 하나는 별 백만 개 이상의 가치가 있고, 진아지를 가진 사람 하나는 세계 이상의 가치가 있다." 진아지를 가진 사람[진인] 그 자신이 전적인 승리입니다. 참스승에 대한 믿음이 완전한 그의 헌신자는 늘 전체성을 띤 브라만입니다.

1935년 11월 19일 저녁

120. 성취의 성취

우리는 베다와 샤스뜨라의 도움으로, 이해하기 쉽지 않은 것을 성취했습니다. 과거의 많은 사람들이 매우 어려운 수행들을 했지만 아무도 그들을 진인으로 공경하지 않았습니다. 왜냐하면 그들은 **브라만의 지**知가 없었기 때문입니다. 그러나 이 **진아지**를 성취한 사람이 있다면 그 부모까지 칭찬받아야 합니다. 라자수야(Rajasuya)라는 큰 희생제를 거행하고, 많은 땅을 시주한 사람들이 천신들의 왕 **인드라**의 지위를 성취했지만, **브라만의 상태**는 성취하지 못했습니다. 그러나 **참스승의 은총**에 의해 **브라만의 지**知를 성취한 사람의 아버지는 복되며, 그 어머니와, 그 사람이 감로의 푹신한 방석처럼 자리 잡았던 그 자궁은 복됩니다. 어떤 사람은 교육을 많이 받아서 변호사가 될지 모르지만, 그것은 배를 채우기 위한 것일 뿐 달리 무엇입니까? 개들도 어디 가서 봉사하지 않고, 그냥 자기들 나름대로 기품 있게 돌아다니면서 배를 채웁니다. 한 마디로, 14가지 학문과 64가지 기예技藝 전부를 때[垢]처럼 여겨야 합니다. **브라만**을 성취한 자는 복됩니다. 다른 모든 사람은 배만 채우며 인생을 낭비한 쥐들과 같습니다. 개, 고양이 등으로 무수한 탄생을 거치는 동안 우리는 우연히 인간의 삶에 도달했는데, 이는 수백만 년이 지난 뒤에야 가능해진 일입니다.

주 **크리슈나**와 아르주나는 **하나인 존재** 안에서 몸을 받습니다. (아르주나에게) **신견**神見(Divine Vision)이 열렸을 때 비로소 이 광대무변함이 인식되었습니다. "무수한 눈, 무한한 팔, 그리고 무한한 얼굴을 가진 나의 존재를 보라."38) 내가 이제 **브라만**의 **성품**을 이해했다는 것은, "나는 일체 안에서 홀로이다"라는 의미입니다. 지견知見은 육안으로 보는 것을 뜻하지 않습니다. 모든 것에서 하나만을 보는 것이 '지견'입니다. "전에는 내가 많은 천신들을 보고, 많은 다르마, 많은 카스트를 보았지만, 이 소견(지견)으로 일체가 단 하나의 존재임을 알게 되었다." 그런 이해의 소견을 지견知見, '**제3의 눈**', 혹은 '**불의 시선**(Vision of Fire)'이라고 합니다. 그것은 보통의 불이 아닙니다. **지**知를 가지고 보는 눈, 곧 내적인 눈은 **진아**에 대한 직접지각인 견見입니다. 여러분이 **알라**(Allah)이고, 눈에 보이거나 느껴지는 것은 모두 여러분의 진아일 뿐입니다. 여러분이 곧 '**모든 것**'입니다.

한번은 어떤 사람이 성자 까비르에게 물었습니다. "동물들은 어떻게 해탈을 성취합니까?" 까비르가 말했습니다. "알다시피 우리가 걸을 때 신발에서 소리가 나게 하고, 북을 두드리면 소리를 내는 것은 동물 가죽입니다. 또 동물의 내장을 잘 다듬어 현악기에 쓰면 음악소리를 낼 수 있지요. 그것은 '투히, 투히(Tuhee, Tuhee)' 하는 소리39)를 냅니다. 어떤 사람이 성자와 접촉하면 그 또한 '투히, 투히' 하고 말하기 시작합니다." 이것이 크리슈나가 아르주나에게 준 **지**知입니다. 저는 지난 12년 동안 이것만 이야기해 왔지만, 사람들은 이것이 의미 없는 말소리에 지나지 않는다고 말합니다. 왜냐하면 이 **지**知는 공짜니까 말입니다. 저는 이 **지**知를 아무 대가없이 거저 베풉니다. **주 크리슈나**는 그것을 아주 짧은 시간 안에 주었습니다. 그 당시 어떤 사람은 (사람들에게) 금을 공짜로 주었지만, 그것을 아주 천천히 내주었습니다. 어떤 사람이 그에게 말했습니다. "제발 빨리 좀 주십시오." 그 사람이 말했습니다. "좋습니다. 하지만 그러면 온스당 20루피를 내셔야 합니다." 그러자 상대방이 말했다. "좋습니다. 느긋하게 주시지요."

---

38) *T.* 크리슈나가 아르주나에게 신견을 베푸는 이야기는 『바가바드 기타』, 11장 참조.
39) 이것은 "오 신이시여, 당신은 실재하지만 개아는 실재하지 않습니다"라는 뜻이다.

기다리겠습니다." 그것을 인내라고 합니다.

 인내에 대해서는 한 스승을 24년간 모신 한 제자의 이야기가 있습니다. 그 제자가 스승을 12년간 충실히 모신 후 하루는 밖에 나가고 없을 때, 스승이 몸을 벗을 생각을 했습니다. 그는 몸을 벗기 전에 제자를 위해 종이에 만트라를 하나 써서 자기 옆에 보관해 두었습니다. 얼마 후 한 여자가 왔다가 스승의 시신 옆에 그 종이가 놓여 있는 것을 보았습니다. 그녀는 그것을 집어서 몰래 간직했습니다. 제자가 돌아와 보니 스승은 이미 몸을 벗은 뒤였고, 혹시 스승이 자기에게 뭔가를 남기지 않았을까 하고 여기저기 찾아보았지만 아무것도 찾지 못했습니다. 시신의 장례식을 치르고 나서 제자가 애도하며 조용히 앉아 있을 때 그 여자가 그에게 말했습니다. "제가 당신 스승님 옆에 놓인 종이를 하나 발견했지만, 아직은 그것을 당신에게 드리지 않겠습니다. 만일 당신이 내 집에서 12년간 열심히 일을 해주면 그것을 드리겠습니다." 그는 선선히 응낙하고 그녀의 집에서 목동으로 12년 동안 일을 했습니다. 그가 그 봉사를 한 것은 스승이 써 준 종이를 그 여자가 가지고 있었기 때문입니다. 하루는 왕이 사냥을 하던 중 이 사람이 양들을 돌보는 숲으로 들어갔다가 우연히 그를 만났습니다. 그 제자는 왕에게 자기 이야기를 들려주었습니다. 왕은 그 여자를 불렀고, 그녀는 그 종이를 가져와서 제자에게 주었습니다. 그 종이에는 단 한 문장이 적혀 있었는데, 그것은 '따뜨 뜨왐 아시(Tat Tvam Asi)', 즉 "그대가 그것이다"였습니다. 제자는 이 문장을 명상하자마자 즉시 브라만을 깨달았습니다.

 이 지知를 받는 헌신자는 복됩니다. 여러분은 자기 집에서 이 가르침을 받지만 그것을 귀담아 듣기에는 너무 게으릅니다. 이 브라만의 학學은 주 크리슈나가 아르주나에게, 마하데바(시바)가 빠르바띠에게 가르쳤고, 고대로부터 면면히 계승되어 우리에게까지 온 것으로, 영원히 신성한 것입니다. 이 지知를 얻기는 매우 어렵습니다. 이 지知를 얻는 사람은 자신이 온 근원으로 돌아가서 영원한 평안을 얻습니다. 참스승이 이제 여러분에게 여권을 주었습니다. "그대는 어디든지 마음대로 가도 좋다. 그대는 자유다. 완전 자유다." 하면서 허가증을 주었습니다. 이 '**내적 소견**'은 스승이 줍니다. 모든 것이 지知로 보일 때는 어떤 구분도 없고, 어떤 죄나 공덕도 없습니다. 우리의 입은 우리 자신의 침에 의해 오염되지 않고, 우리의 혀는 침이 나오는 그 입이 우리 자신의 입이기 때문에 오염된 혀라고 불리지 않습니다. 우리는 우리 것은 뭐든지 좋고 순수하다고 느낍니다. 마찬가지로, 이 전체 우주는 우리의 것입니다. 따라서 그 안에는 어떤 죄나 공덕도 없고, 어떤 천당이나 지옥도 없습니다. 그것은 모두 **브라만**일 뿐입니다. 속성들의 베일이 찢겨져 나갑니다. 이것을 분별하는 사람에게는 어떤 오염에 대해서도 두려움도 없습니다. 5대 원소가 유령들처럼 씌어서 무수한 생生에 걸쳐 떠나지 않고 있었지만, **참스승**이 그 원소들을 우리의 하인으로 만들어 우리를 그들에서 벗어나게 해 주었습니다. 그것들도 신이 되었습니다. 유령들의 빙의 같았던 원소들의 영향력이 사라졌고, 수행은 결실을 맺었으며, 이제는 '**성취**'의 성취가 있습니다.

날짜 미상

121. 제3의 눈

많은 날들이 지난 뒤 '내'가 나 자신을 만났습니다. '나'는 성질들에 의해 한정되지 않습니다. 성질들을 넘어서 있습니다. 많은 날들이 지난 뒤, '내'가 나 자신을 이렇게 만나는 일이 일어났습니다. 전에는 하나의 개아일 뿐이라는 느낌이 있었고 그 무지 속에 행복이 있었지만, 이제는 그가 그 자신을 인식합니다. 도공이 자신은 한 마리 당나귀라는 관념을 가지고 있었듯이, 이 개아도 비슷한 환상에 탐닉해 있었습니다. 사람들은 몸에만 온갖 것을 해주면서 "내가 밥을 먹었다. 내가 이것을 했다"고 말합니다. 어느 면에서 그 개아는 다른 사람의 어떤 것을 부러워하면서 탐내고 있었습니다. 이것은 일종의 방종, 즉 우리 것이 아닌 것에 대한 과도한 탐닉입니다. 다른 사람의 돈이 우리 돈이고 다른 사람의 다르마가 우리의 다르마라고 말하면서 그에 따라 행동하는 것은 방종입니다. 다른 사람의 것이 자기 것이라고 말하는 사람은 죄인입니다. 이와 같이 행위하면서 남의[몸들의, 혹은 궁극적으로 신의] 임무들을 떠맡던 사람이, 많고 많은 날들이 지난 뒤에 그 자신을 만난 것입니다. 이제까지 "나"라고 말하던 사람은 거짓 주장을 한 자로 판명되었습니다.

　진아의 참된 성품을 알게 될 때, 세상의 모든 행복이 우리 자신의 행복임을 체험합니다. 이원성의 베일이 제거되는 즉시 나, 너, 그들, 그녀 같은 문법의 모든 대명사들이 끝납니다. 그런 차별상을 만들어내는 이원성이 완전히 끝이 납니다. 그러면 일체가 저 광대무변함이 됩니다. '지知의 큰 저수지'가 열린 것입니다. 참스승의 발아래 하인인 사람이 이 전 세계가 그 자신의 진아, 즉 "내가 그다(Soham)"로 가득 차 있는 것을 발견합니다. 반면 스승의 헌신자가 아닌 사람에게는 이 세계가 "나는 누구인가?"로서 나타납니다. 누가 어떤 사람에게 물었습니다. "이 읍은 어떤가요?" 그가 말했습니다. "이 읍은 당신의 혀 나름이지요." 혀 그 자체의 실제 맛은 무엇입니까? 브라만인 자에게는 전 세계가 브라만일 뿐입니다. 여러분이 선하면 이 세계도 선합니다. 바꾸어 말해서 세계는 여러분의 관점, 여러분의 개념에 따라 나타납니다. 이 세계가 브라만이라는 것을 보는 자만이 그 자신 브라만입니다. 그 자신을 실제 있는 그대로 보는 사람이 진인입니다. 이 세계는 진인에게만 그 실재성을 드러내고, 무지인들에게는 온갖 다양한 형상들을 보여줍니다. 헌신자가 아닌 사람들에게 이 세계가 다양성으로 가득 차 있는 것으로 보이고, 참스승의 헌신자에게는 그것이 '하나'입니다. 사실 무지한 사람은 눈이 두 개여서 그 눈들이 이원성을 보여줍니다. 이 세계를 두니야(Duniya)라고 하는데, 그것은 '둘'이라는 뜻입니다. 무지한 사람은 이원성밖에 보지 않겠지요. 무지는 '둘'에서 태어납니다.

스승의 아들에게는 '한 눈'이 주어졌고, 이전의 두 눈, 이원성을 보던 눈은 스승이 가져갔습니다.40) 이것은 그 눈들이 보여주는 것이 거짓이기 때문입니다. 이원적인 눈들이 거짓이기 때문에 그 눈들이 보는 세계도 거짓입니다. 참스승의 제자에게는 한 눈이 주어졌고, 그것은 단 하나의 눈이기 때문에 두 번째가 없는 하나만 봅니다. 이원성의 베일이 제거되었습니다. 환幻의 베일이 찢겨졌고, 단일성의 느낌이 떠올랐으며, 모든 구분이 사라졌습니다. 이전에는 여러분이 속고 있었습니다. 이제는 그 속임수가 분리의 느낌과 함께 끝나 버렸습니다. 단일성이 입증됩니다. 5대 원소가 사라지고 행성들이 사라지며, 미혹의 설교자들이 그들의 설교를 박탈당합니다. 하나의 단일한 행성 결합[지知의 단일성]이 모두의 운명입니다. 그 성좌는 변치 않으며, 그것의 소유자도 변치 않습니다. 모든 행성들이 그들의 영향력과 함께 이제 끝이 나고, 세 가지 성질[라자스·따마스·사뜨와]이 여섯 가지 적敵[분노·욕정·탐욕·욕망·갈망·자부심]과 함께 사라집니다. 비슈누·브라마·시바 신들도 모두 그들 자신의 처소로 돌아갔고, 단 하나의 빠라마뜨만만 남습니다. 5대 원소에 대한 집착이 사라졌습니다. 토성의 자오선 통과와, 그와 연관되는 7년 반의 불행기도 사라집니다. 5대 원소라는 다섯 유령에 시달리던 개아가 해소됩니다. 변치 않았던 영원한 신만이 남습니다. 본래 그는 순수하고 무구했는데, 분별에 의해 순수성을 되찾은 것입니다. 신이 사람들 가운데 있으면서 그 자신을 한 인간으로 생각했고, 환幻 속에서 자신을 '나'라고 불렀습니다.

하누만은 라마를 만나기 전에는 자신을 원숭이로 생각했습니다. 그가 참스승 라마를 만나자 안팎으로 라마와 하나가 되었습니다. 그는 라마가 내면에 있는지 보기 위해 영락瓔珞(보석들을 줄에 꿴 것)을 끊은 다음, 자신의 가슴을 갈라서 그 안에 시따와 라마가 살고 있는 것을 증명했습니다. 그때

---

40) T. '한 눈'은 삼라만상과 하나인 지知, 곧 일체를 지각하되 그것이 곧 자기임을 아는 순수한 의식을 가리킨다.

라마가 말했습니다. "이보게, 왜 가슴을 찢었나? 그 보석들도 라마와 하나 아닌가?" 라마 없이 어떤 것이 있습니까? 두 눈을 모두 스승인 라마께 드리면 우리는 '한 눈', 즉 '지知의 눈'을 얻습니다. 만물에 편재해 있는 라마는 이 제3의 눈에만 보입니다. '그 자신의 것'을 잃어버렸던 자가 그것을 되찾았습니다. 우리가 왕이고, 우리가 백성입니다. 우리가 신이고, 우리가 숭배자들입니다. 우리가 지구이고, 우리가 강입니다. 그는 그 자신 모든 것이 되며, 그런 다음 자기 것이었던 것을 얻습니다. 그의 탄생과 죽음이 해소됩니다. 라마가 하누만에게 말했습니다. "그대는 영원하다."

이제 라마인 스승이 말합니다. "모든 원숭이들이여, 너희는 하누만이다. 그러니 하누만이 되라." 이것은 여러분이 에고를 죽여야 한다는 뜻입니다. ('하누만'에서) '하누(Hana)'는 살해 또는 희생물 바치기를 뜻하고, '만(Maan)'은 자부심, 곧 에고를 뜻합니다. 에고가 살해될 때 비로소 그 사람은 하누만이 됩니다. 저는 여러분 모두에게 브라만이 되라고 말하고 있습니다. 그 자신을 보는 사람에게는 탄생과 죽음이 사라집니다.

1935년 11월 21일 저녁

122. 넘으면 안 되는 선

한 브라민이 언젠가 악몽을 꾸었습니다. 그 꿈에서 그는 자신이 불가촉 천민이라고 느꼈습니다. 그 꿈 때문에 그는 노동자들과 어울리기 시작했고, 그 카스트에 어울리는 온갖 일을 하기 시작했습니다. 많은 고생을 한 그는 지겨워졌고, 그래서 어느 참스승을 찾아갔습니다. 참스승이 그를 깨우쳐 주었습니다. 그러자 그가 말했습니다. "이 무슨 기적인가! 나는 잠이 들었고, 그 꿈속에서 고생을 했다. 그러다가 참스승께서 나를 깨우쳐 주셨다!" 그가 고생을 한 것은 환幻 때문이었을 뿐입니다. 개아가 이 꿈 세계를 참되다고 여겨 고생을 하고 나면, **참스승**이 그를 일깨워줍니다. 여러분은 마음, 지성, 혹은 감각기관이 아닙니다. 대상들이 자기 것임을 말하기 위해 사용하는 '나의'라는 단어는 입으로 하는 말일 뿐입니다. 여러분은 모든 것의 주시자입니다. 눈에 보이는 모든 것은 일시적이고, 찰나적이고, 파괴될 수 있습니다. 마음, 지성, 일체가 다 파괴될 수 있습니다. 마음과 지성은 여러분에게 '보이다가' 끝이 있게 될 것입니다. "이것은 내 것, 이것은 내 것"이라고 말하는 '여러분'은 눈에 보이는 모든 것과 별개입니다. 여러분은 누구입니까? 여러분은 어떤 때[垢]나 오염도 없는 **순수한 지**知, **순수한 의식**입니다. 꿈, 깊은 잠, 생시 상태를 의식하는 **진아**입니다. 여러분은 그 몸 안에서 "나"라고 말하는 그것입니다. 큰 말씀 "따뜨 뜨왐 아시"는 "그대가 그것이다"라는 뜻입니다. 여러분은 눈에 보이는 모든 것과 별개인 '그것'입니다. 모든 이름과 말이 사라질 때, 남는 '그것'이 그입니다. '그것'이 여러분의 실체입니다. 모든 경험을 뒤로했을 때 "나"라고 말하는 '그것'은 최종적입니다. 여러분이 곧 남아 있는 '그것'입니다. 그럴 때 '그것'은 "아무것도 없다"고 말하고 고요히 있습니다. 그런 다음 그 고요함조차 뒤로하게 됩니다. 고요함의 체험조차 사라지면, 포기한다고 말하지 않아도 포기가 생겨납니다. 여러분이 어떤 것도 의식하지 않고 있다는 인식조차도 놓아버리십시오. "나는 무엇을 해야 한다"거나 "이해가 안 된다", "모르겠다"고 말하는 자조차도 **신**일 뿐입니다. 그 신을 **브라만**이라고 합니다.

성자 묵따바이(Muktabai)에 대한 이야기가 있습니다. 하루는 그녀가 만들어 둔 소똥떡(cowdung cakes)[41]들을 누가 훔쳐갔습니다. 묵따바이가 말했습니다. "내가 만든 소똥떡은 알아볼 수 있지." 그리고 소똥떡을 많이 쌓아둔 곳에서 자신이 만든 것들을 골라냈습니다. 그녀는 소똥떡을 만들 때 늘 **빗탈라**의 명호를 염하면서 그의 이름을 기억했습니다. 신의 명호를 염

---

41) 인도의 시골 지역에서는 마을 사람들이 소똥에 짚을 섞어 만든 것을 말려서 불을 지필 때 땔감으로 쓴다.

하는 소리가 그 떡에 스며들어 있었기 때문에, 자신이 만든 소똥떡 하나 하나에서 그 소리를 들을 수 있었던 것입니다. 신[하리]의 헌신자들의 심장 속에서는 물론이고 밖에서도 신의 이름이 울려 퍼집니다. 그래서 모든 행위에서 **신의 명호**가 되풀이하여 메아리칩니다. 신과 접촉하는 헌신자들의 환경은 신성해집니다. 그래서 묵따바이는 자기가 만든 소똥떡을 알아볼 수 있다고 말한 것입니다. 얼마나 큰 **자기확신**입니까! **참스승**의 헌신자는 그런 큰 확신을 가질 필요가 있습니다. 그러지 않고 **스승**에 대한 헌신을 과시하는 일부 헌신자들도 있지만, 그런 것은 **브라만**이라는 **절대적 상태**를 얻는 데 도움이 되지 않습니다. 신은 그 헌신자 이전입니다. 신은 영원합니다. 그는 그런 헌신자의 위선을 이미 알고 있습니다. 헌신자가 **신**에게 진실하면 **신**도 그 헌신자에게 진실합니다. 그래서 우리는 "신은 내 것이고, 나는 신의 것"이라고 말해야 합니다. 심장이 늘 **그의 명호**로 메아리치는 사람, **그**를 아는 사람은 해탈합니다. 그런 사람은 앞의 이야기에서 말한 묵따바이의 소똥떡과 같습니다. 누구도 그것을 훔쳐서 뗄 수 없습니다. 자신이 순수하고, 오염 없고, 의심에서 벗어나 있다는 것을 아는 사람은 해탈합니다.

사람들은 세간적 삶 속에서 두려워합니다. 한번은 어떤 사람이 있었는데, 사람들이 곧잘 자신을 욕했기 때문에 두려워서 자신의 **스승**을 찾아갔습니다. 스승은 그에게 만트라를 하나 주면서 말했습니다. "내가 **그것**이다. 나는 **진아**다. 그대는 **진아**다." 이리하여 그는 두 번째로 태어났다고 합니다. 그는 **브라민**[브라만을 아는 자]이 되었습니다. 육신은 정액과 피에서 태어나지만, 그 사람은 **스승**의 조언, 곧 그의 가르침 덕에 영적인 삶 속으로 거듭났습니다. 그래서 두 번 태어나고, 성사聖絲(브라민이 몸에 걸치는 실)를 걸칩니다. 한 브라민이 **스승**에게서 **가야뜨리 만트라**[42]를 받아서 순수해지고,

---

42) T. 베다의 유명한 진언. "*Om bhūr bhuvaḥ svah tat savitur varen(i)yam bhargo devasya dhīmahi dhiyo yo naḥ pracodayāt*(옴 부르 부바하 스와하, 저 태양신의 수승한 광휘를 우리가 성취하고, 당신이 우리의 기도를 고무해 주기를!)."

두 번째로 태어납니다. 그러면 그의 아내는 어떻게 브라민이 됩니까? 어떻게 순수해집니까? 브라민[브라만]과의 접촉을 통해서입니다. 남자는 태어날 때 '수드라'[노동자]이지만 스승에 의한 입문(initiation)을 통해 브라민이 됩니다. 스승은 그에게 자기 전통(계보)의 신성한 명호[만트라]를 줍니다. 그가 스승의 아들이 될 때, 그는 성스러워집니다. 그는 존경할 만합니다. "비록 어떤 브라민이 성격상 경멸할 만하다 하더라도, 그는 삼계三界 모두에서 존경받을 자격이 있다"는 것입니다.

자신을 육신과 동일시하는 자가 악마인 나라까아수라(Narakasura)입니다. 천신들도 이 아수라를 통제하지 못했습니다. 어느 면에서 그것은 개아입니다. 주 크리슈나가 나라까아수라를 죽이자 그는 스리 크리슈나 안으로 합일되었습니다. 스승의 아들은 결코 자신이 몸이라고 말하면 안 됩니다. 이것을 알 때 사람은 모든 죄에서 벗어납니다. 자신이 순수한 지知임을 아는 사람은 모든 죄에서 벗어납니다. 그 개아는 꿈속에서 시달렸습니다. 진아는 늘 진아일 뿐이지만, 그가 몸이 되었던 것입니다. 그는 자신이 브라만이라는 것을 알게 되었고, 그래서 그 꿈이 끝나고 그는 자유로워졌습니다. "나는 브라만이다, 나는 진아, 곧 신이다"가 그 자신의 체험이었습니다. 앞서 브라만의 성품 자체가 쁘라냐나(Pradnyana), 즉 지고의 지知라는 것을 지적으로만 이해하고 있었는데, 이제는 의심할 바 없이 그 지知가 확인됩니다. 존재하는 모든 것은 본질적으로 바람(Vayu)의 성품을 가지고 있는데, 바람은 생명기운 짜이따니야와 하나이고, 따라서 모든 것은 생명기운일 뿐입니다. 모든 신들은—심지어 미세한 몸을 가진 신들과 어떤 형상을 가진 신들조차도—생명기운에서 나왔습니다. 짜이따니야가 모든 중생들 속에서 하나임을 이제 분명한 의식 속에서 알게 되었고, 그리하여 '그것'이 도처에서 '유일한 것'임도 알게 됩니다.

힌디어에 이런 말이 있습니다. "내면의 영적인 라마를 기억해야 한다. 그러면 생사윤회의 속박이 끊어질 것이다." 라마가 진아인 자신의 본질적 성품을 알고 있었다면, 바시슈타 밑으로 배우러 갔겠습니까? 진인 바시슈타가 그에게 말했습니다. "그대는 외적인 **라마**, 곧 그 몸이 아니다. 그대는 내적인 **라마**이다." 스리 크리슈나도 스승 산디빠니(Sandipani)를 찾아가서 자신이 주 크리슈나임을 깨달았을 때에야 비로소 **빠라마뜨만**의 화신으로서 온전한 힘을 갖추게 되었습니다. 그렇지 않았다면 그는 일개 목동에 불과했습니다. 라마만이 내적인 **라마**, 곧 **진아**를 이해할 수 있었습니다. 헌신에서 최상의 길은 모든 존재 속에서 **신**을 인식하는 것입니다. **짜이따니야**가 그 내면의 신이며, 모든 존재들 안에서 현현하는 것이 바로 그입니다. 중세 힌디어에 이런 말이 있습니다. "사람아, 사람 속의 살아 있는 **신**을 섬겨야지 왜 돌을 섬기나?" 지구상의 순례지들은 헤아릴 수 없이 많습니다. 수백만 번 성지순례를 떠날 수도 있겠지만, 그 공덕은 **진아지**에 비하면 1루피의 몇 분의 1에도 미치지 못합니다. 락슈만은 자기 오두막 앞에 선을 하나 긋고 **시따**에게 그 선을 넘어오지 말라고 했습니다. 마찬가지로, **참스승**은 여러분을 위해 선을 하나 그어 두었습니다. 이것은 여러분이 **진아**인 자신의 **참된** 성품에서 몸과의 동일시 수준으로 전락함으로써 이 선을 넘어서는 안 된다는 뜻입니다. 여기서 여러분의 에고는, 만약 그 선을 넘으면 여러분을 감옥에 집어넣을 나찰왕 라바나입니다. 지금 여러분의 마음은 원숭이 신 **하누만**과 같습니다. 그 마음의 도움으로 **라마**와 하나가 되어야 합니다.

　살인을 저지른 혐의를 받은 사람의 이야기가 있습니다. 그가 **참스승의** 은총으로 방면되었습니다. 그뿐입니다. "그때 나는 깨어났다"는 것입니다. 마찬가지로, 여러분은 몸에 대해 살인을 저지르는 혐의를 받는데, 몸은 무수한 탄생을 하며 지속됩니다. 여러분이 방면되는 것은 자신이 **진아**임을 자각하게 될 때뿐입니다. 여러분은 **브라만**입니다. 여러분은 **빠라마뜨만**이고, 그 '그대'가 지금 깨어 있습니다. 그 '깨어 있음' 안에 부단히 머물러야 합니다. 개아가 슬픔에 시달리다가 깨어나 그 자신을 만났습니다. 이와 같이 그 자신을 깨달은 이가 신이 되었습니다. 그런 사람이 신의 화현입니다. 그만이 이 세상에서 승리합니다. 자신이 **진아**임을 완전히 확신하는 자만이 승리합니다. 그만이 **빠라마뜨만**입니다.

1935년 11월 22일 저녁

123. 성자들은 신의 화현이다

진정으로 신의 화현이었던 이들은 몸이 죽은 뒤에도 그들의 힘이 감소하지 않습니다. 그들이 이 때문에 돌아옵니까? 아니지요! 그런 것이 아닙니다. 그들은 완전히 해탈했지만, 사람들은 여전히 그들의 힘에 의해 신비한 체험을 합니다. 예컨대 그들이 방문했던 곳이나 그들이 삼매에 든[몸을 벗은] 곳에서 말입니다. 그러나 그것은 그들이 이 세상에 돌아왔다는 의미가 아닙니다. 이 성자들이 몸을 가지고 살아 있을 때도 기적은 일어났습니다. 그러나 그 성자가 그런 기적에 관여하지 않는다는 것을 유념하는 것이 중요합니다. 사람들은 자신의 믿음이나 신념에 따라서 체험을 얻습니다. 신이 충실한 헌신자를 돕는 것은 사실입니다. 때로는 꿈속에서 신이 보이기도 합니다. 마찬가지로, 많은 사물과 많은 동물들도 꿈속에 나타납니다. 만일 사람이 꿈속에서 기차를 보면, 그 기차가 그것을 알겠습니까? 그 기차가 누군가의 꿈속으로 들어가야겠다고 결심하겠습니까? 아니, 전혀 그렇지 않지요. 어떤 사람이나 사물도 누군가의 꿈속에 나타날 수 있습니다. 그 사람이나 사물은 자신이 누군가의 꿈속에 들어갔다는 것을 모릅니다. 그러나 이런 도리를 아는 지혜로운 이들은, 어떤 성자들이 죽은 뒤에도 (그들과 관련되는) 특별한 일들이 일어난다고 말합니다. 그런 일들이 왜 일어납니까? 그 성자들이 큰 공덕을 지었고, 신을 앎으로써 신이 되었기 때문입니다. 누구든지 순수한 믿음으로 그들에게 헌신하는 사람은 자신의 믿음에 따라 체험을 얻을 수도 있습니다. 이 경우, 의심이 사라집니다. 따라서 여러분은 '한 물건'에 대해 믿음을 가져야 합니다. 자신이 참된 존재라는 굳은 확신이 있을 때는 우리의 힘이 늘어납니다. 사람들은 '우주와의 지속적 단일성'을 가진 사람에게 헌신하는데, 그들은 많은 기적을 볼 수도 있습니다.

여러분은 체험과 굳은 확신을 증장함으로써 자신이 브라만이라는 것을 자각해야 합니다. "나는 브라만이다(Ahambrahmasmi)"가 가장 위대한 진리입니다. 만일 모든 것이 브라만이라면, 왜 여러분은 브라만이 아니겠습니까? 모든 것이 신이라면 여러분도 신 아닙니까? 어떤 사람이 여러분의[신의] 이름을 지니면 그의 액운이 없어질 것입니다. 따라서 여러분은 아무것도 할 필요가 없습니다. 어떤 상상의 재주도 부리지 마십시오. 각자가 자신의 믿음과 신념에 따라 결과를 얻을 것입니다. 여러분이 무엇을 걱정해야 합니까? 어떤 것도 요구하지 않는 사람은 진주를 얻지만, 요구하는 것이 있는 사람은 아무것도 얻지 못합니다. 구걸하는 사람은 힘을 얻지 못하는 반면, "나는 아무것도 원치 않는다"고 말하는 사람은 모든 힘(능력)들을 성취합니다. 그런 것에 대한 욕망이 없어도 말입니다. 헌신자가 아닌 사람들은 능력을 갖고 싶어 하지만, 헌신자는 그런 것이 필요치 않습니다. 왜냐하면 그는 생명의 전체성을 성취했기 때문입니다. 여러분은 다른 사람의 열병을 치유해 주기 위해 성자가 됩니까? 여러분이 세상을 정말 보살핍니까? 여러분은 남들의 재산이나 자식을 늘려주기 위해 성자가 되었습니까? 여러분이 영원한 생명을 얻는다 해도 저는 아무것도 잃는 게 없습니다! 여러분이 큰 부자가 된다고 해서 제가 왜 걱정합니까?

자신이 브라만이라는 느낌을 유지하고 더 깊이 계발하려고 노력해야 합니다. 여러분의 '홀로됨'이 방해 받지 않게 하십시오. 바라던 결과를 얻지 못했다 해도 그 역시 브라만 아닙니까? 여러분의 마음이 말하는 것은 모두 거짓입니다. 무엇이 지금 눈에 보이고, 무엇이 장차 보이게 되든 모두 거짓입니다. 진아에 대해 완전한 믿음을 가지고 있는 사람은 힘이 매우 강해집니다. 스승과 신에 대한 부동의 믿음을 가져야 합니다. 이것은 자신이 브라만이라는 믿음을 가져야 한다는 것, 최소한 여러분의 스승에 대한 믿음은 가져야 한다는 것을 의미합니다. 믿음이 없으면 모두가 허사입니다. 설사 여러분이 형상 없는 신에 대한 지知를 얻는다 해도, 명상과 몸을 가진 신(Saguna Brahman)에 대한 숭배를 그쳐서는 안 됩니다. 오히려 우리에게 영적인 지知를 베풀어준 스승에게 감사하기 위해 그것을 더 계발해야 합니다. 그렇지 않으면 헌신도 없고 지知도 없는 마음 상태가 있게 될 것입니다. 자신이 대단한 지知를 가진, 혹은 영적인 성취를 이룬 사람이라는 자부심만 있을 것입니다. 그리고 이 자부심에 의해 참된 진보가 저지될 것입니다. 만트라 염송(japa)과 스승이 베푼 가르침에 대한 성찰(manana)을 멈추면 안 됩니다. 형상을 가진 신에 대한 숭배를 포기하는 사람은 어디서도 실패하게 됩니다. 만일 스승에게 보답[봉사와 숭배]하지 않으면 여러분의 지知는 결실이 없습니다. 브라만의 지知는 스승에 대한 헌신을 포기하는 사람에게 행복을 안겨주지 않습니다. 참스승은 그의 헌신자가 되는 사람에게 매우 친절하게도 진아지와 힘을 줍니다. 이 헌신을 포기하는 사람은 설사 진아지를 갖는다 해도 실패자가 됩니다.

현자 깐와(Kanva)는 하루 중의 반은 불가촉천민이 되고 나머지 절반 동안만 브라민이 되어야 했습니다. 왜냐하면 스승을 속여서 신적인 지知를 얻었기 때문입니다. 다른 유형의 지식은 수업료를 내고 얻을 수 있지만, 진아지는 스승이 무료로 베풉니다. 따라서 스승에 대한 헌신을 포기하면 안 됩니다. 헌신이 여러분을 스승에 대한 의무에서 벗어나게 하는 수업료입니다. 우리는 자신의 믿음에 따라 체험을 얻겠지만, 참스승은 그 모든 것에 상관하지 않습니다. 그는 결함이 없고 오점이 없습니다. 각자 자신의 믿음에 따라 결실을 얻습니다. 참스승의 헌신자는 틀림없이 이익을 얻을 것입니다. 바잔(Bhajans)[헌가 찬송]과 여러분의 특정 종파(Sampradaya)의 규칙을 따라야 합니다. 참스승에 대한 헌신은 신에게 올리는 공양입니다. 여러분에게 헌신이 있으면 음식도 얻게 될 것입니다. 만일 헌신을 하지 않아 신을 배고프게 하면 궁극적 결실을 얻지 못합니다. 여러분이 자신의 끼니를 잊는 것은 정말 문제가 되지 않지만 **헌신**은 결코 포기하지 마십시오. 여러분에게 신이나 스승에 대한 찬가를 부르라고 말하는 사람을 아무도 만나지 않아도, 만일 여러분이 (헌신하다가) 굶게 되면 많은 사람들이 음식을 좀 먹으라고 권할 것입니다. 바잔을 부르는 사람은 명상을 할 것을 기억하고, 분명히 자신의 **스승**을 기억합니다. 스승에게 밤낮으로 봉사하는 사람은 틀림없이 **빠라마뜨만**을 만납니다. 이것이 확신의 힘입니다.

1935년 11월 24일 저녁

124. 지知의 길에서의 브라만에 대한 확신

일체가 실은 **브라만**일 뿐입니다. 이름과 형상은 거짓입니다. 눈에 보이는 모든 중생은 죽어서 흙의 일부가 됩니다. 바람은 흙의 모든 입자를 삼킵니다. 부는 것은 바람이고, 바람의 차가움이 물입니다. 바람의 열기는 빛이고, 바람의 무거움은 물질, 곧 지구입니다. 모든 인간과 여타 동물들은 갖가지 음식을 먹지만, 결국에는 다 죽습니다. 모두가 바람과 하나가 됩니다. 물이 얼면 딱딱해집니다. '쁘리트위(prithvi-흙)'는 '돌아간다'는 뜻입니다. 마라티어에 '빠라따위(paratavi)'라는 동사가 있는데, 이것은 '되돌아가다'는 뜻입니다. '빠라뜨(parat)'는 '원래의 자리로 돌아간'이란 뜻입니다. 그래서 모든 원소가 하나가 되면 **생명기운 짜이따니야**만 있습니다. 지구가 태양 주위의 궤도를 도는 속도는 엄청납니다. 지구상에는 지구 자체만큼 빠르게 움직이는 것이 아무것도 없습니다. 우리의 몸은 5대 원소로 이루어져 있는데, 이 원소들은 **짜이따니야**에 다름 아닙니다. 몸은 충분한 에너지를 얻기 위해 음식, 물, 공기를 필요로 합니다. 우리의 몸은 흙의 일부이기 때문에, 몸은 음식으로 흙의 일부를 필요로 합니다. 5대 원소와 **진아**

를 합친 여섯 가지가 한 그룹을 이루지만, 일곱 번째가 있으니 그것은 이 여섯 가지 모두의 거짓됨입니다.

스리 샹까라[샹까라짜리야]가 베단타에 관해 설법하다가 말했습니다. "마야가 실재한다고 말하는 사람은 바보입니다." 마야 자체가 '아무것도 없다'는 뜻입니다. 아이들이 장난감으로 하는 놀이가 거짓이듯이, 마야가 실재한다는 이론도 마찬가지입니다. 이런 모든 것에 대해 논쟁하는 사람들도 같은 정도로 '실재'합니다. 즉, 마야에 대한 논쟁에 몰두하는 사람들은 마야가 실재하는 만큼 실재합니다. 마야와 탐욕은 비슷합니다. 눈에 보이던 음식 덩이가 식사 과정에서 사라져 보이지 않게 되듯이, 눈에 보이는 장면도 보는 과정에서 눈에 보이지 않게 됩니다. 식사와 식사하는 사람, 봄과 보는 사람 모두 거짓입니다. 논쟁과 논쟁자 모두 거짓입니다. 단일성과 다수성의 개념도 거짓입니다. '하나'와 '다수'도 거짓입니다. 오직 하나가 있고 두 번째는 없습니다. 오직 유일한 하나가 완전하고 전적인 존재입니다. 그 안에는 다른 어떤 것도 없습니다. 있을 수가 없습니다. 그렇다면 그 충만하고 완전한 것이 어떻게 거짓일 수 있습니까? 주의 깊게 들으십시오. 다른 어떤 것도 없고 오직 '한 물건'이 있다는 것이 이해되면, 여러분도 '저 브라만' 아닙니까? 일체가 여러분의 전체성, 그 단 하나의 브라만 안에 들어 있지만, 브라만이라는 단어조차 생략됩니다. 이것은 무슨 시詩가 아닙니다. 어떤 상상의 유희도 없습니다. 거짓인 이 상상적인 개아는 여기에 존재하지 않습니다. 우리가 없기에, 마찬가지로 두 번째, 곧 '타자'도 없습니다.

어떤 항아리가 자신이 무엇인지를 알아내어, 자신은 항아리가 아니라 흙의 일부일 뿐이라는 것을 알았습니다. 그러자 항아리는 걱정에서 벗어났습니다. 마찬가지로, '전체인 브라만'에 대해 아는 사람들은 자신이 무엇인지를 알아내기 시작하고, 신만이 있다는 것을 깨닫게 됩니다. 뼈와 근육으로 이루어진 육신들은 신, 곧 '세계의 주'인 나라야나(Narayana)의 거주처입니다. 신이 어디에 있습니까? 여러분 자신이 신입니다. 그릇된 개념에 집착하는 것이 허물이며, 의심을 갖는 것이 허물입니다. 실재 대신 다른 뭔가를 생각하는 것은 그릇된 개념입니다. 여러분이 **나라야나**, 곧 신일 때 여러분 자신을 **사람**(Nara)으로 생각하는 것은 그릇된 개념입니다. **나라야나**는 시작이 없습니다. 여러분이 그를 '사람'으로 부르는 것은 놓아 버려야 할 그릇된 개념입니다. 그런데, 의심이 무엇입니까? 여러분은 "나는 사람일 뿐이다"라고 말하는데 어떤 사람이 "그대는 신이다"라고 할 때, 이것을 의심이라고 합니다. "어떻게 그것이 가능한가?" 하고 그것을 의심하는 것이 (산스크리트어로) '아삼브하바나(Asambhavana)', 곧 **진리에 대한 의심**입니다.43) 벽에 그려진 바다그림이 바다로 보이면 그 벽이 어떻게 있겠습니까? 벽에 많은 그림이 그려져 있을 수 있지만, 그것들은 실은 '벽'이라는 한 가지 물건일 뿐임을 아는 것이 **지**知입니다. 무지가 죄들 중 최대의 죄입니다. **무지**의 편을 드는 것은 더없이 슬픈 일이지만, **무지**를 인식하는 것은 최고의 행복입니다. **마야**가 실재한다고 말하는 것은 죄입니다. "모두가 **브라만**"임을 아는 것이 최고의 공덕입니다. "이 모든 것은 **브라만**의 성품, 신의 성품을 지니고 있다"는 것을 알고 그렇게 말하는 것이 진리를 말하는 것입니다. 이 세계가 실재한다고 말하는 것은 비진리입니다. 주 **크리슈나**가 "이 모든 것은 나 자신이고, 이 모든 것은 **브라만**이다"라고 했을 때, 그는 **진리**를 말했습니다. 오늘은 여러분이 이 **진리**를 받아들이지 않을지 모르지만, 결국은 진리를 말해야 할 것입니다.

 세간적 기준으로는 주 **크리슈나**가 한 말이 참되지 않았지만 그의 마음속에 '참'이나 '거짓'의 어떤 이원성도 없었다고 해봅시다. 그가 죄인이 될까요? 예를 들어 (독신이었던) 하누만의 결혼 이야기는 거짓 아닙니까? 맹세를 하고 말할지라도, 허망한 겉모습을 참되다고 생각하는 그릇된 개념을 토대로 말하는 사람은 거짓 진술을 하는 것입니다. **진리**를 말하는 사람은 이 모든 세계의 겉모습이 참되지 않다는 것을 아는 사람입니다. 그에 반

---

43) *T*. "그대가 그것이다"라는 베단타적 진리에 대한 믿음은 자연히 "왜 그런가?" 하는 의심으로 이어진다. 그래서 이것은 수행을 촉진하는 바람직한 의심, **진리**를 탐구하는 의심이다.

하는 모든 이야기는 거짓입니다. 어떤 사람은 달이 달빛의 우유를 마신다고 합니다. 그것을 장님이 보았고, 귀머거리는 달이 우유 마시는 소리를 들었다고 맹세했으며, 앉은뱅이는 그곳까지 걸어갔다는 것입니다. 마야가 실재한다고 말하는 사람의 이야기도 이와 비슷합니다. 거짓말쟁이가 하는 모든 말이 거짓이듯이 말입니다. 여러분이 **브라만**에 대해 확신할 때 비로소 **지**知의 길을 걸을 만큼 강하다고 할 수 있습니다. 만약 누가 **진정한 지**知를 가지고 있느냐고 묻는다면, 자기 자신이 **브라만**임을 아는 자만이 그런 사람이라는 것을 아십시오. 그런 사람이 **큰 요기**, 즉 완전히 **깨달은 자**입니다. 보통의 기준으로는 죄인이고 무지한 사람일지 모르지만, 그는 "**모든 것이 브라만이다**"라는 것을 깨달았고, 따라서 그는 **브라만과 하나입니다**. 여론은 중요하지 않습니다. 중요한 것은 **진리**에 대한 우리 자신의 깨달음입니다. '**깨달은 자**'는 신의 능력들을 얻습니다. 그가 무슨 말을 하든 모두 **진리**로 증명됩니다.

계발이 덜 되었다고 봐야 할 사람은 누구입니까? 여전히 어떤 의심을 품고 있는 사람이 '계발이 덜 된 사람'입니다. 아무 의심이 없는 사람은 **브라만**이 되었습니다. 의심이 사라진 사람은 **평정심**(equanimity)을 가지고 있습니다. 그의 체험은 무엇이며, 그의 확신은 무엇입니까? 그는 만물과의 **단일성**을 알고, 느낍니다. 모든 사람과 모든 사물이 일점의 차이도 없이 그 자신과 동일하다는 것을 압니다. 이것을 평정심이라고 합니다. 모두가 **완전한 브라만**이라는 것을 진정으로 이해한 사람들은 자신이 **브라만**인지 아닌지, 자신의 상태가 설익은 것인지 익은 것인지 자문할 필요가 없습니다. 나귀는 자신이 나귀라고 말할 필요가 없습니다. 다른 사람이 덜 성숙했다고 말하는 사람은 자신이 덜 성숙한 것입니다. 이것을 참으로 아는 사람은 스승의 축복을 받을 만하다고 보아야 합니다. 결국 '**스승의 축복**'이란 말의 의미가 무엇입니까? "**그대가 그것이다**"를 이해하는 것이 스승의 축복입니다. 만일 여러분이 하누만의 꼬리가 얼마나 긴지를 묻는다면, 그 답은 그것이 여러분의 의심이 큰 만큼 길다는 것입니다. 어떤 사람이 스승을 찾아가자마자 모든 의심을 놓아버렸다면, 지체 없이 브라만을 깨달았을 것입니다.

자신이 브라만임을 이해하는 것을 영적인 지知 또는 브라만의 지知라고 합니다. 이것을 실제로 알 때, 여러분은 극히 중요한 지혜를 성취한 것입니다. 말해 보십시오. 어느 것이 더 중요합니까? 눈에 보이는 대상들과 그것의 즐김이 중요합니까, 아니면 영원한 '브라만의 지知'가 중요합니까? 다만 의심이라는 결함이 사라져야 합니다. 여러분이 브라만이 되었을 때, 스승의 조언은 결실을 거두고, 자신이 신이라는 깨달음의 힘이 있게 됩니다. 그러나 주의 깊게 경청하십시오! 그 힘은 인간의 것이 아닙니다. 힘이 있는 것은 브라만입니다. 그 힘을 알고 소유하는 자가 브라만이며, 그 힘에 의해 브라만은 초연합니다.

날짜 미상

125. 신의 화현

자신이 브라만임을 확신하는 사람은 힘을 얻습니다. 무엇보다도 그는 죽음 그 자체를 죽여야 합니다. 죽음에 대해 무심해지면, 남아 있는 것을 확신하게 됩니다. 죽음이라는 말에는 '시간'이라는 의미가 내포되어 있습니다. 그 죽음과 함께 시간이라는 말도 끝나고, 그 사람은 시간의 크기 없이 머무릅니다. 마야의 시간에서 한 순간은 여러 유가(Yugas)[44]와 맞먹습니다. 네 유가 전체 기간을 하나의 원으로 간주하십시오. 그런 많은 동심원들이 마야의 한 순간에 나타나고 사라집니다. 그러나 브라만 안에서는 단 한 순

---

44) T. 힌두 우주론에서는 큰 우주적 시간 단위. 크리타 유가, 뜨레따 유가, 드와빠라 유가, 깔리 유가의 네 유가가 있으며, 도합 4,320,000년이라고 한다.

간의 시간도 없습니다. 시간은 말합니다. "나는 요기들, 염송하는 사람들, 수행하는 사람들을 잡아먹지만, 진인은 나를 디딤돌 삼아 이 세계를 넘어선다." 대상들과 그 대상들이 나타나는 공간은 시간의 처자식들로 보아야 합니다. 시간은 말합니다. "나는 진인들을 복속시킬 수 없다. 왜냐하면 그들은 나에게 조금도 가치를 두지 않기 때문이다." 이것은 우리가 이마에 바르는 백단향액과 같습니다. 그것을 닦아 버릴 수도 있고 그냥 둘 수도 있지만, 시간이 가면 결국 닦여지기 때문에 우리는 그것이 있든 없든 신경 쓰지 않습니다. 마찬가지로, 진인에게는 시간에 대한 집착이 없습니다. 그것이 있든 없든 진인은 그에 대해 걱정하지 않습니다. 한 순간의 시간이 전 우주를 한 번 보는 것과 맞먹습니다. 그 순간을 소거하면 이 광대한 우주도 그와 함께 사라집니다. 진인은 자신의 존재(Existence) 안에 안정되게 머무릅니다. 파괴는 물론이고 모든 창조 작업을 하는 것은 시간입니다. 태아가 자궁 속에서 발육하는 것도 시간의 작업입니다. 시간 속에서 모든 것이 얻어집니다. 이 모든 것이 시간의 위대함입니다. 창조·유지·파괴가 있다는 것은 시간의 예술입니다. 그것이 시간의 힘입니다.

시간은 세계의 범위를 더 넓힐 뿐이지만, 스승의 아들은 그 머리를 밟고 넘어갑니다. 한 걸음으로 시간을 정복하고, 또 한 걸음으로 불사의 존재가 되며, 세 번째 걸음으로 힘을 휘두르고, 네 번째 걸음으로 자유로워지고, 다섯 번째 걸음으로 비이원적이 되며, 여섯 번째 걸음으로 완전해져서 총체적 전체가 됩니다. 브라만을 깨닫는 자는 여섯 자 내외 길이의 몸뚱이가 아닙니다. 그는 총체적 우주입니다. 우주의 근본 자아는 '우주의 알'인 씨앗 자아(Seed Self)라는 것을 아십시오. 그 자아는 먼지 알갱이만큼, 혹은 원자같이 작습니다. 그 안에 이 광대한 우주가 들어 있습니다. 그 안에 '본래의', '본연적인', '성질을 넘어선', '끝없는 성질을 가진 보편적인' 등의 모든 속성이 들어 있습니다. 그러나 진인은 이런 것들을 넘어서 있습니다. '원자들의 원자'를 아는 사람은 진아 깨달음을 갖추고 있습니다. 이것을 『에끄나티 바그와뜨』, 제15장에서 묘사하고 있습니다.

이 모든 것이 전체적이고 총체적이라는 것을 이해하면서 침묵하는 사람은 모든 **힘**을 성취합니다. **싯디**[영적 능력]에 집중하지 마십시오. 그러다가는 **브라만**의 상태를 잃기 때문입니다. 싯디를 성취하는 것은 불법적 욕구 충족과 같아서 **진아 깨달음**의 길에 장애를 야기합니다. 싯디를 추구하는 사람은 **브라만**의 상태를 잃습니다. 싯디로 명예·명성·찬양을 얻기는 하나, 의식 위에 일종의 덮개, 즉 자부심의 베일 또는 지知의 속물성이 아직 남아 있고, 그 구도자는 **브라만** 위의 이 덮개를 찢어버릴 힘을 가질 수 없습니다. 진아 깨달음에 못 미치는 어떤 높은 체험 상태에 끌리는 구도자는 진아 깨달음을 놓칩니다. 달리 어떤 일이 일어나든 일어나지 않든, **브라만**이 왔거나 **브라만**이 간 것을 체험해 본 적이 있습니까? 아니, 결코 그럴 수 없습니다. **실재물**이 파괴될 때가 있겠습니까? 왜 이것을 의심하고 **실재**에서 벗어나 딴 길로 갑니까? 왜 여론을 두려워하고 자기 힘이 기준에 미치지 못한다고 생각하여 자기 자신의 힘에 대한 믿음을 잃습니까? 여러분의 **홀로 있음**(solitude)을 깨트릴 어떤 일도 결코 하지 마십시오. 여기서 홀로 있음이란 확고한 결심을 갖는다는 뜻입니다. 그것을 깨트리는 것은 이원성에 떨어지는 것을 뜻합니다. 홀로 있음에서 확고함을 유지한다는 것은 늘 우리 자신의 **존재**라는 내밀함 속에 머무르는 것입니다. 그것을 홀로 있음, **홀로 하나로 있음**이라고 합니다. 동요되지 않는 그것이 '**홀로됨**(Aloneness)'입니다.

이제 다른 이야기가 하나 있습니다. 한 구도자가 스승의 아들이 되었음에도 자기 내면의 힘에 대해 확고함이나 확신이 없었습니다. 그는 아무것도 할 수 없었고, 그래서 **성모**(Divine Mother) **여신**께 어떤 공양물을 바치겠다고 약속하며 기도를 했습니다. **여신**은 흡족하여 그가 원하던 것을 하사했습니다. 그래서 그는 작아졌고 힘을 잃었습니다. 사람에 따라 어떤 존재에게 점유될 수도 있는데, 만일 구도자가 그 존재를 섬기거나 존경하면, 설사 그 구도자가 **스승의 아들**이라 할지라도 작아지고 하잘것없게 됩니다. 그의 홀로됨이 깨집니다. 확고함이 느슨해집니다. **진아지**를 가진 사람은 어떤 매개체나 통로를 점유하는 어떤 신령도 결코 섬기지 않을 것입니다. 진아가 진정한 신이며, 일체가 그의 힘에 의해 이루어집니다. 진인은 결코 진아에 대한 믿음을 잃지 않을 것입니다. 만일 진아를 깨닫고 나서 다른 신들을 존경하는 마음을 갖게 되면, 그는 가장 불운한 가난뱅이이며 결코 해탈하지 못할 것입니다. 우리의 믿음은 죽음에 직면해도 동요되지 않을 만큼 강력해야 합니다. 신에 대한 신뢰든 스승에 대한 신뢰든, 신뢰가 있어야 합니다. "내 스승님이 가장 위대하며, 그분께서 일체를 하신다"고 말할 정도의 믿음을 가져야 합니다. 아니면 자기 자신이 빠라마뜨만이라고 생각해야 합니다. '형상', 곧 몸을 가진 신에 대한 헌신이 스승에 대한 진정한 봉사입니다. 설사 신이 무형상이고 어떤 측면이나 속성을 넘어서 있다는 것을 안다 해도, 이 헌신을 소홀히 하면 안 됩니다. 진아 깨달음은 참된 헌신자들에게만 가능합니다. 스승에 대한 봉사 속에서 믿음이 증장되는 사람들은 '지知의 힘'이 늘어납니다. 믿음의 상실, 헌신의 상실은 진아지의 열매가 전락하는 표지입니다. 믿음의 결여는 헌신이 역병疫病에 감염되는 것입니다. 그러니 아주 예리하게 깨어 있어야 합니다. 스승에 대한 헌신을 떠난 사람은 미혹됩니다. 설령 그가 '언어지言語知'를 가지고 있다 해도, 그는 에고적 자부심 때문에 망할 운명입니다. 몸을 가진 신에 대한 헌신을 떠나는 사람은 참으로 불운합니다. 결코 그것을 떠나면 안 됩니다.

헌신은 지知의 비료입니다. 그것은 지知를 키워내는 음식입니다. 헌신에 의해서만 지知가 점차 증가합니다. 진아지를 얻고 나서도 스승에 대한 봉사를 계속하는 사람은 복이 있습니다. 그는 빠라마뜨만입니다. 수행은 그 이면에 힘이 있어야 하는데, 이는 헌신이 없으면 가능하지 않을 것입니다. 자신의 수컷 물소가 죽었을 때 이상한 일을 한 대금업자의 이야기가 있습니다. 그는 물소 뿔에 금을 좀 넣은 다음 그 뿔을 자기가 사는 동네 바깥으로 던졌습니다. 1년 후, 금이 든 그 뿔이 어떤 사람에 의해 그에게 돌아왔습니다. 이것은 누구나 자신이 받을 몫을 받게 된다는 것을 뜻합니다. 믿음은 가장 위대한 것입니다. 스승에 대한 헌신과 그의 축복이 '지知의 영광'입니다. 그러나 헌신자이기를 그만두는 사람은, 설사 지知로 가득 차 있다 해도 불운해집니다. 우리는 사마르타 바우사헵 마하라지의 축복을 받아 왔습니다. 그분은 이렇게 말했습니다. "나는 나의 헌신자이고 헌칠獻七 (Saptah)[일주일간 진행되는 헌신 프로그램]에 참가하는 사람들의 모든 욕구를 충족시켜 준다. 나는 그들의 지지물이다. 그들에게 지원을 베푼다." 지知를 성취하고 체험을 얻었음에도 헌신을 하지 않는 사람은 불운하고 게으르며, 성공하지 못합니다. 어떤 사람이 아무리 위대해도 자기 스승보다 위대하지는 않으며, 자기 스승보다 (영적으로) 부유하지는 않습니다.

부디 환幻의 환경에 의해 잘못 인도되지 마십시오. 여러분이 다른 사람보다 더 낫다고 해서 자부심을 갖지 말고, 상태가 나쁘다고 해서 두려워하지도 마십시오. 스승에 대한 헌신을 강력히 유지하고, 믿음과 용기가 흔들리지 않게 하십시오. 성자 뚜까람은 매일 자신의 헌신을 스스로 축복하면서 바잔을 불렀다는 것을 기억하십시오. 거듭 말하지만, 스승에게, 그리고 신에게 헌신하는 사람의 성공·명성·영향력은 계속 확산됩니다. 어떤 사람은 그를 신이라 부르고, 어떤 사람은 신의 화신이라고 부르며, 어떤 사람은 '큰 헌신자'라고 부릅니다. 그가 참으로 신의 화현입니다.

날짜 미상

126. 스승의 은총

자신이 구나, 즉 속성들을 넘어서 있다는 것을 깨달았을 때, 여러분은 진아입니다. 지성은 압지押紙와 같습니다. 압지가 거기에 닿는 것은 뭐든 빨아들이듯이, 지성도 그것이 접촉하는 것을 흡수합니다. 여러분이 진정으로 원하는 것을 지성에게 주어야 합니다. 지성은 그것이 진입하는 분야에서 작용합니다. 따라서 지성은 **성자**들, 곧 **신**의 **화현**들의 이야기와 그 밖의 영적 주제들에 몰두해야 합니다. 지성이 다른 어떤 대상에도 몰두하지 않는다는 것이 **빠라마뜨만**의 표지標識입니다. 그것은 어떤 대상도 없이 완전히 자유로워야 합니다. 스승에 대한 헌신이 중요합니다. 어떤 사람(스승)에게 사랑을 느끼거나 그와 관계된다고 느끼는 것이 **빠라마뜨만**의 표지입니다. 모두에게 존경을 드리는 것이 **빠라마뜨만**의 표지입니다. 선생님이 대학졸업자면 학생도 대학졸업자가 되기 쉽습니다. 마찬가지로, **스승**이 완전한 **지**知를 가지고 있을 때만 그 제자도 완전한 **지**知를 가지게 될 것입니다. 제자는 전적으로 충실하고, 무욕이고, 충성스러워야 한다는 것은 말할 필요가 없습니다. 스승에 대한 믿음이 없으면 형상 없는 것을 파악할 수 없습니다. 형상 없는 것에 대한 이해의 표지는 세간적 삶에 대한 무감동의 느낌, 가족·친척들에 대한 무관심의 태도, 그리고 "나는 내 **스승**님의 아들이고, 내 **스승**님은 나의 신이시다"라는 확신입니다. 이것을 확신하는 사람은 **브라만**을 깨닫습니다.

스승에 대한 믿음이 **참된 깨달음**의 가장 중요한 표지라고 왜 되풀이해서 말할 필요가 있습니까? 왜냐하면 "나는 **브라만**과 하나다. 인격을 가진 **스승**이나 신에게 헌신할 필요가 없다"고 말하는 사람을 '영리함이 지나친' 사람이라고 하기 때문입니다. 이와 같이 느끼는 사람은 기본적으로 잘못되어 있습니다. 그는 세간적 삶과 영적인 삶에서 다 길을 잃은 것입니다. 지혜롭고 많이 아는 좋은 제자에게는 영적인 삶에서 스승보다 더 높은 것이 없습니다. 가정을 가진 사람은 자기 아내를 섬길 뿐입니다. 그는 아내를 사랑합니다. 좋은 제자는 스승을 사랑합니다. 영적인 삶을 따르는 종교적 인간은 세속적인 사람들과 다르게 행동합니다. 그는 말합니다. "내 삶이 구원받는다 해도, 내가 **진아**를 깨닫는다 해도, 나는 계속 **스승**님을 섬기겠다. 그렇지 않으면 내가 죽는 것이 낫다." 그런 제자는 최고의 **지**知를 성취하며, 분명히 **브라만**을 깨닫습니다. 여러분은 헌가를 부르고 정해진 법식을 준수하는 일과를 따라야 합니다. 여러분 자신보다 더 위대한 누군가를 섬기는 동안은 수줍어하지 말고, 여러분이 해야 할 일을 반드시 완수하십시오. 헌신이 없는 사람은 최고의 지知를 얻지 못하며, 지知가 없는 사람은 스승의 축복을 얻지 못합니다. 스승의 축복을 얻으면 진흙이 금이 될 것이고, 스승의 축복을 얻지 못하면 금이 진흙으로 될 것입니다.

스승의 축복을 얻지 못하면 어떻게 되는지를 말해주는 모범적인 이야기가 있습니다. 어느 참스승의 한 제자가 스승에게 잘 봉사하고 나서 세상으로 나갔습니다. 그는 여행을 하여 어느 나라에 갔는데, 가는 곳마다 융숭한 대접을 받았습니다. 얼마 지나자 명성이 왕궁에도 전해졌고, 총리와 왕이 그에 대한 이야기를 듣게 되었습니다. 그들은 이 제자를 맞으러 나와, 대단히 명예로워하면서 그를 궁궐로 모셨습니다. 이내 이 제자의 명성이 아주 멀리까지 퍼져나갔습니다. 스승이 그것을 알게 되자 왕궁으로 가서 만인이 모인 가운데 제자 앞에 나타났습니다. 제자는 개인적인 영광 속에서 그곳에 앉아 있었습니다. 그는 스승을 얼마쯤 떨어진 곳에서 보았지만 자신에게 하사되고 있는 명예에 마음이 우쭐해져 있던 터라 자리에서 일어나지 않았고, 스승에게 절도 하지 않았습니다. 스승은 이것을 보고 웃음을 지은 다음 거기서 사라졌습니다. 그래도 제자는 개의치 않았습니다. 제자는 왕이 자신을 크게 명예롭게 해준 점을 생각해 존경의 표시로 자발적으로 화환을 왕에게 씌어 주었습니다. 화환이 왕의 목에 둘러지자마자 왕의 온 몸이 뜨거워졌습니다. 왕은 제자에게 이 고통을 좀 덜어달라고 요청했지만 제자가 아무리 애를 써도 고통이 덜어지지 않았습니다. 왕은 그를 왕궁의 홀에서 내쫓았고, 사람들이 이 사건에 대해 알게 되자 그를 나라에서 쫓아냈습니다. 그의 모든 권력과 영광이 사라졌습니다. 그는 이름과 명성을 얻었기 때문에 자기 스승을 모욕한 것입니다. 스승에 대한 헌신을 놓아 버린 대신 자기 몸에 대해 자부심을 갖게 되었던 것입니다.

어떤 일이 있어도 스승에 대한 헌신을 결코 놓아 버리면 안 됩니다. 만일 우리가 명예를 얻으면 그것을 스승께 내놓아야 합니다. 모든 존재들 안의 진아를 느끼는 것이 어떤 것인지를 잘 보여주는 이야기가 있습니다.

한 스승의 헌신자가 한번은 신발로 왕을 때렸습니다. 그러자 왕의 머리쓰개 안에 숨어 있던 치명적인 독사가 밖으로 나왔고, 왕은 목숨을 건졌습니다. 그리하여 그 스승의 이 헌신자는 명예롭게 되고, 왕은 그의 추종자가 되었습니다. 그 나라에는 이 제자를 대놓고 비판하던 사람이 있었는데, 그는 벌을 받았습니다. 이 이야기의 의미는, **스승**이 모든 것을 전적으로 지지하고 있기 때문에 그 제자는 아무것도 겁낼 이유가 없다는 것입니다. 그러나 스승이 지지하지 않으면 어떤 재앙이 닥칠지 아무도 모릅니다. 이 이야기에서 제자는 스승의 축복으로 성공을 거두었습니다. 『라마야나』이야기에서는 원숭이들이 스리랑카를 정복했지만, 누구의 은총, 누구의 힘에 의해서입니까? 물론 **스리 람**(라마), 즉 신의 힘에 의해서입니다. 스승의 축복이 갖는 위대함이 그와 같습니다. 스승의 축복의 힘은 광대합니다. 스승의 **축복**을 받은 사람은 이 세간이라는 바다를 건너기가 어렵지 않습니다. **스승**은 '신적인 힘'을 베푸는 자이며, 그 힘에 의해 모든 죄와 공덕을 포함한 일체가 불타서 재가 됩니다. 늘 의심하는 사람들은 **천상의 거주처**나 해탈을 얻지 못할 것입니다. 진실은, **진아지**를 성취하는 사람은 믿음에 전혀 부족함이 없다는 것입니다. 사실 그의 믿음은 나날이 더 강해집니다. 스승을 기억하자마자 사랑이 솟구쳐서 우는 사람이 진정한 헌신자입니다. 우리는 스승의 고향에서 불어오는 바람에게조차 존경심을 가져야 합니다. 위대한 사람의 개조차도 모든 사람의 존경을 받습니다. 마찬가지로, 스승의 집에 있는 애완견들도 존중해야 합니다.

사람의 모든 명성·성공, 남들에 대한 영향력은 그의 **헌신**에 달렸습니다. 수행의 면에서는 **무욕의 헌신**에 비할 것이 없습니다. 욕망을 가진 헌신은 마음속에 어떤 목표를 가지고 하는 헌신입니다. 어떤 이익을 대가로 신에게 어떤 공양물을 약속하는 것이 욕망을 가진 헌신입니다. **무욕의 헌신**이란, **브라만**의 성취만을 위해 헌신하는 것을 뜻합니다. 이 세상에서 무엇이 진정한 능력, 진정한 힘입니까? 아무것도 원치 않는 사람이 가장 위대하고 가장 강합니다. 권력을 원하고 그것을 얻으려고 애쓰는 사람들은 거지입니다. 아무것도 요구하지 않는 사람은 모두에게 베푸는 자입니다. 싯디와 부티는 그의 하인입니다. 그런 비이기적 헌신은 구도자가 매우 강하지 않고서는 불가능합니다. 만일 스승의 어느 헌신자가 돈을 많이 갖는 것이 스승의 축복을 받은 표지라고 생각한다면, 그들은 아직 환幻의 노예입니다. 그 자신이 진아지를 얻었느냐 여부로 스승의 가치를 판단하는 사람은 매우 훌륭합니다. 다른 사람들은 헌신자들이 그의 축복에 의해 부유해지고 유명해지느냐 여부로 스승의 가치를 판단합니다. 만일 부유하거나 유명해지지 않으면 그 스승은 능력이 없다고 말합니다. 이같이 생각하는 사람들은 마야에 속박됩니다. 그들의 사고는 그런 식일 뿐입니다. 사심 없는 헌신자는 이기적 헌신을 좋아하지 않습니다. 주 하리[비슈누]의 헌신자들은 그런 이기적 헌신의 욕구 충족을 좋아하지 않습니다. 비이기적 헌신에 의해 그 헌신자가 쁘라부(Prabhu), 곧 신 자신임이 증명됩니다. 이기적 욕망에 의해서는 여러분이 쩨쩨한 거지에 지나지 않음이 증명됩니다. 비이기적 헌신으로 신의 영광과 불멸을 얻을 수 있습니다.

'브라만의 깨달음'이 있을 때는 모든 영광이 거기에 내재해 있습니다. 그런데 왜 우리가 거지가 되어야 합니까? 스승의 아들은 비이기적 헌신을 가지고 있고 스승과 하나가 되지만, 남들은 뭔가를 요구하고 봉사만 합니다. 봉사는 봉사고, 소유는 소유입니다. 스승에 대한 헌신으로써 스승과 대등해질 것이지, 사소한 것들을 욕망하지 마십시오. 이기적 헌신을 해서는 안 됩니다. 비이기적 헌신만 해야 합니다. 스승에 대해, 그리고 어떻게 하면 그에게 가장 잘 봉사할 수 있을지를 명상하십시오. 스승에 대한 명상은 스승이 빠라마뜨만, 곧 지고아이며 위대한 주라는 생각을 가지고 해야 합니다. 늘 '브라만의 지知'의 지복 안에 머물러 있어야 합니다. 여러분 자신이 브라만이라고 생각하여 모든 걱정에서 벗어나십시오. 여러분은 저를 섬기면서 저에게 온갖 것들을 주지만, 그러지 말고 그런 것들을 저의 스승님께 올려야 합니다. 여러분이 그렇게 하면 저는 즐겁습니다. 만일 저에게 음식을 공양하고 싶으면, 제가 설명한 내용에 따라 헌신의 행위준칙을 따라야 합니다. 그렇게 하는 것이 저를 먹이는 것이고, 저에게 정찬을 제공하는 것입니다. 그 준칙을 따르지 않는 이들은 저를 배고프게 합니다. 제가 정해 둔 그 준칙을 따르는 사람들을 저는 늘 기억합니다. 여러분이 저를 기억하면 저도 여러분을 기억할 것입니다. 여러분이 저를 기억할 때, 그것 자체가 제가 여러분을 기억하는 것입니다. "스승에게 봉사하는 사람은 열매를 얻는다"고 했습니다.

1935년 11월 28일 저녁

127. 신의 헌신자의 안락한 자리

스승에 대한 개인적 헌신을 소홀히 하는 사람의 지知는 강하지 않거나, 오래 머무르지 않을 것입니다. 그런 사람은 욕망이 대상들을 끌어안고 그 욕망이 자신을 그것들과 동일시합니다. 그러다 보니 그 지知는 대상들과 마찬가지로 오래 가지 않습니다. 사원에 있는 신을 매일 친견하면 헌신자가 모든 대상에서 벗어나게 됩니다. 대상들과 결합하면 지知가 혼란에 빠집니다. 따라서 지知가 견고한 닻을 내리게 하려면 스승이나 신의 상像 같은 형상에 대한 헌신, 예공(puja) 올리기 등을 해야 합니다. 이런 유성有性 헌신(Saguna Bhakti-형상적 한계 내의 헌신)을 중단하면 안 됩니다. 거기에 비이기적 헌신이 수반된다면 이런 유형의 헌신에 비길 것이 없습니다. 비이기적으로 헌신을 행하는 것을 '진정한 힘'이라고 합니다. 어떤 과보에 대한 욕망은 헌신에서 모종의 결과를 얻고 싶은 바람입니다. 욕망은 그 대상과 동일합니다. 비이기적 헌신은 진아지를 얻는 것조차 목표로 하지 않습니다. 진아지를 얻고 나서도 일상적 숭배를 계속하는 헌신자가 참으로 위대합니다. 비이기적 헌신이 브라만의 지知와 결합되면, 그 헌신은 하리[비슈누]와 하라[시바]보다도 더 위대합니다. **브라만의 지**知에 대한 욕망 외의 모든 욕망은 이기적입니다. 겉으로 헌신하는 어떤 사람들은 마음속에 욕망이 숨겨져 있으면서도 그것을 비이기적이라고 말합니다. 신이 그런 사람에게 은택恩澤을 베풀 때, 그 사람은 너무 많은 것을 달라고 합니다! 그런 헌신자는 분명히 이기적입니다. 거듭 말할 수 있지만, **진아지**를 얻은 뒤에도 **유성헌신**으로서 숭배·의식 등을 계속하는 사람이 참으로 위대합니다. 참으로 강한 헌신자만이 그렇게 합니다.

어떤 사람들은 **진아지**를 얻고 나면 성취할 대상이 아무것도 없다는 것을 알게 되고, 그래서 이렇게 자문합니다. "스승에 대한 헌신을 행할 필요가 뭐 있나?" 물론 어떤 이유 없이 행동하는 사람은 없지만, **진아 깨달음**을 얻고 나서도 **헌신**을 계속하는 사람이 참으로 위대합니다. 어떤 욕망을 가진 헌신이 그 결과를 가져오는 것은 사실이지만, **사심 없는 헌신**을 하면 그 사람이 **신**과 **하나**가 됩니다. 이것은 그가 **빠라마뜨만**이 된다는 뜻입니다. 부디 그 열매가 무엇이고, **창조주**가 누구이며, 그 열매를 누가 산출하는지 분별하십시오. 누가 우월한지, 그리고 누가 진짜로 임자인지를 아십시오. 우리는 **비이기적 헌신**이나 **수행**이 우월하다고 말합니다. 만일 그것을 외부적으로 실제로 행할 수 없다면, 최소한 마음속으로는 그렇게 해야 합니다. **사심 없는 헌신**이 진정한 힘입니다. 설사 어떤 사람이 전갈에 물리는 것을 막는 만트라를 가지고 있다 해도, 그 만트라가 힘을 보유하려면 그것을 다시 염해야 합니다. 마찬가지로, **브라만**을 온전히 깨달은 사람은 **스승에 대한 헌신**을 계속합니다. 사람은 자신이 얼마나 많은 힘을 가지고 있는지 분명하게 말할 수 없습니다. 그러니 **신의 능력**의 한계가 무엇인지 우리가 어떻게 말할 수 있습니까? 그 **능력**은 상상을 넘어섭니다. 신의 **능력**은 어떤 일도 하거나 되돌릴 수 있고, 정상적이라고 생각되는 것에 반하는 어떤 일도 할 수 있을 정도입니다. 창조된 것은 무엇이든 끝이 납니다. 이는, 사용된 것은 뭐든 끝이 나지만 모든 것이 끝난 뒤에도 더 많은 **능력**이 남아 있다는 것을 의미합니다. 얼마나 더 많이 있는지는 추측할 수 없습니다. 그 모든 힘, 그 모든 능력이 사심 없는 헌신에 의해 성취됩니다. 주 크리슈나에게 헌신자들이 물었습니다. "주님, 당신의 능력은 얼마나 됩니까?" 신이 말했습니다. "그것은 말하기 어렵다. 나도 모른다. 나의 헌신자들만 그것을 안다. 나의 헌신자들이 나에게 내 능력을 알게 해주었다. 나의 헌신자들에게 재앙이 있을 때 나의 능력을 알게 된다. 나의 능력은 내 헌신자의 힘에 의해서만 드러나게 된다."

브라만의 지知는 이미 제시했습니다. 누가 그것에 다시 활력을 불어넣을지, 어느 정도로 그렇게 할지, 또는 미래의 어느 때에 그렇게 될지는 알 수 없습니다. 그것은 추측할 수 없습니다. 누가 그것을 이용할지, 어떤 방식으로 이용할지, 어느 정도로 이용할지는 명확하지 않습니다. 사람이 그것을 사용해 보면 그에 따라 그 체험을 갖게 될 것입니다. 그러나 한 가지는 확실한데, 스승에 대한 헌신, 곧 유성헌신이 그것의 자양분이라는 것입니다. 그때 비로소 지구상에 지知의 능력이 있을 것입니다. 각 헌신자의 헌신의 힘은 서로 다릅니다. 그것은 각인의 확고한 결의와 헌신의 정도 나름입니다. 많은 변호사들이 있지만 각 변호사의 명성과 인기는 제각각입니다. 사심 없는 헌신자는 자신의 힘이 남들에게 드러나게 하려는 어떤 노력도 할 필요가 없습니다. 신 자신이 그 헌신자에게 명성을 안겨줍니다. 불완전한 것만이 그 자신을 표현하려는 욕망을 갖습니다. 전적으로 완전한 '그것'은 내재적인 깊은 평안과 행복을 가지고 있습니다. 완벽한 자의 상태는 완전하고 어떤 욕망도 없습니다. 그의 모든 헌신 활동은 욕망이 없습니다.

진인 마히빠띠(Mahipati)에 대한 이야기가 있습니다. 그의 아내가 그의 옷을 가져다 어떤 사람의 시신을 덮었더니 그 사람이 되살아났다고 합니다. 이 기적 때문에 마히빠띠의 명성이 널리 퍼졌습니다. 여러분의 영적인 자각을 매일 부단히 늘려가야 합니다. 남들로부터 예공(Pooja)[숭배 행위]을 받지 마십시오. 왜냐하면 바다는 결코 마르지 않지만 작은 깡통에 든 물은 금방 없어지기 때문입니다. 만일 어떤 사람이 여러분에게 명예를 안겨주면, 그것을 여러분의 **스승**에 대한 명예로 생각하십시오. 여러분의 밑천은 적습니다. 그러니 일체가 **스승**의 것일 뿐이라고 인정함으로써 그 밑천을 늘리십시오. 밑천이 (**스승**의 충만함으로) 충분히 차면 아무 문제가 없습니다. **성자**의 지위를 얻은 사람들은 마음속에 어떤 특정한 개인이 있다는 관념이 없습니다. 그들의 존재는 아주 자연스럽게 형상이 없고, 감각기관이 미치는 범위를 완전히 넘어서 있습니다. 그들에게는 유익한 것이나 유익하지 않은 것, 유용한 것이나 유용하지 않은 것, 혹은 무엇을 한 결과와 하지 않은 결과 같은 어떤 차별상도 없습니다. 감각기관을 초월한 사람들은 모든 까르마를 넘어서 있고, 모든 다르마를 넘어서 있습니다. 남들은 설사 무슨 비행에 가담하지 않았다 해도 투옥되거나 처벌을 받을 수도 있고, 어쩌면 마음이나 몸에 어떤 상처를 입을지도 모릅니다.

단지 자신이 대단함을 과시하기 위해 어떤 노력으로 어떤 **영적인 지**知를 성취한 사람들에게는, 일상의 규율, 행위준칙, 선행과 악행, 감각 즐김의 제어, 자신의 행위를 조심하는 것 등에 대해 충고해줄 필요가 있습니다. 그들은 자신의 심적·지적 이해만 신뢰하고, 이제 자신은 **전체성**과 친밀한 관계라고 믿습니다. 그들은 마치 '**그것**'의 어깨에 자기 손을 얹기라도 한 듯이 자신이 '**그것**'과 하나인 분위기를 만들어, 여러분에게 자신이 '**그것**'과 동등하다고 믿게 만듭니다. 그러나 어떤 손익의 문제가 나오면 내면에서 대단히 동요합니다. 이것은 그들이 환幻의 노예 경험에서 벗어나지 못했음을 보여줍니다. 따라서 친절한 마음을 가진 **성자**들은 그들에게 "꽉 붙들어라. 놓아 버려라. 가거라. 멈춰라. 앉아라. 두려워하지 말라" 등으로 말합니다. 세상 사람들은 여러분을 바보로 만드는 데 아주 영리하지만, 바보가 되기 십상인 여러분은 매우 조심해야 합니다. 단순한 사람들과 영리한 사람들 모두 이에 대해 아주 예리하게 생각해 봐야 합니다. 다른 사람들의 박수갈채에 우쭐해하지 마십시오. 개인적으로 매일 하는 유성有性숭배(형상 있는 신이나 스승에 대한 숭배)를 중단하지 마십시오. 사람은 각기 그의 가치에 따라 지위를 얻습니다. **빠라마뜨만**은 신의 헌신자와 **스승**의 헌신자들, **진아**

지를 가진 사람들을 위해 안락한 행복의 자리를 이미 마련해 두었습니다. 만약 그렇지 않았다면 이 지구는 분명 뒤죽박죽이 되었을 것입니다.

영적인 문제에서도 분명한 원칙이 있습니다. **빠라마뜨만**이 그 사람을 매개로 하여 그의 일을 하는 그런 사람만이 그를 성취할 수 있고, 다른 누구도 그럴 수 없습니다. 그래서 여러분이 늘 원칙을 따라야 하는 것입니다. 해가 어둠에 의해 감춰지지 않듯이, **참스승**의 헌신자들은 숨겨져 있을 수 없습니다. 개인적 수준에서의 숭배, 곧 **유성헌신**을 늘 계속하십시오. 여러분의 행위는 늘 여러분과 함께 합니다. **진아**에 대한 공부는 햇빛과 같습니다. 어둠은 해에 접근하지 못합니다. 마찬가지로, **브라만**을 깨달은 사람은 **시바** 그 자신입니다. 액운이 그에게 오지 않습니다. 그는 그 자신의 복리를 위해 기도할 필요가 없습니다. 이 **브라만**의 **지**知가 그와 같습니다. 액운들은 결코 그들의 주의를 그런 사람에게 향하지 않습니다. 자신이 영적인 능력을 가지고 있는지 여부를 확인하고 점검하는 것도 하나의 욕망입니다. 그것은 이기적 헌신입니다.

보세요, (브라만의 **지**知가 있으면) 여러분이 무슨 말을 하기도 전에 여러분의 일이 이루어집니다. 성공해야 한다고 말할 필요가 없습니다. 어떤 사람이 여러분이 방금 지나간 길의 먼지를 자기 이마에 바르면 그들의 소원이 이루어지는지 여부는 여러분이 알지 못합니다. 그것은 여러분이 알아차리지 못합니다. **진아** 깨달음에 대한 완전한 확신이 없다면 여러분의 개념은 헛된 것입니다. 만약 그 **깨달음**이 있다면, 어떤 일이 이루어진다고 해서 놀랄 것이 뭐가 있습니까? 때가 되면 망고나무는 열매로 가득할 것입니다. 마찬가지로, 때가 되면 여러분은 틀림없이 한껏 강력해질 것입니다. 그러나 지금은 자기 마음속에서 자신이 무엇인지, 자신의 **주의**가 어디에 집중되어 있는지를 분명히 하십시오. 그러면 여러분이 우주처럼 광대해집니다. 무한해지고 가늠할 수 없게 됩니다. 신인 여러분이, 어떤 음식이나 주거를 얻게 될지를 왜 걱정해야 합니까? 여러분이 원하는 그 어떤 것도 얻게 될 것입니다. 여러분은 전 세계이지만, 내적인 확신이 강력해질 때까지 기다리십시오. 너무 조바심하지 마십시오. 여러분의 마음이 오로지 진아에 맞추어져서 그 자체 **전체성**이 될 때까지 기다리십시오. **인격신**에 대한 헌신으로 무한한 힘을 얻습니다.

어머니가 늘 자식의 행복을 소망하듯이, 스승은 제자들의 행복을 소망합니다. 여러분의 삶에 대한 책임을 진 **참스승**은 분명히 여러분에 대한 보살핌과 복지를 그의 가슴에 담고 있습니다. **참스승**은 여러분이 더 많은 힘을 갖기를 바랍니다. 죽음조차도 여러분을 향하면 안 되고, 여러분을 두려워해야 합니다. 그것이 여러분에 대한 **참스승**의 **축복**입니다. 그러니 여러분의 헌신은 완전히 무욕이어야 하고, 어떤 이기적 동기도 없어야 합니다. 만약 어떤 동기를 가지고 숭배하면 그 동기가 여러분이 거두는 열매가 됩니다. 익으면 꼭지가 물러지는 것이 열매의 성품입니다. 여러분은 꼭지로 머물러 있어야 합니다. 꼭지에서 열매가 태어나는 것은 자연적 과정입니다. 신이 헌신자들 중 한 사람이 흡족하여 그에게 은택을 주겠다고 했지만, 헌신자는 자신이 아무것도 원치 않는다고 했습니다. 신이 말했습니다. "보라, 이 사람은 아무것도 요구하지 않는 헌신자다. 나는 그에게 필요한 모든 것이 충족되도록 보살펴 주겠다." 자궁 속의 태아는 그 자신에 대해 아무것도 모릅니다. 그것은 하나의 태아일 뿐이고, **대상 없는 지**知를 가진 존재입니다. 그것은 알아야 할 어떤 대상도 없는 **의식**입니다. 그것이 실제로 필요로 하는 모든 것이 공급됩니다. 태아의 발육, 성장 그리고 영양 공급에 대한 모든 보살핌이 이루어짐은 물론, 그것이 태어난 뒤 세상을 살아가는 데 필요한 모든 것, 전체 몸의 기관, 음식, 전체 몸체와 그 기능이 공급됩니다. 누가 그 모든 일을 합니까? 물론, 자신을 별개의 한 몸으로 의식하지 못하는 그 생명의 모든 것을 공급하는 것은 **신**입니다. 그래서 **진인**과 **성자**들은 말합니다. "행운의 여신은 어떤 요구도 하지 않는 사람들의 하인이 되지만, 요구를 하는 사람들은 거지로 만들어 버린다."

'그것'이 되고, 더없이 본연적인 '그것' 안에 거주하십시오. 모든 상상을 쓸어내 버리십시오. **지**知 덕분에 상상조차도 전혀 하지 않는 사람에게는 빠라마뜨만이 모든 안락과 행복을 제공합니다. 그러니 **믿음**을 가지십시오. 요컨대 요구하는 사람은 결코 완성이나 완전함을 성취하지 못하며, 요구하지 않는 사람은 어떤 것의 부족함도 결코 느끼지 않습니다. 따라서 비이기적 헌신자가 되어야 합니다. 충분한 물과 적절한 비료를 주면 나무가 자라서 꽃을 피우고 열매를 맺듯이, 여러분도 **인격신에게 비이기적 헌신**이라는 비료를 주십시오. 그러면 모든 **영광**이 여러분에게 부가됩니다. 비이기적 헌신자가 완성을 성취할 수 있게 할 준비는 이미 되어 있습니다. 무욕이 되어 무심한 주시자로서 기다리십시오. 여기에 그리 놀랄 것이 뭐가 있습니까? 신이 그 헌신자이고 그 헌신자가 **신입니다**. **브라만의 지**知와 유성헌신이 결합될 때, 여러분이 무엇을 더 바랄 수 있겠습니까? 여러분은 자신이 남들에게 '**해탈이라는 열매**'를 안겨주는 사람이 되는 능력을 얻습니다. 개아를 죽음의 입구에서 벗어나게 하는 것이 여러분입니다. 죽음을 달아나게 하는 힘을 가진 사람이 왜 '남들'에 대해 신경을 써야 합니까?

존재는 두 번째가 없는 **하나**라는 확고한 이해를 가지고 머무르십시오. 몸 안에서 (행위를) '하는 자'와 (결과를) '받는 자' 둘 다 **하나인 진아**일 뿐입니다. 여러분이 먹는 음식은 그의 음식이고, 그의 정찬이며, 그의 성대한 의례 음식입니다. 실제로 그가 요구하고, 먹고, 사실 모든 활동을 합니다. 여러분은 헛되이 하나의 상상적인 '나', 즉 먹은 음식을 소화하는 그 몸과 자신을 동일시하면서 그 몸에 자부심을 갖는 자의 역할을 맡고 있습니다. 이것을 공제하면, 신이 그 자신의 **마야의 힘**으로 몸 속으로 하강하여 모든 행위를 하고 모든 열매를 받는 것일 뿐임을 깨달을 것입니다. 여러분은 아무것도 아니고, 모든 일을 하는 것은 **신**일 뿐입니다. 이것을 깨달은 사람이 무슨 말을 하든, 그것은 **신**에 대한 찬양일 뿐입니다. 이것을 이해하는 자는 완전합니다. 그리고 **브라만의 지**知를 하사한 **참스승**에 대해 매우 고마워하는 사람은 엄청난 능력을 갖습니다.

이제 저는 해야 할 이야기를 다 했습니다. 여러분의 지성의 빛이 미치는 한도까지 여러분의 이해가 미칠 것입니다. 제가 여러분에게 하는 이야기와 여러분이 행하는 것이 사뭇 다르지 않게 하십시오. 예를 들어 하수도 홈통이 덮여 있고 그것을 열지 말라고 했는데, 여러분은 거기에 분명 뭔가 중요한 것이 숨겨져 있을 거라고 생각하고 기어코 그것을 엽니다. 부디 그런 식으로 하지 마십시오. **참스승**이 해주는 조언을 신뢰하십시오. 사기꾼들과 사이비 스승들을 멀리 하도록 매우 조심해야 합니다. 어떤 사람들은 자기네 공동체(힌두, 무슬림 등 종교, 문화적 사회집단) 사람들이 자신의 수행과 신념에 대해 이러니저러니 반대하여 말하면 수행을 포기하고 맙니다. 여러분은 "내가 죽어갈 때 내 공동체 사람들이 나를 죽음에서 구해줄 것인가?" 하고 자문해 봐야 합니다. 여러분의 믿음만큼 결과가 있습니다. 각자가 자신의 역량에 따라 정당하게 받습니다. 여러분에게 맞는 것이 반드시 남들에게도 적합하지는 않을 것입니다. 수행과 헌신은 성공, 명성, 남들에 대한 영향력을 수반합니다. 자신이 **지고아 빠라마뜨만**이라는 확고한 결의를 가지십시오.

1935년 11월 29일 저녁

128. 행복과 희열이라는 열매

몸들 전부와 전 세계는 우리 자신의 **존재**(Existence)에 지나지 않습니다. 그런 온전한 이해를 가진 사람은 이 세상의 모든 즐거움과 환희를 얻습니다. 주 **크리슈나**가 말했습니다. "전 세계가 자기 자신임을 아는 사람은 **신**의 화현이다. 나는 모든 존재들 안에 있으며, 모두가 **나 자신**의 진정한 존재이다." 모든 존재들이 '**나 자신**'이라는 확신을 가진 사람이 참으로 **신**입니다. 그가 **진아**이며, 존재하는 모든 것을 아는 자이고 감독하는 자입니다. 세계는 하나의 관념, 하나의 개념입니다. 만일 여러분의 관념, 여러분의 개념이 '내가 곧 세계다'라는 것이면, 여러분은 브라만입니다. 성공, 명성, 영향력, 지知, 무욕은 모두 신의 재산입니다. 이 세계, 이 우주는 '브라만의 무량한 형상', 곧 사구나 브라만(Saguna Brahman)이라고 불립니다. 그래서 진인의 몸은 우주만큼 광대합니다. 거친 물리적 우주(Virata), 개념과 생기 등의 미세한 우주(Hiranyagarbha), 우주의 원인신(Avyakrit), 그리고 우주의 의식-몸[대원인신], 곧 물라 쁘라끄루띠(Moola Prakruti) 혹은 물라마야가 진인의 네 가지 몸입니다.45) 이 전 우주가 그의 몸이며, 눈에 보이는 이 세계는 그의 몸의 일부입니다. 다섯 가지 감각대상들이 그의 몸 안에 있습니다. 그의 이 광대한 몸에는 팔, 다리 등이 있고, 입으로 먹는 음식이 모든 감각기관과 몸의 여러 부위에 에너지를 주듯이, 진인이 먹는 모든 것은 신에게 도달합니다. 이것을 깨닫는 자가 신의 화현입니다.

여기서 베푸는 지知는 개아를 신, 곧 시바로 변모시킵니다. 여자도 세간적 지식으로 교육을 받으면 변호사가 될 수 있습니다. 그러나 여기 들어있는 것은 브라만의 지知입니다. 무지한 바보도 신으로 대할 수 있지만, 브라만의 지知는 그냥 아무에게나 베풀면 안 되는 것이 원칙입니다. 주 시바와 다른 성자·진인들조차도 이 지知를 비밀로 했습니다. 얼마간 시간이 지난 뒤, 스승에게 봉사한 사람으로서 근기가 되는 사람에게 이 지知를 베풀었습니다. 훗날 어떤 분들은 훌륭하고 근기가 되는 사람들을 흡족히 여겨 이 지知를 그들에게 베풀었지만, 각 유가(Yuga)에 단 한 명에게만 베풀었습니다. 온전히 깨달은 사람은 좀처럼 없었습니다. 이제 제가 이 지知를 가르치러 다시 올 때가 왔습니다. 이 지知를 남들에게 가르치는 사람에게는 서른세 무리의 신들이 꽃비를 내립니다. 이 영적인 지知의 중요성은, 많이 배웠고 '깨달은' 자만이 인식합니다. 이번에 저는 이 철학을 여러분에게 온전히 설명했습니다. 이제까지 누구도 이 지知를 이런 식으로 베풀지 않았습니다. 성자 까비르가 한 말이 있습니다. "염송(japa), 치열한 고행, 기

---

45) T. 이 네 가지 몸은 '우주의 네 가지 몸'으로 불린다. 이 몸들 역시 개념이며, 분별과 진아지의 힘에 의해 해소된다(『다스보드』, 17.9.10).

타 의식이나 희생제 같은 것들은 불필요하다." 이것은 참으로 진실한 말입니다. 진아는 햇빛입니다. 그를 '아는' 것이 그를 숭배하는 것입니다. 아는 자는 어디를 가든 승리할 것입니다. "내 **스승님**의 말씀이 섭리의 글(신의 말씀을 기록한 경전) 위에 덧씌워진다"는 말은 적절한 표현입니다. 이것은 스승이 그의 위대함에서 참으로 신을 넘어서 있다는 것을 의미합니다. 그렇게 말하는 사람은 늘 두려움이 없고 용감한 승리자입니다. 그는 어떤 상황에서도 **전능한** 신입니다. 어떤 환경에서 어떤 일을 한다 해도 그는 **빠라마뜨만**일 뿐입니다. 이 세간의 모든 안락과 행복이 그에게 봉사하고 있습니다. 어느 면에서 세계는 그가 자신의 즐거움을 위해 건립한 저택과 같습니다. 전 세계가 그의 집이고 그 자신의 정원입니다. 그것은 그를 즐겁게 하고 그를 재미있게 하기 위해 마련된 연극장입니다.

 쥐들은 곡식이 있는 곳에서만 들끓고, 호랑이는 염소를 잡아먹지 해를 잡아먹지 않듯이, 누구도 **진아지**를 가지고 **그의 처소**에 있는 사람을 방해하거나 괴롭힐 수 없습니다. **진인**[진아지를 가진 사람]은 늘 두려움이 없지만, 개아는 늘 두렵고, 겁에 질리고, 걱정합니다. 요컨대 신이 그의 **전체성**으로 존재하는 곳에서는 도처에 성공, 명성, 부$_富$가 있습니다. 그러나 각자는 자신의 믿음에 따라서 체험을 얻습니다. 브라만을 깨달을 때 더 이상 무엇을 원하겠습니까? 주 크리슈나가 숭배 받는 것과 같은 방식으로, **진아**를 깨달은 그런 **진인**도 숭배 받을 것입니다. 모든 베다와 샤스뜨라들은 "브라만을 깨달은 사람이 있는 곳이면 어디든지 모든 신들이 몰려든다"고 매우 구체적으로 선언하고 있습니다. 자신이 별개의 개아라는 관념을 완전히 놓아 버리십시오. 전체성이 되고, 브라만이 되십시오.

 저의 축복이 여러분 모두와 함께 합니다. 이 '**신적인 부**$_富$', 이 **영광**을 받아서 오롯이 즐기기 바랍니다. 여러분의 **스승**에 대한 봉사를 결코 그만두지 마십시오. 그의 이름은 완전한 성취의 역량을 가지고 있습니다. 그것을 여러분은 확실히 체험하게 될 것입니다. 여러분의 앞과 뒤에는 신만이 서 있습니다. 그는 모든 형상을 하고 있습니다. 이제 이 **지**$_知$를 가지고 있으면, 누구 혹은 그 어떤 것도 — 예컨대 행성들의 영향력도 — 여러분을 괴롭히지 못합니다. 그런 것들의 수명은 제한되어 있습니다. **유성헌신**을 결코 그만두지 마십시오. 여러분의 숭배 방식을 확고히 고수할 때 여러분의 결의는 자연히 강해지고, "내가 **신**이다. 바람직하지 않은 어떤 것이 감히 나를 번거롭게 하겠는가?"라고 말하게 됩니다. 여러분이 진정 확고한 믿음으로 **절대적 브라만**을 확신할 때, 그럴 때만 **실재**가 진정으로 빛날 것입니다. 그런 사람에게 누가 맛난 것을 드리지 않겠습니까? **제**가 아끼는 헌신자에게는 맛난 것이 입에서 결코 떨어지지 않을 것입니다. 반면에 그에게서 축복받은 음식을 받는 사람은 질병이 나을 것입니다. 어찌 그렇지 않겠습니까?

가장 중요한 것은, 이 **지**知의 원칙은 누구도 깨트릴 수 없다는 것입니다. 진인은 모두의 숭상을 받고, **모든 능력**으로 충만해 있습니다. "나는 **브라만**이다"라는 부동의 믿음이 있어야 합니다. 이 **지**知, 이 확신은 엄격한 시험을 거쳐서 아주 깊어지고 안정되어야 합니다. 여러분이 이 **진아지** 덕에 **신**으로 간주되는 데 대해서는 모든 **성자**들과 **제**가 증인이 됩니다. 만일 이 **브라만의 지**知의 원칙을 따라도 깨달음이 일어나지 않는다면, 우리에게 책임이 있습니다. 그런데 누구에게 우리가 책임을 집니까? **스승**의 말에 믿음을 갖는 사람들, 그리고 죽음을 두려워하지 않는 사람들에게 집니다. 결코 죽음을 걱정하지 않고, 확고하고 결의에 차 있는 사람들에게 우리가 책임을 집니다. 충실한 사람들, **스승**의 가르침에 의문의 여지가 없다고 보는 사람들에게 책임을 집니다. 헌신자 아닌 무신론자들에게는 우리가 아무 책임이 없습니다. 그들의 복지에 이상이 없기를 바라며, 그러면 우리는 즐거울 수 있습니다. 그러나 만약 **참된 헌신자**가 신을 깨닫지 못한다면, 우리에게 책임이 있습니다.

한 당나귀의 무덤을 숭배지로 선언한 어느 **성자**의 이야기가 있습니다. 한때 한 당나귀가 있었는데, 그 당나귀가 죽자 어느 **성자**가 아무도 보지 않을 때 도랑을 하나 파서 당나귀의 시체를 묻었습니다. 그런 다음 그는 그 무덤 위에 멋진 묘를 짓고 그 위에 아름다운 사원을 건립했습니다. 심지어 그는 그 무덤에 가다웨스와라(Gadhaweshwara), 곧 '당나귀-신' 사당이라는 멋진 이름까지 붙였습니다. 사람들은 믿음을 품고 그 사원을 찾기 시작했고, 그들의 욕망을 충족하기 위한 기도를 했습니다. 점차 그들의 기도는 응답이 있었고, 그곳은 점점 유명한 순례지가 되었습니다. **진인**은 모든 슬픔과 모든 법률에서 벗어나 있습니다. **브라만**을 깨달은 사람들은 모든 **힘**을 행사하며, 그들이 무엇을 말하든 그것은 분명히 일어나게 됩니다. 그들이 하게 될 일에는 어떤 한계도 없습니다. 그들은 정복되지 않습니다. 그런 사람이 발을 들이는 곳에는 여덟 가지 **싯디**가 거주합니다. **참스승**과 진지한 제자가 함께 하면 그들이 원하는 어떤 것도 성취할 수 있습니다. 마찬가지로, **진아지**가 규칙적인 **개인적 숭배**와 결합되면 그 사람의 명성이 어디까지 미칠지 헤아릴 수 없습니다.

  이 가르침은 영적인 삶을 영위하는 사람들에게만 **불멸의 감로**를 따라주는 것과 같습니다. 이 **브라만의 깨달음**은 설사 헌신자가 그것을 원하지 않는다 해도 그를 떠나지 않을 것입니다. **개인적 숭배**를 멸시하는 사람은 실제로 **참스승**을 모욕하는 것이며, 그런 사람이 설사 **브라만의 지**知를 성취한다 하더라도 그것은 그에게 쓸모가 없거나 이익이 없을 것입니다. 만약 **개인적 숭배와 지**知가 함께 한다면, 그런 사람에게 돌아갈 찬양에 어떤 한계가 있습니까? 그의 위대함을 어떻게 묘사할 수 있습니까? 펜으로는 그의 능력을 기술할 수 없습니다. 스승의 아들은 그처럼 강력합니다. 사람의 형상을 한 **빠라마뜨만**이 바로 **참스승**입니다. 그의 충실한 제자들인 우리는 이 위대한 **지**知의 요가 안에서 함께 합니다. 우리는 그것을 체험하며, 그것은 시작 없이 **스스로 존재**합니다. '그것'을 성취해야 합니다.

날짜 미상

129. 나의 유일한 밑천은 모두에 대한 헌신이다

저는 "내가 모든 존재 안에 그들의 본질적 존재로서 있다"는 것을 알기 때문에, 그들 안에서 지고아 빠라마뜨만의 상태를 즐깁니다. 저는 그 '밑천' 위에서 신으로서의 지위를 즐깁니다. 저 자신의 존재 위에서 저는 전 우주를 창조했습니다. 저는 눈에 보이는 모든 것이 저 자신의 성품으로 되어 있고 저 자신의 몸이라는 것을 압니다. 그래서 저는 빠라마뜨만이 되었습니다. 만일 여러분이 저의 상태를 성취하고 싶다면 이 지(知)를 가져야 합니다. 그럴 때만 저의 지위에 도달할 것입니다. 제가 지구를 수백만 번 해체하고 다시 그것을 수백만 번 창조하는 것은 오직 이 빠라마뜨만의 힘 위에서입니다. 이 큰 원리를 이해하는 사람들은 저와 하나가 됩니다. 해는 자신이 '해'라는 것에 어떤 자부심도 결코 갖지 않습니다. 해는 악취를 말려주고 햇살로 그것을 정화하며, 심지어 달콤한 감로까지도 말려버릴 수 있습니다. 해는 일어날 수 있는 어떤 좋은 일이나 나쁜 일에도 상관하지 않습니다. 마찬가지로, 존재의 광대함은 어떤 일을 해도 결코 자부심을 갖지 않습니다. 존재의 광대함 때문에 수천 혹은 수백만 루피를 잃거나 얻는 일이 있을지 모르나, 저 광대한 존재는 그 무엇에 대해서도 결코 즐거워하거나 서운해 하지 않습니다. 이 세계의 겉모습이 자연히 생겨나고 해소되는 것도, 만물에 편재하는 광대한 빠라마뜨만 때문입니다. 괴로움과 즐거움은 삶 속에서 겪는 각자의 운명입니다. 따라서 원인이기는 해도 모든 것의 행위자가 아닌 빠라마뜨만은 책임이 없고, 그를 탓할 수도 없습니다. 빠라마뜨만 아닌 것만이 그 자신을 탓해야 합니다. 빠라마뜨만은 어떤 것에 의해서도 오염되지 않고 동요되지 않습니다. 모두가 괴롭거나 즐겁게 하면서도 초연하고 영향 받지 않는 그가 빠라마뜨만입니다. 그를 아는 자는 그의 상태를 성취합니다.

전능한 신은 죄나 공덕과 무관합니다. 그 지(知)의 힘으로, 저는 모든 일의 행위자이되 행위자가 아닙니다. 저를 그 자신의 성품으로 아는 자는 곧 저 자신일 뿐입니다. 헌신자가 저를 자신과 별개로 여기지 않고, 자신을 저와 별개로 여기지도 않는 그런 헌신이 최고입니다. 그런 헌신자는 저와 하나가 되며, 저를 있는 그대로 압니다. '창조' 이전에는 저 자신도 그런 헌신을 했습니다. 저 자신의 아들인 브라마는 세계를 창조할 때 머뭇거렸습니다. 세계에 즐거움은 물론이고 너무나 많은 슬픔이 있는 것을 본 그는, 자비심으로 엄청나게 아파하며 이렇게 말했습니다. "제가 만든 규칙을 아무도 지키지 않는군요. 그래서 저는 이 세계를 창조하고 싶지 않습니다." 그때 비슈누가 말했습니다. "왜 그런 것을 다 신경 쓰나? 네가 할 일은 (창조할 세계를) 구상하는 것뿐이다. 사람들은 자기 행위의 열매를 거둘 테니, 너는 거기에 신경 쓸 필요가 없다." 이 말을 듣자 브라마는 근심에서 벗어났습니다. 그는 우주를 창조했지만 초연한 상태로 머물렀습니다.

주 크리슈나가 말했습니다. "친애하는 웃다바여, 왜 두려워하는가? 그대의 식구는 몇인가? 식구라고 해야 대여섯인데 왜 그들에게 자부심을 갖나? 우주라는 내 가족이 얼마나 큰지 보라. 나는 그에 대해 걱정하지 않는다. 한탄하지도 않는다. 그것은 모두 개념적일 뿐이다. 왜 자신을 그것과 동일시하나? 단 하나인 진아 없이는 이 전 세계가 송장과 같다. 움직일 수 없다. 이 모든 것이 진아의 유희임을 아는 자가 실로 가장 위대한 진인이다. 사람들이 어떠한 고행을 하고 베다를 배워도, 여기서 베푸는 지知 없이는 그 모든 것이 다 부질없다. 많은 사람들이 요가 수련을 하고 갖가지 희생제를 지내지만, 브라만의 지知가 없으면 그 모든 것이 아무 의미가 없다. 나는 이것을 내 스승 산디빠니(Sandipani)님에게서 배웠다. 목동들의 아들들이 많지만, 나만이 스승님의 축복을 통해 이 영광을 성취할 수 있었다. 이것이 '스승에 대한 헌신'의 꽃이다. 그래서 모두가 나를 존경할 만한 신이라 부르며 나를 숭배한다. 나의 헌신자를 만나지 않고서는 나의 참된 성품을 이해하지 못할 것이다. 따라서 나의 헌신자들에게 봉사하는 사람들만이, 그리고 나와 하나가 되는 사람들만이 이 지知를 받는다. 나의 헌신자들은 갠지스 강의 신성함이며, 모든 순례지의 본질적 성스러움이다. 그것이 그대를 그들 자신 속으로 데려가서 그대를 신성神性의 바다와 하나가 되게 한다. 따라서 일체를 스승이 가르쳐 준 헌신의 일환으로 행하는 사람은, 브라만의 깨달음을 이루지 않고 남아 있을 수 없다."

1935년 12월 1일 저녁

130. 브라만 의식

만일 여러분이 절대적 브라만을 상상해 보려 하면 그것은 불가능합니다. 왜냐하면 브라만은 비개념적이기 때문입니다. 브라만이 무엇인지 생각해 보려고 해도 영靈밖에 얻지 못합니다. 개념, 곧 상상은 어둡습니다. 그것은 무지입니다. 영적인 학學에서는 기쁨에 세 가지 유형이 있다고 합니다. 여러분이 좋아하는 것이, 한 가지 기쁨을 줍니다. 예를 들어 뱀을 춤추게 하는 사람은 뱀을 얻으면 즐거워합니다. 왜냐하면 그의 개념이 그와 같기 때문입니다. 그런 유형의 기쁨은 좋아하는 그 대상에 달려 있습니다. 기쁨의 또 한 유형은 지知의 기쁨, 곧 이해의 기쁨입니다. 세 번째 유형은 감각 대상에 탐닉하는 사람들이 그 대상을 얻을 때의 기쁨입니다. 이런 것은 일종의 악마들입니다. 지知를 즐기는 이들은 브라마난다(Brahmananda), 즉 브라만의 지복도 가질 수 있습니다. 그 기쁨은 "우리가 브라만이다"라는 우리 자신의 내적 확신에 의해 경험되지만, 그 기쁨은 하나의 태도이기도 합니다. 그 태도는 '그것'과 하나여야 합니다.

사람은 결코 신과 동일할 수 없습니다. 경전에서는 사람이 신과 동일해질 수 있다고 말하지만, 그것은 그렇지 않습니다. 동일해진다는 것은 하나의 태도입니다. 우리는 동일해지지 않습니다. 그러면 어떻게 우리가 기쁨을 경험합니까? 그 답은, 그것은 **지**知의 **기쁨**이라는 것입니다. **참스승**은 말씀으로써 여러분이 그 **기쁨**을 자각하게 만듭니다. 이 **지**知의 **기쁨**의 한계는 **무상**無相의 **경지**(Nirvikalpa State), 즉 어떤 개념이나 의심도 없는 상태까지입니다. 그러나 **브라만**은 그 상태를 넘어서 있습니다. 만일 어떤 사람이 경전에서 묘사하는 내용을 기초로 **빠라마뜨만**의 관념을 이해하려고 들면, 그가 이해하는 것은 하나의 상상적 개념입니다. 우리는 그가 우리의 상상에 따라 '있다'고 판정했기 때문에, 그는 우리의 지성에 의해 채색됩니다. 그가 있다고 우리가 고집하기 때문에 우리는 그 개념에 따라 체험을 얻을 것이고, 그것은 여러분의 상상에 의해 창조되는 신일 뿐입니다. **브라만**은 모든 개념을 넘어서 있습니다. 그것은 눈에 보이지 않고, 마음도 그것을 볼 수 없습니다. 그렇다면 우리가 그것을 어떻게 성취할 수 있습니까? 빛은 우리가 볼 수 있고 허공은 우리가 지각할 수 있지만, **브라만**은 이런 것들을 넘어서 있습니다. 보이지 않고 지각되지 않는 '**그것**'을 어떻게 인식할 수 있습니까? 생각할 수 없고 명상을 넘어서 있는 '**그것**'을 어떻게 명상으로써 얻을 수 있습니까? 아무 집착이 없는 것에 우리가 어떻게 집착할 수 있습니까? 말이 미치지 못하는 **그것**에 대해 어떻게 무슨 말을 할 수 있습니까? 만약 그것에 대해 명상해 보려 하면 이원성이 있게 되고, 우리는 이원성이 두려워서 명상하려던 의지 자체를 놓아 버릴 것입니다. 그러면 모두 허사가 됩니다. 이런 접근법으로는 아무것도 얻지 못합니다.

따라서 스승이 우리에게 가르쳐 준 것을 할 필요가 있습니다. 아주 예리한 분별을 하지 않으면 우리가 혼란에 빠집니다. **지**知의 도움으로 세계를 내버리십시오. '두 번째'이거나 '타자'인 어떤 것, 상상적인 사람, 개아 등, 이 모든 것은 세간적인 것이고 **환**幻에 기초해 있을 뿐입니다. 이 세상에 속한 그 상상적인 사람이 죽어야 합니다. 에고가 해소되어야 합니다. "나는 별개의 개인이다"라는 개념이 소멸되어야 합니다. 그렇게 하는 것이 **참된 영적 공부**입니다. 브라만이 무엇인지를 인식할 필요는 없습니다. 사이에 있는 '나'만 제거하십시오. 이 '나'가 사라지면 그걸로 족합니다. 이 '나'

자체가 그 상상적인 사람입니다. 사실 '나'라는 것은 전혀 없지만, 그런데도 그것이 생겨납니다. 브라만은 이 '나'와는 사뭇 다른 것입니다. 경전만 공부한 사람들은 그를 이해하려 들 때 혼란에 빠집니다. 어떤 상태나 개념을 통해 이해하는 사람들은 기만당합니다. 여기서는 예를 들어 봐야 아무 소용없습니다. 왜냐하면 그래 본들 '보는 자, 봄, 보이는 대상'이 생겨나기 때문입니다. 보이는 대상, 봄 혹은 그것을 기억하는 중재자 없이 존재하는 '그것'이 브라만입니다. 그것은 본연적입니다. 그것은 **물러남의 상태**(Nivritti-Pada)입니다. 우리가 자신의 **진아**를 알아야겠다는 욕망이 있는 한 그것을 놓치게 됩니다. 사띠야-나라야나(Satya-Narayana) 예공46)을 올릴 때는 자신의 집[몸] 안에 있는 **신**을 숭배해야 합니다. 그 신은 밖에서 데려올 수 없습니다. 그가 여러분 자신의 '**본래적 신**'입니다. 그것에 대한 예배[예공]만 해야 합니다. 사실 일체가 브라만일 뿐입니다.

그러면 무엇이 거짓입니까? 상상이 거짓일 뿐입니다. 상상은 참되지 않은 것과 관련해서만 지각 가능합니다. **참된 것**은 결코 동요되지 않습니다. 왕은 자신이 왕이라고 이따금 선언할 필요가 없습니다. 브라만은 있습니다. 그것은 자신이 브라만이라고 말하지 않습니다. 있는 것은 확실히 있습니다. 그것은 아무 말도 할 수 없습니다. 그렇게 말하지 않으면서도 그것은 **스스로 존재**합니다. 남편이 계속 "내가 남편이오" 하면 사람들은 그를 의심하기 시작할 것입니다. 실제 남편이라면 계속 그렇게 말할 필요가 어디 있습니까? 그렇게 표현할 것도 없이 남편입니다. 브라만이 곧 신이고 **진아**입니다. 일단 이것을 알아야 하고, 그런 다음 거기서 놓아두십시오. 그러면 브라만만 있습니다. 이원성을 통해 만날 것도 없이, 그것은 영원히 오직 **하나**입니다. 만약 '그것'을 만나려고 하면 그 행위가 분리를 도입합니다. 브라만은 그것에게 가는 길이 없는 그런 것입니다. 아무리 애를 써도 '그것'을 분할할 수 없고, 분리할 수 없습니다. 그것은 있고, 있는 그대로

---

46) *T*. 매월 보름이나 결혼, 이사, 승진 등 특별한 날에 힌두교도들이 개인적으로 올리는 축원 예공. 가네샤와 일월성신에게 기도한 뒤, 주 비슈누(나라야나)를 숭배한다.

존재합니다. 만약 그것이 사라진 적이 있다면 그것의 이름은 진리가 아닐 것입니다. 체험이 없이는 이것의 깊이를 헤아릴 수 없습니다. 자신은 이해했다고 말하는 사람은 실은 '그 도시'에 가보지 못한 것입니다.

어떤 태도나 개념을 투사하는 상태가 사라질 때, **완전한 물러남의 상태**가 생겨납니다. 명상 속에서 생각할 수 없는 '그것'에 대해 어떻게 우리가 명상을 할 수 있습니까? 태도는 한계가 있습니다. 태도로는 '그것'을 파악할 수 없습니다. 그것은 어떤 마음의 태도에 의해 포섭되지 않습니다. 헌신 속에서는, 항아리가 코끼리를 제 안에 담으러 갔다가 코끼리를 담기는커녕 목숨을 잃고 만 것과 같이 됩니다. 마찬가지로, **헌신** 속에서 개아가 스스로를 해체합니다. 동음이의어 장난을 치며 무슨 말인지 모르겠다고 하면, 그것은 거짓말을 하는 것입니다. 어떤 사람의 사망원인을 모른다고 해서 그 사람이 죽기 전에 살아 있지 않았던 것이 됩니까? 스승의 가르침을 받은 사람만이 참으로 압니다. 만일 여러분이 이해하지 못한다면, **스승**이 준 가르침을 완전한 믿음으로 고수하십시오. 마음은 상상을 투사하는 습이 있지만 **브라만**은 하나의 상상물이 아닙니다. 마음은 에고에서 태어나는데, 에고가 놓아지지 않으면 **브라만**을 깨달을 수 없습니다. 에고가 사라질 때 자동적으로 남는 것이 **빠라마뜨만**입니다. "나는 무엇인가?"에 대한 의심 자체가 에고, 즉 '나'라는 느낌입니다. 그 에고 의식은 아무리 애를 써도 불에 타지 않고, 칼로 베어지지 않습니다. 이 '나'라는 느낌이 그 사람을 집어삼킵니다. 무욕조차도 에고를 가진 사람의 무욕은 쓸데가 없습니다. 에고가 해소된 사람만이 진정한 만족을 얻습니다.

핵심적 문제는 에고를 어떻게 놓아버릴 것이냐입니다. 한 가지 방법이 있습니다. 식별, 즉 '지知가 있는 분별'을 통해 그것이 사라집니다. 우리는 베단타의 가르침을 듣고 무엇을 이해했습니까? 5대 원소와 하나의 **진아**가 있다는 것을 이해했습니다. 그리고 우리가 아무 존재도 아니라는 것을 이해했습니다. 우리는 이 육신 안에 있지 않지만, 자신이 이 몸 안에 있다고 믿어 왔습니다. 그것을 그릇된 관념, 혹은 상상이라고 합니다. 이 '나'가 사라질 때, 무엇이 있든 그것은 있습니다. 그 남아 있는 것이 '그것'입니다. 여러분이 그것을 있다고 말하면 그것은 없고, 그것이 없다고 말하면 '그것'은 있습니다. '아니다(Neti)'라는 말로 묘사되는 그것이 존재하고 있습니다. 이것을 이해하면 에고가 사라지고, 이 상상적인 '나'가 해소되면 수백만 가지 관념도 모두 브라만의 일부일 뿐입니다. '니르(nir)'는 '아니다' 또는 '없다'는 뜻입니다. '니르위깔빠(nirvikalpa-無相)'는 '무無개념' 또는 '무無상상'이라는 뜻입니다. 그 상상적인 사람이 사라질 때 남는 것은 빠라마뜨만뿐입니다. 그는 살아 있고, 말하고, 걸어 다니고, 활동하는 신입니다. '나'라는 느낌 없이 숭배하는 사람은 위대합니다. 신을 깨닫지 못한 사람은 그를 숭배해야 하지만, 신은 누구를 숭배해야 합니까? 브라만이 되고, 브라만을 체험하십시오. 감각대상들에서 얻는 기쁨은 개아에 해당하고, 지知 안에서의 기쁨은 시바이며, 브라만 안에서의 기쁨은 빠라마뜨만입니다.

세계는 우리의 개념, 우리의 관념에 따라 존재합니다. 참스승 스리 바우사헵 마하라지님이 생전에 들려주신 한 농부와 과부의 이야기가 있습니다. 때는 들에 파종을 할 시기였고, 그래서 농부는 자기가 아는 범위에서 길일을 잡아 멍에와 황소, 종자 자루를 가지고 들로 나갔습니다. 그러나 집을 나서자마자 바로 앞에서 길을 지나가는 과부를 보았습니다. 그가 생각하기에 이것은 매우 나쁜 징조였고, 그래서 몹시 침울해져 소리를 질렀습니다. "나 원, 이제 뭘 할 수 있지?" 바로 그때 스리 바우사헵 마하라지님이 아침 목욕을 마치고 그 길을 지나가다가 농부가 한 그 소리를 들었습니다. 당신은 얼른 앞으로 나가 농부에게 물었습니다. "무슨 일인가?" 농부가 말했습니다. "아, 어르신, 제가 밭에 씨앗을 뿌리러 나섰는데, 때마침 과부를 보았습니다." 마하라지님이 말했습니다. "이보게, 자네는 정말 어리석군! 사실 그것은 좋은 징조였네. 지금 바로 가서 씨앗을 뿌리게. 머리만큼 큰 열매들을 얻을 테니! 왜 그것이 나쁜 징조라는 헛된 생각을 하나?" 농부는 바우사헵 마하라지님을 잘 알고 있었고, 그래서 성자의 말에 힘을 얻었습니다. 그 말이 성자가 하신 말씀이라는 데 믿음이 있었기 때문에 그는 밭에 가서 큰 희망을 가지고 씨앗을 뿌렸습니다. 몇 달이 지나서 농사철도 끝이 났습니다. 그 뒤 한번은 바우사헵 마하라지님이 그 농부의 집을 지나가다가 우연히 그를 만났습니다. 당신이 물었습니다. "농사는 잘 되었나?" 농부가 말했습니다. "잘 되었습니다, 어르신. 다만 그 과부의 머리가 옥수수만큼 작아졌습니다!" 마하라지님 말씀에 따르면, 실은 그 밭에서는 아주 큰 옥수수가 산출되었고, 그래서 농부가 그렇게 말한 것이었습니다. 바우사헵 마하라지님은 빙그레 웃기만 하고 길을 가셨지요.

이 이야기의 교훈은 무엇입니까? 개아는 자신의 개념 때문에 걱정하게 된다는 것입니다. 그러니 헌신자는 걱정하기보다, "모든 것이 길하고 모든 것이 좋다. 모든 세계는 신의 도시이고, 모든 것은 신의 성품과 다르마를 지녔다. 도처에서 활동하는 것은 신이고, 신 아닌 어떤 것도 없다. 모든 이익과 손해는 신에게만 있고, 신에게 속할 뿐이다."라는 믿음을 가지고 삶을 영위해야 합니다. 그러면 행복할 것이고 만족을 얻게 될 것입니다. 따라서 누구도 불필요한 의심이라는 악마를 불러일으켜 비참해지면 안 됩니다. **성자와 진인들**이 우리에게 하는 말을 주의 깊게 듣고 그들의 조언을 숙고해야 합니다. 그 **핵심**을 이해하여 우리의 삶을 행복하게 만들어야 합니다. 헛된 자부심으로 행동해서는 안 됩니다. 부디, 우리가 마음대로 할 수 있는 것은 아무것도 없다는 것을 아십시오. 신이 모든 일을 하고, 모든 일이 이루어지게 합니다. 우리의 뒤와 앞에 있는 분은 신입니다. 삶의 전체성에서 여러분의 개별적 존재성을 잘라내지 마십시오. 그 말도 안 되는 것을 놓아 버리십시오. 일어나는 모든 일은 정확하게 완벽합니다. 여러분이 어떤 상상적인 사람(개아인 '나')을 투사할 때는 모든 것이 불안정해 보입니다. 사실 높은 것도 없고 낮은 것도 없습니다. 양쪽이 모두 평등합니다. 일체가 완벽하게 정해지며, 동요가 없습니다. 만약 에고가 놓아지면 모든 **존재**가 완벽하게 고요하며, 불안정한 것이라고는 없습니다. 바닥에서나 저 위에서나, 우리는 전적으로 안정된, 그리고 매우 견고한 어떤 것이 있다는 체험을 갖습니다. 그것이 '**의식충만 브라만**(Chidghana Brahman)'[브라만 의식]입니다. 그 의식 안에 불안정해 보이는 작고 사소한 물결이 하나 있지만, 그 불안정한 작고 사소한 것이 그 개아에게는 워낙 엄청난 격변을 몰고 오는 것처럼 보여 개아는 완전히 겁에 질립니다. 이것이 이 세계의 겉모습이라는 이상한 현상입니다. 누구도 이 격변의 근저에 무엇이 있는지 알아낼 생각조차 하지 않습니다. 그러나 잠깐이라도 그 습관적 사고 과정을 쉬고 그냥 관찰만 해도, 여러분이 무엇을 경험합니까?

우리가 늘 모든 쾌락과 부富를 마음대로 가지며 행복했으면 하는 것이 아주 좋은 소망인 것은 분명하나, 모든 불행의 근저에 있는 것이 바로 이 욕망입니다. 우리의 삶을 성취해야 한다는 것은 맞습니다. 그러나 우리는 무엇이며, 추구하는 것은 누구의 성취입니까? 우리는 이것을 결코 묻지 않습니다. 만일 이 점에 대해 좀 생각해 본다면, 우리가 실제로 무엇이고 어떻게 존재하는지, 그리고 삶과 성취에 절대적으로 필요한 것이 무엇인지를 아주 분명하게 발견할 것입니다. 그러면 우리가 직면한 큰 문제, 즉 우리가 완전히 행복한 상태를 가져야 한다는 것이 순식간에 해결될 것입니다. 그러나 사물의 어떤 순리가 있어서 그것 자체가 우리에게 완전한 행복을 보장하지만, 우리는 그것을 쳐다보려고도 하지 않습니다. 헛되게도, 우리는 자신의 무지하고 정신 나간 개념으로 그것을 파괴하는 데 착수합니다. 진실로, 진정한 행복을 가져오기 위해 우리는 손가락 하나도 치켜들 필요가 없습니다. 그러나 우리는 자신의 슬픔을 소멸하려 애쓰다가, 잘못된 미친 관념들을 통해 강한 몽둥이 하나를 만들어 냅니다. 이 얼마나 정신 나간 개념입니까! 이런 미친 짓을 그만두고 '신적 체험의 순간'에 온전한 주의를 기울여 그 순간에 미세한 깨달음을 발견하면, 여러분이 모든 슬픔을 해소하고 온전한 행복과 기쁨을 즐기게 될 것입니다.

위대하신 여러분, 여러분 자신의 자각과 통찰로 이것의 진리를 분별해야 합니다. 과거 어느 때 이후로 진정한 성자들의 이름과 명성이 완전히 재로 변해 버렸습니다. 지知의 말씀을 들었거나 배운 바 있어 그것을 되풀이할 수 있었던 일부 사람들은 대중의 찬양을 받았고, 자신의 이익을 위해 진짜 **성자**들의 이름을 갖다가 썼습니다. 이것이 사회에 만연되고 있습니다. 그런 사람들은 자신이 선호하는 감각대상들을 즐길 목적으로, 자신이 좋아하는 주제들을 **신**에 대한 헌신과 **성자·진인**들의 명성에 덧씌워 이미 자신들을 타락시켰습니다. 이로 인해 사람들이 고대의 **성자**들이 말한 것과 현재의 그런 어떤 **성자**들이 말하고 있는 가르침에 주목할 준비가 되어 있지 않은 상황이 초래되었습니다. 그래서 그 **성자**들이 우리를 위해 남겨준 참된 행복의 모든 부富 자체가, 발견되지 않고 활용되지 않는 상태로 남아 있습니다.

지혜로우신 여러분, 이 가르침에서 최대한을 얻으려고 노력하십시오. 신은 그가 창조한 이 무한한 전체 우주 안에서, 그 자신의 즐거움을 위해 인간을 창조했습니다. 이 인류의 형상은 그가 더없이 아끼는 소유물이며, 그가 더없이 소중히 여기는 보물입니다. 그는 자신이 가진 최대의 솜씨로 인간의 형상을 창조했고, 인간은 그 성품상 지知로 충만한 존재이게끔 하는 규정을 만들어 두었습니다. 여러분은 자신이 전혀 어떤 지知도 가지고 있지 않다는 경험은 하지 않습니다. 여러분은 자신이 지知를 가지고 있다는 것을 매우 확신하고 있고, 그 확신은 아주 타당합니다. 신은 인간의 형상을 위해 이것을 명했습니다. 여러분은 이 세계 안의 참과 거짓, 선과 악, 옳음과 그름을 선택할 능력을 가지고 있습니다. 그것을 사용하여 누가 진짜 **성자**이고 누가 가짜인지 알아내십시오. 올바른 사람을 찾아내어 그에게서 **성자**들이 말한 내용, 그리고 그들의 가장 깊고 자비로운 가르침을 배우십시오. 모든 사람이 가짜다, 모두 돌팔이다 하면서 모든 가르침을 버리지는 마십시오. 여러분은 자연스럽고 쉬운 **진아체험**의 상태 안에 있어야 합니다. 그 상태에 머무르면서 이 '신적 이해'의 감로를 마시고, 위대한 '위 없는 지知의 지복'을 즐기십시오.

1935년 12월 8일 일요일, 인쯔기리

합본 부록

진아지와
진 아
깨달음

― 니사르가닷따 마하라지

Self-knowledge and Self-realisation

By Shree Nisargadatta Maharaj

First English edition, 1963
Published by Shree Ram Narayan Chavan,
Shree Nisargadatta Ashram,
Vanmali Bhavan, 10 Khetwadi, Bombay 4.

서언

본서에 수록된 가르침의 저자이신 나의 스승 스리 사드구루 니사르가닷따 마하라지님은 나바나타(Navanathas) 계열의 일원이시다. 나바나타들 중 마지막 스승인 스리 레바나나트는 남부 지방에서 자신의 종파를 창설하고 까드싯데스와라르를 후계 제자로 삼았다. 까드싯데스와라르는 스리 구루링가장감 마하라지 등 몇 명의 제자를 자신의 종파에 입문시켰다. 구루링가장감 마하라지의 제자들 중에서는 스리 바우사헵 우마디까르와 스리 람바우 예라가띠까르가 저명한 이들이었다. 니사르가닷따 마하라지가 속한 인쩌기리 삼쁘라다야(Inchegeri Sampradaya)는 구루링가장감 마하라지의 두 제자 중 사형인 스리 사드구루 바우사헵 (우마디까르) 마하라지가 창설했다.

이 삼쁘라다야(계보)가 견실히 성장한 것은 하루 네 번 하는 바잔(Bhajan)을 도입한 데 주로 힘입었다. 창설자 자신이 몸소 바잔을 했고, 이 삼쁘라다야의 독실한 추종자들도 모두 그것을 빈틈없이 따라했다. 스리 바우사헵 마하라지의 제자들 중에는 R. D. 라나데 박사, 스리 암부라오 마하라지, 스리 싯다라메쉬와르 마하라지, 스리 싯다링가야 스와미, 스리 기리말레쉬와르 마하라지가 있다. 이들 중에서 스리 싯다라메쉬와르 마하라지는 봄베이·숄라뿌르·콜라뿌르 등 저명한 몇 군데를 선정하여 **헌신**과 **영적인 지**知를 전파했고, 1924년부터 생애 마지막 순간까지 가르침을 폈다.

스리 니사르가닷따 마하라지는 스리 싯다라메쉬와르 마하라지의 제자이다. 그는 1897년 길일인 하누만 자얀띠(탄신일)에 태어났고, 그때부터 마루띠(하누만의 별칭)로 불렸다. 어릴 때부터 종교적 활동과 철학적 문헌에 깊은 관심을 보인 그는, 신들의 사원을 찾아가고, 종교적 단식을 하고, 전통적 의식에도 참여했다. 그러면서 신을 친견하고 싶은 갈망이 높아졌다. 당시 그는 봄베이의 저명한 사업가였지만 사업 자체에는 전혀 관심이 없었다. 몇 년 안에 사업을 접고 절대자에 대한 탐색으로 시간을 보냈다. 그러다가 큰 성자인 스리 싯다라메쉬와르 마하라지를 찾아가 그에게 입문했다. 그는 스승의 조언에 따라 예전에 하던 단식과 의식들을 포기했다. 1년이 채 되지 않아 영적으로 성숙한 그는 종교적 담화를 주최할 정도가 되었다. 그가 생애의 사명을 시작한 곳은 그의 출생지인 말라반(Malavan)에서였다.

스승이 입적한 뒤 진아 깨달음을 향한 강렬한 충동이 그 한계점에 도달했다. 그는 자신에게 의존하고 있던 사람들이 어떻게 될지는 한 순간도 생각함이 없이 빤다르뿌르로 떠났다. 그리고 약 6개월 동안 북인도와 남인도의 여러 성지들을 방문했다.

스리 니사르가닷따 마하라지는 기적을 용납하지 못한다. 기적 따위는 영적인 진보에 오히려 장애가 된다고 확신하는 그는 이렇게 말한다. "구도자는 자신의 순수한 진아를 스승으로 여기고, 진지함과 강렬한 사랑으로 추구해야 한다." 나아가 이렇게 말한다. "스승은 여러분에게 '그대는 순수한 의식이고, 순수한 신성神性이다'라고 말한다. 그 말씀을 믿고 수행을 계속해 나가라. 그 빛을 보아야 한다. 살아 있는 모든 존재에게 잘하라. 누구도 미워하지 말고 시기하지 말라. 언행에서 솔직하고 정중하라. 단 하나의 신이 있을 뿐이니 그것이 진아다." 영적인 지知로 가득 충만한 그의 가르침을 모은 책 두 권이 마라티어로 간행되었다. 첫 번째 책 『진아지와 지고아의 요가(Atmagnyana Ani Paramatmayoga)』가 본 영어판의 토대이다. 두 번째 책 『신지神知의 성품과 실재의 성품지性品知(Ishwar Gnyana Swarupa Ani Sat-Swarupagnyana)』는 1960년에 나왔다.

각계각층의 사람들이 그의 지도를 받으러 찾아온다. 그는 카스트와 종교의 구별을 인식하지 않는다. 여러 종교의 큰 성자들 초상이 그의 성소聖所에 명예로운 자리를 점한 가운데, 그는 자신의 스승과 그들을 매일 숭배한다. 그는 누구의 어떤 선물도 받지 않고, 누구도 자신을 시봉侍奉하는 것을 허락하지 않는다. 그는 말한다. "저는 여러분에게서 아무것도 원치 않습니다. 반대로 여러분은 저에게 뭐든지 달라고 하십시오. 여러분의 모든 악덕과 약점을 저에게 주어야 합니다. 여기서 그것을 도로 가져가면 안 됩니다."

앞서 말한 대로 이 소책자는 마라티어를 아는 사람들이 널리 읽고 있는 『진아지와 지고아의 요가』를 영어로 옮긴 것이다. 나는 마라티어를 모르는 여러 친구나 지인들과 대화하는 과정에서, 나 자신이 이 가르침을 힌디어나 영어로 설명할 수 없다는 것을 알았다. 그래서 이 가르침의 영역판을 내야겠다는 생각을 하게 되었다. 봄베이 엘핀스톤칼리지의 학적 담당관인 내 친구 스리 P. T. 파돌레가 나서서 V. M. 꿀까르니 교수에게 나를 소개했다. 구루데바 R. D. 라나데 박사의 제자인 꿀까르니 교수는 내 뜻을 알자 자진하여 번역 작업을 맡았고, 아주 잘 해냈다. 나는 이에 대해 그에게 아주 고마움을 느낀다.

이 소책자는 주로, 영적인 삶에 대해 뭔가를 알고자 열망하는 사람들을 위한 것이다. 책이 아무리 방대하고 자세해도 깨달은 분과의 직접 대화를 결코 대체할 수는 없다. 따라서 어떤 어려움이 있는 사람들은 내 스승님에게서 직접 그것을 해결하기 바란다. 당신은 접근하기 쉽고, 원하는 사람이면 누구와도 즐거이 영적인 문제를 논의하려 하실 것이다. 당신은 영적인 삶의 최종 목표에 도달했고, 생사윤회에서 영원히 벗어나셨다. 따라서 당신은 나이가 없다. 하지만 경험적으로는 1963년 4월 8일로 67세가 되신다. 이 탄신일에 즈음하여, 제자인 우리들이 앞으로도 여러 해 동안 당신에게 봉사할 기회를 얻을 수 있기를 당신께 기원 드린다. 옴 따뜨 사뜨.

1963년 4월 8일
봄베이 4, 케뜨와디 10번가, 바나말리 브후완(Vanamali Bhuwan),
스리 니사르가닷따 아쉬람에서
람 나라얀 차반(Ram Narayan Chavan)

영역자의 말

다음 몇 구절은 타자기 자판의 괄호 기호와 같아서 아무 의미가 없다. 우리는 목적상 필요할 때 그것을 두드릴 뿐이다. 내가 여기에 이 글을 쓰게 된 이유에 대해 변명하자면, 스리 니사르가닷따 마하라지께서 나에게 그렇게 하라고 하셨고, 내가 그 말씀에 따라서일 뿐이다.

이 책에 기록된 당신의 영적 진보에 대한 말씀을 놓고 볼 때, 당신은 사람들이 존경심을 가지고 이야기할 만한 신비가인 것이 분명하다. 당신은 네 가지 요가에 모두 쉽게 접근하지만, 그 중에서도 가장 쉬운 길인 명호염송名號念誦(Namajapa) 요가를 특별히 강조한다. 그것은 '가야뜨리 운율'에 관한 말씀(제15장) 중의 마지막 두 문단에서 분명하다. 그 최종 목적은 개아와 **지고의 존재**가 동일함을 깨닫는 것이다. 성자로서 당신의 유일한 관심은 **신**에 이르는 길로 사람들을 인도하는 것이다. 의심할 바 없이, 범부가 영적인 삶의 길로 나아갈 때 최대의 장애는 무지이다. 하지만 이런 측면에서는 신체적 괴로움이 일정한 역할을 한다는 점도 무시할 수 없다. 이러한 괴로움 때문에 사람이 영적인 삶에 무관심한 일도 흔하다. 고통과 불행의 경감도 무지의 제거만큼이나 중요하다.

싯디 자체에는 본래 아무 잘못된 것이 없다. 어느 라자 요기도, 인류에 봉사하기 위해 그것을 사용하는 것이 **진아 깨달음**에 장애가 된다고 말한 사람은 없다. 이 비천한 필사筆士가 느끼기에, 그것은 라자 요가와 까르마 요가의 이상적인 결합일 것이다. 우리는 스리 니사르가닷따 마하라지께서, 마치 성자 라마크리슈나 빠라마한사가 스와미 비베카난다에게 그런 임무를 맡겼듯이, 당신이 신뢰하는 제자 몇 사람을 선정하여 그런 임무에 종사하게 하기를 진심으로 바란다. 어쩌면 그것은 당신 자신의 사명 중 하나인지도 모르며, 만일 그렇다면 그 점은 응당 그에 합당한 주목을 받아야 할 것이다.

그런 이상하면서도 보잘것없는 제안을 신비가의 앞에 내놓는다는 것은 아주 드문 일이다. 그러나 결국 그것은 괄호 기호의 문제일 뿐이다. 때 아니게 그것을 사용할 필요는 없다.

바수데오 마다브 꿀까르니(V. M. Kulkarni)

서문[1]

내가 스리 사드구루 니사르가닷따 마하라지[본명은 스리 마루따라오 시바라마 깜블리]와 처음 접촉하게 된 것은 1933년의 끝 무렵이었다. 동문 사형제들인 우리는, 선배 사형들 중 한 분으로 감데비에 사시는 스리 크리슈나라오 R. 빠따레[변호사] 님의 저택에서 스승님[스리 싯다라메쉬와르 마하라지]과 함께 야간 기도문을 노래했고, 나중에는 동문 사형제로서 함께 만나곤 했다. 그러나 내가 그와 친밀하게 접촉하게 된 것은 1941년 초에 와서였다. 우리의 스승님인 스리 사드구루 싯다라메쉬와르 마하라지께서 입적하신 뒤 (물론 육신만 떠나셨지만) 나의 영적인 추구가 최고 수준에 가 있을 때, 내가 한 사람의 깨달은 영혼과 함께 할 수 있었던 것은 스승님의 큰 배려 덕분이었다고 믿는다. 이 배려에 대한 감사로서 내가 하는 모든 말은, 스승님께서 직접 영감을 주셔서 내 가슴에서 우러난 표현이다. 그리고 그것은 당신의 달콤한 감로甘露이지 내 목소리가 아니다. 내가 감히 이 서문을 쓰게 된 것은, 그래야 한다는 스리 니사르가닷따 마하라지의 제자들의 애정 어린 주장에 따르기 위함일 뿐이다. 본서와 같은 책에 붙이는 서문은 개인적 관계를 자세히 언급하기에 적절한 지면이 아니다. 그래서 그것은 자제하고 다른 이야기를 하는 것이 좋겠다.

이 책은 **큰 원리**에 관한 이야기로 시작된다. "만족할 만한 끝을 마음속에 그려볼 수 있는 그런 곳에서 우리는 논의에 들어가야 한다"고 람다스

---

[1] 이 서문은 마라티어 원문에서 발췌한 것이다.

는 말한다. 이것은, 모든 논의의 근본 원인이자 거기서 모든 논의가 끝나는 그런 것만 논의해야 한다는 뜻으로 해석하는 것이 최선일 것이다. "우리 자신의 존재 안에서 '나'(진아)를 지각하는 것이 모든 지知의 정점인 반면, 에고를 지각할 때는 최대의 재앙이 있다[─『요가 바시슈타』]." '나'가 아니라 **당신**, 곧 **신**을 깨닫는 것이 참된 구원이다. '에고'를 주장하는 것이 모든 괴로움의 근본 원인이다. 이 기본적 사실이 본서에 있는 여러 말씀에서 정교하게 설명되고 있다. 그 논변과 해당 진술을 뒷받침하는 전거들은 인용되지 않지만, 여기에 공감하는 지혜로운 독자들은 책을 읽는 가운데 **큰 성자**들의 여러 저작과 말씀들을 분명히 상기하게 될 것이다.

예컨대 '신의 유희', '통일적 삶', '가야뜨리 찬가' 등에 관한 어떤 말씀들의 언어는 보통 사람이 쉽게 이해하기 어렵지만, 말씀의 리듬 그 자체만으로도 그 사람을 매혹시키기에 충분할 것이다(그리고 때가 되면 그 의미도 분명히 이해하게 될 것이다). 왜냐하면 "언어는 변할 수 있어도 그 의미는 상실되지 않으며, 무엇보다 중요한 것은 의미 그 자체"[─『다스보드』]이기 때문이다.

"나는 몸이 아니고, 따라서 그것과 같지 않다. 나는 영혼이고 **브라만이다**"라는 확신이야말로 영적인 삶의 기초이다. 사회생활에서 어떤 사람이 화가 나면 상대방에게 이렇게 경고한다. "나에 대해서는 아무 말 말고, 당신이나 잘 하시오. 나는 겉보기와는 다른 사람이오." 마찬가지로 속담에서 말하듯이, 우리의 성품을 변화시키는 어떤 약도 없다. 이 속담이나 그 비슷한 다른 속담들을 배운 사람들이 이야기하고 있다. 여기서 '성품'은 의식하는 원리의 핵심, 곧 영원한 **지고의 영**靈과 그것의 신성한 **힘**을 나타낸다. 만일 **지고의 영**이 영원하다면, 어떻게 그것의 힘이 찰나적일 수 있겠는가? 이 에너지는 한동안 우주적 현현의 게임을 즐기다가 사라지지만, 그런 다음 다시 나타난다. 이 리드미컬한 과정은 영원히 계속된다. 그 에너지, 그 지속[베르크손적 의미에서의]을 '**성자**들의 두 발'이라고도 한다. 이 지속은 헤아릴 수가 없다. 해가 뜨는 것에 대해서는 그에 대한 가늠 자체가 아예 불가능하다. 하지만 이 체험(Anu Bhava)[원자(anu)가 이 세계가 된 것]을 그 순수한 형태로 늘 가질 수는 없고, 그래서 그것은 **마야**(Maya)라고 불린다.

생시의 상태에서와 마찬가지로 깊은 잠 속에서도 영혼은 독특한 세계를 경험한다. 그런데 그 구성요소들은 무엇인가? 우주적 영혼, 곧 원자들의 원자가 활동하면서 빛나고, 우주가 그것을 에워싸고 있다. 그것의 최초의 빛은 에테르이며, 그 나머지 것들이 그 속에 쑥쑥 채워진다. **성자**는 이 사실을 늘 알고 있고, 따라서 자신의 행동에 조심한다. "꿈 속에서 우리는 자신이 깨어 있는 것처럼 느낀다. 처음에 영적인 체험들이 다가올 때도 마찬가지이다. 그러나 그 역시 꿈이다. 그것은 하나의 환각인 것이다[―『다스보드』]." 그래서 어떤 경우든 **성자**들은 늘 고요하고 차분하며 솔직하다. 그러나 이 지위에 도달하려면 사심이 없고 무관심해야 한다. 영원한 것을 위하여 찰나적인 것을 포기해야 한다. 포기의 느낌은 황색 승복에서 오는 것이 아니라 육신에 대한 무관심에서 온다. "나는 몸이 아니라 큰 영혼이다"라는 확신이 영적인 지知의 참된 표지이다[―샹까라짜리야, 「사다짜르(Sadachar)」]. "**성자**들은 기대도 없고 자부심도 없으며, 관심도 없고 이원성도 없다. 그들에게는 모든 것이 평등하다. 그들은 침착하며 그들의 마음은 늘 나의 것에 맞추어져 있다[―『에끄나트 바그와티』]." 이 점은 '신견神見과 헌신자', '발라크리슈나에 대한 헌신과 그의 보살핌', '영적인 지知와 알고자 하는 욕망의 다스림' 등에 관한 말씀에서 정교하게 설명된다.

우주 안에 그 존재를 **쁘라나바**(Pranava)에 빚지고 있지 않은 어떤 것이 있는가? 존재하고 나타나는 모든 것은 그 **쁘라나바**의 한 표현이다. 그만이 우주 안의 일체에 속속들이 편재한다. 사랑하는, 또한 사랑스러운 **쁘라나바**가 우리의 예경禮敬에서 흡족함을 기대하여 사랑으로 분노한다는 것은 실로 놀라운 일 아닌가? 이것은 '가야뜨리 찬가', '무엇을 아는가?', '영적인 지복'에서 명쾌하게 제시된다.

즉, 모든 말씀은 주제의 뿌리로 바로 들어가며, 여기에는 강렬한 헌신, 깨달음 그리고 영적인 달관이 널려 있다. 그것이 이 책을 매혹적이고 독특한 것으로 만들고 있다. 독자들은 분명 이 책을 읽으면서 깨달음과 기쁨을 만날 것이다. '영적인 지知와 알고자 하는 욕망의 다스림'에 관한 말씀들을 먼저 읽어도 얻는 바가 있을 것이다. 책 전체를 주의 깊게 공부하는 것과 함께 '꽃 공양물'을 주의 깊게 반복하여 공부한다면, 그 구도자는 스리 사드구루 마하라지의 은총으로 영적인 지知를 많이 수확하게 될 것이라고 나는 확신한다.

인도력 1880년, 짜이뜨라 달 초하루(1958년 3월 21일)
봄베이 7, 래밍턴 로드, 타라 템플 레인 5호에서
칸데라오 아뜨마람 사브니스(Khanderao Atmaram Sabnis) 씀

진아지와 진아 깨달음

1. 신견神見[1]과 헌신자

(신견에서) '**견見**'이란 말은 보편적(우주적) 에너지를 접해서 아는 것, '**신神**'은 그것을 아주 명료하게 이해하는 것을 뜻한다. 신과 헌신자는 이름은 둘이지만 정신에서 하나이다. 헌신자는 바로 그의 성품에서 신과 동일하다. 우리가 신을 깨닫지 못하는 한 정의와 불의가 무엇인지 알지 못한다. 그러나 이 깨달음은 그 헌신자에게 베풀어지는 정의(정당한 대가)이다. 그럴 때 그는 정의와 불의, 본질적인 것과 부수적인 것, 옳은 것과 그른 것, 영원한 것과 찰나적인 것의 구분을 알게 되며, 이것이 그의 해탈을 가져온다. 신견은 개인성을 제거한다. 그래서 **현현자**(현상계)가 그냥 느껴지며 **미현현자**(the Unmanifest-실재)와 분명하게 구분된다. 개인성이 상실되면서 이기적 관심도 사라진다. 우리가 이기적인 한, 사려 분별력이 없는 것은 말할 것도 없고 정의의 의미도 알지 못한다. 그러나 개인성의 느낌이 현상계의 느낌으로 대체되면, 그 헌신자는 자신이 언제 어느 때나 **순수한 의식**이라는 것을 안다.

현상계의 느낌은 자신이 **지고한 존재**의 한 표현일 뿐이라는 자각이다.

---

[1] *T.* Divine Vision. 흔히 명상 중이나 일상 가운데서 신을 직접 보는 것을 뜻하지만, 여기서는 자신의 신성神性, 곧 참된 성품을 직접 보는 것을 의미한다.

하지만 세간적 삶은 복잡한 상호작용과 더불어 계속되어야 한다. 영적으로 깨달은 **성자**들은 그것이 **보편적 의식**의 한 유희에 지나지 않는다는 것을 알면서 재미 삼아 거기에 참여한다. 성자들이 세상의 다른 사람들과 교류할 때 자신을 개인으로 칭한다는 사실은, 이따금 그들도 범부와 같은 정도로 자신들의 세간적 삶에 개입한다는 오해를 불러일으킨다. 그러나 **성자**들은, 오직 순수한 의식이 다양한 이름과 형상으로 자신을 표현하면서 늘 새로운 형태로 그 과정을 계속한다는 것을 항상 자각하고 있다. 성자도 삶의 고통과 슬픔을 경험하는 것은 사실이지만, 분명 그것을 아프게 느끼지는 않는다. 그는 세간의 쾌락과 고통, 이익과 손해에 영향 받지도 않고 그에 동요되지도 않는다. 세상의 견디기 어려운 사건들도 그에게는 그저 유순하고 무해한 일일 뿐이다. 범부들로서는 하찮은 일조차도 때로는 견딜 수 없는 것이지만, 그 **헌신자**는 세상을 흔드는 사건들 속에서도 흔들림이 없다. 그래서 그는 남들을 안전한 곳으로 인도할 위치에 있다. 그러나 사람들은 처음에는 하찮은 자존심이 발동하여 그를 그냥 무시한다. 그러나 그 후 뭔가를 경험하면 그에게 이끌린다. 그의 행동은 전적으로 정의감에 의해 인도된다. 정의의 화신인 **신**은 그 자신의 어떤 친척도, 소유물도 없다. 세간의 평화와 행복이, 말하자면 그의 유일한 보물이다. 그 무형상의 **신적 의식**은 그 자신의 이익이 되는 어떤 것도 가질 수 없다. 이것이 그 헌신자에 대한 잠정적 개요이다.

2. 영혼, 세계, 브라만 그리고 진아 깨달음

우리 자신의 존재, 사물들의 세계 그리고 그것을 뒷받침하는 **원초적 힘**에 대한 의식은 모두 동시에 체험된다. 여기서 우리 자신의 존재에 대한

자각은, 비아非我에 대립되는 한 개인으로서의 자기 자신에 대한 보통의 심적인 의식을 뜻하는 것이 아니라 존재성의 신비가 드러남을 의미한다. 그 이전에는 우리 자신의 존재에 대한 무지 속에서, 존재하는 **브라만**에 대한 아무런 체험이 없다. 그러나 우리가 이것을 자각하는 순간, 세계와 함께 **브라만**도 직접 자각하게 된다. 이 단계, 즉 우주적 자각 이전의 단계에서는 자아와 그것의 경험들이 세간적 삶에만 국한된다. 이 삶은 탄생과 함께 시작되고 '죽음'과 함께 끝난다. 죽음 이후의 경험들은 이 삶 속에서 가질 수 있는 것이 아님이 명백하다. 자기 자신과 세계와 **신**을 홀연히 자각한다는 것은 실로 큰 신비이다! 그것은 뜻하지 않은 소득이고, 매혹적이고 불가사의한 사건이며, 지극히 중요하고 위대한 것이다. 그러나 거기에는 자기보전, 유지 및 자기발전에 대한 무거운 책임도 수반되며, 누구도 그것을 회피할 수 없다.

그러나 이 체험 이전의 삶을 위해서는 영양 공급이 절대적으로 필요하다. 우리는 모든 경험이 음식 섭취에서 발생한다고 느낀다. 영양 공급이 없을 때 죽음이 일어날지 경험의 소멸이 일어날지는 우리가 확신하지 못한다. 경험은 영양 공급과 불가분하게 얽혀 있으므로, 위에서 말한 삶의 신비를 탐색하려는 욕망은 매 단계에서 방해 받는다. 만일 우리가 먹지 않으면 확실히 죽을 것이다. 그러나 (음식을 먹는) 현재의 경험이라는 순간까지는 "나는 먹고 있었다," "나는 먹었다" 혹은 "나는 먹을 것이다"라는 경험이 없었다. 우리가 가진 것은 그런 활동에 대한 하나의 기억일 뿐 그 경험 자체는 아니다. 하지만 "나는 살아 있었다"와 "나는 살아 있다"는 이 신비는 무엇인가? 우리 존재의 이 두 가지 국면은 확실히 기억의 문제도 추론의 문제도 아니며, 직접 체험의 문제이다. 그 신비가 자리하고 있는 곳은 확실히 여기다. 우리가 이것을 생각하기 시작할 때, 우리의 모든 생각은 인식을 넘어, 심지어는 지각을 넘어 변화된다. 그러나 정상적 지각을 회복하면 마치 우리가 어떤 큰, 그러나 알 수 없는 행복을 체험한 것같이 느껴지고, 기분이 더 좋아진 것을 느낀다.

잠시 멈춰서 자기가 누구인지 혹은 무엇인지에 대해 전혀 의문을 품지 않고 삶을 영위하는 사람들은, 전통적인 계보학적 역사를 자신의 것으로 받아들인다. 범부는 이러한 정보에 기초하여, 자신의 가문과 전통에 대한 자부심 속에서 인생이라는 여정을 마친다. 이 기간 동안 그는 관습적이고 종교적인 활동, 혹은 숭배나 명상과 같이 도덕적으로 바람직한 여타 활동을 전통에 따라 영위한다. 그러나 그 경우에도, 사람은 임종할 때가 되면 자신이 평생 동안 행한 선과 악에 대한 보상과 징벌의 기대와 두려움을 마음속에 갖게 된다. 그리고 바로 그러한 마음 상태에서 세상과 작별을 고한다. 그가 생전에 자신의 행복을 위해서 모으고 소유했던 모든 보물과 소유물들은 영원히 그에게서 격리되며, 그는 그것들이 어떻게 되는지 알고 싶어도 그것들과 단 한 번도 접촉하지 못한다. 그래도 그의 탐욕은 마지막 순간까지도 여전히 줄어들지 않고 작동한다. 우리가 열렬히 사랑했던 사람들도 죽은 뒤에는 결코 볼 수 없다. 그런데도 인간은 바로 이런 이해관계들을 마지막 순간까지도 맹목적으로 부단히 추구한다. 누구나 자신이 이 세상을 우연히 접하게 된 것은 하나의 찰나적 일이라는 것을 안다. 언젠가는 이 활동의 장場이 기억조차 되지 않을 때가 올 것임을 너무나 잘 알면서도, 우리는 현세에서 큰 물질적 재산을 얻는 데 적극적으로 몰두한다. 한 순간도 멈추어서 왜 자신이 그처럼 피상적으로 아는 이 세상에 그토록 유혹당하고 그것을 탐내는지 결코 알려고 하지 않는다. 만일 그것을 한번이라도 생각해 본다면, 그 사람은 그 유혹과 욕심을 포기하고, 시기심 없고 적의가 없는 자족하고 자애로운 사람이 될 것이다. 그리고 자신이 우주와 그것의 신비에 대한 앎과 하나가 된 데서 오는 지복감을 즐기게 될 것이다. 그러나 실제로 일어나는 일은 그렇지 않다. 그는 자신이 존재하기 전부터 세계가 계속 확장되는 전통을 수반하며 존재해 왔으며, 그 세계가 실재한다는 확신을 가지고 삶을 영위한다. 그리고 바로 자신의 목전에서 세계가 부단한 변화를 겪고 있는 것을 보면서도 세계가 실재한다고 느낀다. 그 자신의 겉모습과 자신이 서 있는 땅이 똑같이 실재한다고 여기는 것이다. 이런 확신으로 인해 그는 이런저런 방식으로 행위하게 된다. 이 모든 세계가 한 순간에 영원한 망각 속으로 던져질 수 있다는 생각은 그에게 전혀 떠오르지 않는다.

우리가 생각의 근원에 주의를 집중하면 사고 과정 자체가 종식된다. 그러면 한동안 어떤 간극이 있다가 우리도 모르는 사이에 그 과정이 다시 시작된다. 그 빈 간격은 즐거운 경험이다. 우리는 자신이 바로 우리 마음 속에서 일어나고 작용하는 생각들의 부모라고 느낀다. 그러나 이 부모성의 본질은 파악하기 쉽지 않고, 원인 탐색만으로는 파악되지 않을 것이다. 우리는 생각들의 시발자이며, 우리 자신을 유지해 가기 위해 그것을 활용한다. 우리와 우리의 생각들이 이 삶을 떠받치는 지주支柱라는 이 신비는 과연 무엇인가? 그 전체는 우리의 안에 그리고 우리의 생각들 안에 들어 있다. 그 사고 과정이 쉬고 있을 때, 우리는 세계도 쉬고 있다고 느낀다.

중생이 자아의 중심에 대해 생각하기 시작하면, 그 행복한 상태에 들어가는 습관을 형성한다. 즉, 마음이 외부 세계의 다섯 가지 대상과 그것들에 대한 향유에서 돌아서서 내면으로 향하게 되며, 대상 없는 지복을 즐기기 시작한다. 외부 세계로부터 돌아서서 마음이 내면을 들여다보게 되면, 대상들의 세계는 자신에게 맞지 않다는 것을 느끼게 된다. 이 체험을 얻기 전에는 물릴 줄 모르는 감각 향유가 마음에게 자신들을 충족시켜 달라고 부단히 요구하곤 했다. 그러나 마음이 내면으로 향하기 시작한 뒤부터 그런 것들에 대한 관심이 사라지기 시작한다. 감각들의 세계에 대한 관심을 잃지 않고는 우리가 **내적 지복**의 즐김을 기대할 수 없다. 그러나 일단 이것을 맛보고 나면 외적인 행복은 매력을 잃기 시작한다. 그와 같은 사람[내면적 지복을 맛본 사람]은 자연히 자애롭고 시기심에서 벗어나며, 자족하고, 남들이 잘 되는 것을 즐거워하고, 친절하고, 천진하며, 남을 속이는 일에서 벗어난다. 그는 아무것도 기대하지 않으며, **내적 지복**으로 인해 점차 투명하고 명료한 시각을 얻는다. 그는 그 지복의 신비로움과 경이로움으로 가득 충만해 있다. 그리고 남들과 세상 사람들의 즐거움을 시기하는 것과, 부와 명예에 대한 욕심을 싫어한다. 그는 **진아**에 대한 체험으로 행복하다. 우리가 이 체험을 얻지 못하는 한 **진아**의 **지복**을 누리기는 기대할 수 없다. 그는 자신의 성취에 대해 아무리 큰 소리를 쳐도 무방할 것이다. 진아를 깨달은 사람은 남들에게 결코 해를 끼칠 수 없다. 그는 그냥 세계에 대한 경험을 얻고, 세계의 성품을 알며—따라서 주위 사람들이 편하게 자기 행동을 그들에게 맞추어 간다—세상과 평화롭게 지낼 뿐이다.

3. 신적인 삶과 지고아

그 헌신자는 강렬한 사랑과 가슴에서 우러나는 헌신으로 신을 즐겁게 한다. 그리고 그가 **신견**神見과 은총으로 축복받을 때는 그의 친존 안에서 늘 행복함을 느낀다. 그 부단한 친존은 양자 간에 사실상의 동일성을 확립한다. 헌신자는 그 **지고한 영**靈의 친존을 추구하는 과정에서, 가장 비천한 것부터 가장 훌륭한 것에 이르기까지 자기 삶 속의 모든 연관들을 포기한다. 그가 자신의 존재(being)에서 가장 나쁜 것과 가장 좋은 것, 그리고 그 나머지를 몰아내고 나면, 자동적으로 **지고아**와의 연관을 획득한다. 삿된 연관들이 심장에서 떨어져 나가면 외적인 궁핍은 그에게 별로 영향을 줄 수 없다. 보통 사람들이 신의 친존을 즐기는 사람을 존경스럽게 느끼지 않는다는 것은 진리에 반한다. 만약 사람들이 그런 사람을 좋아하지 않는 것을 보게 되면, 그 사람은 분명 **지고아**와 연관되어 있는 사람이 아니라고 확신해도 된다. 그리고 만약 어떤 헌신자가 자신을 신과 연관되어 있는 사람으로 여기는데도 남들이 자신을 비방한다면, 그는 자신의 확신이 착각이라고 여겨야 한다. **무제약적 해탈**의 지위를 성취한 사람은 남들이 결코 그를 싫어할 수 없다. 왜냐하면 그 사람들 자신이—그들은 그 사실을 모르겠지만—스스로 빛나는 영혼이고, 신과 연관되어 있는 사람은 인류의 **초월적 자아**(Super-Self)이기 때문이다. 인간 영혼이 이 **초월적 영혼**을 비방할 수 있다고 말하는 것조차도 진리를 곡해하는 것이다.

이 무한히 다양한 세계에서 갖가지 유형의 서로 다른 존재들이 온갖 질병으로 괴로워하고 있지만, 그들은 자신의 비참한 신체적 형상을 포기할 준비가 되어 있지 않다. 즉, 신체적·정신적 고통으로 울부짖을 때도 어느 누구도 자기사랑(self-love)을 버릴 수 없다. 그렇다면, 인간들은 워낙 근시안적이어서 자신들의 구원자인 '깨달은 영혼'마저 기피한다고 말하는 것이 옳겠는가? 사람들이 지겨워하는 것은 사이비 성자들뿐이다. 이 소위 신적 인간들의 욕구는 갈수록 늘어난다. 그리고 이미 우울한 사람들은 그것을 도저히 참지 못한다. 그래서 그런 이들을 기피하려 드는 것이다. 그런다고 해서 누구도 그들을 탓할 수 없다. 반면에, 신견神見으로 축복받은 **성자**는 **진아**의 **지복**을 즐긴다. 그가 세속적 즐거움을 추구하면서 사회의 짐이 된다는 것은 생각할 수도 없다. 그 넘치는 **지복**의 저수지, 그 지복스러운 영혼은 그의 즐겁고 자애로운 빛으로 사람들에게 **지복**만을 하사하게 되어 있다. 그의 주위 분위기조차 고통 받는 영혼들을 북돋워주기에 부족함이 없고, 그의 입에서 나오는 위안의 말들은 말할 것도 없다! 그는 호숫가 주변의 초목들과, 인근의 초지와 논밭에 영양을 공급하는 호수의 물과 같다. 성자는 또한 어디에 있어도 주위 사람들에게 기쁨과 생존 에너지를 준다.

4. 구도자와 영적인 사고

현재의 맥락에서 '구도자'는 영적인 삶과 사고를 생각하는 사람을 뜻한다. 영적인 사고는 **영**靈, 곧 **지고지선자**至高至善者에 대한 생각이다. 지고자의 의미에 대한 이 추구를 성자들은 '처음 절반'이라고 부른다. 이것을 제대로 이해하면 신을 친견하게 되고, 결국 성숙하여 진아의 참된 성품을 확실히 알게 되니 이것이 '나중 절반'이다. 영적인 삶을 추구하는 이유는 영원한 삶을 준비하기 위해서이다. '나'와 '나 아닌 것'을 의식하는 순간부터 사람은 원치 않는 것들을 끌어당기고 원하는 것으로부터 밀려나게 된다. 사람이 어떤 것을 갖기를 기대할 때 운명은 사뭇 다른 것을 안겨준다. 잔을 입에 대기 전에 빼앗기는가 하면, 처음 한 모금 마시기도 전에 도리 없이 실수를 한다. 그러면 그것을 말없이 받아들여야 한다. 어떤 사람들은 요리조리 빠져나가는 이러한 삶이 지겨워서 그에 대한 해법을 알아내려고 한다. 이런 사람들을 흔히 세 가지 불행[2]의 피해자라고 한다(이들은 자신이 피해자가 된다는 것을 알지만, 여타의 사람들은 모른다). 시달림에 대한 이 자각이 영적인 열망의 시작 단계이다. 삶의 세 가지 불행에 시달리는 사람들만이 영적인 삶을 살아가기에 적합한 후보자들이다. 이리저리 끄달리면서도 더 나아질 것으로 기대하고 자신의 마음을 영적인 데로 돌리지 않는 사람들은 온통 고뇌 속에서 이 세상을 떠나게 된다. 그러나 비참한 삶에 염증을 느껴 영적인 길을 택하는 사람은 내관과 (신에 대한) 숭배로 삶을 새로이 시작한다. 여기서 '구원 열망자'의 영적인 삶의 첫 단계가 시작된다. 여기서 처음으로 그는 기도와 숭배를 통해, 비록 점진적이기는 하나 어떤 기쁨을 얻는다. 이 예비 단계에서 도반들도 사귀게 된다. 과거의 신의 화신들·리쉬들·요기들·성자와 진인들의 생애담과 저작들을 읽고, 신성한 이름들을 찬미하는 노래를 부르며, 사원을 참배하고, 이런 것들을 부단히 명상하면 신비한 삶에 대한 최초의 '빛과 소리의 체험들'을 얻는다. 그의 욕망들도 이제는 어느 정도 충족된다. 자신이 신의 친견을 얻었다고 생각하는 그는, 신의 이름을 즐거이 기억하고 그를 숭배하는 방향으로 더욱 힘써 노력한다.

---

2) *T.* 608쪽의 각주 참조.

이러한 마음 상태에서 **헌신자**는 자신이 숭배하는 신을 꽤 자주 보게 되며, 그것을 신견으로 간주하고 만족감을 느끼게 된다. 이 시점에서 그는 어떤 **성자**를 분명히 만나게 된다. 이 **성자**, 곧 그의 **스승**은 그에게, 그가 얻은 것은 진정한 신견이 아니며, 진정한 신견은 그런 체험을 넘어서 있고 **진아 깨달음**을 통해서만 얻을 수 있다는 점을 분명히 말해준다. 이 지점에서 그 신심 있는 구도자는 명상자의 단계로 들어선다. 처음에 그 구도자는 자신의 인격과 자기 내면에 거주하는 **영**靈의 비밀에 대한 가르침을 듣는다. 그것은 1) **생기**(Prana)의 의미와 본질, 2) 물라다라 · 스와디스타나 · 마니뿌라 · 아나하따 · 비슛다 · 아냐 · 사하스라라와 같은 여러 차크라들, 3) 척수 안의 세 통로인 **이다**(Ida) · **핑갈라**(Pingala) · **수슘나**(Sushumna), 4) 마지막으로, **꾼달리니**(Kundalini)의 성품과 그것의 일어남, 그리고 **진아의 성품**에 관한 것이다. 나중에는 5대 원소의 기원과 그것들의 작용, 방출 및 장단점에 대해 알게 된다. 그러면서 그의 마음은 정화 과정을 거치고 '차분함'을 얻게 된다. 이것을 구도자는 내면 깊이 있는 **내거자**內居者(Indweller)의 미묘한 중심을 통해 체험한다. 그는 또한 어떻게, 왜 차분함이 있어야만 신의 형상을 한 요소가 빛나는지를 안다. 이 앎은 그를 순수하고 영원하며 영적인 **참스승**의 한 형상으로 바꿔 놓으며, 이제 그는 다른 사람들을 **영**靈의 비밀 속으로 입문시키는 지위에 있게 된다. 수행자의 단계는 여기서 끝난다.

위대한 성자 뚜까람이 말하듯이, 구도자는 영적인 삶의 추구에 부단한 노력을 쏟아야 한다. 매 순간 일어나는 생각들을 **진아지**(깨달음)를 위해 활용해야 한다. 매 순간 또렷이 깨어 있는 마음으로 자신이 무엇이며, 자신이 **진아체험**의 방향으로 어떻게 나아가고 있는지 주목해야 한다. 감각 경험에서 일어나는 쾌락과 고통의 일들에 개입하는 이 '나'의 성품을 예리하게 식별해야 한다.

우리는 감각기관들이 작용하지 않을 때 **진아**를 체험하는 느낌이 어떤 것인지 그 의미를 알아야 한다. 또한 우리는 위대한 영혼과 가엾은 중생의 실제적 차이를 알아야 한다. 범부 중생인 우리는 **위대한 영혼**(성자)이 가진 것과 같은 종류의 몸을 가지고 있다. 하지만 그는 인류의 구원자인데, 우리는 하찮고 비참한 중생에 지나지 않는다! 우리는 이 기막힌 현실의 이유를 알아야 한다. 이 두 형상 안에 거주하는 **영**靈은 같은가 다른가? 우리가 아는 한 그도 우리가 그러한 것만큼이나 시간적 과정의 산물처럼 보이지만, 그런데도 좁힐 수 없는 차이가 있다! 왜냐? 만일 양인이 같은 감각 경험을 하는 자라면, 이 큰 차이가 나는 이유를 알아내야 한다. 성자는 내면적으로 진정한 평화의 바다이지만 우리는 물릴 줄 모르는 탐욕에 매몰되어 있다. '왜' 그런지를 우리는 알아야 한다. 의미의 그 비뚤어짐을 하나의 '의미'로 여겨야 하는데, 그것은 왜인가? 지금 몸을 가진 자아와 **영원한 진아**의 성품을 올바르게 이해해야 한다. 물질적 부가물들(감각기관, 몸 등)을 가지고 있는 자아는 하나의 경험적 자아이다. 영원한 **진아**의 성품은 무엇인가? 그것의 거주처는 어디인가? 이런 모든 물음에 답해야 한다. 해야 할 일이 무엇인지를 모른다면, 그것을 성취하기 위한 어떤 준비를 할 수 있겠는가? 전 세계의 종교인들은 성직자들의 가르침에 따라 자비와 선행을 하지만, 그 이익은 정확히 어디서 어떻게 거두게 되는가? 그럴 때 우리의 정확한 형상은 무엇인가? 자아의 정화淨化를 위한 자비행의 이자로서 우리가 향유하는 과보의 본질은 무엇인가? 자비로운 행위를 할 때 마음에 두는 바람직한 형상과 실제로 우리가 얻게 되는 형상을 먼저 확인해야 한다.

   그러나 우리의 일상생활이나 영적인 활동에는 아무 체계가 없다. 따라서 구도자는 다른 사람들의 일에 참견하지 말고 자기 스스로 가장 깊은 의미를 이해하려고 노력해야 한다. 밤낮으로 신에 이르는 길에 대해 생각해야 한다. 활동적 원리의 성품을 확인하여 그것의 활동이 딴 길로 가지 않게 해야 한다. 최고의 의미를 성취하는 데 힘을 쏟지 않고 쓸데없는 추구에 기력을 낭비하는 사람들은 분명히 게임에서 지게 된다. 반면 **진아**를 추구하는 데 몰두하는 사람들은 신과의 동일성을 성취한다. "그들이 진실로 **진아**를 깨달은 자들이다. 그 나머지는 육신의 노예들일 뿐이다." 우리가 영적인 삶을 지향해야 하는 이유가 바로 이것이다.

영적인 삶은 실로 대단한 것이다! 그 본질은 깊이를 가늠할 수 없다. 만일 어떤 하찮은 중생이 나서서 자신은 영적인 삶이 무엇인지 안다고 말하면, 우리는 그가 헛소리를 하고 있다고 여길지도 모른다. 왜냐하면 영적인 삶은 모든 것 중의 최고이며, 아주 위대하고 아주 깊고 아주 광대한 것이어서, 그 어떤 것도 그에 비견될 수 없기 때문이다. **우주적 에너지**조차 그 앞에서는 하찮은 것으로 비쳐질 것이다. 하지만 이 에너지는 그것을 이해하려고 거듭거듭 애쓴다. 영적인 삶에 대한 내관은 큰 **지복**이다. 지성의 도움을 받아 그것을 이해하려고 의식적으로 애쓰는 사람들은 갈피를 잡지 못한다. **우주적 에너지의 근원 원자**(극미한 중심)에 집중하여 영적인 내관의 지복을 향유하는 사람은 희유하다. 그러나 자신이 영적으로 깨달았고, 따라서 자신을 완전한 사람이라고 여기는 이들은 많다. 그들은 일반 사람들이 자기를 존경하고, 자기가 하는 모든 말을 존중할 것을 기대한다. 무지한 사람들은 그들대로, 그런 이들을 영적인 구원자로 알고 달려가서 그들이 시키는 대로 한다.

사실 사이비 성자들은 벗어날 수 없는 탐욕의 덫에 걸려 있다. 따라서 그 딱한 신도들은 그 대가로 만족이라는 축복을 얻는 것이 아니라 그들 자신의 이익이 재로 화한 것을 한 사발씩 얻게 된다. 자칭 성자는 신에 대한 헌신과 스승에 대해, 그리고 영적인 문제들에 대해 말도 안 되는 소리들을 하면서 자신은 영적으로 완전하다고 생각한다. 그러나 남들은 그에 대해 그다지 확신하지 못한다. (진짜) **성자**로 말하자면, 그 반대로 사람들이 그에게 더 많이 봉사하는 기회를 얻으려고 애쓴다. 그러나 늘 자족하고 있고, 태연하며, 미소 짓는 그 영혼은 **지복**에 잠긴 채 아무것도 원하지 않으므로, 사람들은 각자 자기 방식대로 열성을 가지고 그에게 봉사하면서, 결코 부담감을 느끼지 않는다.

위대함은 늘 겸손하고, 자애롭고, 말이 없고, 자족해한다. 행복·관용·

인내·침착함 기타 그와 관련되는 자질들을 모두가 알아야 한다. 목마름·배고픔·졸음·통증과 같은 신체 상태들을 우리가 경험할 때만큼이나 쉽게, 자신의 내면에서 '성자'라는 말이 함축하는 특징들을 체험해야 한다. 어떤 순간에는 우리가 잠을 더 자거나 밥을 더 먹을 필요가 없다는 것을 알듯이, 위에서 말한 특징들을 직접 체험으로 확신할 수 있다. 그런 것들은 굳이 말로 설명할 필요가 없다. 그럴 때 우리는 다른 사람들에게 그런 특징들이 있다는 것을 역시 쉽게 알아볼 수 있다. 그것이 검증된 영적 지도자의 시험이자 체험이다.

5. 신비가

신비가의 본질적 특징은 그것들 모두가 지복스럽고, 그가 그런 특징들을 모두 갖추고 있다는 것이다. 이제 그는 깨닫기 전과 후 자신의 특징들 간의 차이를 분명하게 보며, 그에 대해 놀란다. 그의 현재 형상(상태)은 변함이 없고 변할 수도 없다. 그는 그것을 더 이상 돌볼 필요가 없다. 돌보지 않는 그 형상은 영원히 불멸이며, 그는 그것을 잘 안다. 이제 그는 자신을 장난스럽게 바라볼 수 있는데, 그의 주위 세계는 매 순간 변하고 있다. 지각 가능한 것들은 변화와 소멸을 겪는다. 일시적인 모든 것은 시간 속에 어떤 시발점이 있지만, 그 자신은 변화에서 벗어나 있다. 그는 결코 사멸할 수 없다. 이 불변의 **영원한 영혼**은 늘 변해 가는 세계를 으레 그런 것인 하나의 게임으로 본다.

성자의 모든 특징은 그의 체험에서 자연스럽게 솟아난다. 그에게는 아무 욕망도 남아 있지 않으므로 세상의 그 무엇도 결코 그를 유혹할 수 없다. 그는 **진아 깨달음**의 겁 없는 장엄함 속에 산다. 그의 영적인 의식과 언어와 행위와 처신은 거기서 일어나며, 모두 자연스럽게 그를 만족시킨다. 그는, 하찮은 이익을 충족하기 위해 자신들의 몸에 속박된 채 몸부림치다가 실패하고 마는 중생들에게 연민을 느낀다. 세상의 큰 사건들도 그에게는 표면의 파문들에 지나지 않는다. 나타나고 사라지는 그 파문들은 무한하지만, 개인들은 이 파문들의 희미한 자취일 뿐이다. 그리고 그들은 늘 그런 파문으로서만 인식되며, 그 파문들이 사라지면 그들과의 면식面識도 끝이 난다. 그 자취들이 사라지면 그들을 개인으로 인식할 아무것도 남지 않는다. 한 파문의 나타남과 사라짐 사이의 간격이 소위 삶이라고 하는 것이다. 한 파문이 사라지면 면식이라는 허영의 장터도 사라진다. 사라진 파문들은 결코 다시 볼 수 없다. 이 모든 것에 대한 직접 체험을 가지고 있는 **성자**는 늘 행복하며 욕망에서 벗어나 있다. 그는 감각 세계의 더없이 대단한 체험들도 결국은 일시적 현상이라는 것을 확신한다. 이러한 체험들의 본질은 바로 무상함이다. 따라서 고통과 슬픔, 탐욕과 유혹, 두려움과 걱정은 결코 그를 건드릴 수 없다.

6. 신의 유희

유희나 놀이가 신에게 자연스러운 것은, 마치 **자연**이 그 자신에게 그러한 것과 같다. 홀연히 체험 속으로 들어오든 모든 것은 상상의 계산법과 들어맞을 수 없다. 이런 체험들을 **신의 유희**(Lila)라고 한다. 어떤 사전 암시나 신호도 없이 우리는 자신의 존재를 맛보게 되는데, 흔히 그것을 신의 유희의 한 사례라고 말한다. 이 한 번의 맛봄 외에 우리는 **진아의** 성품을 알지 못한다. 그러나 이 약간의 체험마저도 우리가 모르는 사이에 감춰져 버린다. 같은 유희에 의해 우리는 일련의 활동과 경험들을 하지

앉을 수 없게 된다. "나는 한 인간이다, 나는 몸이다, 내 이름은 아무개다, 이것은 내 종교이고, 이것은 내 임무다"라는 식으로, 한 순간도 쉴 틈이 없다. 한 행위를 하고 나면 다른 행위가 뒤를 따르며, 그것을 피할 도리가 없다. 우리는 그것들을 꿰뚫어 보아야 한다. 이같이 계속해 나가다 보면 불가피하게 그것이 모든 매력을 잃는 때가 오는데, 이는 우리가 얻어야 할 것은 영적인 보물뿐이라는 철석같은 신념 덕분이다. 누구나 무미건조한 일상의 연속에 따른 피해자이며, 그 이상을 알지 못한다.

만일 그 (체험을 하게 되는) 목적이 무엇이냐고 묻는다면, 바로 이런 자료를 가지고 사람마다 서로 다른 설명을 내놓는다. 어떤 이들은 그것이 무수한 전생에 한 행위들을 소멸하는 요소라고 장담한다. 그러나 누구도 그러한 전생들에 대한 직접 경험을 가지고 있지 않다. 더욱이 그것은 '왜' 그런 체험을 하느냐에 대한 설명은 아니고, '어떻게' 체험하는지에 대한 설명만 될 수 있을 뿐이다. 그런 설명은 하나의 허구나 다를 바 없음이 명백하다. 아름다운 사원과 저택들이 바로 우리가 있는 곳에서 지어진다. 우리는 그 건물들 중 어느 것에 들어가 살면서 다른 건물들은 남들이 여러 가지 목적에 사용하게 한다. 이 건물들은 분명한 목적이 있다. 그 중 어떤 것들은 더 나은 건물을 짓기 위해 철거된다. 왜 그런가? 경험상 우리에게 그 건물들이 필요하기 때문이다. 엔지니어와 과학자들은 사물들의 다양한 성질을 발견하여 인류에게 다양한 편의 물품들을 제공해 왔다. 그리고 그들은 자신들의 상상이 허구적이지 않고 사실적이었음을 증명했다. '근본 원인'을 고려한다면, 우리는 그들의 지식이 실로 상상이 이룬 쾌거라고 말해야 할 것이다! 삶을 이렇게 해석하는 이들은 과학자들의 독창적인 발명과 발견에 감탄한 나머지, 경험적 사실을 근거로 제시하며 그런 사실들에 똑같은 확신을 부여한다. 그러나 홀연히 경험해 본 맛을 이런 식으로 우주적 경험과 연관 지워 해석하는 것은 별 의미가 없다. (**무한자와의 동일성**을 제외한) 모든 체험은 이런저런 방식으로 혼란을 안겨준다. 즉, 우리가 자신을 그것과 동일시하거나, 그것의 특징들을 우리 자신의 것으로 착각할 수 있다. 그렇지만 그것이 예기치 못한 순간에 사라졌다가 한 순간 다시 나타난다는 것 또한 우리가 경험하는 바이다.

우리는 앞에서 말한 그 맛[체험]이 늘 우리와 함께 하는지 여부를 알아야 한다. 만일 그렇지 않다면, 왜 그런가? 또한 우리는 그 맛이 '어떻게' 나타나고 '왜' 나타나는지 알아야 한다. 그 체험은 성질(gunas)을 통해서 갖게 되는데, 우리는 그 맛의 성품에 대해 납득할 만한 앎을 가져야 한다. 우리는 그 맛을 신의 유희라고 이름 붙이며, 이내 우리 자신에게 어떤 자의적 용어를 붙인다. 우리는 사건, 행위, 효용과 지위 형용사들을 이야기한다. 특히 위대함 등을 나타내기 위해 붙이는 이름들은 효용을 기초로 한다. 대단한 명칭들은 그와 마찬가지로 대단한 효용에서 비롯된다. 만일 그 효용이 낮은 수준의 것이면 그에 대한 이름도 마찬가지다. 결국 비천한 단어로는 비천함을 나타내게 된다. 세계를 마야, 곧 환幻으로 이야기할 때는 그것이 비천한 것으로 격하되지만, '신의 유희 행위'로 표현하면 그것이 대단한 것으로 된다! 우리는 쓸모 있는 것을 반기고 쓸모없는 것을 폄하한다. 실제의 사실은 있는 그대로인데 말이다. 높은 명칭을 받는 것은 누구인가? 비난 받는 것에 대해 그것이 쓸모없다고 확인해 주는 것은 누구인가? 이러한 명칭들을 확정하는 것은 누구인가? 그는 그 자신을 어떻게 부르는가? 우리는 그에 대해 어떻게 말해야 하는가? 직접 체험을 얻고 나면 그에게 우리가 어떤 이름을 붙여 주어야 하는가?

우리가 체험들을 한다는 것은 사실이다. 그것은 어떤 증명이나 증거도 요하지 않는다. 또 우리는 체험에도 여러 가지가 있다는 이야기를 듣는다. 우리는 관계들에 대한 정보와 행위할 때는 어떻게 하라는 가르침을 받고, 그에 따라 우리의 행동을 조직한다. 이러한 안내자들 중 어떤 사람은 특급 전문가로서, 그 나름의 방식으로 우리를 내거하는 영靈의 핵심이라고 하는 것 속으로 입문시킨다. 그러나 그 또한 일시적인 것으로 판명된다! 왜냐하면 그렇게 해서 확보한 앎은 그 맛의 체험적 핵심을 보유하고 있지 않기 때문이다. 그리고 입문시키는 사람 자신이 그 조각의 핵심적 부분으로 드러난다. 이리하여 그와 그의 앎 둘 다 우리에게는 별 상관없는 것이 된다. 이제 우리는 자기 나름의 길을 자유롭게 갈 수 있다. 그러나 만약 아니라면? 맛보아야 할 맛을 보지 못하면 그러한 자기 나름의 방식도 마찬가지로 무기력하며, 우리는 제자리에 그대로 있는 것이다. 우리가 신의 유희라고 하는 것은 과연 무엇인가? 그것을 왜 그렇게 부르는가? 우주를 신의 유희적 표현이라고 이름 붙인 사람들의 그 확신의 성품은 무엇인가? 그들의 성품은 무엇이며 그들은 누구인가? 우리가 보았고, 접촉했고, 말을 했고, 그와의 우정과 그에 대한 열렬한 사랑을 가졌던 이 '유희하는 신'과 우리는 어떻게 관계되는가? 우리는 그를 신으로, 우리의 어버이로, 기타 모든 것으로 이야기했다. 이런 모든 친밀함과 호감에도 불구하고, 그에 대한 우리의 관계는 무엇이었고, 무엇인가? 온갖 특이한 점이 있던 이전의 모든 체험들은 사라지고 없다. 현재의 체험이 등장하면서 신의 유희는 사이비 체험과 함께 사라진다.

7. 구도자, 지복의 첫 순간, 그것의 지속적 성장

늘 고대하던 최초의 순간은 내가 결코 한 개인이 아니라는 것을 확신하게 된 순간이었다. 나의 개인성과 행복이라는 관념이 지금까지 계속 나를 불태우고 있었다. 그 뜨거운 고통은 내가 견딜 수 있는 능력을 넘어서는 것이었다. 그러나 지금은 그것이 자취도 없다. 나는 더 이상 한 개인이 아니다. 이제는 나의 '존재'를 한정할 것이 아무것도 없다. '개인성'의 삿된 표지들과 그에 수반되는 결함들이 사라지면서, 무엇을 얻거나 포기한다는 관념이 자동적으로 떨어져 나갔다. 늘 있던 근심과 모락모락 피어오르던 심중의 우울함이 사라졌다. 그리고 나는 오로지 **지복**이고, 순수한 **지**知이며, 순수한 의식이다. 무수한 욕망과 정념의 종양들은 도저히 견딜 수 없는 것이었다. 그러나 다행히도 나는 "**자이 구루**(Jai Guru)"["스승님께 승리를!"]라는 신성한 찬가를 붙들고 부단히 염했고, 정념의 모든 종양이 거짓말같이 시들어 버렸다! 그 첫 안도의 한숨과 함께, 이제 나는 늘 자유롭다. 나는 오로지 지복이며, 악의도 없고 두려움도 없다. 나의 이 지복스러운 '의식하는 형상'은 한계를 모른다. 나는 나의 독특한 존재이다. '나'와 '내 것'이라는 협소한 개념들은 말라죽어 버렸다. 나는 모두의 것이며 모두가 나의 것이다. 그 '모두'는 나 자신이 개별화된 것일 뿐이며, 그것들이 모두 합쳐져 나의 지복스러운 존재를 구성한다. 따라서 나에게는 선과 악, 이익과 손실, 높고 낮음, 내 것과 내 것 아닌 것 따위가 없다. 이것이 바로 내가 무한히 성장하는 이유이다. 내가 어떤 형상을 하고 있고 어떤 상황 속에 있든, 혹은 내가 무엇을 하고 있든, 나는 바로 나 자신인 그 **지복**으로 늘 머물러 있다. 한때 숨 막힐 것 같고 협소했던 나의 행위는 이제 걸림이 없다. 나는 **큰 활동력**이며, 만물 속의 **일자**이다. 모두의 행위는 나 자신의 행위이고, 모두의 이름은 나 자신의 명칭일 뿐이다. 내가 나 자신에 대해 무슨 말을 하든, 내가 그것이다. 누구도 나와 대립하지 않으며, 나도 누구와 대립하지 않는다. 대립할 '나 자신 아닌 타자'가 없기 때문이다. **지복**이 **지복**의 침상 위에 기대어 누워 있다. 그 휴식 자체가 **지복**으로 화한 것이다.

내가 해야 할 일도 없고 하지 말아야 할 일도 없다. 그러나 나의 행위는 도처에서 매 순간 이루어진다. 자유니 구원이니 하는 말들은 경축의 문제일 뿐이다. 사랑과 분노는 마치 일과 오락처럼 모두의 사이에 평등히 분배된다. 광대함과 장엄함이라는 나의 특징들, 나의 순수한 에너지와 나의 모든 것이, **황금빛 핵심**에 도달한 원자들의 **원자**로서 지복 안에서 휴식한다. 그곳에 나의 **순수한 의식**이 장엄하고 화려하게 빛나고 있는데, 거기서 나의 **원초적 에너지**는 여덟 가지 형상을 갖는다. '**자이 구루**'라는 주문 덕분이다. '**생명**'이라는 용어의 느낌에 의해 체험 속으로 들어온 그 의식은 인간이 도달할 수 있는 범위 안의 경계선들을 넘어 그 자신, 곧 **절대적 존재** 속으로 들어간 것이다. 왜, 어떻게 그것[의식]이 스스로를 의식하며 활동하게 되었는지가 이제 분명하다. 세계에 대한 경험은 더 이상 세계 자체에 대한 경험이 아니고, 바로 그 **의식하는 원리**—곧, 신—의 만개함이다. 그런데 그것이 무엇인가? 그것은 순수한 **태초의 지**知, 의식하는 형상, 원초적인 '나' 의식으로서, 자신이 원하는 어떤 형상도 취할 수 있다. 그것이 신으로 지칭된다(모든 경험을 갖는 의식의 핵심을 우리는 경험상 신이라고 한다).

신적 표현으로서의 세계에 대한 (나의) 현재의 경험은 어떤 이익도 손해도 보지 않는다. 그것은 순수하고, 단순하고, 자연스럽고, 지복에 찬 의식의 흐름이다. 거기에는 남녀의 성 구별도, 신과 헌신자 혹은 **브라만과 마야**의 구분도 없다. 그것은 태초의 **단일성**에 대한 독특하고 지복스러운 체험이다. 지고한 **존재**의 통일적인 3요소[아는 자, 앎, 알려지는 대상]가 장엄하게 만개하고 있다. 우주 안의 모든 대상은 (나에 대해) 그 '대상성'을 잃었고, 남아 있는 영혼, 곧 **지복**이 자신의 지배권을 즐긴다. 한때 지복과 평안에 대해 명상하던 그 사람 자신이 이제는 **평안과 지복의 바다**인 것이다. "영원한 진리, 사드구루, 지고의 진아에게 영광 있기를!"

8. 헌신자와 신의 축복

그 헌신자는 헌신을 쏟아내고, 자신의 행동을 모든 면에서 신의 의지와 부합하게 형성한다. 그 대가로 그는 **신**이 자신을 기꺼워한다는 것을 발견한다. 이러한 확신은 그를 **신**에게 더 가까이 데려다주고, 신에 대한 그의 사랑과 우정은 점점 더 풍요로워진다. 모든 면에서 **신**의 의지에 자신을 내맡기는 과정은 **신의 축복**을 가져다준다. **신**이 기꺼워하는 사람의 심장은 은총으로 가득 차며, 그의 존재(몸과 마음)의 모든 결에서 그것이 나타난다. 사두와 빤디뜨(pandit), 예술가와 부자들은 자신들이 **신의 축복**을 받고 있다고 생각하고, 또 그렇게 말한다. 그러나 그들의 행동과 활동, 감정과 소견은 그러한 확신을 뒷받침하지 못한다. 만일 그들의 말이 사실이라면, 그들의 움직임 사이에서 드러나는 불만족은 왜인가? 우리는 범부 중생들의 삶 속에 불만족이 있다는 것을 알 수 있다. 그것은 아주 자연스럽다. 그러나 왜 그것이, 스스로를 선택받은 자라고 공언하는 사람들에게서 보여야 하는가? 따라서 우리는 **신의 축복**이 갖는 성품을 철저히 탐색해야 한다.

 신의 축복을 받는 자는 지복스러운 영혼이다. 그것[지복]에 의해 작동되는 모든 충동(새로운 것을 경험해 보려는 마음)과 경험은 당연히 똑같이 지복스러울 수밖에 없다. 왜냐하면 그 영혼이 곧 그 경험이기 때문이다. 축복 받은 영혼은 축복의 화신이며, 현상적 부수물들(재산·명예·재능 등)은 순전히 명목적인 것이다. 그 부수물들이 즐거운 것이든 아니든 그것은 중요하지 않다. 영원한 지복스러움이 그 핵심이다. **은총**을 얻기 전에는 헌신자가 행복을 얻기 위한 수단에 의존해야 한다. 그러나 **은총**을 얻은 뒤에는 상황이 이전과 다르다. 그는 자기 자신과 평화를 이룬 상태이므로, 즐김의 대상들을 완전한 무관심으로 바라본다. 그는 자신이 가진 것으로 만족하며, 남들이 행복한 것을 보면 행복하다. 만일 어떤 사람이 자신은 **신의 축복**을 받고 있다고 믿는데도 여전히 불행하다면, 그런 망상을 버리고 원하는 **은총**을 얻기 위해 진지하고 정직하게 노력해야 한다. 신의 충만함과 호의는 무수한 감각대상을 통한 즐거움으로써 판단할 수 없고, 내적인 만족으로써 판단해야 한다. 이것이 진실로 **신의 축복**이다.

9. 통일적 삶

그토록 진지하게 열망하던 그를 이제 보았으니, 나는 나 자신을 만난 것이다. 그 만남은 극히 어렵고 정교한 준비를 필요로 했다. 가장 **사랑하는 님**을 애타게 보고자 했으니 당연히 그래야 했다. 그런 준비를 하지 않고서는 불가능한 일이었다. 만약 그렇게 하지 못한다면 나는 분명히 죽어야 할 것이었다. 죽음이 불가피한 최후라면, 왜 공부하다가 스러지지 않는단 말인가? 내 존재 전체의 가장 내밀한 성실함을 가지고서도 나는 **그것**에 도달할 수 없었고, 그런 상황은 견딜 수 없는 것이었다. 하지만 사랑과 결의, 진지함과 용기로써 나는 길을 나섰다. 그 과정에서 여러 단계를 거쳐야 했고, 여러 곳을 지나야 했다. **그것**은 재빠르고 기민하여 처음에는 내가 알아보는 것을 허용하지 않으려 했다. 그러나 웬걸, 오늘 **그것**을 보았고 나는 확신하게 되었다. **그것**도 마찬가지로 기뻐했다. 그러나 바로 다음 순간, 어쩌면 이건 **그것**이 아닐지도 모른다고 느꼈다. 나는 **그것**을 볼 때마다 **그것**을 예리하게 관찰하고자 애썼다. 그러나 **그것**의 성품을 확실히 알지 못해 어느 쪽으로도 판정할 수 없었다. **그것**이 내 **사랑하는 님**, 내 존재의 중심인지 확신하지 못했다. **그것**은 바로 자기앎(self-knowledge)이기에 '분장술'에 능하여, 내가 어떤 결론에 도달하기 전에 얼른 모습을 바꾸며 나를 회피했다. 이런 모습들은 다양한 화신들, 리쉬들, 성자들의 환영으로서 명상(Dhyana)과 집중(Dharana)의 과정에서 일어나는 내적인 환영과, 생시 상태에서 언어신통(Vaksiddhi)[예언 능력]·투시력·투청력, 보통은 치유 불가능한 질병들을 치유하는 능력 등과 같은 신통력으로 나타날 수 있는 외적인 환영들이었다. 어떤 이들은 나에게 봉사하고, 나에게 믿음을 갖고, 나를 존경하려 열심이었다. 그래서 나는 내가 **그것**을 확실하게 보았다고 생각하게 되었다. **그것**의 분장술이 바로 여기서 솜씨를 발휘한다. **그것**은 모습·성질·지식을 바꾸는 솜씨가 워낙 민첩하여, 지성은 **그것**이 어디에 있는지도 알지 못한다. 하물며 **그것**의 성품을 꿰뚫지 못함은 말할 나위가 없다. 그러나 웬걸, 이것이 무슨 기적인가? 오! 정말 놀라운 일이 아닐 수 없다! 그 섬광이라니! 기이하게 빛을 발하는 그 장엄한 광휘라니! 그러나 **그것**은 어디에 있는가? **그것**은 내가 그것을 이해할 틈도 없이 순식간에 사라져 버렸다. 아니, 나에게 혹은 그 번갯불에게 어떤 일이 일어났는지 도무지 알 수 없었다. 그 극히 재빠른 섬광과 내 관찰의 수단이 동일한 것인지 다른 것인지 분간할 수 없었다. 그러나 그 얼마나 놀라운 **번뜩임**이던지! 그 번뜩이는 기적의 광채 속에서 우주의 배열 전체가 직접 체험된다. 그 접촉은 무한히 흥미롭다. 그 섬광을 체험하게 되면 우리는 그것이 영원히 그렇게 향기로울 거라고 느끼게 된다. 그리고 이것이 그 우주적 체험의 특징적 느낌이다. 그러나 기본적인 이해를 얻기 위해 그 빛나는 섬광을 포착하려 드는 바로 그 가운데서 우리는 그것을 상실하고 만다. 그와 함께 준비된 상태와 조심하던 태도도 잃어버린다. 그러면 그 우주적 사건에 대한 저 즐거운 관심은 어디 있는가? 아니, 그것의 자취도 없다. 그 의식하는 에너지의 뿌리―무한히 다양한 형상을 취하는 기술의 그 완벽한 달인―에 도달하기는 극히 어렵다. 이해해야 할 의식과 (이해하려는) 집중의 힘은 똑같은 하나이다. 성품상 다형적多形的인 그것은 어떤 일정한 모습이나 이름 혹은 장소로 포착할 수 없고, 예컨대 그 **명상** 요기의 내적 체험들로 고정할 수 없다. 우선 첫째로 명상자의 주의는 최고도의 **침묵**이다. 이것이 **빛**으로 화하고, 그 빛이 **공간**의 형상을 취하며, 공간은 다시 **움직임**으로 변한다. 이것이 더 나아가 **공기**로 옮겨가고, 공기는 **불**로 옮겨가며, 불은 **물**로 변하고, 물은 **흙**으로 변한다. 마지막으로 흙은 유기물과 무기물들의 세계로 발전한다. 원래의 침묵이 연속적인 단계들을 통해 변화하는 데 걸리는 시간은 일정한 용어로 기술할 수가 없다. 그 재빠른 **의식**의 근원을 추적하는 일에서는 요기들도 때로는 혼란에 빠진다. 이것이 **명상** 속에서 일어나는 일이다. 그러면 의식하는 상태[현상들 속의 진화]의 경우에는 어떤가? 비는 물이 되고, 그것은 채소와 곡물에게서 수액의 형태를 취한다. 이것은 다시 맛과 음식기운(essence)으로 변하고, 그것이 영양과 에너지를 공급한다. 그 에너지는 지식·용기·용맹·교활함의 형태를 취한다. (최소한) 이 지점까지는 우리가 그 중의 어느 하나를 일정한 형상으로 지목할 수 없다. 사지四肢 없는 그 과정은 계속된다. 형상도 이름도 성질도 지속되지 않는다. 그 어떤 것도 영구적이거나 결정적이지 않다.

영적으로 깨달은 자의 절실한 체험은 다루기가 극히 어렵다. 이 말은 그것이 우리가 도달할 능력을 넘어서 있거나 도달 범위를 넘어서 있다는 것을 의미할 수 있지만, 그래도 우리는 집중[명상 요가]을 밀고 나가야 한다. 그 빛나는 광채의 과정 속에 있는 기적으로서의 '나'와 그 체험 이전의 경험적 의식의 '에고'의 동일성이 명상 요가(Dhyana-yoga) 안에 곧게 확립되어야 한다. 영적으로 충만된 그 영혼은 그 체험과 동일한가, 아니면 그것은 그마저도 넘어서 있는가? 명상 요가의 과정에서 우리가 갖는 체험에 대해서는 어떤 주시자[이원성]도 없다. 깨달은 단계에서는 감각기관들조차도 그 영적인 달인에 대한 명상 속에 들어 있다. 왜냐하면 감각기관과 명상은 같은 바탕으로 되어 있기 때문이다. 마찬가지로, 감각기관들과 5대 원소는 핵심에서 동일하다. 세 가지 불행[아디부따·아디아이바·아디야뜨마]3), 세 가지 상相(vritti)의 성질[사뜨와·라자스·따마스], 지知의 세 가지 원천[인식·추론·증언]이 보였고 또 보이고 있지만, 웬걸, 그것들이 존재하지 않는다! 창조·유지·파괴의 특징들이 명상 요가 그 자체 밑으로 들어오며, 드러나거나 드러나지 않은 모든 형태를 한 쁘라끄루띠의 활동과 뿌루샤의 의식도 그 안에 포함된다. 명상 요가의 과정 안에서 여덟 가지 다양성이 동시에 작동하며 동시에 체험된다. 이 모든 것을 나는 하나의 단일한 통일적 체험 속에서 내관으로 구성한다. 명상·의식·체험은 모두 하나의 단일한 통일체일 뿐이다.

명상 요가는 삶의 지고한 활동이다. 체험에서 중심적인 것은 집중이다.

---

3) T. 아디부따(adhibhuta)는 자연재해, 아디다이바(adhidaiva)는 외부 재앙(범죄·맹수 공격 등), 아디야뜨마(adhyatma)는 자기 자신에게서 비롯되는 질병·근심 등을 말한다.

명상 요가가 지知 요가로 변환되는 것은 어려운 과정이다. 이 과정의 정점에 있는 것이야말로 확실하게 인식되는 아뜨만이다. 명상 요가가 지知 요가로 완전히 변환되지 않는 한 진아지는 없다. 이미 앞에서 말했지만, 그 여덟 가지가 튀어나오는 것이 그 몰입 과정의 그러한 준거점 중 하나이다. 명상의 시금석은 지知 그 자체이다. 그런 다음 지知와 아뜨만의 형언할 수 없는 이원성이 따라온다. 그 체험적 지知 안에 진아로서의 지知와 진아로서의 진아 간의 어떤 경쟁이 있다. 그러나 그 깊은 삼매 속에서 내관과 진아 사이에 어떤 양해가 있다. 여기서 지복의 깨달음이 나온다. 그 지복은 지극한 행복감으로 변환되고, 자아는 그 지고의 영靈 안에 흡수된다. 그 자신에 대한 지知, 그 자신 속으로의 내관, 원초적 마야, 신, 절대적 상태와 원초적 맥동은 모두 진아체험이라는 하나의 단일한 전체이다. 늘 소중히 여기고 열망하던 존재를 여기서 깨닫게 된다. 그 이전에, 명상 요가에 부수적인 씻디의 성취 과정에서는 예술, 사랑 그리고 지옥·천상·카일라스(Kailas) 같은 여러 곳을 거쳐 온 전생들에 대한 기억의 형태로 체험들이 스며나온다. 어떤 경우에는 여러 가지 씻디를 맛보거나 신의 화현들을 접하기도 하고, 여러 세계에 거주하는 다른 존재들을 잇달아 만나기도 한다. 자신이 아득한 옛날부터 존재해 온 사띠야계界(Satya Region)의 브라마, 카일라스의 시바, 바이꾼타의 비슈누인 것을 체험하기도 한다. 또한 그 요기의 느낌들이 여러 가지 국면인 경우도 있다. 최상인 것, 최악인 것, 그리고 끝없이 파노라마처럼 펼쳐지는, 즐겁지도 않고 거짓도 아니고 지속되지도 않는 느낌들이 그것이다. 그리고 명상 요가의 불가피한 부수물들이 계속 이어지다가 결국 지知 요가로 변환된다. 즉, 삼매의 상태가 유상有相(Samprajnata)에서 무상無相(Asamprajnata)으로 바뀌는 것이다. 그때까지는 진아 깨달음이 없다. 그러나 다른 한편, 만일 이 변화 과정 자체에서 명상 요가의 이 국면의 성품을 안다면, 자동적으로 진아 깨달음이 일어난다.

    명상 요가에서 나오는 그 모든 체험과 환영들은 일시적이다. 내관에는 무한히 다양한 국면과 형태가 있으며, 그 어느 것도 지속성이 없다. 도움이 되고 대단하고 결정적인 것이라고 여겨지던 그 어떤 것도 일순간에 사라지고, 어떤 새로운 형상이 대신 나타나서 그 다음 것에 자리를 내준다. 체험 속에서 흙·물·불·공기·허공과 그것들의 매우 다양한 특수 형태 등 모든 다양성이 솟아나오는 원천인 지知 그 자체가 불안정하다. 내관하는 그 개인적 영혼은 명상에서 시작하여 전생들의 맛을 경험한 다음, 더 나아가 **원초적 마야**, **시원적**始原的 **에너지** 그리고 **신**으로 변환되며, 심지어 그 명상의 힘으로 **지고아**의 특징들로까지 변환된다. 그리고 이 모든 것이 일순간 일어난 다음 사라진다. 여기서 우리는 그것을 **깔라**(Kala-시간), 곧 그의 개인성의 최종적 청산이라고 부른다. 여기서 그것의 (그 자신과의) 분리가 보상되고, 다시는 그 자신을 잃지 않을 것임을 영적인 확신과 함께 발견한다. 그 불멸의, 해체 불가능한 **영원한 진리**인 **빠라마뜨만**은 경험적 체험이 가 닿을 수 없는 곳에서 완전하게 빛을 발한다.

10. 무엇을 아는가?

'나-의식'이 탄생한 이후로 환경과 친숙해지는 지속적 과정이 진행되고 있다. 이 의식이 일어나는 순간부터 우리는 인식의 과목들을 배우기 시작한다. 이 중에서 특히 두 가지는 배워지지 않는데, 생시와 잠이 그것이다. 그러나 환경에 의해 자극 받는 여타의 타고난 습들과 그것을 충족하는 수단은 배워서 익히고 이해해야 한다. '나-의식'은 자동적이고 따라서 애씀 없는 것이기는 하나, 다른 측면에서는 우리가 일련의 알아가기 과정을 거쳐야 한다. 먹고 마시는 등 여러 가지를 하는 법을 배워야 하고, 서로 다른 것들을 분간하고 언어 표현과 실행을 통해 그것들을 사용하는 법을 알아야 한다. 우리는 또한 자신의 몸과 그것을 돌보는 법을 서서히 배워 나가야 한다. 그 행위와 특징들의 일부는 필요에 의해서나 우리의 기호에 따라 숙달되겠지만, 필수적이지 않고 흥미롭지도 않기는 해도 역시 배워야 할 다른 것들도 있다. 의식적인 배움의 과정에서는 바다같이 광대한 사물들의 세계에 더하여 더 큰 규모의 홍수가 쏟아져 들어온다. 세계의 알려진 것들과 알려지지 않은 것들뿐만 아니라, 그 너머의 것들에도 대처해야 한다는 말을 듣는다. 그러나 저 너머의 것들을 알려고 하기 전에 우리는 우주의 통제자이자 지지자인 신이라는 존재를 알아야 그의 도움으로 다른 것들을 알 수 있다는 말을 듣는다. 그러나 우리에게 그런 단계들을 말해주는 것은 누구, 혹은 무엇인가? 우선 뿌라나(Puranas)가 있는데, 이것은 베다와 여타 경전들(Shastras)에 기초한 것이다. (뿌라나를 통해) 우리는 선조들의 역사를 알게 되고, 경전들은 우리의 전반적 행동을 인도한다. 베다는 우리에게 그런 활동을 '왜' 하는지 묻게 한다. 이 베다들은 신이 있다고 주장하며, 또한 무엇보다도 감각 세계 너머에 다른 영역들이 있다고 주장한다. 우리는 **신의 축복**을 가장 먼저 얻어야 한다는 것을 배우게 된다.

신은 누구이며, 어떻게 해야 그를 기쁘게 할 수 있는가? 우리는 **성자들**과 친교를 맺고 그들의 지시를 정기적으로, 독실하게 수행함으로써 **신**을 기쁘게 할 수 있다는 말을 듣는다. 그러나 또한 우리는 그런 **성자**를 만나는 것은 희유한 행운이 있어야 하는 일이라는 말을 듣는다. 왜냐하면 누구에게서도 아무것도 기대하지 않는 사람, **진아 깨달음**을 얻은 사람, 그의 심장이 만족·자비·축복으로 가득한 사람, 그리고 **지고아** 안에서 영원한 통일적 삶을 즐기고 있는 사람을 찾아내어 그와 친교하는 것이 이른바 '희유한 행운'이기 때문이다. 그리고 운이 좋아 그런 사람들을 만나게 될 때, 그는 그 **성자**가 곧 **신**이라는 것을 알아야 한다. 이제 그 **성자**가 우리에게 말한다. "그대 자신이 **신**이다. 그만을 생각하고, 그의 존재에 대해 명상하라. 그대 자신이나 다른 어떤 사람을 생각하는 데 빠지지 말라." 그는 우리가 명상할 때 따라야 할 규칙도 이야기해 준다. 그러면 어떻게 될까? 여기서부터 그 과정이 다시 시작된다.

한동안 나는 내가 '나-의식'에서 태어나는 한 인간이라는 관념을 가지고, 온갖 일들을 처리하고 앎과 배움 같은 행위들을 수행하곤 했다. 그 다음은, 나 자신을 알기 위하여 나 자신을 신으로 명상하기 시작했다. 그러나 이제는 내가 무엇을 기억하거나 지각하거나 느끼든, '내가 곧 **아는 자**'라는 것을 안다. 그래서 기억되거나 지각되거나 느껴지는 모든 것을 무시하고, 그 '**아는 자**'의 성품을 내관한다. 내가 이해할 수 있는 것은 뭐든지 나 자신 안에 근원이 있다. 내가 보고, 내가 안다. 나는 아무도 나를 볼 수 없는 은둔 장소에 앉아 있다. 눈을 반쯤 뜬 상태이지만, 그 눈들이 감겨 있는지 반쯤 떠져 있는지는 의식하지 못한다. 내가 나 자신 안에서 기억하거나 지각하거나 느끼거나 경험하는 모든 것은 나 자신 안에서 생겨난다. 나의 명상은 나의 횃불이며, 내가 보는 것은 그 빛이다. 나는 내가 보고 기억하는 모든 것이 내 명상의 빛일 뿐임을 확신한다. 그 빛이 불타오르고 있을 때 나는 애씀 없이 이 체험을 얻는다. 내 명상과 주위의 감각적 세계는 하나의 단일한 역동적 삶의 기술이다.

내 주위의 감각적 세계는 내관의 형태를 한 나의 영적 **깨달음**이 확장된 것일 뿐이다. 이 **깨달음**이 없을 때는 감각적 세계도 없다. 내관이 없으면 세계 과정도 없다. 이 세계 너머에 있는 것은 나에게 매우 분명하다. 나는 이제 저 빛나는 **진아**, 나의 참된 안내자를 분명하게 볼 수 있다. 이 세계 너머에는 그만이 있다—그 무엇보다 중요한 것으로서, 완전한 충만함 속에서 말이다. 이제 나는 더 이상 명상을 할 필요도 느끼지 못한다. 왜냐하면 명상의 성품 자체가 워낙 자연발생적이기 때문이다. 그것은 자신의 과정 속에서 무수한 형상과 이름과 성질을 일으킨다. 이 모든 것을 어떻게 인식하거나 기록할 수 있겠는가? 그리고 내가 그 모든 것과 무슨 관계가 있는가? 이제 나는 이 나의 명상이 **신**에게서 태어나며, 사물들의 세계는 내 명상의 산물일 뿐임을 의심의 여지 없이 확신한다. 창조·유지·파괴의 순환 과정은 그것의[세계의] 존재의 바로 핵심이다. 내가 아무리 더 알려고 애를 쓴다 해도, 같은 과정이 그만큼 되풀이될 수밖에 없다! 나의 호기심은 끝이 난 것이다.

11. 영적인 지복

그 구도자는 그 자신에 대해 행한 영적 실험들과 그 효과 및 최종적 체험도 관찰한다. 그리고 그것들을 가려내어, 뜻에 맞는 형식들은 남겨두고 해로운 것들은 제거한다. **인도하는 별**(스승)은 그 자신의 영적인 체험으로써 그의 방향을 지시한다. 그의 명을 성심껏 받드는 그 열렬하고 독실한 구도자는 그 방향들을 터득하려고 애쓴다. 오직 자신의 노력으로 얻는 (영적인) 행복만 가지려고 고집하는 사람이 진실로 **진리장악자**(Satyagrahin)이다. 그는 어떤 영적 체험도 없이 이야기하는 사람들을 참지 못한다. 이 체험이 없는 사람들은 전해들은 말이나 우연히 읽은 것을 가지고 습관적으로 허튼소리를 하거나 자랑을 한다. 그러나 **진리장악자**는 그들이 하는 말에 전혀 신경 쓰지 않는다. 그는 '인도하는 별들'이 제시한 방향들을 염두에 두면서, 열렬한 헌신을 가지고 확고하게 자기 길을 떠난다. 그는 남들이 무지로 하는 말에 신경 쓰지 않고 자신의 영적인 실험과 체험에 몰입하며, 그 여행은 계속된다.

사람은 자신의 감각기관을 통해 세계를 이미 경험하고 있다. 따라서 그는 영적인 실험에서 가능한 한 그 자신의 몸에만 의존하려고 노력한다. 그리고 영원한 행복의 추구에 몰두한다. 남들의 도움은 최소한으로만 받고 세간의 너무 많은 것을 사용하는 것을 피하면서, 그는 자신이 나아갈 수 있는 범위를 가늠하려고 애쓴다. 편안함은 자신의 몸을 최대한 사용하여 얻겠다고 생각하면서 영적인 추구를 밀고 나간다. 때가 되면 그 구도자는 분명히 **평안**을 얻는다.

평안은 만족을 뜻한다. 이제 아무것도 부족함이 없다. 그 진리장악자는 남아돌 만큼 충분히 가졌다. 그래서 그가 "옴 샨띠(Om Shanti)"를 세 번 말하여 무한한 만족감을 표하는 것이다. 이 상태를 성취한 사람은 만족하고 있으며, 그의 행동에서 그것이 드러난다. 그의 대화는 남들에게 즐거움을 준다. 그는 남들과 이야기하여 잃을 게 없다. 그리고 자신이 상대하는 사람들에게서 아무것도 기대하지 않는다. 소위 영적 안내자라고 하는 어떤 사람들은 그들이 하는 말에 비싼 대가를 요구한다. 왜 그래야 하는가? 만약 청중으로부터 무엇을 대가로 기대한다면, 그것은 그들이 아직 거지의 단계조차 넘어서지 못했음을 의미한다. 어떤 식으로든 남들로부터 물질적 보상을 기대하는 것이 구걸과 무엇이 다른가? 그가 범부 중생들이 도달하지 못하는 행복을 성취한 것이 사실이라면, 왜 물질적 이득에서 거지의 몫을 기대해야 하는가? 만약 그가 영원한 생명이라는 지복의 샘을 소유하고 있다면, 왜 다른 사람들을 상대한 대가를 요구하는 비천한 심리를 드러내야 하는가? "옴 샨띠"라는 언구가 말해주는 내적 행복을 성취했다면 왜 이런 졸렬한 행동을 하는가? 자신의 **진아**를 **깨달은 사람**이 남들에게서 무엇을 기대한다는 것은 있을 수 없는 일이다. 그 반대로, 깨달은 사람은 더없는 편안함으로 남들에게 영적인 음식을 먹인다. 그의 말과 행동, 접촉과 친존은 (늘) 남들에게 즐거우며, 그들의 행복을 증진한다.

사람들의 행복이 늘어남에 따라 그들은 더 성심껏 그를 사랑하기 시작한다. 그들은 그가 자신들의 모든 행복의 원천이라고 여긴다. 그리고 자신들의 삶에서 그가 중요함을 안다. 그들은 자신들이 목숨을 걸고서라도 식품을 얻어서 간수하듯이, **영원한 평안**의 지위를 성취한 사람을 보살핀다. '영원한 평안'의 의미는 독특하고 절대적인 지위, 보편적 **영靈**과의 동일성, 그리고 완전함이다.

하지만 어떤 사람들은 **큰 성자**들로부터 몇 가지 신비한 과정을 알게 되어 그것을 수련한다. 그러면 어떤 신비한 능력을 얻을 수 있다. 그들이 이런 능력을 마음대로 쓸 수 있게 되면, 자신이 얻으려고 애쓰던 것을 이제

가졌다고 잘못 생각하게 된다. 그래서 스스로를 라자요기(라자요가 수행자)라고 칭하고, 무책임하게 행동하며, 비난 받을 만한 가장 저급한 향락에 몰두한다. 그것은 죽어 가던 당나귀가 어떤 친절한 사람의 손에서 치유되면 자신의 더러운 생활 습관으로 돌아가는 것과 다를 바 없다. 그것은 형편없이 어리석은 삶의 낭비이다. 자신이 라자요기라거나 학식 있는 사람이라는 망상 속에서 헤매면서, 물질적 쾌락을 탐욕스럽게 추구하는 사람들이 많이 있다. 그러나 **브라만** 안에서 **영원한** 삶의 순수한 **지복**을 한번 맛본 사람은 영원히 만족한다. 그런 사람이 어떻게 순전히 육신의 피로함에 지나지 않는 물질적 쾌락을 좋아할 수 있겠는가?

영적으로 완전한 사람이 스승으로 불리기를 원하거나, 남들이 자기 앞에서 절하기를 바라거나, 모두가 자신의 말을 모든 점에서 존중해 주기를 바라는 마음을 갖는다는 것은 있을 수 없다. 자기 생명의 근원에서 최고 수준의 행복을 얻는 사람은 물질적 행복에 아무 관심이 없다. 사람을 늘 행복하게 하는 것은 영적인 행복이다. 이런 것들이, 깨달은 **진리장악자**를 특징짓는 외적인 성질들이다.

12. 성자의 자애로운 가슴

성자는 늘 가슴이 자애롭다. 남들의 불행에 대해 아파하는 것이 자애로운 마음이다. 엄마의 가슴은 자애롭다고 한다. 우리는 왜 엄마들의 가슴을 가장 훌륭한 가슴이라고 하는지 한눈에 알게 된다. 갓 태어난 아이는 살아 있는 하나의 살덩이에 지나지 않는다. 아기의 움직임과 심장 박동에 대한 얼마 안 되는 관찰력만으로도 아기를 돌봐 내는 엄마의 그 뜨거운 감정과 이해심을 소위 자애로운 가슴이라고 하는 것이다. 아기의 움직임과 엄마의 심장 박동은 마치 한 덩어리로 혼합된 것과 같다. 엄마는 깊은 잠이 든 상태에서도 일순간에 깨어나 아기를 더듬어 보고 주의 깊게 바라본 다음 아기가 안전하다는 것을 확인하고 다시 잠이 든다. 잠을 자든 활짝 깨어 있든, 그녀의 모든 존재는 아기의 움직임에 맞춰져 있다. 그렇기는 하나, 그것은 **성자**의 가슴에 비하면 등급이 훨씬 낮다. 왜냐하면 엄마는 자신의 아이 외에 다른 아이는 인식하지 못하기 때문이다. 그러나 **성자**의 가슴은 그렇지 않다. 모든 존재가 그 가슴 자체의 아이이며, 그 가슴은 처음부터 끝까지 그들 모두를 안다.

엄마의 가슴은 자애로움으로 가득 차 있지만 그것은 그 아이에게만 한정된다. 그러나 **성자**의 자애로움은 모두를 포함하며, 그들 모두의 삶에 맞춰져 있다. 성자의 가슴은 그들 각자가 '어떻게', '어디서' 왔는지와 그들이 겪어야 할 삶의 부침浮沈을 안다. **성자**라는 용어는, 순수하고 영원하고 완전한 삶이란 의미를 함축한다. 그것은 **절대적 존재**에 대한 직접 체험을 뜻한다. 그 안에서 영원하고 순수하고 평화로운 삶이 빛난다. 그것이 **지고아**라고 하는 것이다. 성자의 이름을 띠고 성자의 옷을 걸치는 데 바쁜 사람들이 많이 있다. 그리고 더 많은 순진한 사람들이 그들에게 열렬히 애착한다. 성자의 옷을 입은 늑대들과 친교하는 사람들이 저지르는 부도덕한 행동의 사례들이 있다. 사실 **성자**의 지위에 도달한 사람들에게는 특별한 복장이 필요 없다. 왜냐하면 그들의 내면적 존재가 영적인 **지**知와 **평안**의 안식으로 가득 넘치기 때문이다. 그것은 **지**知를 통해 그 자신의 존재로 충만해 있다. 거기에는 부족한 것이 전혀 없다. 이것이 그의 영적인 상태이며, 그는 늘 다른 사람들의 눈에 띄지 않으려고 노력한다. 그는 남들의 눈에 띄지 않을 방식으로 자신의 수행을 한다. 그에게는 성자다운 외적인 특징들이 전혀 필요 없다. 그는 시대와 장소 그리고 기후에 맞는 옷을 입는다. 그의 영적인 성품은 그의 육신에 의해 감추어진다. 반면에 사이비 성자들은 '성자'라는 이름과 복장 하에 그들의 삿된 계획을 실현하기에 바쁘다. 성자의 마음은 순수한 진아와 하나이므로, 그는 사람들을 볼 때 전혀 어떤 기대도 갖지 않는다. 그는 우주의 제1원인(또한 마지막 원인)인 **원자**와 접촉하고 있기에, 그것의 성품을 잘 알고 있다. 이 원자의 핵심의 성품 자체가 만개하고 있고, 따라서 변화와 차별이 있을 수밖에 없다. **성자**는 이것을 잘 알기 때문에 즐거운 일이 있어도 의기양양해하지 않고, 그 반대의 일이 있어도 의기소침해하지 않는다. 그는 보통 사람의 지식의 깊이[즉, 얕음]를 가늠하고 있다. 그는 그것의 성품을 처음부터 끝까지 알고 있다. 그들의 마음 상태가 우발적이든 그렇지 않든, 그것이 '어떠하고' '왜 그런지'를 알며, 따라서 그 마음이 성취하거나 실패하는 것들이 무가치하다는 것도 안다. 중생은 몸의 필요에 따라 생존 수단을 획득하지만, 그에 대한 탐욕 때문에 필요 이상으로 추구하여 결국 그 수단이 쓸모없는 지점까지 이르게 된다. 이 모든 과정에서 그는 장차 자신의 삶에서 어떤 일이 일어날지를 전혀 알지 못한다. **성자**는 이것을 알기 때문에, 보통 사람 앞에서 자신의 가슴[진리의 성품]을 열려고 노력한다. 그는 사람들의 행복이 무엇에 있는지를, 엄마가 자기 자식에 대해 아는 것보다 훨씬 더 잘 안다. 그래서 **성자**의 가슴이 그렇게 자애롭다고 이야기하는 것이다.

 성자는 결코 정념에 사로잡히는 사람이 아니다. 삶은 정념과 감정의 혼합물이다. 정념과 감정의 원천인 **아뜨만**이 **성자**의 관점의 핵심이며, 그는 그것의 성품을 속속들이 알고 있다. 그는 그것의 활동과 현상계의 다양성은 물론이고 그것들의 결과도 안다. 그래서 정념에서 자유롭다. 생명 원리는 느낌과 정념과 감정의 원리이다. 이 원리에서 발생하는 욕망과 정념은 정서적 경험에 지나지 않으며, 그 안에 아무 실체가 없다. 하지만 가여운 중생은 그것들이 자신의 삶에서 큰 중요성이 있다고 생각하여, 근본적으로 무가치한 쌓아두기 욕망을 받아들이고, 감각적 즐김에 몰두하며, 어찌해 볼 수 없이 그것들을 쫓아간다. 그는 삶을 살아가는 과정에서 어떤 지식과 능력, 기술과 명예를 소유하게 된다. 그것을 의식하면 탁월함, 위대함, 자부심의 파도들이 일어나는데, 그는 그것을 제어할 수 있는 위치에 있지 않다. 마치 우는 아이가 자기 울음을 제어할 수 없듯이 말이다. 자신의 성취에 우쭐해지는 사람들의 경우에 더욱 그렇다. **성자**들은 그들을 매우 딱하게 여기며, 그들의 어리석은 허영심에 연민을 느낀다. 이런 그릇된 사고를 하는 사람들은 자신들이 위대한 일들을 하고 있다고 착각하며, 그 위대함에 큰 자부심을 갖는다. 그러나 **성자**는 그 모든 것에 대해 어떻게 느끼는가? 어린아이가 바나나나무 껍질을 단단한 바닥에 내려치면 철썩하는 소리가 난다. 그 소리는 귀를 먹먹하게 하지만 거기에 아무 힘은 없다. 세간에서 이루는 성취들의 위대함도 그와 마찬가지로 공허하다(그리고 세간적이든 영적이든, 위대함에 대한 모든 관념은 헛되다). 따라서 **성자**는 자신의 영적인 성취에 의해 결코 영향을 받지 않는다. 그는 정념에서 자유롭고 행위와 감정에 무관심하다. 사람들은 이른바 성취를 열망하나, **성자**는 그들이 헛된 것을 쫓아가지 못하게 말리면서 그들에게 구원을 얻는 올바른 방법을 보여주려고 애쓴다. 가슴은 정성스럽지만 무지한 엄마는 불행의 뿌리들을 아이에게 먹이지만, **성자**는 같은 정도로 열렬한 감정으로 그것들을 솎아낸다. 엄마를 알게 되면 불행이 시작되지만, **성자**를 알게 되면 행복이 밝아온다. 보통 사람이 자기 목적의 완성을 보는 곳에서 **성자**는 무가치함만을 본다. 중생이 자신에게 이익이 되는 핵심적 측면이라고 여겨 있는 힘을 다해 얻으려고 하는 것에 대해서, **성자**는 그것이 순전히 쓰레기임을 안다. 어린아이들은 쓰레기 더미에서 쓸모없는 깨진 물건 조각 몇 개를 주우면 그것을 갖고 놀 요량으로 간수하지만, 아이들 중 한두 명이 고집을 부리면 서로 밀치고 당기다가 그들 사이에 싸움이 벌어져 서로 다치게 된다. 그러나 나이 든 아이들은 그것이 무가치한 기력 낭비라는 것을 안다. 미치광이는 더럽고 쓸모없는 것들을 모아서 그것을 좋아라고 끌어안는다. 그러나 정상인이 그에게 그것을 버리라고 하면, 미치광이는 즉시 그와 다투기 시작한다. 범부들이 무엇을 갖고 싶어 하는 마음도 마찬가지로 무가치하지만, 그들은 다른 사람들의 정당한 몫은 조금도 고려하지 않고 계속 축적해 나간다. 그리고 남들이 최소한의 생활필수품을 얻는 것조차도 용납하지 않고 그것을 훼방한다. 그들은 자신이 학식 있고 대단한 사람인 체하면서, 사람들을 괴롭혀 그들에게서 강제로 명예를 얻어내지만, 어느 날 아침 그들은 세상을 떠나고 만다. 이런 일들은 **현자**(성자)의 앞을 지나가는 연극이며, 그의 가슴을 아프게 관통한다. 우연한 물질적 사건들에서 자신과 같은 부류의 사람들을 돕지 않는 무가치한 이기심을 **성자**들은 비천한 이기심이라고 부른다. 성자의 가슴은 자비심으로 충만해 있다. 그것은 시작 이전의 상태와 그에 선행하는 것들, 몸을 가지고 있음으로 인한 괴로움들과 이 모든 것의 전반적 종식을 목전에서 분명하게 본다. 그래서 그는 사람들에게 항구적인 **진리**를 납득시키려고 진지하게 노력하는 것이다. 이것이 바로 **성자**의 자애로운 가슴이다.

13. 발라크리슈나에 대한 헌신과 그의 보살핌

신이 심장 안에 거주하기는 하나, 헌신을 통해 신을 양육하고 보살피는 일은 **수행**(Upasana)보다 어렵다. 그러나 사랑과 자애로움으로 그렇게 하는 사람에게는 어느 면에서 그것이 쉽기도 하다. 깨닫기 전의 헌신·헌가·포기의 과정에서 신의 광대무변함에 대한 체험이 늘어난다. 그러나 그 지知, 곧 견見이 빈번해지면서, 그것[광대무변함]은 나날이 점점 좁아진다. 여기서 견見과 지知는 동일하다. 신을 어떤 형상과 이름으로 기쁘게 하든, 그는 그 형상과 이름으로 자신을 보여준다. 그가 취하는 다양한 형상이 찬가와 기도문으로 엮어져 보통 사람들에 의해 불려진다. 화신을 나투기 전의 상태에서 무수한 형상과 이름을 취하는 이 신을 **헌신자**가 보게 되면 무한한 경이로움에 가득 찬다. 확고한 결의를 가진 **헌신자**와 헌신에 매혹된 신은 서로에게 이끌리며, 그들이 서로 대면하는 순간 그들은 서로에게 합일된다. **헌신자**는 현상적 의식을 자동적으로 상실하는데, 그것이 돌아오면 자신의 정체성을 상실해 버렸음을 발견한다. 다시는 자신과 분리될 수 없는 신의 정체성 속으로 그것이 사라진 것이다. "내면의 신과 외부의 신, 그가 나를 자신의 거주처에 가두어 버렸네. 이 석상을 (숭배 대상으로) 사용하는 지금, 나는 영원히 내 존재에서 벗어나네." 이것은 그가 놀라움 속에서 즐기는 그런 종류의 정체성이다. 바로 이 순간 그는 **참스승**을 만나고[존재의 참된 성품을 알고] 그를 붙든다. 그러면 웬걸, 신이 드러난다! 모든 이름과 형상의 창조자·향유자·파괴자이자 비할 바 없는 모든 능력의 제어자가 이제 드러난다. 이것이 신이니, 곧 **지고의 선재자**先在者이고, 스스로 빛나고 스스로 영감을 얻고 스스로 의식하는 **진아 그 자체**이다. 바로 여기서 원초적 **구나들**(Gunas)이 시발한다. 그는 성격상 원자적이지만, 자신이 원하는 것이면 **구나들**의 정서적 성격에 부합하게 뭐든지 할 수 있고, 자신에게 떠오르는 어떤 형상도 취할 수 있는 **절대적 힘**을 내면에 가지고 있다. 이것이 원자적 중심, 원자적 에너지, 우주의 최초·최후의 원인이다. 제1원인, 제1시간, 제1구나, 구나들의 주主 **가나빠띠**, 그리고 영성과 신성, 현상계, 원초적 에너지, **자비로운 힘인 신**, **원초적 마야**, 극예술과 감정의 신들의 주, 원초적 5대 원소와 세 가지 **구나**, **뿌루샤**와 **쁘라끄루띠**는 모두 여기에 그들의 원천을 갖는다. 신들의 신, 움직이거나 움직이지 않는 것들의 **영혼**, **우주적 영혼**, 만물에 편재하는 **능산적**能産的 **자연**(Natura naturans)[4], 만물에 편재하는 한정적 브라만, 헌신자들이 **사랑하는 님**, 헌신자들의 거주처, 사랑과 헌신의 바다가 오직 여기서 태어난다. 이것이 헌신자들의 심장에 거주하는 **아디나라야나**(Adinarayana-'태초의 신')이다. 성자들은 그를 **고빨라크리슈나**(Gopala-krishna) 혹은 **발라크리슈나**(Balakrishna)라고 부른다.[5] 왜냐하면 처음에는 그가 원자들의 원자, 한갓 **영혼자**靈魂子(spiriton)[6]로 보이기 때문이다. 그는 성품상 무구함의 화신이다. 그는 감정에 쉽게 동요되

---

4) *T.* '자연을 산출하는 자연'이라는 뜻의 철학 용어. '자연의 창조주'라는 의미이다.
5) *T.* '고빨라'는 '목동', '발라'는 '소년'이란 뜻이며, 모두 크리슈나의 별칭이다.
6) *T.* 힌두교에서 영혼 혹은 자아를 하나의 입자처럼 본 개념.

며, 그 감정들이 취하는 방향에 따라 다수가 된다(광대해진다). 그 확장의 본질은 세 가지 **구나** 중의 어느 하나가 과도한 정도에 의해 결정된다. 그는 때에 따라 치우침이 없는 정신으로 세 가지 **구나** 중 각기 하나를 통해서 자신을 드러낸다. **성자들**은 그를 친숙히 알기 때문에, 그가 어느 시점에서 어떤 **구나**를 원용할 것인지, 그리고 그 결과가 어떠할지를 안다. 또 그래서 그가 자신의 성품을 과도하게 쓰지 못하도록, 특히 우발적인 감정에 탐닉하지 못하도록 만류한다. 어느 **구나**가 과도하게 성장하는 것은 위험하다. 사뜨와 **구나**(sattva guna)는 절대적으로 선하다. 하지만 그것도 이상 발달하면 해롭다. 라자스(rajas)는 가만히 있지 못하며 잘난 체를 한다. 한편 따마스(tamas)는 맹목적이고 오만하다. 지혜로운 사람은 이것을 잘 알기 때문에 자신의 영혼을 **구나**들의 효과에서 떨어져 있게 한다. 그래서 그 영혼의 에너지는 감소되지 않고 유지되며, 올바른 방향으로 발전하는 것이다.

다양한 욕망을 만족시키면 그 욕망들에 대한 선호가 증가한다. 즐김에 대한 갈망은 감지할 수 없는 정도로 서서히 그 영혼의 힘을 감소시킨다. 그러나 **구나**들의 그물에 걸린 영혼은 그 점에 대해 결코 생각해 보지 않는다. 세 가지 **구나**에서 분리된 영혼은 그 근저에 순수한 행복과 평안만을 갖고 있다. 그러나 속박된 영혼은 행복을 얻겠다는 희망으로 **구나**들을 추구하지만, 진정한 평안을 한 번도 맛보지 못한다. 불행과 고통이 그 불가피한 결과로 따라온다. 그러나 그 헌신자가 **구나**들의 유혹을 배제할 때는 자신의 순수한 영혼을 발견하고 사랑과 정성으로 그것을 고이 양육하게 되며, 그 헌신이 성공할 때만 **진아**를 깨닫게 된다. 그 승리가 처음 밝아올 때는 그가 아이로 보이므로 그는 '승리(yashoda)의 아이'[7]로 불린다. 그는 자라서 우주적 형상을 취한다. 자라는 것은 처음에는 매우 작다. 그와 같이 헌신자들의 이 **신도** 초기 단계에서는 매우 작아 보인다. 세 가지

---

7) Yashas는 '승리', yashoda는 '승리를 안겨주는 자'를 뜻한다. 주 **크리슈나**는 야쇼다의 아들로도 불린다. T. Yashoda는 어린 크리슈나를 키운 양어머니이다.

구나와 5대 원소의 주된 지지물인 **진아**(Atman)는 극히 미세하게 보이며, 전적으로 처음 나타날 때의 **구나**들로만 이루어져 있다. 그것이 관능적 탐착貪著으로 인해 비참한 타락의 상태에 이르지만, 스승의 축복은 그의 원초적인 순수한 형상을 드러내 주며, 그것은 최종적이다. 이제 헌신자는 관능적 쾌락의 갈구에 의해 그것이 오염되지 않도록 정신 차려 경계한다. 그의 안에서 14종 학문, 64종 기예, 8가지 싯디가 자연스럽게 발생한다. 그의 의지에 의해 전 우주가 생겨나는 자인 그 자신이 여섯 가지 영광을 박탈당하고 있었다. 그러나 이제 자신의 진정한 성품이 그 헌신자에게 분명하게 이해된다. 그것이 자신의 성품 안에서 확고하면 할수록 그 영혼의 힘은 더 커진다. 따라서 **성자**들은 그것이 꾸준함을 잃는 것을 용납하지 않는다. 그것을 양육하는 일의 정점은, 그것을 확고하게 유지하여 그것이 **구나**들의 존재에 의해 왜곡되지 않게 하는 것이다. 얻은 것을 잘 지키고 강화해 나가는 것이 그것을 얻는 데 들인 노력보다 더 어렵다. 단지 잘 지키지 못하는 탓에 위대한 성취가 무無로 돌아가는 일이 많다. 만약 영혼의 이 영적인 소득(깨달음의 체험)이 관능적 욕망에 의해 잠식되면, 그것이 뿌리부터 흔들리게 된다. 일단 **진아**의 성품을 알고 나면, 중요한 일은 그것을 그 성품 안에 확고히 유지하는 것뿐이다. **구나**들이 휴식하게 하기는 매우 어렵다. 그래서 **성자**들은 우리에게 **진아**지를 안정시키라고 조언한다. 태곳적부터 영광을 칭송받아 온 사람들은 **진아**지를 풀어놓아 안정시킨 분들이다. 신적인 명상의 토대가 되는 것은 그들의 명호뿐이다. 스리 비슈누·샹까르(시바)·닷따뜨레야·스리 크리슈나·스리 라마 등은 신에게 붙여지는 무수한 이름들 중의 일부이다. 원래 이런 이름들은 인간에게 붙여진 이름이었다. 그러나 그들은 엄청난 고행을 한 덕분에 **진아**와 세계가 경험되는 '방식'과 '이유', 그 '정체'와 '유래'를 소유하게 되었다. 그들은 고행의 결과로 그 경험의 근본 원인을 알게 된 것이다. 그들은 그것의 성품과 그것을 안정화시키는 방법을 확고히 장악했다. 그리고 그에 따라 행동했다. 이것이 (가르침으로) 결정화되어 보통 사람도 활용할 수 있게 된 것이다.

사람들이 그에 대해 더 많이 알면 알수록 이 선구자들의 명성 또한 세계 각지로 널리 퍼져갔다. 그렇게 해서 그들이 신의 화현으로 알려지게 된 것이다. 그들의 이름과 명성이 알려지자, 사람들은 그들이 신의 화현이라고 선언했다. 그들의 이름으로 사원들이 건립되었고, 헌신 종파가 대지에 뿌리를 내렸다. 그 추종자들은 자신들의 믿음을 진지하게 추구했고, 행복했다. 그리고 그 전통은 지속된다. 진아의 지知를 보유하게 되어 그것을 순수하고 확고하게 유지한 사람들은 신으로, 그리고 성자로 알려진다. 한편 감각 향유를 위해 그것을 이용한 사람들은 악마, 마왕 또는 라바나로 불린다. 가장 높고 희유한 얻음은 성취하기 어렵다. 그러나 만일 성취하면 그것은 최고로 유익하다. 그러나 제대로 보살피지 못하면 최고로 해롭다. 높은 성취를 소화하는 것은 쉬운 일이 아니다. 지고의 비밀은 수호하기가 매우 어려우며, 만약 그것이 공개되면 해롭다. 큰 비밀을 알고 그것을 조용히 그대로 지키는 사람을 완전한 사람, 성자 혹은 신이라고 부른다. 범부는 성품상 비방하기를 좋아한다. 비방하기 좋아하는 사람은 비천한 사람이지만, 남들의 약점을 알아도 고요히 침묵하는 사람은 모르는 것이 없는 사람으로 불린다. 근본 원인에 대한 영적인 지知를 가졌다고 해서 흥분하지 않는 사람은, 사랑과 헌신으로 그것을 배양하고 환히 밝힐 수 있다. 헌신과 기도와 포기가 내면에서 견고히 확립된다. 그는 늘 욕망에서 벗어나 있지만, 그가 어디에 있든 그에게는 평안과 행복의 아우라(aura-靈氣)가 있다. 위대한 사람들의 머리 주위에서 보이는 후광은 이 사실을 생생히 보여주는 것이다. 그 밝은 원상圓相은 그의 신성神性, 그의 깨달음을 나타낸다. 그것은 순수·평안·지복의 표지이다. 그런 사람에게 다가가는 사람은 청하지 않아도 누구나 그 신적 지복의 접촉을 얻는다. 이 (지복의) 방사는 완전한 안식의 상태에서 내면에 거주하는 보편적 영靈을 잘 지켜 온 데 따른 결과이다. 발라크리슈나는 헌신과 기도를 기뻐하면서 신적 유희를 시작한다. 성자는 결코 어떤 의도 그 자체를 가지고 행위하지 않는다. 그의 모든 활동은 신적 유희의 한 표현이다. 그러나 지성으로써 그 행위의 진실성을 시험하려 들면 누구도 성공하지 못한다. 신적 유희는 인간 지성이 통찰할 수 있는 능력 범위를 넘어서 있다. 그것은 독특하다. 신만이 자신의 신적 유희를 이해한다.

14. 영적인 지知와 알고자 하는 욕망의 다스림

사람은 그 자신의 존재를 의식하는 순간부터 더욱 더 행복해지기를 열망한다. 이것이 우주의 모든 활동의 시원始原이다. 이것이 우주가 태초의 **원자적(진아적) 의식**의 활동을 통해 생겨난 경위이다. 그러나 이 **원자적 의식**이란 무엇인가? **자기의식**(Self-consciousness) 이전에는 아무것도 없었고, 어떤 출현의 자취도 없었다. 그런데 이 상태에서 자신의 존재에 대한 **의식**, 곧 자기 존재에 대한 **자각**이 생겨난 것이다! 사실 시간도 공간도 원인도 없었다. 그 **자각**에는 아무 원인이 없었고, 따라서 어떤 원인의 이름을 붙여보려는 것은 부질없다. 시간이 없었으므로 그것이 생겨난 때를 정할 수도 없다. 공간이 없었으므로 그 위치를 논하는 것도 무의미하다. 그래서 베다나 샹까라 같은 위대한 요기들은, 직관적인 체험을 근거로 그것은 원인도, 시간도, 공간도 없다고 선언하는 것이다. 그때는 태양도 없었다. 왜냐하면 그것이 있을 공간이 없었기 때문이다. 하지만 그 **원자적 의식**이 있었고, 그 의식으로서 느껴졌으며, 달리 아무것도 없었다. 왜인가? 왜냐하면 그에 더해 인식할 대상이 아무것도 없었기 때문이다! 존재에 대한 **자각**만 있었다. 이 상태가 얼마나 오래 지속되었는지는 알 방도가 없다. 그러나 크나큰 기적은 그 **자기의식**이 있었다는 것이다. 그와 함께 우주적 의지가 있었고, 그에 대한 깨달음이 뒤따랐다. 이렇게 하여 그 기적이 실현되었고, 나중에 신이라는 이름이 붙었다. 그래서 인간은 기적이 있는 곳은 어디든 신이 있고, 신이 있는 곳은 어디든 기적이 있다고 확신한 것이다. 이 확신 때문에 인간은 신을 숭배하게 되었다. 그러나 그는 신의 본질적 성품이 무엇이라고 말할 수 없었다. 사람들마다 서로 다른 숭배 형태를 견지하며, 그 관행은 계속된다. 신과 기적이 하나인 것은 사실이지만 여기서의 해석 방법은 다른 곳의 그것과 전혀 다르고 독특하며, 정반대이다. 신을 보는 것 외에 아무것도 원치 않는 사람만이 그것을 발견하고, 그것을 이해할 수 있다. 그리고 더없이 경이로운 것은 그가 **절대적 지복**을 성취한다는 것이다. 태초에 번뜩인 그 **의식**만이 그 **지복**에 참여한다. 왜냐하면 그것만이 **완전한 평안**에 대한 열망을 가지고 있기 때문이다.

그 의식은 다양한 화현들을 거쳐 왔다. 화현들은 **그것**의 형상, 성질 및 상황이 그것의 관심과 원력에 따라 변화하는 것이다. 이 모든 것은 **그것**의 원력 혹은 의지에서 비롯된다. 그것은 자신이 원하는 형상을 취하는 자연적 특징을 갖는다. 그 **원자적 의식**은 자신의 의지와 순간적 현실화로 인해 다수가 되고 도처에 편재하게 된다. 이 모든 것이 그 자신의 성품이자 형상이다. 외관상으로는 다수로 보여도 그것은 본질상 모두 **하나**이다. 그것이 자신의 존재를 가능한 모든 다양한 형태로 확대한 것이다. 단 하나인 **원자**의 에너지가 너무나 많은 중심들로 다양화되었고, 그 각각의 중심은 그 자신의 특이성과 의지를 갖는다. 그래서 투쟁이 일어난다. 언제든 그 무수한 중심들은 다양한 방식으로 의지를 갖고, 각각의 의지는 나머지 의지들과 충돌하게 된다. 여기서 큰 투쟁이 일어나는 것은 불가피한 결과이다. 일반적으로 그 의지意志하는 원자는 자기 의지의 '목적지'와 '실체'를 알지 못한다. 그러나 그 결과는 있을 수밖에 없다. 의지하는 원자들의 의지의 구체적인 결과는 전 우주가 재로 화하는 우주 소멸의 순간에 목격할 수 있다. 그러나 자애로운 의지들이 모조리 무효화되지는 않는다. 세계의 큰 행복의 순간들은 이러한 의지들의 결과이며, 의지하는 그 개별적 에너지의 특징은 늘 작용한다. 그것이 그 본질이며, 그것은 **태초의 에너지** 덕분에 가능하다. 이 특징 없이는 누구도 자기를 의식할 수 없다. **자기자각**

을 경험하는 자는 누구나 오로지 이 특징 덕분에 그러는 것일 뿐, 달리 어떤 것의 덕분도 아니다. 자신을 다른 어떤 것으로 생각하는 것은 죄이고, 이원성이며, 타락이다. 처음 번뜩였던 그 **태초의 에너지**가 의지意志했고, 많은 의지意志 중심들이 되었다. 실은 그것은 하나이고 동질적인 것인데 무지로 인해 이질적인 것으로 보인다. 중생은 자신이 다른 어떤 것이라고 생각하지만, 원래의 바탕에는 아무런 변화가 없다. 그 안에 다른 것이 있다면, (자신이 남들과) 다르다는 이 어리석은 관념뿐이다. 그러나 그것은 수행에 의해 제거될 수 있고, 결국 **일자성**을 깨닫게 된다.

앞에서 그 **원자적 에너지**에서 처음 떨림이 일어난 순간에는 시간도 공간도 원인도 없었다고 말했다. 그런데 어떻게 우리가 이런 차원들과 개념들을 이야기하게 되는가? 그 이유는, 그 떨리는 **원자적 에너지**가 베단타에서는 **큰 원리**로 불린다는 것이다. 그 원리의 본질적 특징은 **의식**이다. 그 **자각**이 느껴진 바로 다음 순간 그것은 **공**空(Akasha) 속으로 자신을 확대한다. 그것 자체가 제1원인이고 최초의 순간이다. 만일 **자각**이 없다면 시간에 대한 의식이 어떻게 있을 수 있겠는가? 공 그 자체의 확대가 공간이다. 따라서 그 셋(원인·시간·공간)은 하나의 단일한 **큰 원리**이다. 하나의 단일한 성질을 지닌 채 이 원리가 공간·시간·원인이 되었다. 그 다음에 세 가지 **구나**와 5대 원소가 나왔다. 그 속도는 (워낙 빨라서) 도무지 가늠할 수 없었다. **자각**이 **공**空으로 변환되었고, 공이 다시 공간이 되었다. 원래의 번뜩임이 공간 속에서 움직이자 그것이 공기였다. 공기가 힘을 얻자 불이 생겨났다. 그 불의 맥동이 증가하자 차가와졌고, 그것이 물이었다. 물이 더 식자 흙이 되었다. 이전 형태들의 모든 특징이 흙 속에 결정화되어 거기서 진동한다. 이 특이성 덕분에 무수히 다양한 중생과 식물들이 생겨나며, 원래의 떨림이 그들의 생명 수액 안에서 맥동한다.

허공 이전의 그 번뜩이는 특징이 모든 전자電子와 양자陽子 안에 가득하며, 힘이 부단히 강해지고 있다. 원자들 안의 떨림이 작동하는 한, 그 구성요소들도 움직일 수밖에 없다. **태초의 목적, 원초적 의지**가 움직이거나 움직이지 않는 존재들의 전 범위에 편재하며, 거기서 부단히 작동하고 있다. 가엾은 중생은 좋을 수도 있고 나쁠 수도 있는 어떤 일을 자기가 할 수 있다고 생각하면서, 자신이 행복하거나 불행하다고 느낀다. 그러나 **원초적 의식**은 그 자신 외에 아무것도 보지 않는다. 그것은 기관器官이 없지만 무수한 기관들과 함께 작용하고 있다. 그것은 결코 오염되지 않고 결코 그럴 수도 없다. 작은 육신 안에 갇힌 의식은 그 자신의 한계 때문에 괴로워한다. 한정하는 부수물들(limiting adjuncts)에 의해 제약 받는 다양한 의식 중심(개아)들은 자신들이 원래의 **근원**과 다르다고만 생각한다. 그러나 단 **하나의 존재, 하나의 영靈, 하나의 성질**이 있을 뿐인데, 이것은 형상이 없고 부분이 없고, 무시간이자 무공간이며, 광대무변함으로 넘치는 하나의 **순수한 의식**이다. 차별과 구분의 여지가 없다. 일체가, 모든 것을 구속하는 **법칙**에 따라 적절한 순간에 일어난다. 그러나 '나'와 '내 것'이라는 협소한 이익에 의해 미혹되는 중생은 아무것도 아닌 것 때문에 고통을 겪고, 그 자신에게만 국한된다. 그러나 일체가 적절한 순간에 현실화된다. 라바나를 견딜 수 없게 되면 구원하는 **라마**가 있다. 깜사(Kamsa)[8]가 최고 권력자로 통치할 때는 **크리슈나**가 해독제로 존재한다. 이런 식으로 기복起伏의 리듬이 유지된다. 이 모든 사건을 제어하는 힘은 동일하다. 그것은 결코 변하지 않는다. 어느 시대에는 한 **신**이 있고 다른 시대에는 다른 **신**이 있다는 것은 있을 수 없다. 그러나 중생은 그와 달리 생각한다.

오직 단 **하나의 성질**이 광대한 우주의 광채를 낳는다. 그 **하나의 성질**이 없으면 일체가 순수한 침묵이다. 이 단 **하나의 성질**을 알고 그것과 친해지면, 그 사람의 심장은 (우주의) **심장**과 교류하며, 믿음은 그 믿음의 대상과 하나가 된다. 만물에 내재한 성질의 **일자성**과, 모든 특징과 형용어들이 그 **하나**에 속한다는 자각 간에 양도 불가능한 상관성이 있다는 지극한 느낌이 있다. 그 지고의 **단일성**을 깨닫게 되며, 그래서 그것을 **지고아**라고 한

---

8) T. 크리슈나가 태어났을 때 그의 나라를 통치하던 폭압적인 왕.

다. 모든 시간, 모든 공간, 모든 원인이 하나가 되어 **영원**을 이루었고, 오직 그 하나가 모든 활동을 한다. 그것은 얻음도 잃음도 없고, 죽음도 없다. 그것은 불생不生이고 독특하며 영원하지만, 그럼에도 매 순간 태어나고 또한 매 시대마다 스스로를 나눈다. 모든 영적·지적 앎은 거기서 휴식하게 된다.

15. 가야뜨리 찬가

"찬가들 중의 찬가는, 웃다바여, **가야뜨리 찬가**이다. 그대에게 그것을 처음부터 끝까지 설명해 주겠다. 부디 잘 들어 보라."
— 『에끄나티 바가와뜨』, XXI-441

주님(크리슈나)은 말한다. "오, 웃다바여, **가야뜨리 찬가**는 모든 찬가의 기반이다." '모든'은 다수를 의미한다(그 숫자는 나중에 알게 된다). 그것 덕분에 이 숫자를 경험할 수 있는 그것이 **가야뜨리**이다. 3음절 A+U+M은 **옴까르**(Omkar), 곧 **로고스**(Logos)를 뜻한다. 그 다음 단계는 두 개의 숫자와 함께 시작된다. 첫 번째는 자기 자신의 존재에 대한 의식이다. 그것은 자연적인 특징이며, 발화發話되지 않은 말이다. 그것은 도처에서, 그리고 매 순간 우리도 모르게 나오는 말이지만, 아무도 그에 대해서는 모른다. 무심결에 발화되는 이 말이 모든 찬가의 바탕인 **가야뜨리 찬가**이다. 뒤이어 무수한 말들이 나오며, 모든 우주가 그것들에서 솟아난다. 그러나 만물의 원초적 근원은 **가야뜨리 운율**(Gayatri Chhandas)[9], 곧 말하지 않은 말, 발화되지 않은 소리이다. 모든 사람이 같은 경험을 한다. 그러면 무엇이 이 말하

---

[9] *T.* Gayatri는 원래 베다에 나오는 만트라들의 운율 중 하나이다. 가야뜨리 운율로 된 가장 유명한 만트라는 그 자체 '가야뜨리 만트라'으로 불린다(534, 631쪽 각주들 참조).

지 않은 말에서 나오는 체험인가? 물론, 우리 자신의 **존재**이다!

개미에서부터 신들에 이르기까지 무수히 다양한 존재들이 있다. 그러나 원초적 존재는 무엇인가? 그것은 **가야뜨리**이다. 이 존재의 체험이 우리 자신의 존재이다. 이 **가야뜨리** 운율이 맨 먼저 오며, 그 나머지는 그에 뒤따를 뿐이다. 그 존재의 특징을 주님은 다음과 같이 설명한다. "그 찬가의 성품은 무엇인가? 무수한 우주를 창조할 힘이 있다 해도 그것은 놓아버릴 수 없다. 청하지 않았고, 말하지 않았고, 생각하지 않았고, 발화되지 않은 그 말의 원초적 음은 **짜끄라빠니**(Chakrapani)[10]의 형상으로 태어났으며, 그것은 그에게 독특한 것이다. 그러나 '완전자'가 그것을 인식하지 못한 채, 시간이 경과하는 과정 속에서 점차 타락하여 비참한 중생이 되었다. 그 운율을 추구하는 일은 매혹적이다. 누구에게나 그것은 바로 그 **존재**의 **자각**, 말하지 않았으되 말해진 말이다. 4베다, 6대 샤스뜨라(Shastras)와 18 뿌라나(Puranas)의 노력에도 불구하고 그 해석은 불완전한 상태로 남아 있다. 하지만 **가야뜨리** 운율에 대한 매혹은 끊임없이 이어지고 있다."

싯디는 우리의 상상의 주형 속에 끼워 맞춰지지 않는다. 그것은 그 자신의 순수한 형상을 하고 있어야 한다. 설사 그대가 자비심과 정성으로 어떤 사람의 마룻바닥을 빗자루로 쓸어 준다고 해도, 그것은 그대의 의무나 일과라고 말할 수 없다. 그대에게 쏟아지는 싯디는 그대가 원하는 만큼 오래 머무를 수 없다. 왜냐하면 그것은 진짜가 아니기 때문이다. 여기서 주안점은 무엇인가? 물론 **가야뜨리** 운율이다. **가야뜨리** 운율이 무엇인가? 중생은 그에 대해 무엇을 알고 있는가? 그것은 발화되지 않은 말이고, 자연발생적인 신의 천둥 같은 말이다. 진아에 대한 자각은 오직 그것에 기인할 뿐이다. 위대한 성자 뚜까람은 말한다. "베다는 우리에게 화를 내지만, 우리는 심장 속에 그들의 아버지를 가지고 있다." 우주 만물의 주된 지지물로서 금후로는 **가야뜨리** 운율밖에 없다.

---

10) *T.* '원반 모양의 손'이라는 뜻으로, 비슈누를 뜻한다.

가야뜨리 운율이란 무엇을 의미하는가? 그것은 우리 자신의 존재(being)와, 우리가 할 수 있고 말할 수 있는 모든 것에 대한 **자각**이다. 그런데 우리는 그 찬가를 어떻게 이해하는가? 그것은 우리가 말없이 이해하는 모든 것이라는 것, 그것이 전부다. 생명이 있는 곳이면 어디나 그것을 지탱하는 그 찬가가 있다. 만일 이 기본적인 말이 없다면 "내가 있다"가 어디서 나올 수 있겠는가? 그것은 우리의 내면에서 진동하며, 그것을 우리는 알고 있다. 그래서 우리는 비록 오래도록 비참한 노역을 해 오기는 했으나, 그것과 헤어지고 싶은 마음이 없다. 이 가야뜨리 찬가 덕분에 스리 라마와 스리 크리슈나가 지상에 화신으로 온 것이다. 그러나 그들은 그것에 통달했다. **라마**와 **크리슈나**라는 이름에 의미를 부여하는 기반, 그들이 화신으로서 나온 원천인 그 기반은 무엇인가? 그 역시 **가야뜨리 운율**이다. 그대 자신의 존재에 대한 이 무심결의 **의식**은, 그 화신들도 그들 자신에 대해 가지고 있던 그것과 동일하다. 그러나 그들은 그것을 의식적으로, 그리고 그 자체로서 체험했다. 다른 존재들은 그 의미의 표층에만 도달하는데, 이는 그것에 대한 하나의 곡해일 뿐이다. 중생들이 하품을 할 때 A+U+M의 음절들이 나온다. 그렇다면 우리의 존재에 다른 어떤 기반이 있을 수 있겠는가? 누구나 자신의 삶이 몇 년 더 연장되기를 원한다. 그러나 그게 뭐란 말인가? 부디 그대는 여기서 이해한 의미에 대하여 명상해 보라. 그대 자신이 **짜끄라빠니**이다. 즉, 천 개의 손과 머리를 가진 존재이며, 발화되지 않는 말이다. 말과 그 말이 반향되는 감각기관은 최초의 **사람** 그 자신이다. 그리고 그것이 그의 실체이고, 또 그렇게 체험된다. 그러면 그 체험의 표지는 무엇인가? 그것은 마음의 완전한 만족이다. **가야뜨리 찬가**는 모두의 만족감의 바탕이며, 그것은 자연발생적으로 터져 나온다. 왜냐하면 그 소리는 늘 영광스럽기 때문이다. **옴까르**가 없는 신의 감각기관으로 어떤 것이 있겠는가? 설사 그가 **브라만**의 계보에서 태어난다 하더라도 (그의) 본질은 무엇인가? 그것은 **옴까르**인데, 그 모음들의 배열은 어떻게 되는가? **가야뜨리 운율** 없이 어떻게 그가 있을 수 있는가? 이 운율이 신의 의미에 대한 해석임은 확실하다. 그렇다면 왜 불필요하게 사방을 돌아다 닌단 말인가?

발화되지 않고도 그대 안에서 반향되는 그 이름이 그대 자신의 내면에 거주하는 영靈이다. 그것을 고려하거나 믿지 않고 다른 어떤 것을 추구하여 뛰어다닌다면 그것이 사리에 맞겠는가? 설사 그대가 이것을 이해하지 못한다 하더라도, 그 찬가들의 의미는 납득해야 한다. 그 찬가에 대한 그대의 매혹과 사랑이 그대를 꽉 붙들고 놓지 않는다. 그럼에도 그대는 그것을 만족시키기 위해 정처 없이 헤매고 다닌다. 마치 엄마가 자기 젖가슴으로 아이에게 젖을 먹일 수 있는데도, 아이를 만족시키기 위해 헤매고 다니듯이 말이다. 열 가지 소리, 다섯 가지 되울림 소리, 이중 반향, 그리고 단 하나의 목소리와 그 모두가 어우러진 소리를 말없이 경청하면 그걸로 족하다.11) 이 기본적인 가야뜨리 찬가는 바로 그대에게 있다.

8음절씩 세 부분으로 된 24음절이 1회분의 찬가를 이룬다.12)

큰 리쉬들과 성자들은 24음절의 이 찬가를 창송하여 엄청난 힘을 얻는다. 그 힘에 의해 무수한 세계들이 창조되고 파괴된다. 그러나 이 모든 힘을 쉽게 무효화하고 완전함 속에 안식하는 '라마(Rama)'라는 두 음절어의 힘을 생각해 보라. 마라(Mara-악마)는 두려움을 뜻한다. 그러나 그 음절을 거꾸로 하기만 해도 얼마나 큰 차이가 생기는가! 그 리듬['라마']이 멈추면 우리는 죽는다. 그러나 그것을 미친 듯이 추구하는 사람은 완전의 상태를 체험하며, 전 우주가 그 부속물들과 함께 사라지는 것을 목격한다. 그는 또한 그 찬가가 엄청나게 강력하기는 하지만, 이 두 음절['라마']이 그것의 우주적 힘을 원자 하나 속에 가둬 두고 있다는 것을 알아차린다.

---

11) 이것은 라자 요가의 '소리수행(Nadanusandhana)' 과정이다. 이것은 하타 요가로도 성취할 수 있고, 심지어 순전한 명호요가(Nama-yoga)로도 성취할 수 있다.
12) 가야뜨리 진언은 다음과 같은 24음절로 되어 있다. "옴, 브후르, 옴, 브후바하, 옴, 스와하, 옴, 마나하, 옴, 자나하, 옴, 따빠하, 옴, 사띠얌, 따뜨, 사비뚜르, 바레니얌, 브하르고, 데바시야, 드히마히, 드히요, 요, 나하, 쁘라쪼다야뜨." T. 이것은 통상적 가야뜨리 진언(534쪽 각주)보다 몇 개의 '옴'과 '마나하', '자나하' 등 몇 개의 단어가 더 들어 있는 형태이다.

근본인 베다: 베다들은 뒤따르는 해석들의 근본이 된다. 그래서 베다를 근본이라고 한다. 그러나 만물의 원초적 뿌리, 제1원인은 이 찬가이다.

속박되지 않는 브라만의 지복: 우리 자신의 존재에 대한 체험, 우리 자신의 진아에 대한 견見과 거기서 나오는 비할 바 없는 **평안**에 대한 체험을 **브라만의 지복**(Brahmananda)이라고 한다. 남의 도움 없이 우리 자신의 성품을 체험했을 때, 그것을 나중에 **지고의 지복**(Paramananda)으로 해석하게 된다. 그 자신(진아)에 대한 견見을 가진 사람은 이 **지복**을 성취한다.

영적인 삶: 영靈과 영적인 삶의 실체는 이런 것이다. 즉, 태양은 광채의 형상을 하고 있다. 광채의 광채가 있듯이, 영靈의 생명 자체인 **가야뜨리 운율**이 있다. 왜 생명인가? 그것이 '있다'로서 체험되기 때문이다. 우리는 그것이 있는 한에서 잠과 생시를 경험하지 않는가? 만약 그것이 정지한다면 그 무엇에 대한 경험도 없다. "물은 축축하다"는 말의 의미는 무엇인가? 같은 의미를 '**영靈의 생명**'에서도 읽을 수 있다. 주님은 말한다. "나는 숨겨져 있고, 그것은 나의 보물이다. 내가 모두로부터 숨겨져 있는 것은 그것 때문이다. 그러나 나를 숨기는 그것이 나를 드러내기도 한다. 그러나 내가 보일 때 나는 어떻게 나타나는가? 분명히 비이원적, 무차별적 존재로서이다. 그 진동하는 찬가를 귀담아 듣는 사람은 숨겨져 있으면서, '**그것이 만물의 근본 원인이고, 그 해석은 세 음절로 되어 있다**'고 말한다. 이것은 더 나아가 52개 문자로 설명되며, 이 문자들은 다시 베다에서 상설된다.[13] 이 찬가를 경건하게 찬송하면 모든 것이 또렷해질 것이다. 왜냐하면 **그것**이 이미 존재하기 때문이다. 그러나 어떤 사람이 **그것** 없이 나의

---

13) 미망사(Mimamsa) 철학의 '의미요소설(sphotavada)'의 맥락에서 세 음절의 옴까르와 52개 알파벳의 데바나가리 문자(산스크리트 문자)를 말한다.
  T. '의미요소설'이란, 음절에 관계없이 문장이 일관된 의미를 지녔으면 그 문장은 의미와 힘을 갖는다는 이론이다. (sphota는 어떤 소리가 갖는 영원한 의미요소로서, 그 소리를 발화할 때 그것을 듣는 마음 속에서 터져 확산되며 그 의미를 전달한다고 한다.) 반면에 '음절설(varnavada)'은, 언어의 신적인 힘은 베다 문헌에만 있고, 특히 개별 음절에 있다는 설이다. 이 설에 따르면 베다의 만트라들은 각 음절을 정해진 운율에 따라 올바르게 창송해야만 그 안에 든 힘을 온전히 받을 수 있다.

소견을 깨닫고자 하면 **그것**을 얻을 것이다. **그것**은 비이원적일 것이다."14)

모든 사람이 가장 좋아하는 것은 무엇인가? 말할 것도 없이 위대함이다! 왜냐하면 그것이 주된 지지물이기 때문이다. 우리는 다수 중의 하나가 아니다. 명예는 **가야뜨리** 찬가에게 돌아간다. 그것은 모든 찬가 중의 찬가이다. 그것을 해석하는 사람은 많은 사람들 중의 하나가 아니라 만인의 지도자이다. 일단 그를 보고 나면 모든 욕망이 종식된다. 그러나 그 찬가의 창송唱誦에서 솟아나는 모든 것과 무관하게, 나의 소견을 깨닫기만을 원하는 자만이, 그것을 비이원적인 것으로서 갖게 될 것이다. 개아가 그 경험이고, 그 경험에 의해 접촉되는 것이 **시바**이다. 이것은 둘로 구별되지만 하나의 성질이며, 둘 다 **가야뜨리** 찬가에 포함되어 있다. 개아와 **시바**는 경험의 두 가지 상태이다. 그러나 그들이 **단일성**을 체험할 때는 일체가 평안이다. 이 **부동자**의 음절들은 무엇을 의미하는가? 진아의 **절대적 지복**인 그것은 **사뜨**(Sat)[존재] · **찌뜨**(Chit)[의식] · **아난다**(Ananda)[지복]이다. 이것이 **가야뜨리** 찬가의 본질이다. 그것을 내관하면 절대적 지복을 얻는다.

16. 니사르가닷따의 꽃 공양물

식사, 휴식(잠자기) 그리고 성생활이 생명 · 세계 · 브라만의 경험을 일으킨다. 헌신의 길은 영원히 불멸이다. 헌신은 경건하게 닦아야 한다. **영적인 지**知는 의식적인 노력으로 성취해야 한다. 우리로 하여금 **지**知를 인식하게 하는 그 의식을 이용하여 **영적인 지**知를 얻어야 한다. 세계는 우리의 의지에서 생겨난다. 이 경험의 뿌리에 있는 **자각**은 우리 자신의 진아일 뿐이

---

14) 여기서 말하는 것은 명호 요가인데, 이것은 **명상 요가**(Dhyana-yoga), 곧 라자 요가에 대한 손쉬운 대안이다.

다. 그 **자각**의 특징과 형상을 알아야 한다.

나타나는 모든 것은 찰나적이다. 왜냐하면 그것은 전혀 존재하지 않기 때문이다. 오늘날 우리가 보는 궁전 건물과 궁궐들은 예전에는 없던 것이다. '지각 가능한 것'은 '지각하는 자'를 전제한다. 그러나 그 지각하는 **영혼**은 지각되는 것과 다르다. 그것은 불멸이고 무형상이다. '눈에 보이는 것'과 다른 그 '나'를 직접 알아야 한다. 개아는 **지고의 영혼**(빠라마뜨만)을 한 개인으로 여긴다.

이 체험을 가능케 하는 **지**知는 체험하는 '나'와 전혀 다르지 않다. 그러나 이 체험보다도 이전인 것이 **지고의 영혼**이다. 체험을 가능케 하는 그 **자각**을 **지**知라고 한다.

지知는 곧 신이며, 그 신을 주시하는 자가 **지고의 영혼**이다.

"신이라는 그 말 자체를 넘어 그대는 신에 대해 무엇을 아는가?"

만일 그대가 지금 자신을 **진인**(Jnani)라고 생각한다면 완전히 착각하는 것이다. 어쩌면 **진인**일지도 모르지만, 모든 욕망을 포기하지 않은 한 진정한 **진인**은 아니다. 그대가 아는 것은 모두 언어적 지식일 뿐이다.

만약 그대가 지성에 힘입어 **영적인 지**知에 관해 논의하려 한다면, 행복과 평안은 결코 얻지 못할 것임을 알아야 한다. 왜냐하면 지성은 **순수한 영**靈 앞에서는 완전히 무력하기 때문이다.

"나는 빛나는 존재이고, 허공과 같다. 나는 형상이 없고, 순수하며, 몸이 없다." 매일, 최소한 잠자리에 들기 전에는 이런 치열하고 말없는 명상을 해야 한다. 그리고 때가 되면 확실히 그 상태에 도달할 것이다. 이것은 그대의 스승이 하는 말씀이니, 그것을 잊지 말라. 수면 상태에서 무엇을 치열하게 명상하든, 그대는 분명 그것을 깨닫게 될 것이다.

만일 영적으로 깨달은 사람들이 자신들을 세간에서 고립시켜 버린다면 세계가 어떻게 돌아갈 수 있겠는가?

'신'이라는 말 외에는 아무것도 없지만, 그것이 그대의 확고한 결의를 방해해서는 안 된다. 설사 그대가 자기 자신을 깨달았다 하더라도 명상,

기도 혹은 숭배를 포기하지 말라. 왜냐하면 **헌신**이 없는 **지**知는 밋밋하기 때문이다. **깨달은** 자가 무슨 말을 하든, 그들은 영적인 도취의 상태에 있다. 그래서 그들은 아무것도, 심지어 자기 자신도 신경 쓰지 않는다. 그러한 영혼이 신적인 영감의 상태에서 무슨 말을 하든, 그는 전혀 그것을 인식하지 못한다. 따라서 그는 그에 대해 자부심이 없다. 그는 **라마**든 **크리슈나**든 다른 누구든, 그리고 철학가로서의 그 사람의 지위가 무엇이든, 사람은 결국 이름과 형상의 산물이라는 것을 안다.

만일 죽을 때가 닥쳐서야 신을 만난다면 모든 노력이 다 헛되다.

그 스승이 지금 그대와 함께 있으니, 정성껏 그에게 봉사하라.

그대가 들은 것에 대해서 명상하고, 그대가 아는 것에 대해서도 명상하라. 만일 그것을 기억하지 못한다면 침묵을 지켜라. **신**은 그대가 자기 자신을 통찰하는 대로 그 자신을 **신**으로 통찰한다. **그**는 헌신자와 상관되는 면에서만 자신의 신성을 인식한다. 만일 그대가 그것 덕분에 이 인식[신에 대한 인식]을 갖게 되는 그 **자각**이 없다면, 누가 "이것이 **신**이다"라고 말할 수 있겠는가? 자기 자신에 대한 그대의 **자각**이 곧 그 자신의 신성에 대한 **신**의 **자각**이다. 그러니 그대가 필요로 하는 것은, 신도 필요로 한다는 것을 알라.

그대의 마음을 제어하여 그것을 확고히 **스승**의 발아래 두고, 그대 자신의 마음에 대해 주인이 되라.

그대의 존재에 대한 **자각**이 형상 없는 지고한 **영**靈의 보물이다. 그것을 어떤 지위로 끌어올리든, 그것은 그대의 것이 될 것이다. 그러나 그대의 육신의 것이 되지는 않는다. 그대가 **스승**의 형상에 대해 명상하면 그것이 그대의 존재 속으로 들어온다. 이 명상의 과정에서 그 일정한 형상이 그대의 형상 없는 존재로부터 출현할 것이다. 이것이 신의 형상이라는 것이다. 그것을 남성으로 부른다면 **바그와나**(Bhagwana)이고, 여성이면 **바가와띠**(Bhagawati)이다. 그대가 보는 그 형상이 **닷따**(Datta)의 형상이든 **비슈누** 혹은 다른 어떤 신의 형상이든, 그것은 그대 자신의 형상 없는 존재에서 솟아날 뿐이다.

　죽음이 닥쳤을 때 덕 있는 자들은 **비슈누**의 사자使者들이 호위해 가고, 죄가 있는 자들은 저승사자들이 데려간다고 생각하는 것은 모두 순전히 미신이다. 우리가 태어날 때 아무도 우리와 동행하지 않았다면, 죽을 때 어떤 사람이 동행할 거라고 말하는 것도 한가한 잡담이다.

　그대의 영혼은 그대가 도달하는 어떤 지위에서도 몸을 나툴 것이다. 그대의 영혼(의식)을 **참스승**으로 알고 명상하고, 그렇게 숭배하라. 그러면 분명히 그 지위를 성취할 것이다. 그러나 그대의 몸을 자신과 동일시해서는 안 된다.

　어떤 헌신자도 **진아지**와 다른 신이나 스승의 체험을 얻은 적이 없다.

　그것은 **믿음**의 문제이다. "믿음은 언제나 결실이 있다." **믿음**은 대단한 것이다. 우리 자신의 존재에 대한 **믿음**은 그 자체로 **스승**의 두 발이다. 그대가 이 **믿음**이 확고하기만 하면, 다른 **신**이나 여신들을 찾는 것은 군더더기이다.

옮긴이의 말

이것은 **깨달음**의 고원한 경지에서 나온 친절하고 따뜻한 가르침이다. 니사르가닷따 마하라지의 가르침과 더불어 그의 스승 싯다라메쉬와르 마하라지의 저술과 법문을 만나는 것은 또 다른 즐거움이다. **절대적 실재**와 하나가 된 **진인**의 가르침은 우리가 한 번 듣기만 해도 마음이 정화된다. 특히 니사르가닷따 자신이 기록한 법문이라면 더 말할 나위가 없다. 이 제자는 **스승**을 만난 직후부터 그의 법문을 공책에 열심히 받아 적었는데, 그 기록 자체가 그에게는 중요한 수행의 하나였다. 왜냐하면 성실한 기록을 통해 **스승**의 가르침을 정확히 이해하고 흡수할 수 있었을 뿐 아니라, 오랜 시간 많은 가르침을 '청문하는' 과정에서 그의 마음이 자동적으로 가라앉아 스승의 상태에 동화될 수 있었기 때문이다. 그러한 노력의 결과는 깊은 깨달음과 『아이 앰 댓』을 위시한 그 자신의 수많은 가르침이었다.

싯다라메쉬와르 마하라지는 학교 교육을 많이 받지는 않았으나 어릴 때부터 특출하게 총명했던, 예리한 지성의 소유자였다. 전설에 따르면 그가 태어난 지 며칠 후 그의 할머니 꿈에 싯다라메쉬와르라는 성자가 나타나서 태어난 아이가 자신의 화신이라고 알려주었다(그의 고향 인근 숄라뿌르에는 12세기의 시인-성자 싯다라마, 곧 싯다라메쉬와르를 모신 사원이 있다). 그래서 그는 싯다라마라는 이름을 얻었다. 훗날 그는 까르나따까 주의 인쩌기리(Inchagiri)라는 마을에서 가르치던 **스승** 스리 바우사헵 마하라지를 만나 그에게 입문했고, 1914년 스승이 입적한 뒤에는 동문 사형제들과 함께 스승의 가르침을 전파하기도 했다. 그러던 그는 1920년, 혼자서 재차 본격적 수행에 돌입하여 큰 깨달음을 얻었다. 이후 한동안 고향에서 머무르다가 1924-5년 이후로 비자뿌르, 숄라뿌르, 뭄바이 등지를 폭넓게 다니며 가르침을 펴기 시작했다. 결국 그의 밑에서 까드싯데스와르 마하라지, 란지트 마하라지, 니사르가닷따 마하라지 등 위대한 제자들이 다수 배출되었다.

본서는 싯다라메쉬와르 마하라지의 법문을 제자 니사르가닷따 마하라지가 마라티어로 기록한 것을 영역한 『진아 깨달음의 달인』(『달인』)이 주된 텍스트이다. 『진아 깨달음의 열쇠』(『열쇠』)는 별개의 책인데, 영어판 원서를 출간한 분들이 이를 앞쪽에 덧붙여 한 권으로 묶었다. 우리는 여기에다 니사르가닷따 마하라지 자신의 깨달음 체험을 담은 귀중한 소책자 『진아지와 진아 깨달음』을 '**부록**'으로 덧붙였다. 이것은 니사르가닷따 마하라지의 헌신자였던 벨기에의 고故 요제프 나우웰래르츠 님이 자신이 가지고 있던 영문판을 복사하여 우리에게 보내준 것을 옮긴 것이다. 한편 본서 영어판은 2006년의 초판 이후, 2009년에 Sadguru Publishing에서 수정된 다른 '초판'이 나오고 2010년에 그것이 더 편집된 '2판'이 나왔다. 뒤의 두 판본은 초판을 두 번에 걸쳐 여기저기 많이 수정했을 뿐 아니라, 『열쇠』에서 분량이 많은 제4장을 네 개 장으로 세분하고 『달인』의 일부 장들의 제목을 바꾼 것이었다. 우리의 한국어판 초판은 2010년판을 대본으로 하고 2006년 초판과 절충한 형태였지만, 이제 2006년판으로 되돌아가서 전반적으로 개정하였다. 왜냐하면 2009/2010년 판은 편집자가 자의적으로 수정하여 독자 출간한 것으로, 영어판 출간을 주도한 사띠쉬 아바드 마하라지가 승인하지 않는 판본임이 밝혀졌기 때문이다. 결국 사띠쉬 아바드 님은 2006년판에 기초해 새로 조판한 판본을 2014년에 다시 출간했다. 우리는 『달인』의 몇 개 장 제목을 바꾸고 일부 번역어에서 2009년판을 참조한 것 외에는 모두 2006년 초판과 2014년판을 따랐다.

『열쇠』는 일견 싯다라메쉬와르의 직접 저술처럼 보이지만, 이 역시 그의 법문을 제자가 기록한 뒤 '저술'처럼 보이게 편집한 것으로 판단된다. 『열쇠』에서는 '네 가지 몸'과 관련된 논의가 가장 중요한데, 이것은 깨달음의 과정을 네 가지 몸을 넘어서는 과정으로 설명한다는 점에서 참신하고 독특한 가르침이다. 여기서 '열쇠'의 원 단어는 '만능열쇠(마스터키)'인데, 이는 이 계보에서 제자들을 입문시킬 때 주는 **만트라**가 '깨달음의 문을 여는 만능열쇠'라는 인식과도 연관된다. 따라서 『열쇠』는 만트라로 시작된 수행에서 거치게 되는 깨달음의 단계적 과정에 대한 전반적 서술이라고 할 수 있다. 한편 『달인』은 다양한 측면에서 구도자들의 그릇된 인식과 세간적 집착을 타파하고, 그들이 깨달음의 길로 매진하도록 분발시키는 데 주력하고 있다. 이 130개 법문들은 **지고아 빠라마뜨만·실재·신·진아·마야·싯디·화현력** 등 깨달음과 관련된 핵심 주제들을 두루 다루고 있는데, 그 내용이 광활하고 심오할 뿐 아니라, 싯다라메쉬와르 마하라지의 말씀 한 마디 한 마디가 강력한 **영적 파워**를 내장하고 있다. 이러한 가르침이 우리 독자들에게 가질 수 있는 의미를 나름대로 살펴보면 다음과 같다.

『열쇠』에서는 **조대신·미세신·원인신·대원인신**의 네 가지 몸의 각 수준이 갖는 의미가 집중적으로 설명된다. 앞 세 가지 몸은 다른 문헌에도 많이 등장하지만, **대원인신**은 사마르타 람다스의 『다스보드』에서 **뚜리야 상태**를 하나의 '몸'으로 파악한 개념을 싯다라메쉬와르 마하라지가 채용한 것으로 보인다. 이것은 우리의 **의식**이 전 우주로 확장된 '순수한 지(知)'의 상태를 편의상 '네 번째 몸'으로 설명한 것이라고 볼 수 있다. 마하라지가 이 네 몸과 그 수준들의 특징을 설명하는 목적은, 구도자들이 각 몸에 상응하는 단계나 상태에 도달하거나 그것을 통과할 때 그에 대한 명료한 이해를 가지고 각 수준을 인식하고 평가할 수 있도록 하기 위해서이다(마하라지는 특히 대원인신 단계에서 그것을 해탈로 착각할 수 있는 위험을 경고한다). 그것은 어느 면에서 깨달음에 진입하는 보편적 단계들을 정식화한 것이라고 할 수도 있다. 각 단계를 통과하는 방법으로 싯다라메쉬와르 마하라지는 '탐구', '생각에 의한 해체' 혹은 '내관' 등을 제시하는데, 여기서 '생각'이란 무엇인가? 그것은 실은 자기 **존재**에 대한 강력한 **자기자각**의 방법 외에 다른 방법일 수가 없다. 즉, 그것은 **무욕**에 기반한 강력한 **자기탐구**이다.

수행의 실제에 관해서는 『달인』에서 더 다양한 법문이 설해지지만, 그것은 특정한 수행 기법을 설명하기 위한 것이라기보다 수행자가 지녀야 할 올바른 관념 또는 태도를 설명하는 데 초점이 맞추어져 있다. 기법 자체보다 그 토대, 즉 수행과 깨달음에 대한 올바른 '이해'가 더 중요하기 때문이다. 마하라지 계보에서는 제자들이 몸과의 동일시 관념을 버리고 만트라 수행을 계속하여 네 가지 몸의 상태를 단계적으로 탐구해 들어갈 수 있고, 더 일반적으로는 "내가 있다"는 자각을 바탕으로 세 가지 상태 혹은 네 가지 몸의 각 단계에 상응하는 탐구의 수행을 심화해 갈 수도 있다. 싯다라메쉬와르 마하라지도 이런 행법들을 언급하지만, 그에 못지않게 스승에 대한 확고한 믿음과 헌신을 강조하고, 나아가 '해탈 후의 헌신'까지 설하고 있다. 아울러 구도자는 모든 '자부심'을 포기하고, 자신이 한 '개인'이 아니라 절대적 브라만임을 '확신'하라고 권한다. 그리고 일상 속에서 감각 대상들을 멀리하고 깨달음을 위해 부단한 노력할 것을 주문한다. 제자가 그와 같이 노력할 때 스승의 '은총'이 주어지며, 그것은 직접적이고 빠른 깨달음을 낳는다. 왜냐하면 참스승들은 강력한 친존親存의 힘으로, 성숙된 제자의 남아 있는 장애나 무지를 단박에 없애줄 수 있기 때문이다.

　참된 구도자는 투철한 무욕의 정신, 자신이 지고의 진아라는 확신, 그리고 스승에 대한 완전한 헌신을 지닌 사람이다. 그런 수행자는 결국 세간의 환적幻的 장애들을 뛰어넘어 진아 깨달음, 곧 '브라만의 지知'를 성취할 것이다. 진아를 불성佛性, 브라만을 법신法身으로 이해한다면, 지고아 빠라마뜨만에 대한 참된 지知는 진여실상眞如實相, 곧 위없는 청정법신淸淨法身의 깨달음과 동일하다. 요컨대 이 책은 진리에 대한 확신과 탐구, 그리고 헌신을 통해 철저한 깨달음을 구현하는 진정한 '지知의 길'을 보여준다. 이것은 최소한의 개념으로 실재에 곧장 다가가는 '달인'의 길이다. 비이원적 베단타의 이런 가르침은 이 땅의 많은 구도자들에게도 좋은 지침이 될 것이다.

옮긴이 씀